전남대 철학연구교육센터 호남유학총서 1

19세기 호남유학의 재구성

노사학파의 형성과 발전

전남대 철학연구교육센터 호남유학총서 1

19세기 호남유학의 재구성

노사학파의 형성과 발전

최대우 류근성 안동교 이향준 장복동 정용환 공저

전남대학교출판부

머리말

이 책은 전남대 철학연구교육센터에서 편찬 예정인 호남유학총서 시리즈의 첫 권이다. 이 시리즈의 편찬은 지역학으로서 호남학의 보편성과 특수성에 대한 철학, 사상적 기초를 제공하려는 의도에서 기획되었다. 이러한 기획의 이면에는 호남학의 발전에 기여했던 고(故) 현암(玄庵) 이을호(李乙浩, 1910~1998) 선생의 정신적 유산이 깃들어 있다.

전남대학교 철학과 교수를 역임한 이을호는 「호남학연구소」를 개창하고 1963년부터 1970년까지 호남학연구소장을 역임하면서 당시만 해도 낯설었던 호남학의 개념을 주도적으로 정립하는 데 기여했다. 호남학은 그 이후 50년을 넘어가는 「호남학연구소」의 이력에 걸맞은 발전을 거듭했다. 그러나 호남학의 정신적 근간을 이루어야 할 철학 사상 분야의 연구와 발전은 상대적으로 더디었고, 이 점은 해당 분야의 후학들에게 못내 부끄러운 점으로 남아 있었다. 가장 큰 부끄러움은 연구과 학술적 기획들이 없지 않았음에도, 산재한 성과들 대부분을 원고더미나 학술보고서 형태로 방치하고 있다는 점이었다. 이을호의 호남학에 대한 개척 정신과 그 학술적 계승이라는 면에서 볼 때 이러한 상황은 시급하게 개선되어야 할 필요가 있었고, 이에 우리는 호남유학총서 시리즈의 구상과 편찬 계획을 구체화시키기로 했다.

이을호는 넓은 의미에서의 호남문화를 장성 중심의 유교문화권, 순천 중심의 불교문화권, 강진 중심의 서민문화권으로 분류했고, 그 가운데 특히 강진의 서민 문화권에 주목했다. 호남유학은 그 가운데 두 문화권에서 핵심적인 위상을 가지고 있는 것으로 파악했다. 호남유학을 담양, 광산을 포함하는 장성권의 성리학과 해남 장흥을 포함하는 강진권의 실학이라는 양대 줄기로 분류했던 것이다. 이을호는 실학의 유학사적 의미를 조망하려는 철학적 의도에서 새로운 '개신유학(改新儒學)'이라는 낱말을 통해, 신유학으로서의 성리학의 극복과 근대성에 대한 지향성을 담아내고자 했다. 정약용에 대한 그의 학술적 주목과 탐구는 바로 이러한 철학사적 시각에서 비롯된 것이었다. 이와 함께 그는 전통적인 호남유학의 양상에도 주목했다. 장성권의 호남유학은 다시 세 갈래 정도로 구분할 수 있는데 거기에는 기대승과 김인후를 중심으로 하는 16세기 중반의 성리학 및 도학 계열과 기정진과 기우만을 중심으로 하는 조선 후기의 성리학 및 양산보, 송순 등으로 대표되는 사유들의 시문학이 포함된다. 이러한 계열별 구분과 개념적 분류 및 여기에 포함되는 학자군은 우리들이 기획하는 호남유학총서 시리즈의 주요 연구 대상으로 반영될 것이다. 그 첫 번째 작업의 결과물이 바로 기정진을 중심으로 하는 노사학파의 개괄적 양상을 탐구한 이 책의 내용이다.

이 책은 19세기 호남유학의 재구성이라는 큰 주제 아래서 2부로 나누어져 있다. 제1부는 노사학파를 이루는 인물들에 대한 개괄적 탐구를 담고 있다. 기정진의 삶과 학문 및 저술, 기정진의 문인들이 갖고 있었던 학문적 성향, 지역적 분포 및 학맥의 전승과 연관된 유적들의 현재 상태에 대한 서술과 조사 보고가 1부의 주요 내용을 이루고 있다. 제2부에서는 노사학파의 학술적 근간을 이루고 있는 저술들을 발췌 번역함으로써 19세기 호남유학사의 내면에 흐르고 있는 철학적 문제의식과 당대의 학술 논변에 대응한 노사학파의 학술적 지향성을 살펴볼 수 있도록 했다. 선별된 것은 주로 기정진의 「납량사의」 및 「외필」을 둘러싸고 벌어진 전우를 중심으로 하는 간재학파와의 학술적 비판과 재비판의 과정에서 생성된 저술들이다. 이를 통해 독자들은 19세기 호남유학의 한 축을 이루었던 성리학적 사유의 깊이와 폭을 짐작할 수 있을 것이다.

반면에 이 책의 내용이 갖는 한계점 또한 분명하다. 이 책은 아직 정리되지 않은 호남유학사의 시대적 양상들을 규명하기 위한 학술적 탐구의 시작에 위치하고 있기 때문이다. 이 때문에 우리는 주요 원전들의 전체적인 번역에 손을 대지 못한 채로 부분적인 발췌 번역과 개괄적인 학파의 형성과 구성에 관한 서술들에서 멈출 수밖에 없었다. 독자들이 미래의 완결된 호남유학을 상상하면서 미약한 첫걸음에 대해 혜량(惠諒)해 주기를 바랄 뿐이다.

원래 이 책의 내용은 호남학과 인문학에 남다른 관심을 가지고 있었던 강정채 전(前)총장의 지원에 힘입어 호남학연구원을 경유해 2006년부터 1년 동안 진행된 학술지원사업의 결과물이었다. 보고서로 제출된 채 몇몇 연구자들에게만 공유될 뻔 했던 것을 전남대학교출판부의 출판지원사업에 힘입어 단행본으로 출판되는 기회를 맞게 되었다. 누구보다 강정채 총장, 그리고 호남학연구원의 관계자 및 출판을 가능케 해준 전남대학교출판부에 감사드린다.

2014년 납월(臘月) 용봉동에서

저자 일동

목차

제2부 노사학파 기초자료 발췌 번역

제1부

노사(蘆沙)학파의 학맥(學脈)과 대표 인물

Ⅰ. 머리말

일반적으로 유학자들은 다양한 경전을 탐구함으로써 인간이 보편적으로 지향해야 할 참된 가치, 내면의 바탕, 행위의 규범 등을 이해해왔다. 그들은 이러한 과정을 학문의 진정한 목적이라 여기고, 성인이 제시한 진리를 앞서 깨달은 사람을 스승으로 추앙했다. 따라서 스승을 교사라고 부르는 것처럼, 스승은 진리에 대한 자신의 지식과 경험을 후학에게 가르치는[敎] 역할을 담당하고, 제자는 스승의 가르침을 배워[學] 진리에 대한 지식과 경험을 공유했다. 이와 같은 학문 풍토에서 바로 '학파'가 파생되었는데, 유학사에서 학파를 통한 '교학상장(敎學相長)'의 추구는 오랜 역사적 전통을 형성하고 있다.

조선조 후기 유학사에서 주목할 만한 발자취를 남겼던 '노사(蘆沙)학파'도 이러한 역사적 전통 속에서 배태되었다. '노사학파'는 노사(蘆沙) 기정진(奇正鎭, 1798-1879)이라는 걸출한 스승과 그의 학문을 추종한 많은 문인들의 학단(學團)을 총칭한다. 따라서 그들이 보여준 학문 내용과 활동은 일정한 연관성 혹은 공통성을 지니고 있다. 노사는 철저한 주리적(主理的) 체계의 성리설을 제시한 대표적인 학자로 손꼽힌다. 그는 리(理) 중심의 이기(理氣)체계와 이일분수(理一分殊)에 대한 독자적인 해석을 통해 이전 성리학의 논쟁점을 지양하는 한편, 시대문제의 해결에 적극적인 실천의지를 표명했다.

노사학파의 구성원들은 19세기 이후 대내적으로는 봉건지배질서체계가 무너져 가고, 대외적으로는 서구 제국주의 도전과 침략이 우려의 수

준을 넘어 국가체제를 위협하는 수준으로까지 구체화되고 있는 현실 속에서, 철저한 주리적 성리설을 바탕으로 성리학적 가치체계의 재공고화를 통해 대내외적 모순을 타개해 가고자 하는 실천적 지향을 보여주었다. 이 글은 노사의 학문과 정신이 문인·재전(再傳) 문인들을 통해 계승·발전되어 가는 과정과 모습을 '학맥(學脈)'을 통해 정리해보려는 것이다. 이렇게 함으로써 노사학파 구성원들을 체계적으로 분류할 수 있을 뿐 아니라, 그들의 개인적·집단적 학문성향과 행동양식을 좀 더 분명하게 드러낼 수 있을 것으로 본다.

Ⅱ. 노사의 삶의 여정(旅程)

노사(蘆沙) 기정진(奇正鎭, 1798-1879)의 자는 대중(大中), 시호는 문간공(文簡公), 본관은 행주이다. 기재우(奇在祐)와 안동권씨의 아들로, 1798년(정조 22) 6월 3일에 전북 순창군 복흥면(福興面) 구수동(九水洞)에서 태어났다. 아버지가 금빛 얼굴의 대인(大人)이 한 사내아이를 안아다 주는 꿈을 꾸고 노사를 낳았기 때문에 어렸을 적의 이름을 금사(金賜)라 했다.

노사는 비범한 천품을 타고나 말을 하면서부터 문자를 해득했으며, 5세에 『효경』과 『격몽요결(擊蒙要訣)』 등을 읽어 문리가 날로 성취되고 문장력도 뛰어났다. 6세에 천연두를 앓다가 왼쪽 눈을 잃었다. 7세에 『소학』을 배우고 나서 경전과 제자백가서를 보기 시작했다. 이때에 노사는 멧돌을 보고 "하늘이 움직이고 땅이 고요한 이치를 나는 멧돌에서 보았

네"라는 시구를 읊었다. 8세에 정월부터 『통감강목(通鑑綱目)』을 보기 시작하여 6월에 끝마쳤다. 이때부터 경사(經史)와 제자백가서에 어려워하거나 막힘이 없어, 비가 죽죽 내리듯 환하게 깨달았으며 흐르는 물처럼 응답하였다. 이 무렵 학자들의 성리(性理)에 대해 묻자, "천리(天理)는 사물의 본성이니 성(性)이란 곧 리(理)이다. 리(理)에는 본래 성(性)이 없으나 성에는 곧 리(理)가 갖추어져 있다. 어린애들은 무지하여 그 까닭을 알지 못한다"고 답했고, 또 학자들의 격치(格致)에 대해 묻자, "마음이 사물을 향해 도달하는 것을 격물(格物)이라 하고, 마음이 사물을 알게 되는 것을 치지(致知)라 하니, 격물과 치지는 하나이지 둘이 아니다"고 답했다. 이처럼 노사는 어려서부터 성리학과 경학에 대해 깊은 이해를 보였다. 13세에는 백암사(白巖寺)로 들어가 경전과 제자백가서를 책상 위에 놓고 단정히 앉아 깊이 음미하였으며, 뜰을 배회하기도 하고 때로는 머리를 떨구고 깍지를 낀 채 종일토록 정좌하기도 했다.

14세에 울산 김씨를 부인으로 맞이했고, 18세 되던 해 5월에 부모가 잇달아 세상을 떠나자, 10월에 아버지의 유언에 따라 가산을 정리하여 장성 하남으로 돌아왔다. 23세 여름에 남암사(南庵寺)에서 독서하고, 24세 가을에는 관암(觀庵)에서 독서했다. 28세에는 오촌(鰲村)을 지나가다 당시 기호(畿湖)유학의 종장인 강재(剛齋) 송치규(宋穉圭)를 배알했다. 34세에 사마시(司馬試)에서 장원으로 뽑혔고, 이듬해에 강릉참봉(康陵參奉)을 제수 받았으나 부임하지 않았다. 40세에는 유일(遺逸)에 천거되어 사옹원주부(司饔院主簿)를 제수 받았으나 역시 부임하지 않았다. 44세에 부모의 묘소를 광주 서석산(瑞石山) 북쪽 기슭으로 옮겼다. 45세에 전설사별제(典設司別提)를 제수 받고 부임한 지 6일 만에 사표를 제출했고, 이어

평안도(平安道) 도사(都事)를 제수 받았으나 부임하지 않았다.

46세(1843년) 여름에 남암사(南庵寺)에서 피서하면서 「납량사의(納凉私議)」 초고를 작성하여 성리(性理)를 논했는데, 그 내용을 요약하면, "근세에 성(性)을 논하는 학자들이 리(理)와 분(分)에 어두워 이일(理一)을 형기(形氣)에서 떠난 곳에 한정하고 분수(分殊)를 형기에 떨어진 뒤의 일로 국한시키니 리(理)와 분(分)이 사이가 뜨고 성(性)과 명(命)이 엇갈려 성에 대한 논란이 비로소 천하에 분열되었다"고 주장했다. 48세에는 문인 이봉섭(李鳳燮)이 "「태극도설」에 '성인정지(聖人定之)'라는 '정(定)'자가 자신을 정함인가 타인까지 정함인가"를 묻자, 노사는 「정서설(定序說)」을 지어 일깨워 주었다. 또 「우기(偶記)」를 지어 사단칠정을 논변하였다. 50세에는 이응진(李應辰)의 서신에 답하여 인물성동이(人物性同異)와 심기체질(心氣體質)의 내용을 토론하고, 55세에는 권우인(權宇仁)의 서한에 답하여 이기(理氣)의 문제를 논했다. 56세에는 「이통설(理通說)」을 지었는데, 이는 권우인이 율곡의 이통기국설(理通氣局說)을 잘못 해석하여 본지를 어지럽게 하는 것을 바로잡기 위해 쓴 것이다. 59세에는 남원의 의병장 조경남(趙慶南, 1570-1637, 호 山西)이 지은 『난중잡록(亂中雜錄)』의 서문을 지어 붕당의 시비를 변론했다. 60세에 무장현감을 제수 받았으나 부임하지 않았고, 64세에는 사헌부장령(司憲府掌令)에 제수되었다가 얼마 후 체직되었다.

65세(1862년)에 「삼정책(三政策)」(일명 壬戌擬策)을 올리려다가 실행하지 못했다. 이 해에 삼남에 민요가 일어나자 조정에서 전부와 군제와 환곡 등 세 가지 정책에 대하여 널리 구언했다. 노사는 봉사(封事)를 작성하여 사대부 습속의 문란이 현실을 급속히 파괴하게 된 증후라고 주장하고,

이어서 삼정의 폐단을 구해낼 방법과 실시할 계책을 제시했다. 67세 여름에 침수정(枕漱亭)에서 피서했는데 이 때 배종한 문인이 수십 명이었다. 69세(1866년) 6월에 집의(執義)를 제수 받고, 7월에 6조로 된 상소, 이른바 「육조소(六條疏)」를 올렸다. 이 때 서양 오랑캐가 침범했는데도 조정에서 화친하자는 의논이 비등하자, 노사는 이 말을 듣고 상소하여 간사한 오랑캐의 정상을 말하고 방비할 계책을 말하였으며, 말미에서 또 안으로 덕을 닦는 것이 밖으로 오랑캐를 물리치는 근본이 된다고 하였다. 이 상소는 당시 이항로(李恒老)의 척사론과 함께 그 후로 계속된 위정척사론(衛正斥邪論)의 기본논리가 되었다.

77세(1874년)에 「납량사의」의 몇 문단을 고치고 「노사설(蘆沙說)」을 지었다. 79세에 호조참판을 제수 받았다. 81세(1878년)에 「외필(猥筆)」을 작성하여 문인 조성가(趙性家)에게 보여주었으며, '담대헌(澹對軒)'이라는 정사(精舍)를 짓고 그 기문을 지었다. 82세(1879년)에 「납량사의」와 「외필」을 문인 김석구(金錫龜)·정재규(鄭載圭)·정의림(鄭義林)에게 보여 주었다. 이해 겨울에 『주역』을 보았는데 12월 21일에 병환이 생겼다가 29일에 생을 마쳤다. 이듬해 2월 15일에 봉산(鳳山)에다 장사를 지냈다. 1892년에 문인 조성가(趙性家)가 「행장」을 지었고, 1901년에 최익현이 「신도비문」을 만들었으며, 1910년에 조정으로부터 문간(文簡)이라는 시호를 받았다. 1924년에 담대헌(澹對軒)을 중건하고, 이듬해에 석채(釋菜)의식을 거행했다. 1927년에 사우(祠宇)와 거경재(居敬齋), 집의재(集義齋)를 건립하여 고산서원(高山書院)의 규모를 갖추고 노사를 주벽으로 모셔 제향했다. 고산서원 이외에도 노사는 광산의 도림사(道林祠), 담양의 금곡사(金谷祠), 화순의 구암영당(龜巖影堂)·삼산사(三山祠)·고강사(高崗祠), 나주의 오봉사(五峰祠) 등에서 제향되고 있다.

Ⅲ. 노사의 학문과 사상

1. 리(理) 중심의 철학

노사는 전북 순창에서 태어나 전남 장성으로 이사하여 평생 그곳을 생활 기반으로 삼아 학문에 정진했다. 동시대의 저명한 성리학자들이 대부분 사승(師承)관계를 뚜렷이 맺으면서 학문을 연마해간 것과 달리, 노사는 어려서부터 특별한 사승관계 없이 자신의 탁월한 재능과 성실한 노력으로 높은 학문적 업적을 쌓았다. 이로 인해 후대에 근세유학(近世儒學)을 대표하는 3인 중의 한 명 또는 이학(理學) 6대가 중의 한 명으로 평가받고 있다.

노사는 세계를 리(理)를 중심으로 설명한다. 그의 이기설에서는 불가피한 경우 '기(氣)'라는 용어를 쓰지만, 그렇지 않을 때에는 '분(分)'이라 표현한다. 그는 46세(1843년)에 고창 문수사의 남암(南庵)에서 쓴 역작 「납량사의(納凉私議)」에서 "기(氣)로서의 분(分)이 실은 리(理) 하나 가운데의 미세한 조리(條理)"이며, "리(理)와 대비되지 않는 것"이라 주장한다. 곧 기(氣)란 리(理)와 대립·대칭될 수조차 없다는 것이다. 이러한 관점은 81세(1878년)에 저술한 「외필(猥筆)」에서도 그대로 드러난다. 그는 "기(氣) 역시 리(理) 가운데의 일"이라거나 "기(氣)가 어찌 리(理)와 대비되는 짝일 수 있는가"라고 말함으로써 주리적(主理的) 논점을 선명히 부각시키고 있다. 이렇게 말할 수 있는 이유는 무엇인가? 그 이유는 바로 모든 "기(氣)의 발동과 유행이 리(理)의 명령을 받아 실현되는 것"이요, "기(氣)는 리(理)가 유행하는데 필요한 수족일 뿐"이기 때문이다.

원래 성리학에서 리(理)의 기본적인 뜻은 모든 현상과 존재의 원인이 되는 원리·원칙을 가리키는 반면, 기(氣)는 모든 현상과 존재의 바탕이 되는 재료를 의미한다. 따라서 이기의 의미는 사실과 가치의 양 측면에서 살필 수 있다. 다만 가치적 측면에서 의미의 비중이 사실적 측면에서 의미의 비중보다 더 클 뿐이다. 특히 가치의 측면으로 볼 때 기(氣)는 그 자체가 선하지도 않고 악하지도 않은 이른바 가치중립의 성질을 가진 것인데 비하여, 리(理)는 선(善)의 원인 혹은 선으로서 의리라는 의미를 가진다. 따라서 위에서 노사가 발언한 내용들은 사실의 측면에서 한 의미로 볼 여지가 없지 않지만, 리(理)가 실제적인 작위성이 없음을 고려한다면, 대체로 이것들은 가치의 측면에서 한 의미로 보아야할 것이다.

그렇다면 이 발언의 이면에는 벌써 행위상의 선악에 대한 의식이 작용하고 있는 것임에 틀림없다. 다시 말해 리(理)를 기(氣)에 대비할 수 없을 정도로 존귀하게 여긴다는 것은 곧 노사가 가치중립의 태도를 벗어나 선의 원리 또는 선으로서 의리를 그만큼 중시했음을 짐작할 수 있다. 이러한 점은 노사가 사단칠정(四端七情)을 논하는 자리에서도 분명하게 확인된다. 그는 아래와 같이 주장한다. "사단은 선(善) 한 쪽이니 리(理)로 말하고, 칠정은 선악을 겸한 것이므로 이기(理氣)를 겸한 것이다. '이기'라는 글자는 '선악'이라는 글자로 보면 무방하다." 이처럼 그의 리(理) 중심의 성리설은 철저히 악을 피하고 선 또는 의리를 위하려는 의지의 결과가 아닐 수 없다. 다시 말해서 철저히 선 또는 의리를 실현하려는 목적의식이 그로 하여금 리(理) 중심의 성리학을 이룩하게 했던 것이다.

2. 위정척사(衛正斥邪) 사상

노사는 이미 청년시절에 권우인(權宇仁)에게 보낸 편지에서, 불교와 노장의 공(空)·무(無)한 이론과 유학의 인의와 예(禮)에 기초한 충실한 도덕 이론을 대비·설명한 바 있다. 물론 여기에는 불교와 노장을 비판적 시각에서 바라보고 유학을 호교적(護教的) 관점에서 지지하는 노사의 사고가 내포되어 있다. 그러나 노사의 위정척사론은 서학(西學)을 이단으로 격렬히 배척하면서 싹이 튼다. 노사는 1839년(42세) 겨울, 왕명으로 화양서원(華陽書院, 송시열을 제향)에 치제(致祭)한 일을 기록한 김재진(金在晉)의 시를 차운하여, "서학의 요괴를 도끼로 내려쳐 이목이 상쾌하니/ 이에 유학을 천명하여 온 누리를 안정시키네"라고 자신의 심정의 일단을 내비쳤다. 노사가 이 시를 짓던 해에 조선에서는 기해사옥(己亥邪獄, 7월)이 일어나 프랑스 신부 앙베르·샤스탕·모방 등이 사형되고, 척사윤음(斥邪綸音, 11월)을 반포하여 천주교를 사도로 규탄하는 사건이 벌어졌다. 노사는 이러한 일련의 사건을 의식하면서 서학을 이단·사설로, 유학을 정학(正學)으로 규정하는 확고한 도식을 드러냈다. 나아가 노사는 서학의 천당 지옥설에 대해 불교의 극락 지옥설보다 더 요망하고 괴기한 술책이라고 비판했을 뿐만 아니라, 군주와 부모를 배반하고 사람들에게 세금을 교묘하게 거두어들이는 등 모든 악을 갖춘 종교로 인식했다.

노사의 위정척사론은 서양의 침략이 빈번하던 1866년(69세)에 올린 「병인소(丙寅疏)」에서 꽃을 피우게 된다. 1862년(65세)에 작성한 「임술의책(壬戌擬策)」(실제로 올리지는 못함)에서 이미 '민심의 결집[結人心]'을 요체로 내수논(內修論)을 주장했던 노사는 이제 서양 제국주의의 침략이 자행되자 내수를 기반으로 한 척사론을 강력하게 제기한 것이다. 그는 서양의 침략에 대해 극도의 우려를 표시하면서 6조목의 방비책을 제시하고 있다.

첫째, 외침에 대해 민심의 동요를 막고 민심의 합일을 꾀하기 위해서는 무엇보다 '조정의 정책'을 확정하지 않으면 안 된다[廟算不可不定]고 주장한다. 이 대책은 외세의 침략에 맞선 내부의 태도를 좀 더 강화하는 논리라 할 수 있다. 척사에 대한 군주와 백성의 합일된 결의를 촉구한 그는 국가의 일정한 정책, 만민의 귀일하는 정신, 국론의 분열요소 제거 등 일원적인 체계 구성을 주장하고, 밀려오는 서양세력에 대해 흡입되고 동화될 가능성에 대해 경계하여 방책을 세워야 함을 역설하는 것이다. 둘째, 연해의 관원들이 전투를 효율적으로 수행하기 위해서는 먼저 '조정의 명령'을 정비해야 한다[先修辭令]고 주장한다. 이 대책은 서양 물건의 엄단을 통해 내적인 주체성을 확보하고 정당성을 갖춰 서양의 세력에게 우리의 입장을 보여주자는 것으로 이해된다. 내적인 주체성과 정당성을 바탕으로 통상요구 거절의 이유가 서양의 부당함에 있음을 지적한 것이다. 셋째, 유사시에 대비하여 우리의 지세를 이용하여 공격할 수 있도록 지형을 잘 관찰해야[審地形] 하고, 넷째, 외침에 대비하여 군적(軍籍)을 효율적으로 관리하고 국방력을 강화하기 위해 군대를 훈련시켜야[鍊兵] 하며, 다섯째, 천하에 쓰지 못할 사람이 없듯이 이용하지 못할 방책이 없으므로 널리 좋은 의견을 구하되[求言] 한글로 쓰여진 것도 받아들여야 하며, 여섯째, 내정개혁을 과감히 단행하고 외양의 토대를 이뤄내는[內修外攘] 것이 급선무인데 이를 위해서는 민심의 결집이 중요하다는 것이다.

이러한 그의 대책은 상황적인 요인에 의해 불가피하게 서양과의 대결이 이루어질 것에 대비하자는 것으로 요약될 수 있다. 이러한 대책은 현실적인 상황을 고려한 가운데 적극적인 척사론의 전개라기보다는 국가적 합일을 바탕으로 내부의 단결을 꾀하여 서양의 물리력을 나름대로 효과적으로 대비하자는 수세적 입장의 방책이라 할 수 있다. 특기할만한 것은 서양의 군대에 대해 수전(水戰)과 육전(陸戰)을 대비시켜 우리의 장점을 살리려는 지세의 이용을 제기하고, 치병에 대해서도 당시 현실에 대한 날카로운 비판을 통해 구체성을 확보하고 있는 점이다. 아울러 구언(求言)에서도 한글로 쓰여진 것도 수용해야 함을 역설한 것은 비록 수세적인 척사 논의이기는 하지만 관념적인 주의·주장을 벗어나 신분에 대한 개방적인 태도라 할 수 있다.

여기서 우리는 어느 사상가 또는 철학자의 경우에나 그 사상 또는 철학이 사회적 환경과 밀접한 관련이 있음을 고려해야 한다. 이렇게 사회적 환경과의 관련을 감안하면서 그의 전술한 주리적(主理的) 성리설을 되돌아본다면, 그 성리설의 실천적 성격은 결국 리(理) 중심의 의리사상을 고취하는 방식으로 이 민족과 국가의 수호를 뒷받침한 것이라 하겠다.

Ⅳ. 노사의 저술과 유적(遺蹟)

1. 『노사집(蘆沙集)』의 내용과 성격

노사의 문집은 사후 3년 만인 1882년에 그의 강학소인 담대헌(澹對軒)에서 초간(初刊)한 활자본이 있고, 1902년에 문인 정재규(鄭載圭)가 신안정사(新安精舍, 경남 합천군 쌍백면)에서 중간한 목판본이 있다.

초간본은 22권 11책으로, 권1-2에는 시(詩), 권3은 소(疏), 권4-11은 서(書), 권12는 잡저(雜著), 권13-15는 서(序), 권16-17은 기(記), 권18은 발(跋), 권19는 잠(箴)·사(辭)·상량문(上樑文)·축문(祝文)·제문(祭文)·명(銘), 권20은 비(碑)·묘갈명(墓碣銘)·묘지명(墓誌銘), 권21은 묘표(墓表), 권22는 행장(行狀)·전(傳)·유사(遺事) 등이 수록되어 있는데, 서문은 기양연(奇陽衍), 발문은 최익현이 썼다. 중간본은 원집 28권, 부록2권, 답문유편(答問類編) 15권으로 편집되었는데, 원집의 권1-2는 시(詩), 권3은 소(疏), 권4-15는 서(書), 권16은 잡저(雜著), 권17-20은 서(序), 권21-23은 기(記), 권24는 발(跋), 권25는 잠(箴)·사(辭)·상량문(上樑文)·축문(祝文)·제문(祭文)·명(銘), 권26은 비(碑)·묘갈명(墓碣銘)·묘지명(墓誌銘), 권27은 묘표(墓表), 권28는 행장(行狀)·전(傳)·유사(遺事)를 실었고, 부록 권1은 사제문(賜祭文)·연보(年譜), 권2는 행장·신도비명을 실었으며, 답문유편의 권1은 논도체제일(論道體第一)·총론(總論), 권2는 성명(性命), 권3은 심성정(心性情)·형기신리(形氣神理)·귀신명수(鬼神命數), 권4는 논학제이(論學弟二)·총론(總論)·지수(持守), 권5는 지행(知行)·출처(出處), 권6은 논경제삼(論經第三)·소학·대학, 권7은 논어, 권8은 맹자·중용, 권9는 시(詩)·서(書)·역(易)·춘

추(春秋)·예기(禮記), 권10은 논선유제사(論先儒第四)·주자(周子)·정자·주자·제유(諸儒), 권11은 논예제오(論禮第五)·통례(通禮)·관례·혼례, 권12는 상례상(喪禮上), 권13은 상례하(喪禮下), 권14는 제례(祭禮)·방례(邦禮), 권15는 논사(論史)·훈문인(訓門人)·지구(知舊)를 실었다.

이상의 편집 내용을 살펴보면, 노사의 문집은 시문(詩文)과 같은 문예(文藝) 중심의 일반적인 문집류와 달리, 주로 경학(經學)·성리학(性理學)·예학(禮學)의 주요문제에 대한 자신의 견해와 문인들과의 문답, 그리고 시무(時務)를 깊이 있게 언급한 상소문들로 채워져 있다. 예를 들면 「답권신원우인(答權信元宇仁)」·「이통설(理通說)」·「정자설(定字說)」·「우기(偶記)」·「납량사의(納凉私議)」·「외필(猥筆)」·「형질기질설증정계방(形質氣質說贈鄭季方)」 등은 노사의 성리설을 상세히 설명해주는 저술이고, 「병인소(丙寅疏)」·「임술의책(壬戌擬策)」 등은 노사의 위정척사론과 경세사상이 잘 드러난 저작이다. 이러한 논저들은 조선조 후기의 성리학 흐름, 시국의 혼돈, 외세의 침략에 대한 유학자의 대응방식을 이해하는 데 매우 중요한 자료이다.

2. 노사의 유적지

1) 고산서원(高山書院)

이 서원은 전남 장성군 진원면 고산리에 자리하고 있다. 본래 이곳은 노사가 1878년에 정사(精舍)를 지어 담대헌(澹對軒)이라 하고 학문을 강론하던 곳인데, 1924년에 다시 중건한 후 1927년에 고산서원으로 고쳐 오늘에 이른다. 처음엔 노사를 주벽으로 삼고 정재규(鄭載圭)·조성가(趙性家)·김녹휴(金祿休)·조의곤(曺毅坤)·이최선(李最善)·기우만(奇宇萬)을 배향했으며, 이후 김석구(金錫龜)와 정의림(鄭義林)을 추가로 배향했다. 사우(祠宇)의 상량문은 문인 오준선(吳駿善)이 지었고, 노사위패의 봉안문은 권재규(權載奎)가 지었으며, 서원의 창건실기는 박흥규(朴興圭)가 지었다. 1978년에 뜰에다 장판각(藏板閣)을 새로 지어 거경재(居敬齋)에 있던 문집과 목판, 유품(갓·탕건·옥돌담배상자·은장도·지팡이·안석 등) 등을 옮겨 보관하고 있다.

건물 현황을 보면, 총 8동(棟)으로 외삼문인 산앙문(山仰門)을 들어서면 정면에 강당(담대헌)이 있고, 강당 좌우로 동재(東齋)인 거경재(居敬齋)와 서재(西齋)인 집의재(集義齋)가 교육공간을 이루고 있다. 이어 서재 옆에 장판각(藏板閣)이 있고 강당 뒤로 내삼문과 사당인 고산사(高山祠)가 자리 잡고 있다. 그밖에 정문 옆에 살림살이를 맡은 고직사가 있다. 1982년에 전남기념물 제63호로 지정되었고, 1994년에 사당과 주변 담장을 보수했으며, 현재 고산서원묘정비(高山書院廟庭碑)가 세워져있다. 서원의 역사와 현황을 알려주는 『고산서원지(高山書院誌)』가 1968년에 간행되었는데, 서문은 송재성과 김상진이 썼고, 발문은 여창현·홍석희·박영봉이 썼다.

2) 담대헌(澹對軒)

1878년(노사 81세)에 월송리 집의 서쪽 빈터에 정사(精舍)를 건립하여 문인들에게 강학하던 곳인데, 서석산(瑞石山, 지금의 무등산)에 있는 부모의 묘소를 바라볼 수 있어 '담대헌'이라 이름을 붙였다. 그가 지은 「담대헌기(澹對軒記)」에서 "평생 뜻에 맞는 일이 별로 없었는데 이 한 가지 일은 뜻밖에 얻었다"고 말한 것으로 보아, 이 정사를 짓고 매우 흡족하게 여겼음을 알 수 있다. 현재는 고산서원의 강당으로 활용하고 있다.

3) 남암사(南庵寺)·관암(觀庵)·침수정(枕漱亭)

남암사(南庵寺)는 전북 고창군 소요산에 있던 절인데, 노사가 1843년 46세에 「납량사의(納凉私議)」 초고를 작성한 곳이다. 관암(觀庵)은 관불암(觀佛庵)이라고 부른다. 노사가 젊어서 글을 읽던 곳으로, 부모의 묘소가 있는 서석산(瑞石山)과 마주 보고 있다. 침수정(枕漱亭)은 석병산(石屛山)에 있었던 정자이다. 노사가 여름에 피서하며 강학한 곳이었으나, 상량(爽凉)한 석기(石氣)가 사람에게 맞지 않다 하여 훗날 헐어버렸다.

4) 기타 유적

노사의 묘소는 전남 장성군 동화면 남산리(또는 황산리)에 있는데, 묘소로 올라가는 입구에는 면암(勉庵) 최익현(崔益鉉)이 지은 신도비(神道碑)가 서 있고, 묘정에는 문인 정재규(鄭載圭)가 지은 묘갈비가 있다. 또 장성군 진원면 진원초등학교 교정에는 노사의 학덕을 추모하는 경모비(敬慕碑)가 남아 있다.

Ⅴ. 노사학파의 주요 학맥(學脈)

1. 문인(門人)들의 성향과 분포

노사가 언제부터 강학을 시작하여 문인들을 양성했는지 그 정확한 시점을 알 수는 없지만, 「연보」 23세 조에 "여름에 남암사(南庵寺)에서 독서했다. '생도(生徒)들'을 보내고 책에 묻혀 침잠하기 두어 달 만에 병이 나서 책을 메고 집으로 돌아왔다"고 적어놓은 것을 보면, 약관의 나이를 넘어 일찍부터 문생들을 받아들여 교육했던 것으로 보인다. 노사는 자신의 문하를 찾은 문인들에게 직접 경사(經史)를 강론했을 뿐 아니라, 서신을 통한 질의에 성실하게 답변하여 자신이 구축한 철학이론과 정치사상을 전수해 주었다.

노사는 조선조 후기에 리(理) 중심의 학문체계를 통해 현실세계의 가치와 지향을 리(理)로 수렴시키고, 리(理)를 통해 현실세계의 목표와 변화를 이끌어내고자 했던 철학자였다. 따라서 그의 주리적(主理的) 학문체계는 의리론 및 현실개혁론과 유기적 관계에 놓여있다고 볼 수 있다. 이 같은 학문체계를 확립한 노사의 학명(學名)은 40대에 이미 널리 확산되어 많은 제자들이 그의 문하로 몰려들었는데, 이들은 노사의 성리설과 위정척사론을 학문적·실천적으로 계승하여 스승의 성리설이 공격받을 때는 글로써 논변·옹호하고, 국가가 위기에 처할 때는 상소와 거의(擧義)로써 저항했다.

담대헌(澹對軒)에서 발간한 『노사선생연원록(蘆沙先生淵源錄)』(1960년 간행)에는 노사의 문하에서 직접 수학한 문인과 그 문인들이 문파(門派)를 이뤄 배출한 재전(再傳)·삼전(三傳)·사전(四傳) 문인들의 명단과 간략한 프로필이 기록되어 있다. 이 『연원록』에는 직접 수학한 594명의 문인(67門派 포함)과 재전(再傳)·삼전(三傳)·사전(四傳) 문인 약 4천여 명(약 194 門派 포함)이 들어있다. 직접 수학한 문인은 오상봉(吳相鳳, 1801년 생, 병인양요에 서양인이 강화도를 함락하자 오한두吳漢斗·서영철徐泳喆 등과 함께 의병을 일으

도별	거주지역	문인수(門人數)	도별	거주지역	문인수(門人數)
전남	광주	95	전북	고창	23
	장성	80		정읍	6
	담양	37		고부(古阜)	4
	창평	26		무장(茂長)	14
	영광	9		임실	6
	나주	17		운봉(雲峰)	1
	무안	32		남원	9
	영암	9		순창	16
	장흥	9		태인	2
	능주	39		부안	2
	해남	2		김제	2
	함평	15		흥덕(興德)	2
	순천	12		전주	3
	광양	1		진안	1
	곡성	33	소계	15	
	동복	2	경남	진주	3
	낙안	3		하동	2
	화순	6		함양	3
	옥과	3		산청	6
	강진	9		초계(草溪)	3
	보성	4		단성(丹城)	1
	고흥	1		삼가(三嘉)	4
	여천	1		창원(昌原)	1
	돌산	1	소계	8	
	남평	12	충북· 충남	제천(堤川)	1
	흥양(興陽)	15		청풍(淸風)	1
소계	26			결성(結城)	1
제주	제주(濟州)	2	소계	3	
소계	1		함경북도	무산(茂山)	1
			소계	1	

킴)과 위성조(魏成祚, 1801년 생)처럼 노사와 불과 3세 밖에 차이가 나지 않은 인물들부터 이학제(李鶴濟, 1863년 생)처럼 노사와 65세나 차이가 나는 인물들까지 매우 다양하다. 그들이 거주하면서 활동한 지역은 주로 전남·전북·제주에 고루 분포되어 있고, 호남을 벗어나서는 경남의 진주·하동·산청·합천 지역에 집중되어 있으며, 충북·충남·함경북도의 몇몇 지역에도 산재되어 있다. 따라서 조선조 후기에 성리학이 화서(華西)학파(이항로)·한주(寒洲)학파(이진상)·연재(淵齋)학파(송병선)·간재(艮齋)학파(전우) 등으로 분화되어 가던 시점에, 노사의 학문적 영향력은 주로 전남·전북·경남 지역에 파급되었음을 알 수 있다.

2. 학맥도(學脈圖)

노사의 많은 문인 중에서도 이희석(李僖錫)·김류(金瀏)·조성가(趙性家)·이최선(李最善)·나도규(羅燾圭)·김녹휴(金祿休)·조의곤(曺毅坤)·김석구(金錫龜)·최숙민(崔琡民)·정시림(鄭時林)·정재규(鄭載圭)·정의림(鄭義林)·기우만(奇宇萬)·이직현(李直鉉)·오준선(吳駿善)·기삼연(奇參衍)·권운환(權雲煥)·기재(奇宰)·고광선(高光善) 등은 노사의 성리학과 위정척사 정신을 투철히 계승하여 학문적 성취를 이루고, 각자 거주지역에서 강학활동과 의병활동 등을 활발하게 전개하여 노사학파의 위상을 다지는데 기여했다. 그중 노사의 가장 뛰어난 문인 정재규(鄭載圭)와 노사의 손자 기우만(奇宇萬)은 많은 문인들을 배출했고, 동시에 뚜렷한 사승(師承)관계를 형성하여 현재까지도 학맥을 유지하고 있어 주목된다.

- 기정진(奇正鎭)
  - 이희석(李僖錫) — 최태묵
  - 김 류(金 瀏) — 박규석
  - 조성가(趙性家) — 권봉현
  - 이최선(李最善) — 송경진
  - 나도규(羅燾圭) — 고일주
  - 김녹휴(金祿休) — 이희용
  - 조의곤(曺毅坤) — 조석일
  - 김석구(金錫龜) — 이용채
  - 최숙민(崔琡民) — 김병립
  - 정시림(鄭時林) — 박용진
  - 정재규(鄭載圭)
    - 남정우(南廷瑀) — 권우현
    - 정 기(鄭 琦)
      - 김문옥(金文鈺)
        - 윤정복(尹丁鍑)
        - 위계도(魏啓道)
        - 나갑주(羅鉀柱)
        - 이백순(李栢淳)
        - 손평기(孫坪琦)
      - 김규태(金奎泰)
    - 권재규(權載奎)
  - 오계수(吳繼洙) — 홍승채(洪承采)
  - 정의림(鄭義林) — 황철원(黃澈源) — 정현채
  - 기우만(奇宇萬)
    - 공학원(孔學源) — 변무연(邊武淵)
    - 홍규식(洪奎植) — 박인현(朴仁鉉)
    - 조덕승(曺悳承) — 정홍채(鄭泓采)
    - 백홍인(白弘寅) — 이남규(李南載)
    - 양회갑(梁會甲) — 채규태(蔡奎泰)
  - 이직현(李直鉉) — 정희도
  - 오준선(吳駿善) — 김석혁
  - 기삼연(奇參衍) — 이승달
  - 권운환(權雲煥) — 이교면
  - 기 재(奇 宰) — 박영수
  - 고광선(高光善) — 김강환

3. 주요 문파(門派)들

1) 남파(南坡) 이희석(李僖錫) 계열

남파(南坡) 이희석(李僖錫, 1804-1889). 자는 효일(孝一), 본관은 인천, 공도공(恭度公) 이문화(李文和)의 후손, 전남 장흥군 청적리에서 이중즙(李重楫)의 아들로 태어났다. 나이 차가 별로 나지 않았기 때문에 노사는 이희석을 벗으로 대했으나, 그는 노사를 스승으로 섬겼다. 두 사람은 경전을 토론하거나 고금의 역사를 담론할 때마다 마치 악기가 조화를 이루듯 견해가 일치했다. 학행과 문장이 뛰어나 고종 때 진사(進士)가 되었으나, 더 이상 과거에 뜻을 두지 않고 천관산(天冠山)에 묻혀 강학을 일삼았다.

문집으로 『남파선생집(南坡先生集)』 8권 3책(1898년 간행)을 남겼는데, 기우만이 서문을 쓰고 김평묵·최익현·송기로·조성가 등이 발문을 썼다. 주요 저술로는 「거긍설(去矜說)」·「설계(舌誡)」·「산림학자변(山林學者辨)」 등이 있고, 그의 생애를 알려주는 자료로 기우만이 쓴 「남파선생이공행장(南坡先生李公行狀)」이 남아있다. 천관산에 묘소가 있고, 1917년에 당곡사(장흥군 용산면 어산리 855)에 배향되었다. 문인으로는 최태묵·기정연(奇鼎衍)·안규환 등 약 30명을 배출했다.

2) 귤은(橘隱) 김류(金瀏)계열

귤은(橘隱) 김류(金瀏, 1814-1884). 자는 토량(土亮), 본관은 경주, 상촌(桑村) 김자수(金自粹)의 후예, 고흥 거문도에 김지관(金志瓘)의 아들로 태어났다. 초년에는 과거공부에 매진했으나 중년에 뜻을 바꾸어 과업(科業)

을 폐하고 노사를 사사하여 평생을 성리학에 전념했으며 실학에 관한 저술도 남겼다.

문집으로는 『귤은재유고(橘隱齋遺稿)』 4권 2책(1901년 간행)을 남겼는데, 기우만이 서문을 쓰고 김준(金濬)이 발문을 붙였다. 주요 저술로는 「문음양승강(問陰陽升降)」, 「태극도설(太極圖說)」, 「소도원설(小桃源說)」, 「부선설(鳧船說)」 등이 있는데, 「부선설」은 과학적이고 실용적인 방법으로 목판복개(木板覆蓋)의 반철갑(半鐵甲) 전선(戰船)의 모형을 창안하여 설명한 것이다. 유적으로는 거문도 거문리에 귤은당(橘隱堂)이라는 사우(祠宇)가 남아있고, 문인으로는 박규석(朴圭錫)·김백규(金伯奎)·지명호(池命鎬)·위계용(魏啓鎔) 등 약 74명을 배출했다.

3) 월고(月皐) 조성가(趙性家) 계열

월고(月皐) 조성가(趙性家, 1824-1904). 자는 직교(直敎), 본관은 함안, 어계(漁溪) 조려(趙旅)의 후손으로 경남 함안에서 살았다. 그는 노사를 30년 이상 가까이 모시면서 스승이 가난하여 식량이 부족하면 하동 옥종 땅에서 300리 길을 멀다하지 않고 나귀 등에 쌀가마를 싣고 와 생계를 도운 애제자였다. 노사는 1878년에 조성가를 불러 「외필(猥筆)」이라는 책을 보이면서 "내가 마음에 간직하고 조심한지 80년이 되었으나 감히 입 밖에 내지 못했다. 지금 비록 만 가지 생각이 재처럼 식어 버렸지만 잊지 못하는 마음은 남아있다. 전현(前賢)이 아직 살아 있다면 질문하고 싶은 마음이 있으나 그것이 불가능하니 기대할 수 있는 것은 후현(後賢)이다" 말하고 잘 보관하라고 부탁했다. 이는 노사가 작고하기 1년 전에 조성가에게 자신의 성리설을 전수한 것이라고 말할 수 있다. 조성가의 질문에 대한 답변으로 노사가 저술한 「외필」은 사단과 칠정을 호발(互發)이라고 본 퇴계나 기발(氣發)만을 인정하는 율곡의 입장과 달리 기발(氣發)이 곧 이발(理發)이라는 독특한 해석을 내놓음으로써 같은 기호계열의 간재학파나 연재학파로부터 거센 비판을 받기도 했다.

노사의 주리론(主理論)을 계승한 그의 학문과 사상은 당시 영남학파의 종장이라고 할 수 있는 이진상(李震相)의 심즉리설(心卽理說)과 상통한 면이 많았다. 학맥은 영남과 기호로 크게 나뉘지만 학문 경향은 서로 비슷한 면이 있다고 할 수 있다. 1877년에 이진상은 산청군 단성면 사월리를 방문해 허유·곽종석 등 당시 영남학맥을 대표하던 학자들과 향음주례(鄕飮酒禮)를 행하고 강좌(講座)를 열었는데, 이때 조성가를 정중히 초청했으며, 남쪽으로 100여 리를 내려가 남해 금산을 함께 등반하기도 했다. 또 이들은 조식의 신도비(神道碑)를 둘러본 뒤, 사당을 배알하고 산천재(山天齋)로 들어가 조식이 손수 그린 공자와 주돈이·정호·주희의 묵상(墨像)을 배알하고 그곳에 머물면서 강론했다. 이때 두 사람은 영남과 기호의 사단칠정에 대한 학설의 차이점에 대하여 토론하기도 하였다. 1895년에 을미사변이 일어나자 지리산으로 들어가 두문불출하고, 한말의 급변하는 과정에서 유학의 본질을 지키기 위하여 「부정척사론(扶正斥邪論)」을 지어 외세의 압력에 저항하고자 하는 자신의 마음을 드러냈다. 『노사집』과 그의 「연보」를 10여 년에 걸쳐 교정하여 간행했고, 최익현과 편지를 통해 사칠이기론(四七理氣論)을 변론했다. 시와 문장에 뛰어났으며, 1902년에 감역(監役)에 임명되었으나 나아가지 않았다.

문집으로 『월고문집(月皐文集)』 20권 10책 분량의 글을 남겼는데 시(詩)와 서(書)의 분량에 비해 논(論)이나 잡저(雜著)의 분량이 상대적으로 적다. 이는 노사의 학설을 그대로 계승하다보니 나름대로의 학설들을 개진할 필요성을 느끼지 못했을 것으로 추측된다. 이중 「사상일기(沙上日記)」는 스승을 모시고 학문을 연마하는 과정을 일목요연하게 소개하고 있어, 월고의 학문 사상을 연구하는 데 좋은 자료가 될 수 있을 것이다. 사후에 장성의 고산서원(高山書院)에 배향되었고, 그가 태어난 경남 하동군 옥종면 회신리에 묘소가 있는데, 총탄 자국이 난 묘비엔 '대한징사월고조선생지묘(大韓徵士月皐趙先生之墓)'라는 글씨가 새겨져 있다. 임금이 벼슬을 내려 불렀으나 나가지 않았다고 해서 '징사'라는 말을 썼다. 문인으로는 조찬규(趙纘奎)·권봉현(權鳳鉉) 등 약 5명을 배출했다.

4) 석전(石田) 이최선(李最善) 계열

석전(石田) 이최선(李最善, 1825-1883). 자는 낙유(樂裕), 본관은 전주, 양녕대군의 후손, 전남 담양군 창평면 장전(長田)에서 태어났다. 15세에 노사의 문하에 입문한 뒤, 40년간을 하루같이 지성을 다해 섬김으로서 '정자 문하의 여희철(呂希哲)'에 비견되었다. 1859년에 진사시험에 합격하고 1864년에 초시(初試)에 합격했으나 복시(覆試)에는 응하지 않았다. 그는 「독외필(讀猥筆)」에서 노사의 「외필」이 주리설(主理說)을 밝혀 성현의 올바른 도리를 세상에 천명한 것이라고 주장하고, 율곡의 기자이설(機自爾說)과 기발이승일도설(氣發理乘一途說)도 전체적으로 탐구해보면 주리설이라 하여 율곡과 노사의 입장을 일치시켰다. 그는 예학(禮學)에도 깊은 관심을 보여 노사에게 상례(喪禮)에 관해 질문하고 비평을 받았기도 했다. 또한 그는 조선왕조의 정통성을 옹호하고 외세를 철저하게 배격할 만큼 위정척사의 정신에도 투철했다.

1862년에 조정에서 삼정(三政, 田稅·軍布·還穀)의 폐단을 구제할 방책을 구하자, 그는 장문의 「삼정책(三政策)」을 올려서 삼정의 문란한 실상, 관료의 부패, 백성의 도탄 등을 구체적으로 서술하고, 삼정의 법제를 개혁하는 것으로 문제가 해결되는 것이 아니라 근본을 바로잡아야 할 것을 역설했다. 그는 삼정의 문란보다 더욱 근원적인 병폐를, 첫째 기강이 무너지고, 둘째 염치가 소멸된 것이라 지적하고 있다. 기강과 염치의 정신적 기반이 바로잡히지 않은 상태에서는 삼정의 제도적 폐단을 개혁하는 것이 아무리 절박하다 하더라도 말단에 매달려 근본적인 해결의 효과를 거둘 수 없을 것임을 경계했다. 또한 그는 습속의 병폐를 바로잡아 새로운 기풍을 진작시키려면 무엇보다 인재를 얻어야 하며, 인재를 얻기 위해서는 이치를 밝혀 도학에 힘쓰고, 언론을 개방하며, 인재의 선발을 엄정하게 해야 한다는 방안을 제시했다.

1866년에 병인양요가 일어났을 때는 호남의 종친들에게 격문을 돌려 의병을 모아 서울로 올라가서 당시의 집정자인 대원군을 만났다. 대원군이 시무(時務)의 급한 일을 묻자, 그는 인재를 얻는 것과 독서하는 것이 중요하며, 경전과 역사서를 읽어 천고의 흥망을 살펴 견식을 가져야 한다고 강조했다. 여기서도 근본에 관한 식견을 길러야 당면의 문제에 대한 올바른 판단이 가능함을 지적하고 있다. 그의 이러한 위정척사 정신은 아들과 손자에게까지 전승되었다. 아들 이승학(李承鶴)은 기우만 등과 함께 의병으로 활약했고, 손자 이광수(李光秀, 기우만의 문인)도 나인영이 주도한 을사오적을 처단하기 위한 비밀결사에 참여하여 의열투쟁에 나섰다가 체포되어 진도에 유배되기도 하였으며 양한묵(梁漢默) 등과 함께 3·1운동에도 참여했다.

사후에 전남 장성군 진원면의 고산서원(高山書院)에 배향되었다. 장전(長田) 마을의 동구에는 그가 지었다고 알려진 문일정(聞一亭)과 노사가 써준 문일정기(聞一亭記)가 남아있고, 마을 안쪽에는 그의 고택이 지금도 잘 보존되어 있다. 장전 마을에서 2km 쯤 더 들어간 다동(茶洞)마을 뒷산 꼭대기에 그의 묘소가 있는데 묘비의 글은 이건창(李建昌)이 지었고, 묘소 왼편 골짜기에는 재실인 석전재(石田齋)가 있다. 문집으로는 『석전집(石田集)』 4권 2책을 남겼고, 송경진·정강원 등 약 4명의 문인을 배출했다.

5) 덕암(德巖) 나도규(羅燾圭) 계열

덕암(德巖) 나도규(羅燾圭, 1826-1885). 자는 치문(致文), 본관은 나주, 한림(翰林) 나창(羅昶)의 후손이다. 광주 계촌면 내동리에서 태어났다. 문예(文藝)와 이학(理學)에 뛰어났고, 예학(禮學)의 정수와 궁리의 요점을 잘 이해했다. 28세 때에 「심학도설(心學圖說)」을 지었고, 51세 때 노사의 상을 당하여 통유문과 상례에 관한 문자를 주관했다. 54세 때 「성기잠(誠幾箴)」을 짓고 58세 때 「자경사(自警辭)」를 지었다. 그의 문인 고광선(高光善)은 나도규의 「행장」에서 "젊어서 노사가 강론한 태극·음양의 이치에 매혹되어 「자경사」를 짓고, 과거에 나아가지 않기로 맹세했다"고 밝혔다. 문집으로는 『덕암만록(德巖漫錄)』 8권 2책을 남겼고, 문인으로는 고일주·송정보·고광선을 포함하여 약 13명이 있다.

6) 신호(莘湖) 김녹휴(金祿休) 계열

신호(莘湖) 김녹휴(金祿休, 1827-1899). 자는 치경(穉敬), 본관을 울산,

김인후의 후손으로 전남 장성군 월평리에서 출생했다. 1842년에 향시(鄕試)에 합격하고, 1846년에 노사의 문하에 나아가 학업을 닦기 시작했는데 그때부터 신촌으로 옮겨 살았다. 1877년에 조정에서 학행으로 선공감(繕工監) 감역(監役)을 제수했으나 나아가지 않았고, 화창한 봄이나 가을이면 교유하는 벗들과 명승을 탐방하고 글을 쓰곤 했다. 문집으로 『신호집(莘湖集)』 2권 1책이 있다. 문인으로는 이희용·변권용 등 10여 명이 있다.

7) 동오(東塢) 조의곤(曺毅坤) 계열

동오(東塢) 조의곤(曺毅坤, 1832-1893). 자는 사홍(士弘), 본관은 창녕, 조서(曺庶)의 후손으로 전북 고창군 검암리에서 태어났다. 1847년에 노사의 문하에 들어가 과거공부를 단념하고 위기지학(爲己之學)에 몰두하며 경서와 제자백가를 연구하기 시작했다. 1866년에 도적이 들끓자 「지도론(止盜論)」을 지었다. 1893년에 노사의 제사를 지내는 도중에 병이 생겨 세상을 떠났다. 『동오집(東塢集)』 6권 2책의 시문집을 남겼고, 문인으로는 조석일 등 약 25명을 배출했다.

8) 대곡(大谷) 김석구(金錫龜) 계열

대곡(大谷) 김석구(金錫龜, 1835-1885). 자는 경범(景範), 본관은 김해, 김한경(金漢慶)의 후손으로 남원 송동면 세전(細田)에서 출생했다. 10세 안팎에 마을 서숙에서 『소학』을 배우고, 17·8세에 노사의 제자가 된 뒤 광주 대곡(大谷, 현 담양 대치리 금곡)으로 이사했다. 그는 정재규·정의림과 함께 노사 문하의 3대 제자로 불릴 만큼 도학의 측면에서 노사의 이기론을 그대로 계승했고, 존양성찰(存養省察)을 주로 하여 노사학파의 수양체계를 정립한 인물이다. 노사학파에서는 그를 공자 문하의 안자(顔子)에 비유하기도 한다.

문집으로 『대곡유고(大谷遺稿)』 6권 3책을 남겼는데, 「자경설(自警說)」은 그의 구체적인 학문관을 드러내주는 저술로 25세부터 36세까지 약 10년에 걸쳐 도학의 요체를 기록해 놓은 것이다. 그 외에 「사문문답(師門問答)」·「사상어록(沙上語錄)」·「지구문답(知舊問答)」도 노사와 노사학파의 학문성격을 규명하는 데 도움을 자료로 생각된다. 문인으로는 이용채·김용일 등 약 26명이 있다.

9) 계남(溪南) 최숙민(崔琡民) 계열

계남(溪南) 최숙민(崔琡民, 1837-1905). 자는 원칙(元則), 본관은 전주, 최기필(崔琦弼)의 후손으로 경남 진주에서 태어났다. 어려서 여러 책을 섭렵하다가 소동파의 문장에 심취해 문장학을 숭상하게 되었으나, 나중에 주자가 소동파의 학문을 비판한 것을 보고 마음을 고쳐 오직 성리학에 전념했다. 어느 정도 학문의 진전을 이룬 뒤, 그는 진유(眞儒)의 도학을 전수 받고자 영남 일대를 돌아다니면서 스승을 구하여 도를 물었으나 마음을 흡족히 채워줄 스승을 만나지 못했다. 그러던 중 호남에 노사의 도학이 고명하다는 소문을 듣고 직접 찾아가 배움을 청한 후, 유학의 정도(正道)가 노사에게 있다고 여겨 그의 문인이 되었다. 따라서 그의 학맥을 보면 경남 남명학파 계열이면서 호남 노사학파 문하에 들어간 셈이다. 그는 노사 문인은 물론 이항로 문하의 김평묵·최익현 및 이진상 문하의 허유·곽종석 등 다른 문인과도 폭넓게 교류했다. 특히 동향 출신으로 같이 노사를 사사한 정재규(鄭載圭)와 심성론에 관한 서신을 많이 교환하면서 학문을 연마한 것이 두드러진다. 만년에는 단성(丹城)에 서재를 짓고 후학 양성에 힘썼으며, 특히 조식의 산천재(山天齋)에 오래 머물면서 학생들을 가르쳤다.

문집으로 『계남집(溪南集)』 30권을 남겼다. 그 중 「호상어록(湖上語錄)」은 노사 문하에서 들었던 내용을 정리한 어록이고, 「변전간재납량사의기의(辨田艮齋納凉私議記疑)」(모두 13단락 약 8천 여자에 달함)는 전우(田愚)가 스승 노사의 「납량사의」를 비판한 「납량사의기의」를 발표한데 대해, 노사의 학설을 옹호하는 입장에서 전우를 재반박한 논저여서 매우 주목된다. 문인은 김병립·최경병·최제효 등 약 25명을 배출했다.

10) 월파(月波) 정시림(鄭時林) 계열

월파(月波) 정시림(鄭時林, 1839-1912). 자는 백언(伯彥), 본관은 광산, 옥천(玉川) 정인관(鄭仁寬)의 후손, 보성군 옥암면(玉巖面) 노산리(蘆山里)에서 태어났다. 태어나면서부터 천품이 총명했던 그는 8세에 천연두를 앓아 왼쪽 눈을 보지 못하는 불운을 겪었고, 더구나 10여세에는 가정이 너무 가난해 고모가 살던 보성군 문덕면 법화리(法化里)로 이사하여 양육되었다. 그는 땔감을 마련하는 여가에 이웃마을인 내동리(內洞里)에서 강학하던 매국당(梅菊堂) 염상룡(廉相龍, 1794-1850)에게 나아가 글을 배웠고, 30세 되던 해(1868)에 노사에게 집지(執贄)하여 사제의 인연을 맺고, 노사로부터 성리학의 요체와 학문의 대강을 들었다. 그는 거경·궁리·실천을 방법으로 삼아 학문에 매진했으며, 노사는 그러한 제자에게 '무실(務實)' 두 자를 써주면서 격려했다. 그가 관직에 뜻을 두지 않고 일생을 위기지학(爲己之學)에 정향(定向)하여 높은 입지(立志), 정밀한 견해, 독실한 지신(持身), 합당한 처사(處事) 등을 성취할 수 있었던 것은 모두 이 '무실(務實)'의 가르침에 힘입은 것이다. 훗날 기우만은 "정재규(1843-1911), 정의림(1845-1910) 등 여러 동문들과 이름을 나란히 하고 서로 친근히 지내면서 실제적인 것에 힘을 기울여 스승의 가르침을 받았으며, 충실히 배워 가지고 고향으로 돌아가서는 학문의 지엽을 깎아버리고 화려함을 숨긴 채 진실만을 추구했다"고 기술하여 노사학파에서 점유하는 그의 위치와 학문경향을 간략히 평하고 있다.

이후 그의 학명(學名)은 널리 알려져 원근에서 다투어 초빙해 가고 학생들이 구름처럼 몰려왔다. 그는 「용학차록(庸學箚錄)」과 「만록(漫錄)」 등을 저술하여 학생들에게 보여줄 만큼 교육과 강론에 탁월했다. 1879년 가을에는 성리학의 전반적인 논점들을 문답체로 다룬 「법화문답(法化問荅)」을 지어 노사에게 질정하려 했으나 스승의 부음으로 뜻을 이루지 못했다. 1888년에는 「예홀합편(禮笏合編)」을 저술하고, 고을의 士友들과 향교에서 향음주례(鄕飮酒禮)를 행하니 고을의 풍속이 점점 변화하여 많은 예문가(禮文家)가 나오게 되었다. 그는 1893년에 제자들이 지은 강습재(講習齋, 보성군 문덕면 桐巢山 아래)에다 주자의 영정을 모셔놓고 강학했다. 그 때 제자들과 문답을 나눴던 기록이 지금도 「강습재강록편(講習齋講錄篇)」에 전해지고 있는데, 유교의 경전과 『근사록』, 「서명(西銘)」, 역사적 평론 등의 내용을 포괄적으로 언급하고 있다. 1907년에 보성군 미력면 춘정(春亭)으로 이사했고, 1910년 경술국치를 당해 은사금을 받지 않기 위해 고흥으로 피해 들어갔다. 1912년에 은사금이 나오자 헌병대로 편지를 보내 "죽지 못한 신민(臣民)의 처지로 일본의 은사금을 받는다면 어찌 올바른 명분이라 할 수 있겠는가? … 번거롭게 돈을 보내는 행위를 그치고 내 목의 실오라기만한 목숨을 끊어가라"고 절규하고 나서 분을 못 이겨 병으로 숨을 거두었다.

문집으로 『월파집(月波集)』 원집 5책과 속집 3책을 남겼다. 주요 저술로는 위에서 언급한 것 외에 「외필상질설(猥筆相質說)」·「주리주기설(主理主氣說)」·「양진설(養眞說)」 등이 있다. 문인으로는 박용진(朴鎔鎭)·이홍근(李弘根) 등 약 16명을 배출했다.

11) 노백헌(老柏軒) 정재규(鄭載圭) 계열

노백헌(老柏軒) 정재규(鄭載圭, 1843-1911). 자는 후윤(厚允), 본관은 초계(草溪), 정옥윤(鄭玉潤)의 후손으로 경남 합천군 쌍백면 묵동에서 태어났다. 1864년에 최유윤(崔惟允)의 안내로 노사 문하를 찾아와 수학한 뒤, 노사의 학통을 계승·정립시키는 데 핵심적인 역할을 담당했다. 그는 영남의 이진상(李震相)과 그의 문인 허유(許愈)·곽종석(郭鍾錫)·이승희(李承熙) 등 한주(寒洲)학파와 교유하고, 김평묵(金平默)·최익현(崔益鉉)·류기일(柳基一) 등 화서(華西)학파와도 교유하여 성리설이나 의리론에서 폭넓게 사유하고 활동할 수 있었다.

노사가 종래의 성리설이 끝없는 논쟁에 휘말려 있는 현실을 타개하려는 의도에서 「납량사의(納凉私議)」와 「외필(猥筆)」을 통해 이일분수설(理一分殊說)에 따른 주리론적 이기일원론의 천명한 데 대해, 전우(田愚)는 노사의 입장을 기(氣)를 리(理)로 인식했다고 규정하고 조목 별로 반박하여 「외필변(猥筆辨)」과 「납량사의의목(納凉私議疑目)」 등을 저술했다. 이때 정재규는 전우의 비판을 재반박하여 「외필변변(猥筆辨辨)」과 「납량사의기의변(納凉私議記疑辨)」을 저술했는데, 이러한 논변은 노사학파의 성리학적 입장을 더욱 엄밀히 정립하여 제시하는 것이었다. 이외에도 그는 1880년에 『노사집』의 교정에 참여했고, 1900년에 「노사선생언행총록」을 편찬했으며, 1901년에는 『노사집』의 간행을 주동했다.

정재규는 1903년에 유신(儒臣)으로서 경연(經筵)에 천거되고 조경묘(肇慶廟) 참봉(參奉)에 제수되기도 했으나 모두 나아가지 않았다. 1905년에 을사늑약이 체결되자, 그는 충의(忠義)의 울분을 안고 호남과 영남에 포고문(布告文)을 내어 일본과 담판할 것을 촉구하면서 동지들을 규합하는 한편, 논산에 있는 궐리사(闕里祠)에서 최익현을 만나서 함께 의병을 일으키기로 했으나 외부의 방해로 뜻을 이루지 못했다. 1910년 경술국치의 비운을 당하자 그는 "우리는 죽지 않으면 곧 포로다. 구차스럽게 목숨을 유지하고 있는 것은 하루하루가 수치이다. 평생 성현의 글을 읽고 강론한 것이 무엇이었는데 오늘의 마지막 날에 수치스러운 귀신이 되어 끝날 것인가"라고 통탄하고, 1911년에 자신의 노백서사(老柏書舍)에서 망국의 한을 품은 채 69세를 일기로 생을 마쳤다. 문집으로 『노백헌집(老柏軒集)』 49권 25책을 남겼고, 문인으로는 정면규(鄭冕圭)·권운환(權雲煥)·남정섭(南廷燮)·남정우(南廷瑀)·권재규(權載奎)·정기(鄭琦) 등 약 139명이 있다. 고산서원에 배향되어 있고, 그가 강학했던 노백서사(老柏書舍)가 지금도 남아있으며, 노백서사 뒤편 대숲에 자리 잡은 경덕사(景德祠)에 위패가 모셔져있다.

(1) 입암(立巖) 남정우(南廷瑀)

입암(立巖) 남정우(南廷瑀, 1869-1947). 자는 사형(士珩), 본관은 의령, 충

경공(忠景公) 남재(南在)의 후예, 경남 의령군 유곡면 판곡리(板谷里)에서 남구원(南龜元)의 아들로 태어났다. 1886년 18세에 형 남정섭(南廷燮)과 함께 정재규와 정면규에게 나아가 수학했고, 1896년에 단발령이 내려지자 정재규의 거의모사(擧義謀事)에 참여했다. 1902년 『노사집』을 간행할 때에 「외필」이 율곡의 학설을 비판했다 하여 말썽이 생기자 스승에게 반박서를 쓰도록 건의했다. 1905년에 최익현이 노성 궐리사(闕里祠)에서 의병을 일으키려 했을 때 거사에 참여하기 위해 스승을 모시고 정산(定山)까지 갔으며, 1910년에는 금강산과 만주를 여행하고 만주로 이거할 계획을 세웠으나 노모를 모실 수 없음을 깨닫고 포기하기도 했다. 1915년에 총독부에서 칙령으로 묘적(墓籍)을 만들라고 강요하자 이를 단호히 거부했고, 1918년에 고종이 승하하자 유림일각에서 일어난 불복설(不服說)을 반박했다. 1928년에 서실인 여산재(汝山齋)를 세우고 1936년에는 동낙계(東洛契)를 조직했으며, 1947년에 79세로 여산재에서 세상을 떠났다.

문집으로는 『입암집(立巖集)』 21권 11책을 남겼는데, 「면문대학강의절변(俛門大學講義節辨)」은 그의 경학과 성리학에 대한 논의가 들어있고, 「가례증해차의(家禮增解箚疑)」는 그의 예학에 대한 관심을 보여준다. 특히 그는 도학에 대한 사상적 인식에서, "퇴계와 율곡에 와서 도학이 크게 밝혀졌으며 이를 이상정·이항로·기정진이 계승하여 밝혔다"고 말했다. 그는 물론 노사학파의 정통성을 신봉하지만 주리론에 속하는 범위에서는 영남과 기호의 학맥들이 병존함을 인정했다. 문인으로는 권우현·최기대 등 약 7명이 등재되어 있다.

(2) 율계(栗溪) 정기(鄭琦)

율계(栗溪) 정기(鄭琦, 1879-1950). 자는 경회(景晦), 본관은 서산, 구담(龜潭) 정인준(鄭麟濬)의 후예, 경남 합천군 범귀주(泛龜洲)에서 태어났다. 1899년 21세에 정재규가 도계(道溪)에서 강학한다는 소식을 듣고 찾아가 제자가 되었는데, 이 때 동문인 권운환·권재규·유원중·남정우 등과 사귀었다. 1905년에 을사늑약이 체결되자 스승 정재규가 동지를 모아 북상하여 맨손으로 왜적에게 대항하고자 계략을 세웠으나, 도중에 곽종석이 대궐에서 물러나 통곡한다는 말을 듣고 정재규와 정기는 노성의 궐리사(闕里祠)로 가서 최익현을 만났다. 그 뒤 최익현은 정기에게 글을 띄워 송병준(宋秉璿)과 곽종석이 있는 곳으로 달려가 나라를 붙들도록 독려케 하였다. 정기는 풍설을 무릅쓰고 사방으로 달려가 조정에 상소하려 했으나 스승이 만류하여 그만 두었다. 1914년에 합천의 무산(武山)에 정사(精舍)를 짓고 학규 10조를 만들어 강학을 시작했다. 1927년 49세에 제자들을 이끌고 구례의 덕천(德川)으로 옮겨서 두 정자를 짓고 거기에서 정식으로 강학을 시작했으며, 1950년 이곳 덕천정(德川亭)에서 숨을 거두었다.

문집으로 『율계선생문집(栗溪先生文集)』 22권 11책을 남겼다. 주요 저술로는 「외필후변변(猥筆後辨辨)」·「변간재시제생설(辨艮齋示諸生說)」·「변전간재관정백헌집외필변변(辨田艮齋觀鄭柏軒集猥筆辨辨)」·「관전간재집(觀田艮齋集)」 등을 꼽을 수 있는데, 이들은 기정진의 성리설을 비판한 전우의 학설을 철저하게 재비판하는 내용으로 구성되어 있다. 문인으로는 김문옥(金文鈺)·김규태(金奎泰)·안병탁(安秉柝)·오주석(吳柱錫) 등 약 64명을 배출했다.

(3) 효당(曉堂) 김문옥(金文鈺)

효당(曉堂) 김문옥(金文鈺, 1901-1960). 자는 성옥(聖玉), 본관은 광산, 문숙공 김주정(金周鼎)의 후예, 경남 합천에서 태어났다. 어머니 현풍곽씨가 비설산(飛雪山)에 올라 기도한 지 백일 만에 '깊은 산중 맑은 샘물 위에 옥기(玉器)가 둥실둥실 떠있는 것을 품고 돌아오는' 꿈을 꾸고 그 길로 잉태하여 낳았다. 8세에 향숙(鄕塾)에 취학하여 경사(經史)를 두루 읽었고 읽다가 마음에 맞는 대목에 이르러선 문득 붓을 들어 그 회심처(會心處)를 한편의 아름다운 완문성장(完文成章)으로 이룩하여 놓으니, 보는 사람마다 '금문(金門)에 팔두문장(八斗文章)이 나왔다'고 칭송했다. 14세에 무산정사(武山精舍)로 나아가 율계(栗溪) 정기(鄭琦)에게 배웠는데 정기는 그 재사(才思)가 민첩하고 지기(志氣)가 높음을 아껴 특별히 가까이 두고 학문하는 차례와 단계에 따라 지도했다. 그리하여 하락관민(河洛關閩)의 본지와 구류백가(九流百家)의 오의까지도 두루 통달해버렸으니, 문장은 한퇴지·소동파에 치달았고 덕업은 고명의 경지에 이르러 많은 호남 인사들이 그 풍문을 듣고 흠모하지 않은 사람이 없었다. 당대의 명사(名士) 홍명희(洪命熹)·정인보(鄭寅普)·안재홍(安在鴻)·변영만(卞榮晩) 등이 그 문장을 보고는 모두 교분을 맺기를 원하였다. 1935년 봄에 임실구치소에 구금되어 좌경사상인과 연루되었는지를 심문 당했다. 하루는 한인(韓人)으로 왜경의 보조원을 맡은 자들이 달려들어 다짜고짜로 두발을 깎으려 하자, 그는 "차라리 보발(保髮)의 귀신이 될지언정 삭발한 사람은 되지 않겠노라" 하면서 왜(倭)를 공격하는 글을 지으니, 이로부터 모든 순사들이 공경하고 조심스레 대하였으며 이어 곧 풀려 나왔다. 이 해 5월에 가솔을 이끌고 화순 절산리(節山里) 김씨제각 영사재(永思齋)에 자리를 잡으니 사방에서 문생들이 구름같이 찾아와 수학하였다. 1950년 50세 때에 스승 정기의 부음을 듣고 삼엄한 전쟁의 위험을 무릅쓰고 2백리 길을 달려가 통곡하니, 그 애통이 마치 친상(親喪)과 같았다. 그 해에 다시 가솔을 이끌고 보성 부용동으로 옮기고 편액을 학서헌(鶴棲軒)이라 하니, 이런 와중에도 원근에서 풍문을 듣고 배우러 오는 자가 많았다. 이곳에서 선사(先師)의 유고 교정을 끝맺었다. 1960년 3월에 또 다시 가솔을 이끌고 화순 절동(節洞)으로 옮겼으나 숙환이 도져 세상을 떠나니 향년이 60이었다. 처음에 절동 앞 기슭에 장사했다가 다시 곡성군 압록 마곡(馬谷)에 이장하였다.

말년에 강학했던 서당 도남재(道南齋)가 절동에 남아있고, 사후에 문인들은 도남재 위쪽에다 절산사(節山祠)를 지어 그를 추모하고 있다. 문집으로 『효당문집(曉堂文集)』 16권 9책을 남겼고, 문인으로 윤정복(尹丁馥)·위계도(魏啓道)·나갑주(羅鉀柱)·이백순(李栢淳)·손평기(孫坪琦) 등 약 59명을 배출했다.

12) 난와(難窩) 오계수(吳繼洙) 계열

난와(難窩) 오계수(吳繼洙, 1843-1939). 자는 중함(重涵), 본관은 나주, 양평공(襄平公) 나자치(羅自治)의 후손으로 나주 도림리(道林里)에서 태어났다. 어려서는 종숙부 오태규(吳泰圭)에게 수학하여 문명을 떨쳤고, 나중에는 노사의 문하에 들어가 뛰어난 제자가 되었다. 1906년에 기우만과 함께 의병을 모집하고 의병 김준·전수용을 도와 항일투쟁을 하였다. 1911년에 나주 헌병대로 끌려가 하사금을 받을 것을 강요당했으나 끝까지 거절하여 곤욕을 치렀다. 이후 영사재(永思齋)에서 두문불출하여 우울한 생애를 보내다가 1939년에 세상을 떠났다. 사후에 그의 문인들에 의해 광산 도림사(道林祠)에 제향되었다.

문집으로 『난와유고(難窩遺稿)』 17권 8책을 남겼는데, 「이기심성설(理氣心性說)」·「인심도심설(人心道心說)」·「심체답심자해설(心體答心字解說)」은 그의 성리설을 보여주는 저술이다. 문인으로는 오재수(吳在洙)·홍승채(洪承采) 등 약 35명을 배출했다.

13) 일신재(日新齋) 정의림(鄭義林) 계열

일신재(日新齋) 정의림(鄭義林, 1845-1910). 자는 계방(季方), 본관은 광산, 감사(監司) 정인진(鄭麟晉)의 후예로 화순군 능주 대덕(大德)에서 태어났다. 1869년 24세 때부터 노사의 문하에 들어가 사사하면서 학문이 일취월장하여 김석구(金錫龜)·정재규(鄭載圭)와 더불어 노사의 3대 제자가 되었다. 이들 세 사람은 친형제처럼 우의가 돈독했고, 서로 성리학을 토론하면서 많은 영향을 주고받았다. 1876년 2월에 일본 군함 7척이 강화도에 들어와 통상을 요구하고 2월에 한일수호조약이 체결되자 이를 통탄했고, 1895년에 을미사변이 일어나자 이를 분개하여 이듬해에 정재규·기우만 등과 의병을 일으켜 위정척사를 부르짖었다. 1905년에도 최익현을 도와 척왜(斥倭)와 시정(時政)을 극언하는 소장을 올리고 의병을 일으켰다. 그는 국가가 존망 위기에 처한 격변기에 민족의 지성으로서 민족의 동질성 회복을 위해 노력하다가 1910년 세상을 떠났다.

문집으로는 『일신재집(日新齋集)』 21권 12책을 남겼다. 전우(田愚)가 노사의 「납량사의」와 「외필」을 비판하자, 그는 「변전우소저노사선생납량사의기의(辨田愚所著蘆沙先生納凉私議記疑)」와 「변전우소저노사선생외필변(辨田愚所著蘆沙先生猥筆辨)」을 지어 노사의 학설을 옹호했다. 이외에도 「통고영남열읍장보문(通告嶺南列邑章甫文)」·「통고호남열읍장보문(通告湖南列邑章甫文)」·「답통장성회소문(答通長城會所文)」 등은 주목할만한 저술이다. 문인으로는 박준기(朴準基)·홍승환(洪承渙)·황철원(黃澈源) 등 약 89명을 배출했다. 유적으로는 화순의 칠송사(七松祠)·삼산사(三山祠)·용산사(龍山祠)와 담양의 금곡사(金谷祠)가 있는데, 이곳은 사후에 그의 문인들이 정의림의 학덕과 절의를 추모하기 위해 제향을 드리는 곳이다.

(1) 중헌(重軒) 황철원(黃澈源)

중헌(重軒) 황철원(黃澈源, 1878-1932). 자는 경함(景涵), 본관은 장수, 방촌(尨村) 황희(黃喜)의 후손으로 화순군 능주 운곡에서 태어나 10세에 증조부 당암공에게 글자를 배우고, 20세 봄에 노사의 제자인 정의림의 문하에 들어가 본격적으로 유학을 공부했으며, 나중에 또 정재규를 찾아가 수업했다. 25세(1902년)에 구례 천은사에서 최익현·기우만 등과 강론을 벌이고, 스승 정재규의 권유로 「외필변변(猥筆辨辨)」과 「납량사의기의변(納凉私議記疑辨)」·「납량사의기의추록변(納凉私議記疑追錄辨)」을 지어 전우의 성리설을 반박했다. 33세 되던 해에 경술국치를 당하여 "나라가 이 지경에 이르렀으니 다시 회복할 수 없을 것 같다. 오직 유학을 강명하여 후일을 도모하는 것이 옳다"고 하고, 후학들에게 학문에 전념할 것을 강조하였다. 53세에 장성 고산서원에서 기우만의 문집을 교정하였고, 55세 되던 1932년에 광주에서 세상을 떠났다.

문집으로는 『중헌집(重軒集)』 10권 4책이 남아있으며, 그 중에서 「인능홍도변(人能弘道辨)」과 「변성사심제설(辨性師心弟說)」 등이 눈길을 끈다.

문인으로는 정현채(鄭現采)·황채오(黃采五) 등 약 30명을 배출했다.

14) 송사(松沙) 기우만(奇宇萬) 계열

송사(松沙) 기우만(奇宇萬, 1846-1916). 자는 회일(會一), 본관은 행주, 노사의 손자, 장성군 탁곡(卓谷)에서 기만연(奇晩衍)의 아들로 태어났다. 1879년(34세) 동문 김석구·정재규·정의림과 「납량사의」와 「외필」을 강론했고, 1881년에 노사의 문집을 편집했고, 이 해에 김평묵과 함께 유생을 이끌고 정부의 행정개혁을 요구하는 만인소(萬人疏)를 올렸다. 1882년에 김병학이 '경명행수(經明行修)'한 인물로 조정에 천거하여 익릉참봉(翼陵參奉)에 제수되었으나 나아가지 않았다. 1883년에 노사의 문집을 간행했다. 1884년에 조정이 외교를 개통하면서부터 국가의 구제도를 크게 바꾸고자 했는데, 늘어진 소매옷을 금하여 간편함을 추구한다는 영을 내리자, 온 나라가 바람에 휩쓸리듯 따랐으나, 그는 "임금의 명령이라도 따르지 않을 것이 있다" 하고 끝내 새로 만들어진 옷을 입지 않았다. 1890년에 정재규와 함께 노사의 『답문유편(答問類編)』을 완성하여 간행했다.

그는 조부인 노사의 사상을 가학으로 이어받아 국세가 기울어져 가는 조선왕조 말기의 다난한 현실에 대처하여 위정척사의 의리를 강인하게 실천한 대표적인 인물이었다. 1894년에 동학란이 일어나자, 그는 향회(鄕會)를 열어 기양연(奇陽衍)·기량연(奇亮衍)·김진우(金鎭祜) 등과 더불어 비적(동학도)을 소탕하는 일을 논하고, 왕의 군사에게 먹일 소고기와 양식을 선봉소(先鋒所)에 전달했다. 1895년에는 국모를 시해한 원수에 대해 와신상담하고, 임금이 굴욕을 당하였으니 신하로써 목숨을 바쳐야 할 때임을 역설하여 모두 함께 궐기할 것을 호소하였다. 또 상소문에서는 원수와 역적들을 성토할 것, 단발령을 철회할 것, 정치행정의 제도를 복구할 것을 주장하고, 개화를 한다는 것은 난신적자요 임금을 속이고 나라를 그르치는 간사한 계략이라고 규탄하였다. 이듬해에 고종이 아관으로 파천하는 변란이 일어나자, 그는 장성향교에 호남의회(湖南議會)를 설치하고 포고문과 격문을 여러 고을에 보내 의병을 일으켰으며, 전주영(全州營)과 경영(京營)의 병사들에게도 고유문(告諭文)을 보내 호응해 주기를 호소하였다. 그러나 호남지방에서 그의 완강한 의거는 선유사(宣諭使) 신기선(申箕善)의 회유와 고종의 밀지(密旨)에 의해 좌절되고 말았다. 그 내용을 보면, 지금 적신(賊臣)들이 집권하고 있기 때문에 임금이 뜻을 펼 수 없고 도리어 집권자들에게 임금을 협박할 구실을 만들어 주어 임금에게 재앙을 미치게 할 위험이 있다는 것이었다. 그는 의분과 통곡을 금치 못하면서 의병을 해산했다. 의병을 해산시킨 뒤 그는 생사를 걸고 대궐에 나아가 왕명을 받으려 하였으나 그것도 뜻대로 되지 않자, 처자의 봉양을 거절하고 삼성산(三聖山)으로 들어가 삼산재(三山齋)라는 초막을 짓고 그를 따라온 제자들에게 강학을 폈다. 이것은 스스로 다하지 못한 우국충절의 기개를 제자들에게 불어넣어 주기 위함이었다.

그의 불굴의 우국충절의 정신과 기백은 그 뒤에도 면면히 이어짐을 본다. 을사조약으로부터 경술국치에 이르기까지 수년에 걸친 호남 의병들의 강렬한 항일투쟁은 바로 그의 우국충절과 그 정신적 맥락을 같이 한다고 할 수 있기 때문이다. 1905년 을사조약이 체결되자 그는 통분을 금치 못하고 국가의 장래를 걱정하는 상소문을 올렸다. 이듬해에 곡성 도동사(道東祠)에서 다시 정재규·최익현 등과 함께 거의할 것을 결심하고 동지를 모으기 위해 호남 열읍에 고유문(告諭文)을 돌리려 하였으나 뜻을 이루지 못했다. 1907년에 영광경무서에서 광주경무서로 압송되고 다시 목포경무서를 거쳐 경성감옥에 이감되었다가 석방되었다. 1909년에 「호남의사열전(湖南義士列傳)」을 짓고, 1916년에 71세로 세상을 떠났다. 고산서원(高山書院)과 능주 초방리(草坊里)의 고강영당(高岡影堂)에 배향되어 있고, 이외에도 무안의 평산사(平山祠), 순창의 무양사(武陽祠), 곡성의 무산사(武山祠), 장성의 서림사(書林祠) 등에서 제향하고 있다.

문집으로 『송사집(松沙集)』 53권 27책을 남겼는데, 「을미소(乙未疏)」, 「병신소(丙申疏)1.2.3」, 「을사소(乙巳疏)」, 「윤고열읍문(輪告列邑文)」, 「격문(檄文)」 등은 노사 성리학의 의리론을 계승하여 위정척사의 투쟁으로 승화시킨 내용들이 들어있다. 그는 1895년에 나주 동학토평비(금성토평비, 나주시 과원동 109-5 소재, 전라남도 문화재자료 제175호)를 세울 때도 비문을 지었다. 문인으로 공학원(孔學源)·홍규식(洪奎植)·조덕승(曺悳承)·양회갑(梁會甲)·이광수(李光秀)·조장섭(趙章燮)·백홍인(白弘寅)·여창현(呂昌鉉) 등 약 1,238명을 배출했다.

(1) 도봉(道峰) 공학원(孔學源)

도봉(道峰) 공학원(孔學源, 1869-1939). 자는 도경(道卿), 본관은 곡부(曲阜), 어촌(漁村) 공부(孔俯)의 후손, 전남 장성군 북이면 만무리(晩舞里)에서 공석철(孔錫哲)의 아들로 태어났다. 1898년 30세에 기우만의 문하에 들어가 노사의 성리설을 전해 듣고 과거공부를 그만두었다. 그는 노사의 저서를 반복해서 공부한 뒤 "정주학의 열쇠는 노사에게 있다"고 했을 정도로 노사의 학설을 믿고 따랐다. 그는 당시에 호락양파(湖洛兩派)나

성리설의 일반적인 경향이 기(氣)를 강조하고 리(理)를 추상적 관념으로 후퇴시키고 있다 하여 이를 반대하고, 리(理)의 능동적이고 적극적인 지위를 강조했다. 이에 따라 노사의 「외필」을 비판한 전우의 「외필변(猥筆辨)」을 정밀하게 재반박하여 「변외필변(辨猥筆辨)」을 저술했다. 그의 학문태도의 기반에는 국가의 쇠망과 더불어 급격히 쇠퇴해가는 도학적 유교전통을 붙잡아 유지하려는 사명감이 놓여있다. 따라서 일제의 합병과 더불어 성균관과 향교의 문묘(文廟)가 국가기관의 위치를 상실하고 폐기당하는 변혁에 대한 대응책으로서 공자의 사당(聖廟, 泗山齋)을 건립했다. 중국의 곡부에 있는 공자 사당이 장작림(張作霖)과 오패부(吳佩孚)가 벌인 군벌들의 내전으로 불탄 사건에 통분하여 「포고천하문(布告天下文)」과 「성토남북적문(聲討南北賊文)」을 지어 토죄(討罪)하고 있다. 또한 당시 이인(李仁)과 이각종(李覺鍾)이 신문을 통해 공자를 썩어빠진 원수라고 비판한 데 대해 「성토이인문(聲討李仁文)」으로 필주(筆誅)했던 것은 공자를 옹호하여 유교를 지키려는 신념의 표현이라 할 수 있다.

1910년 이후, 그는 향리의 한적한 산록에 서림정사(書林精舍)를 지어 찾아오는 학동들에게 강학하고 저술에 몰두하면서 71세로 타계할 때까지 조용히 은거했다. 그의 서실이었던 서림정사는 퇴락한 채 지금도 서 있고, 정사 위쪽에 기우만과 공학원의 위패를 모신 서림사(書林祠)가 있다. 『도봉선생문집』을 남겼고, 문인으로는 기중도(奇重度)·변무연(邊武淵) 등 약 34명을 배출했다.

(2) 석천(石川) 홍규식(洪奎植)

석천(石川) 홍규식(洪奎植, 1871-1945). 자는 문행(文行), 본관은 풍산, 석애(石崖) 홍봉주(洪鳳周)의 현손, 나주 다도면 도천리(道川里)에서 태어났다. 노사의 문인이었던 아버지 홍승구(洪承九)를 따라 8세에 노사를 배알했고, 1882년 12세에 기우만의 문하를 찾아가 배웠다. 이후 의심스런 경전 문구를 기록해서 스승을 뵙고 질문하기를 그치지 않았다. 25세 되던 해인 1895년에 을미사변으로 명성황후가 시해되고 단발이 내리자, 이에 분개하여 1896년에는 스승을 따라 거의(擧義)했다. 1899년에는 스승이 설치한 삼산단(三山壇)의 석채(釋菜)에 참석했다. 1945년에 75세로 세상을 떠났다. 문집 『석천유고(石川遺稿)』 5권 1책은 1980년에 그의 서실인 석천정사(石川精舍)에서 간행했다. 문인으로는 박인현(朴仁鉉)·나기운 등 약 56명을 배출했다.

(3) 흠재(欽齋) 조덕승(曺悳承)

흠재(欽齋) 조덕승(曺悳承, 1873-1960). 자는 백거(伯據), 본관은 창령, 노사의 문인인 조의곤(曺毅坤)의 손자, 전북 고창군 내정리에서 태어났다. 어려서는 조부 조의곤에게 배웠고, 23세부터는 기우만의 문하에서 수학했다. 1906년에 최익현이 대마도에서 순절했다는 소식을 듣고 통곡하며 제문을 올렸다. 1910년 경술국치를 당해 "선비가 평소에 독서하는 것은 무엇을 위해서인가. 바로 신하는 충절을 위해 죽고 자식은 효도를 위해 죽어야 할 때이건만, 우리는 죽을 곳이 없으니 다만 분수를 지키며 깨끗이 지조를 지킬 뿐이다" 하고 농사일에 온 힘을 기울였다. 『흠재선생문집』 9권 3책을 남겼으며, 문인으로는 정홍채(鄭泓采)·신창식(申昌植) 등 약 68명을 배출했다.

(4) 세심당(洗心堂) 백홍인(白弘寅)

세심당(洗心堂) 백홍인(白弘寅, 1874-1952). 자는 자행(子行, 초자는 子鮮 또

는 子先), 초명은 경인(景寅), 본관은 수원, 1874년에 보성군 웅치면 유산리 부춘동(富春洞)에서 임란선무공신 술고당(述古堂) 백민수(白民秀)의 10대손으로 태어났다. 그는 젊어서 기우만과 최익현 문하에서 성리학을 탐구하였으나, 탐관오리들이 들끓는 세상에 출사하는 것은 선비의 길이 아니라 하며 과거시험을 포기했다. 1902년 29세 때에 고향에 장춘재(長春齋)를 짓고 후진 양성에 매진하였다. 1905년에 을사늑약이 체결되자 분연히 일어나 경고서사문(敬告書社文)을 지어 각 군에 배포하고 곧바로 북유(北遊)의 길에 올랐다. 충청도를 지나면서 송병선·송병순을 찾아 구국의 방책을 논하고, 다시 최익현을 찾아 거의(擧義)계획을 세우는 한편 근고팔도사민서(謹告八道士民書)를 기초(起草)했으며, 쌍봉(雙峰)에 의병진영을 설치하라는 최익현의 명을 받고 호남 각 군에 포고문을 배포하면서 귀향했다. 1906년에 제주도로 건너가려다가 일본 헌병에게 피검(被檢)되어 장흥헌병청에서 수개월의 옥고를 치렀고, 최익현이 순창에서 거의했으나 체포되어 대마도로 압송된 뒤에 풀려났다. 1907년 3월에 쌍봉사에서 이백래·임창모 등과 만나 호남의병진을 보강조직하고 도부장(都副將)이 되었다. 왜적의 공세가 심해지자 1908년에 의병진영을 팔로(八路)로 분산하여 유격전을 전개했다. 1910년에 나라가 망하자 친지·제자들과 함께 부춘산에 올라 통곡하고 구국의 방책을 논하다가 다시 웅치순검청에 피검되었다. 1918년에 고종이 승하하니 상경하여 인산(因山)에 참여한 뒤 3.1만세운동에 참가하고 돌아왔다. 1923년에 망국의 한과 구국의 뜻을 이루지 못한 분통으로 저술과 거의기록을 소각한 후 자결하려다가 가족에게 발각되어 미수에 그쳤으나 심한 울화병으로 실명이 되었다. 그 후로도 문인들에게 독립정신을 일깨워 주기 위하여 '서산채미가(西山採薇歌)'라는 노래를 지어 부르게 하고, 창씨개명과 모병(募兵)에 반대하는 등 굳건한 자주정신으로 일관했다. 이렇듯 평생을 독립과 항일에 몸바쳐 오다가 1945년 광복의 기쁨을 누리고 1952년 79세를 일기로 파란 많은 일생을 마쳤다.

1990년에 국가에서는 건국공로훈장 애족장(愛族章)을 추서하고, 모충사(慕忠祠)를 지어 최익현·백홍인·위계룡(魏啓龍)을 함께 향사(享祀)하고 있다. 『세심당집(洗心堂集)』 6권 3책을 남겼고, 문인으로는 이남재(李南載)·위계창(魏啓昌)·선상규(宣祥奎) 등 약 53명을 길러냈다.

(5) 정재(正齋) 양회갑(梁會甲)

정재(正齋) 양회갑(梁會甲, 1884-1961). 자는 원숙(元淑), 본관은 제주, 학포(學圃) 양팽손(梁彭孫)의 후손, 전남 화순군 이양면 초방리에서 양재덕(梁在德, 연재 송병선의 문인)의 아들로 태어났다. 1905년에 송병선(宋秉璿)에게 수학하려 했으나 그가 을사조약에 반대하다가 자결하자, 노사의 문인인 정의림(鄭義林)·정시림(鄭時林)에게 학문을 닦았다. 1914년 31세에 기우만의 제자가 되기를 글로써 청했고 이듬해에 기우만의 문하에 나아가 심성(心性)·이기(理氣) 등의 학문을 익혔다. 1934년에 스승의 영당(影堂)을 마을 오른편 죽림정사에다 세웠고, 1945년에 스승의 영당에 제향하고 사당의 이름을 고강사(高岡祠)라 했다. 1955년에 노사의 위패를 고강사의 북벽에, 송사의 위패를 남벽에 봉안했다. 『정재집(正齋集)』 16권 7책을 남겼는데, 주요 저술로는 「사상록(沙上錄)」·「변외필후변(辨猥筆後辨)」·「대학차록(大學箚錄)」이 있다. 채규태(蔡奎泰)·오재익(吳在翼) 등 약 38명의 문인을 배출했다.

15) 시암(是菴) 이직현(李直鉉) 계열

시암(是菴) 이직현(李直鉉, 1850-1928). 자는 필서(弼瑞), 본관은 강양(江陽), 강양군(江陽君) 이요(李瑤)의 후예로 경남 합천군 초계(草溪)에서 살았다. 기정진과 송병선(宋秉璿)의 문인으로 기호학을 전수하여 경사(經史)와 성리학에 밝았다. 경술국치 후 왜정이 주는 은사금(恩賜金)을 거절했고 70살의 고령으로 기미독립운동에 참여하여 초계(草溪) 시장의 만세사건으로 갖은 고초를 당했다. 박문환(朴文煥)·조성주(趙性宙)·송희용(宋禧用)·정재두(鄭載斗)·조시영(曺始永) 등과 시문(詩文)으로 망국의 한을 달랬으며, 문장과 절의로 세상에 이름을 날렸다.

문집으로 『시암문집(是菴文集)』 21권 11책을 남겼는데, 「우식(偶識)」·「식당론시동지(息黨論示同志)」·「심설문답(心說問答)」은 눈 여겨 볼만하다. 문인으로는 정희도(鄭希道)·지형원(池亨源)·남승우(南勝愚)·이영현(李永鉉) 등 약 51명을 배출했다.

16) 후석(後石) 오준선(吳駿善) 계열

후석(後石) 오준선(吳駿善, 1851-1931). 자는 덕행(德行), 본관은 나주, 석문(石門) 오이익(吳以翼)의 후손, 전남 광산군 도림리에서 오하규(吳夏圭)의 아들로 태어났다. 처음에는 오태규(吳泰圭)에게 『사서』·『심경』·『근사록』 등을 배웠으나, 18세 되던 해에 장성에 은거하고 있던 노사를 배알하고 스승으로 모셨다. 그는 18세의 젊은 나이로 71세의 노스승을 찾아 학문을 연마하여 긴 잠에서 깨어난 듯한 느낌을 받았고, 이후 스승의 제삿날에 참석함은 물론, 제전(祭田)과 묘비를 세우는 데 앞장서기도 했다. 스승의 성리설이 율곡과 다르다고 비판을 당할 때에도 "후현(後賢)이 전현(前賢)의 학설에 대해 의심이 생기면 변증하여 밝힐 수 있다"는 점을 내세워 옹호했다. 24세에 학문의 범위를 넓히기 위해 당시 기호학파의 거유였던 임헌회(任憲晦)와 송근수(宋近洙)를 찾아갔는데, 임헌회는 "노력하여 마음의 밝은 덕을 숭상하라, 이것이 늙은이의 희망이네[努力崇明德皓首以爲期]"라는 글을 써주며 격려했다. 동문 고광선(高光善)이 지은 「행장」을 보면, 나이 44세에 동학도들이 창궐하여 호남 전 지역이 거기에 휩쓸렸으나, 그는 향약을 설치하여 순응과 거역, 사특함과 올바름은 무엇인가라는 가치판단을 마을 사람들에게 일깨움으로서 '표류하는 배에 북극성 같은 역할'[惑舟斗極]을 담당했다고 한다. 또 그는 목사 민종렬(閔種烈)이 성을 사수할 때, 엽전 50꾸러미를 군비에 보태 쓰게 하는 등 다방면으로 도우면서도 난이 평정된 후에는 "주동자는 근절시키기 위해 섬멸해야 하나 어리석은 백성은 귀화시킴이 마땅하다"고 진언했다. 이는 전통적인 왕조질서를 부정하려는 주동세력에 대해서는 단호하게 대처하면서도 무의식적으로 난에 가담한 우민(愚民)들은 귀화시켜 생활에 전념토록 한 것이었다.

1895년에 단발령이 내려졌을 때에 대부분의 유학자가 상소를 올려 단발령의 폐기를 주장하거나, 화를 피해 은둔한 것과는 달리, 그는 또 다시 향약을 시행하여 풍속을 진작시키고[振風俗], 선비의 습성을 바르게[正士習] 함으로써 유교적 도덕을 선양하고 향리를 교화, 선도하는 데 힘을 쏟았다. 1900년에는 송병선과 최익현을 방문해 학문과 의리를 강론하여 인정을 받았다. 1905년에는 기삼연·고광순 등과 함께 거의(擧義)를 모의했으나 노모의 봉양 때문에 의병활동에는 참여하지 못했다. 1911년에 은사금을 거절했다는 이유로 삼거리 헌병소에 10여 일, 장성

분대에 20여 일 남짓 구금되었으나, 조금도 당황하지 않고 받을 수 없는 의리를 의연하게 설명하여 석방되었다. 1917년에 용진산(湧珍山)으로 피해 들어가 용진정사(湧珍精舍)를 짓고 '도를 부여안고 산으로 들어가 후생을 가르치면서 스스로 깨끗이 지조를 지킨다'[抱道自靖]는 의리를 몸소 실천하면서 강학에 힘쓰다가, 1931년에 "나의 명정에다 조선유민(朝鮮遺民)이라고 써라"는 유언을 남긴 채 숨을 거두었다. 후에 문인들이 그를 추모하여 광산군 삼도면에 도림사(道林祠)를 건립했다.

문집으로는 『후석유고(後石遺稿)』 25권 12책을 남겼다. 그는 「답이광술(答李光述)」에서 "정적(靜寂)의 상태에서 다섯 가지의 본성을 포함하고, 감응의 상태에서 사단(四端)을 운용하는 것은 모두 마음의 기능이며, 많은 이치를 갖추어 모든 일에 대응하는 것도 마음"이라고 설명하여 마음의 속성을 기(氣)로만 인식하지 않고, 리(理)·기(氣)의 양면적 속성을 지닌 것으로 보았다. 「보만설(保晩說)」에서는 바람과 서리가 흩날리면 백초는 모두 시들지만 소나무와 잣나무는 홀로 빼어나 늦게까지 무성하다는 사실을 상기시키고, 인간도 무사할 때는 군자와 소인이 크게 다른 점이 없으나 혼잡하고 어지러울 때는 이익을 추구하는 자와 진실된 공직자가 구별된다고 말했다. 그리고 「광산설(狂山說)」에서는 "세상은 명예와 이익에 미치지만 나는 책에 미치고, 세상은 음악과 여자에 미치지만 나는 산수(山水)에 미치겠다"고 하여 전통적인 유교도덕이념이 붕괴되고 서양의 물질문명이 유입되는 시점에서 세속적인 탐욕에 물들기를 거부하고 특립독행(特立獨行)하는 행동유형을 제시했다. 문인으로는 김석혁(金碩爀)·오동수(吳東洙) 등 약 103명을 배출했다.

17) 성재(省齋) 기삼연(奇參衍) 계열

성재(省齋) 기삼연(奇參衍, 1851-1908). 자는 경로(景魯), 별명은 백마장군(白馬將軍)이다. 본관은 행주, 노사의 재종질로 장성군 황룡면에서 태어났다. 을미사변에 기우만(奇宇萬)과 의병을 일으켜 왜적을 토벌하기로 맹세한 뒤 장성으로부터 나주로 나아가 많은 의병을 소집하여 광산(光山)에서 거의하였다. 이에 정부가 선유사(宣諭使)로 신기선(申箕善)과 이겸제(李謙濟)를 파견하여 선유하자, 의병을 해산시켰다. 재거를 밀모하던 중 일진회원의 밀고로 관찰사 조한국(曺漢國)이 파견한 전주진위대 김한정(金漢鼎)에게 붙잡혀 전주감옥에 구금되었다. 다시 서울 평리원옥에 이감되어 한 달 남짓 수감된 뒤 원장 이용태(李容泰)의 도움으로 탈출하였다.

군대해산 후 1907년 9월 수녹산(隨錄山) 석수승암(石手僧庵)에서 회맹, 호남창의맹소 대장에 추대되었다. 격문을 돌려 대중에 협력하고 적에게 부역하는 자의 처단 및 재산몰수를 경고하였다. 9월 23일 고창 문수암(文殊庵)으로 진군 중 접근해오는 적을 맞아 접전 끝에 큰 전과를 올렸다. 이때 고창 이민(吏民)들의 협력으로 군기와 군량을 공급받아 의병들에게 공급하고 영광·부안·정읍 등지에서도 연승하였다. 12월 광주의 최상진(崔相鎭) 등 관리의 내응으로 크게 세력을 떨쳤다. 이때 군량비축을 위해 법성포(法聖浦)의 세곡을 탈취할 계획을 세웠는데, 12월 7일 의병 1백 명이 먼저 법성포 순사주재소를 기습하여 불태운 뒤, 그곳 창곡(倉穀)을 탈취하여 군자에 보태고 남은 것은 모두 주민들에게 나누어주었다.

그 뒤 전세의 변경으로 전투의 양상을 바꾸어 의진을 소단위로 나누는 유격전으로 돌입, 특히 김준(金準)이 이끄는 의병부대는 무동촌(舞童

村) 전투에서 큰 전과를 올렸다. 날씨가 추워져 의병들이 분산되자 각지의 산병에게 연락, 동짓날을 기약하여 장성을 공략하고자 하였으나 뜻을 이루지 못하고 서우산중(犀牛山中)에서 잠시 휴병한 뒤 재차 고막원(古幕院)을 공략하려다가 중도에서 철수하였다.

12월 27일 의진을 이끌고 설을 쇠기 위해 험준한 담양 추월산성(秋月山城)으로 들어갔다. 그런데 밤중에 큰비가 내려 노숙하던 사졸들이 추위에 떨고 있을 때 수비의 허술함을 틈타 적의 포위공격을 받았으나 갑자기 안개가 덮여 수십 명의 사상자를 낸 끝에 다행히 탈출하였다. 탈출한 뒤 순창 복흥(福興) 산중의 재종제인 구연(九衍)의 집에서 부상을 치료하였다. 그 뒤 장졸들에게 설을 쇤 다음 정월 보름에 다시 모이도록 지시하고, 구수동(九水洞) 촌가에서 은신하던 중 정월 초하룻날 적 수십 명이 돌입하여 주인에게 총검을 들이대므로 자진하여 붙잡혔다. 비보를 접한 김준이 창평에서 적을 무찌르고 30명의 의병을 이끌고 경양(景陽)에 도착하였으나 이미 경찰서에 수감된 뒤였다. 1908년 1월 2일 광주 서천교(西川橋) 밑 백사장에서 총살을 당하였다. 이후 호남의진은 김준·이석용(李錫庸)·김용구(金容球) 등 의진과 김준이 순국한 다음 조경환(曺京煥) 등의 의진에 재편되어 항전을 계속했다.

문집으로 『성재집(省齋集)』을 남겼고, 문인으로는 기우채·이승달·김영휴·송진우 등이 있다. 특히 송진우(宋鎭禹, 1890-1945, 古下)는 의병투쟁 중 그의 집에 피신한 기삼연에게 성리학을 수학했다. 그 스스로 "기삼연 선생은 나의 가슴에 굵다란 장작을 넣어주고 거기다 불을 놓은 셈이다"라고 회고했듯이, 송진우의 열혈적이고 적극적인 삶의 태도, 굽힐 줄 모르는 소신, 구국의식 등은 기삼연으로부터 영향을 받은 것이다. 유적으로는 전북 고창군 무장면 덕림리에 소재한 용오정사(龍塢精舍)를 들 수 있다. 이 정사는 용오 정관원의 우국정신과 덕행을 기리기 위하여 1885에 세운 것인데, 사당(祠堂)·홍의재(弘毅齋)·경의당(敬義堂)·상운루(祥雲樓) 등의 건물이 있다. 사당에는 정관원과 기삼연의 영정(초상)을 모시고 있다.

18) 명호(明湖) 권운환(權雲煥) 계열

명호(明湖) 권운환(權雲煥, 1853-?). 자는 순경(舜卿), 본관은 안동, 상암(霜嵒) 권준(權濬)의 후예로 경남 산청에서 태어났다. 문집으로 『명호문집(明湖文集)』 19권 10책을 남겼는데, 노사의 「외필」 변론에 대한 자신의 짤막한 견해를 덧붙인 「외필변소차(猥筆辨小箚)」와 산청에서 멀리 장성까지 노사를 찾아가 스승으로 정한 과정을 기록한 「사상지알록(沙上贄謁錄)」이 눈길을 끈다. 문인으로는 이교면(李敎冕)·권증현(權曾鉉) 등 약 26명을 남겼다.

19) 식재(植齋) 기재(奇宰) 계열

식재(植齋) 기재(奇宰, 1854-1921). 자는 입부(立夫), 본관은 행주, 노사의 삼종손(三從孫)으로 장성군 하남리에서 태어났다. 어려서부터 영특하고 기골이 수려했으며, 일찍이 노사의 문하에서 경전과 역사서를 깊이 연구했다. 특히 『중용』에 탐닉하여 한때 문수사(文殊寺)에서 『중용』만을 탐구하여 조예가 깊었다. 그는 국정이 날로 혼탁하고 외세의 침략이 심각하여 국가의 존망이 경각에 달렸으나 수도와 지방에 사직을 지킬 군대가 없음을 한탄했고, 이를 타개하기 위해 부국강병을 역설했지만 국가의 흥망보다는 기득권 유지에 여념이 없는 위정자들에게 외면당했다.

그는 뜻을 펴지 못하고 조국강산을 편력하면서 한을 달랬는데, 포천에 이르러 최익현을 추모하는 글을 남기기도 했다. 그는 단발령과 국모시해에 분노하여 족형 기우만을 도와 의병을 일으켰으나 임금의 권유로 해산하고 말았다. 그 후에 을사늑약과 경술국치를 당해 비분강개하면서 살다가 1921년에 68세로 세상을 떠났다. 장남 기산도(奇山度)는 을사오적 암살단으로 활약했고 매국노 이근택을 찔러 중상을 입히기도 했으며, 그의 장인 고광순(高光洵)도 의병활동으로 유명하다.

문집으로 『식재집(植齋集)』 6권 3책을 남겼는데, 그의 「행장(行狀)」은 평소 교분이 두터웠던 동문 오준선(吳駿善)이 지었고, 「남유록(南遊錄)」·「동유록(東遊錄)」·「답경성소청통문(答京城疏廳通文)」은 주목해야할 저술이다. 문인으로 박영수(朴泳洙)·기노백(奇老柏)·허헌(許憲) 등 약 17명이 있다.

20) 현와(弦窩) 고광선(高光善) 계열

현와(弦窩) 고광선(高光善, 1855-1934). 자는 원여(元汝), 본관은 장흥, 고경명의 후손으로 광주 복촌에 태어났다. 어려서는 부친 고박주(高璞柱)에게 글을 배웠고, 성장해서는 나도규의 문하에 나아가 수학하면서 제자백가를 두루 섭렵했다. 또 노사의 문하에도 출입하면서 천인성명(天人性命)의 깊은 뜻과 일상의 예절에 대해 질문하여 깨우쳤다. 문집으로는 『현와유고(弦窩遺稿)』 16권 8책을 남겼는데, 「과욕설(寡慾說)」·「심사설(心師說)」·「심경설(心鏡說)」 등은 주목할 만하다. 김강환·오윤근 등 206여 명의 문인을 배출했다.

4. 맺음말

위에서 살펴보았듯이, 노사는 리(理) 중심의 학문체계를 구축하여 역사현실에서 강력하게 선(善)과 의리(義理)를 구현하려는 실천적 의지를 지녔던 인물이다. 그의 이주기복(理主氣僕)·이존기비(理尊氣卑)의 가치관과 이에 대응하는 의리론적 태도는 당대 다른 위정척사론자와 비슷한 양상을 보이지만, 관념적 공소성에서 어느 정도 벗어난 그의 위정척사론은 복고지향성이 완화된 현실적인 대안을 제시하는 특징적인 면모를 보여준다. 그리고 개항을 반대하는 그의 논지는 가시화된 제국주의 세력에 대한 단순한 부정에 그치는 것이 아니라, 국가경제와 민생에 기반하여 민족생존권과 국가경제의 침탈을 막고자 하는 강한 의지가 담겨있다는 점에서 관념적 허식에 그치거나 이념적 주장에 한정된 것은 아니었다.

노사는 20대를 넘어서면서부터 강학활동을 시작하여 학문적으로 원숙한 경지에 접어든 40대 중반에 몰려든 많은 문인들에게 자신의 철학이론과 정치사상을 전수하는 철저한 교육자의 면모를 보여주었다. 역사현실에 선과 의리를 구현하고자 노력했던 노사의 실천정신은 그의 문인들에게 지대한 영향을 미쳤다. 노사와 그의 문인들은 주리적 성리설을 주축으로 삼아 지역과 문파(門派)를 초월하여 일관되게 결속하는 모습을 보여주었다. 그러나 정치현실을 타개해 나아가는 방법과 태도에서는 상이한 측면도 발견된다. 노사가 상소문을 통해 자신의 경륜과 방략을 제시하는 길을 선도했다면, 그의 문인들은 시대상황의 악화에 발맞춰 상소문을 올려 자신의 주장을 설명하는 한편 거의(擧義)라는 좀 더 적극적인 방법을 통해 '불의에 항거'하는 치열함을 보여주었다. 이는 정치적 변화에 따른 시의 적절한 선택이요 결단이었다고 생각된다.

우리는 치열한 사유를 통해 주리적 성리설을 이론적으로 정치하게 다듬어나간 노사의 학구적 태도와 스승의 주리철학의 학풍을 계승하여 쇠퇴해 가는 조선의 국운을 근본적으로 재건하기 위해 헌신했던 문인들의 열성에 주목해야 한다. 우리가 살아가야 할 세계와 환경을 선(善)과 의리(義理)가 살아 숨 쉬는 공간으로 탈바꿈시키고자 노력했던 노사학파 구성원들의 실천의지는 오늘날에도 여전히 생명력을 잃지 않는 철학으로 기능하고 있음을 알아야 한다. 이 점이 바로 우리가 노사학파에게서 미래지향적인 정신적 에너지를 발견하려는 이유이다.

참고문헌

광주직할시, 『유학사상(Ⅰ)』, 광주: 전남대학교출판부, 1992.

광주직할시, 『유학사상(연보 집성)』, 광주: 한국전산출판사, 1994.

금장태·고광직, 『儒學近百年』, 서울: 박영사, 1984.

기정진, 『蘆沙先生全集』, 서울: 보경문화사, 1983.

노사선생기념사업회, 『노사 기정진 선생 100주기 기념 학술강연 발표요지 및 부록』, 광주: 호남문화사, 1979.

손광은 편저, 『全南圈文集解題(Ⅰ·Ⅱ)』, 광주: 금호문화, 1997.

윤영선, 『朝鮮儒賢淵源圖』, 서울: 태학사, 1985.

장흥문화원, 『장흥문집해제』, 광주: 무돌, 1997.

정병련, 『한국철학의 심층분석(Ⅲ)』, 광주: 전남대학교출판부, 1998.

한국동양철학회, 『蘆沙학파의 唯理철학과 윤리적 실천성향』, 한국동양철학회 동계 학술대회 자료집, 1998.

VI. 노사학파의 유적 정리

1. 노사(蘆沙) 기정진(奇正鎭)의 유적

기정진(1798-1879)의 본관은 행주(幸州), 자는 대중(大中), 시호는 문간(文簡)으로 전북 순창에서 태어나 장성에서 자랐다. 8,9세에 이미 경사(經史)에 통했고, 유학에 전심하여 진사에 합격한 후, 여러 번 벼슬에 임명되었으나, 사양하다가 후에 호조참판에 이르렀다. 송대의 철학자 주돈이·장재·정이·주희 등의 성리학을 독자적으로 연구함으로써 대성하였다. 40세 이후 그에게 경학을 공부하려는 선비들이 모여들었고 그의 사상은 손자인 기우만과 많은 제자들에게 전수되었다. 조선 유학을 대표하는 한 사람으로 서경덕·이황·이이·이진상·임성주와 함께 성리학의 6대가로 일컬어진다.

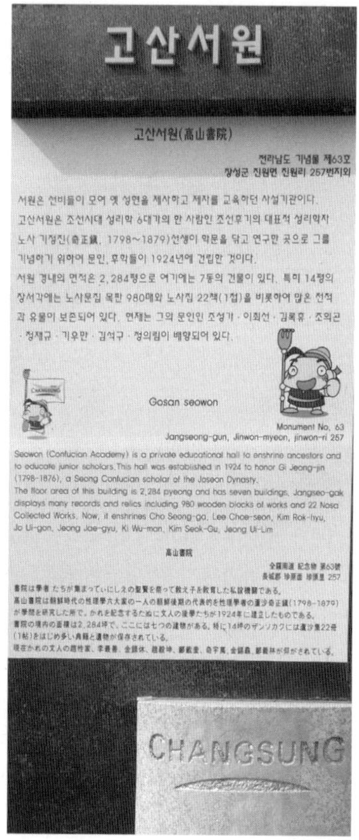

안내문

기정진은 당시에 82세라는 비교적 긴 세월을 살면서 학문적 명성을 쌓아 많은 문인들을 배출했고, 이곳저곳을 옮겨다니며 강학활동을 왕성하게 전개했기 때문에 그가 남긴 유적과 유물(품)은 상당히 많을 것으로 짐작된다. 그러나 많은 세월이 지난 지금에는 밝혀진 것만큼이나 묻혀지고 사라져버린 유적과 유물(품)도 많은 것으로 보인다. 그 중에서도 기정진이 1843년 46세에 「납량사의(納凉私議)」 초고를 작성하던 남암사(南庵寺), 젊어서 글을 읽었던 관불암(觀佛庵), 여름에 피서하며 강학했던 침수정(枕漱亭) 등을 찾아볼 수 없었던 점은 큰 아쉬움으로 남는다.

1) 고산서원(高山書院)

이 서원은 전남 장성군 진원면 고산리에 자리하고 있다. 본래 이곳은 노사가 1878년에 정사(精舍)를 지어 담대헌(澹對軒)이라 하고 학문을 강론하던 곳인데, 1924년에 다시 중건한 후 1927년에 고산서원으로 고쳐 오늘에 이른다.

건물 현황을 보면, 총 8동(棟)으로 외삼문인 산앙문(山仰門)을 들어서면 정면에 강당(담대헌)이 있고, 강당 좌우로 동재(東齋)인 거경재(居敬齋)와 서재(西齋)인 집의재(集義齋)가 교육공간을 이루고 있다. 고산서원·담

고산서원 (측면)

정문(산앙문)

담대헌(강당)

대헌의 편액과 거경재·집의재의 편액은 모두 한말의 명필 염재(念齋) 송태회(宋泰會)가 썼으며, 기둥마다 빙 둘러 매달린 주련은 모두 주자의 글씨를 모각한 것이다. 이어 서재 옆에 장판각(藏板閣)이 있고 강당 뒤로 내삼문과 사당인 고산사(高山祠)가 자리 잡고 있다. 그밖에 정문 옆에 살림살이를 맡은 고직사가 있다. 1982년에 전남기념물 제 63호로 지정되었고, 1994년에 사당과 주변 담장을 보수했으며, 현재 윤정복(尹丁鍑)이 찬술한 고산서원묘정비(高山書院廟庭碑)가 세워져 있다. 1996년에는 외삼문 왼쪽에다 나갑주(羅鉀柱)가 기록한 관선회강학기실비(觀善會講學記實碑)를 세웠다. 서원의 역사와 현황을 알려주는 『고산서원지(高山書院誌)』

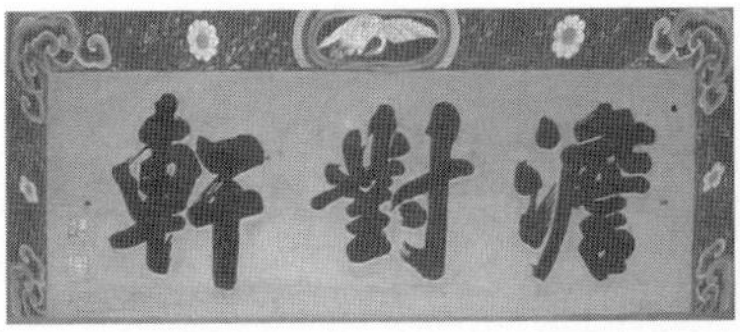

담대헌 편액

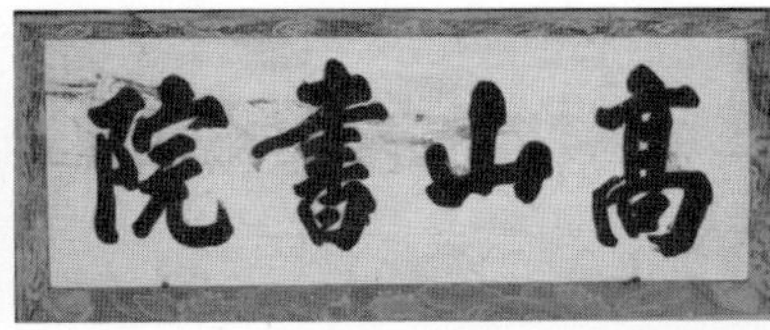

고산서원 편액

동재(거경재)

서재(집의재)

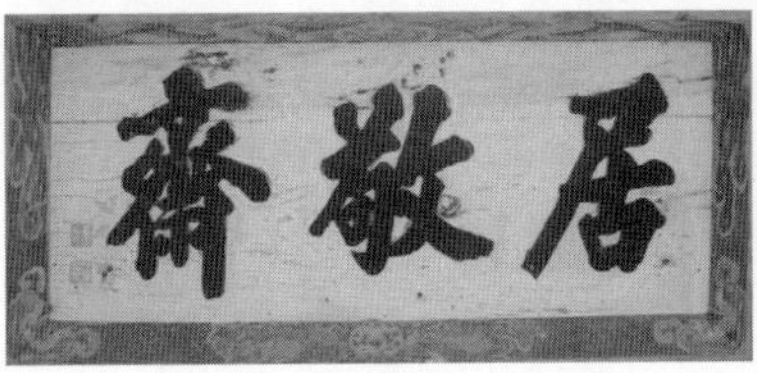

거경재 편액

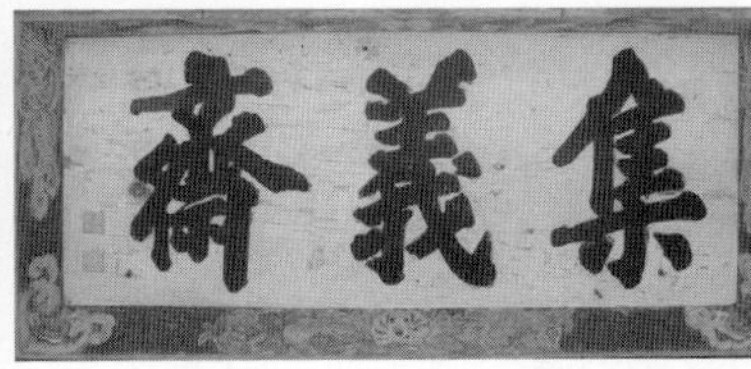

집의재 편액

가 1968년에 간행되었는데, 서문은 송재성과 김상진이 썼고, 발문은 여창현·홍석희·박영봉이 썼다.

담대헌(澹對軒)은 1878년(노사 81세)에 월송리 집의 서쪽 빈터에 정사(精舍)를 건립하여 문인들에게 강학하던 곳인데, 서석산(瑞石山, 지금의 무등산)에 있는 부모의 묘소를 바라볼 수 있어 '담대헌'이라 이름을 붙였다. 그가 지은 「담대헌기(澹對軒記)」에서 "평생 뜻에 맞는 일이 별로 없었는데 이 한 가지 일은 뜻밖에 얻었다"고 말한 것으로 보아, 이 정사를 짓고 매우 흡족하게 여겼음을 알 수 있다. 현재는 고산서원의 강당으로 활용하고 있으며, 담대헌 내에는 기정진의 필적으로 무불경(毋不敬)·사무사(思無邪)라는 글씨가 걸려있다.

담대헌편액

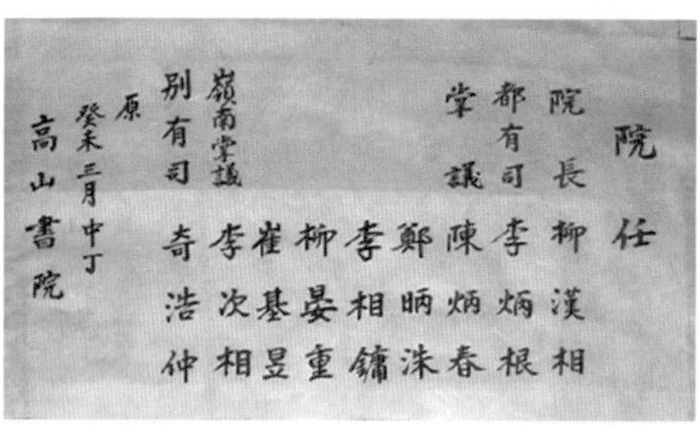

원임록

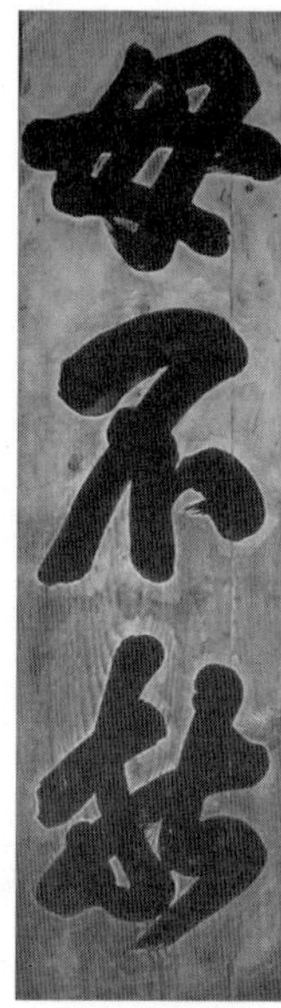

무불경 주련

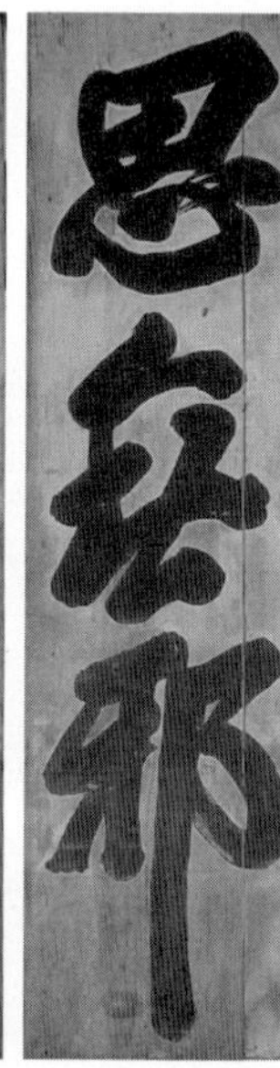

사무사 주련

담대헌 기문

1978년에 뜰에다 장판각(藏板閣)을 새로 지어 거경재(居敬齋)에 있던 문집과 목판들을 옮겨 보관하고 있다. 장판각은 두 칸으로 지었는데, 경장각(敬藏閣)에다 목판과 유품을 보관하고, 장서각(藏書閣)에는 문집과 기타 서적들을 보관하고 있다. 기정진의 유품으로 갓·정자관·탕건·옥돌담배상자·지팡이·안석 등이 지금까지 보관되어 있다.

장서각

서고

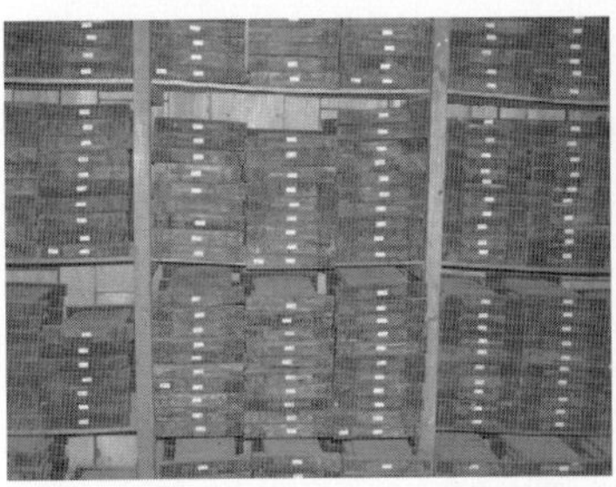
문집 목판본

목판 글씨

탕건

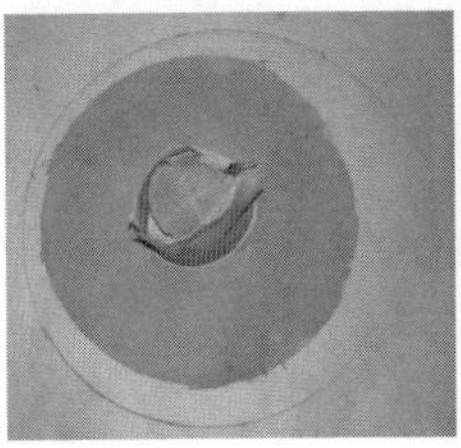
갓

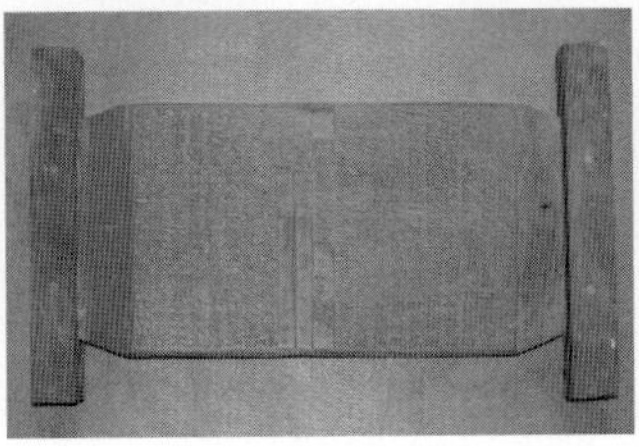
문집 목판본

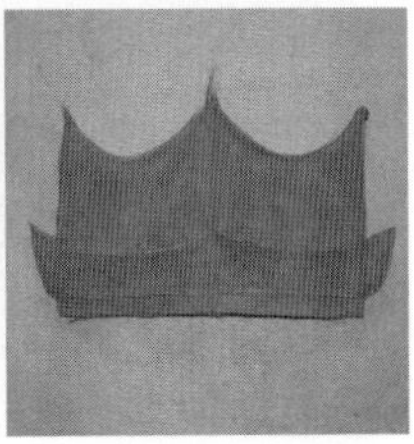
정자관

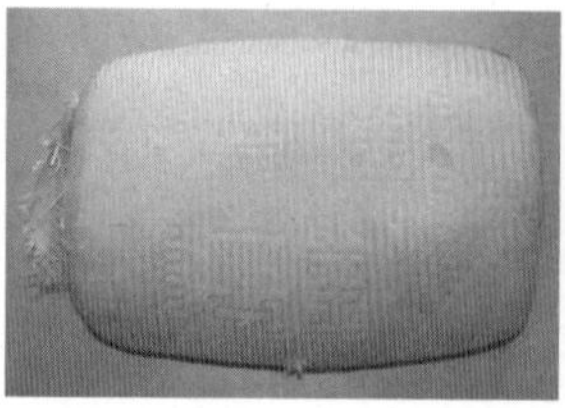 

안석 옥돌 담배상자

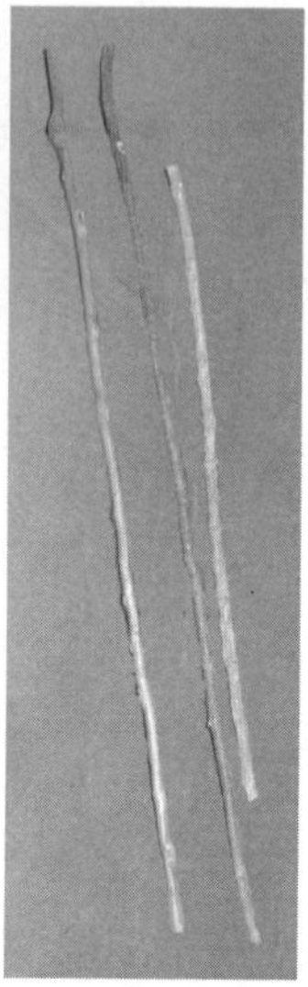

지팡이

2) 고산사(高山祠)의 제향(祭享)

고산사는 처음엔 기정진을 주벽으로 삼고 정재규(鄭載圭), 조성가(趙性家), 김녹휴(金祿休), 조의곤(曺毅坤), 이최선(李最善), 기우만(奇宇萬)을 배향했으며, 이후 김석구(金錫龜)와 정의림(鄭義林)을 추가로 배향했다. 고산사의 편액은 주자의 글씨를 모각했고, 사우(祠宇)의 상량문은 문인 오준선(吳駿善)이 지었다. 노사위패의 봉안문은 권재규(權載奎)가 지었으며, 서원의 창건실기는 박흥규(朴興圭)가 지었다.

사당 전면

사당 정문

기정진 위패

조의곤 위패

기우만 위패

정의림 위패

이최선 위패

김석구 위패

김녹휴 위패

조성가 위패

정재규 위패

기정진 제상

제상(동쪽)

제상(서쪽)

추향제

추향제

추향제 접수

제관 분정표

3) 묘소와 묘비

노사의 묘소는 전남 장성군 동화면 남산리(또는 황산리)에 있다. 묘소 입구에는 면암 최익현이 지은 신도비가 우뚝 서 있어서 장엄한 분위기를 자아내고, 묘소 전면에는 조선노사기선생지묘(朝鮮蘆沙奇先生之墓)라고 새겨진 묘표가 서 있다. 그리고 묘소 왼편에는 문인 정재규(鄭載圭)가 짓고 역시 문인 기재(奇宰)가 쓴 묘갈비가 세워져 있다.

신도비

묘소

묘표

묘갈비

묘갈비 하단

4) 경모비(敬慕碑)

장성군 진원면 진원초등학교 교정에는 노사의 경모비(敬慕碑)가 남아 있다. 상단에는 기정진이 지은 소씨향약학당운(蘇氏鄕約學堂韻)의 원문과 번역문을 새겨 기정진의 향촌교육 정신을 강조했고, 하단에는 기정진의 간단한 프로필을 소개하여 보는 이의 이해를 돕고 있다.

경모비

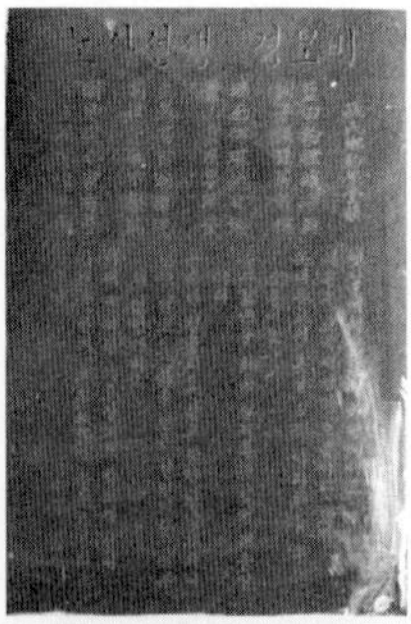

경모비 상단

경모비 하단

5) 문집 현황

기정진의 문집은 사후 3년 만인 1882년에 그의 강학소인 담대헌(澹對軒)에서 초간(初刊)한 활자본이 있고, 1902년에 문인 정재규가 신안정사(新安精舍, 경남 합천군 쌍백면)에서 중간한 목판본이 있다. 초간본은 22권 11책으로, 중간본은 원집 28권, 부록 2권, 『답문유편(答問類編)』 15권으로 편집되어 있다. 1983년에 고산서원에서 발행한 영인본 『노사선생전집』은 중간본에다 『노사선생연원록』을 덧붙인 것이다.

기정진의 문집은 시문(詩文)과 같은 문예(文藝) 중심의 일반적인 문집류와 달리, 주로 경학(經學)·성리학(性理學)·예학(禮學)의 주요문제에 대한 자신의 견해와 문인들과의 문답, 그리고 시무(時務)를 깊이 있게 언급한 상소문들로 채워져 있다. 예를 들면 「답권신원(答權信元)」·「이통설(理通說)」·「정자설(定字說)」·「우기(偶記)」·「납량사의(納凉私議)」·「외필(猥筆)」

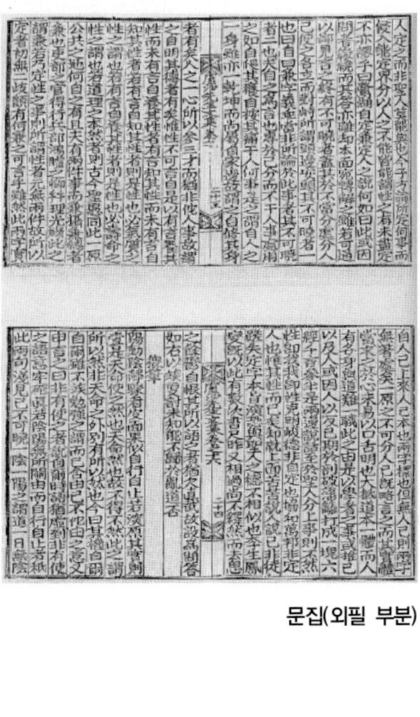

문집(외필 부분)

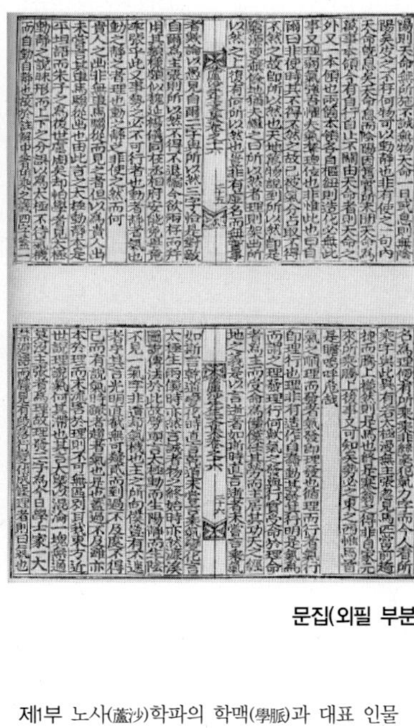

문집(외필 부분)

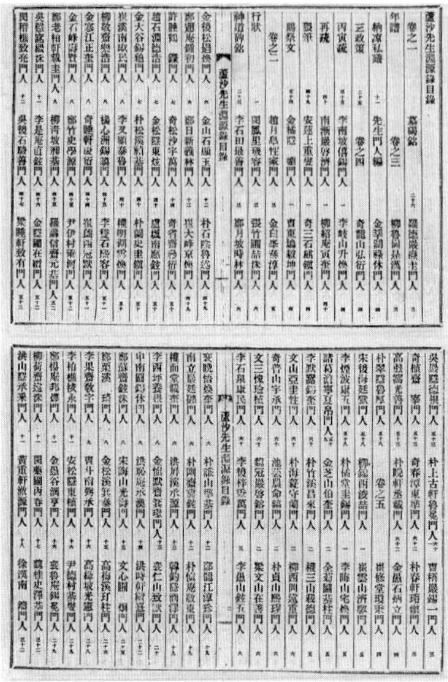

연원록(기정진 문인록)

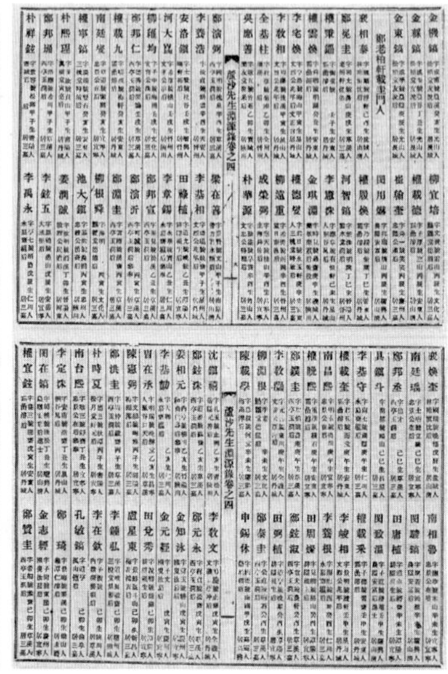

연원록(정재규 문인록)

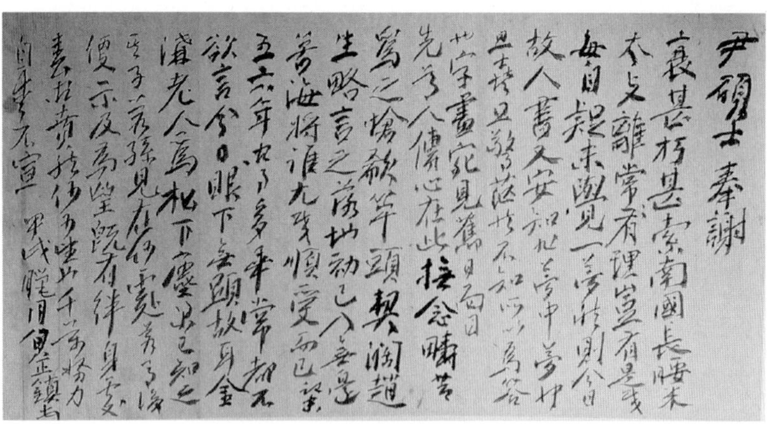

유묵(편지)

관선회 강학 기실비

고산서원 묘정비

·「형질기질설증정계방(形質氣質說贈鄭季方)」 등은 기정진의 성리설을 상세히 설명해주는 저술이고, 「병인소(丙寅疏)」·「임술의책(壬戌擬策)」 등은 기정진의 위정척사론과 경세사상이 잘 드러난 저작이다. 이러한 논저들을 조선조 후기의 성리학 흐름과 시국의 혼돈과 외세의 침략에 대한 유학자의 대응방식을 이해하는 데 중요한 자료가 될 것이다.

2. 노백헌(老柏軒) 정재규(鄭載圭)와 그 문인들의 유적

1) 노백헌 정재규의 유적

정재규(1843-1911)의 자는 후윤(厚允), 본관은 초계(草溪), 정옥윤(鄭玉潤)의 후손으로 경남 합천군 쌍백면 묵동에서 태어났다. 1864년에 최유윤(崔惟允)의 안내로 노사 문하를 찾아와 수학한 뒤, 노사의 학통을 계

노백서사 전경

본신문 편액

승·정립시키는 데 핵심적인 역할을 담당했다. 그는 영남의 이진상(李震相)과 그의 문인 허유(許愈)·곽종석(郭鍾錫)·이승희(李承熙) 등 한주(寒洲)학파와 교유하고, 김평묵(金平默)·최익현(崔益鉉)·유기일(柳基一) 등 화서(華西)학파와도 교유하여 성리설이나 의리론에서 폭넓게 사유하고 활동할 수 있었다.

노사가 종래의 성리설이 끝없는 논쟁에 휘말려 있는 현실을 타개하려는 의도에서 「납량사의(納凉私議)」와 「외필(猥筆)」을 통해 이일분수설(理一分殊說)에 따른 주리론적 이기일원론의 천명한 데 대해, 전우(田愚)는 노사의 입장을 기(氣)를 리(理)로 인식했다고 규정하고 조목 별로 반박하여 「외필변(猥筆辨)」과 「납량사의의목(納凉私議疑目)」 등을 저술했다. 이때 정재규는 전우의 비판을 재반박하여 「외필변변(猥筆辨辨)」과 「납량사의기의변(納凉私議記疑辨)」을 저술했는데, 이러한 논변은 노사학파의 성리학적 입장을 더욱 엄밀히 정립하여 제시하는 것이었다. 이외에도 그는 1880년에 『노사집』의 교정에 참여했고, 1900년에 「노사선생언행총록」을 편찬했으며, 1901년에는 『노사집』의 간행을 주도했다.

정재규는 1903년에 유신(儒臣)으로서 경연(經筵)에 천거되고 조경묘(肇慶廟) 참봉(參奉)에 제수되기도 했으나 모두 나아가지 않았다. 1905년에 을사늑약이 체결되자, 그는 충의(忠義)의 울분을 안고 호남과 영남에 포고문(布告文)을 내어 일본과 담판할 것을 촉구하면서 동지들을 규합하는 한편, 논산에 있는 궐리사(闕里祠)에서 최익현을 만나서 함께 의병을 일으키기로 했으나 외부의 방해로 뜻을 이루지 못했다. 1910년 경술국치의 비운을 당하자 그는 "우리는 죽지 않으면 곧 포로다. 구차스럽게 목

노백서사

노백서사 편액

숨을 유지하고 있는 것은 하루하루가 수치이다. 평생 성현의 글을 읽고 강론한 것이 무엇이었는데 오늘의 마지막 날에 수치스러운 귀신이 되어 끝날 것인가"라고 통탄하고, 1911년에 자신의 노백서사(老柏書舍)에서 망국의 한을 품은 채 69세를 일기로 생을 마쳤다.

합천군 쌍백면 면사무소에서 5리쯤 들어가면 묵동(墨洞)이란 마을이 나온다. 묵동이란 마을 이름에서 '선비 고을'이라는 것을 느낄 수 있다. 지금은 많은 사람들이 도시로 빠져나가 마을에 선비들이 예전처럼 있는 것은 아니지만, 마을 뒤에 있는 노백서사(老柏書舍)가 선비 마을의 전통을 증명해 주고 있다. 노백서사에 들어서자 '세한연후(歲寒然後) 지송백지후조야(知松柏之後凋也)'라는 말이 불현듯 떠올랐다. 공자는 『논어』에서 다음과 같이 말했다. "날씨가 추워진 후에야 소나무와 잣나무가 뒤늦게 시든다는 것을 알 수 있다"라고. 늙은 잣나무를 뜻하는 노백(老柏)이란 말은 아마도 공자의 말씀에서 따온 것이리라.

문인 권재규(權載奎)가 지은 노백서사 기문에 보면 "물계(勿溪)의 소덕동(小德洞)에 우뚝 솟은 삼 칸 집은 우리 사문 정선생이 은거하여 수양하던 집이다. 이곳은 일찍 노사 기선생이 지나간 적이 있으므로 첨과당(瞻過堂)이라고 한다. 그 집은 높지만 깊이 숨어 있으며 형세는 깊지만 앞이 열리어 있다. 그리고 지척에 있는 마을은 서로 가로막혀 보이지 않으며 구름을 문으로 삼고 산을 울로 삼고 있으니 이곳은 참으로 노백헌 선생께서 은거할 만한 곳이라 할 것이다"라는 구절이 있다. 망한 나라의 선비로서 지조를 지키려고 했던 정재규의 마음을 엿볼 수 있는 글이다.

노백서사의 대문인 본신문(本新門)을 지나면 넓은 뜰이 나오고 큼지막한 서사의 편액과 길다란 주련을 볼 수 있다. 몇 해 전에 노백서사의 동

정재규의 문인 권재규와 그의 문생들(사진제공/정태수 산청문화원장)

쪽 방에 보관해오던 문헌들을 모두 도난당하여 손때 묻은 서적을 대면할 수 없게 되었고, 아울러 각종 현판들까지 도난당해 노백서사에 드나든 선비들의 향취를 맡을 수 없게 된 점이 못내 아쉽다. 노백서사도 오랜 세월만큼이나 퇴색돼 찾는 이들의 안타까운 마음을 자아내게 한다.

정재규는 사후에 고산서원(高山書院)에 배향되었고, 그가 강학했던 노백서사(老柏書舍) 뒤편 대숲에 자리 잡은 경덕사(景德祠)에 위패가 모셔져 있다. 경덕사에는 정재규의 위패가 주벽을 이루고 그의 문인 농산(農山) 정면규(鄭冕圭)와 명호(明湖) 권운환(權雲煥)의 위패가 동서로 배향되어 매년 제향을 받고 있다. 정면규는 정재규의 사촌동생으로 기정진과 정재규의 학문을 충실히 계승하였는데, 두 사람의 마음이 일치되어 학문에 정진하는 모습을 두고 사람들은 "두 사람이지만 꼭 한사람 같다"고까지 말했다. 정재규가 세상을 떠나자 정재규를 따르던 제자들이 의지할 때

권재규 시 현판

경덕사

경덕사 편액

정재규 위패

정면규 위패

권운환 위패

가 없어 고민을 하다가 정면규를 따르기로 의견을 모았다. 이는 정면규의 학문이 정재규로부터 나왔으며, 또 이를 충실히 계승했다는 방증이 될 수 있다. 산청 선비 송산(松山) 권재규(權載奎)는 정면규를 일러 "진실로 군자이면서 후생들에게는 본보기가 될 만한 사람"이라고 평가했다.

2) 입암(立巖) 남정우(南廷瑀)의 유적

남정우(1869-1947)의 자는 사형(士珩), 본관은 의령, 충경공(忠景公) 남재(南在)의 후예, 경남 의령군 유곡면 판곡리(板谷里)에서 남구원(南龜元)의 아들로 태어났다. 1886년 18세에 형 남정섭(南廷燮)과 함께 정재규와 정면규에게 나아가 수학했고, 1896년에 단발령이 내려지자 정재규의 거의모사(擧義謀事)에 참여했다. 1902년 『노사집』을 간행할 때에 「외필」이 율곡의 학설을 비판했다 하여 말썽이 생기자 스승에게 반박서를 쓰도록 건의했다. 1905년에 최익현이 노성 궐리사(闕里祠)에서 의병을 일으키려 했을 때 거사에 참여하기 위해 스승을 모시고 정산(定山)까지 갔으며, 1910년에는 금강산과 만주를 여행하고 만주로 이거할 계획을 세웠으나 노모를 모실 수 없음을 깨닫고 포기하기도 했다. 1915년에 총독부에서 칙령으로 묘적(墓籍)을 만들라고 강요하자 이를 단호히 거부했고, 1918년에 고종이 승하하자 유림 일각에서 일어난 불복설(不服說)을 반박했다. 1928년에 서실인 여산재(汝山齋)를 세우고 1936년에는 동락계(東洛契)를 조직했으며, 1947년에 79세로 여산재에서 세상을 떠났다.

남정우의 고향 마을 산자락에 위치한 여산재는 지금도 후손들에 의해 잘 관리가 되고 있다. 여산재의 대문인 옹심문(擁深門)을 통해 안으로 들어가면, 여산재·불염당·긍심료·경추헌 등의 편액이 눈에 들어온다.

여산재 전경

여산재 편액

불염당 편액

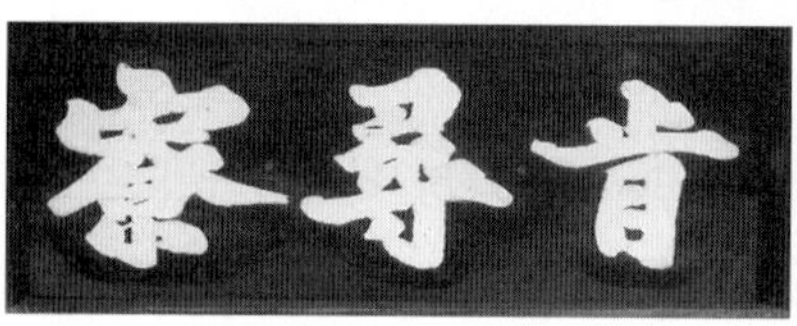

긍심료 편액

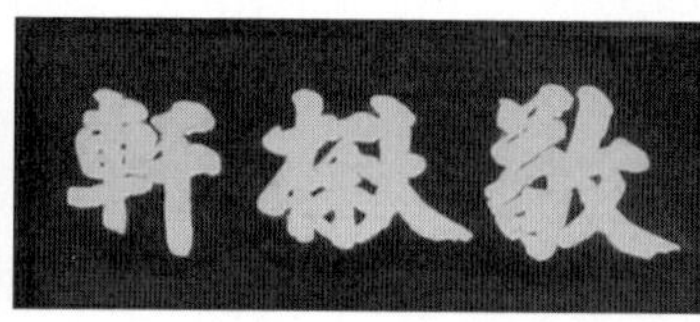

경추헌 편액

여산재 뒤쪽에는 남정우와 그의 형 소와(素窩) 남정섭(南廷燮)의 위패를 모시고 제향을 드렸던 옥봉사(玉峰祠)가 있는데, 지금은 사정이 여의치 않아 위패를 매안(埋安)하고 철향하고 있다. 마을 어귀에서 여산재로 오르는 길 왼편에는 남정우의 선조들이 판곡리에 정착한 뒤에 건립한 의양서당(宜陽書堂)과 학가정(學稼亭) 등의 건물이 지금도 잘 보존되어 있는데, 노거수인 은행나무가 그 오랜 역사를 대변해주고 있다.

의양서당과 학가정

3) 율계(栗溪) 정기(鄭琦)의 유적

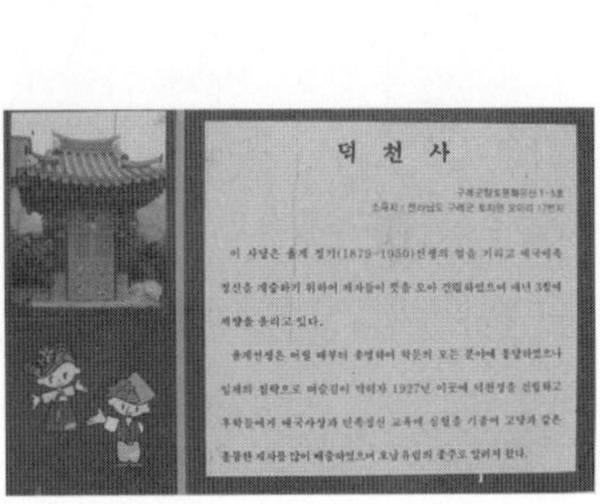

덕천사 안내문

정기(1879-1950)의 자는 경회(景晦), 본관은 서산, 구담(龜潭) 정인준(鄭麟濬)의 후예, 경남 합천군 범귀주(泛龜洲)에서 태어났다. 1899년 21세에 정재규가 도계(道溪)에서 강학한다는 소식을 듣고 찾아가 제자가 되었는데, 이 때 동문인 권운환·권재규·유원중·남정우 등과 사귀었다. 1905년에 을사늑약이 체결되자 스승 정재규가 동지를 모아 북상하여 맨손으로 왜적에게 대항하고자 계략을 세웠으나, 도중에 곽종석이 대궐에서 물러나 통곡한다는 말을 듣고 정재규와 정기는 노성의 궐리사(闕里祠)로 가서 최익현을 만났다. 그 뒤 최익현은 정기에게 글을 띄워 송병선과 곽종석이 있는 곳으로 달려가 나라를 붙들도록 독려케 하였다. 정기는 풍설을 무릅쓰고 사방으로 달려가 조정에 상소하려 했으나 스승이 만류하여 그만두었다. 1914년에 합천의 무산(武山)에 정사(精舍)를 짓고 학규 10조를 만들어 강학을 시작했다. 1927년 49세에 제자들을 이끌고 구례의 덕천(德川)으로 옮겨서 두 정자를 짓고 거기에서 정식으로 강학을 시작했으며, 1950년 이곳 덕천정(德川亭)에서 숨을 거두었다.

구례군 토지면 오미리에서 문수동 계곡으로 올라가는 길 오른편에 덕천정(德川亭)과 덕천사(德川祠)가 자리잡고 있다. 근래에 재건하여 단아하게 정돈한 것으로 보이는 덕천정에는 정현복(鄭鉉福)이 쓴 각종 편액과

가정문

덕천정

덕천정 편액

거연당 편액

주련 주련 주련 주련

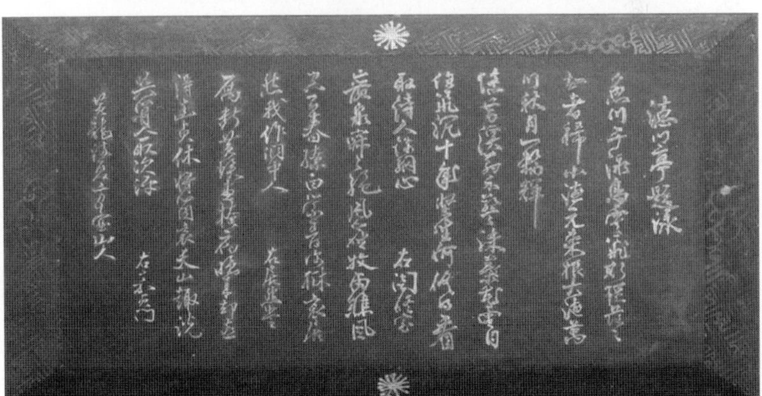

덕천정 제영

제영(題詠), 주련들이 붙어있고, 덕천정 바로 뒤편에 덕천사가 위치하고 있다. 덕천정의 대문 이름은 가정문(嘉貞門)이고 덕천정 내부에는 공자의 글씨가 목판에 모사되어 걸려있다. 정기의 유묵으로 실은 시와 편지는 친구 안규용(安圭容, 1873-1959)에 보낸 것이다. 안규용은 1933년 무렵에 왜인이 서당 인가를 독촉하자 결연히 서당을 폐쇄하고 보성에서 문수동 계곡으로 숨어 들어와 정기와 도의(道義)의 교분을 맺었는데, 정기는 안규용이 거처하던 서산초려(西山草廬)에 기문을 써 붙이기도 했다.

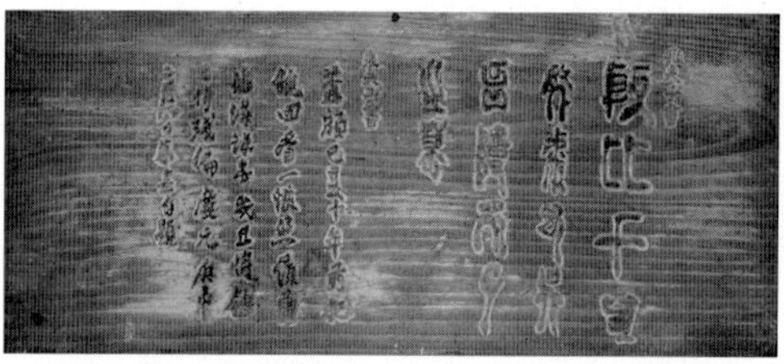

공자 글씨

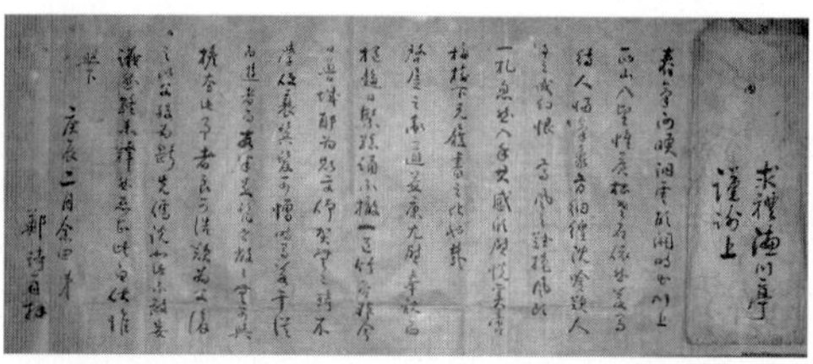

유묵(편지)

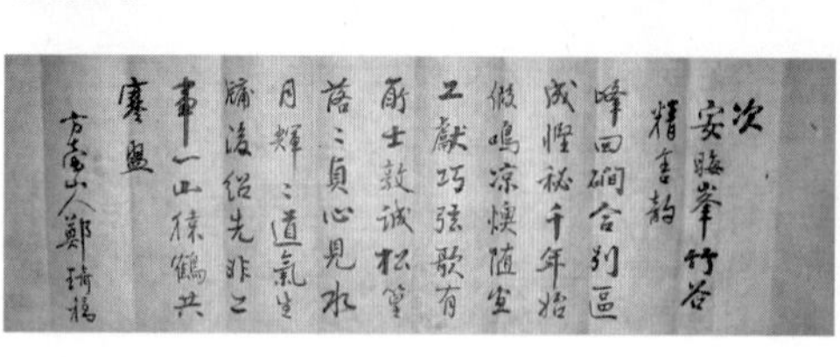

유묵(시)

사당

4) 효당(曉堂) 김문옥(金文鈺)의 유적

김문옥(1901-1960)의 자는 성옥(聖玉), 본관은 광산, 문숙공 김주정(金周鼎)의 후예, 경남 합천에서 태어났다. 어머니 현풍곽씨가 비설산(飛雪山)에 올라 기도한 지 백일 만에 '깊은 산중 맑은 샘물 위에 옥기(玉器)가 둥실둥실 떠있는 것을 품고 돌아오는' 꿈을 꾸고 그 길로 잉태하여 낳았다. 8세에 향숙(鄕塾)에 취학하여 경사(經史)를 두루 읽었고 읽다가 마음에 맞는 대목에 이르러선 문득 붓을 들어 그 회심처(會心處)를 한편의 아름다운 완문성장(完文成章)으로 이룩하여 놓으니, 보는 사람마다 '김문(金門)에 팔두문장(八斗文章)이 나왔다'고 칭송했다. 14세에 무산정사(武山精舍)로 나아가 율계(栗溪) 정기(鄭琦)에게 배웠는데 정기는 그 재사(才思)가 민첩하고 지기(志氣)가 높음을 아껴 특별히 가까이 두고 학문하는 차례와 단계에 따라 지도했다. 그리하여 하락관민(河洛關閩)의 본지와 구류백가(九流百家)의 오의까지도 두루 통달해버렸으니, 문장은 한퇴지·소동파에 치달았고 덕업은 고명의 경지에 이르러 많은 호남 인사들이 그 풍문을 듣고 흠모하지 않은 사람이 없었다. 당대의 명사(名士) 홍명희·정인보·안재홍·변영만 등이 그 문장을 보고는 모두 교분을 맺기를 원하였다. 1935년 봄에 임실구치소에 구금되어 좌경사상인과 연루되었는지를 심문 당했다. 하루는 한인(韓人)으로 왜경의 보조원을 맡은 자들이 달려들어 다짜고짜로 두발을 깎으려 하자, 그는 "차라리 보발(保髮)의 귀신이 될지언정 삭발한 사람은 되지 않겠노라"하면서 왜(倭)를 공격하는 글을 지으니, 이로부터 모든 순사들이 공경하고 조심스레 대하였으며 이어 곧 풀려 나왔다. 이 해 5월에 가솔을 이끌고 화순 절산리(節山里) 김씨제각 영사재(永思齋)에 자리를 잡으니 사방에서 문생들이 구름같이 찾아와

도남재

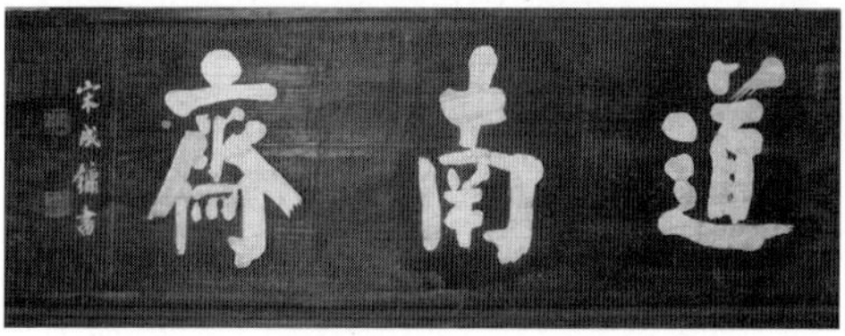

도남재 편액

수학하였다. 1950년 50세 때에 스승 정기의 부음을 듣고 삼엄한 전쟁의 위험을 무릅쓰고 2백리 길을 달려가 통곡하니, 그 애통이 마치 친상(親喪)과 같았다. 그 해에 다시 가솔을 이끌고 보성 부용동으로 옮기고 편액을 학서헌(鶴棲軒)이라 하니, 이런 와중에도 원근에서 풍문을 듣고 배우러 오는 자가 많았다. 이곳에서 선사(先師)의 유고 교정을 끝맺었다. 1960년 3월에 또 다시 가솔을 이끌고 화순 절동(節洞)으로 옮겼으나 숙환이 도져 세상을 떠나니 향년이 60이었다. 처음에 절동 앞 기슭에 장사했다가 다시 곡성군 압록 마곡(馬谷)에 이장하였다.

절동에는 지금도 김문옥이 말년에 강학했던 서당 도남재(道南齋)가 원형의 모습을 간직하고 주인 없이 텅 빈 채로 서 있는데, 이 서당 전면에는 전북의 서예가 강암 송성용(宋成鏞, 1913-1999)이 쓴 편액이 걸려있다. 본채는 아직 관리가 되고 있으나 문간채는 이미 허물어져 가는 형편

절산사

절산사 양지문

임대정

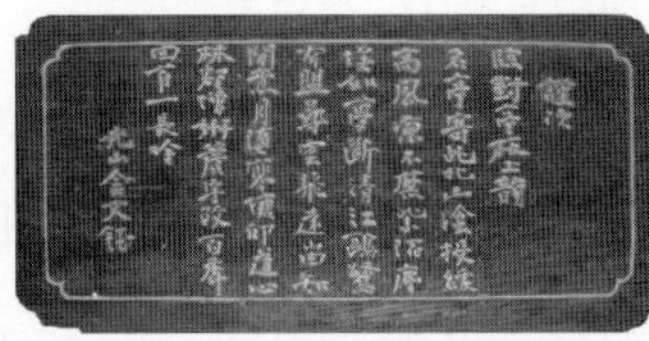

김문옥 임대정 시 현판

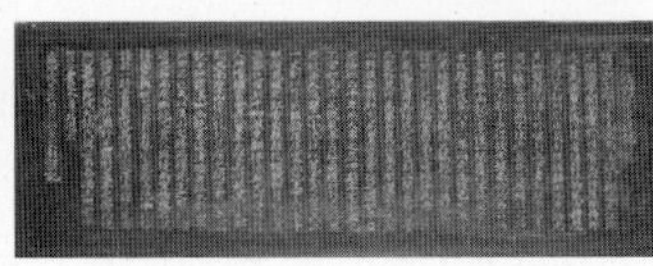

김문옥 임대정 기문

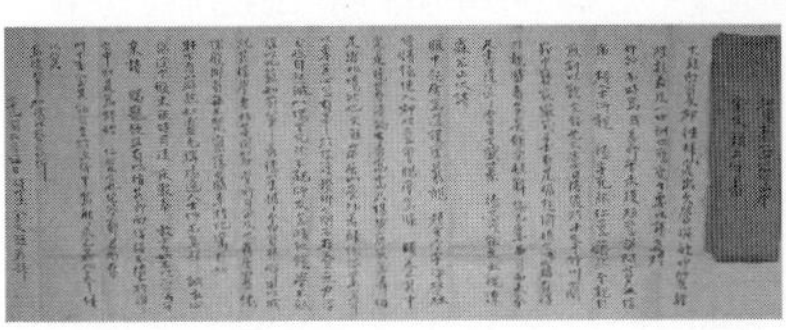

유묵(편지)

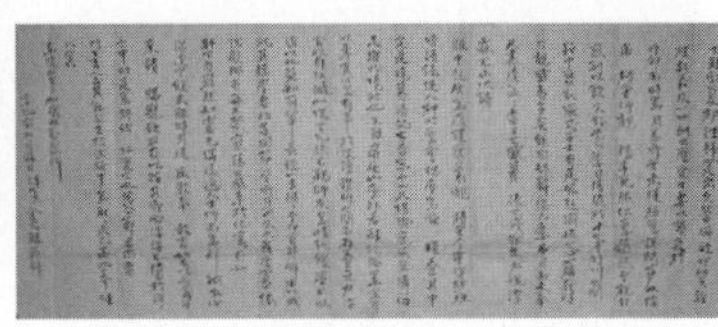

유묵(편지)

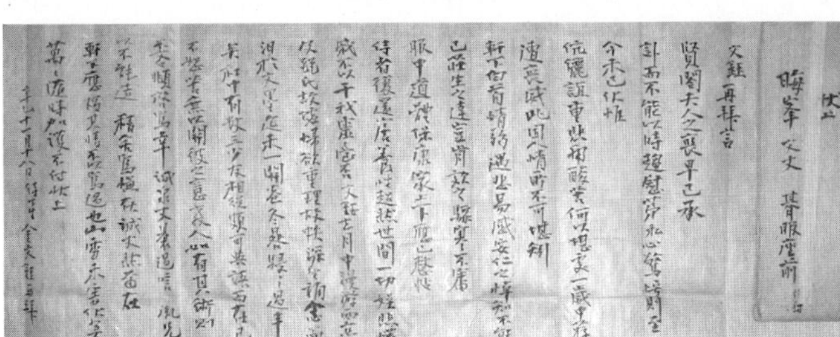

유묵(편지)

이다. 도남재 위쪽에는 김문옥의 사후에 문인들의 발의로 지어진 절산사(節山祠)가 자리하고, 들어가는 문은 앙지문(仰止門)이라 부른다. 도남재에서 5리쯤 떨어진 곳에 김문옥이 즐겨 찾았던 임대정(臨對亭)이 있다. 임대정은 조선후기 철종 때에 병조참판을 지낸 민주현(閔冑顯)이 관직을 그만두고 귀향하여 전통적 정원 형식의 3칸 팔작집으로 건립한 정자이다. 임대정이란 이름은 동쪽에 위치하고 있는 봉정산에서 흘러내리는 물이 사평천(沙平川)과 임하는 곳에 위치하였다 하여 붙여진 것으로, 그 동안 이 정자에는 많은 문인들이 찾아와 시를 읊었다. 김문옥도 이곳에서 시를 읊고 이곳의 역사를 알려주는 임대정기(臨對亭記)를 지어 현판으로 걸었다.

3. 송사(松沙) 기우만(奇宇萬)과 그 문인들의 유적

1) 송사 기우만의 유적

영정

기우만(1846-1916)의 자는 회일(會一), 본관은 행주, 노사의 손자, 장성군 탁곡(卓谷)에서 기만연(奇晩衍)의 아들로 태어났다. 1879년(34세) 동문 김석구·정재규·정의림과 「납량사의」와 「외필」을 강론했고, 1881년에 노사의 문집을 편집했고, 이 해에 김평묵과 함께 유생을 이끌고 정부의 행정개혁을 요구하는 만인소(萬人疏)를 올렸다. 1882년에 김병학이 '경명행수(經明行修)'한 인물로

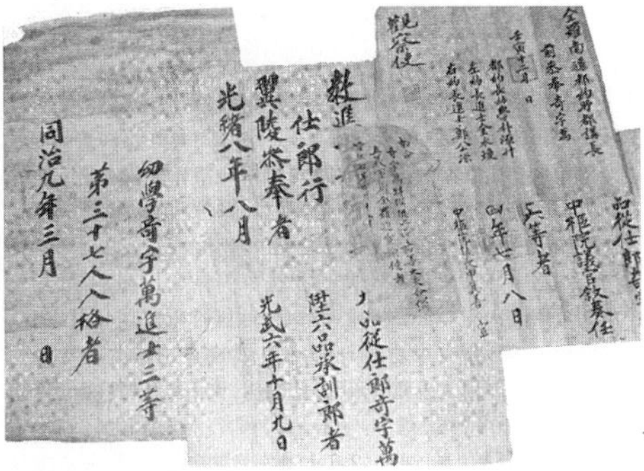

각종 교지

조정에 천거하여 익릉참봉(翼陵參奉)에 제수되었으나 나아가지 않았다. 1883년에 노사의 문집을 간행했다. 1884년에 조정이 외교를 개통하면서부터 국가의 구제도를 크게 바꾸고자했는데, 늘어진 소매옷을 금하여 간편함을 추구한다는 영을 내리자, 온 나라가 바람에 휩쓸리듯 따랐으나, 그는 "임금의 명령이라도 따르지 않을 것이 있다" 하고 끝내 새로 만들어진 옷을 입지 않았다. 1890년에 정재규와 함께 노사의 『답문유편(答問類編)』을 완성하여 간행했다.

그는 조부인 노사의 사상을 가학으로 이어받아 국세가 기울어져 가는 조선왕조 말기의 다난한 현실에 대처하여 위정척사의 의리를 강인하게 실천한 대표적인 인물이었다. 1894년에 동학란이 일어나자, 그는 향회(鄕會)를 열어 기양연(奇陽衍)·기량연(奇亮衍)·김진호(金鎭祜) 등과 더불어 비적(동학도)을 소탕하는 일을 논하고, 왕의 군사에게 먹일 소고기와 양식을 선봉소(先鋒所)에 전달했다. 1895년에는 국모를 시해한 원수에 대해 와신상담하고, 임금이 굴욕을 당하였으니 신하로써 목숨을 바쳐야 할 때임을 역설하여 모두 함께 궐기할 것을 호소하였다. 또 상소문에서는 원수와 역적들을 성토할 것, 단발령을 철회할 것, 정치행정의 제도를 복구할 것을 주장하고, 개화를 한다는 것은 난신적자요 임금을 속이고 나라를 그르치는 간사한 계략이라고 규탄하였다. 이듬해에 고종이 아관으로 파천하는 변란이 일어나자, 그는 장성향교에 호남의회(湖南議會)를 설치하고 포고문과 격문을 여러 고을에 보내 의병을 일으켰으며, 전주영(全州營)과 경영(京營)의 병사들에게도 고유문(告諭文)을 보내 호응해 주기를 호소하였다. 그러나 호남지방에서 그의 완강한 의거는 선유사(宣諭使) 신기선(申箕善)의 회유와 고종의 밀지(密旨)에 의해 좌절되고 말았다. 그 내용을 보면, 지금 적신(賊臣)들이 집권하고 있기 때문에 임금이 뜻을 펼 수 없고 도리어 집권자들에게 임금을 협박할 구실을 만들어 주어 임금에게 재앙을 미치게 할 위험이 있다는 것이었다. 그는 의분과 통곡을 금치 못하면서 의병을 해산했다. 의병을 해산시킨 뒤 그는 생사를 걸고 대궐에 나아가 왕명을 받으려 하였으나 그것도 뜻대로 되지 않자, 처자의 봉양을 거절하고 삼성산(三聖山)으로 들어가 삼산재(三山齋)라는 초막을 짓고 그를 따라온 제자들에게 강학을 폈다. 이것은 스스로 다하지 못한 우국충절의 기개를 제자들에게 불어넣어 주기 위함이었다.

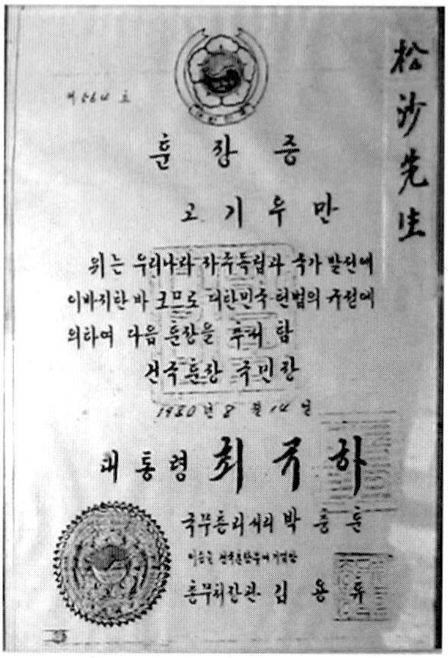
松沙先生
훈 장 증
고 기 우 만
위는 우리나라 자주독립과 국가 발전에
이바지한 바 크므로 대한민국 헌법의 규정에
의하여 다음 훈장을 추서 함
건국훈장 국민장
1980년 8월 14일
대통령 최 규 하
국무총리서리 박 충 훈
총무처장관 김 용 휴

훈장증

그의 불굴의 우국충절의 정신과 기백은 그 뒤에도 면면히 이어짐을 본다. 을사조약으로부터 경술국치에 이르기까지 수년에 걸친 호남 의병들의 강렬한 항일투쟁은 바로 그의 우국충절과 그 정신적 맥락을 같

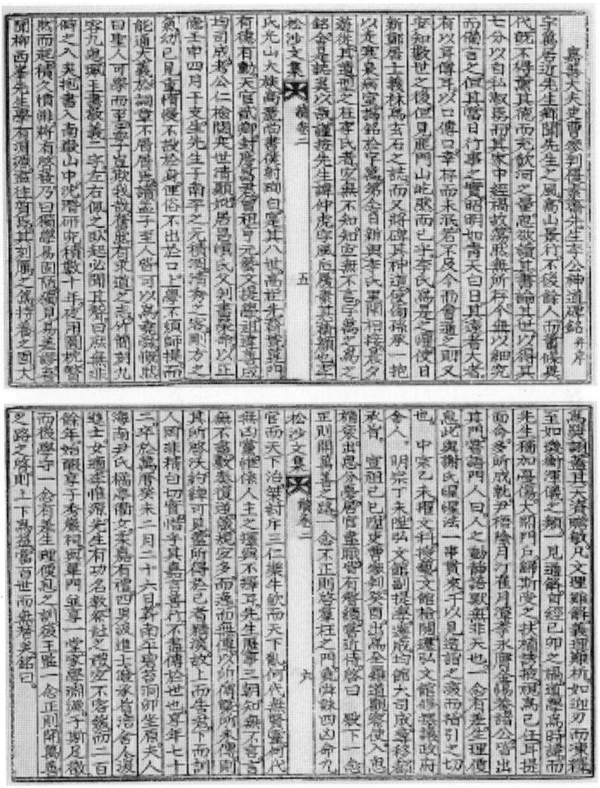

문집

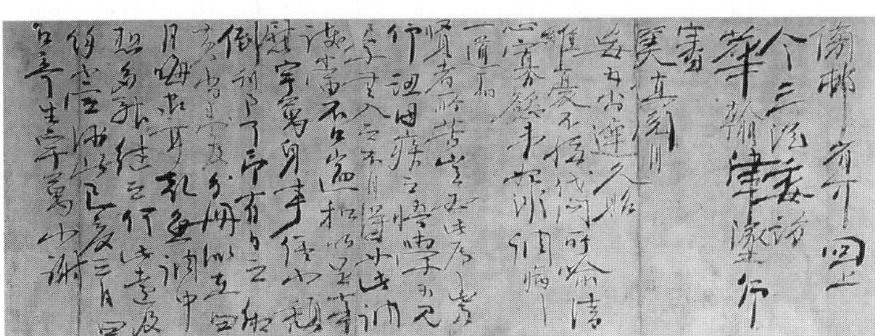

유묵(편지)

이 한다고 할 수 있기 때문이다. 1905년 을사조약이 체결되자 그는 통분을 금치 못하고 국가의 장래를 걱정하는 상소문을 올렸다. 이듬해에 곡성 도동사(道東祠)에서 다시 정재규·최익현 등과 함께 거의할 것을 결심하고 동지를 모으기 위해 호남 열읍에 고유문(告諭文)을 돌리려 하였으나 뜻을 이루지 못했다. 1907년에 영광 경무서에서 광주 경무서로 압송되고 다시 목포 경무서를 거쳐 경성감옥에 이감되었다가 석방되었다. 1909년에 「호남의사열전(湖南義士列傳)」을 짓고, 1916년에 71세로 세상을 떠났다. 고산서원(高山書院)과 능주 초방리(草坊里)의 고강영당(高岡影堂)에 배향되어 있고, 이외에도 무안의 평산사(平山祠), 순창의 무양사(武陽祠), 곡성의 무산사(武山祠), 장성의 서림사(書林祠) 등에서 제향하고 있다.

2) 정재(正齋) 양회갑(梁會甲)의 유적

양회갑(1884-1961)의 자는 원숙(元淑), 본관은 제주, 학포(學圃) 양팽손(梁彭孫)의 후손, 전남 화순군 이양면 초방리에서 양재덕(梁在德, 연재 송병선의 문인)의 아들로 태어났다. 1905년에 송병선(宋秉璿)에게 수학하려 했으나 그가 을사조약에 반대하다가 자결하자, 노사의 문인인 정의림·정시림에게 학문을 닦았다. 1914년 31세에 기우만의 제자가 되기를 글로써 청했고 이듬해에 기우만의 문하에 나아가 심성·이기 등의 학문을 익혔다. 1934년에 스승의 영당(影堂)을 마을 오른편 죽림정사(竹林精舍)에다 세웠고, 1945년에 스승의 영당에 제향하고 사당의 이름을 고강사(高岡祠)라 했다. 1955년에 노사의 위패를 고강사의 북벽에, 송사의 위패를 남벽에 봉안했다.

죽림정사(옛모습)

죽림정사터

양회갑이 거처하면서 강학활동을 펼친 죽림정사(竹林精舍)는 현재 양회갑의 재종동생인 양회정(梁會淨)이 허물어버리고 양옥으로 새로 지었기 때문에 원형을 정확히 알 수 없는 상태이다. 죽림정사 바로 곁에 세워진 고강사(高岡祠)는 양회갑이 생존 시에 30여 두락의 논을 경작하면서 매년 10섬씩 20년을 모아 심혈을 기울여 건립하고, 자신의 학문연원인 기정진·기우만 두 스승의 위패를 모시고 제향을 드리던 곳인데, 자신도 사후에 이곳에 배향되었다. 한때 기우만의 영정을 고강사에 봉안하기도 했으나 도난을 당해 지금은 찾을 길이 없고, 고강사의 제향도 3-4년 전부터는 끊어졌을 뿐 아니라 사우(祠宇)도 점차 퇴락해갈 조짐이 곳곳에서 나타나 안타까움을 자아낸다. 뜰까지 침범해 들어와 빼곡이 들어찬 대나무, 먼지가 자욱하게 내려앉은 위패와 사당 내부가 제대로 관리되지 못하고 있는 유교문화의 유적지 실태를 여실히 입증해 주고 있다.

양회갑의 묘소는 근래에 그가 나고 자란 초방리 1구 마을에서 5백 미터 정도 떨어진 길가로 이장되어 있다. 묘표의 글은 이백순(李栢淳)이 찬술했고 글씨는 기정진의 6대손 기호중(奇浩仲)이 썼다.

고강사

고강사 정면

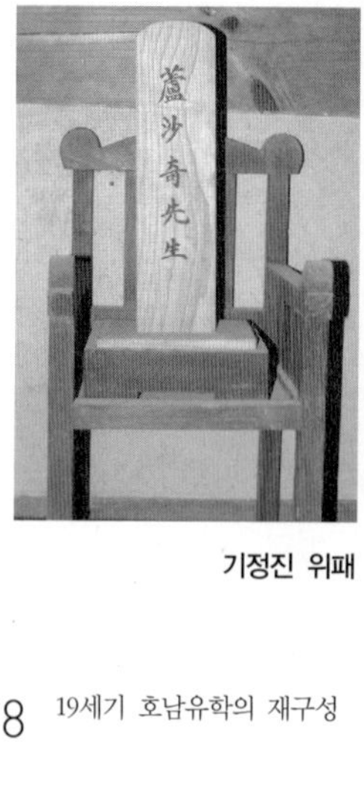

기정진 위패

기우만 위패

양회갑 위패

묘소와 묘표

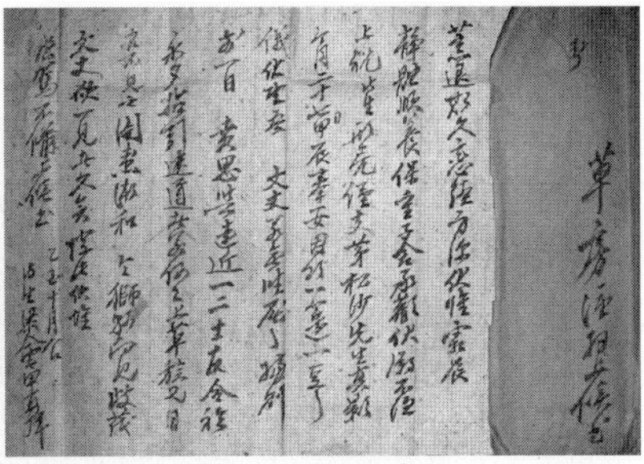

유묵(편지)

3) 세심당(洗心堂) 백홍인(白弘寅)의 유적

백홍인(1874-1952)의 자는 자행(子行), 초명은 경인(景寅), 본관은 수원, 1874년에 보성군 웅치면 유산리 부춘동(富春洞)에서 임란선무공신 술고당(述古堂) 백민수(白民秀)의 10대손으로 태어났다. 그는 젊어서 기우만과 최익현 문하에서 성리학을 탐구하였으나, 탐관오리들이 들끓는 세상에 출사하는 것은 선비의 길이 아니라 하며 과거시험을 포기했다. 1902년 29세 때에 고향에 장춘재(長春齋)를 짓고 후진 양성에 매진하였다.

유묵(편지)

장춘재

장춘재 편액

춘강문 편액

1905년에 을사늑약이 체결되자 분연히 일어나 경고서사문(敬告書社文)을 지어 각 군에 배포하고 곧바로 북유(北遊)의 길에 올랐다. 충청도를 지나면서 송병선·송병순을 찾아 구국의 방책을 논하고, 다시 최익현을 찾아 거의계획을 세우는 한편 근고팔도사민서(謹告八道士民書)를 기초(起草)했으며, 쌍봉에 의병진영을 설치하라는 최익현의 명을 받고 호남 각 군에 포고문을 배포하면서 귀향했다. 1906년에 제주도로 건너가려다가

모충사 정문

장춘재 주련

모충사 전경

일본 헌병에게 피검(被檢)되어 장흥헌병청에서 수개월의 옥고를 치렀고, 최익현이 순창에서 거의했으나 체포되어 대마도로 압송된 뒤에 풀려났다. 1907년 3월에 쌍봉사에서 이백래·임창모 등과 만나 호남의병진을 보강조직하고 도부장(都副將)이 되었다. 왜적의 공세가 심해지자 1908년에 의병진영을 팔로(八路)로 분산하여 유격전을 전개했다. 1910년에 나라가 망하자 친지·제자들과 함께 부춘산에 올라 통곡하고 구국의 방책을 논하다가 다시 웅치순검청에 피검되었다. 1918년에 고종이 승하하니 상경하여 인산(因山)에 참여한 뒤 3.1만세운동에 참가하고 돌아왔다. 1923년에 망국의 한과 구국의 뜻을 이루지 못한 분통으로 저술과 거의 기록을 소각한 후 자결하려다가 가족에게 발각되어 미수에 그쳤으나 심한 울화병으로 실명이 되었다. 그 후로도 문인들에게 독립정신을 일깨워 주기 위하여 '서산채미가(西山採薇歌)'라는 노래를 지어 부르게 하고, 창씨개명과 모병(募兵)에 반대하는 등 굳건한 자주정신으로 일관했다. 이렇듯 평생을 독립과 항일에 몸 바쳐 오다가 1945년 광복의 기쁨을 누리고 1952년 79세를 일기로 파란 많은 일생을 마쳤다.

1990년에 국가에서는 건국공로훈장 애족장(愛族章)을 추서하고, 모충사를 지어 최익현·백홍인·위계룡(魏啓龍)을 함께 향사(享祀)하고 있다. 모충사는 백홍인의 고향인 부춘동 길가에 위치한다. 춘강문(春崗門)을 열고 들어가면 은행나무·동백나무·감나무 등이 높이 자라고, 오른 편에는 복원된 장춘재(長春齋)가 자리 잡고 있으며, 정면으로는 모충사의 편액이 한눈에 들어온다. 춘강문·장춘재·모충사 등의 편액은 전 국회부의

모충사

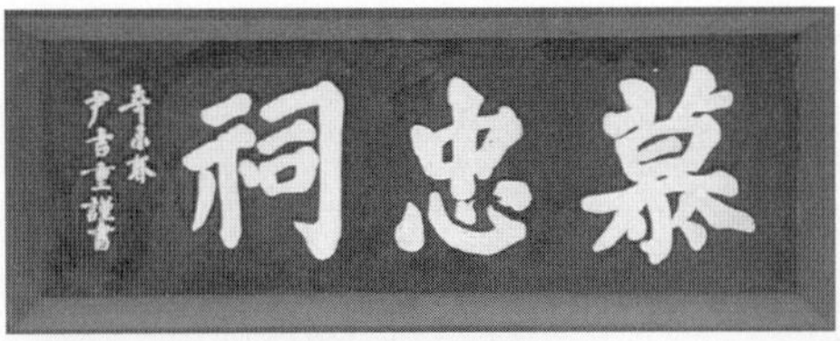

모충사 편액

모충사 묘정비

호남의병 격고지

강학유지비

묘비

묘소

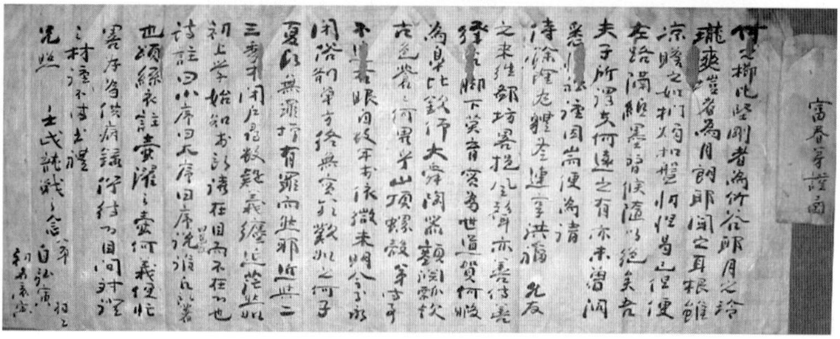

유묵(편지)

장 윤길중(尹吉重)이 직접 쓴 글씨이다. 사우 곁에는 모충사 묘정비(廟庭碑)가 서 있는데 1993년 3.1절에 김후경(金厚卿)이 찬술한 것이다. 사우 뒤편 양지 바른 곳에 백홍인의 묘소와 묘비가 보인다. '애국지사 세심당 백선생지묘'라고 명명한 묘비는 국가보훈처와 애국지사 세심당 백선생 기념사업회가 주관하여 최봉수(崔鳳洙)의 글을 받아 세운 것이다. 또 모충사 담장 밖 왼편 언덕에는 백홍인의 문인 모임인 일감계(一鑑契)에서 세운 '세심백선생강학유지비(洗心白先生講學遺址碑)'와 국사편찬위원회에서 세운 '호남의병격고지(湖南義兵擊鼓址)'라는 비석이 있다.

4. 석전(石田) 이최선(李最善)의 유적

이최선(1825-1883)의 본관은 전주, 자는 낙유(樂裕), 호는 석전경인(石田耕人), 아버지는 이규형이며 어머니는 상산김씨이다. 양녕대군의 증손인 이서(李緖)가 담양군수를 지냈는데, 창평으로 귀양왔다가 담양에 눌러 살았기 때문에 자손들이 그곳에서 살게 되었다. 벼슬하지 말라는 조상의 가르침을 지켜 대대로 학문에만 힘썼다. 15세에 기정진의 문하에 들어가 학문을 닦기 시작하였으며, 17세에 어머니를 여의고 27세에는 아버지를 여의었는데, 35세에 증광시에 합격하였으나 부모님이 계시지 않는 것을 가슴아파하여 필마로 돌아왔다.

대문

고택 안채

38세 때에는 삼정(三政)에 관한 구언이 있자, 삼정책(三政策)을 지어 올렸으나, 담양부사 때문에 조정에 전달되지 못하였다. 병인양요 때는 호남의 종친들에게 격문을 돌려 의병을 모아 서울에 도착하였으며, 50세 때는 문과에 응시하였으나 과거의 폐단을 보고 출사를 단념하였다. 52세 때에는 호남에 기근이 들자 가산을 기울여 빈민을 구하였다. 부인은 성주이씨 이기대(李箕大)의 딸인데 2남2녀를 두었고, 평택 임씨와의 사이에서는 1남1녀를 두었다.

영서당 편액

迎瑞堂重修略記

영서당 중수약기

고택 사랑채

그의 사상은 성리학적으로는 기정진의 주리설을 계승하여, 기정진의 사상이 담긴 외필(猥筆)의 정신을 더욱 발전시키고자 「독외필(讀猥筆)」을 써서 인간 본성 속의 리(理)를 절대적 가치로 하여야 한다고 하였다. 또한 조선왕조의 정통성을 옹호하고 외세를 철저하게 배격하여 척사위정의 정신에 투철하였다. 삼정의 문란을 바로잡아야 한다는 상소에서는, 삼정의 문란은 지방수령의 각성과 그 실천에 부족함이 있음을 말했는데, 근본적으로는 예의염치가 없는데 그 원인이 있으므로 양심의 회복으로 국가의 기강을 바로잡아야 한다고 주장하였다. 주리설에 바탕하여 척사위정을 실천한 문인이라 할 수 있다. 현재 고산서원에 배향되어 있다.

이최선이 태어난 고향마을에는 지금도 고택의 안채와 사랑채가 잘 보존되어 있다. 안채와 사랑채는 모두 이최선의 아버지가 건립한 것인데, 사랑채에는 영서당(迎瑞堂)이라는 편액을 걸었다. 이 당(堂)에 오르면 서석산(곧 무등산)이 정면으로 보인다는 뜻이다. 영서당은 스승 기정진이 즐겨 찾았던 곳이고, 이최선도 이곳에서 별세했다. 이최선의 증손 이병두(李丙斗)가 적은 영서당중수약기(迎瑞堂重修略記)가 저간의 사정을 잘 알려주고 있다.

문일정

문일정

또 장전(長田) 마을의 동구에는 그가 지었다고 알려진 문일정(聞一亭)과 기정진이 써준 문일정기(聞一亭記)가 남아있고, 장전 마을에서 2km쯤 더 들어간 다동(茶洞)마을 뒷산 꼭대기에 그의 묘소가 있는데 묘비의 글은 이건창(李建昌)이 지었고, 묘소 왼편 골짜기에는 재실인 석전재(石田齋)가 있다.

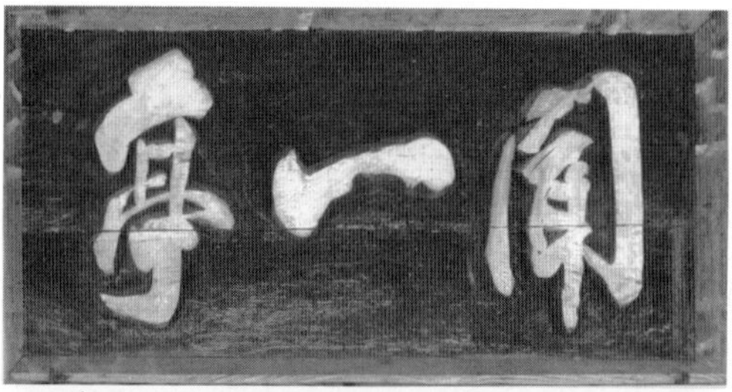

문일정 편액

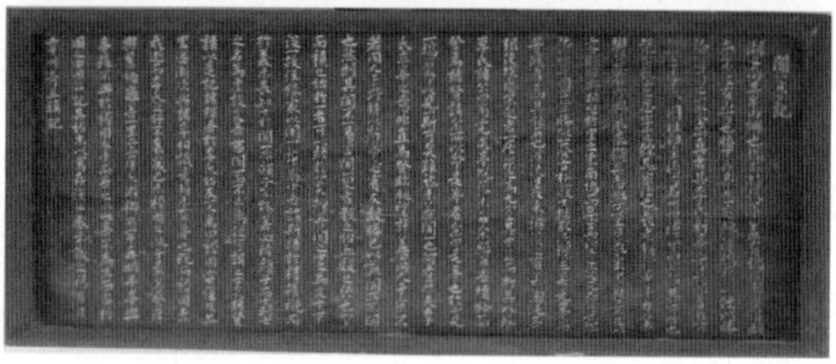

문일정 기문

제2부

노사학파 기초자료 발췌 번역

『노사선생문집(蘆沙先生文集)』

이통(理通)을 설명하다 理通說

'이치는 관통하고 기는 국한한다[理通氣局]'[1]고 앞 현자들이 말하였는

1 이치와 기질이 원래 서로 떨어지지 않아서 하나의 사물인 것 같으면서도 다른 까닭은, 이치는 형체가 없는데 기질은 형체가 있고, 이치는 함이 없는데 기질은 함이 있기 때문이다. 형체가 없고 함이 없으면서도 형체가 있고 함이 있는 것의 주재자가 되는 것이 이치이다. 형체가 있고 함이 있으면서도 형체가 없고 함이 없는 것의 그릇이 되는 것이 기질이다. 이치는 형체가 없으나 기질은 형체가 있으므로 이통기국(理通氣局)이다. 이치는 함이 없으나 기질은 함이 있으므로 기발이승(氣發理乘)이다. 이통이란 무엇을 말하는가? 이치엔 근본과 말단이 없고 앞과 뒤가 없다. 근본과 말단이 없고 앞과 뒤가 없으므로 아직 응하지 않았을 적에 앞서지 않고, 이미 응했을 적에 뒤에 처하지 않는다. 정자(程子)가 이것에 대해 말하였다. 그러므로 기질을 타고 유행함에 들쭉날쭉 같지 않지만 그것의 본래 그러한 오묘함은 있지 않은 곳이 없다. 기질이 치우치면 이치도 치우치지만, 치우치는 것은 이치가 아니라 기질이다. 기질이 온전하면 이치도 온전하지만, 온전한 것은 이치가 아니라 기질이다. 맑음/흐림/순수함/잡박함/찌거기/재/똥/흙/먼지 안에도 이치가 있지 않은 곳이 없다. 각각 자기의 본성으로 삼지만 그것의 본래 그러한 신묘함이 스스로 그와 같음을 해치지 않는다. 이것을 이통이라고 말한다. 기국이란 무엇인가? 기질이 이미 형체와 자취의 영역에 해당되므로 근본과 말단이 있고 앞과 뒤가 있다. 기질의 근본이라면 맑고 깨끗하게 비어있을 따름이니, 어찌 맑음/흐림/순수함/잡박함/찌거기/재/똥/흙/먼지 등의 기질이 있는 적이 있겠는가?(理氣元不相離 似是一物 而其所以異者 理無形也 氣有形也 理無爲也 氣有爲也 無形無爲而爲有形有爲之主者 理也 有形有爲而爲無形無爲之器者 氣也 理無形而氣有形 故理通而氣局 理無爲而氣有爲 故氣發而理乘 理通

데, 내 친구인 신원(信元)이 이치를 논의한 말은 처음과 끝을 머리에 두었으니 앞 현자들을 독실하게 믿었다고 말할 만하다. 다만 신원이 말한 '관통[通]'은 앞 현자들이 말하였던 '이치가 관통한다'는 본뜻이 아니다. 바라건대 진부한 나의 견해를 제시하여 나중에 혹시라도 재단하여 추릴 때가 있기를 기다리고자 한다. 대저 사물에는 움직임과 고요함이 있으나 이치에는 움직임과 고요함이 없고, 사물에는 많음과 적음이 있으나 이치에는 많음과 적음이 없고, 사물에는 삶과 죽음이 있으나 이치에는 삶과 죽음이 없다. 움직임과 고요함, 많음과 적음, 삶과 죽음 등이 있는 것을 '국한[局]'이라고 말한다. 움직임과 고요함, 많음과 적음, 삶과 죽음 등이 없는 것을 '관통[通]'이라고 말한다. 대체적으로 논의하자면 신원의 견해가 나의 것과 크게 다른 것은 아니지만, 다만 자주 나오는 '없음[無]'이라는 말이 '그 일이 없음'을 특별히 말하는 것인지 아니면 '그 신묘함이 없음'을 말하는 것인지 아직 몰랐다. 만약 그 일이 없음에 근거하여 마침내 그 신묘함이 없다고 말한다면, 세상에 어찌 근원이 없는 부분, 뿌리가 없는 가지, 본체가 없는 작용이 있겠는가? 삼라만상이 예부터 있어 왔거늘, 대체 어디에 이치의 관통처를 두려고 하는가? 아, 내가 진심으로 이치가 관통한다는 것은 이곳에 있으며, 신원이 말한 관통과는 같지 않다.

者 何謂也 理者 無本末也 無先後也 無本末無先後 故未應不是先 已應不是後 程子說是 故乘氣流行 參差不齊 而其本然之妙 無乎不在 氣之偏則理亦偏 而所偏非理也 氣也 氣之全則理亦全 而所全非理也 氣也 至於淸濁粹駁 糟粕煨燼 糞壤汚穢之中 理無所不在 各爲其性 而其本然之妙 則不害其自若也 此之謂理之通也 氣局者 何謂也 氣已涉形迹 故有本末也 有先後也 氣之本則湛一淸虛而已 曷嘗有糟粕煨燼 糞壤汚穢之氣哉『율곡전서』, 권10, 「답성호원(2)」.)

움직임은 고요함의 돌아옴이다. 이치의 신묘함에는 틈이 없어서 움직임에서 떨어지지 않으면서도 고요함이 거기에 쌓여있고, 고요함에서 떨어지지 않으면서도 움직임이 거기에 숨어 있으니, 사물의 움직임과 고요함이 각기 자기의 때를 하나씩 갖는 것과 같지 않다. 이것이 움직임과 고요함의 관통이다. 많음은 적음의 짝이다. 이치의 신묘함에 저것과 이것의 구별이 없어서 하나에서 떨어지지 않으면서도 만 가지가 거기에 갖추어져 있고, 만 가지에서 떨어지지 않으면서도 하나가 거기에 존재하니, 사물의 많음과 적음이 각기 자기의 형체를 하나씩 갖는 것과 같지 않다. 이것이 많음과 적음의 관통함이다. 죽음은 삶의 변화이다. 이치의 신묘함에는 앞과 뒤가 없어서 처음에서 떨어지지 않으면서도 끝이 거기에서 결정되고, 끝에서 떨어지지 않으면서도 처음이 거기에서 완결되니, 사물의 생겨남과 죽음이 각기 자기의 감정을 하나씩 갖는 것과 같지 않다. 이것이 삶과 죽음의 관통이다.

서로 돌이키는 것이 이와 같으니, 서로 근거가 되는 것에 대해서도 알 수 있다. 이와 같으므로 관통이라고 말하고, 관통하므로 신묘하다고 말하고, 신묘하므로 이치라고 말한다. 이것은 곧 위의 하늘이 실은 것으로 본래 그러한 본체여서 사람의 힘으로 더하거나 뺄 수 없고 세월이 흐름에 따라 차거나 오므라드는 것이 아니므로, 모든 변화가 이것에 말미암아 생겨난다. 그렇게 하기를 밤이나 낮이나 그치지 않으니, 비록 사이가 없는 작은 것일지라도 온전한 본체가 아닌 것이 없다. 신원이 말하는 이치의 관통함은 이것과 다르다. 그의 말에 따르면 홑으로 이치를 말하자면 하나의 이치가 있고 만 가지의 이치가 없다고 한다. 그러므로 만물의 이치는 모두 본래부터 완전하게 구비된 것이 아니라 반드시 기를 첨가한 것이어서, 이치라고 하는 것이 변화를 탄 뒤에야 만 가지 이치를 이룬다. 그래서 하나의 사물이 생겨나면 하나의 이치가 생겨나고, 하나의 사물이 소멸하면 하나의 이치가 그에 따라 소멸한다.

신원의 말을 믿는다면 움직임과 고요함이 서로 시기하고, 만 가지와 하나가 서로 질투하고, 삶고 죽음이 서로 원수가 되어 서로 통하지 않음이 매우 심하다. 특히 이치가 기의 변화를 타고서 두루 관통하면서 구애되지 않은 것을 관통이라고 하니, 그 두뇌가 추하고 어긋나서 혀가 문드러져 말을 듣지 않아서 버려두고서 도리를 회복하지 않는다. 우선 일의 형세와 말의 맥락으로 보더라도 본체가 이와 같이 관통하지 않으니, 어찌 현실의 작용에 두루 관통할 수 있겠는가? 설사 두루 관통한다고 할지라도 위의 절반이 원만하게 관통하지 않은 것을 충분히 보상하지 못하면서 대충 이치의 관통이라고 명명하는 것은 이름과 사실이 서로 맞지 않은 것이다. 하물며 이치에 이미 바꿀 수 없는 본연의 신묘함이 없으니, 기가 있으면 이치가 있고 기가 없으면 이치가 사라지는 것에 불과하다. 그렇다면 변화라고 하는 것도 기가 변화하면 이치도 그것과 더불어 변화하는 것이고, 두루 관통한다고 하는 것은 기가 두루 관통하면 이치도 그것과 더불어 관통하는 것이니, 이것은 기의 관통이지 이치의 관통이 아니다. '관통'을 빼앗아 이치로 귀속시키고, '국한'으로써 기를 명명한다면 기라는 것이 또한 원통하지 않겠는가? 앞 현자들의 뜻은 반드시 신원의 말과 같지 않다는 것을 알 수 있다. 신원이 예전에 시를 써서 말하기를 "이치가 관통한다는 한 구절은 정밀하여, 천년의 술 취함을 깨이게 하노라."라고 한 적이 있다. 그 뜻이 어찌 위대하지 않겠느냐만 불행하게도 잘못된 견해가 들어가 있어 장차 앞 현자들의 한 마디 말로 하여금 도리어 권신원(權信元) 한 사람을 취하게 할 것이니, 아, 슬프구나.

理通氣局, 先賢蓋有此語, 而吾友信元論理之說, 理通二字, 終始頭戴, 可謂篤信先賢矣. 但恐信元之所謂通, 非先賢所言, 理通之本旨耳. 請陳膚淺之見, 以竢明者之或有時而裁擇焉. 大抵物有動靜, 而理無動靜, 物有多寡, 而理無多寡, 物有生死, 而理無生死. 有動靜, 有多寡, 有生死者, 謂之局. 無動靜, 無多寡, 無生死者, 謂之通. 泛論若此時, 信元之見, 恐亦無以大異於我也. 但未知諸般無字, 特言無其事耶? 抑曰無其妙耶? 若以無其事, 而遂曰無其妙, 則天下豈有無源之委, 無根之支, 無體之用也? 然則森羅萬象依舊是有, 烏在其理之通也? 嗚呼, 吾所謂眞理通, 乃在此處, 非若信元之所謂通也.

動者靜之反也, 理之妙無間隔, 不離乎動, 而所謂靜者蘊焉. 不離乎靜, 而所謂動者藏焉. 非如物之動靜各一其時, 此動靜通也. 多者寡之對也. 理之妙無彼此, 不離乎一而所謂萬者具焉. 不離乎萬而所謂一者在焉. 非如物之多寡各一其形, 此多寡通也. 死者生之變也, 理之妙無先後, 不離乎始而所謂終者定焉, 不離乎終而所謂始者完焉, 非如物之生死各一其情, 此生死通也.

相反者若是, 相因者又可知矣. 若是故謂之通, 通故謂之妙, 妙故謂之理. 此乃上天之載, 本然之體, 不以人力有加損, 歲月有盈縮, 故萬化由此而生, 不舍晝夜, 雖無間之微, 莫非全體者也. 信元之爲理通, 異於此矣. 其爲說曰, 單言理則有一理, 無萬理, 故萬物之理, 皆非本然完具, 必以氣加味添材, 所謂理者乘之變化然後, 方成萬理, 一物生生, 則一理方始生生. 一物消滅, 則一理隨以消滅.

信如信元之言, 則動靜相猜, 萬一相妬, 生死相仇, 其不通甚矣. 特以其能乘氣變化, 圓通不拘, 而謂之通, 其頭腦之醜差, 舌弊而不見聽, 寘之勿復道, 姑以事勢語脈言之, 本體之不通若是, 何以能圓通於發用? 藉使圓通, 未足以償其上一半之不圓不通, 槩而命之曰理通, 未爲名實相稱也. 況理旣無本然不可易之妙, 不過氣存與存, 氣亡與亡, 則所謂變化者, 乃氣變化, 而理亦與之變化, 所謂圓通者, 乃氣圓通, 而理亦與之圓通, 是乃氣通也, 非理通也. 奪通歸理, 以局命氣, 爲氣者, 不亦寃乎? 先賢之意, 決知其不如信元之言也. 信元嘗有詩曰, 理通一語精, 能醒千古醉, 其意思豈不偉然, 而不幸知見誤入, 將使先賢一句語, 反醉一權信元, 嗚呼, 惜哉?

물음에 대답하다 1 答人問 第一

물음: 대개 이치는 본래 하나인데 기가 서로 다르므로 그 변화를 타고서 만 가지 이치를 낳기 시작한다고 들었는데 믿어도 될까요?

대답: 그대의 말이 비슷하지만, 하나라고 하는 것이 궁극적으로 무엇이지 알지 못하였다. 예부터 듣건대 이치라는 것은 참과 오므라듦이 없고, 앞과 뒤가 없다. 하나의 이치라도 적다 할 수 없고, 만 가지 이치라도 많다 할 수 없으니, 이것을 두고 차거나 오므라듦이 없다고 한다. (이치란) 사물이 있다고 해서 존재하는 것도 아니요, 사물이 없다고 해서 사라지는 것도 아니니, 이것을 두고 앞과 뒤가 없다고 한다. 이렇게 본다면 하나라고 하는 것을 이해할 수 있다. 사람이 하나이지만 근육·뼈·털·피부 등이 각각 갖추어진 뒤에야 하나의 사람이 되고, 나무가 하나이지만 뿌리·줄기·가지·잎 등이 각각 갖추어진 뒤에야 한 그루의 나무가 된다. 그것은 저 형기(形器)라는 것이 그렇게 하는 것인데, 하물며 어떻게 형체가 없는 데에 거처하여 온갖 것의 본령이 될 수 있겠는가? 그러므로 고요하여 조짐이 없을 때 삼라만상이 이미 갖추어져 있다가,[2] 만 가지 모습으로 생겨나오게 되면 옛 모습대로 하나의 본래 모습을 완성한다. 그러므로 만물이 태극을 하나로 한다고 하

---

2 삼라만상이 이미 갖추어져 있음: 내가 보건대 본체와 작용은 둘이 아니다. 도리에 나아가서 말한다면 고요하게 자취가 없이 모든 모습이 이미 갖추어진 것이 이것이다. 사물에 나아가 말한다면 배가 물로 갈 수 있고 수레가 뭍으로 갈 수 있으면서, 배가 물로 가고 수레가 뭍으로 가는 것과 같은 것이 이것이다.(滉謂體用有二 有就道理而言者 如沖漠無眹而萬象森然已具 是也 有就事物而言者 如舟可行水 車可行陸 而舟車之行水行陸 是也『퇴계집』「心無體用辯』.)

니, 신묘하도다.[3]

有問者曰, 蓋聞理本一, 因氣有不齊, 乘之變化, 始生萬理, 信乎? 曰子之言似矣. 但未知所謂一者竟何如耳. 竊嘗聞之, 理也者無盈縮, 無先後. 一理未爲寡, 萬理未爲多, 是之謂無盈縮. 不以有是物而存, 不以無是物而亡, 是之謂無先後. 有見乎此, 則所謂一者, 可領會矣. 人一也, 筋骸髮膚, 各各具足而後, 方成一人, 木一也. 根幹枝葉, 各各具足而後, 方成一木. 彼形器者猶然, 矧居於無形, 而爲萬有之本領者乎? 故曰冲漠無眹, 萬象森然已具, 及其生出萬象, 依舊成就一箇本相, 故曰萬物一太極, 妙矣乎?

---

3 만물이 태극을 하나로 함: 만물의 측면에서 본다면 만물은 각기 자기의 본성을 하나로 하면서도 만물은 태극을 하나로 한다. 대개 합하여 말한다면 만물은 통체일태극이고, 나누어 말한다면 하나의 사물이 각구일태극이다.(自萬物而觀之 則萬物各一其性 而萬物一太極也 蓋合而言之 萬物統體一太極也 分而言之 一物各具一太極也 『율곡전서』「성학집요」 수기장.)

물음에 대답하다 2 答人問 第二

물음: 그렇다면 기의 변화를 탄다는 말을 폐지해야 할까요?

대답: 아니다. 만약 근원의 측면에서 논의한다면 애초부터 하나의 이치에는 온갖 것이 이미 갖추어져 있다. 마치 씨앗을 흙에 파종하면 싹이 나지 않을 수 없는 것과 같다. 그러므로 온갖 기들이 이로부터 나온다. 만약 유행의 측면에서 논의한다면 하나의 사물이 있어야 하나의 이치가 있고, 만 가지 형상이 있어야 만 가지 이치가 있다. 기의 변화를 타고서 돌면서 생겨나오는 것과 같다. 잘 살피는 자라면 그것이 유행의 측면에서 말한 것임을 알 것이니, 말에 집착하여 뜻을 미혹케 하지 말아야 할 것이다. 만약 그 뜻을 미혹케 하여 이치에 본래 준칙이 없다고 여긴다면 동서남북 사방이 기를 따르게 되어, 이치가 기의 주인이 되지 못하고 도리어 기의 명령을 따를 것이니, 역시 어색하지 않는가? 세상에는 종자가 없이 생겨나는 것이 없다. 이치야말로 온갖 것의 종자이다.

然則乘氣變化之說, 可廢乎? 曰否. 若從源頭論, 一理之初, 萬有已足, 如種著土, 不得不生, 故萬有之氣, 由此而生. 若就流行看, 有一物, 方有一理, 有萬象, 方有萬理, 有若乘氣變化而旋旋生出. 善觀者, 知其爲流行邊說話, 不執言迷旨, 則可矣. 若迷厥旨, 以爲理本無準, 則東西南北, 惟氣之從, 是理不爲氣之主, 反聽命焉, 不亦左乎? 天下未有無種而生者, 理乎理乎, 其萬有之種子歟?

물음에 대답하다 3 答人問 第三

물음: 모든 존재가 이치에 뿌리를 두고 있다고 말하는 것을 들었습니다. 사람의 일들 중에 선하지 않은 것도 이치에 뿌리를 두어 생기는 것일까요?

대답: 좋은 질문이다. 선하지 않은 것은 선이 곧게 완성되지 않은 것이니, 선하지 않음이 어찌 따로 뿌리를 갖고 있겠습니까? 선함이 곧게 완성되지 않기에 혹 가리고 요동치고 진동됨이 있다. 하늘의 사물 중에 가리고 요동치고 진동되는 것이 역시 많다. 위의 하늘은 마음이 없으니 그 재주에 따라 두텁게 한다. 그러므로 이치가 곧게 완성되지 않음이 없다. 사람의 일은 그렇지 않으니, 한 몸의 사사로움으로써 하늘의 사물을 증가시키거나 감소시킨다. 이 때문에 이치 중에서 곧게 완성되지 않은 것이 많게 된다. 인(仁)이 곧게 완수되지 않으면서 인색하게 되고, 의(義)가 곧게 완성되지 않으면서 잔인해지고, 예(禮)가 곧게 완성되지 않으면서 아첨하게 되고, 지(知)가 곧게 완성되지 않으면서 속이게 된다. 그것들이 선을 해치기 때문에 선의 적(敵)이라고 불러야 옳다. 그러나 그것들이 선에 근거하므로 선의 얼손(孼孫)이라고 불러도 옳다. 과연 이치 밖에 따로 뿌리가 있겠는가? '이치란 본래 곧게 완성되어야 하는데 곧게 완성되지 않으면 진실로 기(氣)의 명령을 받게 된다.'고 하는데 이것은 이치를 잘 모르는 것이다. 이치란 종자이지만 필연적인 신묘함이 있고 스스로를 전개하는 힘이 있는 것이 아니다. 필연성이 있으므로 곧게 완성할 수 있고, 스스로를 전개할 수 없으므로 어떤 경우에는 곧게 완성하지 못하니, (모든 것이) 이치가 아닌 것이 없다. 이치의 본래 상태가 존재

한다. 오직 성인은 (이치의) 필연성을 위주로 하여 자기의 전개 능력을 이룬 뒤에 본래 그러함을 얻는다. 이것을 일러 하늘이 능하지 못한 것을 잇는다고 하니, 심오하여라.

萬有之根於理, 旣聞命矣. 敢問人事之不善, 亦根於理而生乎? 曰善乎, 其問之也. 不善者, 善之不直遂者也. 不善亦安有別根乎? 善之不直遂, 有或掩閉激盪震撼者矣. 天物之以掩閉激盪震撼而夭閼者, 亦多矣. 上天無心, 因其材而篤焉, 故此理無不直遂者. 人事不然, 以一己之私, 增減天物. 於是, 理之不直遂者, 始多矣. 仁不直遂而爲貪吝, 義不直遂而爲殘忍, 禮不直遂而爲諂佞, 知不直遂而爲邪譎. 以其害於善, 而謂善之仇敵, 可也. 以其本於善, 而謂善之孼孫, 亦可也. 是果外此理, 而別有根柢乎? 曰理本可直遂, 而有不直遂, 則聽命於氣, 固也. 曰此不知理之過也. 理者種子也, 但有必然之妙, 非有能然之力. 以其有必然也. 故可直遂. 以其非有能然也, 故或不直遂, 莫非理也. 其本然, 則有在矣. 惟聖人主於必然, 以致其能然而後, 本然者得矣. 是之謂繼天之所不能, 深哉?

우연히 기록하다 偶記

사단과 칠정은 두 개의 감정이 아니고, 이치와 기는 서로 발생[互發]하는 것이 아니라는 것에 대해서는 여러 선생이 논의한 것이 확실하여 의심할 것이 없지만, 다만 이것에 근거하여 『주자어류』에서의 이발(理發)과 기발(氣發)이라는 두 구절이 바로 기록의 오류라고 말한다면(율곡의 말이다. 고봉에서부터 이미 이러한 뜻이 있다) 너무 지나친 것이다.[4] 이제 사람이 말을 탄 것으로써 헤아려본다면, 말이 사람의 뜻을 이해하여 궤도를 따라 나오는 것에 대해 사람이 나온다고 말한다면 옳다. 반드시 사람의 다리가 걸어간 뒤에야 사람이 나온다고 말할 필요는 없다. 말이 재갈을 물리지 않아 제멋대로 날뛰는 것에 대해 말이 달린다고 말한다면 옳다. 사람이 말 위에 타지 않으면 말이 달린다고 말하지 않는다. 이미 사단이 휘어낸 것을 이발(理發)이라고 말하니, 이 칠정 밖은 감정이 달아난 것이므로 그것을 기발이라고 하여도 옳지 않음이 없다. 만약 이발과 기발의 학설을 주장한다면 사단과 칠정의 근원이 두 개가 있을 것이니, 이것이 어찌 주자의 본뜻이겠는가?

四七非兩情, 理氣無互發, 諸先生所論, 的然無可疑. 但緣此而幷以語類理發氣發二句, 直謂記錄之誤(栗谷說. 自高峯已有此意), 則或涉過重矣.

---

4 『주자어류』에서의 이발과 기발: "발육(發育)은 이치가 발육하는 것입니까? 대답: 유행하여 발육하지만 이치에는 형체가 없다.(發育是理發育之否 曰有此理便有此氣 流行發育 理無形體 黎靖德 編, 「理氣」, 『朱子語類』(권1) vol.1, 臺北, 中華書局, 1983, 1쪽.)" 천지에는 이미 이치의 변화와 기질의 변화에 다름이 없으니, 어찌 우리의 마음이 이발(理發)과 기발(氣發)의 다름이 있겠는가?(天地旣無理化氣化之殊 則吾心安得有理發氣發之異乎. 『율곡전서』「답성호원(2)」.)

今以人騎馬之說推之, 馬之曉解人意思, 循軌而出者, 謂之人出, 可也. 不必以人脚行, 然後謂之人出也, 其或不受箝制, 而橫逸傍出者, 謂之馬奔, 可也. 不得以人在馬上, 不謂之馬奔也. 蓋旣挑出四端, 而謂之理發, 則外此七情, 乃是情之奔逸者, 故謂之氣發無不可, 若或執據理氣發之說, 疑四七之原有二本, 則是豈朱子之本意哉?

정(定)자를 설명하다 定字說

혹자의 물음: 『태극도설』에서 "성인이 정하였다."는 말이 나오는데 거기에서 '정함'이란 무슨 일인가요?[5]

대답: 자기의 본성을 안정시키는 것이다. 본성이란 본래 갖고 있는 이치이다. 보통 사람들이 욕구가 움직이고 감정이 이기면 이치가 머물러 안정할 곳이 사라지지만, 성인이라면 안정한다.

물음: 안정시키는 도리란 무언인가요?

대답: 『태극도설』에서 이미 말했다. 중정인의[中正仁義]가 안정시키는 방법이다. 대개 본성 안에 중정인의의 이치가 있고, 성인에게는 중정인의의 덕이 있다. 이러한 덕을 갖춘 뒤에 이치를 모을 수 있다. 『중용』에서 말하기를 "진실로 지극한 덕이 아니고 지극한 도가 아니면 모이지 않는다"[6]고 하였으니 이것을 가리킨다.

물음: 중인에게 이미 이러한 덕이 없어서 자기의 본성을 안정시킬 수 없다고 한다면, 비록 성인이 본성을 안정시킨다고 할지라도 세상에는 아직 본성이 안정되지 않은 것들이 많을 것이니. 성인인들 장차 어떻게 할 수 있겠습니까?

대답: 그렇지 않다. 본성이란 하나의 근원을 가진 이치여서 애초부터 안과 밖으로 나누어 안정시켜서는 안 되는 것은, 본성을 안정시키는 것 밖에 다시 다른 본성이 없기 때문이다. 이제 만약 보통사람들의 능하지

---

5 성인 정하였다: 성인이 중정인의로써 정하여 고요함을 주로하고 사람의 표준을 세웠다.(聖人定之以中正仁義而主靜 立人極焉. 주돈이, 『태극도설』.)

6 진실로…않는다: 『중용』 27장.

못한 것이 모두 성인과 같다고 하여 아직 본성이 안정되지 않은 것들이 많다고 의심한다면, 이것은 능력[能]과 대상[所]의 분별을 이해하지 못한 것이다. 무른 안정되는 대상은 이치이다. 그러므로 본성으로써 말한다면 한 부분이 안정될 때 세상의 이치가 모두 안정된다. 안정하는 것은 마음이다. 그러므로 사람으로서 말한다면 성인이 본성을 안정시키며 성인이 아니라면 함께할 수 없다. 이제 그대가 안정된 대상이 무엇인지를 논의하려고 하면서 안정하는 것의 영역을 침범하여 사람의 능하지 못함과 모두 능함으로써 본성에 다 안정하지 않음이 있다고 말하니, 역시 오류가 아니겠는가?

물음: 노호(鷺湖: 李彦綱)[7]의 스스로 안정함과 남을 안정시킴에 대한 말은 어떠합니까?

대답: 이것은 물음의 주변을 서성인 것으로 그 대답 역시 본질을 떠나 있다. 완곡하게 풀이하면 비록 통할 수 있을지라도 내가 보기에는 끝내 이해할 수 없는 곳이 있다. 대개 그것은 마땅히 나누지 말아야할 곳에서 나와 남을 나누어 각각 따로 세워 대치시킨 것으로 머리 주변에서 머리를 편안케 한다는 것이니, 이것이 이해하지 못한 첫째 것이다. '스스로[自]'와 '겸함[兼]'이라는 말의 뜻이 어긋나서 마땅히 이 일에 대해 논의할 것이 아니니, 이것이 이해하지 못한 둘째 것이다. 대저 '스스로'라는 말은 오로지 자기의 영역에 관한 것으로 남의 일에 간섭하여 쓰지 않는다. 예컨대 '스스로 자기의 가려운 곳을 긁거나 스스로 자기의 아픈 곳을 문지르는 것'과 같으니 남에게 무엇을 간섭하겠는가? 이것을 일러

[7] 노호(鷺湖: 李彦綱): 1648(인조 26)~1716(숙종 42). 조선 후기의 문신. 본관은 전주(全州). 자는 계심(季心). 백린(伯麟)의 아들이다.

'스스로'라고 말한다. 사람의 한 몸이 하나의 건곤(乾坤)일지라도 오히려 자기의 측면에 속하므로 스스로 자기의 몸을 닦는다고 하는 말이 있다. 사람의 한 마음이 삼재(三才)와 함께 함에도 오히려 타른 사람의 일이 아니므로 스스로 자기의 덕을 밝힌다는 말이 있다. 오직 본성에 대해서는 '스스로'라고 말할 수 없다. 이런 까닭에 자기의 본성을 기른다고 말하지만, 스스로 자기의 본성을 기른다고는 말하지 않는다. 자기의 본성을 안다고 말하지만, 스스로 자기의 본성을 안다고는 말하지 않는다. 만약 스스로 자기의 본성을 안다고 말한다고 한다면 이러한 본성은 반드시 기질지성을 가리킬 것이다. 만약 스스로 자기의 본성을 기른다고 말한다면 이러한 본성은 반드시 수명지성(壽命之性)을 가리킨 것이다. 만약 본연의 도리라고 한다면 고금의 성인과 보통사람이 동일하게 하나의 보편적인 근원을 가지고 잇을 것이니, 어찌 스스로 가지고 있겠는가? 또한 두 가지의 일이 있을 때 겸하여 잡고 겸하여 거느리는 것이 '겸함'이다. 이부(吏部)의 관리가 병부(兵部)의 일을 하고, 홍로(鴻臚: 中樞部)의 신하가 광록(光祿: 郎中令)의 일을 아울러 다스리는 것을 '겸함'이라고 한다. 만약 본성을 안정시키는 일이라고 한다면 본성에 원래부터 두 가지가 없으므로 안정시키는 것도 애초부터 두 가지 갈래가 없을 것이니, 어떻게 겸함으로써 말할 수 있겠는가? 비록 그러할지라도 두 글자는 실제로 남과 자기의 측면에서 나온 것이니, 남과 자기의 구분이 근본적인 것이고 두 글자는 표식이다. 다만 남과 자기의 구분이 없다면 두 글자가 귀착할 곳이 사라진다. 남과 자기를 구분할 수 없는 하나의 근원에서 대략적으로 말하였을 경우에는 그 실체를 마땅히 마음에서 구해야지 입과 혀로 쉽게 밝힐 수 없다. 대저 도의 근본은 그 본체가 하나지만 사람들에게는 각각의 몸이 있으니, 도와 하나가 되기 어려운 것이 이러한 연유이다. 그러므로 학자의 일이란 자기를 헤아려 남에게 미치거나 남에게 인하여 나기를 반성하여 울타리를 깨고 한 덩어리를 이루기를 바라는 것이다. 육경의 천 마디 말들 중에 그 반이 이 두 측면에서 말한 것이지만, 성인의 일에서 보자면 그렇지 않다. 본성이 곧 나이고 내가 곧 본성이다. 높은 덕을 밝히는 것이 스스로 안정함이 아니요, 온 나라를 협동하게 하는 것이 남을 안정시키는 것이 아니다. 오직 자기의 본성일 따름이다. 도리어 위층에 나아가 어렵게 남을 말하고 자기를 말하지만 '안정'의 본래 뜻을 잃었을 뿐만 아니라 성인의 덕과 서로 같지 않을까 크게 걱정된다. 이봉섭(李鳳燮)이 이미 이것과 관련하여 여러 차례 편지를 보내왔으며, 어제 서로 늘려갔는데 여전히 시원하게 풀리지 않은 채 돌아가 그것을 생각하면 답답하였다. 그가 말한 것이 정연하지 못한 것을 안타깝게 생각하였으므로 묻고 대답하는 형식을 취하여 더 토론하기를 기다리니, 도리를 어지럽히게 되지 않을까 모르겠다.

或問圖說, 聖人定之, 定何事耶? 曰定其性也. 性是本有之理, 衆人欲動情勝, 則此理無洎定處. 遇聖人, 則定矣. 定之之道, 柰何? 曰圖說旣言之矣. 中正仁義, 所以定之也. 蓋性中有中正仁義之理, 聖人有中正仁義之德. 有此德而後, 可以凝此理. 中庸曰, 苟不至德至道, 不凝焉, 此之謂也. 曰衆人旣無是德, 不能定其性, 則雖曰聖人定之, 而天下之性未定者, 尚多. 聖人將若之何? 曰不然也. 性者一原之理, 初不可以內外分定, 則都定此性之外, 更無餘性故也. 今若以衆人之不能皆如聖人, 而疑性之尚多未定, 則是未達乎能所之辨也. 夫所定者, 理也. 故以性言之, 則一處定時, 天下之理都定. 能定者心也. 故以人言之, 則惟聖人定之, 而非聖人莫能與也. 今子方論所定何事, 而侵入能定界分, 以人之不能皆能, 謂性之有未盡定, 不亦謬乎?

曰鷺湖自定兼定人之說何如? 曰此或因問者繳繞, 而其答亦離却本面, 宛轉解之, 雖若可通, 以鄙見言之, 終有不可曉者. 蓋其於不當分處分人己, 使之各立而對峙, 所謂頭邊安頭, 其不可曉者, 一也. 曰自曰兼字義乖, 當非所論於此事者, 其不可曉者, 二也. 夫自之爲言也, 專於己分, 而不干人事處用之, 如自爬其癢, 自按其痛, 干人何事? 是之謂自. 人之一身, 雖亦一乾坤, 而尙屬自家邊, 故謂之自修其身者. 有矣. 人之一心, 所以參三才, 而猶非佗人事, 故謂之自明其德者, 有矣. 惟性不可言自, 是以有言養其性, 而未有言自養其性者, 有言知其性, 而未有言自知其性者. 若有言自知其性者, 則是性也, 必氣質之性之謂也. 若有言自養其性者, 則是性也, 必壽命之性之謂也. 若道理之本然者, 則古今聖愚, 同此一原公共之地, 何自之有? 且夫有兩件事, 而兼攝兼總者, 兼也. 吏部之官, 得行兵部, 鴻臚之卿, 幷理光祿, 此之謂兼. 若乃定性之事, 則所謂性者, 元無兩件, 故所以定者, 初無二歧, 顧有何兼之可言乎? 雖然, 此兩字, 實自人己上來, 人己本也, 兩字標也. 但無人己, 則兩字無著處矣. 一原之不可分人己, 旣略言之, 而其實體, 當求之於心, 未易以口舌明也. 大抵道本一體, 而人有各身, 與道難一, 職此之由. 是以學者之事, 或推己以及人, 或因人以反己, 期於剖破藩籬, 打成一塊. 六經千言, 參半是兩邊說話. 至於聖人分上事, 則不然, 性卽我, 我卽性, 克明峻德, 非自定也, 協和萬邦, 非定人也, 惟其性而已矣. 却就上面, 苦苦說人說己, 非徒蹉失定字本旨, 深恐與聖人之德, 不相似也. 李生鳳燮, 旣以此有數次書尺. 昨又相過, 尙不釋然而去, 思之餘鬱, 自恨其所以語之者, 猶欠直截. 故設爲問答如右, 以竢更討, 未知能不歸於亂道否?

외필 猥筆

"음이 움직이고 양이 고요하다"는 것은 바깥에서 언뜻 보면 스스로 움직이다가 스스로 멈추는 것과 비슷하다. 그러나 만약 그 실제를 근원에서 헤아려본다면 모두 천명이 시키는 것이다. 천명이 그렇게 하므로 그렇게 되지 않음이 없으므로 이것을 일러 소이연(所以然)이라고 부르니, 천명 밖에 따로 소이연이 있는 것이 아니다. 이제 '그 기틀이 스스로 그러하다[其機自爾]'[8]고 말할 때, 스스로 그러하다는 것이 비록 억지로 힘쓰지 않음을 가리킨다고 할지라도, 이미 자기에게서 말미암는 것이지 다른데서 말미암지 않는다는 뜻을 내포한다. 또한 '시키는 것이 있지 않다[非有使之者]'라고 거듭 말하였으므로 '스스로 그러하다'고 말할 때 말이 빈곳에 이르는 것과 같다. '시키는 것이 있지 않다'는 것이란 그 말뜻이 풍부하고 확실하다. 만약 음과 양이 서로 관련되어 말미암지 않으면서도 스스로 움직이고 스스로 그친다고 한다면 이 두 구절에 대해 나의 얕은 식견으로는 이미 이해할 수 없다. 한번 음하고 한번 양하는 것을 도라고 하니, 하루라도 음과 양이 없다면 천명이 시행될 곳이 없다. 정

---

8 음이 고요하고 양이 움직이는 것은 기틀이 스스로 그러한 것이지, 그렇게 시키는 것이 있는 것은 아니다. 양이 움직이면 이치가 움직임을 타는 것이지 이치가 움직이는 것은 아니다. 음이 고요하하면 이치가 고요함을 타는 것이지 이치가 고요한 것은 아니다. 그러므로 주자가 말하기를 "태극이란 본래 그러한 신묘함이고, 움직임과 고요함 이란 타는 것의 기틀이다"라고 하였다. 음이 고요하고 양이 움직이는 것은 기틀이 스스로 그러한 것이고, 음이 고요하고 양이 움직이도록 하는 까닭은 이치이다.(陰靜陽動 機自爾也 非有使之者也 陽之動則理乘於動 非理動也 陰之靜則理乘於靜 非理靜也 故朱子曰 太極者 本然之妙也 動靜者 所乘之機也 陰靜陽動 其機自爾 而其所以陰靜陽動者 理也. 『율곡전서』「답성호원(2)」.)

성되지 않으면 사물이 존재하지 않으니, 천명이 하루라도 쉰다면 음과 양이 사라진다.

陽動陰靜, 驟看皮面, 果似自行自止. 若深原其實, 則壹是天命使之然也. 天命然也, 故不得不然, 此之謂所以然, 非天命之外, 別有所以然也. 今曰, 其機自爾, 自爾雖不竢勉强之謂, 而已含由己不他由之意. 又申言之曰, 非有使之者, 說自爾時, 語猶虛到. 非有使之, 語意牢確. 眞若陰陽無所關由, 而自行自止者, 秖此兩句, 淺見已不可曉. 一陰一陽之謂道, 一日無陰陽, 則天命無所施. 不誠無物, 天命一日或息, 則無陰陽矣.

외피가 있지 않다면 어떤 사물이 움직이고 고요할 수 있겠는가? 시키는 것이 있지 않다는 한 구절 안에서 천명이 이미 죽었다. 천명이 죽었는데 음과 양이 옛 자취에 말미암는다는 것을 실로 들어보지 못했다. 천명은 모든 일의 본령이니, 이제 스스로 가고 스스로 멈춘다. 천명에서 말미암지 않는다면 천명의 밖에 다시 하나의 본령이 있어 두 개의 본령이 각기 스스로 중심이 될 것이다. 조화(造化)에는 이러한 일이 없을 뿐만 아니라 이치가 약하고 기질이 강하게 될 것이니, 기질이 이치의 자리를 빼앗을까 걱정된다. 이뿐만 아니라 '스스로 그러하다'는 것과 '시키지 않는다'는 것이란 때에 따라 그러하지 않을 수 없는 연고가 이미 기의 나뉨에 의해 점유되는 것이니, 그러하지 않을 수 없는 연고가 곧 소이연(所以然)이다. 천지만물이 소이연에 이르면 근원을 궁구하여 다시 남는 곳이 없으니, 그것을 계승하여 소이연이 이치라고 말하는 같다. 그렇다면 소이연의 위에 덧붙여서 다시 무슨 소이연이 있겠는가? 어찌 헛된 이름으로 실제의 일을 없애는 것이 아니겠는가? 내가 생각건대 '스스로 그러하다'는 말과 '소이연'이라는 말은 서로 적대적이다. '스스로 그러하다'가 주가 되면 소이연이 물러나 수축되지 않을 수 없다. 이제 두 가지를 모두 보존하려고 한다면 그 모양을 함께 사용하게 되어 위연(魏延)과 양의(楊儀)[9]가 함께 승상부에 있는 것과 매우 유사하니, 어찌 끝내 모순됨을 피할 수 있겠는가? 이것은 또한 일의 형세상 반드시 행할 수 없는 것이다. 움직임과 고요함은 기(氣)이고, 움직이게 하는 것과 고요하게 하는 것은 이치이다. 움직이게 하고 고요하게 하는 것이 시켜서 그러한 것이 아니고 무엇이겠는가?

皮之不存, 何物可以動靜也? 非有使之一句內, 天命旣息矣. 天命息, 而陰陽因舊, 實所未聞. 天命爲萬事本領, 今有自行自止. 不關由天命者, 則天命之外, 又一本領也. 兩箇本領, 各自樞紐, 則造化必無此事, 又理弱氣强, 吾懼夫氣奪理位也. 非惟此也. 曰自爾, 曰非使, 時其不得不然之故, 已被氣分占取, 不得不然之故, 卽所以然也. 天地萬物, 說到所以然, 卽是窮源, 更無餘地, 猶夫繼之曰, 所以然者理, 則架出所以然之上, 復有何所以然也? 豈非有虛名而無實事者歟? 論以愚見, 自爾二字, 與所以然三字, 恰是對敵. 自爾爲主張, 則所以然不得不退縮. 今欲兩存, 而幷用其貌樣, 頗似魏延楊儀, 同在丞相府, 安能免畢竟乖張乎? 此又事勢之必不可行者也. 動者靜者氣也. 動之靜之者理也. 動之靜之, 非使之然而何?

귀한 사람이 나올 때 수레와 말이 뒤따르지 않음이 없건만, 그것을

---

9 위연(魏延)과 양의(楊儀): 위연은 유비의 맹장으로 건안 24년(219) 유비가 한중왕이라 칭한 후 그를 한중태수로 삼았다. 건흥 12년(234), 제갈량이 죽고 장사 양의가 군대를 이끌고 철수하면서 그에게 명하여 후방을 단절하게 하였다. 그는 평소에 양의와 서로 싸웠는데 마대에게 죽음을 당하였다.

본 사람들이 귀한 사람만 나온다고 여기면서 수레와 말이 뒤따라 나온 것에 대해 말하지 않는다. 이로써 본다면 태극·움직임·고요함이란 본래 적당한 말이며, 주자가 후세 사람들을 위해 두루 사려한 것이다. 그러나 배우는 사람들이 태극·움직임·고요함 등의 말을 보고서 형이상/형이하의 구분에 눈이 어두워져, 태극이 기의 기틀을 기다리지 않고서 스스로 움직이고 스스로 고요하다고 잘못 생각하게 되었다. 그러므로 주해(註解) 안에서 '타는 것의 기틀[所乘之機]'이라는 말을 했으니, 한 마디로 한다면 이치가 타는 것이다. 타는 것이 기(氣)의 힘을 조금도 침범하지 않지만, 요즘 사람들은 타는 것에 대해 이와 다르게 본다. 만약 태극이 게을러서 주인이 되지 않고서 여러 마리의 말이 바로 앞에서 재빠르게 위로 뛰어오르는 모양을 갑자기 보는 경우가 있다. 그 때의 말은 결국 변방의 늙은이가 소유한 것이지 스스로가 본래 타는 것이 아니니, 위로 뛰어오른 뒤의 일 또한 알 수 있다. 정황상 반드시 동쪽으로 가고 서쪽으로 가려고 할 때 말의 머리만을 쳐다보는 것은, 매우 위험한 일이다.

貴人之出, 非無車馬騶從, 而見之者, 但以爲貴人出, 未嘗言其車馬騶從出也. 由此言之, 太極動靜, 本是平坦語, 而朱子之爲後世慮周矣. 却怕學者, 見太極動靜之說, 昧形而上下之分, 誤以爲太極不待氣機, 而自動自靜也. 故於註解中, 著所乘之機四字, 蓋一名爲理, 便有所乘, 乘非絲毫犯氣力字, 而今人看所乘字, 與此異, 有若太極漫無主張. 忽見馬匹當前趫捷而騰上樣, 然則是馬也, 終是塞翁之得, 非自家元來所乘, 騰上後事, 又可知矣. 勢必之東之西, 惟馬首是瞻, 嗚呼, 危哉?

기가 이치를 따라 발생한다는 것은 기가 발생하자 이치가 발생한 것이다. 이치를 좇아 행하는 것이란 기가 운행하자 이치가 운행하는 것이다. 이치가 조작함이 있지 않고 스스로 꿈틀거리며 일어남에, 그 발생하고 운행하는 것이 분명이 기가 한 것인데도 이치가 발생하고 이치가 운행한다고 하는 것은 왜인가? 기가 발생과 기의 운행은 실제로 이치에게서 명령을 받는 것이니, 명령자가 주인이고 명령을 받는 것이 종이다. 종이 수고를 하여도 주인이 그 공을 차지하는 것이 하늘이 땅을 경영하는 뜻이다. 그러므로 공자가 "가는 것이 이와 같다"고 말했을 때 '가는 것'을 곧바로 말하면서도 '기를 타는 것이 이와 같다'고는 말하지 않았다. 건도(乾道)의 변화를 말할 때 건도를 바로 말하면서도 기를 타는 변화를 말하지 않았다. "태극이 양의(兩儀)를 낳는다"[10]고 말할 때도 마찬가지고, "정성스러움이 사물의 처음과 끝이다"[11]고 말할 때도 마찬가지다. 염계(濂溪: 周敦頤)의 『태극도설』이 이곳에서 법을 전하므로 그 처음 부분에서 "태극이 움직임에 양을 낳고 고요함에 음을 낳는다."고 말할 때 '기(氣)'자가 보이지 않지만 그렇다고 '기의 기틀[氣機]'을 버린 것은 아니다. 주인이 향하는 곳에 종이 어찌 드러나지 않겠는가? 그 말은 분명하게 구분되어 두 가지로 의심할 수 없으나, 지나치거나 미치지 못한 곳에 이르면 어쩔 수 없이 기를 말할 때가 있으니, 넘어지고 달리는 것이 기에 해당하는 것이 그렇다. 대개 지나침과 미치지 못함이 비록 이치에 근본하였을지라도 그 말류(末流)가 이치를 해친다면 구별하지 않을 수 없다. 우리나라에서 근래에 이기(理氣)를 말할 때 왜 그렇게 막히게 되었을까? 그들의 말이 대개 한 덩어리로 혼륜(混淪)하게 섞여 아무것도 없어

10 태극이 양의(兩儀)를 낳는다: 주돈이, 『태극도설』.

11 정성스러움이 사물의 처음과 끝이다: 『중용』 25장.

서 주인이 되어 펼칠 수 없는 것을 이치로 삼으므로, '이치가 발생한다'는 말이 오늘날의 학자들에게 크게 금기시되는 한 마디의 말이 되어, 변화를 행하고 조리를 이룬다는 단락을 보자마자 그것은 기라고 말하게 되었다. 어떤 것이 기를 주관하느냐고 물으면 그 기틀이 스스로 그러하며(其機自爾) 그렇게 시키는 것이 있지 않다고 말한다. 이치라고 하는 것이 어떤 곳에 위치하느냐고 물으면 타는 것이라고 말한다. 애초에 이미 그렇게 되도록 시키는 신묘함이 없고 나중에도 조종하는 힘이 없는데, 붙고 깃들어 탄다고 한들 무슨 일을 하겠는가? (그러한 이치란) 있더라도 돕는 바가 없고, 사라져도 완전하게 소멸하는 것이 아니어서, 살에 붙어있는 부스럼이나 천리마에 붙어있는 쉬파리에 불과하니, 매우 안타까운 일이다. 그 이유를 궁구하여보면 '탄다'는 말이 그 본뜻을 잃어 번번이 이치를 경시하고 기를 존중하는데 이르러 기가 이치의 자리를 빼앗아 모든 일의 본령으로 삼는데 근원하니, 그런 뒤에 이미 한 글자의 말이 그 본뜻을 잃게 되어 그 재앙이 이런 지경에 이르게 되었다.

氣之順理而發者, 氣發卽理發也. 循理而行者, 氣行卽理行也. 理非有造作, 自蠢動, 其發其行, 明是氣爲, 而謂之理發理行, 何歟? 氣之發與行, 實受命於理, 命者爲主, 而受命爲僕, 僕任其勞, 而主居其功, 天之經地之義. 是以言逝者如斯時, 直言逝者, 未嘗言乘氣如斯. 言乾道變化時, 直言乾道, 未嘗言乘氣變化. 言太極生兩儀時, 亦然. 言誠者物之終始時, 亦然. 濂溪圖說, 傳法於此, 故劈頭言, 太極動而生陽, 靜而生陰, 不見一氣字, 非遺却氣機也. 主之所向, 僕豈有不逞者乎? 其言光明直截, 無可疑貳, 而到過不及處, 不得已而有說氣時, 蹶者趨者氣也, 是也. 蓋過不及, 雖亦本於理, 而末流害於理, 則不可無區別耳. 我東方近世說理說氣, 何其滯也? 其言大槩以混淪一塊, 無適莫沒主張者爲理, 故理發二字, 爲今日學士家一大禁避語, 而纔見有段落行變化成條理者, 則曰氣也. 問孰主張是, 則曰其機自爾, 非有使之者. 問所謂理者, 落在何方, 則曰乘之矣. 初旣無使之然之妙, 末又非有操縱之力, 寄寓來乘, 做得甚事? 有之無所補, 無之靡所闕, 不過爲附肉之疣, 隨驥之蠅, 嗚呼, 可憐矣. 究厥端由, 原於乘字, 失其本旨, 駸駸致得理輕而氣重, 直至氣奪理位, 爲萬事本領而後已, 一字之失其本旨, 其禍乃至於此乎?

'탄다'는 말이 원래 태워진 것을 뜻하는 것이 아니라 때에 따라 문득 탄 것을 뜻한 것이라고 보는 것은, 주인을 손님이라고 여긴 것일 뿐만이 아니니, 어찌 그 이치가 꿈틀거리면서 움직이지 않겠는가? 대지(大旨)를 이미 잃은 것에서 나아가 '탄다'는 말에 본래 내력이 있다. 대개 형이상/형이하의 상/하라는 말을 음미해보면 나눌 수 없는 개념이다. 나눈다는 말[分開底說話]에 대해 요즘 사람들은 때에 따라 문득 타는 것으로 여기면서 본래 두 개였던 본체가 하나로 합하여졌다고 말하니, 그 본뜻과 천양지차이다.

乘字不作元來所乘看, 而作隨遇輒乘看. 不惟認主爲客, 安在其理無蠢動乎? 大旨已失, 且乘字自有來歷. 蓋自形而上下之上下二字, 咀嚼出來, 乃不可分開處. 分開底說話, 今人作隨遇輒乘看, 則乃本是二體而合一底說話, 於本旨燕越矣.

기와 이치를 짝으로 제시하여 이기(理氣)라고 부른 것은 언제부터일까? 내가 생각건대 이것은 반드시 성인의 말이 아닐 것인데 왜 그렇게 말했을까? 이치란 존귀하여 그에 짝할 것이 없거늘 기가 어떻게 이치와 함께 짝할 수 있겠는가? 이치는 광활하여 그에 짝할 것이 없으며, 기도 이치 안의 일이어서 이치가 유행할 때 손발 노릇을 한다. 기가 이치에 대해 본래 짝하거나 적대하지 않으니, 짝하지도 않고 적대하지도 않은 것을 하나로 짝하여 제시하는 것은 왜일까? 본원을 말하는 것은 공자만큼 적당한 것이 없고, 공자가 본원을 말한 것은 『대역(大易)』 만큼 적당한 것이 없다. 이치를 말할 때 반드시 이치로써 기를 통솔하고, 기를 말할 때에 기에 즉하여 이치를 밝힌다. 한번 음하고 한번 양하는 것이 도라고 하고, 태극이 양의를 낳는다는 것 등이 이것이다. 매우 타당하여 새는 곳이 없으니, 어찌 하나에 대하여 대치시켜서 한쪽만을 제시한 적이 있겠는가? 그러나 형이상/형이하는 짝으로 제시되지 않았는가? 이 부분에 대해 상/하라는 말에 착안한다면 상/하는 분명히 짝이다. 천만 세대동안 도/기를 나누었던 문호에 의해서 그 말이 그렇게 되지 않을 수 없었다. 비록 그렇다고 할지라도 상/하는 '형체[形]'라는 말을 맨 앞에 두었으니, 나눌 수 없는 뜻이 거기에 저절로 있다. 어찌 지금처럼 보금자리와 굴을 따로 세워 각각을 하나의 두뇌로 삼은 적이 있겠는가? 지금 사람들은 이치를 보면 반드시 기를 찾아서 그 짝으로 만들려고 한다. 이 때문에 이치가 유행하며 만들어 내는 큰 일들이 모두 기에 의해 겸하여 계산된다. 그 나머지는 혼륜함이요, 고요함으로 이 한 쌍이 본령의 조짐일 뿐이니, 슬프도다.

把氣與理對擧, 喚作理氣, 始於何時. 愚意此必非聖人之言, 何以言之? 理之尊無對, 氣何可與之對偶? 其闊無對, 氣亦理中事, 乃此理流行之手脚. 其於理本非對敵, 非偶非敵而對擧之, 何哉? 說本原宜莫如孔子. 孔子之說本原，宜莫如大易．言理時，必理以率氣，說氣時，便卽以明理．曰一陰一陽之謂道，曰太極生兩儀，是也．十分停當，罔有滲漏，曷嘗見一處對峙，而雙擧者乎？形而上下，非對擧乎？曰此節眼在上下字，上下乃的對也．欲爲千萬世，開分別道器之門戶，其言不得不爾．雖然，而上而下，以形字爲冒頭，不可分開之意自在，何嘗如今各立窠窟，各自頭腦耶？今人纔見理字，必覓氣來作對偶，於是理之流行一大事，盡被氣字帶去作家計．所餘者，秖混淪也，冲漠也，此雙本領之履霜也．悲夫？

이곳의 모든 말이 이전 현자들의 구절들을 범하였을지라도 바로잡을 수 없다는 것을 잘 안다. 생각건대 옛 성인이 고심과 피를 짜내는 정성으로 세상에 가르침을 세운 뜻이 '도'라는 글자 이외에 다른 것이 없다. 옛날에 말한 도가 지금에 말하는 도이다. 성인은 유행하여 드러나고 변화하고 밝아지는 것이 도가 한 것이 아님이 없다는 것을 분명하게 보았다. 그러므로 말하기를 인한 자가 본 것을 인(仁)이라고 하고 지혜로운 자가 본 것을 지(知)라고 하였다. 비록 사물에 조야한 자취가 있어서 구름이 지나가면 비가 내리고 솔개가 날고 물고기가 뛴다고 할지라도, 그와 같이 드러난 것에 대해 말함으로써 도를 밝혔다. 지금 사람들은 도리(道理)라는 말을 아무것도 생각할 수 없는 아득한 곳으로 몰아가 밝게 드러난 것들을 한결같이 기에 소속시키면서, 이와 같은 것들이 이기(理氣) 때문임을 알지만 이와 같지 않은 것들이 이기(理氣) 때문임을 모른다. 비록 헛된 이름으로 지나가며 도리를 말할지라도 실제로는 기가 이치의 자리를 빼앗아 모든 일의 본령이 될 뿐이다. 만약 이와 같다고 한다면 세상에는 치우친 말, 음란한 말, 사사로운 말, 숨는 말이 없을 것이다.

이처럼 전도시키고 쪼개는데 무슨 일인들 하지 않겠는가? 만약 작은 힘으로 교정하려고 한다면 저들이 반드시 말하기를 '이전 현자들도 그렇게 말하였다.'고 할 것이다. 어린 학자들이 한결 같이 나를 이길 수 있거늘, 하물며 이전 현자들을 머리에 이고서 확증하려고 하는 데에 이르면 논쟁한들 어떻게 할 도리가 없다. 이런 까닭에 팔십 년 동안 뚜렷하게 안에 끼고 있으면서도 감히 입으로 말하지 못하였다. 이제 비록 늘그막에 늘 재로 식을 것을 생각하면서도 이 하나의 일에 대해서는 여전히 뚜렷하게 보존하고 있다. 생각건대 이전 현자의 논의가 지나치게 통쾌해서 그 말폐가 이러한 지경에 이르렀어도 자세하게 생각하지 못하였다. 이전 현자들이 있다고 하여도 실제로는 질문을 한들 답을 얻을 수 없으며, 질문할 수 있는 것은 나중의 학자들일 따름이다. 질문하여도 내가 의심하는 것이 틀렸다고 판명난다면 다행일 것이나, 진실로 틀리지 않았다고 한다면 우리나라의 이기론을 어찌해야 할까? 조직교(趙直教: 趙性家)[12]의 편지를 받고 비판적인 생각을 여기에 몇 글자

---

12 조성가(趙性家): 1824(순조 24)~1904. 한말의 유학자. 본관은 함안(咸安). 자는 직교(直教), 호는 월고(月皐). 하동 출신. 아버지는 동몽교관에 증직된 광식(匡植)이며, 어머니는 김해김씨(金海金氏)로 석신(錫信)의 딸이다. 기정진(奇正鎭)의 문인이다. 1883년(고종 20) 선공감감역에 제수되었고, 1902년 수직(壽職)으로 통정대부에 올랐다. 성리학적 처지에서 기정진의 이일분수설(理一分殊說)을 적극 지지하여 많은 연구를 거쳐 기정진에게 질문하자, 기정진은 81세 때 이에 대한 답설로 「외필 猥筆」 1편을 지었는데, 그 뒤 간재학파(艮齋學派)와 연재학파(淵齋學派)로부터 성리학적 논쟁이 되기도 하였다. 월봉산(月峰山) 밑에 취수정사(取水精舍)를 짓고 후진교육에 전념하면서 최익현(崔益鉉)·정재규(鄭載圭)·기우만(奇宇萬) 등과 교유하였다. 을미사변이 일어나자 지리산으로 들어가 두문불출하고, 한말의 급변하는 과정에서 유학의 본질을 지키기 위하여 「부정척사론 扶正斥邪論」을 지어 외세의 압력에 저항하였다. 시와 문장이 뛰어

적어보았으나, 두려워서 조직교에게 감히 보내지 못하였다. 조직교에게도 보내지 못했는데 하물며 다른 사람들에게 보일 수 있겠는가? 나중에 비록 현자가 나온다고 하더라도 누가 그때에 질정을 하겠는가? 이 때문에 우두커니 있으면서 줄곧 슬퍼하노라.

凡此所言, 或干犯先賢語句, 極知不韙. 竊以前聖苦心血誠, 垂世立教之旨, 一道字之外無佗. 古所謂道, 今所謂理也. 聖人的見流行發見, 變化昭著, 莫非此道之爲, 故曰仁者見之謂之仁, 知者見之謂之知. 雖事物粗迹, 雲行雨施, 鳶飛魚躍, 纔說著時, 便所以明道. 今人驅道理二字, 於冥漠不可思議之地, 而纔有發見昭著, 一屬之氣, 如此者, 爲識理氣, 不如此者, 爲不識理氣. 雖以虛名過去說, 說道說理, 而其實則氣奪理位, 爲萬事本領而已. 若是則天下更無詖淫邪遁矣. 顚倒昌披, 何事不有? 設欲以瑣力矯捄, 則彼必曰, 前賢亦嘗云爾. 童行學子, 一能勝余, 况頭戴前賢, 以爲確證, 爭辨必無幸矣. 是以內抱耿耿八十年, 不敢發口明言. 今雖下山之日, 萬念灰冷, 於此一事, 耿耿猶存. 竊意前賢之論, 或發之太快, 末弊之至斯, 容有未之細思也. 前賢尚在, 實有奉質之願, 而旣不可得, 則所可質者, 後賢而已. 質之而吾所疑者妄, 則幸矣. 苟或不妄, 奈東方理氣何? 因趙直敎書, 銳意寡此, 皇恐不敢寄直敎. 直敎猶不敢寄, 則况敢掛他人眼乎. 然則後雖有賢者出, 誰當奉以質者? 又爲之曠然一欷也.

낳다. 장성의 고산서원(高山書院)에 배향되었으며, 저서로는 『월고문집』 20권 10책이 있다.

아들을 신(辛)이라 이름붙이며 名子辛說

기묘(己卯)년 하지(夏至)날에 아들 신(辛)이 태어났다. 이 날이 신(辛)의 날이므로 그것으로써 이름을 붙였다. 신유(申繻)가 말하기를 "이름에는 믿음이 있고, 뜻이 있고, 형상이 있고, 꾸밈이 있고, 종류가 있다."라고 하였다. 옛날에 은(殷) 나라 사람들은 날짜로써 이름을 지었으니 나는 은나라 사람의 방식을 따랐는데, 요즘에 이렇게 이름을 붙이는 것을 같은 종류를 취한 것이라고 말할 수 있을 것이다. 내가 듣자하니 이름이란 그 사실을 이름으로 부르는 것이다. 그러므로 이름이 있으면 반드시 사실이 있어야 한다. 그러한 이름이 있으면서도 그러한 사실이 없는 것은 세상에서 버림받음이다. 대저 은나라가 사실과 관련하여 질(質)을 숭상한 것이 이것이니, 날짜로서 이름 붙인 것도 그러한 일 중의 하나이다. '신(辛)'이 과연 이름을 돌아보고 뜻을 생각하여 그 사실을 제시할 수 있을까? 동자(董子: 董仲舒)가 말하기를 "하(夏) 나라가 충(忠)을 숭상하고, 은나라가 질(質)을 숭상한다."[13]고 하였으니, 계승하여 구함이 마땅히 이것을 사용해야 한다. 대저 충과 질과 문(文)이 더욱 숭상되는 것은 품격이 점차 열리고 문화가 점차 적절해지는 것으로, 성인이 그 사이에서 뜻을 쓰지 못한다면 그가 폐단을 구제하는 것을 볼 수 없을 것이다. 세상사가 문(文)으로 돌아가는 것이 마치 물이 아래로 흐르는 것과 같다. 가죽옷이 겨울을 막고 삼베옷이 여름을 막을 수 있으니, 거기에서 천체 무늬를 넣는 것이 생겼다. 문짝과 집이 건조함과 습함을 피하게 할 수 있으니, 거기에서 층층의 누각과 탁 트인 집이 생겼

13 하 나라가…숭상한다: 『전한서』 권56.

다. 주나라에 이르러서도 그냥 지나침이 있을 수 없었지만, 사람들이 그 근본을 잊고서 그저 따라 할 뿐이었다. 사람의 몸에 비유하자면 피부와 가죽이 바깥의 영화로움이라면 골수가 안의 타오름이니, 서서 기다릴 수 없다. 공자가 그 당시에 태어나 누르거나 드날리는 바가 있었다. 그러므로 그가 예를 논하기를 '차라리 검소하고 차라리 슬퍼한다.'고 하였으니, 이것이 폐단을 구제하는 뜻이다. 요즘 세상에는 또한 (꾸밈)을 추가한 것이 더욱 많아져 질(質)을 잃은 지 오래되어, 문(文)이 그에 따라 사라졌다. 오호라, 신(辛)이 이것에 대해 충분히 알고서 지켜 세울 수 있을까? 아니면 또한 문자에 대해서 몇 옛날을 말할 수 있을 것인가? 문자를 하찮게 보는 말은 아직 들어보지 못했다. 대저 효도·공경·충성·믿음 등을 세우는 것이 반드시 어렸을 때에 달려 있으며, 성장해서는 단지 더 정미한 문체를 드러내야 한다. 이런 까닭에 미리 힘쓰지 않을 수 없다.

己卯夏至日, 子辛以生. 是日辛日以名. 申繻曰, 名有信有義有象有假有類, 昔殷人以日名, 余殷人也. 今者名是, 可謂取類乎. 吾聞之矣, 名者, 名其實也. 故有名必有實. 有其名而無其實者, 天下之棄也. 夫殷之實, 尚質是也. 名以日, 亦其一事也. 辛果能顧名思義, 以有其實歟? 董子曰, 夏上忠, 殷上質, 周上文, 所繼之捄, 當用此也. 夫忠質文之更尚, 乃風氣之漸開, 人文之漸宣, 聖人蓋不得用意於其間也, 未見其爲捄弊也. 天下之日歸於文也, 如水之趨下. 裘葛之可以御冬夏, 而組繪文繡生焉. 闔廬之可以避燥濕, 而重樓疏堂生焉. 情文之稱, 至於周而不可以有過, 而人忘其本而徇之. 譬之人身, 膚革外榮, 而骨髓內煎, 其亡可立而待也. 孔子生於其世, 不得不有所抑揚, 故其論禮曰寧儉寧戚, 斯蓋捄弊之義也. 今之世, 又加遠矣, 質之喪久矣, 文從而亡矣. 嗚呼, 辛知足以及此, 而守足以有立歟? 抑又聞字有說中古也? 小字之說未聞. 夫惟孝敬忠信之立, 必在於少, 而及其壯也, 秪要出些精采, 是以不得不勉之於豫云.

형질과 기질에 대해 설명해서 정계방(鄭季方)에게 주다
形質氣質說贈鄭季方

형질(形質)과 기질(氣質)이라는 말에 대해 예전에는 쪼개어 보았으나 여전히 상세하지 못하여 다시 말한다. '형질'이라고 하는 것은 두 글자가 하나의 뜻이다. 모든 형체가 있는 것은 다 체질(體質)의 영역에 속하므로 형질이라고 말하니, 형체 밖에 따로 질(質)이 있는 것이 아니다. 기질이라고 하는 것은 기가 질과 짝을 이룬다. 모든 유행하는 것이 기이고 모든 응고되어 안정된 것이 질이다. 기는 스스로 기이고 질은 스스로 질이다. 동시에 함께 들어 문(文)을 이루므로 기질이라고 한다. '질(質)'자는 형질을 가리켜서 말하니, 형질 밖에 따로 기질의 질이 있는 것이 아니다. 이제 형질과 기질로써 위와 아래를 짝으로 들어서 형체에 스스로 하나의 질이 있고 기에 스스로 하나―이 질이 있다고 여겼는데, 이것이 옳은 것일까? 비록 그러할지라도 이것은 아우들이 처음으로 만들어낸 견해이거나 아니면 그러한 유래와 맥락이 있을 것이다. 일찍이 우리나라 유자들의 논의를 보니 몸의 기질에 관한 것이 있으나, 어찌 그것이 현자와 우자를 구별할 수 있다는 말이겠는가? 대개 그들의 뜻은 몸의 기질이니, 혈육의 덩어리일 뿐이다. (몸의 기질은) 둔하고 어리석어 신령함이 없으니, 이 밖에 따로 마음의 기질이 있어야 현자와 우자의 구별과 관련시킬 수 있을 것이다.

이 말에 대해 평소에 속으로 놀라면서, 이 늙은이가 기질이라는 두 글자의 본뜻을 몰랐을 뿐만 아니라 마음이 어떤 것인지도 몰랐다고 생각했다. 대저 마음이라는 것이 무엇일까? 한 몸 중에서 정미하고 영화로운 것이다. 몸이란 무엇일까? 기질이 집단으로 모인 것이다. 안의 오장에서부터 밖의 여러 기관에 이르기까지 질(質)이 아닌 것이 하나도 없다. 올라가고 내려올 때 형질의 속과 유통(流通)하는 것이 기가 아닌 것이 하나도 없다. 그러므로 기질을 말하면 하나의 몸이 그것을 다한다. 모둔 몸의 기질을 제거한다면 몸도 사라진다. 몸이 없다면 사람도 없다. 몸이 없고 사람이 없으면 어찌 마음이 있겠는가? 또한 마음의 기질이라고 하는 것은 무엇일까? 의학서에서 말하는 일곱 구멍이나 다섯 구멍을 가리키니, 아직 피지 않은 연꽃으로 말할 수 있을까? 만약 몸의 기질을 혈육의 덩어리로 여긴다면 저것만 유독 혈육의 덩어리가 아니겠는가? 기라는 것은 몸 중의 양기이고, 질이라는 것은 몸 중의 음기이다. 음기와 양기가 순수하여 섞이지 않고, 맑아서 흐리지 않다면 그 정미하고 영화로움이 피어나 반드시 밝고 깨끗할 것이다. 섞이고 흐린 것은 이와 반대이다. 현자와 우자의 구변은 오로지 여기에 달려 있다. 우리나라에서 몸의 기질 밖에 따로 마음의 질을 구하는 것은 잘못이다. 원컨대 아우는 그와 같이 하지 말기를 바란다.

形氣二質之說, 向也劈破, 猶欠消詳, 故更言之. 形質云者, 兩字一義, 凡有形者, 皆屬體質邊, 故曰形質, 非形之外, 別有質也. 氣質云者, 氣與質對, 凡流行者是氣, 凡凝定者是質. 氣自氣, 質自質, 一時幷擧成文而曰氣質. 質字卽指形質而言, 非形質之外, 別有氣質之質也. 今乃以形質氣質, 上下對擧, 以爲形自有一質, 氣自有一質, 可乎? 不可乎? 雖然, 此非季方之創出見解, 抑有來歷苗脈, 曾看東儒議論, 有人身之氣質, 何能賢愚人之說? 蓋其意以爲人身氣質, 血肉之塊耳. 頑蠢無靈, 此外別有心之氣質, 乃賢愚之所關也云爾.

此語尋常竊駭之, 以爲此老非但不識氣質二字本旨, 併不識心是何物. 夫所謂心者何物? 卽一身之精英. 身者何物? 乃氣質之團聚. 內自五臟, 外至百體, 無一而非質者. 陞降流通於形質之裏面者, 無一而非氣者. 故言氣質, 則一身盡之矣. 除却周身之氣質, 則無此身也. 無此身, 則無此人也. 無此身無此人, 則又安有此心乎? 且所謂心之氣質者, 是何物? 指醫書所言七竅五竅, 未敷蓮花而言也乎? 若以周身氣質, 爲血肉之塊, 則彼獨非血肉之塊也乎? 氣也者, 人身之陽也. 質也者, 人身之陰也. 陰陽粹而無雜, 清而無濁, 則其精英之發, 必到底炯澈. 駁濁者反是. 爲賢爲愚, 亶在於是. 東儒之外周身氣質, 而別求心之氣質者, 蓋惑也. 願季方勿似之也.

납량사의 納凉私議

(호락논쟁의) 여러 학파에서 언급하는 사람과 사물의 본성은 그 귀결처가 다를지라도 폐단은 한 가지이다. 어째서 폐단이 한 가지라고 말할까? 그 폐단은 이치와 나뉨이 서로 떨어지는데 있다. 이치와 나뉨이 서로 떨어진다는 것은 무엇인가? 여러 학파의 뜻을 살펴보건대 하나에 대해서는 모두 이치로써 나뉨이 없는 사물로 삼고, 나뉨에 대해서는 기질(氣) 때문에 생긴다고 생각한다. 형기(形氣)를 벗어난 곳에다 이일(理一)을 제한하고, 형기가 드러난 곳에다 분수(分殊)를 국한한다. 이 때문에 이치는 이치대로 나뉨은 나뉨대로 갈라져 본성과 천명이 쪼개어진다. 본성과 천명이 쪼개진 상태에서 본성을 논함으로써 비로소 세상이 분열된다. 내가 듣기로는 나뉨이란 이일 안의 자세한 조리여서 이치와 나뉨에 층과 마디가 있을 수 없다. 나뉨은 이치의 짝이 아니다. '분수' 두 글자는 하나를 짝한다. 이치가 온갖 다름을 포함하고 있으므로 하나라고 말하니, 실제로는 하나의 사물이라고 말하는 것과 같다. 다름(殊)은 참으로 다른 것이 아니므로 분수라고 말한다. 다름이라고 하는 것은 나뉜 한계[分限]일 뿐이다. 한 구절의 두 가지 말이 서로 기대어 뜻이 되므로 하나라도 제거할 수 없다. 그러므로 이일을 말할 때에 나뉨이 이미 포함되어 있고, 나뉨을 말할 때에 이일이 저절로 존재함을 알 수 있다. 애초부터 이치를 따라 아래로 내려와 하나의 헤아림을 첨가하여 나뉨이 이루어지거나 나뉨을 거슬러 올라가 한발을 뛰어 넘어 비로소 이치라고 일컫는 것은 아니다. 주자의 두 구절이 가장 분명하게 이해하였다. "태극이란 상수(象數)가 아직 드러나지 않았으나 그 이치가 이미 갖추어

진 것을 말하고,(곧 『태극도해』에서 말한 충막무짐(冲莫無朕)이나 움직임·고요함·음·양 등의 이치가 모두 그 속에 갖추어졌다는 것이다.[14]) 형기(形器)가 이미 갖추어졌으나 그 이치에 조짐이 없음을 가리킨다.(곧 『태극도해』에서 말한 움직임·고요함·음·양 등이 자리를 같이 하지 않으나 태극이 있지 않은 적이 없는 것이다.) 상수가 드러나지 않은 것은 아직 깨지지 않은 하나이고, 그 이치가 이미 갖추어진 것은 이미 포함한 나뉨이 아니겠는가? 형기(形器)가 이미 갖추어진 것은 정해진 나뉨이고, 조짐이 없는 이치는 스스로 존재하는 하나가 아니겠는가? 형기를 떠나 형기와 섞이지 않은 것은 없다. 잘 관찰하는 자는 이치가 형기에 즉하는 것에 방해받지 않고 이치를 얻을 수 있다. 이것이 바로 태극의 본체가 여기에 드러난다는 것이니, 이치와 나뉨이 서로 대치하거나 구애되는 사물이 아니어서 음양·오행·만물이 각기 자기의 본성을 하나로 한다. 이렇게 본다면 하나의 태극의 본래 모습이란 변론을 기다리지 않더라도 자명한 것이다. 만약 이치와 나뉨을 두 개의 갈라진 것으로 여긴다면 한와 다름이 얼음과 숯의 관계처럼 상반되고 하늘과 연못의 관계처럼 멀리 끊어져, 층계와 등급이 제멋대로 생겨나 각기 하나의 자리를 점유하여 본연(本然)으로 삼으니, 같고 다른 논의들이 어지럽게 일어나 이러한 뜻을 믿게 되었다. 내가 누려운 것은 하나가 흐리멍덩하여 어떠한 것도 하나의 근원이 될 수 없고, 나뉨 역시 때에 따라 배정되어 본원적 나뉨[本分]이 될 수 없게 된다는 것이다. 같음과 다름이 두 가지 일에 소속되는 것과 같으니, 실체에 대해서 어떠하겠

14 『태극도해』에서…것이다: 미세한 측면에서 본다면 충막무짐(冲莫無朕)이나 움직임·고요함·음·양 등의 이치가 모두 그 속에 갖추어졌다(自其微者而觀之 則冲漠無朕而動靜陰陽之理 已悉具於其中矣. 『성리대전』 권1 「태극도」.)

는가? 이것이 여러 학파에서 논의한 본성을 구절마다 헤아려 본 것으로 끝내 대부분 따르기 어려운 것들이다.

諸家言人物之性, 其歸雖殊, 竊意其所蔽一也. 曷言蔽之? 一蔽在理分相離. 曷言理分相離? 詳諸家之意, 一是皆以理爲無分之物, 分爲因氣而有, 限理一於離形氣之地. 局分殊於墮形氣之後, 於是理自理分自分, 而性命橫決矣. 性命橫決而論性, 始爲天下裂矣. 以膚淺所聞, 分也者, 理一中細條理, 理分不容有層節, 分非理之對. 分殊二字, 乃對一者也. 理涵萬殊, 故曰一, 猶言其實一物也. 殊非眞殊, 故曰分殊, 言所殊者, 特其分限耳. 一句兩語相須爲義, 除一箇不得, 故說理一時, 可知分之已涵, 說分殊時, 已見一之自在, 初非沿理而下, 添一料而方成分. 遡分而上, 超一步而方稱理之謂也. 有朱子兩句語, 最分明易曉, 曰太極者, 象數未形, 而其理已具之稱.(卽圖解所謂冲漠無眹, 而動靜陰陽之理, 悉具於其中者) 形器已具, 而其理無眹之目.(卽圖解所謂動靜不同時, 陰陽不同位, 而太極無不在焉者) 夫象數未形, 則未破之一矣. 而其理已具, 則非分之已涵乎? 形器已具, 則旣定之分矣. 而其理無眹, 則非一之自在乎? 非有以離乎形器, 而其不雜乎形器者. 善觀者, 不妨其卽形氣而得之也. 此所謂太極之本體, 有見乎此, 則理分非對峙相礙之物, 而二氣五行男女萬物之各一其性, 玆乃一太極之本色者, 不待辨說, 而自明矣. 苟以理分爲兩截事, 則一與殊之相反若冰炭, 其遼絶若天淵, 層級橫生, 各占一位, 以爲本然, 而同異之論, 紛然而起, 信斯義也. 吾懼一是儱侗無物, 而不足爲一原, 分亦臨時排定, 而不得爲本分, 同異猶屬第二件事, 其於實體何如也? 此所以諸家論性, 節節推去, 終多難從者也.

'상수(象數)가 아직 드러나지 않았다'는 한 구절은 은미한 것을 말한다. '형기(形器)가 이미 갖추어졌다'는 한 구절은 드러난 것을 말한다. 예컨대 두 구절이 있지만, 사물에는 저절로 처음과 끝이 있고 이치에는 본래 생성과 파괴가 없으니, 실제로는 두 가지 일이 있는 것이 아니다. 세상에 기질을 떠나 독립하여 있는 이치가 없으니, 분수 밖에 어찌 따로 이일이라고 하는 것이 있겠는가? 반드시 분수가 곧 이일이라는 것을 알아야 하니, 분수가 하나의 이치라는 것 역시 어렵지 않게 알 수 있다. 예컨대 하나의 손을 굽히고 펴고 뒤집고 덮는 것과 같고, 하나의 몸으로 가고 멈추고 앉고 눕는 것과 같다. 굽히고 펼 때의 한 손과 뒤집고 덮을 때의 한 손이 서로 다른 두 가지 손이라고 하는 것이 옳겠는가? 가고 멈출 때의 한 몸과 앉고 누울 때의 한 몸이 서로 다른 두 개의 몸이라고 한다면 옳겠는가? 이일이 분수를 벗어나지 않는다는 것이 그러하다. 분수가 일찍이 이일에 포함되는 것도 이로부터 한 번 뒤집어 보는 것에 불과하다. 사물이 아직 있지 않았을 때 반드시 먼저 사물의 이치가 있었을 것이다. 만물이 아직 있지 않은 것은 하나의 사물과 같고, 만물이 반드시 먼저 가지고 있는 것은 하나의 이치와 같다. 반드시 하나의 손이 있어야 굽히고 펴고 뒤집고 덮는 일을 가질 수 있다. 하나의 몸이 있어야 걷고 가고 앉고 눕는 일을 가질 수 있다. 만약 그렇지 않다고 한다면 정자(程子)가 말했던 '고요한 중의 온갖 모습[冲漠萬象]'[15]과 주자(朱子)가 말했던 '이미 먼저 갖추고 있는 것이 한두 가지에 그치지 않는다는 것'이 다 무슨 말이겠는가? 이것에서도 근원적인 하나의 이치에 나뉨이 없지 않다

15 고요한 중의 온갖 모습: 고요하여 조짐이 없으나 온갖 모습이 두루 갖추어져 있다.(冲漠無朕而萬象森然已具. 『논어정의』「이인」)

는 것을 알 수 있다.

象數未形一句, 以言乎微也, 形器已具一句. 以言乎顯也. 若有兩節矣, 然物自有始終, 理本無成壞, 實非有兩事也. 天下無離氣獨立之理, 分殊之外, 曷嘗別有所謂理一者耶? 須知只此分殊便是理一處, 分殊之爲一理, 亦無甚難曉者. 如屈伸飜覆一手也. 行往坐臥 一身也. 屈伸時一手, 飜覆時又一手, 而謂有兩手, 可乎? 行住處一身, 坐臥處又一身, 而謂有兩身, 可乎? 理一之不外於分殊者, 然也. 分殊之早涵於理一, 亦不過由此而一飜看耳. 設言此物之未始有, 而必先有此物之理, 萬物之未始有, 如一物也. 萬理之必先有, 如一理也. 是必有一手, 而藏屈伸飜覆者矣. 一身而含行往坐臥者矣. 如曰不然, 則程子所謂冲漠萬象, 朱子所言, 已具先有處, 不止一再, 是皆何謂耶? 此又可見源頭一理, 非無分之謂也.

다시 하나의 비근한 일로써 비유해보자. 이제 한 덩어리의 쇠뭉치가 하나의 태극이라고 한다면, 사발을 만들 수도 있고 칼을 만들 수도 있으니, 이것이 분수가 하나에 포함되는 것입니다. 밝다고 하는 말하는 것이 동쪽 면을 사발로 만들고 서쪽 면을 칼로 만드는 것을 가리키지 않는다. 혼연한 것이 사발의 용광로에 들어가면 사발이 되고 칼의 용광로에 들어가면 칼이 되어 각기 본래 나누어진 하나의 용광로를 얻는다. 이것은 기화(氣化)가 각기 하나의 나뉨을 얻는 것이자 각기 본성의 분수에 일치하는 것이다. 나뉨은 때에 따라 배정되는 것이 아니고, 본연(本然)이 비록 사발과 칼이 되어 옛 적의 쇠뭉치를 얻지 못할지라도 쇠뭉치의 능력은 예전대로 존립하니, 이것이 분수 안의 이치이다. 애초부터 사발과 칼 밖에 따로 한 덩어리의 쇠뭉치가 있는 것은 아니니, 하나의 태극이 분수

안에 있을 뿐이다.

請復以一淺事喩之, 今有一塊銅鐵, 是一太極. 可以爲盤盂, 可以爲刀劍是分殊之涵於一. 所謂粲然者, 非東邊可爲盤盂·西邊可爲刀劍, 則渾然及其入盤盂爐而爲盤盂, 入刀劍爐而爲刀劍, 各得其本分之一爐, 是氣化各得其一分, 是各一其性之分殊. 是分也, 非臨時排定, 是本然, 雖爲盤盂刀劍, 而脫不得舊時銅鐵, 銅鐵伎倆, 依舊自在, 是分殊中理一, 初非盤盂刀劍之外, 別有一塊銅鐵, 是一太極只在分殊中也.

이치에는 짝이 없으니 어찌 적절한 비유가 있겠는가? 다만 하나와 다름이 서로 떨어진 적이 없는 것이 대개 이와 같아서, 하나이면서도 나뉘지 않은 적이 없고 다르면서도 하나에 해롭지 않다. 그 오묘함이 이와 같으니 어찌 먼저 나뉨이 없는 하나가 있다가 나중에 기에 근거한 나뉨이 생겨 여러 학파의 주장과 같이 이치는 이치대로 나뉨은 나뉨대로 분리되겠는가? 공자가 말하기를 백성은 날마다 쓰고도 모른다고 하였다. 날마다 쓰는 형기(形器)에 이치가 깃들지 않음이 없지만 백성의 사려가 조야하고 얕아서 눈에 형기만 보일 뿐 형기 위에 있는 한 층의 일을 보지 못하였다. 그래서 성인이 그것을 걱정하였다. 위와 아래를 분별하는 것과 사람들이 도(道)와 기(器)를 나누어서 보는 학설이 이로부터 흥기하였다. 그러나 위의 도와 아래의 기는 다 형체로써 말한 것이다. 하나의 형체와 하나의 이치는 곧 분수라고 하는 것이다. 온갖 다름과 하나의 이치[萬殊一理]라는 말을 성인이 애초부터 자주 언급하지 않은 것은 왜일까? 이치란 하나를 기약하지 않더라도 저절로 하나이지 않음이 없기 때문이다. 다만 온갖 다른 부분에 대해 재단하여 도(道)과 기(器)를 분명하게 할 수 있다면 이치가 하나이지 않음에 대해 걱정할 것 없다. 이 때문에 배우는 사람이 평소에 문장을 널리 배우면서 예법으로써 요약하는 것은 다 분수의 공부이나 이일에 대해서는 "하나로써 관통한다."는 한 구절이면 이미 충분했다. 『역』의 [괘]효·단사·상사 등이 모두 분수에 관한 말이고 이일에 대해서는 "태극이 양의(兩儀)를 낳는다."는 한 마디면 이미 충분했다. 후세 사람들의 사려가 더욱 아래로 내려오고 후세 현인들이 사람들을 위하는 뜻이 긴급한 곳으로 전환하는데 이르러서는 반드시 분수가 밝혀지기를 기다렸더라도 이치가 저절로 하나였으니, 거기에는 아득히 한계와 끝이 없을 것이다.

惟理無對, 豈有切譬? 但其一與殊, 未嘗相離, 大槩如此, 一而未嘗無分, 殊而不害於一. 其妙蓋如此, 是豈先有無分之一, 後生因氣之分, 理自理分自分, 如諸家之意耶? 孔子曰, 百姓日用而不知, 蓋日用形器, 莫非此理之所寓, 而百姓識慮粗淺, 眼中但見形器, 更不見形器上面有一段事, 聖人有憂之. 分別箇上下, 與人看道器之說, 於是興焉. 然上道下器, 皆以形而言之. 一形一理, 卽所謂分殊者. 萬殊一理之說, 聖人初不數數然何? 則理也者不期一, 而自無不一者也. 但能於萬殊處截斷, 得道器分明, 則理之不一, 非所憂也. 是以學者, 平生博文約禮, 皆是分殊上工夫, 而至於理一處, 一以貫之一句已是多. 易之卦爻彖象, 皆是分殊上說話, 而至於理一處, 太極生兩儀一語已是多. 及至後世人之識慮益下, 而後賢爲人之意轉緊, 必待分殊明, 而理自一, 則蓋邈乎無有限極矣.

게다가 이치는 원융하건만 말이 막히고 뜻은 광활하건만 말이 협애하였다. 형세상 한 구절을 만나 두 가지 단서[兩端]를 다할 수 없어서 '이일분수'라는 말을 취하여 항상 쌍방을 관련시켜 말하였다. 혹은 이치와 기질로 나누어 쌍방을 관련시키고 혹은 천명과 품수(稟受)로 나누어 쌍방을 관련시키고, 혹은 일원(一原)과 이체(異體)로 나누어 쌍방을 관련시켰다. 언제나 같음의 측면은 위의 한 부분에 속하고 다름의 측면은 아래의 한 부분에 속한다. 위의 한 부분은 공자의 태극과 하나로 관통함의 뜻이고, 아래의 한 부분은 공자의 형이상·형이하의 말이다. 공자가 두 층위에서 말한 것을 나중의 현자들이 일시에 모두 받들었으니, 배우려는 사람들이 그 전말을 안다면 이것과 저것이 서로 드러내면서 언제나 본체는 뛰쳐오르고 있다. 후학들이 포괄하여 펼침에 두루 하지 못하고 말을 함에 뜻을 미혹케 하여 번번이 이치에 대해 머리와 귀착처가 없는 것으로 여기면서 어둡고 고요한 곳에다 매달아놓으며, 도중에 힘을 얻은 자는 다그쳐서 갑자기 만 가지 분수(分殊)를 배정하여 이루어내니, 역시 오류가 아니겠는가?

且理圓而語滯, 意闊而語窄, 勢不可以當句竭盡兩端, 乃取理一分殊, 常常雙關說去, 或以理氣分雙關, 或以天命稟受分雙關, 或以一原異體分雙關. 每同一邊屬之上一段, 異一邊屬之下一段, 蓋上一段, 乃夫子太極一貫之旨也, 下一段, 卽夫子形而上下之說也. 夫子之所兩處言之者, 後賢一時幷擧, 蓋欲學者, 識其原委, 彼此相形, 去去來來, 本體躍如也. 後學乃反包羅不周, 執言迷旨, 往往以理爲無頭脚沒著落之一物, 懸在冥漠之間, 而中道被有力者驅使, 倉卒排定成出萬殊來, 不亦誤哉?

근세의 현명한 유자들이 본성에 대해 논의한 것 역시 다시 이것에 가깝다는 것을 말한 것이 아니다. 대개 이미 나뉨이 없는 것을 하나로 삼는다고 한다면 본연(本然) 위에 따로 한 층의 본연을 세워 만물의 한 근원으로 여긴다.(남당은 형기(形氣)를 접촉하지 않고서 이치만을 홑으로 가리켜서 제일층의 본연으로 삼는다.) 인의예지를 기질에 따라 각각 가리키는 본성이라고 여겨 사람과 사물의 본성이 다르다는 논의가 생겨난다.(남당은 천명이란 형기를 초월한 것을 가리키고 오상이란 기품에 말미암은 것을 가리킨다고 하였다.) 이미 나뉨이 기질에 말미암아 생긴 것이라고 여긴다면 사람과 사물이 오상(五常)을 본연지성(本然之性)으로 삼으면서 치우침·온전함의 본성은 본연이 아니게 되어 사람과 사물의 본성이 같다는 논의가 생긴다.(한천의 시에 "마음과 본성 사이에서, 기질의 경계를 지나가네. 치우침과 온전함이 본연을 만드니, 기질이 바로 마음의 본체라네…."라고 하였다.) 본성이 다르다는 것에 대해 내가 옳지 않다고 말한 것은 아니지만, 다른 곳이 오상(五常)이 기를 착용함에[帶氣]에 있다고 한다면 큰 근본이 밝혀지지 않은 곳이 생긴다. 어쩔 수 없이 따로 하나의 근원을 세운다면 이것은 이치 밖에 나뉨을 두는 것이다. 결국 다름을 위주로 하여 같음을 폐한다면 '본성이 곧 이치이다.'는 한 구절이 헛된 말이 될 것이다. 본성이 같다는 것에 대해 내가 그렇지 않다고 말한 것은 아니지만, 치우침·온전함의 본성이 본연이 아니라고 한다면 이것은 나뉨 밖에 이치를 두는 것이다. 결국 같음을 위주로 하여 다름을 폐한다면 본성이란 본체만 있고 쓰임이 없는 기다란 물건이 될 것이다. 이치란 하나가 실로 만 가지로 나뉘는 것이니, 여러 가지로 달라질지라도 더욱 같은 것이다. 하나이면서 나뉘는 것이니 참으로 다른 것이 아니다. 다르면서도 같으니 참으로 같은 것이다. 두 학파에서 같고 다름을 말할 때 그 같고 다름이 이처럼 서로를 허용하지 않으니, 그들이 다르다고 말하는 것은 참으로 다른 것이고 같다고 하는 것은 참으로 같은 것이 아니다.

不謂近世賢儒之論性, 亦復近於此也. 蓋旣以無分爲一, 則無怪其別立一層本然於本然之上, 以爲萬物之一原.(南塘以不犯形氣, 單指其理爲第一層本然.) 無怪其以仁義禮智, 爲因氣各指之性, 而有人物性異之論.(南塘曰, 天命超形器而稱之, 五常因氣稟而名之.) 旣以分爲因氣而有, 則無怪其以人物同五常爲本然之性, 而偏全之性爲非本然, 有人物性同之論.(寒泉詩曰, 蓋聞心性間, 過占氣分界, 偏全作本然, 氣質當心體, 云云) 噫, 性異者, 吾非曰不可, 而異處乃在五常之帶氣, 則大本有所不明矣. 不得不別立一原, 則是理外有分也. 遂主異以廢同, 則性卽理也一句, 爲虛語矣. 性同者, 吾不曰不然, 而以偏全之性爲非本然, 則是分外有理也. 遂主同以廢異, 則性爲有體無用之長物矣. 理者一實萬分, 愈異而愈同者也. 一而分, 非實異也. 異而同, 乃眞同也. 兩家之言同異, 同異不相容若此, 蓋其所言異者是實異, 而同者非眞同也.

시험 삼아 더욱 자세히 살피건대 두 층위의 본연에 대한 말은 『태극도』를 모방하면서 틀어진 것이다. 그 뜻은 대개 제 일층의 본연을 『태극도』의 제일 윗부분 동그라미에 배당하고, 제 이층의 본연을 음양오행이하의 동그라미들에 배당한 것으로 비슷하지 않은 것은 아니나 거기에는 참으로 옳지 않음이 있다. 『태극도』의 그림은 조화(造化)를 따라 말하였으므로 음양오행과 만물이 흩어져 나뉘는 곳에 나아가 휘어낼 수 없는 것을 휘어내어 공평한 하나의 본령으로 삼았다. 그 이하 여러 동그라미들은 본래 참된 본체이지, 제일 윗부분의 동그라미와 다른 동그라미들에 차별이 있음을 말한 것은 아니다.

請試更詳之, 兩層本然之說, 蓋倣太極圖而差者也. 其意蓋以第一層本然, 當圖之第一圈, 第二層本然, 當二五以下諸圈, 非不酷似矣. 其實有不可者. 圖象從造化邊說去, 故就二氣五行萬物散殊之中, 挑出其不可挑出者, 以爲公共一箇本領, 以下諸圈, 卽其本色實體, 非謂第一圈與諸圈有差別也.

만약 본성을 논하자면 사람과 사물의 일은 마치 태극이 아직 휘어나오지 않을 때에, 나에게 있으면 나의 것이 하나의 근원이고, 너에게 있으면 너의 것이 하나의 근원인 것과 같으니, 사람의 힘을 빌려 낱낱을 두루 충족시키지 않더라도, 그 실제가 또한 너의 경계를 구획하는 것이 아니다. 일이 없는 가운데서 일이 생겨나건만, 왜 반드시 하나의 층위가 휘어나온 뒤에 만물의 한 근원이 된다고 말하겠는가? 옛 성인은 도리에 대해 비록 형기(形器)를 섞어 말하지 않았지만 또한 형기를 떠나서도 말하지 않았다. 『시』에서 사물이 생겨남에 법칙이 있다고 하고 『역』에서는 일음일양(一陰一陽)을 도라고 한다고 한 것이 다 이것이다. 이제 각기 자기의 본성을 하나씩 갖는다고 말하였다면 그것은 이미 섞이지 않은 것이다.

乃若論性, 是人物邊事, 恰是太極未挑出時, 在我則我底却是一原, 在你則你底却是一原, 不假人力箇箇圓足, 其實又非有此疆你界也. 何故無事中生事, 必曰挑出一層, 然後爲萬物之一原乎? 前聖之於道理, 雖不雜形器而言之, 亦不離形器而言之. 詩言有物有則, 易言一陰一陽之謂道, 皆是也. 今言各一其性, 則旣不雜矣.

다시 그 윗부분에 나아가서 섞이지 않은 하나의 층을 추려낸다면 거의 이탈한 것이 아니겠는가? 만약 그렇다면 사물을 떠난 뒤에 법칙이 있을 것이고, 음양을 떠난 뒤에 도가 있을 것이니, 어찌 옛 성인의 뜻과 서로 비슷하지 않겠는가? 이것은 반드시 각기 자기의 본성을 하나씩 갖는 것으로, 이미 분수에 떨어졌고 이미 형기에 접촉하였으니 하나의 근원으로 여길 수 없다. 본성이 다르다는 것의 근거는 이치 밖에 나뉨이 있다는 것이니, 이러한 항목이 사람들로 하여금 억지로 분수가 이일과 한 가지가 아니라고 주장하게 만든다. 어떤 해로움을 끼칠까? 나뉨이 같지 않으므로 이치가 같지 않다고 의심하는 것은 곧 손바닥을 뒤집었다가 다시 제자리로 돌리지 않은 것과 같은 말이다. '나뉨'이 있다면 그 근거는 '하나'이다. 이미 나뉘었으면서도 나뉨에 국한되지 않고 이일이 바고 이곳에 있다. 진실로 분수를 떠나서 따로 이일을 찾을 수 없다. 원사(原思)에게 양곡 구백을 주고 공서화(公西華)에게 양곡 1부(釜)를 준 것은 하나의 마음이니,[16] 진실로 나뉨을 떠나서 따로 하나의 마음을 찾을 수 없다.

復欲就其上面, 揀出一層不雜者, 則不幾於離矣乎? 然則離物而後有則, 離陰陽而後有道, 何其與前聖之意不相似也? 是必以爲各一其性, 已落分殊, 已犯形氣, 不足以爲一原. 此性異之根柢, 所謂理外有分. 此一項最令人苦苦, 分之不齊於理一也. 何害? 以分不同, 而嫌其理不同者, 卽飜手非覆手之說也. 惟其有分, 乃所以一, 旣未嘗不分, 又不局於分, 理一正在此處, 苟離了此分, 無別尋理一處矣. 原思之粟九百, 公西華之粟一釜, 是乃

16 원사에게…마음이니: 『논어』「옹야」에 나오는 말로, 일에 대한 대우가 상황에 따라 달라야 함을 지적하고 있다.

一心，苟離了此分，無別討一心處矣.

주자가 말하기를 이치를 들자면 모두 어떠한 흠도 없고, 인으로 말하자면 모두 인 위에 있고 정성스러움[誠]을 말하자면 모두 정성스럽고 충서(忠恕)로 말하자면 모두 충서 위에 있으니, 이것은 생생한 사례이다. 이로써 예를 든다면 하나의 큰 나무의 이치를 말하자면 이치가 모두 이곳에 있고, 하나의 작은 먼지의 이치를 말하자면 이치가 모두 그곳에 있음을 알 수 있다. 그렇다면 큰 나무의 이치와 작음 먼지의 이치는 양의(兩儀)·사상(四象)·팔괘(八卦) 등의 근원이다. 무슨 까닭으로 반드시 분수를 떨쳐버린 뒤에야 하나의 근원을 이루겠는가? 나뉨이 형기(形器)를 따라 각기 바르다는 것은 휘어나온 것으로 말하면서 떨쳐냄을 허용한다. 나뉨이 일찍이 하나의 이치에 포함된다는 것은 끝내 떨쳐낼 수 있는 이치가 없음을 뜻하니, 휘어나옴 역시 무슨 이익이 있겠는가? 대저 본연(本然)이 하나의 근원에 불충분하다고 하기에 따로 위층에 본연을 세운다면 두 층의 본연이 분변하게 구별될 것이니, 이것이 과연 『태극도』라는 그림의 뜻과 같겠는가? 이일이 이미 나뉨이 없는 것을 이른다면 오상(五常)이 내려와 기질에 말미암은 본성이 되는 것도 그 다음의 일이다. 이러한 원통함을 언제 씻어내겠는가? 기질이 있어야 이치가 있다는 것은 유행(流行)처에만 나아가서 말한 것에 불과하다. 만약 참된 이치의 본연을 논의하자면 과연 기질로써 이치의 있고 없음을 따지겠는가? 크면서도 은미하다[費而隱]고 할 때의 은미함과, 작은 것이 드러난다[微之顯]고 할 때의 작은 것과 무극(無極)이라고 할 때의 무(無)는 눈·귀나 견문이 미칠 수 있는 것이 아님을 말하는 것이지, 실제로 없다는 것을 말하는 것이 아니다.

朱子曰, 理擧著都無欠闕, 言著仁都在仁上, 言著誠都在誠上, 言著忠恕都在忠恕上, 此活例也. 以此例之, 則言著一槁木之理, 理便都在這上, 言著一微塵之理, 理便都在那上, 又可知矣. 然則槁木微塵之理, 便是兩儀四象八卦之宗祖, 何故必擺脫分殊而後, 方成一原乎? 分之隨形器而各正者, 挑出而言之, 容可擺脫. 分之早涵於一理者, 終無可擺脫之理, 挑出亦何益矣? 夫旣以本然之不足於一原, 而別立上層本然, 則兩層本然差別顯然矣. 是果與圖象之意同乎哉? 理一旣是無分之謂, 則五常降爲因氣之性, 亦次第事. 此寃何時可雪? 凡有是氣, 方有是理者, 不過說得流行一邊耳. 若論實理之本然, 則亦果以氣爲有無乎? 費而隱之隱, 微之顯之微, 無極之無, 皆言其非耳目見聞之所及, 非謂眞無也.

귀와 눈이 미칠 수 없는 곳을 마음으로써 모을 수 있다. 마음이 끝내 그것이 어떤 모습인지 알 수 없고, 입이 끝내 그것이 어떤 사물인지 말할 수 없다면, 실제로 없는 것과 무엇이 다르겠는가? 오상(五常)이 사람에게 있는 것도 어찌 형상, 소리, 냄새가 있었겠는가? 쓰임에 따라서 헤아린 것에 불과하다. 그것이 천지에 있을 때라면 쓰임에 따라서 헤아릴 수 없을 것이다. 이런 까닭에 태극의 본연과 소리와 냄새가 없는 신묘함을 깊게 탐구하여 말한다면 오상의 이치에 불과하다. 태극이 오상의 이치인데 오상이 다시 기질지성에 말미암는다는 것이 옳겠는가? 본연이라는 것은 지금 시작한다는 말이니, 오상의 덕은 지금의 아니든 지금이든 본래 이미 그러한 것이다. 그러므로 본연이라고 말한다. 만약 먼저 나뉨이 없는 하나가 있다가 나중에 기질에 의한 나뉨을 낳는다고 한다면 본래는 그렇지 않다가 이제야 그러한 것이니, 다시 오상을 본연으로 삼는 것은 어째서인가? 천명이 본연이고 오상이 기질이라는 것(수암이 언급하였다. 남당이 말하기를 '이것은 나의 삼층설과 같다.'고 하였다.) 역시 하나로 관통하여 말하지 않았다.

耳目之所不及, 可會之以心. 心若終不能識其何狀, 口若終不能說其何物, 則與眞無奚擇哉? 五常之在人, 亦何嘗有形象聲臭? 不過因用而推之耳. 其在天地, 獨不可因用而推之乎? 是故太極之本然, 無聲臭之妙, 深探而究言之, 則不過五常之理也. 太極是五常之理, 而五常反爲因氣之性, 可乎? 本然云者, 對今始然之辭, 五常之德, 匪今斯今, 本來已然, 故謂之本然. 若先有無分之一, 後生因氣之分, 則乃本不然, 而今然者也. 猶復以五常爲本然者, 何也? 天命爲本然, 而五常爲氣質,(遂菴曰, 云云. 南塘曰, 此與元震三層之說同) 亦一串貫來說不去處.

하늘이 사람과 사물을 명한 까닭은 오상 밖에 다른 것이 없다. 오상이 기질에 의해 점유된다면 천명은 빈껍데기가 되니, 비록 본연이라는 아름다운 호칭을 부여한들 궁극적으로 이것(천명)이 어떤 것이겠는가? '천명을 급작스럽게 본성으로 삼을 수 없기 때문에 점유되는 것은 기질에 귀착될 수밖에 없다'고 하는 것은, 갑(甲)쪽의 의론으로 따르기 어렵다. 을(乙)쪽에서 말하는 '오상이 같다[同五常]'고 할 때의 '같음[同]'이란 실제에 근거한 하나의 근원으로, 갑쪽에서 오상을 초월하여 하나의 근원을 허무하게 세우는 것과 같지 않다. 그러므로 말단 층위에서의 외람됨이 갑쪽처럼 심하지 않다. 다만 치우침·온전함이 본연이 아니라는 말을 살펴본다면 도리어 '오상이 같다'고 할 때의 '같음'이라는 말은 이미 저절로 병을 갖고 있다. 어째서 같다(同)고 말할까? 단지 오상일 뿐이라면 같다는 것이다. 오상이 사물을 따라 치우침·온전함이 있는 것은 이치의 본분인데 어떻게 같을 수 있겠는가? 치우침·온전함이 같지 않은데도 오히려 (오상이) 같다고 말하는 것은 예컨대 사발과 칼이 쇠나 구리로 이루어졌기 때문에 (재질이) 같다는 의미에서의 같음[同之同]이지, 사발과 칼을 구분하지 않고 뒤섞어서 같다[混同]고 말하는 것이 아니다. 치우침·온전함의 본성이 본연이 아니라는 것은 사발과 칼을 떠나 쇠나 구리를 찾는 주장이다.

天之所以命人物, 五常之外, 無他焉. 五常被氣質所占, 則天命乃虛殼子也, 雖加以本然之美稱, 畢竟果是何物乎? 天命不可據以爲性, 故所占不得不落在氣質, 此甲邊議論, 所以難從也. 至若乙邊同五常, 而說本然, 是著實的一原, 不比甲邊超五常, 而立一原空蕩蕩地, 故下梢層節之猥穰, 不至如甲邊之甚, 而但以偏全非本然之說觀之, 却恐同五常之同字, 已自帶病了, 曷謂之同? 只五常便是同處. 五常之隨物而偏全, 乃此理之本分, 何可同也? 偏全不同, 而猶謂之同者, 如盤盂刀劒爲銅鐵, 則同之同, 非以混同無盤盂刀劒而謂之同也. 偏全之性, 非本然, 離盤盂刀劒, 而求銅鐵之說也.

치우침·온전함은 형이하자요, 치우침·온전함의 본성은 형이상자이다. 형이상자가 본연일 수 없다면 공자가 말한 형이상의 도란 단지 기질만을 말한 것일 수 있을까? 그러므로 하나의 본성이니, 나뉨이 하나에 해를 끼치지 않는다는 측면에서 오상이 같다고 말하더라도 괜찮다. 본성의 하나됨이 나뉨을 벗어나지 않는다는 측면에서 치우침·온전함의 본성이라고 말해도 괜찮다. 비록 그 이름들 사이에 뉘앙스의 차이가 있을지라도, 실제로는 한 폭의 삼베 가운데 날줄과 씨줄이 있는 것과 같이 혹은 한 사람에 대해 이름과 자(字)가 있는 것과 같이, 애초에는 치우침·온전함 위에 다시 오상이 같은 하나의 자리가 있는 것은 아니다. 이제 저것이 본연이고 이것이 기질이라고 한다면 씨줄을 비단실이라고 부르고 날줄을 띠풀이라고 부르는 것이요, 이름을 부를 때는 귀한 사람이라고 하면서 자(字)를 부를 때는 노예라고 하는 것과 같다. 어찌 옳겠는가?

偏全, 形而下者, 偏全之性, 形而上者. 形而上者, 不得爲本然, 則夫子所言形上之道, 只說得氣質一邊耶? 故一箇性也, 自其分之不害於一, 而謂之同五常, 可也. 自其一之不外於分, 而謂之偏全之性, 亦可也. 雖其名言之間, 若有抑揚之勢, 而實如一幅布中, 或經或緯, 一人身上, 有名有字, 初非偏全之上, 更有同五常之一位也. 今曰彼爲本然, 而此爲氣質, 則是經稱布帛, 而緯可菅蒯, 名呼貴人, 而字曰皂隷也. 奚可哉?

본성이란 온전하지 않으면 치우치니, 참으로 온전하지도 않고 치우치지도 않은 본성이란 없다. 치우침과 온전함이 모두 본연이 아니라면 세상에는 자기의 본연지성을 본성으로 삼을 수 있는 것이 하나도 없을 것이다. 또한 본연지성은 영원히 허공에 매달린 헛것이 될 것이니 저 본성을 어디에 쓰겠는가? 이 때문에 어쩔 수 없이 질정하여 말하기를 "본연지성이 어찌 명덕(明德)에 갖추어진 것이겠는가?"(최숙고의 주장)라고 한다면, 이 도리는 참으로 일곱 성인[七聖]이 모두 길을 잃은 지경인 듯하다.[17] 바르게 통함을 귀하게 여기는 것은 그것이 본연의 바름을 얻었기

17 일곱…길을 잃은: 『장자』「서무귀(徐无鬼)」에 나오는 고사로 황제(黃帝)를 비롯

때문이다. 만약 치우쳐 막힌 것과 똑같이 취급해서 본연이 아니라고 한다면, 이는 마치 장(臧)과 곡(穀)이 양을 잃은 경우[18]와 같으니 어찌 바르게 통함을 충분히 귀히 여겼다고 하겠는가? 대개 나뉨이 없는 것을 하나로 삼는 것은 그 폐단이 반드시 여기에 이르게 되어, 각각의 바른 본성을 분수에 떨어트리고 형기를 접한 것으로 여김으로써 하나의 근원이라고 할 수 없다. 이것은 갑(甲)쪽의 논의와 차이가 없으니 이 또한 따르기 어렵다. 종합하여 말한다면 어찌 이치가 나뉘고 서로 떨어지는 폐단이 아니겠는가?

天下之性, 不全則偏, 固未有不全, 又不偏之性也. 偏全皆非本然, 則天下無一物能性其本然之性者, 而本然之性, 永爲懸空之虛位, 卽將安用彼性矣? 於是不得不質言之, 曰本然之性, 豈明德之所具也? (崔叔固說) 似此道理眞七聖皆迷之地. 所貴乎正通者, 以其得本然之正也. 若與偏塞者均之, 爲非其本然, 如臧穀之亡羊, 則何正通之足貴乎? 蓋以無分爲一, 其弊必至於此, 其以各正之性, 爲落分殊犯形器, 不足以爲一原, 與甲邊之議, 恐無異同, 玆又難從者也. 總而言之, 豈非理分相離之蔽耶?

치우침·온전함은 선(善)한 부분을 가리켜 말한 것이다. 선한 부분이란

한 일곱 성인이 대도(大道)를 찾으러 떠났다가 양성 들판에서 길을 잃고 헤매었다. 목마동자(牧馬童子)를 만나 천하를 다스리는 법을 얻어 듣고는 천사(天師)라고 절을 하고서 물러나왔다.

18 장과 곡이 양을 잃은 경우: 『장자』 「변무(駢拇)」편에 나오는 고사로 장(臧)은 책을 읽다가 양을 잃어버리고 곡(穀)은 놀음을 하다가 양을 잃어버렸다. 두 경우가 사정은 다르지만 양을 잃었다는 것에서는 동일하듯이 사람이 여러 가지 외물에 이끌려 본성을 잃어버린 것도 마찬가지라는 말이다.

구멍에 크고 작은 차이가 있을지라도 달빛이 그대로인 것과 같고, 대야에 네모지고 둥근 차이가 있을지라도 물의 본성에 거짓이 없는 것과 같다. 이것이 어찌 본연이 아니겠는가? 기질은 선악을 겸하여 말한 것이다. 선악을 겸한다는 것은 흙탕물에 탁하고 맑은 농도가 여러 층인 것과 같고, 창문 사이로 들어오는 달빛에 명암의 정도가 여러 층인 것과 같다. 치우침·온전함을 기질로 삼는다면 어찌 치우침과 온전함에 빠진 것이 아니겠는가? 기질지성에 대해 군자가 본성으로 여기지 않는다고 해서[19], 사람과 사물이 갖는 치우치고 온전한 본성에 대해서도 군자가 본성으로 여기지 않겠는가?

偏全指善一邊而言. 善一邊也者, 如孔隙雖有大小, 而月光自若, 盤盂雖有方圓, 而水性無恙. 若此者, 豈不是本然? 氣質是兼善惡而言. 兼善惡也者, 如和泥之水, 稠淸百層, 隔窓之月, 明暗多般, 以偏全爲氣質, 豈不低陷了偏全? 氣質之性, 君子有不性者焉, 人物偏全之性, 君子亦有不性焉者乎?

주자는 「서자융(徐子融)에게 답하는 편지」에서 “기질의 성은 다만 그 본성이 기질 가운데 떨어져 있기 때문에 기질에 따라서 절로 하나의 본성이 되고, 이것이 바로 주자(周子: 周敦頤)가 (「태극도설」에서) 말한, ‘각각 그 하나의 본성을 타고 난다[各一其性]’는 것이다”고 했다. 가만히

19 기질지성에…않는다: 『맹자』 「진심 하」에서 “입이 맛에 있어서와 눈이 색깔에 있어서와 귀가 음악에 있어서와 코가 냄새에 있어서와 사지(四肢)가 안일(安佚)에 있어서는 본성(本性)이나, 명(命)에 달려 있다. 그러므로 군자(君子)는 이것을 성(性)이라 이르지 않는다[君子不謂性也]”고 했다.

살펴보건대 '본성이 기 가운데 떨어져 저절로 하나의 본성이 된다는 것'은 분명 본성만을 이야기한 것이지 본성의 의미[性之義]를 말한 것이 아니다. 그렇다면 기질지성에 대한 바른 해석이기는 하겠으나 「태극도설」에서 '각각 그 하나의 본성을 타고 난다'는 구절에 해당한다고 하는 것은 올바른 뜻이 아닌 것 같다. 어쩌면 그 자체로 하나의 의미를 가지고 있어서 단장취의 할 수는 있을 것이다. 그러나 이 말에 의거해서 '각각 하나씩 갖는 본성[各一其性]'이 본연이 아니라고 여긴다면 옳지 않을 것이다. 주자는 또 "기질지성은 두 기가 교차하여 움직인 것이요 '하나의 근본이자 온갖 다름[一本而萬殊]'을 낳는 것이다"[20]고 했으니, 이 부분은 의심할 수 없다. 유행(流行)의 측면에서 댓구로 말하는 하단의 '기질지성' 네 글자는 비록 정이(程頤)와 장재(張載)의 본의와 같지 않을지라도 그 자체로 하나의 주장을 이루는 데는 지장이 없다. 서자융에게 답하는 본의도 이에 비겨 이해할 수 있다.

朱子答徐子融書曰, 氣質之性, 只是此性墮在氣質之中, 隨氣質而自爲一性. 正周子所謂各一其性者. 謹按性墮氣中, 自爲一性之云, 分明是纔說性, 不是性之義, 乃氣質之性之正釋, 而却以圖說各一其性當之, 恐非正義. 或自是一說, 斷文取義, 若執據此語以各一之性爲非本然, 則未知其可也. 朱子又曰, 氣質之性, 二氣交運, 而生一本之萬殊也. 此段却無可疑. 所謂流行邊說話雙關之下段, 幾質之性四字, 雖與程張本意不同, 不妨是自成一說. 答徐書之本意, 亦可以此傍照矣.

20 기질지성은…것이다: 『주자초석(朱子抄釋)』에 의하면 이 문장의 원문은 "氣質之性, 則二氣交運, 而生一本而萬殊者也."가 되어야 한다.

비난하는 이들은 이렇게 말한다. "강문(江門)에서 분수를 논하면서 기질에 따른 것에서부터 각각 가리킨다[自因氣各指]고 한 것에서부터 그 아래 여러 선생들의 논의가 혹 갈라져서 일치하지 않습니다. 이제 선생님께서 하나의 근원 가운데 이미 분수를 포함한다고 하시니, 이것은 '물이 더욱 깊다'는 것과 같습니다. 어떻게 이것으로 거꾸로 옛 논의를 의심하겠습니까? 죄가 많을 것 같습니다." 하나이면서도 나뉨이 없을 수 없고 다르면서도 하나됨을 방해하지 않는 것은 자연스러운 이치이다. 천명이 그치지 않고 성(誠)이 (만물을) 버려두지 않는 것도 내가 한 순간에 혀끝으로 바꿀 수 있는 것이 아니다. 어떤 한 항목에 대한 죄는 내가 감히 알 수 있는 것이 아니지만, 내가 망령되이 논한 내용이 옛 논의와 상반되는 정도는 그리 심하지 않을 것이다.

或有難之者曰, 江門論分殊, 自因氣各指, 以下諸先生之論, 猶或歧而不合. 今子乃言, 一原之中, 已涵分殊, 所謂如水益深, 何乃以是而反疑舊論哉? 其得罪也, 必多矣. 曰一而未嘗無分, 殊而不害於一者, 乃理之自然. 命之所以不息, 而誠之所以不遺, 非吾之一時頰舌所能移易也. 知罪一款, 非吾敢知, 若所妄論, 其於舊論, 乃相反非益深也.

예컨대 내 주장은 이치와 나뉨이 원융하여 본체와 쓰임이 근원을 같이하고, 드러난 것과 미세한 것에 사이가 없어, 같음 안에 다름이 있고 다름 안에 같음이 있어 같음과 다름에 대해 논의할 필요가 없다. 옛 논의에 의하면 이치와 나뉨의 사이가 벌어지고, 본체와 쓰임이 근본을 달리 하며, 드러난 것과 미세한 것에 사이가 있어서, 같은 것은 저대로 같고 다른 것은 저대로 달라 끝내 회통할 수 있는 기약이 없다. 각기 가리킴[各指]과 홑으로 가리킴[單指]이라는 하나의 화두에 의지해 겨우 그 층차를 배정하여 각기 가리킴[各指]과 홑으로 가리킴[單指]은 이런 이치가 없지는 않다지만 표피적인 말일 뿐이다. 이것은 주석가들의 이전 사람들이 해놓은 말들을 풀이하는 방식이다. 예컨대 천지지성은 이치로만 말한 것이요, 기질지성은 이치와 기질을 뒤섞어 말한 것이라는 말이 이런 사례에 해당한다. 만약 내면에서 한결같이 이 이치의 참된 본체를 붙드는 데 이르면 여러 학파에서 옛 일들을 논의하면서 같기도 하고, 다르기도 한 것이 반드시 저절로 이루어진 체단(體段)이 있을 터인데, 어찌 반드시 다른 사람이 가리키는 곳을 따라가며 내려다보거나 올려다보아야만 하겠는가? 참람한 논의가 여기에 이르면 더욱 죄를 피할 수 없을 것이다.

如吾之說, 則理分圓融, 所謂體用一原, 顯微無間者, 同中有異, 異中有同, 同異不須論也. 如舊論之意, 則理分隔斷, 乃是體用二本, 顯微有間, 同者自同, 異者自異, 終無會通之期矣. 賴各指單指一話頭, 僅得排定其層節, 各指單指, 非無此理, 亦是皮面說, 玆乃註釋家分疏前人見成說話之法, 如曰天地之性, 專以理言, 氣質之性, 理與氣雜而言之, 是也. 至若裏面一著此理之實體, 乃各家議論以前事, 其同其異, 必有天然自有之體段, 豈必隨人指頭而爲之低仰乎? 僭論至此, 尤無所逃罪也.

주자는 "이치와 기에 대해서는 이천이 말한 것이 좋다."[21]고 하였다. 어떤 이는 '이일분수란 기질로써 나뉨[分]을 말하는 것이 아닌가?'라고

21 「理氣 上·太極天地 上」, 『주자어류』(권1) vol.1, 2쪽.

한다. 내 생각에는 주자의 글에 기질을 나눔으로 여기는 곳도 있지만 (그 의미는) 다른 곳에 있다. 이 문단에서 말한 것과 『태극도설해』에서 분석한 것은 일관된 정론으로 변경할 수 없으니, 여기에서 말하는 '나눔[分]'이라는 글자는 이렇게 풀이할 수 없을 것 같다. 주자가 '분수(分殊)'라는 두 글자를 곧장 '기의 다름[氣異]'으로 여겼다면 '이일기이(理一氣異)'라고 모든 사람들이 말할 수 있을 것인데, 왜 '이천의 말이 좋다'고 했겠는가?

朱子曰, 理與氣, 伊川說得好. 曰理一分殊, 此非以氣言分耶? 曰朱子書謂氣爲分處亦有之. 而乃在別處. 若此段所言, 及圖解分之, 所以一定而不移, 此等分字, 恐不然矣. 朱子若將分殊二字, 直作氣異看, 則理一氣異, 人人皆能說得, 何以云伊川說得好?

하물며 이일기이(理一氣異)라고 말할 수야 있다지만 또한 좋은 말이 아니라고 하는 것은 어째서인가? 이치에 대해 이미 모든 일의 본령이라고 했다면 기질이란 어떤 사물이기에 저의 하나됨과 나의 다름[你一我殊]이 배치되는 것인가? 이 때문에 이일기이라고 말할 수야 있지만 또한 좋은 말은 아닌 것이다. 근세의 여러 선생들이 이치와 나눔을 쪼개어 벌려 놓고서는 대부분 저는 하나이고 나는 다르다[你一我殊]는 논의를 하고 있으니, 그 폐단은 기질이 이치의 명령을 듣지 않고 이치는 거꾸로 기질에게서 재단되니, '천명을 본성이라고 한다'는 것도 헛된 빈말이 될 뿐이다.

且況理一氣異, 縱然說得, 亦非好語, 何以故? 理旣云萬事本領, 氣是甚樣物事, 乃獨你一我殊背馳去, 玆故理一氣異, 縱然說得, 亦非好語. 近世諸先生, 坼開理分, 大抵皆你一我殊之論, 其蔽也, 氣無聽命於理, 理反取裁於氣, 天命之謂性, 徒虛語耳.

이천의 뜻은 그렇지 않다. 이치는 하나라는 데서만 그치는 것이 아니라, 그 가운데 세밀한 곡절들이 있다는 것이다. 이런 뿌리가 있으니 모든 변화하는 기가 어떻게 생겨나지 않겠는가? 그러므로 이 간단한 한 구절의 말이 이치와 기의 정상(情狀)과 맥락을 모두 포괄한다고 말할 수 있는 것이다. '(이천이) 말한 것이 좋다'는 뜻은 대개 이와 같을 것이다. 나뉨[分]이란 말은 이치는 참되지만 이름은 빈 것이어서, 단지 각각에 한정을 두어 서로 넘나들지 않음을 가리키는 것이지, 본래부터 이치의 이름인 것도 아니요, 또한 기의 이름인 것도 아니다. 그 하나에 담긴 것으로 말한다면 지극히 은미한 이치이지만, 각각에 한정되는 측면에서 말한다면 반드시 기가 지반이 되어야 한다. 그러므로 주자가 기를 '나뉨'의 측면에서 말한 곳이 있는 것이다. 『태극도설해』에서 '나뉨'이라는 개념이 가리키는 내용을 깊이 음미하면 스스로 알 수 있을 것이니, 여기에서 더 이상 말하지 않겠다.

乃伊川之意不然. 理不一了便休, 乃其中有纖悉委折. 有玆般樣根柢, 萬化之氣, 安得不生? 故玆簡寥一句語, 於理氣精狀脈絡, 可謂括盡矣. 說得好之意蓋如此. 分之爲言, 理實而名虛, 只是各有定限, 不相踰越之謂, 本非理之名, 亦非氣之稱也. 自其涵於一者而言之, 則固至微之理, 自其定於各者而言之, 則必須氣爲之地盤, 故朱子謂氣爲分處, 亦有之. 圖解分字所指, 深味之, 亦自可見, 玆不復言.

오상(五常)의 덕에 대해 사람과 사물이 같고 다르다는 주장들은 결국 어디에서 결정되어야 하는가? 선각자의 말에서 결정될 것이다. 도리의 미묘함은 반드시 마음에서 얻어야지, 사물의 조야한 형체나 자취를 언어와 견문으로 갑자기 가리켜 규정할 수 있는 것과 견주어서는 안 된다. 그러나 마음으로 얻은 도리 또한 언어를 내치고서 다른 곳에서 찾을 수는 없으니, 반드시 선각자가 이미 정한 논의에 나아가 사유하고 체험해야 한다. 경솔하게 자기의 견해를 세워서 옛 말을 몰아다 자신의 말을 따르도록 해서도 안 된다. 오랜 뒤에 마음이 편해지고 이치는 순조로워져 이치가 반드시 그런 줄을 믿은 뒤라야 참으로 마음에서 얻었다고 할 것이다.

五常之德, 人物同異, 畢竟惡乎定? 曰, 定於先覺之言, 蓋道理微妙, 必須得之於心, 不比名物形迹之粗, 可以言語聞見, 卒乍指定也. 然心得之道, 又不可徑舍言語而他求, 必就先覺已定之論, 思惟參驗, 勿輕立己見, 驅率前言以從之, 久而心安理順, 信其必然而後, 是眞心得也.

주자가 사람과 사물의 본성을 논의한 것은 참으로 많다. 사서(四書)의 주에서 설명한 내용을 보면 손수 써서 엄밀히 결정한 것으로, 손쉽게 틀릴 수 있는 기록이나 급하게 쓴 글에 견줄 수 있는 것이 아니다. 거기에서 사람과 사물의 오상을 말하는 세 곳이 있다. '사람과 사물이 태어남에 반드시 이치를 얻은 뒤에 건순인의예지의[健順仁義禮智] 본성이 있다'고 보는 것은 『대학혹문』이다. '사람과 사물이 태어남에 각기 부여받은 이치를 얻는 것을 건순오상(健順五常)의 덕이라고 여기는 것'은 『중용장구』다. 이 두 조목은 다 사람과 사물을 구분하지 않고 한 가지 방식으로 말했다. 조금이라도 문리에 통한 사람이라면 처음부터 분별하기 어렵지 않다. 또한 '얻어서 본성을 삼는다' '얻어서 덕을 삼는다'고 말했으니 이것은 모두 '본성을 이루는 것[成性]' 이하에 속하고, '선(善)을 잇는 것[繼善]' 이상의 일이 아니다. 그러므로 주자의 뜻은 사람과 사물의 본성은 이 오상을 똑같이 가진다고 여긴 것이 분명하다. 어찌 다시 다른 말을 하겠는가?

朱子之論人物性, 固多矣. 其見於四子註說者, 則手筆稱停, 非記錄易訛書疏倉卒之比. 其言人物五常, 凡有三處, 曰人物之生, 必得是理, 然後有以爲健順仁義禮智之性者, 大學或問也. 人物之生, 各得其所賦之理, 以爲健順五常之德者, 中庸章句也. 此二條, 皆不區分人物, 一例說去. 粗通文理者, 初不難辨. 且得以爲性, 得以爲德之云, 皆屬成性以下, 而非繼善以上事, 則朱子之意, 明以人物之性, 爲同此五常矣. 豈復有他說哉?

유독 『맹자』의 "타고난 것을 본성이라 한다[生之謂性]"는 구절의 집주에서 '이치로써 말한다면 순수한 인의예지이니, 어찌 사물이 온전하게 얻겠는가?'라고 했으니, 이것은 사람과 사물을 구분한 것이다. 그러나 단지 '사물이 어찌 온전하게 얻었겠는가?'라고만 하고, '사물이 더불지 못했다'고 말하지는 않았으니, 이것도 사람과 사물이 오상을 함께 갖는다는 말이다. 생각건대 옛 사람이 말을 만들어 사물을 명명하는 데는 각각 본뜻이 있었다. 인의예지라는 네 글자의 본뜻은 분명 '사람'으로 말미암아 명명한 것이다. 예를 들어 "사람의 도를 세웠으니 그것을 인의라고 한다.", "인(仁)이란 사람이다.", "인(仁)이란 사람의 마음이고 의란 사람의 길이다." 등과 같은 구절에서 '사람[人]'이란 글자를 '만물(萬物)'을 대신하게 하면 (뜻이) 부합하지 않는다. 여기에서 네 글자의 본뜻이 '사람'에게서 말미암았다는 것을 알 수 있다.

獨於孟子生之謂性章集註, 以理言之, 則仁義禮智之粹然者, 豈物之所得以全哉? 此爲區分人物處, 然而只曰, 物豈得全? 不言物莫得與, 則此亦人物同五常之說也. 竊嘗思之, 古人之創語命物, 各有本旨. 仁義禮智四字本旨, 分明是因人而名. 如立人之道曰仁與義, 仁也者人也, 仁人心也, 義人路也, 此等人字, 若代以萬物字, 則便不襯貼. 此可見四字本旨, 因人而名也.

(『주역』의) 건(乾)괘 문언전, 무망(无妄)괘 대상전, 『중용』「진성(盡性)」장에서 모두 '사물과 내가 하나의 이치'라는 뜻을 볼 수 있다. 사물의 본성에 대해서 넷으로 쪼개어 분명하게 말한 적이 없는 것도 이 이치가 없다는 말이 아니다. 사람에 대해서는 상세히 말하고 사물에 대해서는 대략 말하느라 그렇게 나뉜 것일 뿐이다. 『태극도설』에서 '음양과 오행이 오묘히 합한다'는 부분에서 처음으로 그 단서를 조금씩 발명했고, 정자(程子)의 '홀로 있는 것은 없고 (반드시) 짝이 있다'는 말과 소강절의 '네 가지로 사물을 관찰하는 법'에 이르러서 숨겨져 있던 것들이 마침내 드러났다. 그리고 주자에 이르러 비로소 오상으로써 분명히 말했다. 주자가 이러한 주장을 하는 것이 어찌 새로운 논의를 만들어 사람의 도리를 다른 종류의 사물과 같게 만들기를 좋아해서이겠는가?

若乾卦文言, 无妄大象, 中庸盡性一章, 皆可見物我一理之意. 而猶於物性, 未嘗四破立說, 非謂無此理也. 詳人略物, 其分固爾. 至圖說二五妙合一段, 始微發其端, 及乎程子無獨有對之語, 康節四片觀物之法, 而窩藏畢露矣. 至朱夫子, 始以五常明言之. 朱子之爲此說, 豈喜爲創新之論, 以同人道於庶類哉?

성현의 눈에 뚜렷이 보이는 하나의 도리는 고금과 상하를 포괄하니, 이러한 이치 밖에 다른 이치가 없기 때문이다. 천지 사이에서 도망갈 곳이 없기에 '어진 사람은 보고서 인(仁)이라 하고 지혜로운 이는 보고서 앎이라고 하는 것'들이 모두 이러한 것이다. 그래서 다만 옛 성현으로부터 사람의 본성에 대한 적확한 글자를 넷으로 쪼개었고, 이것으로 만물을 하나로 관통시키면서도 의심스럽다고 여기지 않았던 것이다. 비록 그렇다고 할지라도 하나이면서 나뉨이 없는 것은 내가 하나라고 말하는 것이 아니다. 그러므로 『중용혹문』과 『대학혹문』에서 '새·짐승·풀·나무 등이 생겨나면서 겨우 형기(形氣)의 치우침을 얻었으나 온전한 본체를 관통하지 못한다. 저들이 천한 사물이 된 것은 치우치고 막힌 형기에 묶여 본체의 온전함을 채우지 못했기 때문이다'고 했다. 이것은 사람과 사물의 본성이 비록 하나의 이치를 같이할지라도 이치 안의 나뉨과 한계가 없을 수 없음을 말한 것이다.

蓋聖賢眼中, 的見一箇道理, 互古互今, 直上直下, 此理之外, 更無他理. 無所逃於天地之間, 仁者見之謂之仁, 知者見之謂之知, 都是此箇物事, 是以直以從上聖賢. 四破人性的字, 一萬物而貫之, 不以爲嫌也. 雖然, 一而無分, 非吾所謂一也. 故庸學或問, 卽言鳥獸草木之生, 僅得形氣之偏, 而不能有以通貫乎全體. 彼賤而爲物者, 梏於形氣之偏塞, 而無以充其本體之全. 此言人物之性, 雖同此一理, 而理中之分限不能無也.

기란 이치를 싣는 것이므로 형기를 떠나서 말할 수 없다. 그러나 나누기도 하고 또 하나로 합치기도 하니 여기에서 나뉨이 없을 수 없다는 것을 알 수 있다. 위아래의 글 뜻을 합쳐서 보면 '타고난 것을 본성이라 한다'는 장의 집주와 다른 뜻이 있는 것은 아니다. 이것은 처음과 끝을 분명하게 갖추었으니, 어떻게 논파할 수 있겠는가? 후세의 독자들이 각각 위아래의 일부분을 점유하고서 올렸다 내렸다를 반복하고 있으니 것이 어찌 주자가 예상이나 했을 일이겠는가? 이로써 사물과 내가 모두 오상을 갖고 있음은 이치의 하나됨이요, 오상에 치우침과 온전함이 있는 것이 하나 속의 나뉨인 줄을 알 수 있다. 전체를 총괄하는 하나의 극(極)으로부터 이치와 나뉨이 원융하여 사이가 없으므로, 만물에서 본성을 이루는 것도 또한 이와 같다. 이런 까닭에 선각자들이 본성을 논의할 때 '이치가 같다'고 말하는 사람이 있는가 하면 '이치가 다르다'고 말하는 사람도 있지만, 서로의 주장이 괴리되는 것은 아니라, 주안점을 두어 말하는 것이 다른 것이다. 어째서 이와 같이 주안점을 두는 곳이 다르게 되었을까? 보편적인 공평함으로써 그 신묘함을 논하는 것은 도출(挑出)해서 말한 것이요, 참되고 적확한 것으로서 본체를 가리킨 것은 기질에 나아가 밝힌 것이다. 꺼내면 이치가 본래 하나이므로 이일(理一)을 위주로 하면서도 온갖 다름을 그 안에 포함한다. 기에 나아가면 기가 이미 나뉘었으므로 분수(分殊)를 위주로 하면서도 이일을 그 사이에 보존하고 있다. 말이 두 가지라고 해서 어찌 본성에 여러 층위가 있겠는가? 여러 사람들은 선각자가 본성을 논의한 곳에 대해 상세하게 배워 관통하지 못했을 뿐만 아니라 이치와 나뉨이 하나의 실체라는 것에 대해서도 착안하지 못함으로써 이치와 기가 서로를 질시하고, 같음과 다름이 서로 다툼을 벌이게 되었다. 그래서 다르다고 주장하는 이는 홀로 오상(五常)을 차지하려는 것이요, 같다고 말하는 이는 치우침과 온전함을 아래로 내려다보려는 것이니, 작은 차이가 천 리나 되는 큰 잘못을 만든다는 말을 어찌 믿지 않겠는가!

氣所以承載此理, 故雖不離形氣而言, 分而一之, 未嘗無分, 於此因可見矣. 合此上下文義而觀之, 其與生之謂性章集註, 亦非有異義也. 此其首末明備, 豈不攧撲不破乎? 後世讀者, 各占上下一半, 就生軒輊, 豈朱子之所能預料哉? 是知物我均五常者, 理之一也. 五常有偏全者, 一中之分也. 蓋自統體一極, 理分圓融而無間, 故其成性於萬物者, 又如此. 是故先覺論性, 有言理同者, 有言理不同者, 非相戾也. 所主而言之者, 不同. 曷爲有此所主之不同? 共公以論其妙, 則挑出而言之. 眞的以指其體, 則卽氣而明之. 挑出, 則理本一, 故理一爲主, 而萬殊涵於其中. 卽氣, 則氣已分, 故分殊爲主, 而理一存乎其間. 自是話有兩般, 何曾性有多層? 諸家於先覺論性處, 非不講貫詳密, 而特緣理分一體處, 未甚著眼, 以致理氣相妬, 同異相攘, 說異則欲獨擅五常, 說同則乃低視偏全, 差之毫釐, 謬以千里, 豈不信哉?

하나의 이치가 있으면 다섯의 이치가 있다. 그러므로 하나의 기가 있으면 다섯의 기가 있는 것이다. 하나는 총괄함을 말하고 다섯이란 그 내용을 말하니, 과거에 하나였다가 지금은 다섯이라는 말이 아니다. 하나는 있는데 다섯이 없다면 이것은 사지 및 여러 기관들이 없는데 사람은 있다는 말과 같다. 홀로 오상(五常)을 차지하려는 것이 가능한 일이겠는가? 하나로써 다섯을 견줘 보면 다섯은 똑같이 하나이지만 다섯으로 서로를 견줘 보면 나뉨은 여기에 보존된다. 비록 무수하게 흩어져 달라질지라도 모두 본래의 나뉨의 일이니, 치우침과 온전함을 내려다보려고 하는 것이 가능한 일이겠는가? 한 권의 『역』이 바로 이 이치를 그려내었으니, 세상에 어찌 멍한 한 덩어리가 조화의 지도리와 밑둥이 될 수 있겠는가?

有一理便有五理, 故有一氣便有五氣. 一言乎其總也, 五言乎其蘊也. 非昔一今五之謂也. 有一而無五, 則無四支百體, 而有人之說也. 欲獨擅五常, 可乎? 以一視五, 五者同一. 以五相視, 分於是存. 雖散殊之無窮, 皆本分中事, 欲低視偏全, 可乎? 一部易, 正是畫出此理, 世豈有顢奀一塊可以樞紐造化根柢品彙者乎?

어떤 이는 "살피건대 그대가 말대로라면 분수도 이일 안의 일이다. 『대학혹문』과 『중용혹문』에서 '사물의 본성이 치우쳤다'고 말했던 것이 어찌 반드시 형기(形氣)로써 말한 것이겠는가?"라고 한다. 이것은 근래의 논의가 생겨난 원인으로 또한 본문에 대해 자세하게 살피지 못한 것이다. 도(道)란 형이상의 것이지만 성인은 형기를 떠나 (도를) 말하지 않았다. 『혹문』의 뜻도 이와 같을 뿐이다. 그러므로 음양오행설을 따라서 말하면서 그 벼리가 되는 이치가 똑같음을 말했고, 이어서 음양오행의 치우침·온전함으로써 조건이 같지 않음을 말한 것이다. 같은 때의 일이지만 앞과 뒤로 말한 것인데 무슨 의심할 부분이 있겠는가?

어떤 이는 다시 "본체이면서도 채울 수 없다[無以充]고 하니, 본체란 본성의 범주[性分]인가? '무이충(無以充)'이란 세 글자에 이르러서 비로소 본성의 범주가 되는 것인가? 온전한 본체이면서도 '관통하지 못한다[不能通貫]'고 하니, 온전한 본체란 본성의 범주인가? '불능통관(不能通貫)'이란 네 글자에 이르러 비로소 본성의 범주가 되는 것인가? 아니면 강문(江門)을 따라 온전한 본체를 사람의 온전한 본체로 여겨야 하는가?(수암은 "사물은 겨우 형기의 치우친 부분을 얻었으므로[僅得形氣之一偏] 사람의 온전한 덕을 관통할 수 없다."고 했다.) '겨우 얻었다[僅得]'고 할 때의 '겨우[僅]'라는 말과 '형기에 묶인다[梏於形氣]'고 할 때의 '묶임[梏]'이라는 말에서 이치가 기에 구애되어 본래의 나뉨을 잃어버린다는 뜻을 볼 수 있다. 그런데 이제 사물의 치우친 본성조차 본래의 나뉨[本分]이라고 말하는 것은 무엇 때문인가?"라고 물었다. 이 또한 이미 지나온 길이다. 본체(本體)와 전체(全體)는 곧 본성의 범주에 속하는 이일(理一)에 해당하는 곳이다. 확충하지 못하고 관통하지 못하는 것은 본성의 범주에 있는 분수(分殊)에 해당하는 곳이다. 두 가지는 일의 이치는 있으며 함께 있는 것이니, 반드시 둘로 나누어서 논의하려는 것은 잘못이다.

曰, 審如子言分殊, 亦理一中事矣. 庸學或問, 言物性之偏, 何故必以形氣言之耶? 曰, 此近世議論之所由興, 亦恐於本文看得, 欠消詳也. 道是形而上者, 聖人不離形氣而言之, 或問之意, 亦如是而已. 故旣從陰陽五行說來, 言其綱理之一般, 繼以陰陽五行之偏全, 言其條件之不同, 一時事而先後言之, 有何可疑之端乎? 曰本體而云無以充, 本體爲性分耶? 至無以充三字, 始爲性分耶? 全體而云不能通貫, 全體爲性分耶? 至不能通貫四字, 始爲性分耶? 抑當從江門以全體爲人之全體耶?(遂菴曰, 物則僅得形氣之一偏, 故不能有以貫通乎人之全德.) 又僅得之僅字, 梏於形氣之梏字, 皆可見理拘於氣, 失其本分之義, 而今乃以物性之偏, 亦謂之本分何也? 曰此亦已踏之蹊也. 本體全體, 卽其性分中理一處也. 無以充不能貫者, 卽其性分中分殊處也. 兩項事理, 有則俱有, 今必欲二而論之謬矣.

또한 온전한 본체라고 하는 것은 한 태극의 본연이자 만물의 한 근원이니, 애초에 사물과 나 중에서 어느 하나가 사사로이 얻을 수 있는 것이 아니요, 사물과 내가 공유하는 것이다. 사람의 온전한 본체를 사물이 관통할 수 없다고 한다면, 또한 도끼자루를 깎으면서 곁눈질을 해야 하는 수고로움이 있지 않겠는가? '겨우'라거나 '묶임'이라는 것은 같음을 위주로 하면서 다름을 말한 것이니, 그 뉘앙스에 손님과 주인의 나뉨이 있는 것은 어쩔 수 없이 그런 것일 뿐이다. 만약 이것을 본래의 나뉨을 잃은 것이라고 여긴다면 이것은 나뉨이 없는 하나일 뿐이니, 어찌 이치라 하겠는가?

且所謂全體者, 乃一太極之本然, 而萬物之一原也, 初非物與我之所得私, 而亦未嘗非物與我之所共有也. 若必曰人之全體, 物不能通貫, 則無亦有伐柯睨視之勞乎? 曰僅曰梏, 蓋方主於同, 而說其異, 語勢賓主之分, 不得不爾, 若以此爲失其本分, 則是無分之一, 豈理也哉?

"이치로 말한다면 만물이 하나의 근원을 가지고, 사람과 사물·귀함과 천함의 다름이 없다."[22] 이 구절은 도출(挑出)해서 그 신묘함을 말한 것으로 이일(理一)을 위주로 하였다. "기로 말한다면 올바르고 통한 것을 얻으면 사람이 되고, 치우치고 막힌 것을 얻으면 사물이 된다."[23] 이 구절은 '기에 나아가[卽氣]' 그 실질을 가리킨 것으로 분수(分殊)를 위주로 하였다. 그렇다면 기에서 말한다고 하지만 그것이 가리키는 것은 이치의 치우침과 온전함에 있는 것이다. 이전의 유자들 가운데 이치 한 쪽[理一

22 이치로…없다: 「대학혹문」, 『주자전서』 vol.6, 507쪽.
23 기로…된다: 같은 책, 같은 곳.

邊만을 위주로 했던 이들은 사람과 사물을 변론할 때에 오직 기에만 주의를 기울였다.(그대들의 논의가 다 그렇다.) 기를 말하면서 이치를 위주로 하지 않는다면 올바름·통함·치우침·막힘 등이 모두 하나의 빈껍데기에 불과할 것이니, 어찌 사람과 사물의 귀함과 천함을 논하기에 충분하겠는가?

以理言之, 則萬物一原, 固無人物貴賤之殊. 此一節所謂挑出以言其妙, 理一爲主者也. 以氣言之, 則得其正且通者爲人, 得其偏且塞者爲物. 此一節所謂卽氣以指其實, 分殊爲主者也. 然則所言乎氣者, 乃所指則在乎理之偏全也. 先儒之主理一邊者, 乃謂人物之辨, 專在於氣.(識公之論皆然) 夫言氣而不以理爲主, 則所言正通偏塞者, 皆不過一箇空殼, 何足以爲人物之貴賤乎?

마음을 논하는 것도 그러하다. 마음이 비록 기의 범주[氣分]에 속하는 것일지라도 안에 갖추고 있는 것은 본성이다. 마음이 본성을 갖추고 있으므로 나의 마음과 성인의 마음이 같다. 마음이 본성을 다 발휘하지 못하면 나의 마음과 성인의 마음은 다르다. 마음이 같고 다름은 그 중점은 모두 본성에 달렸다. 마음의 전체적 규모가 같을지라도 작용이 다른 것은 품부 받은 기의 좋고 나쁨이 그 사이에서 작용하는 것과 관련된다. 그러나 성인은 여기에서 늘 그 같음을 위주로 하여 그 다름을 물리치면서 기품을 크게 여기지 않는다. 그래서 "비록 어리석을지라도 반드시 밝아지고, 유약하더라도 강해진다"고 하고, "광간한 이도 생각하면 능히 성인이 될 수 있다"고 하는 것이다. 남당(南塘)은 그 같은 점을 망각하고 그 다른 점을 주장하면서 성인과 범인이 마음이 다르다는 말로 법문을 삼았으니, 또한 성인의 뜻과 모순된다. 남당과 변론한 사람들도 중점이 어디에 있지는 지를 말하지 못하고, 구구하게 그 광명(光明)의 분수를 비교하면서 여기에 근거하여 성인과 범인의 마음이 같다고 여기니, 아픈 곳을 제대로 짚어내지 못한 것이다. 어떤 이는 "천지의 신묘한 작용과 양능(良能)이 사람에게 내려와 마음이 되는 것이지, 사람이 태어나 기질이 결정된 뒤에 비로소 모여 마음이 되는 것은 아니다"고 생각하는데(역천(櫟泉: 宋明欽)의 말이다) 더욱 사실과 거리가 멀다. 마음이 본래 선하다는 주장은 "맑고 순수한 기의 근본"이라거나 "희노애락이 발동하지 않은 것에 대해 어찌 선하지 않다고 단정하겠는가?"는 등의 말로 보면 진실하고 정확하다 할 것이다. 다만 남당이 선악의 종자를 미발의 때에 감춰두고 이것을 이미 발동한 뒤의 근본으로 삼으려 하는 것은 또한 어떻게 할 수 없는 노릇이다.

論心亦然, 心雖氣分事, 而乃所具則性也. 心具性, 吾之心與聖人之心同. 心不能盡性, 吾之心與聖人之心異. 其同其異, 皆所重在性也. 夫其體段則同, 而作用則異者, 固緣氣稟之美惡, 用事於其間, 然聖人之於此, 常主其同者, 絀其異者, 不把氣稟作大事看. 故曰, 雖愚必明, 雖柔必强. 曰惟狂克念作聖. 南塘乃忘却其同者, 主張其異者, 以聖凡異心說爲法門, 其亦予盾於聖人之意矣. 與南塘辨者, 亦不言其所重之有在, 區區較其光明之分數, 欲以此爲同聖凡之心, 未爲劄著痛處, 而又或以爲天地之妙用良能, 降於人而爲心, 非人生氣質一定之後, 始聚而爲心者, (櫟泉說) 尤迂遠矣. 至若心本善之說, 以湛一氣之本, 喜怒哀樂未發, 何嘗不善等語斷之? 便自眞的. 但南塘必欲藏淑慝種子於未發, 以爲發後之根柢, 則亦未如之何矣.

세상에는 두 개의 종자가 있을 수 없다. 비록 악할지라도 그 뿌리는 선한 것에서 나왔다. 예컨대 동일한 이삭 사이에도 쭉정이나 절반만 여문 곡식이 있다고 해서 어떻게 별도의 종자가 있어서 그러는 것이겠는가? 품부된 기질의 좋고 나쁨은 파종하는 땅의 힘이 다르기 때문이다. 땅의 힘이 종자에 부합하지 않으면 바로 자라지 못하는 경우는 있을 수 있지만, 종자는 원래의 그 종자이므로 단지 미발을 중(中)이라고 하는 것이요, 중이란 바로 지극한 선이다. 이제 아직 발생하지 않았을 적에 선과 악의 종자가 있다고 말하면서 다시 '아직 발생하지 않았을 적의 중을 말하는 것이 아니다'고 하니 그렇다면 두 개의 미발이 있다는 것인가? '기질의 성이란 태어나면서부터 갖추고 태어나는 것이지 때에 따라 있기도 하고 없기도 하는 것이 아니다'는 주장(수암(遂菴)의 말)에 대해서는 전체적으로는 그렇지 않다고 할 수 없다. 그렇지만 본연(本然)에 대해서 그것을 어디에서 찾아야 하는가? 단지 기질이 법도를 따라 어지럽지 않은 곳일 뿐이다. 그렇다면 중인의 기질은 좋지 못함은 어둡지 않아도 어지럽고, 맑은 미발의 때가 없다는 데서 알 수 있다. 참으로 미발이라면 기질이 우연히 법도를 따르는 것이라고 하더라도 본연이 아니고 무엇이겠는가? 이미 본연이라고 했으면서 다시 좋지 못한 종자가 한쪽에 엎드려 있다고 한다면 세상에서는 끝내 큰 근본이 사라질 것이다.

天下不容有兩種子, 雖慝, 亦根於淑而生者也. 如一穗之間得虛秕半粟者, 豈別有種子而然歟? 氣稟之美惡, 下種之土力, 有不齊也. 土力之所湊合種子, 固有不得直遂者, 而種子却是元初種子, 故只未發謂之中, 中便是至善. 今云未發有淑慝種子, 而復云非未發之中之謂, 則是有雙未發耶? 氣質之性與生俱生, 非可隨時有無者.(遂菴說) 汎論之不可謂不然矣. 第未知所謂本然者, 於何見得? 只氣質之循軌不亂處是也. 然則衆人氣質不美, 正當於不昏則亂, 無澄然未發時見之, 苟未發矣, 則是乃氣質之偶然循軌者也. 非本然而何哉? 旣本然矣, 而復有不美之種子, 伏在一邊, 則天下終無大本矣.

이상의 내용은 호락(湖洛)의 여러 학자들의 논의로 이해할 수 없는 것들이 상당부분 있다. 나는 늘 고루함이 심해서 거기서 벗어날 수 없는 것을 스스로 한탄했었다. 병이 든 와중에 피서를 하는 김에 의심나는 것들을 대략 적어보았다. 이것은 헤아리고 살피면서 부족한 부분을 찾으려는 것이지 겨우 한 가지 주장을 얻었다고 해서 죽을 때까지 고치지 않겠다는 것이 아니다. 또한 감히 지금의 전문가들과 시비를 다투려는 것도 아니다. 이 밖에도 오히려 의심할 만한 것들이 많지만 마음이 거기에까지 미칠 수 없었다. 진실로 뜻을 같이 하는 이들이 있다면 그들과 함께 집에서 서로 의논하여 확정하기를 사양하지 않겠다. 찢긴 종이 가운데서 녹문(鹿門) 임씨(任氏: 任聖周)의 의론 한 단락을 얻었는데, (그것에 의하면) "진실로 다름을 말하면 본성이 다를 뿐만 아니라 천명도 다르며, 진실로 같음을 말하면 본성이 같을 뿐만 아니라 도리 역시 같다"고 했다. 이 말은 언뜻 겉만 보아서는 사슴 주변의 노루나 노루 주변의 사슴과 같지만, 실제로는 도리의 근원을 빠짐없이 설명했다. 말하였다. 이천(伊川: 程頤)의 이일분수 네 글자가 이 선생에 의지하여 한 맥이 동방에 떨어진 것이 아니겠는가? 그의 전서(全書)를 얻어서 참고하지 못하는 것이 한스럽다.

右湖洛諸賢之論, 多有不可曉者, 每自恨其蔽痼之甚而莫之解也. 病中納涼, 略草所疑, 蓋備考閱以求闕, 非欲纔得一說, 終身不改也. 又非敢與當世專門爭是非也. 此外尙有不勝其可疑者, 而心力有所不能及焉. 苟有同志者, 不辭與之屋下商確云. 碎紙中得鹿門任氏一段議論, 苟言異, 則非但性異, 命亦異也. 苟言同, 則非但性同, 道亦同也. 此言驟看外面, 殆若鹿邊者獐, 獐邊者鹿, 而其實說得道理原頭, 無有滲漏. 伊川理一分殊四字, 賴此公, 而一脈不墜於東方歟. 恨不得其全書而考閱也.

『월고선생문집』

부정척사를 논하다 扶正斥邪論

논하여 말하기를, 우리나라가 송(宋) 나라 조정에서 소중화(小中華)라고 불린 것이 이미 주자보다 이른 시기였다. 주자학이 우리나라로 온 이래로 육경의 깊은 뜻과 많은 선생들의 복잡한 뜻에 대해 밝게 해석하고 매우 자세하게 밝혀내었다. 공자 학문의 근원을 터주고, 주돈이(周敦頤)와 이정(二程)의 자물쇠를 열어주면서, 한 구절의 뜻과 한 글자의 뜻을 거치지 않음이 없었다. 주자가 헤아려서 열어놓자 모든 성현의 도통은 태양이 하늘 가운데 뜨듯이 천년을 두고 마음으로 전한 진리로, 가을 달이 연못을 비추듯 하였다. 후학들이 공부를 시작하는 처음에 문지방을 밟고 문을 통해 안으로 들어가니, 그 길의 평평하기가 숫돌과 같았고, 그 길의 곧기가 화살과 같았다. 이것이 옛날과 지금의 모든 사람이 마땅히 가야할 바른 길이다. 아, 도가·불가·양주·묵적은 고대에 남겨진 흙먼지로 맹자와 주자의 비판을 받았다. 무릇 선비라면 우리의 도를 따르고 우리의 학문을 배워야지, 어찌 도를 굽혀 다른 의심스러운 길을 좇겠는가? 전에 말했던 것처럼 주자보다 뒤에 태어나 주자의 끝없는 은혜를 받은 것으로는 우리나라가 더욱 두드러졌으니, 오성(五星)의 태평성대를 되돌리고, 규성(奎星)과 같은 찬란한 송나라 시대를 맞이하여 참다운 유자들이 번갈아 일어나 잃어버린 도통의 바른 맥을 회복하였으니, 맹자가 말한 '한 번 다스려진 시대'였다. 영남(嶺南)에 이르면 문묘에 오른 열여덟 선현들의 반 이상이 큰 산처럼 내려오니, 이 산맥을 한번 살피건대 더욱 나라의 밝은 빛이어서 '공자와 맹자의 고향'이라는 호칭에 부끄러움이 없다. 그런데 대체 왜 요즘에 짐승의 발자취가 온 나라를 가로지르며 삿된 말이 서쪽에서 생겨나 점점 확대되어 『역』의 점(漸)괘를 생각나게 하는가? 치세의 운수가 이미 극에 달하여 무너지는 것인지도 모르겠다. 오호라, 이것은 어떤 도라 이름붙여야 하는가? 이것은 참으로 맹자와 주자가 물리친 뒤에 생겨난 것들로 맹수나 홍수보다 심한 것이다. 위대한 우리 성상(聖上)께서는 요임금과 순임금처럼 명철하시어 임금과 군대의 자리를 책임지고, 전학(典學)의 처음과 끝을 생각하고, 처음으로 좌도(左道)가 진리를 어지럽히는 것을 걱정하시어, 바름을 돕고 삿됨을 물리치는 가르침을 밝혀, 다시 치세의 운수를 회복하기를 바라 묘당(廟堂)으로 하여금 방백(方伯)을 꾸미게 하고 방백으로 하여금 주현(州縣)을 가르치게 하여, 선비의 풍모를 크게 떨쳐 일으키고 유교의 교화를 두터이 일으켰다. 그러자 사방에서 감동하였으니, 이것이 추로(鄒魯)의 산맥이 옛 선현들이 남긴 가장 깊은 교화의 업적을 새롭게 씻어내었다. 그들이 향기를 퍼뜨리고 바람을 일으켜 티끌 속에 노닐었던 뜻이 어떠했겠는가? 그대와 내가 옷깃을 여미고 패옥을 차고서 학교에 나가 예법을 배우고 학문을 익힌 것이 한 달에 두 차례였다. 배우는 것은 구경(九經)이고, 지은 것이 팔체(八體)였으니, 이들은 오로지 바름을 돕고 삿됨을 물리치기 위해 만들어진 것이다. 어떤 이는 "삿된 학설이 시끄럽게 일어나 불길하게 울어대는데 느긋하게 구경(九經)의 찌꺼기를 익히는 것은 간척(干戚)의 춤으로 평성(平城)의 포위를 풀어버리는 것에 가깝지는 않을 것이다"라고 한다. 그러나 그렇지 않다. 양기가 자라면 음기는 사라진다. 위대한 『역』에서 그러한 상(象)을 보였고 맹자와 주자가 물리쳤으니, 어찌 방패·창·솥·가마 등을 사용하였겠는가? 혼탁함을 다스리는 데는 본원을 맑게 하는 것보다 앞서는 것이 없고, 병을 다스리는 데는 원기를 보충하는 것보다 앞서는 것이 없다. 오늘날 삿됨을 배척하는 방법 중에 어느 것이 구경을 익히는 것보다 앞서겠는가? 이것이 본원을 맑게 하고 원기를 보충하는 방법이다. (바름을) 부지하고 (삿됨을) 배척하는 것이 여기에 달려 있을 것이다. 여기에 달려 있을 것이다.

論曰, 吾東以小中華見稱於宋朝者, 已在朱子之前, 而自朱子之學東來, 六經蘊奧之旨, 百子糾紛之義, 訓解昭晳, 發揮詳備, 濬洙泗之源, 啓濂洛之鍵, 一句之旨 , 一字之義, 未有不經. 朱子勘破, 而群聖之道統, 太陽中天, 千載之心法, 秋月照潭, 後學發軔之初, 踐閫域入門戶, 坦然一路, 平如砥直如矢者, 此是亘古今千萬人當行之正道也. 噫! 老佛楊墨, 猶是上世遺塵, 已經孟子之所闢, 朱子之所排, 則凡爲士者, 道吾道學吾學, 夫豈有枉覓他岐之惑哉! 前修所云幸生朱子之後, 受朱子之罔極之恩資, 吾東尤然, 回珠囊之漢運, 迓奎華之宋祚, 醇儒代作, 正脈迭傳, 孟子所謂一治之世也. 至於嶺南, 則躋聖廡十八之先正, 强半嶽降, 於此嶺之一省, 尤爲國之耿光, 鄒魯之稱, 實無媿焉. 夫何近日蹄跡交國, 邪說自西而生, 駸駸有思易之漸也. 抑未知一治之運, 已至於極而就圮耶. 嗚呼! 是蓋何名之道也. 實是孟闢朱排後創出者, 而殆有甚於猛獸洪水者也. 洪惟我聖上, 堯明舜哲, 責任君師, 念典學之終始, 憂左道之亂, 眞渙發扶正斥邪之敎, 思復一治之運, 而使廟堂飭方伯, 使方伯諭州縣, 以之不振士風篤興儒化, 八域爲之聳動, 矧玆鄒魯之嶺, 沐前賢遺化最深者, 其鼓芳風扇遊塵之志氣, 尤當如何哉. 子襟我珮, 佀塾佀庠, 習禮講學, 一月兩度, 而所講者九經也, 所製者八體也, 專爲扶正斥邪而設也. 或曰邪說之喧豗方鴟, 而徐講九經之糟粕, 不其近於干戚之舞解平城之圍哉. 曰不然, 陽長則陰消, 大易示象, 孟闢朱排, 曷嘗用干戈鼎鑊哉. 治濁者, 莫先於澄本源, 醫病者, 莫先於補元氣, 然則今日斥邪之術, 孰先於講九經哉. 是乃澄本源補元氣之法也. 扶之斥之者, 其在斯歟! 其在斯歟!

『월파집(月波集)』

「외필」에 대해 서로 묻고 설명하다 猥筆相質說[24]

손님의 물음: 세상에는 율곡(栗谷)이 주기(主氣)를 주장했다고 하는 경우들이 있는데 믿을 만합니까?

대답: 아니다. 그렇지 않다. 율곡은 주리(主理)설이다.

客有問者曰, 世或有栗谷主氣爲言, 信乎. 曰否. 不然. 栗翁主理.

물음: 주리설이라면 노사(蘆沙)는 왜 『외필』을 지었을까요?

대답: 세상 사람들이 '그 기틀이 스스로 그러하여 시키는 것이 있지 않다[其機自爾非有使之者]'라는 말을 잘못 보아서 마침내 주기로써 말하는 것이다. 이 때문에 『외필』을 저술하여 후학들의 잘못된 견해의 폐단을 구제하였다.

曰主理, 則蘆翁何爲著猥筆耶. 鄭曰世人錯看其機自爾非有使之者之說, 遂以主氣爲言, 故著述此筆, 以救後學誤見之弊.

물음: 노사의 『외필』과 율곡의 본뜻이 상반되는 것은 왜입니까?

대답: 노사가 말한 내용은 본래 율곡의 뜻과 같다. 율곡의 「이일분수

24 이 글은 『월파집(月波集)』 권1에 실려 있다.

부」에서 말하기를 "두터이 변화하는 것이 끝이 없고, 냇물이 흘러가는 것이 끝나지 않으니, 누가 그 기틀을 주관할까? 오호라, 태극일 것이다."[25]라고 하였다. 여기에서 두텁게 변화하고 냇물이 흘러간다고 했을 때의 그 흘러감은 태극이 주관한다는 뜻이지, 두텁게 변화하고 냇물이 흘러가는 것의 기틀이 스스로 그러해서 태극은 관여하지 않는다는 뜻이 아니다. 그렇다면 노사가 『외필』에서 서술한 내용은 율곡의 「이일분수부」 안에서 말한 태극이 주관하는 기틀에 근원해서 말하지 않은 것이 없는 셈이다.

曰蘆翁此筆, 與栗谷本旨相反, 何也. 曰蘆翁所說, 本是栗翁之意也. 栗翁理一分殊賦曰, 敦化無窮, 川流不息, 孰尸其機, 嗚呼太極. 是謂敦化川流之其流, 無非太極之所主也. 非敦化川流之其機自爾, 而太極無所與之之義也. 則蘆翁猥筆之所敍, 無非原本於理一賦中太極所尸之機者而言之也.

물음: '스스로 그러하여 시키는 것이 있지 않다'는 것은 정말로 기(氣)가 주재한다는 말이 아니라는 것입니까?

대답: 여기에도 관련된 설명이 있다. 주자는 '본원으로 말하면 이치가 먼저고 기(氣)가 나중이며, 품부(稟賦)로 말한다면 기가 먼저이고 이치가 나중이다.'라고 하였다. 또한 말하기를 "기가 형체를 이루면 이치도 거기에 품부된다."라고 하였다.[26] 대저 유행(流行)으로써 말한다면 반드시 먼저 기를 말하고 나중에 이치를 말하므로 노사는 율곡의 이 말을 '단지

25 이이, 「이일분수부(理一分殊賦)」, 『율곡전서』 권1(한국문집총간 vol.44), 12쪽. "敦化無窮 川流不息. 孰尸其機 嗚呼太極"

26 기가…품부된다: 『중용장구』, 『주자전서』 vol.6, 32쪽 참조.

유행하는 한 측면을 말했다'고 한 것이다.

曰自爾非使, 果非氣爲之主宰者耶. 曰此亦有說焉. 朱子曰, 以本原言之, 則理先而氣後, 以稟賦言之, 則氣先而理後. 又曰氣以成形, 理亦賦焉. 夫以流行言之, 則必先言氣後言理, 故蘆翁以栗翁此言爲特是流行一邊說言之也.

물음: 율곡의 주리설에 대해 상세히 들을 수 있을까요?

대답: 율곡의 이기설은 『율곡전서』 안에 구비되어 있고, 가장 정밀한 요점을 뽑아 고른 것은 『이자성리서(李子性理書)』에 담겨 있으니, 주리를 주장한 내용들을 다 살펴 볼 수 있을 것이다. 편 머리의 「이일분수부」 안에서 "누가 그 기틀을 주관할까? 오호라, 태극일 것이다."라고 하였고, 『답성호원』에서 "이치란 기의 주재이다."[27]라고 하였고, "이치가 아니면 기(氣)에 근저가 없다"라고 하였고,[28] "발생하는 것은 기이고 발생하는 까닭은 이치이다."[29]라고 하였고, "형체가 없고 함이 없으면서도 형체가 있고 함이 있는 것의 주재자가 되는 것이 이치이다."[30]라고 하였다. 이와 같은 것들은 통일되지 않았으나 이러한 것들로써 말한다면 기가 행하면 이치가 주재자가 되고, 기의 근저가 되고, 기가 발생하는 까닭이 되고,

---

27 「답성호원」, 『율곡전서』 권10(한국문집총간 vol.44), 199쪽. "夫理者 氣之主宰也 氣者 理之所乘也 非理則氣無所根柢 非氣則理無所依著"

28 같은 책, 같은 곳.

29 「전후변무장소(前後辨誣章疏)」, 『율곡전서』 권38(한국문집총간 vol.45), 442쪽. "發者 氣也 所以發之者 理也"

30 「답성호원」, 『율곡전서』 권10(한국문집총간 vol.44), 210~211쪽. "無形無爲而爲有形有爲之主者 理也 有形有爲而爲無形無爲之器者 氣也"

형체가 있고 함이 있는 것의 주재자가 되어 진실로 분명하게 드러나니, 기자 스스로 그러한 것이 아니다. 이것은 율곡이 이치를 주재자로 여긴 것으로, 『외필』의 주된 뜻도 모두 율곡의 이러한 뜻이다.

客曰, 栗翁主理之說, 可詳聞耶. 曰栗翁理氣之說, 備在栗谷全書中, 而其撮取精要, 則又在於李子性理書, 其主理爲說, 皆可見矣. 篇首理一分殊賦中, 孰尸其機, 嗚呼太極. 與夫答牛溪書曰, 夫理者, 氣之主宰也. 又曰非理則氣無所根柢. 又曰發之者, 氣也, 所以發者, 理也. 又曰無形無爲而爲有形有爲之主者, 理也. 若此之類不一而足. 以此言之, 則氣之所行, 理之爲主宰, 爲氣之根柢, 爲氣之所以發, 爲有形有爲之主, 固足以昭然, 而非氣之自爾者也. 此乃栗翁以理爲主也, 而猥筆主意, 擧是栗翁此意也.

물음: 「이일분수부」 중에서 태극이 기틀의 주재라고 여긴 것은 이치를 주재로 삼은 것입니다. 이것은 본원으로 말했지, 유행으로 말하지 않았기 때문일 것입니다.

대답: 두터이 변화하고 냇물이 흐름에 끝과 그침이 없으니, 유행이 아니겠는가?

客曰, 理一賦中, 太極爲其氣之主者, 以理爲主也. 此其以本原言之, 不以流行言之故也. 曰敦化川流, 無窮不息, 非流行者也.

물음: 유행할 때에 이치가 주재자가 된다는 것은 유행하는 측면에서 말한 것인데, 어떻게 반드시 기를 먼저 말하겠습니까?

대답: 기가 아니면 이치가 편안하게 머물 곳이 없으니, 형체에 달라붙어서 이치를 말하면 먼저 기를 말하지 않을 수 없다.

客曰, 流行之時, 理爲之主, 則以流行邊言之, 何必先言氣耶. 曰非氣則理無所安頓處, 從形著上言理, 則不得不先言氣也.

물음: 율곡이 이미 주리설을 말했는데, 왜 다시 기틀이 스스로 그러하여 시키는 것이 있지 않다고 말할까요?

대답: 이치는 함이 없고 기는 함이 있다. 이치는 (할 수 있는) 능력[能然]이 없고, 기에는 능력이 있다. 만일 '시키는 것이 있다'고 한다면, 이것은 함이 있는 것이고 능력이 있는 것이다. 이런 까닭에 이와 같이 말하였다.

曰栗谷旣主理, 而何以言機自爾非有使之云耶. 曰理無爲也, 氣有爲也, 理則無能然也, 氣則有能然也. 如曰有使之云, 則是有爲也, 有能然也. 爲是之故, 而如是下言

물음: 이치란 비록 함이 없을지라도 하게 만드는 신묘함이 있다. 이치란 비록 능력이 없을지라도 능력을 발휘하게 하는 신묘함이 있다. 그렇다면 그 말이 이미 지나치게 통쾌한 점은 없다지만 또한 「이일분수부」에서 태극이 그 기틀을 주관한다고 한 말과는 다른데, 어째서 그런 것인가?

대답: 율곡의 이 말은 앞과 뒤가 부합하지 않으므로 노사는 『외필』에서 "앞 현자들의 논의 중에 지나치게 통쾌하게 말한 것이 있다"고 했다. 다만 주자의 말에서도 역시 앞과 뒤에 서로 다른 부분이 있어서 훗날 이전에 말했던 잘못된 부분을 고친 경우가 있고, 혹은 후대의 학자들이 보충한 경우도 있다. 그렇다면 율곡의 이 말도 혹시 한 부분에 개정함이

있는 것인지, 아니면 우계(牛溪)에게 답하는 편지를 갑자기 쓰느라 그런 것인지, 아니면 혹시 당시에 주리설을 주장하는 이들 가운데 기는 이치와 전혀 상관하지 않는다고 하는 이들이 있어서 그 편견의 폐단을 구제하기 위해서 그런 것인지 알 수 없다.

則客曰, 理雖無爲, 而有爲之之妙, 理雖無能然, 而有能然之之妙, 則其言也無已太快, 而又與理一賦中太極之尸其機有異, 何爲而然耶. 曰栗翁此說, 有此前後不契, 故蘆翁於猥筆中, 以爲前賢之論, 或發之太快云. 第惟朱子之言, 亦有前後相殊處, 後是改其前言之有欠者, 而又或有後賢補輯者, 則栗翁此言, 亦或有一處改正者耶. 抑或所答牛溪書, 是倉卒書尺間下言而然乎. 抑或當時有主理者間, 或謂氣專無與於理云, 故救其偏見之弊而然耶. 蓋未可知也.

물음: 이미 이치를 주재자로 하였는데 기가 혹 폐할 수 있을까요?

대답: 모든 이러한 논설은 기가 이치에게서 명령을 받아서 주인과 노예의 형세에 있음을 말한다. 예컨대 연(燕) 나라 왕 쾌(噲)가 신하가 되려고 해서는 안 되고, 자지(子之)가 남면하여 왕을 일을 행해서는 안 되는 것과 같으니,[31] 왕이 신하와 백성을 폐해서는 안 된다는 것을 말한 것은 아니다. 이치와 기 두 가지는 서로 떨어질 수 없으니 기가 아니면 이치도 유행할 수 없다. 기를 폐할 수 있다는 말은 매우 막혀 있다.

客曰, 旣主理, 則氣或可廢耶. 曰凡此論說, 謂氣受命於理, 而有主僕之

---

31 관련 고사가 『맹자』 「양혜왕하」와 「공손추하」에 나온다. 연 나라 왕 쾌는 재상인 자지(子之)에게 왕위를 양보하고 자신은 그의 신하가 되었는데, 나라가 크게 혼란에 빠져 제 나라에게 함락되었다.

勢云也. 如燕王噲之不可顧爲臣也, 子之之不可南面行王事也. 非謂君可以廢臣民也. 理氣二者, 不可相離, 而非氣則理亦不得流行矣. 氣可廢之說, 何其渧渧也.

물음: 노사가 앞 현자를 변론한 것도 온당치 못한 것이 아닌가?

대답: 모든 뜻에 대한 논설이 고금의 공평한 말들이었으므로 선유(先儒)들이 의심하지 않았다. 이런 까닭에 이천의 논의에 대해서 주자도 따르지 않은 곳이 있고, 주자가 결정하지 못했던 저술을 면재(勉齋: 黃幹) 역시 수정하고 보충하였다. 우리나라의 경우에는 퇴계의 이기설에 대해 율곡 역시 취사선택했고, 율곡의 "사단이란 칠정 중에서 중절(中節)한 것"이라고 말한 것에 대해서 우암(尤菴: 宋時烈)은 "이곳은 온당치 않다."고 하기도 했다.[32] 사계(沙溪: 金長生)에게 형이상·형이하에 대한 해석이 있는데도 우암은 "문원공(文元公: 金長生)이 형이상·형이하에 대해 다르게 해석한 것이 진실로 온당치 못하다"고 하였으니,[33] 이런 것들은 온당치 못하다고 여길 일이 아니다.

客曰, 蘆翁辨說先賢, 亦非未安處耶. 曰凡在義論說, 古今天下共公底說話, 故先儒有所不嫌. 是以伊川論議, 朱子亦有不從處. 朱子未定之書, 勉齋亦有所修補. 至於我東, 退溪理氣之說, 栗谷亦有取捨. 栗谷之四端以七情中中節者言之之說, 尤庵曰此爲未安. 沙溪有形上形下之釋, 而尤庵謂文

---

32 이곳은…않다: 송시열, 「퇴계사서질의의의(退溪四書質疑疑義) 二」, 『송자대전』 권133(한국문집총간 vol.112), 466쪽. "栗谷先生於此 辨論甚詳 而但以四端爲七情中中節者而言 此爲未安"

33 문원공이…못하다: 「퇴계사서질의의의(退溪四書質疑疑義) 一」, 『송자대전』 권133(한국문집총간 vol. 112), 464쪽. "文元之上下異釋者 固未安"

元公上下異釋者, 固爲未安云, 則不必以此爲未安.

물음: 권(權)씨와 최(崔)씨는 『외필』을 비난한다. 반드시 주리(主理)와 주기(主氣)의 두 측면의 주장을 핵심처로 삼아서 그 시비를 가려 찬성하던지 비판한다면, 참으로 옳을 것이다. 그러나 그들은 여기에 힘쓰지 않고 다만 그 지엽적인 말을 가려서 취함으로서, 보고 듣는 사람들을 현혹시키니 어떻게 된 일인가?

대답: 저들은 만약 주리(主理)를 옳지 않다고 한다면 그 자체로 굴복임을 알고 있기 때문에 크게 공정한 마음가짐을 갖지 못하고, 큰 공정함으로 마음을 삼지 못하고서 종횡의 언설을 아름답게 드리우고, 세상의 이목을 자극하여 후세 사람들이 말단의 폐단으로 잘못 빠져들게 한다. 치우고 음란하고 삿되고 숨는 말로써 전도시키고 분열시키는 자들이 거짓으로 율곡의 뜻이라고 칭하니, 매우 안타깝도다. 생각건대 공자 뒤를 이어 주자가 나왔고 주자 뒤를 이어 율곡이 나왔거늘, 우리나라에서 율곡을 존경하는 것이 어찌 저와 같아서야 되겠는가? 스스로 알지 못하는 말을 하여 스스로 선현에 누를 끼치는 데로 빠져드니, 이것이야말로 참으로 선부른 말로 사람들을 움직이려는 계책이다. 지혜로운 이들이 본다면 선부른 하소연은 유행할 수가 없는 것이다. 천 년 전이든 만 년 후든 의리(義理)에 과한 논의가 하나의 털끝만큼이라도 큰 공평함을 잃고서 강하고 약한 것이나 비교하고, 이기고 지는 것이나 겨루기를 위주로 한다면 군자의 공정한 평가를 면치 못할 것이니, 두렵도다.

客曰, 權崔之論詆猥筆也, 必以主理主氣兩邊說爲大頭腦, 而辨其是不是爲左右袒, 固可也. 不此之爲務, 旦摘取其枝葉言句, 眩人視聽, 何事.

曰彼若以主理爲不是, 則自知見屈, 故不以大公爲心, 而以橫竪言說, 萋斐貝錦, 鼓天下之耳目, 而以後人誤見末流之弊, 詖淫邪遁, 顚倒昌披者, 誣稱指謂栗谷. 噫. 其甚矣. 竊聞後孔子朱子也, 後朱子栗谷也, 則我東之尊慕栗翁, 果如何而彼哉. 言說之不自知, 自陷於累先賢之科. 是故以膚受之說, 動人聽聞爲計, 而明者見之, 膚受之愬, 亦有以不行矣. 千世在前, 萬世在後, 凡在義理之論, 若或一毫失於稱停大公, 而惟較强弱決勝負之爲主, 則其不免於君子之公評, 爲可畏哉.

손님이 인사하고 물러나자, 토론한 내용을 기록했다.

客謝而退, 因記其說.

『노백헌선생문집』

「납량사의기의」를 변론함 納凉私議記疑辨[34]

기정진: 나뉨[分]이란 이일(理一) 가운데 세조리(細條理)이다. 리의 나뉨은 층절을 용납하지 않는다. 나뉨이 이일에 상대되는 것이 아니라, 분수(分殊)라는 두 글자가 일(一)에 상대된다.

分也者理一中細條理，理分不容有層節，分非理之對，分殊二字乃對一者也.

전우: 이 말은 언뜻 보기에 의심할 것이 없다. 다만 노사(蘆沙)가 기경도(奇景道: 奇弘衍)에게 답하는 편지에서 치우침과 온전함[偏全]을 논하면서 "하늘에서 원래 이 나뉨이 없다면 사람과 사물들은 어디에서부터 이러한 치우침과 온전함을 갖게 되었겠는가"라고 했다.[35] 그러므로 여기에서 말하는 나뉨이란 세조리로서, 훗날 사람과 사물들이 치우침의 본

34 여기에서 「납량사의기의」라고 부르는 저술은 노사의 「납량사의」에 대한 비판을 담은 전우의 「납량사의기의목(納凉私議記疑目)」을 가리킨다. 이 글은 전우의 글에 대한 반론으로 쓴 것이다. 노사의 「납량사의」를 인용한 후 그에 대한 전우의 비판을 인용하고 그 다음에 자신의 재비판을 기록하고 있다. 이하에 인용된 「납량사의」의 내용들은 『노사집』(권16), 한국문집총간 vol.310, 360~369쪽 참조. 「납량사의의목」의 내용은 『간재사고』 권29, 「잡저」, 12전면~18후면 참조.

35 기정진, 「답경도(答景道)」, 『노사집』(권15), 한국문집총간 vol.310, 356쪽 참조.

연과 온전함의 본연을 얻는 근원인 것이다. 내 생각에 치우침과 나뉨이란 원래 하나로 꿰뚫리지 않는다. 나뉨이란 예를 들자면 사람의 몸에서 눈, 귀, 손, 다리와 같고, 치우침이란 한 쪽 귀로만 듣고, 절반의 몸만 치우치게 이뤄진 것과 같다. 나뉨이란 하나 가운데 본래 있는 이치이고, 치우침이란 기라는 측면에서 온전함과 상대하는 성이다. 아마도 한 가지 뜻으로 설명하기는 곤란할 것 같다.

此語驟看, 則無可疑者. 但蘆沙答奇景道書, 論偏全云, 在天原無此分, 則人物何處得來, 而有此偏全. 然則此言分者細條理, 將爲異日人物所得偏本然全本然之源. 愚意偏之與分, 元非一串, 分如一身中耳目手足, 偏如一耳獨聰, 半身偏遂也. 分是一中本有之理, 偏是氣上對全之性, 恐難做一様說也.

정재규: 치우침과 온전함이란 사람과 사물이 받은 성이 혹은 치우치고, 혹은 온전함을 말한다. 사람의 성은 반드시 온전하고, 사물의 성은 반드시 치우치는 것은 모두 하늘이 명한 것이다. 하늘에서부터 저절로 사람이 되고 사물이 되는 나뉨이 있기 때문에 사람은 그것을 얻어 사람이 되고, 사물은 그것을 얻어 사물이 된다. 이는 모두 본래적인 나뉨이 그러한 것이다. 율곡이 말한 "갖가지로 고르지 않는 것도 또한 이치가 당연히 이와 같은 것이지, 이치가 이와 같지 않은데도 기만이 이와 같다는 것이 아니다"는 말은 바로 이것을 가르킨다.[36] 이제 치우침과 온전함이 본래 나뉜 것이 아니라고 한다면 사람이 되고 사물이 되는 것은 이치

36 이이, 「답성호원(임신)」, 『율곡선생전서』(권10) 한국문집총간. 44, 199쪽 참조.

가 이와 같지 않은데도 기만이 이와 같아서 그렇게 된다는 것인가? 오직 이치가 본래 나뉨이 온전하기 때문에 사람의 성은 반드시 온전한데 온전함은 진실로 오상이요, 본래 나뉨이 치우치기 때문에 사물의 성은 반드시 치우치는데, 치우침 역시 오상이다. 주자가 '하나의 이치의 실다움을 만물이 나누어 받아서 체(體)로 삼기 때문에 만물 속에는 각각 하나의 태극이 있다'고 한 것이 이것이다.[37] 이치는 형상이 없는데 그 하나 가운데 본래 있다는 나뉨이란 어디에서 체험해서 알 수 있는가? 사람과 사물이 얻은 것이 혹은 치우치고 혹은 온전한 데를 살펴보면 알 수 있다. 정자는 '나무가 근본부터 지엽에 이르기까지 단지 하나고 관통된다'고 했다.[38] 온전함을 비유하자면 줄기가 곧게 자라는 것이요, 치우침을 비유하자면 가지가 옆으로 생겨나는 것과 같다. 온전하게 되고 치우치게 되는 나뉨의 이유는 근본이다. 줄기와 가지고 곧거나 옆으로 자라고, 크고 작은 차이가 있는 것이 근본과 상관이 없다면 말이 되겠는가? 또 '본연'이란 그러한 곳으로부터 그렇게 된 이유를 탐구해서 '본래 이미 그랬다고' 한 것이다. 사람이 되고 사물이 되는 것은 과연 그렇게 된 이유가 없단 말인가? 하나의 리가 온갖 나뉨을 포함하는 것은 마치 한 몸이 온갖 형체를 구비한 것과 같을 뿐이다. 눈, 귀, 손, 발이 각각 그들만의 작용을 하는 것은 갖가지로 다른 사람과 사물이 각각 그 성을 하나씩

---

37 하나의…있다: 『통서(通書)』 「이성명(理性命)」장의 '하나의 실다움이 만 가지로 나누어지니, 만과 하나가 각각 바르고, 크고 작은 모든 것들이 제자리를 정하게 된다[一實萬分 萬一各正 小大有定]'는 구절에 대한 주희의 풀이이다. 주돈이 지음, 주희 주석, 『통서해』(서울: 청계, 2000), 권정안·김상래 역주, 220쪽.

38 정호·정이, 『하남정씨유서(河南程氏遺書)』 권15, 『이정집』(대북: 한경문화사업유한공사) vol.1, 153쪽 참조.

가지는 것에 비유할 수 있다. 그러나 몸에는 형태가 있고, 눈, 귀, 손, 발은 각각 장소를 가지고 있고, 제한된 외곽을 가지고 있어서, 서로 통하지 못하지만, 리는 형태가 없고, 비록 간격과 경계, 조리는 있지만 가로막힌 장벽은 없다. 하나이면서도 나뉨이 없었던 적이 없고, 나뉘면서도 하나가 아닌 적이 없다. 온갖 사물의 형체를 통틀어 말하자면 사람의 성은 비록 온전하다지만 또한 다만 그 10%를 얻었을 뿐이요, 하나의 사물이 각각 갖춘 것으로부터 말하자면 사물의 성은 비록 치우쳤다지만, 또한 그들의 온전한 형체를 얻지 않은 것이 아니다. 그럼에도 온전함으로 사람을 명하고, 치우침으로 사물을 명한 것은 무엇 때문인가? 이치에 저절로 등급차가 있는 것이니, 이를 일러 '나뉨[分]'이라 하는 것이다. (주자는 '나뉨이란 다만 이치의 등급차일 뿐이다'라고 말했다.[39])

偏全, 言人物所受之性, 或偏或全, 人性必全, 物性必偏, 皆天之所命也. 在天自有爲人爲物之分, 故人得之爲人, 物得之爲物, 皆本分然也. 栗谷所謂參差不齊者, 亦是理當如此, 非理不如此而氣獨如此者, 正謂此也. 今以偏全謂非本分, 則所以爲人爲物, 理不如此而氣獨如此者耶. 惟其理之本分全, 故人性必全, 全固是五常本分, 偏故物性必偏, 偏亦是五常, 朱子言一理之貫, 而萬物分之以爲體, 故萬物各有太極者, 此也. 理無形象, 其一中本有之分, 於何驗得觀. 於人物之所受或偏或全而知之. 程子曰自根本至枝葉秖是一貫, 全譬則幹之直遂也, 偏譬則枝之橫生也. 其所以爲全爲偏之分則根本也, 以幹枝橫直小大之不同, 而謂與根本不貫可乎. 此本然云者, 自其然處究其所以然, 而謂本來已然也. 爲人爲物, 果無所以然者乎. 一理之

39 주희·여조겸 편저, 섭채 집해, 『근사록집해』 I (서울: 아카넷, 2004), 이광호 역주, 303~304쪽 참조.

涵萬分, 如一身之具百體, 耳目手足之各專其用, 可以諭人物萬殊之各一其性, 然身有形者也, 耳目手足各有方所, 各有匡郭, 局而不相通, 理無形者也, 雖有間界條理, 而亦無墻壁遮攔, 一而未嘗無分, 分而未嘗不一, 自萬物統體而言, 則人性雖全, 亦只是得其一分, 自一物各具而言, 則物性雖偏, 亦莫不得其全體, 然而以全命人以偏命物何也. 理自有等差, 是之謂分.(朱子曰所謂分也者, 特是理之等差耳.)

치우침과 온전함이란 사람과 사물을 등급짓는 이름이다. 치우침과 온전함이 나뉨과 더불어 어찌 일관하지 않겠는가? 귀는 듣기만 하고 눈은 보기만 하는 것이 치우침이다. 각각 그 나뉨을 얻었는데 치우침이 어떻게 병폐이겠는가? 천지처럼 거대한 것도 치우침으로 말한다면 치우쳤다. 주자는 덮어주고 실어주며, 낳아서 이루어주는 치우침을 말했는데, 이것이 어찌 정해진 나뉨이 아니겠는가? '한 쪽 귀로만 듣고, 절반의 몸만이 치우치게 완성되었다'고 한다면 이것은 기가 그 능력을 다 발휘하지 못하고서 사람의 몸을 이루었기 때문에 생긴 병폐이다. 예를 들어 짐승이 그 발가락이 여섯 개이고, 새가 날개가 없는 것은 사물이 제대로 완성되지 않은 것이다. 만일 사물의 성이 치우친 것을 '성을 이룬다[成性]'는 측면에서 말한다면 그가 받은 이치에는 그 나뉨에 차등이 있는 것이다. 그 나뉨이 비록 치우쳤다고는 하지만 온전치 않은 적이 없었으니 어떻게 한 쪽 귀로만 듣고 절반만 치우쳐 이루어진다는 비유를 할 수 있겠는가?

일반적으로 성(性)을 말하는 것은 기라는 측면에 나아가 말한다. '이루는 것이 성이다'는 말이 이것이다. 그러므로 치우침이란 기라는 측면에서 온전한 성에 상대적이다는 것은 말이 옳지 않은 것은 아니다. 그러나 그 뜻은 성은 하나여서 나뉨이 없고, 사람과 사물의 어떤 차이도 없으며, 그 온전함과 치우침은 모두 기가 그렇게 한다고 여기는 것이다. 그럼에도 오히려 '나뉨은 하나 가운데 본래 있는 이치'라고 하니, 그렇다면 이것은 오로지 하나의 성 속에 온축되어 있는 것에 나아가, 인의예지의 나뉨을 가리켜 말한 것인가? 성의 온축에 나뉨이 있는 줄을 알 뿐 명을 부여할 때 나뉨이 있음을 아지 못하고, 또 성이 나뉜 것이 바로 명이 나눈 것임을 알 지 못한다. 이와 같다면 성과 명이 과연 멋대로 갈리지 않겠는가?

偏全, 乃等差人物之名也. 偏全之與分, 豈非一串. 耳專於聽, 目專於視, 卽是偏也. 各得其分, 偏何嘗病. 天地之大, 偏言之則偏, 朱子言覆載生成之偏, 是非定分乎. 所謂一耳獨聽, 半身偏遂, 則乃氣之不能盡其能, 而爲身之病也. 如獸之跂其足, 而鳥之缺其翼, 是爲不成物也. 乃若物性之偏, 就成性上言其所受之理, 其分有等差也. 其分雖偏, 亦未嘗不全, 豈獨聽偏遂之比哉. 凡言性者, 皆就氣上說也, 所謂成之者性也, 然則偏是氣上對全之性云者, 語非不是, 而其意則蓋以爲性一而無分, 都無人物之差殊, 而其全其偏, 則皆氣之使然也, 而猶曰分, 是一中本有之理, 此專就一性中所蘊, 指仁義禮智之分而言耶. 徒知性之所蘊有分, 而不知命之所賦有分, 又不知所性之分, 卽是所命之分也. 若是則性命果不爲橫波乎.

기정진: 주자는 말했다. "태극은 상과 수가 구체화되기 이전에 그 이치가 이미 갖추어졌다는 호칭이요, 형기(形器)가 이미 갖추어졌음에도 그 이치는 조짐이 없다는 것에 대한 조목이다."[40] 상수가 구체화되지 않

았다면 깨트릴 수 없는 하나요, 그 이치가 이미 갖추어졌다면 나뉨이 이미 포함된 것이 아니겠는가? 형기가 이미 갖추어졌다면 이미 나뉨이 정해진 것이요, 그 이치가 조짐이 없다면 하나가 스스로 있는 것이 아니겠는가?

朱子曰太極者, 象數未形而其理已具之稱, 形器已具而其理無眹之目. 夫象數未形則未破之一矣, 而其理已具則非分之已涵乎. 形器已具則旣定之分矣, 而其理無眹則非一之自在乎.

전우: 모르겠거니와, 노사는 '그 이치가 이미 갖추어졌다'는 것을 사람과 사물이 품수한 치우침과 온전함의 근원이라 여기는 것인가? 내 생각에 이 구절이 가리키는 뜻은 부자 군신이 생겨나기 전에 자효(慈孝)·예충(禮忠)의 이치가 이미 갖추어졌다는 것이요, 사물이 미세하나마 있기 이전에 사물의 미세한 이치가 이미 갖추어졌다는 말일 뿐, 성인이 태어나기 이전에 이미 이일(理一) 가운데 분수(分殊)의 온전한 이치가 있고, 현인과 중인이 태어나기 이전에 이미 어느 정도 나누어진 온전치 못한 이치가 있으며, 어리석은 이와 바보가 태어나기 이전에 이미 절대 옮길 수 없고, 완전히 어긋난 이치가 있고, 짐승과 식물이 태어나기 이전에 이미 치우치고 막힌 이치가 있어서 각각 온갖 것들이 얻는 근원이 된다는 말이 아니다. 그렇다면 이것은 노사가 '하늘에서 원래 이 나뉨이 없다면 사람과 사물들은 어디에서부터 이러한 치우침과 온전함을 갖게 되었겠는가'고 말한 것과는 판연히 다른 것이니 의심스럽다. 아래 문단에

40 주희, 『역학계몽(易學啓蒙)』. '역유태극(易有太極)'조에 대한 풀이 참조.

서 인용한 '충막(冲漠)' '만상(萬象)'이란 구절 역시 마찬가지다.

未審蘆沙以其理已具, 爲人物所稟偏全之源乎. 竊意此句指意, 恐是父子君臣未生之前, 慈孝禮忠之理已具, 事物微細未有之先, 事物微細之理已具云爾. 非謂聖人未生之前, 已有理一中分殊之全理, 賢人衆人未生之前, 已有幾分未全之理, 下愚大憝未生之前, 已有十分不移十分乖戾之理, 鳥獸枯槁未生之前, 已有偏塞之理, 而各爲萬衆所得之源也. 然則似與蘆沙所謂在天原無此分則人物何處得來, 而有此偏全云者, 判然殊別矣, 可疑. 下段所引沖漠萬象亦然.

정재규: 『양의(凉議)』[41]에서 과연 '그 이치가 이미 갖추어졌다'는 것을 사람과 사물의 성이 치우치고 온전한 근원으로 여겼는가? 주자는 분명하게 상수와 형기에 나아가 말했다. 사람이 되고 사무리 되는 것은 상수가 이미 구체화되고 형기가 이미 갖추어진 것이 아닌가? 부자 군신이 생겨나기 전에 자효(慈孝)·예충(禮忠)의 이치는 진실로 이미 갖추어지고, 사물이 미세하나마 있기 이전에 사물의 미세한 이치는 진실로 이미 갖추어 지는 것이다. 이미 그런 줄을 알면서도 유독 사람이 태어나기 이전에 사람이 되는 이치가 이미 갖추어지고, 사물이 태어나기 이전에 사물이 되는 이치가 이미 갖추어진다는 것만을 모른단 말인가? 이미 사람이 되는 이치를 갖추고 있으면, 사람이 그것을 얻어 성을 삼고, 이미 사물이 되는 이치를 갖추고 있으면, 사물이 그것을 얻어 성을 삼는 것이니, 즉 이것이 바로 '형기가 이미 갖추어졌으되 그 이치는 조짐이 없다'는

41 『납량사의』의 줄임말이다.

말이다. '그 이치[其理]'라고 할 때는 '그[其]'자는 형기를 가리켜 말한 것이다. 이 하나의 형기가 있으면 이 하나의 이치를 갖추고, 저 하나의 형기가 있으면 저 하나의 이치를 갖춘다. 형기를 따라 각각 서로 다른 그 성을 얻기 때문에 치우쳤다거나 온전하다는 이름이 있는 것이다. '그 이치가 이미 갖추어졌다'는 것을 치우침과 온전함이 본래적으로 나뉜 것이라 여기는 것이 또한 마땅치 않는가?

인성과 물성이 본래 나뉜 것을 논하면서 도리어 성인, 현인, 중인, 어리석은 이, 바로를 통틀어 말하고, 어느 정도 온전치 못하고, 완전히 온전치 못한 수많은 등급만을 쥐어 잡으려 하니, 이것은 '사람의 성이 온전하다[人性全]'고 할 때의 '사람[人]'이란 글자를 오로지 성인으로만 간주해서, 현인 이하의 사람들은 모두 거기에 들 수 없다고 여기는 것이다. 어떻게 주자의 본뜻이겠는가! 이 '사람[人]'자는 사물에 상대해서 말한 것이니, '사람이 귀하다'거나, '오직 사람이 가장 신령하다'고 할 때의 사람이란 글자와 똑같이, 성인과 중인을 통틀어서 성인과 중인은 그 성이 처음에 온전치 않음이 없었음을 말한 것이다. 아래 문단에서 말한 '충막'·'만상' 역시 한 가운에 이미 온갖 나뉨이 갖추어졌음을 말한 것이니, 온갖 형상이 있기 이전에 이미 온갖 형상의 이치가 있고, 이미 온갖 형상들이 각각 하나의 이치를 갖춘다면, '각각 그 성을 하나씩 갖는다', '각각 하나의 태극을 갖춘다'는 말이다. '각각 하나를 갖는다[各一]'고 말하자마자 치우침과 온전함의 나뉨이 없을 수 없고, 저 치우치고 온전한 성을 제거하자 말자 따로 '각각 하나의 태극을 갖는다'는 것이 있을 수 없다. 그러므로 사람은 온전하고 사물은 치우친다는 것은 각각 그들에게 본래 나누어진 것을 얻은 것이 아니라면 무엇이겠는가? 입을 믿고 힘을 쓰면서 주장이 기기묘묘하면서도 스스로 그 말이 편파적인 데로 들어가는 것을 아지 못하니, 아! 또한 이상한 일이다.

涼議果以其理已具爲人物性偏全之源. 朱子分明就象數形器而言之爲人爲物, 非象數已形形器已具者乎. 父子君臣未生之前, 慈孝禮忠之理固已具矣. 事物微細未有之先, 事物微細之理固已具矣. 旣知其然, 而獨未知人未生之前, 爲人之理已具, 物未生之前, 爲物之理已具耶. 已具爲人之理, 人得之而爲性, 已具爲物之理, 物得之而爲性, 卽所謂形器已具 而其理無朕者也. 其理其字指形器而言也. 有這箇形則具這箇理, 有那箇形則具那箇理, 隨形各得其性不同, 而有偏全之名也. 以其理已具爲偏全之本分, 不亦宜乎. 方論人物性本分, 而却攙聖人賢人衆人下愚, 大憝說將來爬定幾分未全十分未全許多層等, 是以人性全人字專做聖人看, 而賢人以下皆不得與焉. 是豈朱子之本旨乎. 此人字乃對物而言, 則與所謂人爲貴惟人最靈, 這箇人字一般, 通聖人衆人而言, 聖人衆人其性初無不全也. 下段所引冲漠萬象, 亦言一中之萬分已具也. 未有萬象已有萬象之理, 旣有萬象各具一理, 卽所謂各一其性, 各具一太極也. 才說各一, 便不能無偏全之分, 除却那偏全之性, 則更別無所謂各一太極者. 然則人全物偏者, 非各得其本分而何哉. 信口努力, 說得崎嶇, 不自知其辭之入於偏詖也. 吁亦異矣.

기정진: 성이 같다는 것은 나도 그렇지 않다고 말하지 않는다. 그러나 치우치고 온전한 성을 본래 그런 것이 아니라고 한다면 이것은 나뉨 이외에 따로 이치가 있는 것이요, 결국 같음을 주장하면서 다름을 폐하는 것이니, 이렇게 된다면 성은 체가 있고 작용은 없는 것이 될 것이다.

性同者, 吾不曰不然, 而以偏全之性, 爲非本然, 則是分外有理也. 遂主同而廢異, 則性爲有體無用之物矣.

전우: 낙가(洛家)[42]들이 만일 성 가운데서 발출해 나오는 것을 가리켜 충효인양(忠孝仁讓)이라 하면서 말하기를 '이것은 나뉨의 차이이지 본래 그러한 성이 아니다'라고 한다면, 나뉨 이외에 이치가 있어서 성은 작용이 없는 것이 될 것이다. 다만, 생각해보면 온갖 형상의 성들이 그 체가 본래 온전하고, 배워서 하는 사람 이하로부터 날짐승이나 식물의 발현에 이르기까지 각각 품수한 기를 따라서 스스로 하나의 성을 이루니, 한 칸을 미달한 자로부터 겨우 한 획이나 아는 어린애[一點子]에 이르기까지 '서로 가까운 성을 지닌 자'로부터 '결코 같을 수 없는 자'에 이르기까지, 하늘을 따르는 성인으로부터 '옮겨갈 수 없는 바보'에 이르기까지 그들의 품질에는 온갖 차이가 있는 것인데, 어떻게 모두 본래 그러한 성이라고 할 수 있겠는가?

洛家, 若指性中發出來底忠孝仁讓, 而曰此分之殊, 非本然之性也, 則分外有理而性爲無用之物矣. 但謂萬衆之性, 其體本全, 而自學知而下, 至於翔走枯槁之發見, 各隨所稟之氣而自爲一性. 由未達一間, 至一點子明, 由相近至絶不同. 由天縱之聖, 至下愚不移, 其品有萬不齊, 是安可皆謂本然之性乎.

정재규: 이치란 하나가 온갖 나뉨을 관통한다. 하나[一]와 나뉨[分]은 원래 서로 분리되지 않고, 처음부터 구분이 없지도 않는 것이니, 나

42 인물성동이논쟁에서 인물성동론을 옹호했던 낙론 계열의 학자들을 가리킨다.

뉘되 일찍이 하나가 아님이 없다는 말이 이 뜻이다. 주자는 『중용장구』 첫 장에서 이미 "사람과 사물이 생겨나면서 각각 그들이 품부받은 이치를 얻어 건순 오상의 덕을 삼으니, 이것이 성이다"라고 말했다.[43] 또 "사람과 사물은 각각 그들의 성의 자연스러움을 좇으니 제각각 마땅히 가야할 길이 없을 수 없으니, 이것이 바로 도이다"고 했다.[44] 이미 '각각 그 품부한 이치를 얻는다'고 했다면 그 품부한 이치는 처음부터 각각 그 나뉨이 있지 않았던 것이 아니다. 비록 '각각 얻는다'고 했지만, 건순오상의 덕을 삼는다고 했으니 그 이치는 하나인 것이다. 비록 같은 건순오상의 덕이지만 '각각 그 성을 따른다'고 하고 '각각 그 길이 있다'고 했다면, 그 나뉨은 다른 것이다. 나뉨의 차이로부터 말한다면 사람은 온전하고, 사물은 치우쳐, 사람과 사물이 다르다고 하지 않을 수 없다. 이치가 하나라는 점으로부터 말한다면 온전함 또한 오상이요, 치우침 또한 오상이어서 치우침과 온전함이 처음부터 같지 않은 것이 아니다. 이것이 바로 주자가 말한 '같은 것 속에서 그 차이를 알아야 하고, 다른 것 속에서 그 같은 점을 보아야 한다'는 것이다. 이와 같은 다음에 (하나의) 이치와 나뉜 (이치가) 일체가 되고, 성과 명이 서로 관통하게 된다. 여러 사람들이 같음을 주장하면서 다름을 공격하고, 다름을 주장하면서 같음을 비난하는 것은 과연 주자의 뜻에 어긋나지 않겠는가!

(성이) 같다고 주장하는 사람이 사람과 사물의 같은 오상을 본연의 성이라고 여기는 것은 진실로 정확한 견해이다. 다만, 치우치고 온전한 성

---

43 주희, 『중용장구』, 『주자전서』(상해고적출판사·안휘교육출판사, 2002) vol.6, 32쪽.

44 같은 글, 같은 쪽.

을 본연이 아니라고 여긴다면 '인성과 물성이 같다'는 것은 하나일 뿐 나뉨이 없다는 것이요, 태어나기 이전에 이기 갖추어진 나뉨이 없다면, 태어나서 각각 얻게 되는 나뉨도 없고, 길을 가면서 각각 따라야 하는 나뉨도 없을 것이니, 한 가지 의미로만 같음을 말한다면 이것은 나뉨 이외에 이치가 따로 있다는 것이 아니겠는가! 나뉨을 제외하고 이치를 말한다면 이치는 뒤섞인 한 덩이 흙덩어리일 것이니, 사물이 또 어떻게 몸뚱이만 있고 작용은 없는 것에서 벗어날 수 있겠는가?

진실로 치우침과 온전함의 차이를 부정하고 오상의 같음을 구한다면 '오상'이란 결국 형기의 영역과 사람과 사물이 탄생하기 이전에서 분리된 곳에서 유추할 수밖에 없을 것이다. 본체와 작용의 유무는 또 논할 것이 없을 것이니, 오호라! 가능하겠는가?

낙론(洛論)이 치우치고 온전한 성을 본연이 아니라고 하는 것이 형기에 떨어져 있는 것과 어긋난다면 스스로 하나의 성이 스스로 하나의 성이 되기 때문에 그럴 것이다. 그러나 지금 충효인양의 발현[發]을 본연의 성이라 여기고, 충효인양을 유독 형기에 접촉해서 감응하지 않고, 기를 타고 발현하지 않는 것이라고 한단 말인가? 물성의 측면에서도 또한 충효인양의 발현을 말할 수 있단 말인가? 만일 사물에게는 이런 것이 없다고 한다면 사물은 본연의 성이 없단 말인가? 충효인양이 진실로 본연의 성의 발현이라면 사람의 온전한 성에서 귀한 것은 충효인양의 덕을 갖추고 있기 때문인 것이다. 이미 이것을 가리켜 본연이라고 했으면서 온전함이란 본연이 아니라고 한다면 이는 어찌된 것인가?

또 치우치고 온전하다고 할 때의 치우침이란 분명히 사람에 상대해서 사물을 말한 것인데, 배워서 아는 사람 이하로부터 한 칸을 미달한 사람, 옮겨갈 수 없는 바보와 같이 기품이 치우친 사람 등을 시끄럽게 거론하면서 뒤죽박죽 설명한 것은 또 무엇 때문인가? '성인 이하'의 한 구절에 나오는 사람들을 사물의 부류에 귀결시키려는 것인가? 또 "온갖 것의 성이 그 체는 본래 온전하다"고 했는데, 이것은 여러 가지 사물의 성은 그 체와 사람과 같아서, 그 위대함에 조금의 차이도 없다고 여기는 것인가? 만일 이와 같다면 진실로 "개의 성이 소의 성과 같고, 소의 성이 사람의 성과 같다"는 격이다.[45] 그 체가 사람과 똑같이 온전한데, 그 발현이 치우쳐 온전치 못하다고 한다면 이 또한 '체가 있고 작용이 있다'고 할 수 있겠는가? 오직 얻은 것이 치우치기 때문에 발현도 치우치는 것이다. 그러므로 이계선(李繼善)이 사물의 성이 치우친 것을 물었을 때, 주자는 "이미 받지 않았다면, 그 자체로 할 수도 없다"고 말했다.[46] 천하에 어찌 받은 것은 온전하면서 하는 짓은 어그러지는 것이 있겠는가? 결국 이 치우침이란 영원토록 한결같아서 변하지 않는 것인가? 사람의 기질은 같지 않지만 그 성은 본래 온전하기 때문에 기질을 변화시킬 수 있고, 그 성을 회복할 수 있다. 그러나 사물의 경우에는 아무리 갈고 닦는다 하더라도 끝내 변화시켜 사람과 같이 온전토록 만들 수 없는 것이다. 그러므로 사물의 성의 치우침은 오직 기질에 귀결시키면서 본연이 아니라고 말할 수 있겠는가?

理也者, 一實萬分, 一與分元不相離, 一而未嘗無分, 分而未嘗不一, 斯義也. 朱子於中庸首章章句已言之曰, 人物之生, 各得其所賦之理, 以爲健順五常之德, 所謂性也. 又曰, 人物各循其性之自然, 則莫不各有當行之路,

---

45 『맹자』, 「고자 상」 3장 참조.

46 「답이효술(계선)문목」, 『주자대전·속집』 권10, 『주자전서』 vol.25, 4813쪽.

是則所謂道也. 旣曰各得其所賦之理, 則其所賦之理, 未始不各有其分也. 雖曰各得而以爲健順五常之德, 則其理一也, 雖同一健順五常之德, 而曰各循其性各有其道, 則其分殊也, 自分殊而言, 則人全而物偏, 人物不得不異, 自理一而言, 則全亦五常, 偏亦五常, 偏全未始不同. 正朱子所謂同中識其異, 異中見其同者也. 如此然後, 理分一體, 性命相貫矣. 諸家之主同而攻異, 主異而非同者, 果不戾於朱子之意乎. 主同者之以人物同五常爲本然之性, 固是的確正見, 而但以偏全之性爲非本然, 則所謂人物性同者, 一而無分也. 未生而無已具之分, 生而無各得之分, 行而無各循之分, 而一味言同則是非分外有理者乎. 外分而言理, 則理爲混淪一塊物事, 又安得免有體無用之物乎. 苟不於偏全之異, 而求其五常之同, 則所謂五常者, 畢竟推之於離形氣之地人物未生之前矣, 體用有無, 又無可論之地, 惡乎可哉. 蓋洛論之以偏全之性謂非本然者, 秪以墮在形氣, 則自爲一性而然矣, 而今却以忠孝仁讓之發爲本然之性, 忠孝仁讓, 獨非觸形而感乘氣而發者耶. 物性上亦可言忠孝仁讓之發耶. 若曰物則無是, 則物果無本然之性耶. 忠孝仁議, 固本然之性之發, 所貴乎人性之全者, 以其備忠孝仁讓之德也, 旣指此爲本然而謂全, 非本然何歟. 且偏全之偏, 分明是對人言物, 而以學知以下, 未達一間, 下愚不移, 氣稟之偏者, 呶呶提起, 汨董混說者, 抑何故歟. 以聖人以下, 一切歸之於物之類耶. 又云萬衆之性, 其體本全, 抑以爲衆物之性, 其體與人同, 其大而無毫分差殊耶. 若是則眞所謂犬之性, 猶牛之性, 牛之性, 猶人之性也. 其體則與人同其全, 而其發見則偏而不全, 是亦謂有體而有用耶. 惟其得之偏, 是以發亦偏, 故李繼善問物性之偏, 朱子答曰旣是不曾受得, 自是不能做得, 天下寧有受得則全, 而做得則纖, 定是偏亘萬古而不易者乎. 人之氣質雖不同, 其性本全, 故可以變化氣質而復其性. 若物則雖千萬磨礱, 終不可變而如人之全也. 然則物性之偏, 專歸之氣質, 而不謂本然可乎.

기정진: 천하의 성이 온전치 않으면 치우치니, 진실로 온전치 않고 또 치우치지도 않은 성은 없다. 치우침과 온전함이 모두 본래 그런 것이 아니라면 천하에 한 가지 것도 그 본연의 성을 타고난 그대로 발휘할 수 없을 것이요, 본연의 성도 영원히 허공 속의 헛된 자리를 차지할 뿐일 것이니 어찌 그 성을 쓴다 하겠는가? 바르고 통한 것을 귀하게 여기는 것은 본연의 온전함을 얻었기 때문이니, 만일 치우치고 막힌 자와 함께 똑같이 그 본연이 아니라면 어떻게 바르고 통한 것이 귀하다하고 하겠는가? 대개 나눔이 없는 것을 하나로 삼는 것은 그 폐단이 반드시 여기에 이르게 되어, 각각의 바른 본성을 분수에 떨어트리고 형기를 접한 것으로 여김으로써 하나의 근원이라고 할 수 없다. 이것은 갑(甲)쪽의 논의와 차이가 없을 것이다.[47]

天下之性, 不全則偏, 固未有不全又不偏之性也. 偏全皆非本然, 則天下無一物能性其本然之性者. 而本然之性, 永爲懸空之虛位, 則將安用彼性矣. 所貴乎正通者, 以其得本然之全也. 若與偏塞者, 均之爲非其本然, 則何正通之足貴乎. 蓋以無分爲一, 其弊必至於此. 其以各正之性, 爲落分殊

47 갑쪽의 논의: 노사는 갑쪽의 논의와 을쪽의 논의를 구별하고 있는데, 갑쪽의 논의란 사실상 인물성이론을 주장하는 호론을 가리킨다. 『납량사의』에서 노사는 "'천명을 급작스럽게 본성으로 삼을 수 없기 때문에 점유되는 것은 기질에 귀착될 수밖에 없다'고 하는 것은, 갑(甲)쪽의 논의로 따르기 어렵다[天命不可據以爲性, 故所占不得不落在氣質, 此甲邊議論, 所以難從也.]"고 말하고 있다. 기정진, 「납량사의」, 『노사집』(권16), 한국문집총간, vol.310, 364쪽 참조.

犯形氣, 不足以爲一原, 與甲邊之議, 恐無異同.

전우: 누군가 "기질이 같지 않으면 천명의 성은 치우침과 온전함이 있는 것입니까?"라고 묻자 주자는 "치우침과 온전함이 있는 것이 아니다"고 대답했다.[48] 이것은 낙가(洛家)들이 근본으로 삼는 것이다. 지금 꾸짖으며 말하기를 '천하의 성이 이미 치우침이 없고 또 온전함이 없다면 헛된 자리를 차지할 뿐이다'고 한다면 이것이 다른 사람의 말을 다 이해한 것이란 말인가? 이것은 많은 말을 하지 않아도 명백하다. 바르고 통한 것이 귀하다는 것이 본연의 온전함을 얻었기 때문이라고 한다면 치우치고 막힌 자가 얻은 것은 단지 본연의 치우침인가? 아마도 천명의 성에 치우침과 온전함이 없다는 것과 서로 어긋나게 될 것이다. 만일 고쳐서 "'바르고 통한 것이 귀하다'는 것은 본연의 성을 능히 온전히 할 수 있기 때문이다"고 한다면 아마도 논란할 것이 없을 듯하다.

問, 氣質不同, 則天命之性, 有偏全否. 朱子曰, 非有偏全, 此洛家之所本也. 今若譏之曰, 天下之性, 旣無偏又無全, 則不過爲虛位云爾, 則是得爲盡人之言者耶. 此不待多般而明矣. 所貴乎正通者, 以其得本然之全, 然則偏塞者, 其所得只是本然偏矣. 無乃與天命之性非有偏全者, 相盭矣乎. 若改之曰, 所貴乎正通者, 以其能全本然之性, 則似無可議矣.

정재규: 질문한 사람이 '기질이 같지 않다'고 한 것은 오로지 사람의 측면에서 말한 것이었기 때문에 주자의 대답이 그렇게 말한 것인가? 만

---

48 「성리 1·인물지성기질지성」, 『주자어류』(권4), vol.1, 58쪽.

일 사람과 사물을 함께 가리키며 말했다면 이것은 그 나뉨은 비록 다르지만 그 천명의 성이라는 점에서는 하나이지, 치우침과 온전함의 차이가 있는 것이 아니라는 말이 아니겠는가? 사람으로 말한다면 그 기질은 비록 어둡고 밝은 차이가 있지만, 그 커다란 나뉨[大分]은 모두 바르고 통한 것을 얻었고, 그 빼어난 것을 얻었다. 그러므로 모두 나와 같은 종류이자 그 성은 온전치 않음이 없고, 진실로 치우쳤다거나 온전하다거나 논할 것이 없는 것이다. 만일 사물을 겸해서 말했다면 그 기에는 트이고 막힌 차이가 있고, 그 형태에는 구부러지고 곧은 차이가 있으며, 그 종류에는 귀하고 천함의 차이가 있으니, 그 성이라고 어찌 분별이 없을 것인가? 그렇지만 또한 태극이 없을 수 없고, 건순오상의 덕이 없을 수 없다면 또한 치우치고 온전함의 차이가 잇는 것이 아니니, 이것이 바로 '하늘이 명한 본연에는 처음부터 간격이 없다'는 것이다.(『중용혹문』)[49]

주자의 뜻은 이 두 가지를 벗어나지 않는다. 만일 이것만을 붙잡고서 마침내 사람과 사물의 성은 실제로 형기에 따라 각각 부여되지 않고, 치우치고 온전함을 구별하지 않고 함께 뒤섞어 하나로만 여긴다면 결코 주자의 뜻은 아닐 것이다. 주자는 '인의예지가 어찌 사물이라고 없겠는가? 다만 치우쳐 온전하지 못할 뿐이다'고 했고[50], 또 '리는 치우쳤다, 바르다, 통한다, 막혔다고 논할 수 없다. 기품이 이미 다르게 되면 기의 치우친 것은 다만 이치의 치우친 것을 얻을 뿐이다'고 했으며[51], 또 "같

49 『중용혹문』, 『주자전서』 vol.6, 551쪽.

50 인의예지가…뿐이다: 『주자어류』의 기록에 따르면 주희는 "인의예지가 어찌 사물이라고 없겠는가? 다만 치우쳤을 뿐이다[仁義禮智 物豈不有 但偏耳]"고 말하고 있을 뿐 '이부전(而不全)'이란 세 글자는 애초에 없었다. 「중용 1·제1장」, 『주자어류』(권62), vol.4, 1492쪽.

은 바닷물을 어떤 사람은 한 표주박만큼 가져가고, 어떤 사람은 한 통만큼 가져가고, 어떤 사람은 한 그릇만큼 가져간다고 하더라도, 모두가 원래의 바닷물인 것과 같다"고 했다.[52] 인의예지를 사물이라고 어찌 가지지 않겠는가라고 했느니 이는 즉 치우치고 온전함이 없다는 설명이다. 그러나 '다만 치우쳐 온전하지 못하다'고 했으니, 이것은 똑같이 갖고 있는 인의예지에 그 자체로 치우침과 온전함의 구분이 있다는 것이다. '리는 치우침과 바름, 통함과 막힘으로 논할 수 없다'는 것 또한 치우침과 온전함이 있지 않다는 설명이다. 그러나 '기의 치우침은 다만 리의 치우침을 얻었을 뿐이다'고 한다면 이것은 (기가) 얻은 리에도 치우침과 온전함의 구분이 있다는 것이다. 한 표주박, 한 통, 한 그릇이라고 한다면 이것은 치우침과 온전함이 구별되지 않을 수 없다는 것이지만, '모두가 같은 바닷물'이라고 한다면 또한 치우침과 온전함이 있다는 설명이 아니다.

비록 치우침과 온전함의 구분이 있지만, 또한 치우침과 온전함의 차이가 있는 것이 아니다. 같으면서 다르고, 다르면서 같으니 이것이 리의 나뉨이 서로를 포함하고, 모든 것과 하나가 각각 올바른 본연의 오묘함이다. 한낮 같음이 본연이 되는 줄을 알 뿐 다름이 본연이 되는 것을 알지 못한다면 '같음'이란 결국 형기의 영역을 벗어난 것이 될 것이니, 허공 중에 매달린 헛된 자리[虛位]가 아니라면 무엇이겠는가? 같음을 주장하면서 차이를 폐기하고, 하나만 붙잡고 다른 모든 주장을 폐기하니, 다른 모든 주장들이 주자가 말한 뜻을 다 궁구하지 못해서, 남의 말을 다

51 「답두인중」, 『주자대전』 권62, 『주자전서』 vol.23, 3000쪽 참조.
52 「이기 상·태극천지 상」, 『주자어류』(권1) vol.1, 2~3쪽.

궁구하지 못한다고 다른 사람을 꾸짖는 것인가?

이미 치우침이 본연이 아니라고 했다면 온전함 역시 본연이 아닌 것으로 귀결될 수밖에 없다. 바르고 통한 것이 귀한 것은 그들이 본연의 온전함을 얻었기 때문이다. 저 치우치고 막힌 것도 바로 본연의 치우침을 얻었기 때문에 천대하는 것이라면 이것은 '이미 받지 못했다면 저절로 할 수도 없다'는 말과 '기의 치우침은 다만 리의 치우침을 얻었을 뿐이다'는 것일 뿐이다. 『역』의 '각각 성과 명을 바룬다'는 구절에 대해 『주역본의』에서는 또 "'각각 바룬다는 것[各正]'은 생명이 태어나는 처음에 얻는다는 말이다"라고 했다. 이 또한 『장구』의 "각각 부여된 것을 얻는다"는 말이다. 그러므로 '그 본연의 온전함을 얻는다'고 할 때의 '득(得)'자는 진실로 주자에게서 그 법도를 전수받은 것이다. 그런데 이제 '득'자를 '전(全)'라고 바꾸고서 '능히 그 본연의 성을 온전히 할 수 있다'라고 한다면, 이 '전(全)'자는 '온전히 한다[全之]는 뜻이다. 그렇다면 온전히 하는 자는 누구란 말인가? 리가 스스로를 온전하게 하는 것이 아니라면, 이는 바로 기가 능히 온전하게 한다는 것이다. 리에 본연의 나뉨이 없는데 기가 능히 온전케 하면 온전해지고, 기가 능히 치우치게 하면 치우친다면 사람과 사물을 주장하는 것은 리인가? 기인가?

問者所謂氣質不同, 專就人上說, 故朱子之答云然耶. 若竝指人物而言, 則莫是以其分雖殊, 其爲天命之性則一也, 非有偏全之異而云然耶. 蓋以人言, 則其氣質雖有昏明之不同, 而其大分則皆得其正通者, 得其秀者, 故皆與我同類, 而其性無不全, 固無偏全之可論. 若竝言物, 則其氣有開塞之殊, 其形有横直之異, 而其類有貴賤之不同, 則其性安得無分別, 然亦莫不有太極, 莫不有健順五常之德, 則亦非有偏全之不同, 正所謂天命之本然, 初無間隔者也.(中庸或問) 朱子之意, 蓋不出此兩端. 若執此而遂謂人物之性無隨形各賦之實而混同, 無偏全之分, 則決非朱子之意也. 朱子曰仁義禮智, 物豈不有, 但偏而不全耳. 又曰理不可以偏正通塞論, 而氣稟旣殊, 則氣之偏者, 只是得理之偏. 又曰如一海水, 或取得一 杓, 或取得一擔, 或取得一椀, 都是這海水. 夫所謂仁義禮智, 物豈不有, 卽非有偏全之說也. 而曰但偏而不全, 則是同有底仁義禮智自有偏全之分也. 所謂理不可以偏正通塞論, 亦非有偏全之說也. 而曰氣之偏者, 只是得理之偏, 則是所得之理, 亦有偏全之分也. 或一杓, 或一擔, 或一椀, 則是卽偏全之不容無分者, 而曰都是這海水, 則又非有偏全之說也. 蓋非有偏全, 而又不容無偏全之分, 雖有偏全之分, 而又非有偏全之異, 同而異, 異而同, 此理分相涵萬一各正底本然之妙也. 徒知同者之爲本然, 而不知異者之爲本然, 則所謂同者, 畢竟歸於離形氣之地, 非懸空之虛位而何哉. 主同而廢異, 執一而廢百, 自不能 盡乎朱子立言之意, 而乃譏人以不盡人之言耶. 旣以偏者謂非本然, 則全者不得不歸於非本然之科也. 所貴乎正通者, 以其得本然之全也. 彼偏塞者, 正以其得本然之偏, 故賤之矣. 卽所謂不曾受得自是不能做得, 與夫氣之偏者, 只是得理之偏者耳. 易之各正性命, 本義又曰, 各正得於有生之初, 亦章句各得其所賦之謂也. 然則得其本然之全, 此得字實傳法於朱子者. 今欲改得爲全而曰能全其本然之性, 則是全也, 全之也, 全之者, 誰也. 非理之自全也, 乃氣能全之也, 理無本然之分, 而氣能全之則全, 氣能偏之則偏, 主張人物者, 理歟, 氣歟.

기정진: 치우침과 온전함이란 선한 측면을 가리킨다. 이는 마치 틈과 같아서 틈에 크고 작은 차이가 있지만 달빛은 그대로인 것과 같다. 또

그릇에는 네모지고 동그란 차이가 있지만 물의 본성은 모두 어떻게 본연이 아니겠는가?

偏全, 指善一邊, 如孔隙雖有大小, 而月光自若. 盤盂雖有方圓, 而水性無恙, 豈不是本然.

전우: 이 말이 진실하다면 벌이나 호랑이에게 과연 인의가 있으며, 그 인의가 요순주공의 인의와 조금도 차이가 없다는 것이 된다. 그렇다면 주자는 어째서 인의예지의 빼어난 것은 사람과 사물이 다르다고 했단 말인가?

信斯言也, 蜂虎果然之仁義, 堯舜周孔之仁義, 毫無殊別矣. 然則朱子何以言仁義禮智之粹然者, 人與物異乎.

정재규: 치우침과 온전함이 모두 선한 한 측면을 가리킨다. 이것은 바로 주자가 말한 인의예지의 빼어난 것은 사람과 사물이 다르다는 한 마디에서 또한 알 수 있다. 인의예지의 빼어난 것은 사람만이 갖는다고 하지 않고, 다만 사람과 사물이 다르다고만 했으니, 그 다른 것은 다만 인의예지의 빼어남이 다를 뿐이다. 또 이 말을 지각운동의 미세한 움직임은 사람과 사물이 같다는 말과 상대해서 한 말이니, 그 같다는 것은 미세한 움직임이 같다는 것이요, 그 다르다는 것은 빼어남이 다르다는 것이다. 똑같이 빼어나지만 그 나뉨은 다르니, 이것은 인의예지를 사물이 어찌 갖지 않겠는가마는, 다만 치우쳐서 온전치 못할 뿐이라는 설명이다. 이것은 또한 사람과 사물이 생겨나면서 제각각 부여된 이치를 얻어 건순·오상의 덕을 삼는다는 설명이기도 한 것이다. 비록 치우쳐 온전치

않다지만 똑같이 오상의 덕이 되는 것인데 어떻게 선하지 않은 것이 있겠는가? 주자는 또 "조수와 초목은 겨우 형기의 치우친 것을 얻었을 뿐이지만, 그들의 지각과 운동, 피었다 시들고, 피었다 떨어지는 것 또한 모두 그들의 성을 따라 각각 자연의 이치가 있는 것이다. 호랑이와 이리의 부자 관계, 개미와 벌의 군신 관계, 승냥이와 수달의 어버이에 보답하는 관계, 물수리와 비둘기의 (부부) 유별의 관계에도 또한 그 얻은 의리를 보존하고 있으니, 더욱 천명의 본래 그러하고 또 도가 여기에 있지 않음이 없음을 알 수 있다"고 말했으니, 모두 선한 한 측면을 가리켜 말한 것이다.[53]

비록 모두 선한 한 측면을 가리켰다고 하지만 '치우쳐 온전치 못하다'고 말하면 사람과 사물의 구분이 이미 뚜렷한 것이다. 벌과 호랑이의 그러한 인의로 요순·주공의 인의에 견주어 논의한들, 분별이 없다고 꾸짖는 것이 과연 말이 되겠는가? 치우침과 온전함을 떠나서 본연을 말하면서 '사람과 사물은 똑같은 오상을 갖는다'고 한다면 개미와 호랑이의 인의와 요순의 인의는 과연 조금의 차이도 없을 것이다. 개미와 호랑이에 대한 이런 주장은 넘어뜨린 창에 자기가 다치는 격이 아니겠는가? 이것은 한낮 인의예지가 하나의 이치[一理]인줄만 알고 인의예지에 그 자체로 나뉨의 차이[分殊]가 있는 줄을 아지 못하는 것이다. 일리와 분수가 서로 떨어졌으니, 아! 가린 지 오래되었구나.

偏全, 皆指善一邊, 正於朱子所謂仁義禮智之粹然者人與物異一語, 亦可以知之矣. 不曰仁義禮智之粹然者人所獨有, 而但曰人與物異, 則其異

53 조수와… 알 수 있다: 『중용혹문』, 『주자전서』 vol.6, 551쪽 참조.

者, 只是仁義禮智之粹然者異也. 且此與知覺運動之蠢然者, 人與物同對下說來, 則其同者蠢然者同也, 其異者粹然者異也. 同是粹然, 而其分則異, 此卽仁義禮智, 物豈不有但偏而不全之說也. 亦人物之生, 各得其所賦之理, 以爲健順五常之德之說也. 雖偏而不全, 同爲五常之德, 而豈有不善者乎. 朱子又言鳥獸草木僅得形氣之偏, 而其知覺運動榮悴開落, 亦皆循其性而各有自然之理焉. 至於虎狼之父子, 蠭蟻之君臣, 豺獺之報本, 雎鳩之有別, 又有以存其義理之所得, 尤可以見天命之本然而道未嘗不在是者, 皆指善一邊而言也. 雖皆指善一邊, 而曰偏而不全, 則人物之分已判然矣, 而以蠭虎果然之仁義比議於堯舜周孔之仁義, 而譏以無別者, 是果成說乎. 離 偏全而說本然, 曰人物同五常, 則蟻虎之仁義與堯舜之仁義果毫無殊別也,蟻虎之說, 不幾於倒戈而自攻乎. 是蓋由徒知仁義禮智之爲一理, 而不知仁義禮智之自有分殊也, 理分相離, 噫, 蔽也久矣.

기정진: 기질은 선과 악을 겸했으니, 마치 진흙탕 물이 맑고 탁한 것이 갖가지로 뒤섞였고, 창문에 비친 달빛은 밝고 어두움이 다양한 것과 같다. 치우치고 온전함을 기질이라고 말하는 것은 어떻게 치우침과 온전함에 빠진 것이 아니겠는가?

氣質, 是兼善惡, 如和泥之水稠淸百層, 隔囱之月明暗多般. 以偏全爲氣質, 豈不低陷了偏全.

전우: 요순과 공자의 온전함은 진실로 본연이라 할 것이다. 그러나 백이(伯夷)·유하혜(柳下惠)가 맑고 조화로움에 치우치고, 안자(顔子)와 민자건(閔子騫)이 본체를 갖추었으되 미약하며, 자유(子游)와 자하(子夏)가

겨우 하나의 본체만을 갖추었으니, 어찌 기질에서 말미암은 것이 아니겠는가? 이러한 경우는 선악을 겸했다고 말할 수 없을 것이다. 사람조차도 이와 같은 데 하물며 미물이야 더할 나위 있겠는가? 지금 치우침과 온전함을 기질이라고 여기지 않는다고 하니 끝내 의심스럽다.

堯舜孔子之全, 固當爲本然. 至於夷惠之偏於淸和, 顔閔之具體而微,游夏之僅有一體, 則豈非由於氣質乎. 此類不可謂兼善惡也. 人猶如此, 況於微物乎. 今不欲以偏全爲氣質, 恐終可疑.

정재규: 성이 사람은 온전하고, 사물은 치우쳤다고 논하면서 언제나 사람의 기질이 고르지 않다는 것으로 반박하는 것은 정말이지 사람이 낮에 말하는 것을 듣고서 오히려 밤에 말한 것으로 반박하는 격이다. 이미 위에서 다 말했기 때문에 반드시 다시 변론할 필요는 없다. 다만 기질이 선악을 겸한다는 것은 주자(周子)·정자(程子) 이래로 여러 차례 말한 것으로 한 두 번에 그치는 것도 아닌데도 의심하는 것은 어째서인가? 기질로 말한다면 백이·유하혜의 맑고 조화로움, 안자와 민자건이 본체를 갖춘 것, 자유와 자하가 겨우 하나의 본체만을 갖춘 것뿐만이 아니라, 비록 요순이나 공자의 온전함이라 할지라도 또한 기질에서 말미암았다고 할 수 있다. 다만 그들이 품부한 것이 최고로 맑아서 탁한 면이 없고, 최고로 빼어나서 기타 잡박한 것이 없기 때문에 온전한 본체가 밝게 드러나, 그들의 본연을 완전히 발휘할 수 있었던 것이다. 낙가(洛家)들이 온전함을 겸한 것을 기질이라고 한다는 말이 이런 뜻이다. 그러나 그 온전함은 바로 성의 본연이 되는 것이다. 만일 백이가 맑고 또 조화로움을 결여하고 있으며, 유하혜가 조화롭기만 하고 맑음

을 결여하고 있다면, 그들이 결여한 측면에는 오히려 선하지 못한 점이 있는 것이요, 그들이 맑고 조화로운 것은 선한 것이다. 안자와 민자건은 본체를 갖추었지만 미약했으니, 미약했다면 이는 오히려 조금 찌꺼기가 있어 교화되지 않은 것이니, 선하지 못하다고 하는데 지장이 없다. 그러나 본체를 갖춘 점은 선하다. 자유와 자유가 겨우 하나의 본체만을 갖추었으니, 그들이 얻지 못한 측면은 본시 선하지 못하고, 그들이 얻은 것은 즉 선하다. 이러한 종류의 것들을 선악을 겸하지 않고서 말할 수 있겠는가?

"사람조차도 이와 같은 데 하물며 미물이야 더할 나위 있겠는가?"라는 구절은 무엇을 말하는지 모르겠다. 혹 위대한 현자[大賢] 이하의 사람들조차 기질에 의해 구속당해 그 성의 본연을 온전히 얻지 못하는데, 하물며 치우친 미물로 그 본연을 논할 수 있겠는가라는 뜻인가? 만일 이렇다면 더욱 잘못인 듯하다. 주자는 "(사물은) 단지 이 한 곳에서만 통하기 때문에 오히려 전일할 수 있지만, 사람은 도리어 일마다 이해하면서 이런 것을 얻어야 하기 때문에 오히려 평범해지고, 이 때문에 쉽사리 어지럽게 되는 것이다"라고 말했다.("호랑이와 이리의 부자 관계, 개미와 벌의 군신 관계, 승냥이와 수달의 어버이에 대한 보답, 물수리과 비둘기의 부부 관계 등은, 사물이 비록 그 치우친 한쪽을 얻었다지만 철두철미하게 의리의 올바름을 얻은 것입니다. 그런데 사람은 당연히 이 천명의 온전한 본체를 갖추었음에도 물욕과 기품에 의해 어지럽게 되어, 도리어 사물이 그들의 치우친 한쪽에 통달해서 완전하게 발휘하는 것처럼 하지 못하는 것은 어째서입니까?"라는 물음에 대해 주자가 위와 같이 대답한 것이다.)[54] 이것은 기질에 의해 어지럽게 되고 가리는 것이 사람이 사

54 「성리 1·인물지성기질지성」, 『주자어류』(권4), vol.1, 60쪽 참조.

물보다 심하다는 것이니, 사물의 경우에는 각각 그들이 얻은 치우침을 온전히 하기 때문이다. 치우침이 본연이라는 것은 여기에서 더욱 잘 알 수 있다.

論性之人全物偏, 而每每說人之氣質不齊以反之, 眞所謂見人說晝底, 却將夜底說以反之者也. 已悉於上, 不必復辨, 而但氣質兼善惡, 自周程以來累言而不一言, 而亦疑之, 何也. 以氣質言, 則不惟夷惠淸和, 顔閔具體, 游夏一體, 雖堯舜孔子之全, 亦可謂由於氣質, 惟其所稟極淸無濁, 極粹無駁, 故全體昭著, 能盡其本然, 洛家所以竝全謂氣質者此也. 然其全則乃所性之本然也. 若夷淸而欠於和, 惠和而欠於淸, 其欠處猶有所未善也, 其淸和則善也, 顔閔之具體而微, 微則猶有些査滓未化, 不害爲未善也. 其具體則善也. 游夏之得一體, 其未得處固未善也, 其得則善也. 此類可不兼善惡而言乎. 人猶如此, 況於微物, 此句不省何謂, 抑以爲大賢以下猶爲氣質所拘, 不得全其性之本然, 況以微物之偏而可論其本然耶. 若是則恐失之尤遠矣. 朱子曰只有這一處通, 便却專, 人卻事事理會得些, 便却泛泛所以易昏.(問虎狼蜂蟻之類, 雖其一偏, 然徹頭徹尾得義理之正, 人合下具此天命之全體, 而爲物欲氣質所昏, 反不能如物之能通其一處而全盡, 何也. 朱子答曰云云.) 是則氣質之昏蔽, 人爲甚於物, 而物則各全其所得之偏也, 偏之爲本然, 於此尤可見矣.

기정진: 기질의 성을 군자는 성으로 여기지 않는 것이다.[55] 그렇다고

55 "형체가 있은 다음에 기질의 본성이 있다. 잘 돌이키면 천지의 본성을 보존할 수 있다. 그러므로 기질의 성은 군자가 본성이라고 여기지 않은 것이다[形而後有氣質之性, 善反之則天地之性存焉. 故氣質之性, 君子有弗性者焉]" 張載, 「誠明·正蒙」, 『張載集』(臺北: 漢京文化事業有限公司), 23쪽.

사람과 사물의 치우치고 온전한 성 또한 군자는 성으로 여기지 않는 것인가?

氣質之性, 君子有弗性者焉. 人物偏全之性, 君子亦有弗性焉者乎.

전우: 기질의 성을 군자는 성으로 여기지 않는다는 것은 본래 횡거 선생(橫渠先生)의 말이다. 선생은 또 "무릇 사물은 이 성이 없는 것이 없다. 다만 통하고 가리우고, 열리고 막힌 것으로 말미암아 사람과 사물의 구별이 있는 것이고, 가리움에 박하고 두터움이 있기 때문에 지혜로운 이와 어리석은 이의 구별이 있다"고 했다.[56] 이제 위의 한 단락을 치우침과 온전함이라 여겨 본연의 성에 소속시키고, 아래의 한 단락은 기질이라고 여겨, 내려서 '성으로 여기지 않는 부류'로 만든다면 문자의 의미와 사리가 모두 노사의 말과 같을 수는 없을 것이다. '기질이 다르다면 천명의 성에는 치우침과 온전함이 있습니까'라는 물음에 주자는 "치우침과 온전함이 있는 것이 아니다"라고 대답했다. 치우치고 온전한 성이 어찌 주자가 성으로 여기지 않는 것이 아니겠는가? 여기에 근거하면 남당(南塘: 韓元震)과 노사(蘆沙)의 두 가지 설명은 다시 생각해 보아야 할 것이다. 아마도 천고의 성인들이 바꿀 수 없는 정론이라고 할 수는 없을 것 같다.

氣質之性, 君子有弗性者焉, 本橫渠先生語. 先生又嘗言, 凡物莫不有是性, 由通蔽開塞, 所以有人物之別, 由蔽有厚薄, 故有知愚之別. 今以上一股爲偏全而屬於本然之性, 下一股爲氣質而降爲弗性之科, 恐文義事理, 俱

56 「습유(拾遺)·성리습유(性理拾遺)」, 『장재집』 374쪽.

難如蘆沙之言矣. 問氣質不同, 則天命之性, 有偏全否. 朱子曰, 非有偏全. 偏全之性, 豈非朱子之所弗性焉者乎. 據此則南塘蘆沙兩說, 似當更加商確, 恐未可認爲千聖不易之論也.

장자(張子)는 "사물에는 이 성이 없는 것이 없다"고 했으니, 이 성이란 어떤 성인가? 천명의 성이 아닌가? '통하고 가리우고, 열리고 막힘으로 인해 사람과 사물의 구별이 있다'는 이 구절은 '사물에는 이 성이 없는 것이 없다'는 말에 나아가 사람과 사물을 크게 구별한 것이다. '가리움에 박하고 두터움이 있기 때문에 지혜로운 이와 어리석은 이의 구별이 있다'는 구절은 또 '사람과 사물의 큰 구별'이란 측면에서 지혜롭고 어리석음과 타고나면서부터의 품부의 차이를 말한 것이다. 두 구절 모두 형기에 즉해서 말했다. 그러나 형기가 통하고 열려서 사람이 되고, 가리고 막혀서 사물이 되는 이유는 실제로는 천명의 본분이 그런 것이다. 반드시 사람이 되고 사물이 되는 구별이 있은 다음에 사람이 되고 사물이 되는 기가 있는 것이다. 열리고 통한 것이 사람을 이루고, 가리고 막힌 것이 사물을 이루는데, 열리고 통한 것이 모인 것에 리도 또한 부여되어 그 성이 온전한 것이다. 가리고 막힌 것이 모인 것에 리도 또한 부여되어 그 성이 치우치는 것이다. 이것이 바로 주자가 말한 "이 기는 이 리에 의지해서 운행하는데, 이 기가 모이는 곳에 리도 또한 있다"는 것이다.[57] 주자는 또 '막히고 가린 것의 같지 않음'을 말하면서 "'하늘에 근본한 것은 위와 친하고, 땅에 근본한 것은 아래와 친하다'고 하니 예를 들자면

57 「이기 상·태극천지 상」, 『주자어류』(권1) vol.1, 3쪽.

사람의 머리는 위를 향하는 데 그 이유는 가장 신령하기 때문이고, 초목의 머리는 아래를 향하는데 그 이유는 가장 지각이 없기 때문이며, 금수의 머리는 가로로 향하는데, 그 이유는 지각이 없기 때문이다"라고 했다.[58] 이것은 바로 소자(邵子: 邵雍)가 '사람은 곧게 태어나고, 금수는 가로로 태어나며, 초목은 거꾸로 태어난다'는 학설과 같다.

각각 그 종류에 따라 각각 그 형태를 따른다면 각각 그 리를 얻어 각각 그 성을 삼고, 각각 그 도에 따른다. 이것은 바로 정자가 말한 "크거나 작거나 높거나 낮거나 각각 그 종류에 따라 각각 성명을 바룬다"는 것이다.[59] 그렇다면 곧게 태어난 것은 성이 본시 온전하고, 가로로 태어난 것은 성이 본시 치우치며, 거꾸로 태어난 것은 치우친데다 또 치우친다. 치우치고 온전하다는 명목은 비록 형기(形氣)로 인해 확립된 것이지만, 치우치고 온전한 실상은 이 이치의 본래적인 나뉨이다. 그러므로 사물들은 통하고 가리고, 열리고 막인 차이가 있지만 이 성이 없는 것은 없다. 주자는 "기는 성명(性命)이라 말할 수 없지만, 성명은 이로 인해 확립된다"고 했으니[60], 바로 이를 두고 이른 말이다. 예를 들어 지혜롭고 어리석은 차이는 종류도 같고, 근본도 같아서, 그들의 성은 같지 않음이 없지만, 발용(發用)에 이런 다른 점이 있는 것이니, 그것은 다만 기질의 좋고 나쁨과 기질이 일에 쓰이는 것에 기인할 뿐이다. 이런 까닭에 '잘 돌이키는' 노력이 있는 것이다. 그러나 지혜로운 이거나 어리석은 이거나 그들이 얻은 성은 또한 본성이 있는 것이다. 먼저 사물도 이 성을 갖

58 「장자서(張子書) 1」, 『주자어류』(권98), vol.7, 2515쪽.
59 『이천역전』 권1, 『이정집』 vol.2, 697~698쪽.
60 「답정자상」, 『주자대전』 권56, 『주자전서』 vol.23, 2688쪽.

지 않음이 없다고 하고, 다음으로 사람과 사물이 구분되는 이유를 말했으며, 그 다음 지혜로운 이와 어리석은 이가 태어나며 품수한 것의 유래가 다르다는 것을 말했으니, 말에는 순서가 있고 사리는 완비되어 진정으로 『중용장구』에서 먼저 천명이 형체를 이루고 이치를 부여한 것을 말하고, 다음 성을 각각 얻고 도를 각각 따름을 말했으며, 그 다음 기질의 지나치고 모자람을 말한 것과 같다. 치우침과 온전함을 떠나서 사람과 사물의 오상이 같다고 말한다면, 이것은 인도(人道)를 개나 소와 똑같이 만들려는 것이다. 어째서 고생스럽게 사람과 사물의 구분이 일정하고, 바꿀 수 없는 것을 기질로 바꾼 다음에야 마음에 만족하려 한단 말인가? 진실로 이해할 수 없는 일이다.

천명의 성은 치우침이나 온전함이 없다고 해서, 여기에 근거해서 치우치거나 온전한 성은 주자가 성으로 인정하지 않은 것이다고 한다면 인의예지가 치우쳐 온전치 못한 것과 인의예지를 품수한 것이 어떻게 사물이 얻어 온전할 수 있을 것인가? 또한 기가 치우친 자가 이치도 치우친다는 것 역시 주자가 성으로 인정하지 않은 것이란 말인가? '치우치거나 온전함이 있지 않다'는 말은 온전한 것도 오상이요, 치우친 것도 오상이란 말로서 치우침과 온전함이 차이가 있지 않다는 말일 뿐이다. 그 뜻을 궁구하지 않고 그 말에만 그친다면 고수(高叟)가 시를 짓는 격에 가깝지 않겠는가? 또 남당(南塘)도 본시 치우침과 온전함을 본연(本然)이라 여겼다. 그러나 그가 본연이라고 여기는 뜻과 「납량사의」와는 현격한 차이가 있는데도, 이제 똑같이 간주하고 꾸짖고 있으니 가죽만 보고서 몸뚱아리를 잊은 격이니 또한 거리가 멀지 않는가!

張子言凡物莫不有是性, 是性, 何性也. 非天命之性耶. 由通蔽開塞, 所以有人物之別, 此句是就凡物莫不有性上言人物之大分也. 由蔽有厚薄, 故有知愚之別, 此句又就人物大分上言知愚生稟之異也. 上下兩句, 皆卽形氣而言, 然形氣之所以通開而爲人蔽塞而爲物, 實天命之本分然也. 必先有爲人爲物之分, 而乃有爲人爲物之氣開通底成人蔽塞底成物, 開通之所聚, 理亦賦焉而其性全, 蔽塞之所聚, 理亦賦焉而其性偏, 正朱子所謂此氣依傍這理行, 及此氣聚則理亦在焉者也. 且朱子又言通蔽不同, 而曰本乎天者親上, 本乎地者親下, 如人頭向上, 所以最靈, 草木頭向下, 所以最無知, 禽獸之頭橫了, 所以無知, 此卽邵子人直生禽獸橫生草木倒生之說也. 各以其類, 各隨其形, 則各得其理, 而各爲其性, 各循其道, 正程子所謂洪纖高下, 各以其類, 各正性命者也. 然則直生者, 其性固全也, 橫生者, 其性固偏也, 倒生者, 偏而又偏也. 偏全之名, 雖因形氣, 而立偏全之實, 乃此理之本分, 故凡物雖有通蔽開塞之別, 而莫不有是性, 朱子言氣不可謂之性命, 但性命因此而立, 正謂此也. 若知愚之別, 則同類同本, 其性無不同, 而發用有此不同, 則固緣氣質之美惡用事耳. 是以有善反之功也. 然知者愚者, 所得之性, 亦只是莫不有之本性也. 先言凡物莫不有是性, 而次言人物之所以分, 次言知愚生稟之所由別, 語有次第, 事理完備, 正如中庸章句先言天命之成形賦理, 而次言性道之各得各循, 次言氣質之過不及也. 蓋離偏全而言人物同五常, 則是欲同人道於犬牛也. 何苦苦將人物之大分一定不可易底, 而喚做氣質, 然後快於心歟. 誠不可曉也. 天命之性, 非有偏全, 據此而謂偏全之性朱子之所不性焉, 則仁義禮智之偏而不全, 及仁義禮智之稟, 豈物之所得以全, 及氣之偏者得理之偏者, 亦朱子之所不性焉者乎. 非有偏全, 蓋謂全亦五常, 偏亦五常, 非有偏全之異云爾. 不究其意, 而以辭而已, 則不幾於高叟之爲詩乎. 且南塘固亦以偏全爲本然, 然其所以爲本然之意與涼議逈別矣, 而今以同科譏之, 見皮而忘髓, 不亦踈乎.

기정진: 이치에 대해 이미 모든 일의 본령이라고 말했는데, 기는 어떤 사물이길래, 홀로 나와 다르게 배치되는 방향으로 가는 것인가? 근세의 여러 선생들이 '이치가 나뉜다[理分]'는 주장을 처음 시작했으니, 모두 '너만이 한결같이 나와 다르다'는 의론인 것이다. 그 폐단은 기가 이치에게서 명을 받지 않고, 이치가 거꾸로 기에게서 재제를 당한다는 것이니, 천명의 성이란 한낱 빈 말이 될 뿐이다.

理旣云萬事本領, 氣是甚樣物事, 乃獨你一我殊背馳去. 近世諸先生坼開理分, 大抵皆你一我殊之論, 其蔽也氣無聽命於理, 理反取裁於氣, 天命之性, 徒爲虛語耳.

전우: '이치는 하나이지만 나뉘면 달라진다'는 말은 본래 이치 가운데의 일이다[理中事]. '분수(分殊)'에 대해 선현들은 곧바로 기가 다른 곳에 나아가 말한 것이 아주 많다. 지금 틈 사이의 빛으로 비유한다면, 틈이 길거나 짧거나 크거나 작은 것은 그 자체로 다르지만, (그 속에 비치는 빛은) 단지 이 빛일 뿐이다.(『어류』에 보인다.[61]) '단지 이 빛일 뿐이다'는 것은 '이일(理一)'이요, 틈이 자체로 다르다는 것은 '분수'이다.(주자는 「답여방숙」에서 사람과 짐승, 비쩍 마른 풀과 나무를 일일이 거론한 다음 이렇게 말했다. "비록 그들이 나뉘어서 다르지만 그 이치는 같지 않음이 없다."[62] 이 또한 이기를 이일분수에 구별해서 소속시킨 것으로, 이러한 종류의 것은 아주 많아서 다 거론할 수

---

61 「성리 1·인물지성기질지성」, 『주자어류』(권4), vol.1, 58쪽 참조.

62 「답여방숙」, 『주자대전』 권59, 『주자전서』 vol.23, 2854쪽.

없다.) 이 구절과 앞 문단의 주장을 둘 다 병치시켜도 서로 장애가 되지 않는다. 심지어 천명의 성조차도 충분히 크고 온전하며, 충분히 선하다고 하더라도 차이가 있는 형기에 부여되지 못하면 그 본연을 성취할 수 없다. 비록 이것이 성의 본체[性體]라도 기의 작용[氣用] 또한 이와 같으니, 이치는 약하고 기는 강하므로 가림이 없을 수 없는 것이다. 만일 '분수'를 온통 이치에만 귀속시킨다면 이치는 과연 기를 호령하고, 기는 과연 리에 따라 순종해서, 다시는 다스려지지 않는 나라가 없고, 다시 악을 저지르는 사람이 없단 말인가? 아마도 이와 같이 주장할 수는 없을 것이다.

理一分殊, 固是理中事, 然分殊, 先賢直就氣異處說者極多. 今且以隙日譬之, 隙之長短大小, 自是不同, 然卻只是此日. 見語類, 只是此日, 理一也. 隙自不同, 分殊也.(朱子答余方叔書, 歷擧人獸草木枯槁而曰, 雖其分之殊, 而其理則未嘗不同. 此亦以理氣區屬於理一分殊. 此類甚多, 不可枚引.) 此與前一義, 可幷行而不相礙也. 至若天命之性, 雖十分大全, 十分至善, 無柰所賦形氣有異, 莫能遂其本然, 雖是性體而氣用, 亦是理弱而氣強, 故不能無蔽也. 若以分殊專歸之理, 則理果號令乎氣, 氣果隨順於理, 而更無不治之國, 更無爲惡之人也乎. 恐難如此立語.

정재규: 선현들이 '분수'를 말한 곳은 많은 경우 형기에 나아가 말했다. 이치는 형상이 없어서, 기가 형체를 이루면 이곳에 이치가 자리 잡기 때문에 성인들이 도리를 설명할 때 비록 형기와 뒤섞어 말하지 않았지만, 또한 형기를 떠나서도 말하지 않았다. 다만 형기에 나아가 절단해서 위·아래를 얻고서, 위를 가리켜 도라 하고, 아래를 가리켜 기(器)라

고 하는 것이다. 정말로 형기를 떠나버리면 비록 성인이라고 할지라도 말할 방법이 없기 때문에 '한 번 음하고 한 번 양하는 것을 도라 한다'고 하고, '사물이 있으면 반드시 법칙이 있다'고 하는 것이 모두 이런 것이다. 주자가 형기에 나아가 '나뉨[分]'을 말한 것도 이런 뜻으로 의미를 찾아야 할 것이다. 이제 또 인용한 틈새와 햇빛의 비유 및 「답여방숙」으로 말하자면, 틈새의 길고 짧음, 크고 작은 것은 비록 형기를 떠나서 말한 것이 아니지만, 틈새의 길고 짧음, 크고 작은 것을 따라 받아들이는 햇빛에 길고 짧음, 크고 작은 차이가 있는 것은 나뉨이 각기 바른 것이다. 길고 짧음, 크고 작음은 비록 다르지만 오히려 '다만 이 햇빛일 뿐이다'는 것은 '이일'이 '분수'에서 벗어나지 않는다는 것이다. 이제 '틈새는 자체로 다른데 이 해를 허공에 매달린 것이라고 추론한다'고 한다면 이것은 이 해의 이면에 본래 빛을 품고서 반드시 (사물을) 비추는 오묘함이 있는 것을 아지 못하는 것이다. 본래 빛을 품고서 반드시 (사물을) 비추는 오묘함은 통체로서 하나의 태극[統體一太極]이요, 품은 빛을 비추는 것은 오히려 단지 이 해일 뿐이다는 것은 '각각 갖춘 하나의 태극[各具一太極]'이다. '리(理)'와 '분(分)'은 일체로서 서로 분리될 수 없다는 것은 여기에서 뚜렷하다. 「답여방숙」에서 "비록 그 나뉨이 다르기는 하지만 그 이치는 일찍부터 같지 않음이 없다"고 했으니, 이것은 나뉨은 비록 다르지만 이치는 하나임을 말한다. "그 나뉨의 차이는 즉 여기에 있는 리가 차이가 없을 수 없다"는 것은 리는 비록 같지만 나뉨은 다르다는 것이다. '그 나뉨[其分]'과 '그 리[其理]'라고 할 때의 '기(其)'자는 사람과 짐승, 풀과 나무, 비쩍마른 것들의 기를 가리킨다. '나뉨'과 '리'는 기에 즉해서 그 본연을 가리킨다. 위 아래의 두 구절이 다른 가운데 같은 점이 있고,

같음 가운데 다른 점이 있다. '리'와 '나뉨'을 설명하면서 빠트린 것이라고는 없다. 저 "'이치는 하나이지만 나뉘면 달라진다'는 말은 본래 이치 가운데의 일이다[理中事]"는 말은 참으로 여기에서 본 것이 있지만, 아래 구절을 끊어 버리고, 위 구절 만을 거론하고서 같다는 것을 주장하면서 다르다는 것을 가리려고 하니, '분수'라는 것은 바로 리 바깥의 일이 되어서, 말이 서로 방해되는 지경에만 그치지 않을 것이다.

"성이 그 본연을 성취하지 못하는 것"은 참으로 기질에 구애되는 것에 달려 있다. 이것이 성인들이 도를 닦고 가르침을 세우면서 각각 그들이 본래 나눠 가진 것으로 인해 재단하고, 부리며, 이치를 중심으로 기를 제어하고[主理而御氣], 다른 것을 변화시켜 같은 데로 되돌리며, 살피고 극복하면서 다스리고 전장에 나간 듯, 얇은 얼음 위를 지나는 듯 잠깐이라고 소홀하지 않는 이유이다. 기질을 품수한 것이 비록 탁하고 잡박함이 있지만 본성의 순수하고 빼어남은 쉬지 않기 때문에 힘써 극복하고 다스리면 변하지 못하는 사람이란 없는 것이다. 이 때문에 "어리석지만 반드시 밝아지고 약하지만 반드시 강해진다"고 하고[63], 또 "어리석은 자라도 생각하면 성인이 될 수 있다"고 하니[64], 만일 버려두면 어찌할 수 없는 영역으로 빠져드는 것이다. 그런데도 "리는 약하고 기는 강하니, 리는 기를 어찌할 수 없다"고 한다면 이것은 바로 자포자기하는 하류의 바보인 것이다. 하물며 형기에 의해 구애된 것을 곧장 '나뉘어 달라진다[分殊]'고 할 때의 '나뉨[分]'이라고 바꾼다면 '정해진 것은 힘쓴다고 해서 바꿀 수 있는 것이 아니다. 성현들이 교정하고 변화시킨다는 도리

63 『중용』 20장 참조.

64 『상서』, 「주서·다방」 17장 참조.

를 설명한 것이 모두 나를 속이는 헛소리가 되어 버리고, 나라가 다스려지지 않고 사람이 악행을 저지르는 것도 거꾸로 일상적인 것으로 여기게 된다. 이와 같다면 천하는 위태로운 지경이 될 것이다.

또 '성의 본체[性體]'와 '기의 작용[氣用]'에 대해 말한 것에 대해서도 한번 폭넓게 생각해 보아야 한다. 혹 본체를 미발(未發)의 이전에 확립하고 '작용[用]'은 이발(已發)의 이후에 확립하려는 것인가? 미발은 기가 일에 쓰이지 않고, 발한다[發]는 것은 기를 타기 때문에 그렇게 말한 것인가? '발한다[發]'는 것은 다만 이 이치가 기를 타고서 발한다는 것일 뿐이다. 이치는 발하는 주인[主]이 되고, 기는 발하는 종복[僕]이 된다. 예를 들어 사람이 말을 타고, 말이 사람을 따라서 길을 가는데, 지금 주인을 버리고 종복으로 이름을 짓고, 사람을 버리고서 말로 이름을 짓는다면 아마도 이름 짓는 뜻에 들어맞지 않는 듯하다. 『중용장구』에서는 "한 가지 본체와 한 가지 작용이 비록 움직이고 고요한 차이는 있지만 반드시 그 본체가 선 뒤에 작용이 행해질 수 있으니, 그렇다면 그 실제는 또한 두 일이 있는 것이 아니다"고 했다.[65] 본체와 작용이 처음부터 두 일이 아니지만 이치와 기는 두 가지 물건[二物]인데, 지금 본체와 작용을 쪼개서 하나는 리라 하고, 하나는 기라 한다면 이것은 체용을 두 일로 만드는 것이다. 주자는 '본래부터 그러한 것으로 아직 드러나지 않은 것은 실다운 이치(實理)의 체(體)이고, 잘 감응하되 헤아릴 수 없는 것은 실다운 이치의 용(用)이다'고 했다.[66] 또 "형이상의 것으로 말한다면 충막(冲漠)한

65 『중용장구』, 『주자전서』 vol.6, 33쪽.

66 『통서』의 '고요하여 움직이지 않는 것은 성(誠)이고 감응하여 드디어 통하는 것은 신이다[寂然不動者 誠也 感而遂通者 神也]'는 구절에 대한 주희의 풀이이다.

것은 본시 본체가 되고, 사물의 사이에 발현한 것은 작용이 된다. 형이하의 것으로 말하자면 사물이 본체가 되고, 그 이치가 발현한 것이 작용이 된다"고 했다.[67] 형상·형하가 모두 이치의 발현으로 작용을 삼으니, 주자가 어찌 이치가 조작이 없고, 기가 능히 타서 오른다고 해서 그랬겠는가? 위주로 삼는 것은 이치에 있지 기에 있지 않았기 때문일 뿐이다.

先賢言分殊處, 大抵多就形氣而言之. 蓋理無形象, 氣之成形, 乃是理之著迹, 故聖人之於道理, 雖不雜形氣而言之, 亦不離形氣而言之. 但就形氣而截斷得上下, 指而上而謂之道, 指而下而謂之器. 苟離了形氣, 則雖聖人無以說出, 故曰一陰一陽之謂道, 曰有物必有則, 皆是也. 朱子之就形氣言分者, 亦當以此義求之矣. 今且以所引隙日之譬, 答余方叔之書言之, 隙之長短大小, 雖不離形氣而言之, 隨隙之長短大小而所受之光自有長短大小之不同, 則此分之各正者也. 長短大小雖不同, 而却只是此日, 則此理一之不外於分殊也. 今曰隙自不同, 而推此日於懸空之地, 則是不知此日裏面本自有容光必照之妙也. 本有容光必照之妙, 是統體一太極也. 容光所照, 却只是此日, 是各具一太極也. 理分一體, 相離不得, 於此已躍如矣. 答余書所謂雖其分之殊而其理則未嘗不同, 此言分雖殊而理則一也. 以其分之殊, 則其理之在是者, 不能不異, 此言理雖同而分則殊也. 其分其理, 其字指人獸草木枯槁之氣也. 分與理, 皆卽氣而指其本然也. 上下兩句, 異中有同, 同中有異, 說得理分無有滲漏, 彼所謂理一分殊, 自是理中事者, 正於此可以看得, 而乃截去下句, 隻擧上句, 欲主同而廢異, 則所謂分殊者, 乃理外事也, 不啻相硋矣. 至若性之不能遂其本然, 誠在於氣質所拘, 此聖 人所

『통서해』, 108~109쪽.

67 「답여자약」, 『주자대전』 권48, 『주자전서』 vol.22, 2226쪽.

以修道立敎, 各因其固有之分以裁之, 使之主理而御氣, 變異而反同, 省察克治, 戰兢臨履, 不敢須臾之少忽也. 氣質之所稟, 雖有濁駁, 本性之純粹者有不息, 故用力而克治之, 則無不可變之人, 是以曰雖愚必明, 雖柔必强, 曰惟狂克念作聖, 若置之無柰何之域, 而曰理弱而氣强, 理無柰氣何, 則直是自暴自棄之下愚也. 況乃以形氣之所拘直喚做分殊之分, 則分之所定, 非用力之可變, 聖賢所以言矯揉變化之道, 皆歸於欺. 余之虛言, 而國之不治, 人之爲惡, 反視以爲常也. 若是, 則天下殆哉岌岌乎. 且性體氣用之云, 恐合有一場大商確者, 抑以體立於未發之前, 用行於已發之後, 未發則氣未用事, 發則乘氣, 故云爾歟. 所謂發者, 只是此理乘氣而發, 理爲發之主, 氣爲發之僕, 如人乘馬, 馬隨人而行, 今舍主而以僕名舍人, 而以馬名, 則恐非命名之義也. 中庸章句曰, 一體一用, 雖有動靜之殊, 必其體立而後用有以行, 則亦非有兩事也. 體用初非兩事, 理氣決是二物, 而今坼體用而一曰理一曰氣, 則是以體用爲兩事矣. 朱子曰, 本然而未發者, 實理之體, 善應而不測者, 實理之用, 又曰以形而上者言之, 則沖漠者, 固爲體, 發 見於事物之間者, 爲之用, 以形而下者言之, 則事物爲體, 而其理之發見者爲之用, 形上形下, 皆以理之發見爲用, 朱子豈不識理無造作氣能乘載而然耶. 以所主者在理, 而不在氣故耳.

기정진: 오상과 인성 물성의 동이에 대해서는 결국 어디에서 정론이 마련되겠습니까? 이르기를 “선각자의 말에서 정론이 마련된다. 주자가 여기에 대해 논한 것이 본시 많다. 네 선생[四子]의 글에 주를 달고 설명한 데서 드러나는데, 논의가 정당해서 쉽사리 잘못되는 기록이나 갑자기 쓴 편지나 상소문 등과 비교할 수 있는 것이 아니다. 사람과 사물

의 오상을 논한 세 경우가 있다. '사람과 사물이 생기면서 반드시 이 이치를 얻은 이후에 건순 인의예지의 성을 가질 수 있다'는 것은 『대학혹문』에 나온다.[68] '사람과 사물이 생기면서 각각 부여된 이치를 얻어 건순 오상의 덕을 삼는다'는 것은 「중용장구」에 나온다.[69] 이 두 조목은 모두 사람과 사물을 구분하지 않았고, 똑같이 설명했으니, 거칠게나마 문리가 통한 사람이라면 애초부터 변론하기 어렵지 않다. 또 '얻어서 성을 삼는다'거나 '얻어서 덕을 삼는다'고 한 것은 모두 '이루는 것이 성이다[成性]'는 말 이하의 단계에 속하는 것이지, '잇는 것이 선이다[繼善]'는 말 이상의 일에 속하는 것이 아니다. 즉 주자의 뜻은 분명하게 사람과 사물의 성을 똑같은 오상으로 여긴 것이다. 유독 맹자의 '타고난 것을 성이라 한다'는 장에 대한 『맹자집주』에서 '인의예지의 빼어난 것은 어떻게 사물이 얻어 온전할 수 있겠는가'라고 했으니[70], 이것은 사람과 사물을 구분한 것이다.(내가 생각하기에 이 주도 사람과 사물을 구분하고만 있는 것은 아니다. 어째서 이렇게 말하는 것인가? 위 문장에서 이미 성은 형이상의 것이라고 말했다. 사람과 사물이 생길 때 이 성을 갖추지 않는 것이 없다고 했는데, 이 성은 어떤 성인가? 즉 인의예지의 성인 것이다. 이 또한 『중용장구』나 『대학혹문』의 설명과 같다. 만일 '사물이 어떻게 얻어 온전할 수 있겠는가'라는 말을 사람과 사물을 구분한 단언이라고 한다면 『중용장구』의 아래 문장에서는 어째서 '기품이 간혹 다르기 때문에 모자라거나 지나치는 차이가 없을 수 없다'고 말하지 않았으며, 『대학혹문』의 아래 문장에서는 어째서 '저들처럼 천해서 사물이 된 것들은 형기에 구애되어 그들의 온전함을 채울 수 없다'고 말하지 않은 것인가? 이 두 조목은 또한 『맹자집주』와 함께 모

68 「대학혹문」, 『주자전서』 vol.6, 507쪽.
69 『중용장구』, 『주자전서』 vol.6, 32쪽.
70 「고자 상」 3장, 『맹자집주』, 『주자전서』 vol.6, 396쪽.

두 다른 뜻이 없다. 내 생각으로는 이 세 곳은 모두 '본체는 같이하지만 작용은 달리한다'는 설명이다.) 그러나, '사물이 어떻게 얻어서 온전하겠는가?'라고만 했지, '사물은 얻지 못한다'고 하지 않았으니, 이 또한 사람과 사물의 오상이 똑같다는 주장이라고 말한 것이다.

주자가 이런 주장을 하는 것이 어떻게 사람의 도를 다른 여러 부류들과 똑같이 만드는 새로운 이론을 주창하기를 좋아해서 이겠는가? 이 이치 이외에 다른 이치란 없으니, 이 까닭에 위로 성현께서 '사람의 본성[人性]'이란 글자를 분명하게 설파해서 만물을 하나로 통일하고, 관통하신 것을 따르면서도 의심치 않는 것이다.(내가 보기에 이상의 논의는 낙가(洛家)들과 똑같다)

그렇다고 할지라도 하나이면서 나뉨이 없다면, 이것은 내가 말하는 '하나'가 아니다. 그래서 『중용혹문』과 『대학혹문』에서 새·짐승·풀·나무 등의 생명체는 겨우 형기(形氣)의 치우침을 얻었을뿐 온전한 본체를 관통하니 못하니, 저렇게 사물이 되는 천한 것들은 치우치고 막힌 형기에 묶여 온전한 본체를 채우지 못한다. 이것이 사람과 사물의 본성이 비록 하나의 이치를 같이할지라도 이치 안의 나뉨과 한계가 없을 수 없기 때문이다.

기는 이치를 받들어 싣는 것이기 때문에 형기를 떠나서 말하지 않더라도, 나누었다 하나로 합쳐도 일찍이 나뉨이 없을 수 없다는 것을 여기에서 알 수 있다. 위아래의 문자의 뜻을 합쳐 보면 '생지위성(生之謂性)'장의 집주와 다른 뜻이 있는 것이 아니다. 뒷사람들이 각기 위쪽이나 아래쪽 일부분을 점유하여 처마가 기울어지게 만드니 이것을 어찌 주자가 예상이나 했겠는가? 사물과 내가 모두 오상을 갖고 있음이 '이치의 하나됨[理之一]'이요, 오상에 치우침·온전함이 있는 것은 하나 안에서의 나뉨[一中之分]이다. 전체를 총괄하는 하나의 극(極)으로부터 이치와 나뉨이 원융하여 사이가 없으므로, 만물에서 본성을 이루는 것이 또한 이와 같은 것이다. 이런 까닭에 선각자들이 본성을 논의할 때 이치가 같다고 말하는 사람이 있는가 하면 이치가 다르다고 말하는 사람도 있지만, 이들의 주장이 서로 어긋나는 것은 아니다. 보편적이고 공정하게 그 신묘함을 논한 것은 끄집어내서 말한 것이요, 참으로 적확하게 그 본체를 가리킨 것은 기에 즉해서 밝힌 것이다. 끄집어내면 이치가 본래 하나이므로 이일(理一)을 위주로 하면서도 온갖 다름을 그 안에 포함하고(내가 생각하기에 '치우쳐 온전치 못한 것'을 온갖 다름이라고 여기는 것은 아주 이해할 수 없다), 기에 즉하면 기는 이미 나뉘었으므로 분수(分殊)를 위주로 해도 이일은 그 사이에 보존된다. 그 사이에 두 종류의 말이 있다고 해서 어떻게 본성에 여러 층위가 있겠는가? 여러 학파에서는 이치와 나뉨이 일체라는 것에 대해 착안하지 못함으로써 다름을 말하면 홀로 오상(五常)을 제멋대로 하고자 하고, 같음을 말하면 치우침과 온전함을 들여다보는 지경에 이르렀으니, 조그마한 차이가 천리만큼 그릇되게 한다는 말을 어찌 믿지 않을 수 있겠는가?

五常人物同異, 竟惡乎定. 曰定於先覺之言, 朱子之論此固多矣. 其見於四子註說者, 則手筆稱停, 非記錄書疏之比. 其言人物五常, 凡有三處. 曰人物之生, 必得是理, 然後有以爲健順仁義禮智之性者, 大學或問也. 人物之生, 各得所賦之理, 以爲健順五常之德者, 中庸章句也. 此皆不區分人物, 一例說去, 粗通文理者, 初不難辨. 且得以爲性, 得以爲德之云, 皆屬成性以下, 而非繼善以上事, 則朱子之意, 明以人物之性爲同五常矣. 獨於孟子生之謂性章集註, 以理言之則仁義禮智之粹然者, 豈物之所得以全哉. 粹然者, 本作稟, 以本作而, 此爲區分人物處.(愚按此註, 亦不專於區分人物, 何以言之. 上文旣言性形而上者, 人物之生, 莫不有是性, 是性何性. 卽所謂仁義禮智之性也. 是亦與章句或問之說同矣. 如以物豈得全, 爲區分人物之斷案, 則章句下文, 豈不曰氣稟或異, 故不能無過不及之差, 或問下文, 豈不曰彼賤以爲物者, 梏於形氣而無以充其全矣乎. 此二條, 又皆與孟註之云, 無些子異意. 愚竊謂三處, 俱是同體異用之說也.) 然而只曰物豈得全, 不言物莫得與, 則此亦人物同五常之說也云云. 朱子之爲此說, 豈喜爲刱新之論, 以同人道於庶類哉. 蓋此理之外, 更無佗理, 是以直以從上聖賢, 四破人性的字, 一萬物而貫之, 不以爲嫌也.(愚按以上所論, 無不與洛家同.) 雖然, 一而無分, 非吾所謂一也. 故庸學或問, 卽言鳥獸草木之生, 僅得形氣之偏, 而不能有以通貫乎全體. 彼賤而爲物者, 梏於形氣之偏塞, 而無以充其本體之全. 此言人物之性雖同此一理, 而理中之分限, 不能無也. 氣所以承載此理, 故雖不離形氣, 而言分而一之。未嘗無分。於此因可見矣。合此上下文義而觀之, 其與生之謂性集註, 亦非有異義也. 後人各占一半, 就生軒輕, 豈失子之所能預料哉. 是知物我均五常者, 理之一也. 五常有偏全者, 一中之分也. 蓋自統體一極理分圓融而無閒, 故其成性於萬物者又如此. 是故先覺論性, 有言理同理不同者, 非相戾也. 共公以論其妙, 則挑出而言之, 眞的以指其體, 則卽氣而明之. 挑出則理本一, 故理一爲主, 而萬殊涵於其中, 以偏而不全者, 爲萬殊, 殊不可曉也. 卽氣則氣已分, 故分殊爲主, 而理一存乎其閒, 自是話有兩般, 何曾性有多層. 諸家緣理分一體處, 未甚著眼, 說異則欲獨擅五常, 說同則乃低視偏全. 差之毫釐, 謬以千里, 豈不信哉.

전우: 『중용혹문』과 『대학혹문』에서 미물(微物)을 말하기만 하고 일반 사람을 함께 거론하지 않았다면 어쩌면 노사의 말과 같을는지도 모르겠다. 이제 그 문장이 분명하게 지혜로운 이와 어리석은 이, 현자와 그렇지 못한 자들의 기품의 차이를 말하고 있고, 또 본성이라 부르는 것에 혼잡스러움이 있기 때문에 그들이 부여받은 올바름을 온전히 할 수 없다고 말하고 있다. 또 명덕이라는 부르는 것이 이미 가려져 그 온전함을 잃지 않을 수 없다고 말하고 있다. 이것은 미물이 통할 수 없어서 채울 수 없다는 것과 말의 일치하고, 사례도 똑같다. '통할 수 없다'는 것과 '채울 수 없다'는 것을 본연의 성에 귀속시키고, '온전히 할 수 없다'는 것과 '그 온전함을 잃었다'는 것을 기질의 성에 귀속시키면 또한 그 공평함을 잃었다는 의심은 없을 것이다. 만일 노사에게 성인과 일반인이 덕성을 균등하게 가진 것이 이치의 하나됨이요, 덕성에 치우침과 온전함이 있는 것이 '하나의 나뉨'이냐고 묻는다면 그렇다고 대답할 것인가? 그렇지 않다고 대답할 것인가?

庸學或問, 若單言微物, 而不並擧衆人, 則猶或可如蘆沙之言矣. 今其文明明言智愚賢否稟氣之異, 而曰於其所謂性者, 有所昏雜, 而無以全其所受之正. 又曰其所謂明德者, 已不能無蔽, 而失其全矣. 此與微物之不能通無以充者, 語意一致, 類例無二, 而以不能通無以充. 歸之本然之性, 無以全失其全, 歸之氣質之性, 則無亦有失其平之嫌乎. 又有人質於蘆沙曰, 聖凡均德性者, 理之一也, 德性有偏全者, 一之分也, 則將應之曰, 然乎否乎.

정재규: 『중용혹문』과 『대학혹문』에서 먼저 사람과 사물이 똑같이 이 이치를 얻어서 성을 삼았다고 말하고, 이어서 '하늘이 만물에게 부여

하고서 그만두지 못한다'(『중용혹문』)고 하고[71], '반드시 이 이치가 있은 다음에 이 기가 있다'(『대학혹문』)고 말한 것은 '이일 가운데 분수'를 말한 것이다.[72] '비록 기품의 차이가 있지만 그 이치는 같지 않음이 없다'(『중용혹문』)고 하고[73], '사물을 낳음에 미쳐서는 또 반드시 이 기가 모인 것으로 인해 이 형체가 있기 때문에 반드시 이 이치를 얻어서 성을 삼는다'(『대학혹문』)고 한 것은 '분수 가운데 이일'을 말한 것이다.[74] 이것이 보편적인 공평함으로 그 신묘함을 말한 것이다.

다음으로 사람과 사물의 본성이 각각 형기로 인해 나뉨이 없을 수 없음을 말하면서 '형기의 올바른 것을 얻어 본성이 갖춰지지 않음이 없고, 형기의 치우친 것을 얻었으되 각각 자연스러운 이치가 있다. 호랑이·개미·승냥이·비둘기에 이르러서도 그 얻은 의리를 보존할 수 있다'(『중용혹문』)고 하고[75], '그 기의 치우치고 막힌 것을 얻은 것은 그 본체의 온전함을 채울 수 없고, 그 기의 바르고 통한 것을 얻은 것은 그 본성이 가장 귀하다'(『대학혹문』)고 한 것은 사람과 사물이 큰 나뉨을 말한 것이다.[76]

---

71 『중용혹문』, 『주자전서』 vol.6, 550쪽.

72 반드시…기가 있다: 『대학혹문』, 『주자전서』 vol.6, 507쪽.

73 『중용혹문』, 『주자전서』 vol.6, 550쪽.

74 사물을…삼는다: 「대학혹문」, 『주자전서』 vol.6, 507쪽 참조.

75 『중용혹문』에는 이 인용문과 일치하는 구절이 없다. 이 구절은 인용문이라기보다는 다른 글과 「중용혹문」의 일부 구절을 축약 변형시킨 것으로 추정된다. 『중용혹문』, 『주자전서』 vol.6, 550~551쪽 참조.

76 그 기의…귀하다: "기로 말하자면 저 바르고 통한 것은 얻은 것은 사람이 되고, 치우치고 막힌 것은 얻은 것은 사물이 된다. 이런 까닭에 어떤 것은 귀하고 어떤 것은 천해서 가지런할 수 없는 것이다. 저 천한 사물이 된 것은 이미 형기의 치우치고 막힘에 얽매여 그 본체의 온전함을 채울 수 없다. 오직 사람만이 태어나면서 그 기의 바르고 통한 것을 얻어 그 본성이 가장 귀하다[以其氣而言之 則

이것이 참으로 적확하게 그 본체를 가리킨 것이다.

'이 나뉨은 바로 천명 가운데 본래 있는 나뉨이기 때문에 '인위를 빌릴 것이 없다"고 한 것(『중용혹문』)과 '사람이 짐승과 다른 점은 바로 여기에 있다(『대학혹문』)'고 했으니[77], 사람과 사물의 본성에 대한 이론은 여기에 이르러 이미 다 설명되었다.

사람과 사물의 큰 나뉨은 비록 이렇지만 사물은 그 치우침을 얻었으니, 처음부터 끝까지 치우친 것만을 만들어 끝내 온전함을 만들어 낼 수 없다. 반면에 사람은 그 온전함을 얻었으니, 비록 기품의 차이가 있다지만 힘쓰고 극복하며 다스리면 그 다른 점을 변화시켜 그 온전한 데로 되돌릴 수 있다. 여기에서 사람과 사물에 나아가 사람만을 빼낼 수 있다. 또 지혜로운 이와 어리석은 이 현자와 그렇지 못한 자의 기품이 같지 않다고 말했는데, 이것은 성인께서 도를 닦고 법도를 세워 후세를 위해 가르친 뜻을 밝히고, 교정하고 변화시키는 노력을 알게 만들어 힘쓰지 않을 수 없도록 한 것을 밝힌 것이다. 말을 한 순서를 따라서 그 가르침의 내용이 귀결되는 것을 살펴보면 사람과 사물, 지혜로운 이와 어리석은 이가 각각 구별되니 설명하는 사람들도 환하게 살필 수 있을 것이다.

이제 '사례가 다르지 않다'고 하는데, 이것은 단지 그 구절과 말이 비슷하다는 이유 때문에 주장하는 것일 뿐 말과 맥락의 순서와 내용을 살

得其正且通者為人 得其偏且塞者為物 是以或貴或賤而不能齊也 彼賤而為物者 既梏於形氣之偏塞 而無以充其本體之全矣 唯人之生 乃得其氣之正且通者 而其性為最貴]"는 구절을 축약한 것이다. 『대학혹문』, 『주자전서』 vol.6, 507쪽.

77 '인위를…없다'까지는 『중용혹문』, 『주자전서』 vol.6, 551쪽을 참조. '사람이…여기에 있다'까지는 『대학혹문』, 『주자전서』 vol.6, 507쪽을 참조.

피지 못한 것이다. 사람과 사물의 기가 바르고 통하고, 치우치고 막힌 것으로 나뉘는 것은 태어나기 이전에 결정되는 것이니, 이는 천명의 본래적인 나뉨이다. 주자가 '오직 그 이치가 많이 있기 때문에 사물도 또한 많이 있다'고 한 것은 바로 이것을 말한다.[78] 똑같이 이 바르고 통한 기이지만, 맑고 탁한 차이가 있는 것은 품수받아 태어날 때에 마주치는 것이 순수하지 않기 때문일 뿐, 본래적인 나뉨이 아니다. 태어나기 이전에 나뉨이 이미 정해졌는데, 태어나면서 얻은 것이 또 이렇게 나뉜 것이기 때문에 사물이 통하지도 못하고 채우지도 못하는 것은 비록 온 세상의 영원한 세월 속에서도 끝내 통하는 사물이 없고, 끝내 채울 수 있는 날이 없는 것이다. 만일 사람이 기질에 얽매여서 온전케 하지 못하고, 그 온전함을 잃은 경우라면, 이는 거울의 먼지와 같고 홀의 흠과 같아서 떨어내고 갈아서 다시 그 처음을 회복할 수 있다. 그런데 지금 이 둘을 비교하면서 똑같이 여기니 또한 그릇되지 않은가?

호락논쟁에서 다퉜던 것은 단지 사람의 성과 사물의 성이 같은가 다른가 하는 것이었고 「납량사의」에서 변론하는 것도 사람과 사물에 나아가 본성을 논하는 것일 뿐이다. 이제 도리어 지혜로운 이와 어리석은 이, 현자와 불초자의 기질이 서로 다르다는 부분을 파고들면서 반드시 사물의 본성이 치우친 것과 똑같이 만들려고 한다. 그렇지 않으면 정말로 지혜로운 이와 어리석은 이, 현자와 불초자가 그 본성의 차이가 결정적으로 한정되어 사물의 본성이 치우친 것처럼 변화시킬 수 없단 말인가? 원컨대 이와 같이 묻고 싶다.

---

78 「周子之書·太極圖」, 『주자어류』(권94) vol.6, 2387쪽.

『맹자집주』를 사람과 사물을 구분하는데 전념하지 않았다고 한 조목에 대해서는, 위 문장을 통틀어 보면 근사하다. 그러나 『맹자』의 이 장은 본래 개·소·사람의 본성이 다르다는 점을 밝혔으므로 『맹자집주』 또한 사람과 사물을 구별해 말했다. 주자는 '사람과 사물의 본성 차이는 본시 기품의 다름에서 연유하지만, 그렇게 된 까닭을 탐구해보면 오히려 그 기품의 다름으로 인하여 부여되는 이치에 본시 차이가 있기 때문'이라고 했다. 이 때문에 맹자는 개의 본성, 소의 본성, 사람의 본성에 다른 점이 있다고 분별했지만, 개의 기, 소의 기, 사람의 기가 같지 않다고 말하지는 않았다. '부여된 이치에 본시 차이가 있다'는 말은 본성을 가리켜 말한 것인가? 기질을 가리켜 말한 것인가? 아니며 이 밖에 본시 또 다른 것이 있어서 따로 하나의 천명의 성이 있다는 것인가?

'본체는 같은데 작용을 달리 한다'고 말한 대목은 크게 막힌 천한 견해이다.[79] 오봉(五峯: 胡宏)은 본성[性]에 대해서는 선악이라 이름붙일 수 없지만, 그 작용은 선이 될 수도 있고, 악이 될 수도 있다고 했다. 그래서 주자는 "이와 같다면 (본성이란) 오히려 한 무리 인욕의 소굴"이라고 했다.[80] 이제 치우침과 온전함을 아지 못하고서, 모두 선한 한 측면을 가

79 '동체이용설'은 원래 호굉이 『知言』에서 주장했기 때문에, 이 문장에 이어 호굉의 주장에 대한 주희의 비판을 인용하고 있는 것이다. "천리와 인욕은 본체는 같지만 작용은 다르고, 함께 행하는 것이지만 실정은 달리한다. 진덕수업하는 군자는 마땅히 깊이 구별해야 한다[天理人欲 同體而異用 同行而異情 進修君子宜深別焉]" 호굉, 『知言』 권1 참조.

80 "어떤 사람이 물었다. '천리와 인욕이 본체는 같지만 작용은 다르다'고 합니다. 대답했다. '어떻게 천리와 인욕이 본체가 같을 수 있겠는가? 이와 같다면 본성은 선도 될 수 있고 악도 될 수 있을 것이니, 오히려 한 무리 인욕의 소굴이 되어 버릴 것이다. (이렇게 된다면) 무엇을 본체로 삼아야 한단 말이냐?[或問 天

리켜 반드시 선악을 합하고, 기질을 겸하여 보면서 이르기를 본성에는 치우치거나 온전하거나 일정한 나눔이 없다고 하고, 그 작용은 온전할 수도, 치우칠 수 도 있다고 한다면, '본체는 같은 데 작용을 달리 한다'는 말은 오히려 한 무리 기질의 보금자리가 아닌가?

치우침과 온전함이 사람과 사물을 구별하는 주장인데 오히려 거짓으로 지혜로운 이와 어리석은 자와 연결시켜 설명하고, 심지어는 현자와 어리석은 이의 본성을 똑같이 치우침에 귀결시킨다면 현자와 어리석은 자의 발용(發用)이 같지 않은 것도 바로 형기에서 생기는 것이지 일원(一原)의 신묘함이라 할 수 없을 것이니, 어디에 '본체가 같다'는 점이 있다는 말인가? '본체가 같다'는 것이 오히려 기질이라면 어찌 오봉의 견해가 되지 않겠는가? 기질과 인욕은 매순간 서로를 뒤따르며 돌고 돌면서 서로 해를 끼치는 것이 다만 한 칸 차이일 뿐 본성으로 일정한 본체[定體]를 삼지 않는다는 점에서는 똑같다. 이것이 바로 주자가 "장차 어느 것을 본체로 만들 것인가?"라는 말이다. '본체는 같은데 작용을 달리 한다'는 말로 본성을 논하는 첫째 가르침을 삼는다면 정주(程朱)의 '본체와 작용이 하나의 근원이다'는 가르침은 거의 사라져 버릴 것이다.

생각해 보면, 이상에서 논한 내용이 낙론 학자들과 같다는 것은 실제로도 그렇다. 「납량사의」에서 낙론 학자들이 오상을 똑같게 여기면서 본연을 주장하는 것에 대해 착실하게 일원을 맞추었다고 여긴 것이 바로 이것이다. 그러나 치우치고 온전한 성에 나아가지 않고서 오상을 논하면 오상은 형기를 벗어나 허공에 자리 잡는 지경을 벗어나지 못할 것

理人欲 同體異用 日如何天理人欲同體得 如此 卻是性可以為善 亦可以為惡 卻是一團人欲窠子 將甚麼做體" 「程子門人·胡康侯」, 『주자어류』(권101) vol.7, 2592쪽.

이니, 이 점이 온당치 못할 뿐이다.

'치우쳐 온전하지 않다'는 것에 대해 주자는 분명하게 사물이 인의예지를 갖는다고 말하면서 똑같은 인의예지이지만 치우쳐 온전하지 않다고 했으니, 이것이 분수가 아니라면 무엇인가?

庸學或問, 首言人物同得是理以爲性, 其曰天之所以賦與萬物而不容自已(庸或), 與必有是理而後有是氣(學或)者, 言理一中分殊也. 其曰雖有氣稟之異而其理未嘗不同(庸或), 與及其生物則又必因是氣之聚而有是形故必得是理以爲性(學或)者, 言分殊中理一也. 此公共以言其妙者也. 次言人物之性各因形氣而不容無分, 其曰得形氣之正而性無所不備, 得形氣之偏而各有自然之理, 及虎蟻豺鳩有以存其義理之所得(庸或), 與得其氣之偏且塞者, 而無以充其本體之全, 得其氣之正且通者, 而其性最貴(學或)者, 言人物之大分也. 此眞的以指其體者也. 是分也, 乃天命中本有之分也, 故曰不假人爲(庸或), 曰人之所以異於禽獸者正在於此(學或), 人物性之說, 至此而已盡之矣. 人物之大分, 雖如此, 物則得其偏矣, 徹頭徹尾, 做得偏而終無以做得全, 人則得其全矣, 雖有氣稟之異, 而用力克治, 則可以變其異而反 其全矣. 於是就人物上拔出箇人, 又言知愚賢否氣質之不同, 明聖人修道立法, 以敎天下萬世之意, 而使知矯揉變化之功, 不得不力也. 循其立言之次第, 而審其旨趣之攸歸, 則人物與知愚之各各區別, 而說去者, 犁然可尋矣. 今曰類例無二, 是但以其句語之髣髴, 而不察乎語脈之次第曲折也. 蓋人物之氣, 正通偏塞之分, 定於未生之前, 天命之本分也. 朱子言惟其理有許多, 故物亦有許多者, 正謂此也. 同是正通之氣, 而有淸濁之異, 乃稟生之時所値之不純也, 非本分也. 分之早定於未生之前者, 生而所得, 又只是這箇分, 故物之不能通, 無以充者, 雖擧天下閱萬古, 而終無可通之物, 可充之日,若人之拘於氣質，而無以全失其全，則如鏡塵圭玷，可拂拭磨礱，而復其初也. 今比而同之，不亦誤乎. 湖洛所爭，只是人物性同異，凉議所辨，亦只就人物上論性耳. 今却攙入知愚賢不肖氣質之不同. 而必欲同之於物性之偏，抑信以爲知愚賢不肖其性之殊局定，而不可移易，如物性之偏乎. 願以質焉.

以孟子集註爲不專於區分人物一條，通上文而看則似矣，然孟子此章，本以明太牛人性之不同，則集註亦爲區別人物而言也. 朱子曰論人與物性之異，固由於氣稟之不同，究其所以然者，卻是因其氣稟之不同，而所賦之理，固亦有異矣. 所以孟子分別犬之性牛之性人之性有不同者，而未嘗言犬之氣牛之氣人之氣不同也. 所賦之理，固亦有異者，是指本性而言乎. 指氣質而言乎. 抑外此固亦有異者，而別有一箇天命之性乎. 同體異用之云，大礙淺見，五峯以性謂無善惡之可名，而其用可以爲善可以爲惡，故朱子曰如是則却是一團人欲窠子，今不知偏全，皆指善一邊，而必欲和善惡兼氣質看，謂性無偏全之定分，而其用可以爲全可以爲偏，則所謂同體異用，却不是一團氣質窠子乎. 偏全，是區別人物之說，而却賺連知愚說去，至以賢愚之性，同歸之偏，則賢愚發用之不同，乃生於形氣者，而非所謂一原之妙 者，惡在其同體乎. 其所謂同體者，却是氣質，則幾何不爲五峯之見乎. 氣質人欲，每每相循，轉轉相害，特一間耳. 其不以性爲有定體，則均矣，正朱子所謂將甚麽做體者也. 蓋以同體異用，做論性宗旨，則程朱體用一原之旨，幾乎息矣.

謂以上所論，與洛家同者，誠然矣，凉議以洛家同五常而說本然，爲著實的一原者此也. 然但不就偏全之性，而論五常，則五常不免爲離形氣，而立於空蕩蕩地，此爲未安耳.

偏而不全，朱子分明以物之有仁義禮智言之，同一仁義禮智，而偏而不全, 則非分殊而何哉.

기정진: '본체이지만 채울 수 없다'고 한다면, 본체란 본성이 나뉜 것인가? '채울 수 없다[無以充]'는 세 글자에 이르러 비로소 본성이 나뉘는가? 온전한 본체인데도 관통하지 못한다고 한다면, 온전한 본체란 본성이 나뉜 것인가? '관통하지 못한다[不能通貫]'이란 네 글자에 이르러서야 비로소 본성이 나뉘는가? 본체(本體)와 전체(全體)는 본성의 나뉨 속에 있는 이일(理一)의 곳이다. 채우지 못하고 관통하지 못한다는 것은 본성의 나뉨 속에 있는 분수(分殊)의 곳이다. 두 항목의 일은 있으면 둘 다 있는 것인데 이제 둘로 갈라서 논의하려 하니, 잘못이다.

曰本體而云無以充, 本體爲性分耶. 至無以充三字, 始爲性分耶. 全體而云不能通貫, 全體爲性分耶. 至不能通貫四字, 始爲性分耶. 曰本體全體, 卽性分中理一處, 無以充不能通貫者, 卽性分中分殊處也. 兩項事理, 有則俱有, 今必欲二而論之謬矣.

전우: '채울 수 없다', '관통할 수 없다'는 것은 분명히 형기가 치우치고 막힌 것으로 인한 병폐이다. 그런데 지금 반드시 본성의 분수로 사람을 깨우치려 한다면, 또한 『대학』에서 논한 '하늘이 백성을 낳을 때 본성을 주지 않음이 없다는 것은 성의 나뉨 가운데 있는 이일(理一)의 장소요, 기품이 고르지 않다 모두 다 온전할 수 없다는 것은 성의 나뉨 가운데 있는 분수(分殊)의 장소이며, 비고·신령하며·(이치를) 갖추고·(만사에) 응하는 것은 덕의 나뉨 가운데 있는 이일의 장소요, 얽매이고·가리고·간혹 어두운 것은 덕의 나뉨 가운데 있는 분수의 장소다'라고 한다면

또한 괜찮겠는가? 청컨대 살펴 본 사람들은 한 마디 해주기 바란다.

無以充不能通貫, 分明是形氣偏塞之病, 今必以爲性之分殊, 使人聽瑩, 且以大學論之, 天降生民, 莫不與性, 性分中理一處. 氣稟不齊, 不能皆全, 性分中分殊處, 虛靈具應, 德分中理一處, 拘蔽或昏, 德分中分殊處, 如此說, 亦得否. 請觀者爲下一轉語.

정재규: 지혜로운 이와 어리석은 이, 현자와 불초자가 간혹 모자라고, 간혹 미치지 못해서 그 본연을 온전히 할 수 없는 것은 분명 기질의 병폐이다. 그러나 사물이 하늘에서 얻었으되 형체가 치우치면 이치 역시 치우친 것은 그 자체로 본래적인 나뉨이니 무슨 병폐가 있겠는가? 『대학』에서 '본성을 부여하지 않음이 없어서, 비고·신령하며·(이치를) 갖추고·(만사에) 응한다'는 것은 단적으로 사람에게 나아가 말한 것이다. 사람의 경우에는 성인이나 일반인의 차이가 없이 똑같이 이 형체를 갖고 있고, 이 본성을 갖고 있으며, 이 덕을 갖고 있다. 그럼에도 거꾸로 같을 수 없는 것은 그 본래적인 나뉨을 잃었기 때문이다. 허물은 기질에 있는 것인데 어떻게 이일과 분수, 같고 다름을 논할 수 있겠는가? 위 문단에서 '단적으로 사물만을 말하면 이와 같이 말할 수 있다'는 것으로 살펴보면 또한 기에 즉해서 나뉨을 말하는 사연을 아지 못하는 것이 아니지만, 반드시 사람의 기질로 제목에서 벗어난 주장을 제기해서 다른 사람을 꼼짝 못하게 하려는 때문이니 또한 지나치게 공평함을 잃은 것이 아니겠는가?

知愚賢不肖之或過或不及, 而無以全其本然, 則分明是氣質之病也. 若物之得於天, 而形偏而理亦偏者, 自是本分, 何病之有. 大學所謂莫不與性,虛靈具應, 乃單就人而言之. 人則無聖凡同是形同是性同是德, 而却有不能同者, 是失其本分也. 咎在氣質, 何理分同異之可論. 以上段所謂單言物則可如此說者觀之, 則亦非不知卽氣言分之曲折, 而必以人之氣質, 提起題外之說, 務欲禦人, 無亦失其平之甚者耶.

기정진: "이치로 말한다면 만물이 하나의 근원을 가지고, 사람과 사물·귀함과 천함의 다름이 없다."[81] 이 구절은 도출(挑出)해서 그 신묘함을 말한 것으로 이일(理一)을 위주로 하였다. "기로 말한다면 올바르고 통한 것을 얻으면 사람이 되고, 치우치고 막힌 것을 얻으면 사물이 된다."[82] 이 구절은 '기에 나아가[卽氣]' 그 실질을 가리킨 것으로 분수(分殊)를 위주로 하였다.

以理言之, 則萬物一原, 固無人物貴賤之殊. 此一節所謂挑出以言其妙, 理一爲主者也. 以氣言之, 則得其正且通者爲人, 得其偏具塞者爲物. 此一節所謂卽氣以指其實, 分殊爲主者也.

전우: 위 구절은 하나의 본성 가운데 온갖 이치를 다 갖추었음을 말했으니, '하나의 성[一性]'은 이일이요, '온갖 이치[萬理]'는 분수이며, 사람과 사물은 같이 이 하나의 근원을 갖는다.(비록 분수를 말하는 것이 사람과 사물의 귀하고 천한 차이에 방해되는 것은 아니지만, 여기에 근거하자면 나뉨과 치우침이 서로 기준이 될 수 없다는 것을 알 수 있다. 이것이 제일 먼저 깨달아야 할 핵심적인 곳이다.) 아래 구절은 오히려 기품(氣稟)의 일만을 말했다. 이 스물 한 글

---

81 이치로…없다: 『대학혹문』, 『주자전서』 vol.6, 507쪽.
82 기로…된다: 같은 책, 같은 곳.

자는 한 점 한 획조차 이치의 진실한 면을 가리키고 있는 것이 없는데 노사의 말이 이와 같으니 의심스럽다.[83]

上一節, 言一性之中含具萬理. 一性理一也, 萬理分殊也, 人物同此一原也.(雖萬言分殊, 不害其無人物貴賤之殊, 據此可見分偏之不可以相準, 此一著最可領悟.) 下一節, 卻只專言氣稟事. 蓋此二十一字, 無一點一畫可指理之實處, 而蘆沙之言如此, 可疑.

정재규: 만물이 하나의 근원을 갖는다면 하나의 근원 가운데 이미 사람과 사물이 갖가지로 달라지는 나뉨이 있는 것이다. 이것이 분수가 일찍부터 이일에 갖추어졌다는 것이다. 사람과 사물이 귀하고 천한 차이가 없다면 귀한 것도 이 본성이고, 천한 것도 이 본성이니, 이것이 이일이 분수를 벗어나지 않는다는 것이다. 이것이 '끄집어내서 그 신묘함을 말했다'는 것이다. 그 바르고 통하며, 치우치고 막힌 것에 즉해서 그들이 각각이 그렇게 된 까닭을 갖는다는 점을 궁구해 보면 이것은 이일 속의 분수이다. 그 자체로 당연히 그러한 것이 있다는 것을 말하자면 이것은 분수 속의 이일이다. 이것이 '기에 즉해서 그 실제를 가리킨다'는 말이다. 이 한 단락에서 진실로 그 이면의 실제 일에 생각이 미칠 수 있다면 글자 하나도 리의 진실한 측면이 아님이 없다. 그런데도 '이치[理]'라는 글자를 노출시키지 않았다고 해서 한 점 한 획이 어떻다고 말했으니, 한 점 한 획 운운한 말은 사람의 얼굴을 연신 달아오르게 만든다.

萬物一原, 則一原之中, 已有人物萬殊之分, 是分殊之早具於理一也. 無

83 스물 한 글자: 기정진이 위에서 인용한 『대학혹문』의 두 구절 가운데 아래 부분인 "以氣言之, 則得其正且通者爲人, 得其偏具塞者爲物."을 가리킨다.

人物貴賤之殊, 則貴亦只是此性, 賤亦只是此性, 是理一之不外於分殊也. 所謂挑出以言其妙者也. 卽其正通偏塞而究其各有所以然, 則是理一中分殊也. 言其自有所當然, 則是分殊中理一也, 所謂卽氣以指其實者也. 於此一段, 苟能著眼於裏面實事, 則無一字非理之實處, 以其不露出理字, 而有一點一畫之云耶. 點畫之說, 殆令人代赧.

기정진: 마음이 비록 기의 범주[氣分]에 속하는 것일지라도 안에 갖추고 있는 것은 본성이다. 마음이 본성을 갖추고 있으므로 나의 마음과 성인의 마음이 같다. 마음이 본성을 다 발휘하지 못하면 나의 마음과 성인의 마음은 다르다. 마음이 같고 다름은 그 중점은 모두 본성에 달렸다. 남당(南塘)은 그 같은 점을 망각하고 그 다른 점을 주장하면서 성인과 범인이 마음이 다르다는 말로 법문을 삼았으니, 또한 성인의 뜻과 모순된다. 남당과 변론한 사람들도 중점이 어디에 있지는 지를 말하지 못하고, 구구하게 그 광명(光明)의 분수를 비교하면서 여기에 근거하여 성인과 범인의 마음이 같다고 여기니, 아픈 곳을 제대로 짚어내지 못한 것이다.

心雖氣分事, 而乃所具則性也. 心具性, 吾之心與聖人之心同. 心不能盡性, 吾之心與聖人之心異. 其同其異, 皆所重在性也. 南塘乃忘却其同者, 主張其異者, 以聖凡異心說爲法門, 其亦予盾於聖人之意矣. 與南塘辨者, 亦不言其所重之有在, 區區較其光明之分數, 欲以此爲同聖凡之心, 未爲箚著痛處.

전우: 기질이란 맑고 탁하고, 순수하고 혼잡한 것이 갖가지로 고르지

않은 것이요, 마음이란 비고 신령하며, 신비롭고 오묘하며 하나밖에 없는 것인데 남당은 둘을 변론할 필요가 없는 것으로 여겼다. 이제 그 빛이 우열도 없고 분수도 없다는 것을 가리키지 않고 다만 마음이 본성을 갖추었고, 성인과 일반인이 같다는 점만을 들어 변론하면 한다면 남당의 비웃음을 사지 않을 자가 드물 것이다. 하물며 마음이 성을 갖춘 것은 미물 또한 그런 것인데 이것이 어떻게 남당의 의문을 변론하기에 충분하겠는가?

氣質者, 淸濁純雜, 有萬不齊. 心者, 虛靈神妙, 有一無二. 南塘乃認兩者爲無辨之物. 今不指其光明之無優劣分數, 只擧心具性聖凡同者, 以辨之, 其不被南塘之哂者, 鮮矣. 況心之具性, 微物亦然, 此何足以辨南塘之疑乎.

정재규: 마음이 비고 신령하며, 어둡지 않아 한 몸의 주인이 되고 모든 일의 벼리가 되는 것은 본성과 정, 본체와 작용이 있기 때문이다. 발용하지 않아서는 찬연하게 조리가 있고, 발용해서는 가지런하게 절도가 있는 것은 모두 성의 덕이 마음에 구비되어 실체가 되고, 준칙이 되기 때문이다. 만일 본성을 떠나 마음을 말하면서 단지 그 빛의 정도를 비교할 뿐이라면 비록 설명이 충분히 정밀하고 충분히 고묘하다고 하더라도 오히려 허물 벗겨진 빈 껍질이 반짝반짝 빛나는 광경에 불과할 뿐이다. 황홀하니 기준 삼을 것이 없다면 보존된 것과 발현하는 것이 어떻게 해서 이치에 들어맞겠는가? 또 빛이 맑고 탁하거나, 아름답고 나쁜 기에서 발현한다는 것에도 정도의 차이가 없을 수 없을 것이니, (이와 같다면) 결국 성인과 일반인의 마음이 다르다는 주장이 옳게 될 것이다.

만일 이것은 바르고 통한 본연의 기로 말한 것이지, 맑고 탁하고 아름답고 나쁜 것들이 모여 엉긴 것을 가리키지 않는다고 한다면, 이것도 옳지는 않을 것이다. 주자는 분명하게 '그 통한 것도 맑고 탁한 차이가 없을 수 없고, 그 바른 것도 아름답고 나쁜 차이가 있다'고 말했다. 그 맑고 아름다운 것을 얻은 자는 본시 그 본연을 온전히 할 수 있고, 그 탁하고 나쁜 것을 얻은 자는 그 빛이 어떻게 예전처럼 흠이 없을 수 있겠는가? 빛의 정도에 대한 주장이 과연 남당의 비웃음을 사지 않고 그의 의심을 변론할 수 있겠는가?

(마음이) 갖춘 것으로 말하면 품수가 비록 탁하고 혼잡하더라도 그 본체의 밝음은 그친 적이 없는 것이다. 이것을 가리켜 성인과 일반인이 마음이 같다고 한다면, 이것은 바로 찔러서 고통을 느끼는 지점이 될 것이다. 또한 마음이 본성을 갖춘 것은 진실로 사람과 미물의 차이가 없다. 그러나 그들이 마음이 되고 본성이 되는 이유는 진실로 사람과 사물의 분별이 없겠는가? 사람과 사물의 본성이 다른 지점을 논하는데 갑자기 성인과 일반인의 기질이 다르다는 것으로 반론을 하고, 성인과 일반인의 마음이 같은 지점을 논하는데 오히려 미물과 같은 점을 가지고 꾸짖으니 일부러 홀리고 감추려는 장난짓이 아니라면 이것은 진정으로 사람과 짐승의 구별이 없다고 여기는 것이다.

心之所以虛靈不昧, 而爲一身之主萬事之綱者, 以其有性情體用也. 未發而燦然有條, 已發而秩然有節, 皆性之德而具於心爲實體也. 準則也若離了性 而言心但較其光明分數則雖說得十分精到十分 高妙却是蛻去之空殼不過閃閃爍爍地光景而怳 惚無所準則所存所發何自而中於理乎且光明之發於淸濁美惡之氣者不能無分數畢竟聖凡異心 之說得之矣若曰此以正通本然之氣而言之非指 清濁美惡之所凝聚者則恐亦未然朱子分明言其 通也不能無清濁之異其正也不能無美惡之殊其 得其清且美者固全其本然得其濁且惡者其光明 豈得依舊而無虧欠耶光明分數之說果不被南塘 之哂而辨其疑耶以其所具者言之則稟雖濁駁其 本體之明有未嘗息者指此而謂聖凡同心乃爲箚 著痛處且心之具性信無分於人與微物矣其所以 爲心爲性信無分於人與物乎論人物性不同處輒 以聖凡氣質之不同而反之論聖凡心同處卻以微 物之所同者而詰之苟不故爲迷藏之戲則是眞以 人獸爲無別也.

기정진: 찢긴 종이 가운데서 녹문(鹿門) 임씨(任氏: 任聖周)의 의론 한 단락을 얻었는데, (그것에 의하면) "진실로 다름을 말하면 본성이 다를 뿐만 아니라 천명도 다르며, 진실로 같음을 말하면 본성이 같을 뿐만 아니라 도리 역시 같다"고 했다. 이 말은 언뜻 겉만 보아서는 사슴 주변의 노루나 노루 주변의 사슴과 같지만, 실제로는 도리의 근원을 빠짐없이 설명했다. 말하였다. 이천(伊川: 程頤)의 이일분수 네 글자가 이 선생에 의지하여 한 맥이 동방에 떨어진 것이 아니겠는가? 그의 전서(全書)를 얻어서 참고하지 못하는 것이 한스럽다.

碎紙中得鹿門任氏一段議論, 苟言異, 則非但性異, 命亦異也. 苟言同, 則非但性同, 道亦同也. 此言驟看外面, 殆若鹿邊者獐, 獐邊者鹿, 而其實說得道理原頭, 無有滲漏. 伊川理一分殊四字, 賴此公, 而一脈不墜於東方歟. 恨不得其全書而考閱也.

전우: 이일분수에 대해 이천이 언제 이것으로 본성을 논한 적이 있었는가? 다만 「서명」으로 인해서 사람들에게 이치를 추론해서 그 하나를

알게 하고, 의리를 보존해서 그 나뉨을 확립했을 뿐이다. 양시·이통·주자가 논한 것도 모두 이와 같았다. 나정암(羅整菴)에 이르러서야 비로소 이 네 글자를 들어서 본성과 천명의 오묘함도 여기에서 벗어나지 않는다고 한 것이다. 그의 말에 의하면 '처음 기를 받을 때 그 이치는 오직 하나이지만, 형체를 이룬 다음에는 그 나뉨이 달라진다'고 했다.[84] 이것과 노사의 생각은 거리가 멀다. 나씨는 또 '이일분수로 본성을 논하자면 저절로 천명과 기질이란 두 이름을 세울 필요가 없다'고 했으니 그의 주장은 또한 어긋났다.[85] 또 그가 이치와 기를 하나의 물건이라고 여기면서 이치와 기가 두 가지 물건이라고 한 주자의 가르침을 심하게 병폐라고 여겼으니 더욱 말할 것이 못된다.

우리나라의 임녹문(任鹿門)은 또 나씨의 네 글자의 뜻을 조술해서 말하면서 '건(乾)의 씩씩함은 즉 태극이요, 씩씩함 가운데 원형이정이 있다. 곤의 순함[順]은 즉 태극이요, 순함 속에 원형이정이 있다. 원형이정은 즉 음양오행이다. 그러나 건의 원형이정은 변함없이 이 씩씩함이요, 곤의 원형이정은 변함없이 이 순함이다. 그런즉 건곤의 태극에 대한 관

84 "사람과 사물이 태어나면서, 기를 받는 처음에는 그 이치가 오직 하나였다가 형체를 이루고 난 다음에 그 나뉨이 달라진다. 그 나뉨이 비록 다르지만 저절로 그러한 이치가 아님이 없다[蓋人物之生 受氣之初 其理惟一 成形之後 其分則殊 其分之殊 莫非自然之理]" 나흠순, 『곤지기(困知記)』 권상.

85 "이일분수란 네 글자는 본래 정자가 「서명」을 논하는 말이었다. 그 말이 지극히 간단하지만 천하의 이치에 미루어 보아도 다 포괄하지 않음이 없으니, 하늘에서도 진실로 그러하고 사람에게서도 진실로 그러하다.…특히 이로써 본성을 논한다면 천명과 기질이란 두 가지 이름은 그 자체로 세울 필요조차 없다.[理一分殊四字 本程子論西銘之言 其言至簡 而推之天下之理 無所不盡 在天固然 在人亦然 … 持此以論性 自不須立天命氣質之兩名]" 나흠순, 『곤지기』 권상.

계는 서로 다르다는 데 지장이 없다'고 했다.[86] 또 「인물성도」를 만들었는데, 사람의 권역에는 오상과 태극을 함께 쓰고서, 사물의 권역에는 태극이라고만 썼을 뿐 오상이라고는 쓰지 않았다.[87] 또 주자의 혼연한 태극이 각각 하나의 사물에 갖추어졌다는 주장에 대해서는 '이것은 이 각각 하나의 사물이 있는 곳에 즉해서 천리가 완전하고 흠이 없다는 것을 말할 뿐이지, 하나의 사물이 각각 온갖 이치를 갖췄다는 말은 아니다'고 했다.[88] 이들은 모두 분수를 지나치게 파악해서 여기에까지 이른 것이다. 또 사람의 본성이 선함을 논하면서 '이것은 기질의 선일뿐이다. 기질의 바깥에 따로 선한 본성이 있는 것이 아니다'라고 하니, 이 말은 더욱 이해할 수 없다. 노사가 다시 일어나 이것을 본다면 느끼지 못하는 사이에 얼굴을 찌푸리며 길게 탄식할 것이다. 노주(老洲) 오선생(吳先生: 吳熙常)은 예전에 나·임 두 사람을 논한 것이 아주 많았는데, 이제 그 가운데 세 단락을 아래에 첨부해서 노사 문하의 여러 사람들이 자세히 살필 수 있도록 했다.

『노주집』의 「잡지(雜識)」에서 "정암과 녹문은 둘 다 이치와 기가 일물(一物)이라고 주장했다. 그러나 정암은 이일(理一)의 측면을 중요하게 보았고, 녹문은 분수의 측면을 중요하게 보았다. 이일을 중요하게 보면 저절로 이치를 위주로 하게 되고, 분수를 중요하게 보면 결국 기를 위주로 하게 된다. 이것으로 그들 주장의 득실을 비교하면 아마도 정암이 흠

86 임성주, 「녹려잡지(鹿廬雜識)」, 『녹문선생문집』 권19, 한국문집총간 vol.228, 390쪽 참조.

87 「인물성도(並說)」, 『녹문선생문집』 권20, 한국문집총간 vol.228, 407쪽 참조.

88 「녹려잡지」, 『녹문선생문집』 권19, 한국문집총간 vol.228, 389쪽 참조.

이 더 작을 것이다."[89]

또 "정암과 녹문이 모두 기를 좇아 이치를 추론하면서 합일의 요묘함을 찾으려 한 것은 언뜻 보면 고상하고 오묘한 것 같지만 그들의 탐구는 모두 주기(主氣)로 귀결된다. 그러나 정암은 오히려 언제나 이치를 끌어올리려는 뜻이 있었지만 녹문은 곧장 하나의 '기(氣)'란 글자로 온 세상의 이치를 다 뒤덮어버리고는 다시 이치가 이치가 되는 이유를 찾으려 하지 않았다. 녹문의 생각은 실제로 정암에 뿌리를 두지만 그가 '기'자를 주장한 것은 거의 지나친 것이다"[90]

또 "정암은 이일분수를 이기를 설명하는 저울로 여겼다. 그가 '본성은 천명 때문에 똑같고, 도리는 형체 때문에 다르다'고 한 것은 극히 정당하다. 본성이 천명 때문에 같다면 이것은 미발의 상태이고 이일을 가리킨다. 도리가 형체 때문에 다르다면, 이것은 이발의 상태이고 분수를 가리킨다. 녹문이 그의 이일분수를 조술하면서도 유독 이 말만을 배척하는 것은 무엇 때문인가? 끝내 사람과 사물의 치우침과 온전함에 얽매여 본성과 도리가 비록 체용의 차이가 있지만, 그들이 하나의 근원에서는 같다는 점에는 아무런 지장이 없다는 것을 살피지 못했기 때문인 것이다."[91]

理一分殊, 伊川何嘗以之論性. 只因西銘, 使人推理而知其一, 存義而立其分而已. 楊李朱子所論, 亦皆如此. 至羅整菴, 始揭此四字, 以爲性命之妙, 無出於此. 其言曰, 受氣之初, 其理惟一, 成形之後, 其分則殊, 此與蘆

89 오희상, 「잡지」, 『노주집』 권25, 한국문집총간 vol.280, 526쪽.

90 「잡지」, 『노주집』 권24, 한국문집총간 vol.280, 506쪽.

91 「잡지」, 『노주집』 권24, 한국문집총간 vol.280, 511쪽 참조.

沙之意遠矣. 羅氏又曰, 以理一分殊論性, 則自不須立天命氣質之兩名, 則其說更乖矣. 又其認理氣爲一物, 而深病乎朱子理氣二物之訓, 則愈不可說矣. 我東任鹿門, 又祖述羅氏四字之旨, 而其言曰, 乾之健卽太極, 而健之中有元亨利貞, 坤之順卽太極, 而順之中有元亨利貞. 元亨利貞, 卽陰陽五行也, 然乾之元亨利貞, 依舊是健, 坤之元亨利貞, 依舊是順, 然則乾坤之太極, 自不害其不同也. 又作人物性圖, 人圈具書五常太極, 物圈只書太極而不書五常. 又論朱子渾然太極各具於一物之說云, 此謂卽此各一處, 天理完全無所虧欠耳, 非謂一物各具萬理也. 此皆看得分殊之過, 而至於如此. 又論人性之善曰, 此乃氣質善耳, 非氣質之外, 別有善底性也. 此尤不可曉矣. 使蘆沙復起, 見此不覺蹙頞而長太息也. 老洲吳先生, 嘗有論羅任兩家者極多, 今擧三段, 附見於下, 使蘆門諸公看詳焉.

老洲集雜識曰, 整菴鹿門, 均爲理氣一物之論. 然整菴於理一看得重, 鹿門於分殊看得重, 看理一重, 則自然理爲主, 看分殊重, 則畢竟氣爲主, 以此較論得失, 整菴殆其少疵矣乎. 又曰, 整菴鹿門, 皆從氣推理看得合一之妙者, 驟看非不高妙, 然其究也, 皆歸於主氣, 而整菴則猶有每每提掇此理之意, 鹿門直以一氣字, 盡冒天下之理, 更不求理之所以爲理. 蓋鹿門之見, 實本於整菴, 而其主張氣字, 則殆過之耳. 又曰, 整菴以理一分殊, 爲說理氣底秤子, 其曰性以命同, 道以形異者極是. 性以命同, 卽未發而指理一也, 道以形異, 卽已發而指分殊也. 鹿門之祖述其理一分殊, 而獨深斥此語, 何也. 終是拘於人物之偏全, 不能疏觀, 性道雖有體用之異, 不害其一原之同也.

정재규: 주자는 이치와 기를 말하면서 "이천의 설명이 좋으니 그는 이

일분수(理一分殊)라고 했다"고 말했다.[92] 「납량사의」는 이를 인용해서 주장한 것이다. 이제 '이천은 단지 「서명」만을 논했을 뿐, 언제 이일분수로 본성을 논했는가?'라고 하면서 「납량사의」가 표장한 것을 비난하고 있다. 그러나 「납량사의」는 실제로 주자의 뜻을 이어받고 있으니 주자를 꾸짖을 수 없으면서 「납량사의」를 어떻게 하겠다는 것인가? 주자는 『통서』를 풀이했는데, 또 말하기를 "'하나의 실다움이 만 가지로 나누어지고, 만 가지와 하나가 각각 올바르다'는 것은 바로 '이치는 하나인데 나누어지는 것에 따라 달라지는' 것이다"고 했고[93], 또 "이미 이일이라 하고 또 분수라고 했다면 이것은 이치와 나뉨이 둘이라는 것입니까?"라고 묻자 주자는 "이치에는 정도[品節]의 차이와 경중의 등급이 있으니, 이른바 분(分)이란 이치의 차등일 뿐이다"고 했다.[94] 또 "나뉨이란 천리의 당연한 법칙이다"라고도 했다.[95] 이 모든 것을 가지고 본성을 논할 수 없단 말인가?

또 「서명」으로 말하자면 '내 몸을 채우고 내 본성을 이끌어 간다'는 말은 「서명」의 골자에 해당하는데, '본성을 논할 수 없다'고 말할 수 있겠는가? 양시·이통 두 사람은 모두 인의로 이일분수를 말했고, 또 그들이 말한 '본체와 작용은 떨어지지 않는다'거나 '관과 신발은 바꿀 수 없다'는 것은 모두 본성의 나뉨이 진실로 그러함[性分之固然]이요, 이치를 이름짓는 참된 표현이다. 이것이 어떻게 나씨(羅氏)에 이르러서야 비로

92 「이기 상·태극천지 상」, 『주자어류』(권1) vol.1, 2쪽.

93 『통서해』, 224쪽.

94 『근사록집해』 Ⅰ, 303~304쪽 참조.

95 이 말은 주희의 말이 아니라 엽채의 말이다. 『근사록집해』 Ⅰ, 109쪽 참조.

소 게시된 성명의 오묘함이겠는가? 나·임 두 사람이 이기를 일물이라고 여기고, 또 '기'란 글자 하나로 온 세상의 이치를 다 뒤덮으려 한다는 몇몇 말들은 과연 사람이 얼굴을 찌푸리고 크게 탄식하도록 만든다. 두 사람의 글을 참고하지는 못했지만, 정암은 예전부터 퇴계와 율곡의 글에서 그 잘못된 점들이 드러나 있다. (나는) 녹문이 근세 유학자들의 글 속에서 인용한 '세상을 가득 채운 것은 모두 기다'는 한 문단으로 인해 혹시 (그의 학설이) 주기(主氣)로 귀결되는 것인가 하는 의문을 가진 적이 있었다. 예전에 이것을 선생[間席]에게 여쭈어 보았더니 "정말로 절단할 수 있다면, 도(道)와 기(器), 위·아래가 분명하니, '세상을 가득 채운 것은 모두 기다'고 말하는 것도 괜찮고, '세상을 가득 채운 것은 모두 이치이다'고 말하는 것도 괜찮다. 그러나 성현의 눈에는 세상을 가득 채운 것은 모두 이치이고, 보통 사람의 눈에는 세상을 가득 채운 것은 모두 기다"고 하셨다. 이로 인해 「납량사의」의 마지막 문단에서 인용한 같고 다름[同異]에 대한 주장을 물었더니 "녹문의 견해가 정말로 그와 같다면 그가 말한 같고 다름이란 아마도 기를 따라서 같거나 달라진다는 것이지 이치가 나뉘는 본래적인 모습은 아니다"고 하셨다. (나는) 마땅히 한마디 변론하는 말이 있어야 할 것 같다고 말했더니 선생께서는 "이미 '찢긴 종이 가운데서'라고 하신 한 문단을 말하시고서, 또 '그의 전체 글을 얻어 참고할 수 없어서 한스럽다'고 하셨으니 (선생께서) 단지 (녹문의) 말 한 마디를 가져다 쓴 뜻은 저절로 알 수 있다. 이에 나는 결국 다시 묻지 못했고, 그의 소견이 과연 어떤지도 알 수 없었다. 그런데 지금 인용한 '사람의 본성의 선함은 바로 기질의 선함이다'고 말한 내용으로 보자면 내가 의심한 것이 과연 잘못되지 않았고, 예전의 의심도 깨트릴 수 있으니 참으로 다행스럽고 다행스럽다.

그러나 한 두 가지 점에서는 오히려 생각해 볼만한 것이 있다. 그는 "건의 씩씩함은 즉 태극이고 씩씩함 가운데 원형이정이 있으며, 곤의 순함은 즉 태극이고 순함 가운데 원형이정이 있다"고 말했다. 건이 씩씩함이고 곤이 순함이라면 이것은 치우치지 않았다고 할 수 없다. 그러나 '즉 하나의 태극'이라면 이것은 분수 가운데 이일이다. '즉 하나의 태극'이면서 오히려 원형이정이 있다면 이것은 이일 가운데 분수이다. 씩씩함과 순함이 같지 않은데 똑같이 태극이 되는 이유가 그들이 모두 원형이정을 갖기 때문이라면 원형이정은 즉 태극이다. 나뉘어 하나가 되고, 하나이면서 나뉘는 것은 단지 '리'란 한 글자의 본래 모습이니, 이치와 나뉨에 대해 아는 점이 있다고 말할 수 있다. 그런데도 오히려 원형이정을 '즉 음양오행'이라고 하니, 이미 이기를 일물로 여기는 병폐가 있다. 녹문은 또 "여전히 씩씩함과 순함이지만 서로 다르다는 측면에서는 아무런 지장이 없다"고 했으니, 모르겠으나 건이 비록 씩씩함을 주재하지만, 순함이 없지 않고, 곤이 비록 순함을 주재하지만 씩씩함이 없지 않으니, 이런 주장은 과연 지나치게 분수를 파악하는 잘못이다. 그가 나씨의 "본성은 천명 때문에 같고, 도는 형체 때문에 다르다"는 주장을 배척했다고 하나, 그가 배척하는 말이 어떠한 지를 보지 못했으니, 감히 묻지는 못하겠다. 그러나 천명과 본성과 도는 단지 하나로 관통할 뿐이니, 본성은 천명 때문에 같고, 도는 본성 때문에 같다는 것이 주자의 뜻이다. 『장구』에서는 본성과 도에 대해 모두 이치로 언급하면서 본성과 도는 같다고 말했다. 이에 도는 형체 때문에 다르다는 것을 본성은 천명 때문에 같다는 것과 상대시켜 하나로 합치면 아마도 천명과 본성은 하나가 되어 나뉨이 없게 되고, 도는 나뉘어 하나가 아니게 된다. 하나로 합치면 아마도 도는 본래 나뉨이 없는데 다만 형체로 인해서 비로소 나뉨이 있다는 것이다. 아니면 모르겠으나, 공자가 도를 말한 것은 형체에 즉해서 그 이상의 것을 가리켰기 때문에 나씨도 그렇게 말한 것인가? 진실로 이와 같다면 도만이 형체 때문에 다른 것이 아니라, 본성도 또한 그러할 것이다. 그러나 『장구』에서는 "기가 형체를 이루면 이치 역시 부여된다"고 하지 않았는가? 『혹문』 역시 형기의 통하고 막힘에 나아가 사람과 사물의 본성의 치우침과 온전함을 구분하지 않았는가? 본성만이 그럴 뿐 아니라, 천명 또한 그럴 것이다. 하늘이 음양과 오행으로 만물을 변화 생성시키는 것이 천명이 아닌가? 어찌 반드시 도에 대해서만 형체 때문에 다르다고 말할 수 있겠는가? 또 이일을 미발의 이전에 가리키는 것과 분수를 이발의 이후에 가리키는 것은 본체는 같은데, 작용은 다른 것이라고 한다면 '본성'이라고 부르는 것이 과연 본체만 있고 작용은 없는 물건이 되지 않겠는가? 임씨의 비난이 또한 마땅치 않는가? 식견이 밝은 자들이 가르침을 주기 바란다.

朱子言, 理與氣, 伊川說得好, 曰理一分殊. 凉議引而爲之說. 今曰伊川只論西銘, 何嘗以之論性, 而譏凉議之表章. 然凉議實承朱子旨訣, 朱子不可譏也, 柰凉議何. 朱子解通書, 又曰, 一實萬分, 萬一各正, 便是理一分殊. 問旣曰理一, 又曰分殊, 是理與分二也. 朱子曰, 理有品節之殊, 輕重之等, 分特是理之等差耳. 又曰分者, 天理當然之則, 此皆不可以之論性乎. 且以西銘言之, 塞吾體, 帥吾性, 是西銘骨子, 謂之不論性可乎. 楊李二氏, 皆以仁義言理一分殊. 且其所言體用不相離, 冠履不相易者, 皆性分之固然, 名理之眞詮也. 是豈至羅氏而始揭爲性命之妙乎. 羅任二家, 以理氣爲一物, 又以一氣字冒盡天下之理, 諸般說話, 果令人蹙頞而太息處也. 二家之書, 未曾攷閱, 而整菴嘗於退栗之書見其有差處, 鹿門因近儒書中所引, 盈天地都是氣一段, 而疑其或歸於主氣, 嘗擧以質諸間席, 則答曰苟能截斷, 得道器上下分明, 則謂盈天地都是氣亦得, 謂盈天地都是理亦得. 然聖賢眼中, 盈天地都是理, 衆人眼中, 盈天地都是氣. 因以凉議末段所引同異之說進稟, 曰鹿門所見苟如彼, 則其所言同異者, 恐亦隨氣而同異, 非理分之本面也. 合有一言以辨之者, 答曰旣云碎紙中得一段, 又恨不得全書而攷閱, 則其特取一言之意自可見矣. 遂不敢復請, 而竟未知其所見之果如何也. 今以所引人性之善乃氣質之善云云觀之, 曩吾所疑者, 果不妄矣. 得破舊疑, 良幸良幸. 然一二猶有可商量者, 曰乾之健卽太極, 而健之中有元亨利貞, 坤之順卽太極, 而順之中有元亨利貞, 乾健坤順, 則未嘗不偏, 而卽是一太極, 則是分殊中理一也. 卽是一太極, 而却是有元亨利貞, 則是理一中分殊也. 健順不同, 而同爲太極者, 以其皆有元亨利貞, 則元亨利貞, 卽是太極也. 分而一, 一而分, 只是一箇理字本面, 其於理分可謂有見, 而却以元亨利貞謂卽陰陽五行, 則已有理氣一物之病. 又曰依舊是健順, 而不害爲不同, 則却不知乾雖主乎. 健而未嘗無順, 坤雖主乎. 順而未嘗無健, 是果看得分殊之過也. 其斥羅氏性以命同道以形異者, 則未見其斥之之說云何. 未敢質言. 然命與性與道, 只是一貫, 性以命同, 道以性同, 是朱子之意也. 章句於性與道皆以理言之, 而曰性道同, 乃以道以形異對性以命同一, 則似命與性一而無分, 道分而不一也. 一則似道本無分, 而特因形而始有分也. 抑未知孔子言道卽形而指而上, 故羅氏云然耶. 苟如是, 則不但道以形異, 惟性亦然. 章句不曰氣以成形理亦賦焉耶. 或問亦不就形氣之通塞而分人物性之偏全耶. 不但性然, 惟命亦然. 天以陰陽五行化生萬, 物非命耶. 何必獨於道而云以形異也. 且指理一於未發之前, 指分殊於已發之後, 是體則同而用則不同也, 所謂性者果不爲有體無用之物乎. 任氏之譏, 不亦宜乎. 願明者之駁敎也.

전우: 내가 이 글을 쓰자, 어떤 이가 내게 이렇게 말했다. "후배가 선배를 의심하는 것이 죄가 되는 것은 아닙니까?" 나는 이렇게 대답했다. "옛날 온공(溫公)은 평생토록 『맹자』를 좋아하지 않았고, 심지어는 위서(僞書)라고 말하기도 했다. 그러나 공휴(公休: 司馬康)와 원성(元城: 劉安世)은 모두 『맹자』를 높이 평가했고, 주자와 여조겸이 「지언의의(知言疑義)」를 쓰자 남헌(南軒: 張栻) 또한 여기에 참여했다. 그럼에도 후세에 공휴가 불효를 했고, 유안세와 장식이 스승을 배신했다는 말은 들어보지 못했다. 나와 노사의 관계는 직접 배운 제자나 문인에 비할 것이 못되니 더욱 거리가 있지 않는가? 하물며 그 말이라고는 단지 이해가 투철하지 못한 것을 들어서 물었을 뿐, 조금이라도 경시하려는 뜻은 없으니, 설령 속 좁은 사람을 만나더라도 노여움을 사지는 않을 것이다. 게다가 내가 이 글을 쓴 것은 바로 노사 문하의 여러 사람들이 자세히 살피고 공평하게 논의해서 의혹을 풀어주는 말을 듣기를 원하는 것이니 그대는 세속적인 견해로 노사 문하의 여러 사람을 보지 말라."

余旣爲此, 或告余曰, 後輩之疑先進, 得不爲罪. 余曰, 昔溫公平生不喜孟子, 至謂之僞書, 而公休元城, 皆尊孟子. 朱呂爲知言疑義, 而南軒與焉. 然未聞後賢斥公休不孝, 劉張倍師者. 余于蘆沙, 非親子弟門人比. 不尤有間乎. 況其爲言, 但擧所未徹, 以爲問而已, 更無一毫輕肆意象, 縱遇褊心, 不見怒. 抑余之爲此, 正欲蘆門諸公看詳而平議之, 庶幾得聞解惑之言, 子毋以流俗視諸公也.

정재규: 나는 이렇게 들었다. 공정하면 하나로 통일되고, 사사로우면 갖가지로 달라진다. 호락 논쟁에 관련된 여러 사람들이 사람과 사물의 본성이 같은가 다른가를 논한 것은 모두 이치를 밝히겠다는 마음가짐을 갖고 있었기 때문에 공정했다. 그들의 논의가 모순을 일으킨 것은 어진 사람과 지혜로운 이의 견해 차이 정도였다. 어진 사람은 어질다고 하고, 지혜로운 사람은 지혜롭다고 하는 것은 모두 도를 위주로 하기 때문에 그들이 같다는 점에 대해 아무런 지장이 없다. 후대의 여러 유학자들은 각각 하나의 주장만을 내세우면서 나와 같은 사람은 옳다고 하고, 나와 다른 사람은 틀렸다고 하는 바람에 옳다 그르다 서로 공박하면서 결국 편당을 이루고 말았다. 그래서 피아를 세워가며 승부를 겨뤘으니 비록 각자가 이치를 밝힌다고 생각했으나 그들의 마음가짐이 모두 공정한 데서 나왔는지는 알 수 없다. 돌아가신 선생께서는 도술이 분열될 것을 걱정해서 호론과 낙론의 두 가지 주장을 참고하고, 주자의 뜻으로 절충해서 같은 것 가운데서 차이를 알아내고, 다른 것 가운데서 같은 점을 발견해서 호론과 낙론 학자들이 다 발휘하지 못한 온축을 발명해서, 한 시대 후학들의 눈을 뜨게 만들었으니, 그 마음가짐에 어떻게 조금의 사사로움이 있었겠는가. 그런즉 호락 논쟁의 관련자들과 똑같이 도를 근심하고 이치를 밝히려는 데로 귀결되었던 것이다. 그러나 세상의 유자들은 (선생의) 독창적인 견해에 깜짝 놀라 화들짝하니 들고 일어나 공박하게 되었고, 그래서 이 당시에 이 (간재의) 기록이 사방으로 전파되자, 그 자취는 혼란을 부채질하려는 것 같았고, 그 문장은 의심스러운 내용을

변론하려는 것이어서, 그의 마음가짐이 과연 어떠한지를 알 수 없었는데, 이 문단에서 말하는 내용으로 보아 실제로는 공정한 의론이라고 할 것이다.

그의 글이 비록 스스로 해명하는 것 같지만 그의 뜻은 실제로 (노사 선생 문하의) 우리들에게 경각심을 주려는 것이었다. 이미 공정한 의론으로 다른 사람에게 소망하는데 어떻게 공정한 의론으로 상대하지 않을 수 있겠는가? 그런 즉 그의 마음은 의당 세속의 유학자들이 피아를 세워 가며 승부를 다투려는 것과는 다른 것이다. 꼭 선배를 배척하고 비난하려던 것도 아니고, 「납량사의」를 의심한 것 또한 나의 의심을 변론함으로써 (「납량사의」가) 옳지 않다고 말하려던 것도 아니며, 다만 의문에 따라 상대하되 돌려 말하지 않고 직접적으로 언급하며, 애매모호하게 말하지 않고 혹은 지나치게 번잡한 데까지 들어가기도 했으니, 보는 사람이 어떻게 여길 것인지에 맡겨 둘 뿐이다.

생각해 보면 간공(艮公)의 명성은 온 나라에 넘치고, 위상과 명망은 뛰어나며, 강론하는 자리에 앉으면 사방에서 사람들이 몰려드니 못난 나도 항상 같은 시대를 살면서 만나 뵙지 못한 것이 한스러웠다. 처음에는 집안이 가난하고 어버이가 늙어 뵐 기회가 없다가, 지금은 늙고 병들어 강론하는 끝자락에도 참석하지 못하는 지경이 되어 버렸다. 우연히 이 글을 얻어 읽어보고 그 의론의 득실을 살펴보며, 그의 학문의 높낮이를 엿보았더니 전체 당에 모인 사람들 전부가 고개를 끄덕이니 참으로 못난 자에게 다행스러운 일이었다. 즉시 토론을 해서 인편으로 질문을 올리고 싶었으나, 돌이켜 보니 이제 어린 후배가 경박하게 경쟁하는 풍토를 조성하는 것은 이 사람도 물리친 것이었고, 또한 이런 부류의 사람이 꼭 없을 것이라고 단정할 수도 없었다. 이 때문에 감히 묻지 않고 우선 보관해두고서 훗날을 기약하고자 한다.

吾聞之, 公則一, 私則萬殊, 湖洛諸賢, 人物性同異之論, 皆以明理爲心則公也, 其議論之矛盾, 以仁智之所見不同也, 仁者之謂之仁, 智者之謂之智, 壹是皆主乎道, 則不害其爲同也. 後來諸儒之各主一說, 同我者謂之是, 異我者謂之非, 是非相攻, 遂成偏黨, 立彼我爭勝負, 則雖各自以爲明理, 而其心未知其皆出於公也. 先師憂道術之分裂, 參考二家之說, 折諸朱子之意, 同中識其異, 異中見其同. 發二家未盡之蘊, 開一世後學之眼, 其心何嘗有一毫之私也, 則同歸於憂道明理. 而世儒創見大駭, 譁然起而攻之, 乃以此時爲此箚記傳播四出, 其迹則助瀾, 其文則辨疑, 未知其心之果如何, 而此段所言則實公義也. 其辭雖若自解, 而其意則實警吾輩也. 旣以公義望於人, 豈不以公義自待乎. 然則其心宜不似世儒立彼我爭勝負之爲者矣. 必不以譏斥先輩, 疑凉議, 亦不以吾之辨疑謂不韙. 而但隨問置對, 不敢回互而頗傷直截, 不敢糊塗, 而或涉煩瑣, 覽者以爲如何也. 竊惟艮公, 聲名溢國, 位望拔萃, 秉拂當座, 四方奔趨. 雖以陋生, 亦恆切竝世不見之歎, 而始以家貧親老, 今又衰病纏綿, 末由參聽於講論之末矣. 偶得此記而讀之, 考其議論之得失, 窺其所學之淺深, 無異於合堂唯諾, 誠亦瞽者之幸也. 卽欲討便奉質, 而顧今少輩浮薄, 轉深爭競成風, 此公脚下, 又安保其必無此等人也. 玆用不敢, 姑藏而俟之.

「납량사의기의」에 대한 변론을 추가 기록함
納涼私議記疑追錄辨

기정진: (호락논쟁의) 여러 학자들이 사람과 사물을 성을 말하면서, '하나(一)'에 대해서는 모두 이치를 나뉨이 없는 물건이라 여기고, '나뉨(分)'에 대해서는 기(氣) 때문에 생긴다고 한다. 이일(理一)은 형기(形氣)를 벗어난 곳에 제한하고, 분수(分殊)는 형기에 떨어진 이후에 국한한다. 이 때문에 이치는 이치대로 나뉨은 나뉨대로 갈라져 본성과 천명이 쪼개어진다.

諸家言人物之性, 一是皆以理爲無分之物, 分爲因氣而有, 限理一於離形氣之地. 局分殊於墮形氣之後, 於是理自理分自分, 而性命橫決矣.

전우: 만일 낙론 학자들처럼 태극을 말하면서 원형이정이 없다고 하고, 본성을 말하면서는 인의예지가 없다고 한다면, 당연히 이치는 나뉨이 없는 물건이 되어야 한다. 그러나 만일 원형이정이 기 때문에 비로소 있는 것이라 하고, 인의예지가 기를 기다렸다 비로소 생기는 것이라고 한다면 당연히 나뉨이란 기 때문에 있다고 해야 한다. 지금 이미 그렇지 않다고 했는데 어떻게 이치는 그 자체로 이치이고, 나뉨은 그 자체로 나뉨이라는 근심이 있겠는가?

若使洛家謂太極而無元亨利貞, 性而無仁義禮智, 則當曰理爲無分之物矣. 若謂元亨利貞因氣而始有, 仁義禮智待氣而始生, 則當曰分爲因氣而有矣. 今旣不然, 則安有理自理分自分之患乎.

정재규: 원형이정은 태극의 벼리가 되는 이치이고, 사람과 사물의 온갖 나뉨을 갖춘다. 인의예지는 본성의 벼리가 되는 이치이고 사람과 사물이 각각 얻은 나뉨을 갖는다. 사람과 사물이 생기면서 각각 그렇게 되는 까닭이 있기 때문에 나뉘고 또 나뉘어도 원형이정의 이치가 없을 수 없는 것이다. 사람이 되고 사물이 되는 것은 각각 당연한 법칙이 있으니 미세하고 또 미세해도 인의예지의 이치를 갖추지 않을 수 없다. 원형이정에 대해 태극의 나뉨인 줄 만 알고 도리어 온갖 차이의 근원임을 알지 못하는 것인가? 인의예지에 대해서도 본성의 나뉨인 줄만 알고 도리어 모든 선의 근본임을 알 지 못하는 것인가? 원형이정은 하나의 이치이고, 사람과 사물이 각각 그렇게 되는 까닭을 가지는 것은 분수이다. 인의예지는 하나의 이치이고 치우침과 온전함이 각각 당연한 법칙을 가지는 것은 분수이다. 주자는 "만일 본원을 논한다면 이치가 있은 다음에 기가 있고, 만일 품부를 논한다면 이 기가 있는 다음에 이치가 따라서 갖추어진다"고 했다. 품부에 갖추어지는 이치는 본원에 이미 있는 이치가 아니란 말인가? 원형이정은 통합해서 말하자면 온갖 차이의 벼리이고, 나누어 말하자면 한 사물의 처음과 끝이다. 인의예지도 통합해서 말하자면 온갖 선의 벼리이고 나누어 말하자면 한 일의 처음과 끝이다.

元亨利貞, 太極之綱理, 而具人物萬殊之分. 仁義禮智, 性之綱理, 而有人物各得之分. 生人生物, 是各有所以然之故, 而分之又分, 莫不有元亨利貞之理. 爲人爲物, 是各有所當然之則, 而微而又微, 莫不具仁義禮智之理. 元亨利貞, 徒知爲太極之分, 而却不知爲萬殊之原乎. 仁義禮智, 徒知爲性之分, 而却不知爲萬善之本乎. 元亨利貞一理也, 而人物各有所以然之故則分殊也. 仁義禮智一理也, 而偏全各有所當然之則則分殊也. 朱子曰, 若論本原, 則有理然後有氣. 若論稟賦, 則有是氣而後理隨以具. 稟賦所具之理, 非本原已有之理乎. 蓋元亨利貞, 統言則爲萬殊之綱, 而分言則爲一物之終始也. 仁義禮智, 統言則爲萬善之綱, 而分言則爲一事之終始也

기정진: 이제 한 덩어리의 쇠뭉치가 (하나의 태극이라고 한다면), 사발을 만들 수도 있고 칼을 만들 수도 있으니, 이것이 분수가 하나에 포함되는 것이다. 밝다고 말하는 것이 동쪽 면을 사발로 만들고 서쪽 면을 칼로 만드는 것이 아니라면 곧 혼연하다. 그리고 사발의 용광로에 들어가면 사발이 되고 칼의 용광로에 들어가면 칼이 되어 각기 본래 나뉜 하나를 얻는다.

今有一塊銅鐵, 可以爲盤盂, 可以爲刀劒, 是分殊之涵於一. 所謂粲然者, 非東邊可爲盤盂·西邊可爲刀劒, 則渾然. 及其入盤盂爐而爲盤盂, 入刀劒爐而爲刀劒, 各得其本分之一

전우: 가령 이렇게 말하는 사람이 있다고 하자. '가볍고 맑은 용광로에 들어가면 하늘이 되고, 무겁고 탁한 용광로에 들어가면 땅이 되며, 맑고 순수한 용광로에 들어가면 지혜가 뛰어난 사람이 되고, 탁하고 혼잡한 용광로에 들어가면 어리석은 바보가 되며, 양(陽)하고 강한 용광로에 들어가면 남자가 되고, 음(陰)하고 부드러운 용광로에 들어가면 여자가 된다. 이것이 각각 그 본래 나누어진 하나를 얻은 것이다'라고 한다면 어떻게 논파할 것인가?

假如有人言, 入輕清爐而爲天. 入重濁爐而爲地, 入清粹爐而爲上智, 入濁駁爐而爲下愚, 入陽剛爐而爲男, 入陰柔爐而爲女. 是各得其本分之一云

爾，則將如何辨破.

정재규: 텅 비고 아득한 속에 모두 하늘이 되고 땅이 되는 본래적인 나뉨이 없다면 기의 가볍고 맑고, 무겁고 탁한 것이 손을 놀려 변화를 드러내겠는가? 창조의 초기에 남자가 되고 여자가 되는 본래적인 나뉨이 없다면 양강의 기운과 음유한 기운이 환상처럼 변화해서 생명을 낳을 수 있겠는가? '이 이치에 의지해서 운행한다'는 말은 잘못인가? 지혜가 뛰어난 사람과 어리석은 바보는 똑같은 사람이니, 똑같이 바르고 통한 용광로에 들어가 주조가 되어 이루어졌기 때문이다. 혹은 지혜롭고 혹은 어리석은 차이가 있는 것은 단지 주조 과정이 정밀하거나 거칠었기 때문일 뿐이다. 사물의 경우는 간혹 가로로 태어나는 용광로에 들어가기도 하고, 거꾸로 태어나는 용광로에 들어가기도 해서, 용광로가 본래 같지 않은데 견주어 동일시하는 것은 부류를 알 지 못하는 것에 가깝지 않는가? 말머리에 삼을 메고, 소의 코를 뚫는 것이 사람에게서 말미암는단 말인가?

沖漠之中，都無爲天爲地之本分，而氣之輕淸重濁者，手分現化乎．氤氳之初，却無爲男爲女之本分，而氣之陽剛陰柔者，幻化生出乎．所謂依傍這理行者，非歟．若上智下愚，同是人也，同是入正通爐，而鑄得成者也．或智或愚，只是鎔鑄之有精粗耳．物則或入橫生爐，或入倒生爐，爐本不同，比而同之，不幾於不知類者乎．絡馬首，穿牛鼻，是由於人乎．

기정진: 이미 나뉨이 기로 말미암아 있는 것이라고 여기게 되면 사람과 사물이 똑같이 오상(五常)을 본연지성(本然之性)으로 삼고 치우치고

온전한 본성은 본연이 아니게 되어 사람과 사물의 본성이 같다는 논의가 생기는 것도 이상할 것이 없다.

旣以分爲因氣而有, 則無怪其以人物同五常爲本然之性, 而偏全之性爲非本然, 有人物性同之論.

전우: 치우침과 온전함, 통하고 막힘과 분수라고 할 때의 '나뉨[分]'은 아주 다르다. 나뉨이 비록 천지와 사람 및 사물이 생기기 이전에 갖추어졌다지만 치우치고 온전함, 통하고 막힘은 오히려 부여된 기에 관계되어 있고 또 치우침과 온전함은 사람과 사물에 대해서만 단독으로 말하는 것이 아니라, 성인과 보통 사람을 겸해서 말하기도 한다. 이 때문에 주자는 "배워서 아는 사람 그 아래로는 기의 맑고 탁한 것이 많기도 하고 적기도 해서 이치의 온전함과 결핍이 여기에 달려 있다"고 했다.[96] 이제 성인과 보통 사람이 똑같은 오상을 본연의 본성으로 삼고 이치의 온전함과 결핍을 본연이 아니라고 한다면 무슨 지장이 있겠는가? 이것을 안다면 사람과 사물의 성에 대해 (한 귀퉁이를 들썩여 주면) 세 귀퉁이가 반응하는 것처럼 알 수 있을 것이다.

偏全通塞, 與分殊之分, 殺有不同. 分雖具於天地人物未生之前, 而偏全通塞, 卻繫於所賦之氣. 且偏全非可單言於人物, 亦可幷言於聖凡, 故朱子言, 學知以下, 氣之淸濁有多寡, 而理之全缺繫焉. 今以聖凡同五常爲本然之性, 而理之全缺者, 爲非本然, 有何窒礙乎. 知此則人物之性, 可以三隅反也耶.

---

96 배워서…있다: 「답정자상」, 『주자대전』 권56, 『주자전서』 vol.23, 2691쪽.

정재규: 치우치고 온전하다는 것은 이치에 붙여진 이름이 아니다. 또한 기에 붙여진 이름도 아니다. 이치의 나뉨에 즉해서 말하자면 이치이지만, 형기에 즉해서 말하자면 기이다. 그러므로 '기의 치우친 것은 이치의 치우친 것을 얻는다'고 하는 것이다("인의예지를 사물이 어찌 갖지 않겠는가? 다만 치우쳐" 온전하지 못할 뿐이다고 하고,[97] 또 '이 기가 많으면 이 이치도 많다. 이 기가 적으면 이 이치 또한 적다. 그러니 어떻게 치우침과 온전함으로 논할 수 없겠는가?'[98] 이것은 당연히 이치를 가리켜 말한 것이다).[99] 그러나 기의 치우침은 형이하의 것이요, 이치의 치우침은 형이상의 것이다. 형이상의 이치는 언제나 형체에서 벗어나지 않고, 이미 드러난 형체는 바로 형체화하지 않는 이치가 이미 갖추어진 것이다. 이것은 즉 나뉨이란 이미 태어나기 이전에 갖추어졌고 이미 태어난 뒤에 각각 바로잡는다는 것이니, 치우침과 온전함은 각각 바로잡은 본성인 것이다. 만일 이미 태어난 다음에 갖추어진 것이 태어나기 이전에 이미 갖추어진 것이 아니라면 뿌리와 가지가 관통되지 않고, 본성과 천명은 쪼개져 버릴 것이다.

치우침과 온전함은 처음부터 정해진 이름이 없기 때문에 또한 성인과 보통 사람의 기질의 다름에 대해서도 말할 수 있는 것이다. 주자의 말에 본시 그런 측면이 있다. 이 한 마디 말이 바로 그가 이론을 세운 칼자루이다. 말하고자 하면 이미 입이 괴로우니 다시 갈고 닦는 행적을 답습할 필요는 없을 것이요, 다른 말 한 마디로 묻고자 한다. 성인과 보통 사람이 비록 다르지만, 똑같이 바르고 통한 기운을 가졌고, 똑같이 바르고

97 인의예지를…뿐이다: 「중용 1」, 『주자어류』(권62), vol.4, 1492쪽.
98 이…없겠는가: 「답조치도」, 『주자대전』 권59, 『주자전서』 vol.23, 2863쪽 참조.
99 기의…얻는다: 「답두인중」, 『주자대전』 권62, 『주자전서』 vol.23, 3000쪽 참조.

곧은 형체를 가졌으며, 그 본성이 다르지 않다. 사물도 비록 이 일원을 똑같이 가지지만 기가 다르면 형체가 다르고, 형체가 다르면 종류가 달라지기 때문에 그 본성이 치우치며, 그 치우침 때문에 기질의 성이라고 하고 본연의 성이라고 하지 않는다면 주자가 사물은 단지 하나의 본성밖에 없고, 사람은 도리어 두 가지 본성을 가진다는 주장을 배척한 것이 과연 헛되이 웃으면서 올바른 사람을 미워하는 격이란 말인가?(「답서자융」에서 이렇게 말했다. "말라 죽은 사물에는 기질의 성만이 있을 뿐 본연의 성은 없다'고 하는데 이 말은 더욱 웃음을 자아낸다. 이 말 대로라면 사물에는 하나의 본성이 있는데 사람에게는 오히려 두 가지 본성이 있다는 것이다. 이 말은 이만저만 잘못된 것이 아니다."[100])

偏全, 本非理之名, 亦非氣之名. 卽理分而言則理也, 卽形氣而言則氣也, 故曰氣之偏者得理之偏.(曰仁義禮智物豈不有但偏而不全, 曰是氣多則是理多, 是氣少則是理亦少, 豈不可以偏全論乎. 此則皆指 理而言也.) 然氣之偏全, 形而下者也, 理之偏全, 形而上者也. 而上之理, 常不離於形, 形之已著者, 乃理之未形, 而已具者, 卽所謂分也. 已具於未生之前, 而各正於已生之後, 偏全, 乃各正之性也. 若已生後所具者, 非未生前已具者, 則根枝不貫, 性命橫決矣. 且偏全, 初無定名, 故亦可言於聖凡氣質之不同, 朱子之言固亦有然者. 此一拍正是他立論之欛柄也. 言之已苦口, 不必更踏磨驢之迹, 請以一轉語問之. 聖凡雖異, 同是正通之氣, 同是正直之形, 而其性無不同. 物亦雖同, 此一原氣異而形異, 形異而類異, 而其性偏, 以其偏故謂是氣質之性, 而非本然之性, 則朱子所斥物只有一性, 而人却有兩性者, 果妄笑而醜正乎.(答徐子融書, 枯槁之物, 只有氣質之性, 無本然之性, 此語尤可笑. 若如此則是物

---

100 「답서자융」, 『주자대전』 권58, 『주자전서』 vol.23, 2768쪽.

只有一性, 人却有兩性矣. 此語非常醜差.)

기정진: 오상이 사물을 따라 치우침·온전함이 있는 것은 이치의 본분인데 어떻게 같을 수 있겠는가? 치우침·온전함이 같지 않은데도 오히려 (오상이) 같다고 말하는 것은 예컨대 사발과 칼이 쇠나 구리로 이루어졌기 때문에 (재질이) 같다는 의미에서의 같음[同之同]이지, 사발과 칼을 구분하지 않고 뒤섞어서 같다[混同]고 말하는 것이 아니다. 치우침·온전함의 본성이 본연이 아니라는 것은 사발과 칼을 떠나 쇠나 구리를 찾는 주장이다.

五常之隨物而偏全, 乃此理之本分, 何可同也? 偏全不同, 而猶謂之同者, 如盤盂刀劒爲銅鐵, 則同之同, 非以混同無盤盂刀劒而謂之同也. 偏全之性, 非本然, 離盤盂刀劒, 而求銅鐵之說也.

전우: 사람과 사물의 한 근원[一原] 가운데 오상이 있는 것은 이치의 본래적인 나뉨이다. 지금 오상이 기를 따라 발현하면서 온전함과 결핍이 있는 것을 '이치의 본래적인 나뉨'이라고 말하고, 또 그것을 본성의 본연이라 바꿔 부르고 있다. 이것과 주자가 본성이 기질에 있다고 말한 것은 그 품위가 같지 않다. 기질의 성이라 부르는 것과 "기질로 논하면 일반적으로 본성이라 말하는 것이 같지 않다는 말은 모두 얼음 녹듯이 풀린다"는 설명은 서로 어긋나지 않는다.[101]

人物一原之中有五常, 此爲理之本分. 今以五常之隨氣而發見有全缺者,

101 기질로…풀린다: 「성리 1」, 『주자어류』(권4), vol.1, 25쪽.

謂之理之本分, 而喚做性之本然. 此與朱子性之在氣質者, 其品不一. 所謂氣質之性, 與以氣質論, 則凡言性不同者, 皆冰釋之訓, 無或相戾乎.

정재규: 남헌(南軒)은 "품부 받아 태어나고 형체를 부여받기 이전은 천명의 전체다. 사람과 사물이 받은 것은 모두 거기에 참여할 수 없다"고 했는데 주자는 이해할 수 없는 주장이라고 하면서 이렇게 말했다. "천명이 그치지 않는 것은 본시 사람과 사물이 같이 얻은 것이다. 어떻게 사람과 사물이 얻은 것을 떠나서 따로 전체가 있다는 것인가?"[102] 치우치고 온전한 본성이란 사람과 사물이 받은 것이니, 사람과 사물이 받은 것을 가리켜 본연이라 말하는 것이 안 될 것이 무어란 말인가? 치우침과 온전함이 본연이 아니라면 이것은 사람과 사물이 얻은 것을 떠나서 따로 본성을 구하는 것이다. 또한 주자의 가르침과 서로 어긋나지 않겠는가? 혹 주자가 전체를 말하고 치우침을 말하지 않았다는 점 때문에 의심하면서 치우침을 겸해서 본연이라 말하는 것이 가능하겠는가라고 한다면 '치우침이란 사람에 짝지워서 이름붙인 것이다. 단독으로 사물이란 측면에 나아가 말한다면 비록 간격이 없는 은미함일지라도 전체가 아님이 없으니 오상을 이룬다는 점에서는 똑같다. 또 기질의 성은 또한 이 성이 기에 얽매여 발출해서 곧바로 이루지 못한 것일 뿐이다. 배워서 아는 사람 아래로는 그 품위가 한결같지 않으니, 이것을 가리켜 본성이라 한다면 본성에는 성인과 보통 사람의 차이가 있으니, 어떻게 본성이 선하다고 말할 수 있겠는가? 그래서 주자는 이렇게 말했던 것이다. 그러

---

102 남헌은…것인가: 「답장흠부」, 『주자대전』 권30, 『주자전서』 vol.21, 1326쪽 참조.

나 비록 낮은 품위의 사람이라도 사단의 발현은 모두 가지고 있으니 어떻게 본연이 아니겠는가? 그러므로 주자는 「답엄시형」에서 "본성은 사람이 태어난 이후에 이 이치가 형기 가운데 떨어져 있는 것"이라고 했으니 온전치 못함은 본성의 본체인 것이다.[103] 그러나 그 본체는 또 여기에서 벗어난 적이 없으니, 요컨대 사람은 여기에 즉해서 여기에 대한 견해가 잡다하지 않을 뿐이다. 만약 사물의 경우에는 새나 짐승은 한 곳에서만 통하고, 풀과 나무가 무성했다 시들고, 피었다 지는 것은 각각 저절로 그러한 이치가 있으니, 또한 어찌 본연이 아니겠는가? 주자는 여기에서 분명하게 천명의 본연은 처음부터 간격이 없다고 말했고, 또 부자(附子)가 뜨겁고 대황(大黃)이 차가운 것을 본연의 성이라고 했던 것이니(서자융은 부자가 뜨겁고 대황이 차가운 것이 기질의 성이라고 했고, 진재경은 본연의 성이라고 했는데, 주자는 진재경이 옳다고 했다.[104]), 여기에서 또한 환하게 볼 수 있다.

---

103 「답엄시형(세문)」, 『주자대전』 권61, 『주자전서』 vol.23, 2961쪽.

104 "서자융이 편지로 '말라 죽은 것에도 본성이 있고 기가 있습니다. 이 때문에 부자는 뜨겁고 대황은 차가우니, 이 본성은 기질의 성입니까?'라고 물었는데, 진재경은 (그 본성이) 본연의 성이라고 했다. 선생은 '자융은 지각을 본성이라고 여기기 때문에 이것을 기질의 성이라고 여기는 것이다. 본성은 즉 이치이다. 본성이 있으면 기가 있다. (말라 죽은 것들이) 많은 기를 품수하기 때문에 또한 많은 이치를 가질 뿐이다.' 진재경이 (말라 죽은 것들은) 본성이 있을 뿐 인(仁)은 없다고 하자 선생이 말했다. '이 설명도 옳다. 저 말라 죽은 것들은 처음부터 이 도리를 품수하지 못했다. 오직 사람만이 그 온전함을 얻었을 뿐이다….' [徐子融以書問 枯槁之中 有性有氣 故附子熱 大黃寒 此性是氣質之性 陳才卿謂即是本然之性 先生曰 子融錯認知覺為性 故以此為氣質之性 性即是理 有性即有氣 是他稟得許多氣 故亦只有許多理 才卿謂有性無仁 先生曰 此說亦是 是他元不曾稟得此道理 惟人則得其全]" 「성리 1」, 『주자어류』(권4), vol.1, 61쪽.

南軒指稟生賦形以前爲天命之全體, 而人物所受皆不得與焉. 朱子以爲不可曉之說, 而曰天命不已, 固人物所同得者也, 豈離乎人物之所受而別有全體哉. 所謂偏全之性, 乃人物之所受者, 指人物之所受, 而謂之本然, 何所不可. 偏全非本然, 則是離人物之所受而別求本性也. 無亦與朱子之訓相戾乎. 或疑朱子言全體, 而不言偏, 竝偏謂本然, 可乎. 曰偏是對人而名者, 單就物上言, 則雖無間之微, 莫非全體, 其爲五常則同也. 且氣質之性, 亦只是此性拘於氣而發出不直遂者, 自學知以下, 其品不一, 指此謂性, 則性有聖凡之異, 豈性善之謂哉, 故朱子云然. 然雖下品之人, 其四端之發, 亦皆有之, 豈不是本然, 故朱子答嚴時亨云, 性便人生以後, 此理墮在形氣之中. 不全, 是性之本體, 然其本體, 又未嘗外此. 要人卽此而見得其不雜乎此者耳. 若物則鳥獸之一處通, 草木之榮悴開落, 各有自然之理, 亦豈不是本然. 朱子於此, 分明言天命之本然, 初無間隔, 又以附子熱大黃寒謂本然之性.(徐子融以附子熱大黃寒爲氣質之性, 陳才卿爲本然之性, 朱子是才卿, 於此亦可以見覗矣.)

기정진: 하나로써 다섯을 견줘 보면 다섯은 똑같이 하나이지만 다섯으로 서로를 견줘 보면 나뉨은 여기에 보존된다. 비록 무수하게 흩어져 달라질지라도 모두 본래의 나뉨의 일이니, 치우침과 온전함을 내려다보려고 하는 것이 가능한 일이겠는가?

以一視五, 五者同一. 以五相視, 分於是存. 雖散殊之無窮, 皆本分中事, 欲低視偏全, 可乎.

전우: 한 몸뚱이를 사지에 견줘 보면 사지는 똑같은 한 몸뚱이이고,

사지를 서로 견줘 보면 나뉨은 여기에서 보존된다는 것은 진실로 그렇다. 그러나 어떻게 사지와 분수로 치우침과 온전함을 나누겠는가? 그러므로 나는 나뉨과 치우치고 온전함은 달라서, 만일 치우침을 말하려 하면 당연히 사지가 혹은 마비되어 제대로 움직이지 않거나, 중풍으로 제대로 뻗지 못한 다음에야 치우쳤다고 할 수 있다고 말하는 것이다. 비록 낮춰보지 않으려 한들 그렇게 볼 수 있겠는가?

以一身視四肢, 四肢同一身, 以四肢相視, 則分於是存, 此固然矣. 然豈可以四肢與分殊分偏全乎. 愚故曰分與偏全不同, 如欲言偏, 當曰四肢或有痿痺不仁, 癱瘓不遂, 然後方可謂之偏爾. 雖欲不低看, 得乎.

정재규: 만물의 통체(統體)는 단지 하나의 오상일 뿐이고, 한 사물이 각각 갖추는 것도 또한 하나의 오상일 뿐이며, 오상의 바깥에 따로 다른 이치가 있는 것이 아니다. 하나[一]를 이치라고 이름붙이면 바로 다섯 가지를 갖춘 것이다. 한 몸으로 통체를 비유하면 치우침과 온전함이 각각 하나의 본체[一體]를 이루는데 장애가 되지 않는 것은 그 분수 때문이다. 사지로 '각각 갖춘 것[各具]'을 비유하면 치우침과 온전함이 또한 각각 스스로 한 몸이 되는 것은 그 이일 때문이다. '통체'와 '각구'는 처음부터 피차의 차이가 없고, 또한 다른 흠도 없으니 이것이 이치의 오묘한 까닭이다. 지금 사지와 한 몸의 제약과 한계로 이치와 나뉨의 간격을 헤아리려 하는 것은 말이 더욱 교묘해 질수록 이치는 더욱 어두워지는 격이라고 말할 수 있을 것이다. 마비와 중풍을 말한 대목은 즉 첫 번째 문단의 주장이다. 나는 것과 뛰는 것이 그 장소를 바꿀 수 없고, 이와 뿔을 서로 겸할 수 없는 것과 이것은 또한 정해진 나뉨으로 인해 마비와 중풍에

걸리는 것이 아닌가?

萬物之統體, 只一五常, 一物之各具, 亦只一五常. 五常之外, 更無佗理. 一名爲理, 便具五者也, 以一身論統體, 則偏全不害各爲一體, 以其分殊也. 以四肢論各具, 則偏全亦各自爲一身, 以其理一也. 統體各具, 初無彼此, 亦無餘欠, 此理之所以爲妙也. 今以肢體之局定擬理分之間隔, 可謂言愈巧, 而理愈昧矣. 痿痺癱瘓之云, 卽第一段之說也. 飛躍之不可易處, 齒角之不能兼與是, 亦非其定分, 而爲痿痺癱瘓者耶.

기정진: 『중용혹문』과 『대학혹문』에서는 이미 음양오행설을 따라서 말하면서 그 벼리가 되는 이치가 똑같음을 말했고, 이어서 음양오행의 치우침·온전함으로써 조건이 같지 않음을 말한 것이다. 같은 때의 일이지만 앞과 뒤로 말한 것인데 무슨 의심할 부분이 있겠는가?

庸學或問, 旣從陰陽五行說來, 言其綱理之一般. 繼以陰陽五行之偏全, 言其條件之不同. 一時事而先後言之, 有何可疑之端乎.

전우: 음양오행의 치우치고 온전함은 그 자체로 기질에 속하고, 건순오상의 조건은 그 자체로 분수에 속한다. 어떻게 곧장 분수를 가리켜 치우치고 온전함이라고 하겠는가? 만일 이와 같다면 손과 발이 이름을 달리하는 것도 치우치고 온전함으로 말할 수 있을 것이니, 아마도 말이 되지 않을 것이다.

陰陽五行之偏全, 自屬氣質. 健順五常之條件, 自屬分殊, 何可直指分殊爲偏全乎. 若如此則手足之異名, 而可謂之偏全, 恐不成言.

정재규: 음양오행의 변화시키고 생성하며, 건순오상이 성을 이루는 것은 그 벼리되는 이치의 일반적 모습을 말한다. 음양오행에 통함과 막힘이 있고, 건순오상에 치우침과 온전함이 있는 것은 그 조건이 다름을 말한다. 건순오상은 단지 한 태극의 이치일 뿐이요, 혹은 치우치고 혹은 온전한 것은 하나 가운데 나뉨이 맺혀서 자리 잡은 것이다. 사람과 사물의 온갖 차이가 이미 태극의 이면에 갖추어 졌으니, 태어나면서 갖가지로 달라지는 것은 각각 이미 분래적인 나뉨을 갖추어 본성을 이루는 것이다. 그 본성에는 또 각각 건순 오상이 있다. 다만 손과 발이 한 몸의 분수라는 것만 알 뿐 손과 발이 각각 한 몸이 되는 것을 알지 못한다. 비록 각각 그 자체로 한 몸이 되지만 또한 한 몸의 조건이 되는 데는 아무런 지장이 없다. 한스러운 것은 가죽의 표면만을 보고서 가죽 안의 일을 살피지 못하는 것일 뿐이다.

陰陽五行之化生, 健順五常之成性, 言其綱理之一般也. 陰陽五行之有通有塞, 健順五常之有偏有全, 言其條件之不同也. 健順五常, 只是一太極之理, 而其或偏或全, 乃一中之分結窠者也. 人物萬殊, 已具於太極裏面, 而及其生出萬殊, 則各得其已具之本分而爲性, 其性又各自有健順五常也. 但知手足爲一身之分殊, 而却不知手足各自爲一身也. 雖各自爲一身, 而亦不害爲一身之條件也. 所恨眼走皮面, 而不能見皮裏事耳.

정재규: 위의 추가 기록[追錄] 여섯 조목은 전에 기록한 것 이외에 다른 깊은 변론이 없으니, 이것은 즉 시렁을 중첩한 격일뿐이다. 꼭 하나하나 상대할 필요는 없었다. 그러나 내 설명에 오히려 불충분한 부분이 있었기 때문에 이로 인해 언급하면서, 번잡하게 중복되는 수고를 피하

지 않았다. 살피는 사람이 자세히 보기 바란다. 이런 종류의 의논은 반드시 우선 이것이 옳고 저것이 그르다는 생각을 제쳐두고, 마음을 비우고, 마음가짐을 공평하게 갖고서 양 쪽의 말을 살펴보고, 이전의 철인들의 말을 참고한 다음에야 정당한 시비의 판단을 얻을 수 있는 것이다. 세상의 공정한 마음을 가진 사람들이 재단해서 바로잡아 주기를 기다린다.

右追錄六條, 前記之外, 無甚辨明, 而卽是架疊耳. 不必一一置對, 而贅說猶有所未盡者, 故因此而及之, 不避重複之煩, 覽者詳之. 大抵此等議論, 必須姑置是此非彼之意, 虛其中, 公其心, 以審聽兩造之辭, 考諸往哲之言, 而後可以得其是非之當矣. 將以俟世之公心者裁正焉.

「외필변」을 변론함 猥筆辨辨[105]

전우: 주자는 평소에 '이치는 조작이 없다'고 했다.[106] 동정은 조작이기 때문에 '기틀이 스스로 그러하다[機自爾]'고 말하는 것이다. 주자는 또 '작용이 있자마자 형이하이다'고 말했다.[107] 동정은 작용이기 때문에 '기틀이 스스로 그러하다[機自爾]'고 말하는 것이다.

朱子雅言, 理無造作. 動靜者, 造作也, 故曰機自爾也. 朱子又言, 纔有作用, 便是形而下者. 動靜者, 作用也, 故曰機自爾也.

정재규: 이치는 본시 조작이 없다. 그러나 기가 이 이치에 의거해서 운행한다면 조작의 준칙은 이미 이치에 갖추어진 것이다. 작용도 본시 기이다. 그러나 이치에는 그 자체로 오묘한 작용[妙用]이 있기 때문에 작용의 절도와 제도는 그 자체로 이치에 있는 것이다. 또 동정은 저절로 그러한 것으로, 조금이라도 기의 힘을 침범하는 글자가 아니다. 조작도 정의(情意)와 영위(營爲)가 있다는 것이지 기력을 매우 소모한다는 글자가 아니다.

---

105 이 글은 노사의 「외필(猥筆)」에 대해 간재가 「외필변(猥筆辨)」을 지어 비판한 것을 조목별로 재비판하는 내용이다. 「외필변」의 내용을 인용한 후 자신의 비평을 덧붙였다. 「외필」은 『노사집』(권16), 한국문집총간 vol.310, 370~373쪽 참조. 「외필변」은 『간재사고』 권28, 9후면~13전면 참조.

106 이치는…없다: "이치는 오히려 감정도 의지도, 계산도, 조작도 없다. 다만 이 기가 엉겨붙는 곳에 이치도 곧 그 가운데 있다[理卻無情意 無計度 無造作 只此氣凝聚處 理便在其中]" 「이기 상」, 『주자어류』(권1) vol.1, 3쪽.

107 작용이…형이하이다: "물었다. '형(形)·기(器)를 어떻게 구분합니까?' 대답했다. '형이상의 것은 이치이다. 작용이 있자마자 형이하의 것이다.'[問 如何分形器 曰 形而上者是理 才有作用便是形而下者] 「역」 11, 『주자어류』(권75) vol.5, 1936쪽.

동정을 곧장 조작이라 바꿔 부르는 것도 어째서 그런지를 알 수 없다. 주자는 "움직임[動] 역시 태극의 움직임이요, 고요함[靜] 역시 태극의 고요함이다"고 했다.[108] 또 '본체로 말하면 태극은 동정을 포함하고, 유행으로 말하면 태극에는 동정이 있다'고 했다.[109] 또한 『통서(通書)』에서는 "'움직이되 움직임이 없고, 고요하되 고요함이 없다, 이것은 움직이지 않는 것도 고요하지 않는 것도 아니다'고 했는데 이것은 형이상의 이치를 말한다"고 했다.[110] 또 "이치의 동정을 말하면 고요함 가운데 움직임이 있고, 움직임 가운데 고요함이 있는 것은 그 본체[體]요, 고요하면서 능히 움직이고, 움직이면서 능히 고요한 것이 그 작용[用]이다"고 했다.[111] 이런 종류는 아주 많아서 일일이 다 손꼽을 수가 없다. 이로써 말하자면 동정이 본시 기로 말한 경우도 있다지만, 또한 이치에 대해서도 말할 수 있는 것이니, 조작·작용 등의 글자를 오로지 기라는 측면에서만 설명할 수 있는 것은 아니다.

理固無造作, 然氣依傍這理行, 則造作之準則, 已具於理也. 作用固是

---

108 움직임…고요함이다: 「주자지서·태극도」, 『주자어류』(권94) vol.6, 2367쪽.

109 본체로…동정이 있다: "태극이 동정을 포함한다고 말하는 것은 괜찮다(본체의 측면에서 말한 것이다). 태극에 동정이 있다고 말하는 것도 괜찮다(유행의 측면에서 말한 것이다)[蓋謂太極含動靜則可(以本體而言也) 謂太極有動靜則可(以流行而言也)]" 「答楊子直(方)」, 『주자대전』 권45, 『주자전서』 vol.22, 2072쪽.

110 이것은…말한다: "(『통서』에서) '움직이면서 고요함이 없고, 고요하면서 움직임이 없는 것은 사물이다'고 한 것은 형이하의 기(器)를 말한다.… (『통서』에서) '움직이되 움직임이 없고, 고요하되 고요함이 없다'고 했는데, 이것은 움직이지 않고 고요하지 않은 것이 아니라 형이상의 이치를 말한다.[動而無靜 靜而無動者物也 此言形而下之器也…動而無動 靜而無靜 非不動不靜 此言形而上之理也]" 「주자지서·통서·동정」, 『주자어류』(권94) vol.6, 2403쪽.

111 같은 책, 같은 곳.

氣, 然理自有妙用, 則作用之節制, 自在於理也. 且動靜是自然而然, 非有絲毫犯氣力底字, 造作是有情意營爲, 而煞費氣力底字. 以動靜直喚做造作, 未知其如何也. 朱子曰動亦太極之動, 靜亦太極之靜. 又曰以本體言則太極涵動靜, 以流行言則太極有動靜. 又論通書動而無動靜而無靜, 非不動不靜, 而曰此言形而上之理也. 又曰言理之動靜, 則靜中有動, 動中有靜, 其體也, 靜而能動, 動而能靜, 其用也. 此類甚多, 不可枚擧. 以此言之, 動靜固有以氣言者, 而亦可以言之於理. 非若造作作用等字之專做氣邊說者也.

전우: 공자는 분명히 '하늘이 사물을 낳으면서 심은 것은 북돋아 주고 기운 것은 엎어버린다'고 했는데[112], 주자는 도리어 '이것은 어떤 사물이 있어 그렇게 시키는 것이 아니다, 다만 사물이 생길 때에 저절로 자라나가는 것이 마치 붙잡아 주는 어떤 사물이 있는 것만 같고, 시들 때에는 저절로 사라져 가는데 마치 어떤 사물이 밀어서 엎어버리는 것과 같으니 저 이치가 스스로 이와 같음을 말한다'고 했다.[113] 맹자는 분명하게 "하늘이 사물을 낳으면서 근본이 하나이도록 했다"고 했는데[114], 주자는 도리어 "저절로 그러한 이치는 마치 하늘이 그렇게 만드는 것 같다"고 했다.[115] 이윤(伊尹)은 분명하게 '하늘이 백성을 낳으면서 먼저 안

112 『중용』 17장.

113 이것은…말한다: 「중용 2·제17장」, 『주자어류』(권63) vol.4, 1552~1553쪽.

114 『맹자』, 「등문공」 5장.

115 저절로…같다: 「등문공」 5장에 대한 주희의 집주에서 "인물(人物)이 태어남은 반드시 부모(父母)에 근본 하여 둘이 없으니, 이는 바로 자연(自然)의 이치이니, 하늘이 마치 그렇게 시킨 것과 같은 것이다[人物之生必各本於父母而無二乃自然之理 若天使之然也]"라고 평하고 있다. 주희, 『맹자집주』, 『주자전서』 vol.6, 319쪽.

사람이 나중에 안 사람을 깨우치게 했다'고 했는데,[116] 주자는 오히려 '천리의 당연함은 마치 그렇게 시키는 것 같다'고 했다.[117] (주자가 이렇게 말한 것은) 어떤 이유 때문인가? 단지, 사람들이 '사(使)'란 글자를 작용의 뜻으로 착각하면 도를 크게 해칠 것으로 걱정했기 때문일 뿐이다. 그래서 따로 '약(若)'자, '흡사(恰似)'자, '비유물사지연(非有物使之然)'자를 써서 그렇게 만드는 작용이 없다는 것을 드러낸 것이다. 그러므로 '그렇게 시키는 것은 없다[非有使之]'고 하는 것이다.

孔子分明說, 天之生物, 栽者培之, 傾者覆之. 而朱子卻言, 此非有物使之然, 但物之生時, 自長將去, 恰似有物扶持佗. 及其衰也, 自消磨去, 恰似箇物推倒佗. 理自如此. 孟子分明說, 天之生物, 使之一本. 而朱子卻言自然之理, 若天使之然也. 伊尹分明說, 天之生民使先知覺後知. 而朱子卻言, 天理當然, 若使之也. 此何以故. 只是恐人錯認使字爲作用之意, 則害道大矣. 故另下若字恰似字非有物使之然字, 以見其無作用之使也, 故曰非有使之也.

정재규: 공자·맹자·이윤은 분명하게 '그렇게 시킨다[使之]'고 했는데, 주자는 도리어 사람들이 잘못 보고 작용의 뜻으로 인식할까 걱정해서 '약(若)'자와 '흡사(恰似)'자를 썼고, 율옹(栗翁: 이이)은 또 주자의 뜻으로 인해서 곧장 '그렇게 시키는 것은 없다[非有使之]'고 했다. 이와 같다면 그

116 『맹자』「만장 상」 7장.

117 천리의…같다: 「만장 상」 7장에 대한 주희의 집주에서 "'하늘이 시켰다'고 말한 것은 천리(天理)의 당연함이 마치 그렇게 시킨 것과 같다.[言天使者 天理當然 若使之也]"고 풀이하고 있다. 『맹자집주』, 『주자전서』 vol.6, 378쪽.

들이 말한 것은 다르지만 그들의 뜻은 모두 이치를 밝히려는 것이다. 후세의 학자들이 가까운 것에 가리고 먼 곳에 어두워 그들의 말을 스승으로 삼을 뿐 그들의 뜻을 스승으로 삼지 않았다. 마침내 정말로 그렇게 시키는 것이 없다고 생각하고는 천지의 조화와 생성을 '기(氣)'라는 글자 하나로 뒤덮어 '이치'라고 부르는 것이 주재의 권한을 잃어버렸으니 도를 해치는 것이 또한 크지 않는가? 이에 따로 천명에는 실제로 그렇게 시키는 오묘함이 있다고 말함으로써 성현들의 은미한 말을 밝히고, 천리의 본래 모습을 되돌리려고 하니, 말은 비록 다르지만 뜻은 또한 똑같이 이치를 밝히는 데로 귀결된다 할 것이다. 그러므로 저 말을 잡고서 뜻에 어두운 자들은 율옹에게 누가 되기에 충분할 뿐이다. 이 의심을 다 궁구해서 밝게 변론한 사람이야말로 율옹의 온축을 발명했다고 할 것이다.

孔子孟子伊尹, 分明言使之, 而朱子却怕人誤看認爲作用之意, 而下若字恰似字. 栗翁又因朱子之意, 而直曰非有使之. 若是則立言雖殊, 而其意則皆爲明理也. 而後之學者, 蔽於近而昧於遠, 師其言而不師其意. 遂眞以爲非有使之者, 而天地間造化生成, 以一氣字冒之. 所謂理者, 失主宰之柄,其害道也, 不亦大矣. 乎於是另言天命實有使之然之妙, 以明聖賢之微言, 以還天理之本面. 其言雖異, 其意亦同歸於明理者也. 然則彼執言而迷旨者, 適足爲栗翁之累. 此致疑而明辨者, 乃所以發栗翁之蘊也.

전우: 예를 들어 "사람이 도를 넓힐 수 있다"는 것은 '기틀이 스스로 그러한' 것이요, "도가 사람을 넓힐 수 없다"는 것은 '그렇게 시키는 것이 없는' 것이다.[118] 사람의 마음에 깨달음이 있는 것은 음양 동정의 기

틀이다. 도의 본체가 함이 없는 것[道體無爲]은 태극의 저절로 그러한 오묘함이다.

且如人能弘道, 機自爾也. 非道弘人, 非有使之也. 蓋人心有覺, 是陰陽動靜之機也. 道體無爲, 是太極自然之妙也.

정재규: 이제 '인(人)'자를 '기(氣)'자로, '홍(弘)'자를 '사(使)'자로 만들고서 '기가 이치를 부릴 수 있는 것이지 이치가 기를 부리는 것이 아니다'고 한다면 이것은 과연 말이 되는가? 마음은 기를 좇아 말하면 '사람의 마음에 깨달음이 있다'는 것은 본시 또한 음양과 동정의 기틀이다. 만일 통합해서 말한다면 반드시 본성과 정의 전체와 대용(大用)을 합치고 한 몸의 주재가 되며, 모든 일의 강령이 되는 것이라고 말해야 하니, 이 '심(心)'이란 글자의 본 뜻이 어떻게 하나의 '기(氣)'자가 감당할 수 있는 것이겠는가? '도를 넓힌다'고 하는 것은 이 마음의 본체가 판단의 기준과 준칙으로써 단서의 발현을 따라서 주재하며, 이를 넓히고 채우면 그 극치에 이르러 천지의 화육에 참여하는 것이니, 이것이 어찌 이 마음이 '타는 기틀[所乘之氣]'이며, '스스로 그럴 수 있는 것[所能自爾]'이겠는가?

주자가 가장 분명하게 설명한 대목이 있으니, 주자는 "원형이정은 본성이요, 생장수장(生長收藏)은 정이다. 원으로 생겨나고, 형으로 자라며, 리(利)로 수확하고, 정(貞)으로 감추는 것은 마음이다"고 했으니 이것은 천지의 마음이 온갖 변화를 주재하는 이유를 말한 것이다.[119] 또 주자는

---

118 『논어』, 「위령공」 28장 참조.

119 원형이정은…마음이다: 「원형이정설(元亨利貞說)」, 『주자대전』 권67, 『주자전서』 vol, 23, 3254쪽.

"인의예지는 본성이요, 측은 수오 사양 시비는 정이다. 인으로 사랑하고, 의로 미워하며, 예로 양보하고 지로 아는 것은 마음이다"고 했으니 이것은 사람의 마음이 온갖 일을 주재하는 이유를 말한 것이다.[120] 오직 그 주재의 실체와 오묘한 작용이 있기 때문에 도를 넓힐 수 있고, 본성을 단속할 수 있다. 이제 음양 동정의 기틀을 논하면서 이것을 끌어다 기가 이치를 부리는 물건이라는 증거를 삼으면서도 거꾸로 이치가 기의 주재가 된다고 하면 사람들이 믿겠는가?

今以人字作氣字, 弘字作使字, 曰氣能使理, 非理使氣, 則是果成說乎. 心從氣而言, 則人心有覺, 固亦陰陽動靜之機也. 若統言心, 則必須合性情之全體大用, 而爲一身之主宰, 萬事之綱領者言之方是. 心字本旨, 是豈一氣字所能了當者乎. 所謂弘道者, 只是以此心本體之權度準則, 隨其端緖之發而宰制, 而擴充之極. 其盛則至於參天地贊化育, 是豈此心所乘之機所能自爾者乎. 有朱子說最分曉者, 曰元亨利貞性也, 生長收藏情也, 以元生, 以亨長, 以利收, 以貞藏者, 心也. 此言天地之心, 所以爲主宰萬化也. 曰仁義禮智性也, 惻隱羞惡辭讓是非情也. 以仁愛, 以義惡, 以禮讓, 以智知者, 心也. 此言人之心所以主宰萬事也. 惟其有主宰之實體妙用, 故乃能弘道, 乃能檢性. 今論陰陽動靜之機, 而引此爲援證, 認氣爲使理之物, 而猶曰理爲氣主, 則人將信之矣乎.

전우: 사물이 생겨나면 비록 스스로 자라고 스스로 쇠퇴한다고 하지만 스스로 자라고 스스로 쇠퇴하는 것도 탐구해 보면 이 이치가 스스로

---

120 인의예지는…마음이다: 같은 책, 같은 곳.

이와 같은 것이다. 음양의 기틀도 비록 스스로 움직이고 스스로 고요하다고 하지만, 스스로 움직이고 스스로 고요한 것도 또한 이 이치가 응당 이와 같은 것이다. 이것이 어떻게 이해하기 어려운 이치인가? 어떤 사람은 주자는 '스스로 자라고 스스로 쇠퇴한다'는 말 아래에 '이치가 스스로 이와 같다'는 말을 이어 붙였는데, 율옹에게는 이런 말이 없기 때문에 노사의 의문이 나왔다고 하는데, 이것은 그렇지 않다. 주자는 예전에 "일기(一氣)가 유행하면 모든 것들이 스스로 생기고, 스스로 자라며, 스스로 형체화되고, 스스로 색을 갖는다. 이것이 어찌 하나하나 분 바르듯이 가꾸고서야 이렇게 되는 것이겠는가"라고 했다.[121] 이 말이 곧 율옹이 '따로 시키는 것이 없다'고 말한 것이요, 그 뒤에 다시 '이치가 스스로 이와 같다'고 말하지 않은 것이다.

物之生, 雖曰自長自消, 而其自長自消, 究是理自如此. 陰陽之機, 雖曰自動自靜, 而其自動自靜, 亦是理當如此. 此豈難曉之理乎. 或言朱子於自長自消下, 繼以理自如此, 而栗翁無此一轉語, 所以來蘆沙之疑. 此又不然. 朱子嘗言, 一氣流行, 萬物自生自長自形自色, 豈是逐一粧點得如此. 卽栗翁非有使之之謂, 而更無理自如此之云云云.

정재규: 기의 기틀[氣機]이 한 번 움직이고 한 번 고요한 것은 또한 이치가 응당 이와 같기 때문이다. 이것이 바로 정자(程子)가 말한 '드러난 것과 감춰진 것이 간격이 없다'는 것이요[122], 주자가 '형체가 있기 이전에

121 일기(一氣)가…것이겠는가: '子曰賜也章', 「논어 27·위령공」, 『주자어류』(권45) vol.3, 1150쪽.

122 드러난…간격이 없다: 정이, 「역전서」, 『이정집』 vol.2, 689쪽.

이미 갖추었다[未形已具]'고 한 뜻이다.[123] 율옹도 일찍이 '갖가지로 가지런하지 못한 것은 비록 기가 하는 것이라 말하지만 반드시 주재가 되는 이치가 있다'고 말한 적이 있으니 '갖가지로 가지런하지 못한 것'이란 또한 이치가 당연히 이와 같기 때문이다.[124] 이치가 이와 같지 않은데 기가 홀로 이와 같은 것이 아니다. 이러한 본말 관계는 위 아래를 모두 거론해보아도 둘 다에 모두 갖춰진 것으로 뒤엎을 수 없는 설명이다. 율옹의 바른 견해가 이와 같기 때문에 선사(先師)께서도 '(기틀이) 스스로 그러하다' '(따로) 시키지 않는다'는 말을 유행이란 측면에서의 설명이라고 단언하셨다. 도리의 근원을 스스로 아는 사람이 보면 진실로 이해하기 어려운 이치가 없지만, 스스로 어두운 사람으로 말한다면 날마다 쓰면서도 알 지 못하고, 살피지도 못하기 때문에 간혹 근본을 버리고 말단을 들며, 아래를 말하면서 위를 버리니, 후대의 말이나 따라가며 뜻을 풀이하고, 말에 집착해서 뜻에 어두운 자들이 어떻게 가리움이 없겠는가? 그러므로 선사께서 또 '발출하는 것이 지나치게 빠르고 말단의 폐단이 여기에 이르렀으니, 자세하게 생각하지 않은 탓이다'고 한 말이 바로 이것이다. 주자가 '일기가 유행한다'고 말한 위 문장에는 '천지시(天秖是)'라는

---

123 형체가…갖추었다: 정이가 "텅 비고 아득하여 아무런 조짐도 없지만 모든 형상이 빽빽이 이미 갖추어져 있다[冲漠無朕 萬象森然已具]"고 말한 적이 있는데, 여기에 대해 『近思錄』에서는 "'텅 비고 아득하여 아직 형체화 되지 않았지만 모든 이치가 다 갖추어진 것'은 '무극이면서 태극'을 가리킨다'고 풀이하고 있고, 주희 자신은 이 구절을 '사물이 아직 없을 때에도 그 이치는 이미 구비되었다'고 풀이하고 있다. 즉 원문인 '未形已具'는 정이의 말에 대한 『근사록』과 주희의 풀이를 축약한 것이다. 『근사록집해』, 135~136쪽 참조. I

124 갖가지로…이치가 있다: 「답성호원(임신), 『율곡선생전서』 권10, 한국문집총간 vol.44, 199쪽.

세 글자가 있고, '어떻게 이것이 하나하나 분바르듯이 가꾸고서야 얻은 것인가'란 구절의 아래에는 "단지 (하나의) 큰 근본과 근원에서 나왔다[只是(一箇)大本大原裏(發)出]"이란 구절이 있다.[125] 그러므로 하늘이 단지 일기의 유행이라면 일기의 유행은 바로 하늘이다. 일기의 유행 이외에 따로 '천'자를 토론할 곳이 없다. "어떻게 이것이 하나하나 분바르듯이 가꾸서야 얻은 것인가"라고 했으니, 하늘과 만물의 관계는 화공이 (그림을) 장식하는 것과는 다른 것이다. 그래서 "단지 큰 근본과 근원에서 나왔다"고 한 것이다. 또 단지 큰 근원에서 나온 것이라면 비록 사물마다 분바르듯이 가꾸지 않더라도 사물이 스스로 형체화되고 스스로 색을 갖는 것은 실제로는 이 이치에서 나온 것이니, 이는 바로 '이치가 스스로 이와 같다'는 것이다. 이제 앞뒤를 떼어내 버리고 구절만을 뽑아다 이치가 기를 부리지 못한다는 증거로 삼으려고 하면서 '다시 이치가 스스로 이와 같은 것이 없다'고 말하려 하니, 모르겠으나 견해가 거칠고 빠진 것이 있어서 그런 것인가? 아니면 자신의 주장을 펴려고 앞 사람의 말을 자기 견해에 가져다 붙이는 것인가? 후세 사람들의 눈이 모두 다 장님일 수 없을 터인데 어떻게 하려는 것인가? 주자의 이 말은 바로 하늘이 사물을 각각 사물에 붙이는 곳에서 이치는 사물마다 분바르듯이 가꾸지 않지만 사물마다 스스로 이와 같은 것은, 바로 이 이치의 시키지 않는 시킴[不使之使], 함이 없는 함[無爲之爲]이 일기가 유행하는 윗면에 앞서서

125 주자가…있다: "하늘은 단지 일기(一氣)의 유행일 뿐이다. 만물은 스스로 생장하고 스스로 형색을 갖추니, 이것이 어찌 하나 하나 분바르듯이 가꾸고서야 얻은 것이겠는가? 성인은 단지 하나의 커다란 근본 가운데서 나오실 뿐이다. [天只是一氣流行. 萬物自生自長, 自形自色, 豈是逐一粧點得如此. 聖人只是一箇大本大原裏發出.]" 「논어 27」, 『주자어류』(권45), vol.3, 1150쪽.

갖추어 졌고, 스스로 형체화 되고 스스로 색을 갖는 가운데 각각 바르게 한다는 말인 것이다.

氣機之一動一靜, 亦是理當如此, 此卽程子顯微無間, 朱子未形已具之意, 而栗翁亦嘗言之, 有曰參差不齊者, 雖曰氣之所爲, 而必有理爲之主宰, 則其所以參差不齊者, 亦是理當如此, 非理不如此而氣獨如此也. 此本末兼擧, 上下俱盡, 顚撲不破之說也. 栗翁之正見如此, 故先師以自爾非使一語, 斷然謂流行邊說話也. 蓋道理源頭, 自知者見之, 則固無難曉之理, 而自昧者言之, 日用而不知, 習焉而不察, 故或舍本而擧末, 語下而遺上, 則後人之隨語生解, 執言迷旨者, 安得無蔽乎. 故先師又疑發之太快, 而末弊之至斯, 未及細思者, 此也. 朱子言一氣流行, 上文有天秖是三字, 豈是逐一糚點得, 下文有秖是大原大本中流出一句, 曰天秖是一氣流行, 則一氣流行乃天也, 一氣流行之外, 更無別討箇天字處, 曰豈是逐一糚點得如此, 則天之於物, 非若畫工之糚點, 而曰秖是大原中流出, 則雖不物物糚點, 而物之自形自色, 實從此理中出, 乃理自如此者也. 今截去首尾, 摘取句語, 以爲理不使氣之證, 而謂更無理自如此之云, 未知其看得疎脫而然耶, 抑欲伸己見而驅率前言以從己者耶. 柰天下後世之目必不盡盲何. 朱子此言, 乃天之物各付物處, 理未嘗物物糚點, 而物物自如此, 正是此理不使之使無爲之爲也, 先具於一氣流行上面, 而各正於自形自色之中矣.

전우: 움직임과 고요함[動者靜者]은 기다. 움직이게 하고 고요하게 하는 것[動之者靜之者]은 이치이다. 움직이고 고요하게 하는 것이 그렇게 시키는 것이 아니라면 무엇인가? 생각해 보면 '이치가 그렇게 시킨다'고 말한 것은 다만 근저를 말하는 것일 뿐 기에 정의(情意)가 있다는 것과

같은 말이 아니다. 그러므로 우옹(尤翁)은 심명중(沈明仲)이 '움직이게 만들고 고요하게 만드는 것이 어떻게 조작이 아닙니까'라는 질문에 대해 '이것은 저절로 그렇다는 말에 불과한 것이지, 이기와 오행[二五]의 운용과 비슷한 것이 아니다'라고 대답했다.[126] 이제 노사의 견해는 바로 심씨(沈氏)와 같은 것인데, 그의 말에 '움직이고 고요하게 하는 것이 이치다'라고 하고 (그 말이) 또 율옹의 '발하는 것은 기이다'는 말과 똑같은 어세를 갖고 있으니 어찌 기를 이치라 여기는 데로 귀결되지 않겠는가?

動者靜者, 氣也, 動之靜之者, 理也. 動之靜之, 非使之然而何. 竊謂理使云者, 只是根柢之謂, 非如氣之有情意者. 故尤翁於沈明仲使動使靜豈無造作之問, 曰此不過曰自然而已, 不似二五之運用也. 今蘆沙之見, 正與沈氏同, 則豈不歸於認氣爲理乎.

정재규: "움직임과 고요함은 기이고, 움직이게 하고 고요하는 하는 것은 이치이다"는 이 두 구절은 율옹이 말한 것인데(「천도책」 및 「역수책」에 보인다.[127]) 이와 같이 꾸짖는 것은 어째서인가? 이는 참으로 사람이 있는 곳만을 보고 공격하는 격일 뿐이니, 어떻게 정론이 있겠는가? 주자는

126 이것은…아니다: "움직이게 만들고 고요하게 만든다면 '(이치에) 조작이 없다'고 말할 수는 없을 것 같습니다. 어떻습니까? … '이치의 주재가 움직이게 만들고 고요하게 만든다는 것은 또한 저절로 그렇게 된다는 말에 불과할 뿐, 음양오행의 운용 조작과는 같지 않다.[使動使靜則不可謂無造作 如何…所謂理之主宰使動使靜者 亦不過曰自然而已 不如陰陽五行之運用造作也]" 宋時烈, 「答沈明仲」, 『宋子大全』 권105, 한국문집총간 vol.111, 494쪽.

127 「역수책」과 「천도책」의 의하면 정확한 원문은 "一動一靜者, 氣也, 動之靜之者, 理也."이다. 「역수책(易數策)」, 『율곡선생전서』 권14, 한국문집총간 vol.44, 306쪽·「천도책」, 같은 책, 310쪽 참조.

'기는 이치에 뿌리를 두고 생긴다'고 했으니[128], 생기는 것은 기이다. 공자는 '태극이 양의를 낳는다'고 했으니, 생기게 하는 것은 태극이다. 움직이게 하고 고요하게 한다는 말은 곧 '생기게 한다[生之]'는 것을 말한다. 기의 기틀이 이미 저절로 움직이고 고요하고 태극이 그 생기게 하는 것과 함께 없다고 한다면 이는 바로 퇴계가 말한 '단지 본체에 아무런 작위가 없다는 것만을 알고 신묘한 작용이 드러나 실현될 수 있다는 것을 몰랐다. 이것은 거의 리를 죽은 물건[死物]으로 여기는 것이니 어떻게 온갖 변화의 근저가 되겠는가'라는 것이다.[129] 그러므로 그가 말하는 '단지 근저일 뿐이다'는 말은 바로 지나가버린 헛소리일 뿐이다. 심명중은 움직이게 만들고 고요하게 만드는 것에 저절로 그러한 오묘함이 있는 줄을 모르고 이치에 조작이 있는 것으로 의심했기 때문에 우옹이 '시킨다'는 것은 저절로 그렇게 시키는 것이지 음양오행의 운용 조작과는 같지 않다고 대답하고, 그 아래에서 곧장 "이 음양오행이 운용 조작할 수 있는 까닭이 어떻게 이치가 아니란 말인가"라고 했다.[130] 또 주자가 말한 "만일 이치에 움직임과 고요함이 없다면 기가 무엇으로부터 움직이고 고요할 것인가"라는 말을 인용해서 기의 움직이고 고요함은 실제로 이

---

128 기는…생긴다: 주희가 직접 이 말은 했다는 기록은 찾을 수 없다. 그러나 동일한 취지의 내용이 『주자어류』에 실려 있다. "(용지(用之)가) 물었다. '이치에 뿌리를 두고 나날이 생기는 것은 아득히 무한하다고 하는데, 이것은 천지의 기가 변화한다고 할 때의 기입니까?' 대답했다.'이 기는 단지 같을 뿐이다.[問 根於理而日生者浩然而無窮 此是說天地氣化之氣否 曰 此氣只一般]'" 「귀신」, 『주자어류』(권3) vol.1, 48쪽.

129 단지…되겠는가: 이황, 「답기명언·별지」, 『퇴계집(Ⅰ)』 권18, 한국문집총간, vol.29, 467쪽.

130 이…말인가: 「답심명중」, 『송자대전』 권105, 한국문집총간 vol.111, 494쪽.

치가 그렇게 시키는 것임을 밝혔다.[131] 또 "하늘이 음양오행으로 만물을 변화 생성시킨다"는 말을 인용해서 '하늘이란 이치일 뿐이다'라고 말했다.[132] 이것으로 변화 생성하는 것은 그렇게 시켜서 그러는 것이 아니란 말인가? 이치에 운용 조작하는 일이 없다지만, 그 운용 조작의 오묘함은 이치가 실제로 갖고 있다. 이것이 움직이게 만들고 고요하게 만드는 데 저절로 그러한 오묘함이 있다는 것이다.

이제 '사(使)'자를 '조작'이라 여긴다면 이것은 다시 심씨의 잘못을 뒤쫓는 격이요, 우옹의 설명을 (이치가) 시키지 않는다는 증거로 여기는 것은 도리어 우옹을 너무 무고하는 것이 되지 않겠는가? 심지어 '발하는 것은 기이다'라는 말에서 기는 발하는 기틀을 가리켜 말하는 것이요, '발하는 까닭은 이치이다'에서 이치는 발하는 주인을 가리켜 말한 것이다. 발하는 것 위에 이미 저절로 발하는 까닭이 있으니, 발하는 까닭이 어떻게 발하는 것의 뿌리와 지도리가 아닐 것이며, 발하는 것이 명을 받는 것이 아니겠는가? '움직이게 하고 고요하게 한다'는 것은 바로 '움직임과 고요함의 까닭'을 말한다. 기에 즉해서 이치를 말하면 '발하는 것은 기이다'라고 하니, 이것은 발이란 이 이치를 얻어 나오는 것임을 말함으로써 발한 것이 기에 탄다는 것을 밝혔다. 이치에 근본해서 기를 말하면 '움직이게 하고 고요하게 하는 것은 이치이다'라고 하니, 이것은 동정이란 이 기의 유행을 얻은 것임을 말함으로써 그 움직이고 고요한 것이 이치에게서 명을 받는다는 것을 밝혔다. 두 설명은 다만 가로 세로의 차이만 있을 뿐 실제로는 서로가 서로를 발명하는 것이다. 진북계(陳北溪)가 '이

131 만일…것인가: 「답정자상」, 『주자대전』 권56, 『주자대전』 vol.2 687쪽.
132 하늘이…생성시킨다: 『중용장구』, 『주자대전』 vol.6, 32쪽.

치에는 능연·필연·당연·자연이 있다고 하면서 '예를 들어 움직이고 고요한 것은 기이고, 움직이고 고요하게 할 수 있는 까닭은 이치이다'라고 말하자 주자는 '이 뜻이 매우 완비되었다'고 대답했으니 '움직이고 고요하게 할 수 있는 까닭'이란 움직이게 하고 고요하게 하는 것을 말하지 않는단 말인가?[133] 주자의 문하에서 주고받은 뜻이 또한 기를 이치라고 여기는 것으로 귀결된단 말인가?

動者靜者, 氣也, 動之靜之者, 理也. 此二句是誦栗翁之語,(見天道及易數策) 而若是譏斥, 何也. 眞所謂視其人之所在而攻之耳, 何嘗有定論者也. 朱子曰, 氣根於理而生, 是生者氣也. 孔子曰, 太極生兩儀, 是生之者, 太極也. 動之靜之, 卽生之之謂也. 氣機, 旣自能動靜, 而所謂太極者, 竝與其生之者而無之, 則正退溪所謂但見其本體之無爲, 而不知妙用之能顯行, 殆認理爲死物, 何以爲萬化之根柢者也. 然則彼所謂只是根柢者, 卽是過去之虛說也. 沈明仲不知使動使靜有自然之妙, 而疑理有造作, 故尤翁答以使是自然之使, 不如陰陽五行之運用造作, 而其下直曰此陰陽五行之所以能

133 진북계(陳北溪)가…대답했으니: "이치에는 능연(能然)이 있고 필연(必然)이 있고 당연(當然)이 있고 자연(自然)이 있으니, 이 모두를 포괄해야 비로소 '리(理)'자의 뜻이 완비되지 않겠습니까? … 이를테면 동정(動靜)하는 것은 기(氣)이고 능히 동정하도록 하는 것은 이(理)입니다. 동(動)하면 반드시 정(靜)하고 정하면 반드시 다시 동하니, 반드시 동하고 반드시 정하는 것 또한 이(理)이고, 일이 닥쳐오면 당연히 동하고 일이 지나가면 당연히 정하는 것 또한 이(理)이며, 한 번 동하고 한 번 정하는[一動一靜] 소이가 또 천리의 자연(自然)이 아님이 없습니다. … 이 뜻이 매우 완비되었습니다.[理有能然, 有必然, 有當然, 有自然處, 皆須兼之, 方於 '理' 字訓義爲備否. … 如動靜者, 氣也; 其所以能動靜者, 理也. 動則必靜, 靜必復動, 其必動必靜者, 亦理也. 事至則當動, 事過當靜者, 亦理也. 而其所以一動一靜, 又莫非夫理之自然矣. …此意甚備.]" 「답진안경」, 『주자대전』 권57, 『주자전서』 vol.23, 2736쪽.

運用造作者, 豈非理乎. 又引朱子若理無動靜氣何自而有動靜乎之說, 以明氣之動靜, 實理之使然. 又引天以陰陽五行化生萬物之說, 而曰所謂天者理而已矣. 以之而化生者, 非使之然者乎. 蓋謂理無運用造作之事, 而其運用造作之妙, 則理實有之, 此是使動使靜, 有自然之妙也. 今認使字以造作, 則是復踵沈氏之錯看, 而以尤翁之說爲非使之證, 則反不爲厚誣尤翁乎. 至若發之者氣, 指所發之機而言也. 所以發者理, 指所發之主而言也. 發之者上頭, 已自有所以發者, 所以發者, 豈非發之之根樞, 而發之者之所受命處乎. 其曰動之靜之者, 卽所以動靜之謂也. 蓋卽氣而言理, 則曰發之者氣也, 言發得此理出來, 以明其所發之乘於氣也. 本理而言氣, 則曰動之靜之者理也, 言動靜得此氣流行, 以明其動靜者之受命於理也. 二說但有橫竪之分, 而實互相發也. 陳北溪問理有能然必然當然自然, 而曰如動靜者氣也, 所以能動靜者理也, 朱子答曰, 此義甚備, 其所以能動靜, 非動之靜之之謂乎. 朱門授受之旨, 亦同歸於認氣爲理之科乎.

전우: 또 이를테면 말하거나 말하지 않는 것은 입이지만, 말하게 하고 말하지 않게 하는 것은 본성이다. 나는 본성은 말하고 말하지 않는 이치가 되는 것이요, 입과 혀는 (이치를) 좇아 말하거나 말하지 않거나 한다고 들었지, [이것이 주자가 "이치에 움직임과 고요함이 있다.(이치에 이 기가 움직이고 고요한 이치가 있다는 말은 이치가 앞서서 그 자체로 움직이고 고요하다는 말이 아니다. 이 구절에 대해서는 앞서거나 뒤서거나 읽는 사람들이 대부분 살피고 이해하지 못했다.) 그러므로 기에도 움직임과 고요함이 있다(위아래 두 구절의 '동정'은 모두 기를 가리켜 말한 것이지, 하나는 리에 속하고 하나는 기에 속해서, 두 가지 동정이 있다는 것이 아니다.)"고 말한 것이다.][134] 이 본성이 스스로

말하고 침묵한다고는 듣지 못했다. 이 때문에 고자와 석씨(釋氏: 불교)가 '지각과 작용이 본성이다'고 하고, 양명(陽明)이 '저 보고 듣는 것이 바로 천리이다'고 한 것은 모두 기를 이치로 간주하는 데로 귀결되어 우리 성인과는 달라지는 것이다.[135] 주자가 호계수(胡季隨)에게 답하는 편지에 '자기 마음을 스스로 살핀다'는 말이 있는데 이것이 어찌 살피는 이치가 본성에서 나오고, 능히 살필 수 있는 것은 마음이지 본성이 아니라는 것을 몰라서 이와 같이 말한 것이겠는가?[136]

且如語者默者, 口也, 語之默之者, 性也. 吾聞性爲語默之理, 而口舌從

---

134 "이치에 동정이 있기 때문에 기(氣)에 동정이 있는 것이니, 만일 이치에 동정이 없다면 기가 무엇에 근거하여 동정이 있겠습니까? 우선 눈앞의 것을 가지고 논해 보면, 인(仁)은 곧 동(動)이요 의(義)는 곧 정(靜)이니, 이것들이 또 어찌 기와 관계가 있겠습니까?"[理有動靜 故氣有動靜 若理無動靜 則氣何自而有動靜乎 且以目前論之 仁便是動 義便是靜 此又何關於氣乎] 「답정자상」, 『주자대전』 권56, 『주자전서』 vol.23, 2687쪽.

135 저 보고…천리이다: "저 보고 듣고 말하고 움직일 수 있는 것, 이것이 바로 본성이요, 이것이 바로 천리이다.[那能視聽言動的 這箇便是性 便是天理]" 왕수인, 「어록 1」, 『왕문성공전서(王文成全書)』 권1.

136 주자가…말이 있는데: "'경(敬)은 병의 약이고, 긍지는 병의 방증이다'고 한 이 두 구절은 문의(文義)가 어긋나 서로 조응(照應)되지 않습니다. 만약 경(敬)을 약(藥)에 비유하면 긍지는 바로 약제(藥劑)를 지나치게 복용하고 나서 도리어 다른 병이 생긴 증세이니, 그 원인을 따지면 대개 이 경(敬) 자를 가지고 따로 하나의 물건으로 여기고, 또 일심(一心)으로 지킨 까닭에 이런 병이 났던 것입니다. 만약 경(敬) 자가 다만 자기 마음을 스스로 살피는 것일 뿐을 알아 자기 자신이 곧 옳다면 저절로 이런 병이 없을 것입니다.[敬是病之藥 矜持是病之旁證 此兩句文意齟齬 不相照應 若以敬喩藥 則矜持乃是服藥過劑 反生他病之證 原其所因 蓋爲將此敬字別作一物 而又以一心守之 故有此病 若知敬字只是自心自省 當體便是 則自無此病矣]" 「답호계수」, 『주자대전』 권53, 『주자전서』 vol.22, 2519~2520쪽.

而語默, 此朱子所謂理有動靜 (謂理有此氣動靜之理, 非謂理先自有動靜也. 此句, 前後讀者, 多不察而領會也.) 故氣有動靜者也. (上下兩動靜, 皆指氣言, 非一屬理一屬氣, 而有兩箇動靜也)[137] 未聞此性自會語默也. 是故告子釋氏之知覺作用是性, 陽明之良能, 視聽言動便是天理, 皆歸於認氣爲理, 而與吾聖人異矣. 朱子答胡季隨書, 有自心自省語, 豈不知省之之理出於性, 而其能省之者心而非性, 故立語如此.

정재규: 말하거나 말하지 않는 것은 입이다. 당연히 말해야 하고 당연히 말하지 않아야 하는 것은 이치이다. 말할 수 있고 말하지 않을 수 있는 것도 이치이다. 당연히 말해야 하고 당연히 말하지 않아야 하는 이치가 있기 때문에 사물이 오면 곧장 말할 수도 말하지 않을 수도 있어서, 입이 따라서 말하기도 하고 말하지 않기도 하는 것이다. 이 말에 저 사람은 반드시 깜짝 놀랄 것이다. 그러나 주자는 '태극은 바로 움직이고 고요할 수 있다'고 말했고, 또 '본성이란 이처럼 만들어 갈 수 있는 이치이다'라고 했다.[138] 이것이 내가 근본으로 삼는 것이다. 본성이 만일 말

---

137 此朱子…動靜也: 원문의 이 구절은 문집총간본 『간재집』의 해당 부분에서는 누락된 구절이다. 「외필변」, 『간재집』 권13(문집총간 vol.333), 80쪽 참조.

138 "이지가 물었다 미발 이전에 마음과 본성의 구별에 대해 물었다. 대답했다. "미발의 이전은 마음의 본체이고 이발하려는 즈음은 바로 마음의 작용이니 어떻게 지목해서 말할 수 있겠는가? 주재 운용하는 것은 마음이 본성은 이처럼 해나갈 수 있는 이치이다. 본성은 일정하게 이 안에 있을 뿐 주재 운용하는 것은 오히려 마음에 달려 있다. 감정은 단지 몇 개의 길과 같으니 이 길을 따라서 이처럼 만들어 나아가는 것은 오히려 마음이다.[履之問未發之前心性之別 曰心有體用 未發之前 是心之體 已發之際 乃心之用 如何指定說得 蓋主宰運用底便是心 性便是會恁地做底理 性則一定在這裡 到主宰運用却在心 情只是幾箇路子 隨這路子恁地做去底 却又是心]" 「성리 2·성정심의등명의(性情心意等名義)」, 『주자어류』(권5)

하게 만들고, 말하지 않게 만드는 이치가 아니라면 입은 무엇에 근거해서 말하거나 말하지 않을 수 있단 말인가? 인용한 '이치에 움직임과 고요함이 있기 때문에, 기에도 움직임과 고요함이 있다'는 말은 주자의 본 말에는 이 구절만이 있을 뿐인데, 이처럼 자세하게 주해를 하는 것은 오히려 사람을 속이는 방법을 만들려는 것이다. 그러나 (주자가 원래 문장의) 아래에 쓴 몇 구절에서는 "만일 이치에 움직임과 고요함이 없다면 기(氣)가 무엇에 근거하여 움직임과 고요함이 있겠습니까? 우선 눈앞의 것을 가지고 논해 보면, 인(仁)은 곧 동(動)이요 의(義)는 곧 정(靜)이니, 이것들이 또 어찌 기(氣)와 관계가 있겠습니까"라고 했다. 이것이 과연 이치에 스스로 움직임과 고요함이 있다는 것이 아닌가? 진북계(陳北溪: 陳淳)가 앞서서 이 움직임의 이치와 고요함의 이치가 있는지 물으면서 이미 음양을 낳으면 이치는 또 음의 고요함과 양의 움직임 속에 있다고 하자 주자는 옳다고 했다.[139] 이것도 기를 이치라고 여기는 데로 귀결

vol.1, 90쪽.

139 "물었다. "'태극이 움직여 양을 낳는다'고 하는데, 이것은 이 움직임의 이치가 있으면 곧 움직여 양을 낳을 수 있다는 것입니까?" 대답했다. "이 움직임의 이치가 있으면 곧 움직여 양을 낳을 수 있고, 이 고요함의 이치가 있으면 곧 고요해서 음을 낳을 수 있다. 이미 움직였다면 이치는 또 움직임 가운데 있고, 이미 고요해졌다면 이치는 또 고요함 가운데 있다." 말했다. "움직임과 고요함은 기입니다. 기의 주재가 되는 이 이치가 있으면 기가 곧 이와 같을 수 있는 것입니까?" 대답했다. "옳다. 이미 이치가 있다면 곧 기가 있고, 이미 기가 있다면 이치는 또 기 가운데 있다."[問 太極動而生陽 是有這動之理 便能動而生陽否 曰 有這動之理 便能動而生陽 有這靜之理 便能靜而生陰 既動 則理又在動之中 既靜 則理又在靜之中 曰 動靜是氣也 有此理為氣之主 氣便能如此否 曰 是也 既有理 便有氣 既有氣 則理又在乎氣之中]" 「주자지서·태극도」, 『주자어류』(권94) vol.6, 2373~2374쪽.

되는가?

'이전 시대나 그 이후에나 읽는 사람들이 대부분 (제대로) 살피지 못한다'고 한 것은 스스로는 자신이 홀로 얻은 견해가 이전이나 이후의 사람들을 뛰어넘는다고 여기는 것인가? 그러나 이전 시대에는 순자와 양웅이 본성을 논했고, 그 이후의 시대에는 육상산과 왕양명이 마음을 말했던 것이 어찌 스스로 홀로 얻은 견해라고 자처하지 않았단 말인가? 두렵고 한탄스러운 일이다.

지각이 형기에서 생기는 것은 본시 본성이라고 말할 수 없다. 그 본연의 지각은 지(智)의 덕이 되고, 처음과 끝을 이룬다. 그렇다고 지의 작용이 시비를 구별하는 것도 본성이라 말할 수 없단 말인가? 참되다거나 망령되다고 구분하지 못하는 작용은 본시 본성이라고 말할 수 없다. 그러나 이치에 근본해서 절도에 알맞은 것도 또한 본성이라 할 수 없단 말인가? 이치와 욕망이 구별되지 않는 보고 듣고, 말하고 움직이는 것은 본시 본성이라고 말할 수 없다. 그러나 총명하며 공손함을 따르는 것도 본성이라 말할 수 없단 말인가? 정자는 "보고 듣고 생각하는 움직이고 만드는 것이 모두 하늘이다. 다만 그 가운데서 참된 것과 망령된 것을 인식해야 할 뿐이다"라고 했다.[140](주자는 "보고 듣고 생각하고, 움직이고 만드는 것이 모두 천리이다. 순하게 발출해 나와서 당연의 이치가 아님이 없는 것은 즉 참된 것이다. 그 망령된 것은 오히려 천리에 반대되는 것이다"고 했다.[141])

참된 것과 망령된 것을 구분하지 않고 개괄적으로 본성이 아니라고 말한다면, 지각과 운용 보고 듣고 말하고 움직이는 것은 모두 본성 바깥

140 보고…뿐이다: 『이정유서』 권11, 『이정집』 vol.1, 131쪽.

141 보고 듣고…반대되는 것이다: 「정자지서 1」, 『주자어류』(권95) vol.6, 2452쪽.

의 사물일 것이요 본성이란 것도 모든 선의 벼리가 되지 못하게 되어 공허하고 적막한 데[空寂]로 빠져들 것이다. 개괄적으로 본성이라고 부르는 것과의 거리가 아마도 가깝다고 할 수는 없을 것이다. 주자는 이백간(李伯諫: 李宗思)에게 "'하늘이 명한 것을 일러 본성이라고 한다'는 구절에 대해 그대는 공(空)이나 무(無)와 같은 법(法)이라고 여기는가? (아니면) 온갖 이치가 다 갖추어졌다고 여기는가?"라고 물었는데, 나도 이를 들어 묻고 싶다.[142]

주자는 진위도(陳衛道)에게 답하는 편지에서 유학과 불교의 차이를 자세하게 구분하면서 이렇게 말했다. "본성과 천명의 이치는 단지 일상적인 쓰임 속에 있을 뿐이다. 다만 매사에 하나의 옳은 곳을 찾는다면 그것이 바로 이 이치의 실제이다. 선가(禪家)에서 본 것이 다만 애매모호한 데에 있는 것과는 비교할 수 없다. 석씨는 여섯 가지 작용[六用]이 행해지지 않을 수 있게 되면 본성(本性)은 저절로 드러난다는 것이라고 했는데, 그 점이 바로 잘못된 부분입니다. 여섯 가지 작용이 어찌 성(性)이 아니겠습니까? 만약 행해지지 않게 되어야 성이 드러난다고 한다면, 그것은 바로 성이 여섯 가지 작용의 밖에서 따로 하나의 사물로 존재한다는 것이 됩니다."[143] 이제 보고 듣고 움직이고 만드는 것을 버리고서 본

---

142 주자는…물었는데: 「답장경부」, 『주자대전』 권31, 『주자전서』 vol.221, 1331쪽.

143 "성명(性命)의 이치는 다만 일상생활 가운데의 자잘한 것에도 또한 그 이치가 들어 있지 않음이 없으니, 굳이 마음을 두어 생각할 것은 없고 다만 매사에 하나의 옳은 곳을 찾는다면 그것이 바로 이 이치의 실제입니다. 선가(禪家)에서 본 것이 다만 애매모호한 데에 있는 것과는 비교할 수 없습니다. "석씨가 본 것은 다만 여섯 가지 작용[六用]이 행해지지 않을 수 있게 되면 본성(本性)은 저절로 드러난다는 것이다"고 하셨는데, 그 점이 바로 잘못된 부분입니다. 여섯 가지 작용이 어찌 성(性)이 아니겠습니까? 만약 행해지지 않게 되어야 성

성을 말한다면 본성이란 과연 일상적 쓰임의 바깥에 따로 있는 하나의 사물이 되어서 우리 성인의 가르침과는 다르게 될 것입니다. '자기 마음을 스스로 살핀다'는 말은 주자가 본래 '경(敬)'자를 한 물건으로 만들고, 또 한 마음을 지키려한다는 것 때문에 말했을 뿐이었으니, 즉 스스로 주재가 된다는 말이었다. '자기의 마음을 스스로 살핀다'는 말 아래에 '자기 자신이 곧 옳다[當體便是]'는 구절로 말을 이었으니, 마음이 곧 옳다는 것은 경을 말한다. 이것이 어떻게 기가 스스로 자신을 살핀다는 말이겠는가? 이를 인용해서 '기틀이 스스로 그렇다'는 증거를 삼으려 하는 것은 또한 어긋나지 않는가? 마음은 화(火)에 속하고, 경은 예(禮)이니, 예(禮)는 화(火)의 신(神)이요 마음의 덕이 되는 것이기 때문에 마음이 곧 경이고, 경이 곧 마음인 것이다. 마음과 본성이 처음에 두 갈래가 아니었음을 여기에서 알 수 있다.

이제 마음을 오로지 기로 만들어서만 보려 하면서 본성과 판이하게 다른 두 물건으로 만들려 하는데, 어찌 주자의 뜻이겠는가? 주자는 "마음은 주재하는 것"이라고 했으니, '주재하는 것'이란 즉 이 이치이다. 마음 밖에 따로 하나의 이치가 있는 것이 아니고, 이치 외에 따로 하나의 마음이 있는 것이 아니다. 만일 어떤 사람이 저 사람이 말한 내용을 가지고 주자에게 묻는다면 주자는 빙그레 웃으려 하겠는가? 그렇지 않겠

이 드러난다고 한다면, 그것은 바로 성이 여섯 가지 작용의 밖에서 따로 하나의 사물로 존재한다는 것이 됩니다.[性命之理 只在日用間零碎去處亦無不是 不必著意思想 但每事尋得一箇是處 卽是此理之實 不比禪家見處 只在儱侗恍惚之間也 所云釋氏見處只是要得六用不行則本性自見, 只此便是差處. 六用豈不是性? 若待其不行然後性見, 則是性在六用之外則爲一物矣]."「답진위도」, 『주자대전』 권59, 『주자전서』 vol.23, 2844쪽.

는가? 어떤 사람이 '만일 이렇다면 이치로 이치를 갖추고, 이치로 이치를 신묘하게 한다는 혐의가 없겠는가' 하고 묻는다면, 이치로 이치를 신묘하게 한다는 것에는 애초부터 혐의가 없다. 이치는 주재가 언제나 정해진 것으로 말하는 경우가 있으니, 하늘에 있는 것을 제(帝)라 하고, 사람에게 있는 것을 마음이라 하는 것이다.(주자는 '인(人)'자는 천(天)자와 비슷하고, 심(心)자는 제(帝)자와 비슷하다고 말했다.[144]) 발출이 다르다는 것으로 말하는 경우가 있다. 이 경우에는 하늘에 있는 것을 원형이정이라 하고, 사람에게 있는 것을 인의예지라 한다. 그러나 주재(主宰)는 언제나 정해진 것이니, 저 발출(發出)이 다른 것도 또한 이것과 저것이 있지 않다. 그러므로 성이 발출(發出)한 것에 대해 인을 의라고 해서도 안 되고, 의를 인이라고 해서도 안 된다. 오로지 한 가지 일만을 전담하기 때문이다. 그러나 어떤 정(情)을 막론하고 새어 나오듯이 발출하는 것은 인이요, 빛나듯이 환히 드러나는 것은 예이며, 끊는 듯이 가르고 제어하는 것은 의이며, 밝게 안에다 감추고 있는 것은 지이다. 이것이 하나의 정이 각각 넷을 갖추고 있다는 것이다. 인은 네 덕을 포함하고 지는 시작과 끝을 맺을 수 있다. 사물이 다가오면 지는 옳고 그름을 아는데, 이미 알고 나면 곧 나머지 셋을 서로 나누고, 또 다시 재빠르게 수렴하기 때문에 인과 지가 교제하는 것이 모든 변화의 기축(機軸)이라고 하는 것이다. 이것이 마음이 온갖 이치를 오묘하게 쓰고 주재하는 곳이다.

이치의 큰 작용으로 말하자면 '오묘하다[妙]'고 하는데, 오묘하다는 것은 주재하는 것이요, 이치의 전체로 말하자면 '갖추었다[具]'고 하는데,

---

144 「이기 상·태극천지 상」, 『주자어류』(권1) vol.1, 4쪽.

갖추었다는 것은 온갖 나뉨이 하나의 실제 가운데 갖추어졌다는 것이다. 그러므로 본성은 태극의 혼연한 본체이며, 그 가운데 온갖 이치를 담아 갖춘다고 하는 것이다. 오직 그것을 갖추었기 때문에 오묘하게 쓰이는 것이다. 눈금 없는 저울과 길이 없는 자가 어떻게 경중을 잴 것이며, 장단을 따지겠는가?

語者默者, 口也, 當語當默者, 理也. 會語會默者, 亦理也. 有當語當默之理, 故事物之來, 便能會語會默, 而口從而語之默之. 此語彼必大駭. 然朱子曰, 太極便會動靜, 又曰性便是會恁地做底理, 此吾之所本也. 性若無會做語默底理, 則口也何自而有語默也. 所引理有動靜故氣有動靜者, 朱子本語, 只有此句而已, 則如此曲爲註解猶或爲可欺之方, 而却有下數句語, 曰若理無動靜則氣何自而有動靜乎. 且以目前論之, 仁便是動, 義便是靜, 又何關於氣乎. 是果非理自有動靜者乎. 陳北溪問, 先有這動之理靜之理, 旣生陰陽, 則理又在陰靜陽動之中, 朱子是之. 是亦歸於認氣爲理之科乎. 謂前後讀者, 多不察, 自以爲獨得之見, 超出前後, 然前而荀揚之論性, 後而陸王之言心, 何嘗不自許以獨得之見乎. 可懼可歎. 知覺之生於形氣者, 固不可謂性. 其本然之知覺爲智之德, 成終始, 智之用, 別是非者, 亦不得謂性乎. 作用之不分眞妄者, 固不可謂性. 其本於理而中節者, 亦不得謂性乎. 視聽言動之不分理欲者, 固不可謂性. 其聰明從恭, 亦不得謂性乎. 程子曰, 視聽思慮動作皆天也, 但於中要識得眞與妄耳.(朱子曰, 視聽思慮動作皆是, 天理其順發出來, 無非當然之理, 卽所謂眞. 其妄者, 却是反乎天理者也.) 不分眞妄, 而槪謂之非性, 則凡知覺運用視聽言動皆性外之物, 所謂性者, 不得爲萬善之綱, 而淪於空寂. 其與槪以謂性者, 其相去恐不能以寸. 朱子問李伯諫曰, 天命之謂性, 公以此句爲空無一法耶, 爲萬理畢具耶. 吾亦欲擧而問焉. 朱子答陳衛道書, 辨儒釋之分甚詳. 曰性命之理, 只在日用間, 但每事尋得一箇是處, 卽是此理之實, 不比禪家見處, 只在儱侗怳惚之間也. 釋氏六用不行, 則本性自見, 只此便是差處. 六用豈不是性. 若待其不行然後性見, 則是性在六用之外別爲一物矣. 今離了視聽動作而言性, 則性果在日用之外而別爲一物, 正與吾聖人異矣. 自心自省之語, 朱子本爲將敬字作一物, 而又以一心守之者而言耳. 卽自作主宰之謂也. 自心自省之下, 卽繼以當體便是一句, 卽心便是敬之謂也. 是豈氣能自省之謂耶. 引以 爲其機自爾之證, 不亦乖當乎. 蓋心屬火, 敬是禮, 禮是火之神, 而爲心之德, 故心卽敬, 敬卽心, 心性初非二歧, 於此亦可見矣. 今以心專做氣看, 而與性判以爲二物, 是豈朱子之意. 朱子曰, 心是主宰底, 所謂主宰者, 卽此理也. 不是心外別有箇理, 理外別有箇心. 如有人以彼所云云奉質於朱子, 則其肯莞爾否乎. 或曰若是則得無以理具理以理妙理之嫌乎. 曰以理妙理, 初無所嫌. 理有以主宰常定底言者, 在天曰帝, 在人曰心.(朱子曰, 人字似天字, 心字似帝字) 有以發出不同底言者, 在天曰元亨利貞, 在人曰仁義禮智. 然主宰常定底, 卽是那發出不同底, 亦非有彼此也. 故性之發也仁作義不得, 義作仁不得, 各專一事. 然無論某情, 藹然發出者, 仁也, 粲然宣著者, 禮也, 截然斷制者, 義也, 炯然含藏者, 智也. 是一情又各具四者也. 仁包四德, 而智能終始, 凡事物之來, 智便知得是非而知了, 便交付三者, 又更收斂得快, 故曰仁智交際乃萬化之機軸, 此心之所以妙衆理而主宰處也. 蓋自理之大用而言, 則曰妙, 妙便是主宰底. 自理之全體而言, 則曰具, 具萬分於一實之中, 故曰性是太極渾然之體, 其中含具萬理, 惟其具之所以妙之也. 無星之秤, 無寸之尺, 安能稱輕重而度長短乎.

전우: 이 말[馬]은 변방의 늙은이[塞翁]가 얻은 것이지, 원래 타던 말이 아니다. 이 이후에 형세에 따라 반드시 동쪽으로 가기도 하고 서쪽으로 가기도 하되, 오직 말머리가 쳐다보는 곳으로만 가니, 이 또한 자세히 알아야지 가볍게 지나쳐서는 안 된다. 사람은 모두 태극을 갖지만 기품이 이미 다르다면 욕망이 움직이고 감정이 날뛰며 이해가 서로 부딪치는 근심이 종종 생기게 된다. 이 때에 원래 말을 타고 있던 주인이 이미 조종하는 힘이 있다면 또한 가[適]·불가[莫]가 없는 것이 아니다.(조종한다거나 가·불가라는 말은 모두 「외필」에 있는 말이다) 어째서 이렇게 동쪽이나 서쪽이 있는 것인가? 오직 말의 잘못 때문이다. 이것은 핵심을 분명히 이해해야 하고 남김없이 살펴야 한다. 그렇지 않으면 '주인이 향하는 곳을 종이 어떻게 가지 않을 수 있겠는가'라고 말하는 것을 사람들이 믿지 않을 것이니, 아! 위태롭구나.

是馬爲塞翁之得, 非元來所乘. 此後勢必之東之西, 惟馬首是瞻, 此亦須消詳, 未可草草打過. 蓋人皆有太極而氣稟旣異, 則欲動情勝, 利害相攻之患, 往往而有. 是時所謂元來乘馬之主人, 旣有操縱之力, 而亦非無適莫者, (操縱適莫, 皆猥筆中語.) 柰何有此東西惟馬之失也. 此宜明核而勘破, 不然, 則其曰主之所向, 僕焉有不往者, 人將不之信矣. 嗚呼殆哉.

정재규: 주인이 향하는 곳으로 종이 가지 않음이 없는 것은 항상함이요, 본래 그런 것이다. 말이 궤도를 따르지 않고 때로 멋대로 내달리는 것은 (일시적으로) 변한 것이요 말단의 폐단이다. 그 일시적인 변화로 그 항상함을 힐난하고, 말단의 폐단을 들어 본래 그러한 것을 의심한다면 고대 성현들의 말부터 한 마디로 믿을 것이 없게 된다. 하늘의 도가 심

은 자는 북돋아 주고 기운 자는 엎어버리며, 큰 덕을 가진 이는 반드시 작록와 지위를 받는 것은 항구적인 이치이다. 기수(氣數)에 의한 변화, 안연이 요절하고 도척이 장수하는 것이 고르지 않은 것, 공자 맹자가 궁벽하게 지내며 영달하지 못한 것으로 인해 자사(子思)의 말을 장차 믿지 못한단 말인가?

사람의 본성은 똑같이 선해서 모두 요순이 될 수 있는 것은 본래 그러한 것이다. 기질에 가리워, 그 본성을 본성대로 발휘해서 요순이 되는 것이 천명 만명 가운데 한 두 사람조차 힘든 것으로 인해 맹자의 말을 장차 믿지 못한단 말인가? 기수가 비록 변하더라도 천도에 항상함이 있는 것을 알며, 기질이 비록 다르더라도 사람의 본성이 본래 같다는 것을 알며, 기의 기틀이 비록 위태롭더라도 이 이치가 주인이 됨을 안다며, 항상함에 근거해서 변화에 응대하고, 근본을 돌이켜 말단을 구하며, 이치를 주인으로 기를 통솔할 것이니, 이것이 군자가 계신 공구하면서 잠시라도 소홀히 하지 않는 이유인 것이다.

위 아래의 구분을 분명히 하고 주인과 종의 분별을 엄격히 하며, 이렇게 방비하더라도 오히려 서로 다투는 근심이 있는데, 하물며 처음부터 이치가 주재가 된다는 것을 알지 못하고 권세와 호령 일체를 기의 기틀에 맡겨 버린다면 어떻게 위태롭지 않겠는가?

가·불가, 조종 등의 말은 모두 인간사의 감정과 의지와 상관된 글자를 빌려서 천리(天理)의 소리도 없고 그침도 없는 오묘함을 밝힌 것이다. 세속적인 마음 마음으로는 말을 붙잡고서 꾸짖는 것이 이상할 것도 없다. 가·불가는 이 이치가 반드시 그러한 오묘함을 말했다. 뿔 달린 것은 언제나 불이 나고, 수염 난 것은 언제나 수염이 나는 것이 바로 '가[適]'

라고 말하는 곳이다. 겨울에는 갈옷을 입지 않고, 여름에는 갖옷을 입지 않는 것이 '불가[莫]'라고 말하는 곳이다. 모두 반드시 그러해서 바꿀 수 없는 것들이니, 이에 마치 조종하는 힘이 있지 않는 것 같은 즉 본래 있지 않음을 말한 것이다. 돌아가신 선생께서는 예전에 '이치에는 반드시 그러한 오묘함이 있지만 능히 그렇게 할 수 있는 힘은 없다'고 말씀하셨다. 능히 그렇게 할 수 있는 힘조차 오히려 없다고 말하는데, 하물며 조종하는 힘이겠는가? 그러므로 본래 있지 않다고 말한 것이다. '없다[無]'고 하지 않고 '있지 않다[非有]'고 한 것에서 또한 알 수 있을 것이다. 주자는 분명하게 '이치에는 능히 그러함이 있다'고 말했으니, 어떻게 '능히 그러함이 없다'고 하겠는가? '조종한다[操縱]'는 말도 또한 그렇다. 어떻게 그 힘이 있지 않다고 해서 마침내 그 오묘함이 없다고 하겠는가?

이치가 처음에는 선하지 않음이 없다가 간혹 기에 의해 구애되고, 욕망에 가리워 곧게 이루지 못하고 악에 흘러가는 것은 본시 그런 경우가 있다. 그러나 선한 것은 끝내 이뤄지고, 악한 것은 끝내 이뤄지지 못하는 것이다. 나라의 치란과 사람의 화복이 비록 늦거나 빠르고, 오래거나 가까운 차이는 있지만 그 마지막을 궁구해서 살펴본다면 부절을 합치듯이 기대할 수 있을 것이다. 이것이 이치가 조종하는 곳이 아니란 말인가? 다만 저절로 그러한 오묘함이 있을 뿐 작위하는 힘이 있지 않을 뿐인 것이다.

主之所向, 僕無不往常也, 本然也. 馬不循軌, 有時橫走, 變也, 末弊也. 以其變者而詰其常, 擧其末弊而疑其本然, 則從上聖賢之言, 無一可信者矣. 天道栽培傾覆, 而大德必得祿位, 常理也. 氣數所變, 顏跖之壽夭不齊, 孔孟之窮而不達, 子思之言, 亦將不之信矣乎. 人性均善, 而皆可爲堯舜,本然也. 氣質所蔽, 能性其性, 而爲堯舜者, 千萬難獲一二, 孟子之言亦將不之信矣乎. 氣數雖變, 知天道之有常, 氣質雖異, 知人性之本同. 氣機雖危, 知此理之爲主, 則可以據常而應變, 反本而捄末, 主理而帥氣. 此君子所以戒愼恐懼, 須臾之不敢忽者也. 明上下之分, 嚴主僕之辨, 以此爲防. 猶有相攻之患, 況初不知理之爲主宰, 而權勢號令一切, 委之於氣機, 則豈不殆哉. 豈不殆哉. 適莫操縱, 皆借用人事有情意底字, 以明天理無聲臭之妙, 以若洗索之心, 無怪其執言以譏之也. 蓋適莫言此理必然之妙也. 角者常角, 鬣者常鬣, 此是適處. 冬不衣葛, 夏不衣裘, 此是莫處. 皆必然而不可易者, 乃若非有操縱之力, 則蓋言其本來非有也. 先師嘗曰, 理有必然之妙, 無能然之力. 能然之力, 猶曰無之, 況於操縱之力乎. 故曰言其本來非有也. 不曰無而曰非有, 亦可見矣. 朱子分明言理有能然, 豈可曰無能然乎. 但無其力耳. 操縱亦然, 豈可以非有其力而遂謂無其妙耶. 理之始無有不善, 而或爲氣所拘欲所蔽, 不能直遂, 而流於惡者, 固亦有之. 然善者, 其終也必遂, 惡者, 其終也必不遂. 國之治亂, 人之禍福, 雖或遲速久近之不同, 究其終而觀之, 可執契而待之, 此非理之操縱處耶. 但有自然之妙, 而非有作爲之力耳.

전우: (『외필』에서는 이렇게 말했다.) “‘이치가 발한다’는 말이 오늘날의 학자들에게 크게 금기시되는 한 마디의 말이 되어, 변화를 행하고 조리를 이룬다는 단락을 보자마자 그것은 기라고 말하게 되었다. 어떤 것이 기를 주관하느냐고 물으면 그 기틀이 스스로 그러하며(其機自爾) 그렇게 시키는 것이 있지 않다고 말한다. 이치라고 하는 것이 어떤 곳에 위치하느냐고 물으면 타는 것이라고 말한다. 애초에 이미 그렇게 되도록 시키

는 신묘함이 없고 나중에도 조종하는 힘이 없는데, 붙고 깃들어 탄다고 한들 무슨 일을 하겠는가? (그러한 이치란) 있더라도 보탬이 되지 않고, 없어져도 사라질 것이 없으니 매우 안타까운 일이다. 그 이유를 궁구해 보면 '탄다[乘]'는 말이 그 본뜻을 잃고 번번이 이치를 경시하고 기를 존중하게 되어 기가 이치의 자리를 빼앗아 모든 일의 본령으로 삼는 지경에 이른 뒤에야 그만두는 데서 연유한 것이다. 한 글자가 잘못되어 그 재앙이 여기에 이르게 된 것이다." — 내 생각에 율옹도 예전에 "누가 그 기틀을 주재하는가? 아! 태극이로다"라고 말한 적이 있다.[145] 이것이 어떻게 기를 모든 일의 본령으로 삼는 것이겠는가? 또 '성이 발하여 정이 된다'고도 했으니 「외필」에서 말한 것은 율옹도 이미 환히 알았던 것이다. 다만 '이발'이 잘못이라는 것에는 오히려 까닭이 있으니, '이기호발'이란 주장으로 인해 그렇게 말했을 뿐이다.

이치가 뿌리가 된다는 측면에서 말하자면 기는 이치의 작용이다[理之用]. 그러므로 비록 기발(氣發)이라 말하더라도 또한 '이발(理發)'이라 말할 수 있다. 이는 마치 가는 것은 비록 말이지만 그 주인은 사람이기 때문에 통틀어 말하자면 '사람이 간다'고 말하는 것과 같다. 기가 능히 작용할 수 있다는 측면에서 말하자면 이치는 실제로 감정도 의지도 없기 때문에 비록 선한 감정이라 할지라도 다만 '기발'이라고 말할 수 있을 뿐이다. 이것은 마치 타는 것은 비록 사람이지만 가는 것은 말이기 때문에 분별해서 밝히자면 '말이 간다'고 말하는 것과 같다. 만일 모두 이치를 주재로 삼으려고 일에 쓰이는 곳[用事處]에서도 '기발'이란 글자를 쓰

---

145 누가…태극이로다: 「이일분수부(理一分殊賦)」, 『율곡선생전서』 권1, 한국문집총간 vol.44, 11쪽.

는 것을 금지한다면 진실한 실상이 아닐 것이다. 비유하자면 임금이 명령하고 신하가 실행하는 것과 같으니, 신하가 실행하는 것은 본시 임금에게서 나왔지만, 그것을 실행하는 것은 결국 이 신하이지 임금이 아니다. 예를 들어 반드시 실행해야 하는 것은 임금의 명령이니, 신하의 실행을 가리켜 임금의 실행이라고 한다면 이름이 옳지 않고 말도 순조롭지 못하게 된다. 하물며 갑자지 '신행(臣行)'이란 두 글자를 가리키면서 신하가 임금의 자리를 빼앗았다고 하면서 죽이려 한다면 이것이 어떻게 이법에서 마땅히 나올 것이겠는가?

理發二字, 爲今日一大禁避語. 而纔見行變化成條理者, 則曰氣也. 問孰主張是, 則曰其機自爾, 非有使之者. 問所謂理者落在何處, 則曰乘之矣. 始旣無使之然之妙, 末又非有操縱之力. 寄寓來乘, 做得甚事. 有之無所補, 無之靡所闕, 嗚呼可憐矣. 究其端由, 原於乘字失其本旨, 駸駸致得理輕氣重, 直至氣奪理位, 爲萬事本領而後已. 一字之失, 其禍乃至此乎. 愚按栗翁亦嘗言孰尸其機, 嗚呼太極. 此何嘗以氣爲萬事本領乎. 又言性發爲情, 則猥筆云云, 栗翁己見之昭陵也. 但其以理發爲非者, 却有曲折. 實由理氣互發而云爾. 蓋從理爲根柢上說, 則氣爲理之用, 故雖氣發, 亦可謂之理發. 如行者雖馬, 而主者是人, 故統而言之曰人行也. 若據氣能作用上說, 則理實無情意, 故雖善情, 但可謂之氣發, 如乘者雖人, 而行者是馬, 故辨而明之曰馬行也. 若都欲以理爲主, 而至於用事處, 亦禁不下氣發字, 非其情實也. 譬如君令臣行, 其所行固出於君, 然其行之, 畢竟是臣而非君, 如必以所行是君命, 指臣行爲君行, 則名不正而言不順矣. 況遽指臣行二字, 爲臣奪君位而誅之, 則豈法理之所當出乎.

정재규: '태극이 기의 기틀을 주재한다'거나 '성이 발해서 정이 된다'는 말 뿐이 아니다. 이 두 구절뿐만 아니라 '온갖 종류의 정들이 어느 것인들 이치에서 발하는 것이 아니겠는가'라는 말까지 「외필」에서 하는 말들은 율옹이 이미 환히 알고 있던 것들이다. 돌아가신 선생께서도 '온갖 종류의 정이 이치에서 발한다'는 것은 적확한 정론이라고 여기셨고, 또 이것으로 제자들을 가르치시면서 훗날의 유학자들이 정론을 망각한 것에 대해 탄식하셨다. 훗날의 유학자들이 정론의 소재를 고찰하지 않고 오로지 '(기)자이' '비(유)사(지)'라는 말만을 주장하면서 이를 과장해서 이치에 본래 그러한 오묘함이 없고, 기가 (이치의) 자리를 빼앗는 물건으로 만들어 버렸기 때문이다. 이것이 「외필」을 지은 이유인 것이다. '이치가 발한다[理發]'는 글자가 금지어가 되어버렸다고 말한 것은 분명하게 '오늘날의 학자 선비들'이라고 했음에도 이제 율옹에게 그 말을 옮기고서, 견해의 차이를 가지고 화내면서 상대하려는 마음을 갖고 힘을 낭비하며 흠을 찾으려 하니, 본시 마음을 가라앉혀 다른 사람이 말한 뜻을 다 받아들일 수 없는 것이다. 어떻게 뜻이 이처럼 심할 수 있단 말인가? 율옹의 뜻을 논한 것은 본시 옳다. 다만 위 문단의 '이치에 움직이게 하고 고요하게 하는 것이 없다'는 말과 본성은 말할 수도 침묵할 수도 없다는 가르침으로 보면 오히려 사람이 말을 부리지 못하고, 임금이 신하를 명령하지 못하는 격인데, 여기에서 '사람이 간다'고 하고, '임금이 명령한다'고 하니, 그 견해를 이렇게 조금씩 바꾸는 것은 어째서인가? 이치가 본시 이와 같아서 끝내 어길 수 없기 때문인가?

太極尸氣機, 性發爲情, 非惟此二句. 又有萬般之情, 夫孰非發於理乎之語. 猥筆中云云, 在栗翁果是己見之昭陵也. 先師嘗以萬情發理爲的確定論, 以諭門人, 因歎後儒之遺却定論, 蓋後儒不考究定論之攸在, 而專主自爾非使之語而張大之, 使理無本然之妙, 氣爲專擅之物. 此猥筆之所以作也. 理發字禁避云者, 蓋以今之儒者, 只據氣發一語, 而若有言理發者, 則以爲貳於栗翁, 輒加攻斥, 使人不敢發口故也. 分明言今日學士家, 而今反移之於栗翁, 以知見之異挾念懟之心, 費力吹覓, 其不能平心以盡人言之意固也, 豈意若是之甚乎. 其所論栗翁之意, 則固得之矣. 但以上段理無動之靜之之說, 及性不會語默之諭看之, 却是人不能使馬, 君不能令臣也. 於此乃曰人行, 曰君令, 少變其見, 何歟. 理固如此, 終有不得諱者耶.

전우: 「외필」에서 거론한 "한번 음하고 한번 양하는 것이 도라고 한다", "태극이 양의를 낳는다"는 두 구절은 누군들 그렇지 않다고 하겠는가! 다만 "사람이 도를 넓히는 것이지 도가 사람을 넓히지 못한다"는 말만이 홀로 공자의 말이 아니란 것인가? 아마도 하나를 붙잡고 하나를 버릴 필요는 없을 것이다. 생각해 보면 향리의 사람으로부터 성인이나 현인에 이르기까지 어떻게 천지의 조화를 빼앗은 것이 아니겠는가? 그 공부는 비록 마음에 있다지만 그 본원은 한결같이 본성에서 나오는 것이다. 그렇다면 '도가 사람을 넓힐 수 있다'는 것도 또한 어째서 불가능할 것인가? 또 성인의 말이 이와 같으니, 이 또한 마땅히 깊이 그 까닭을 생각해 보아야 할 것이다. 도란 지극히 존귀한 실제요, 만물의 주재가 되는 것이다. 이것을 내려서 작용이 있는 것과 같은 과목에 둔다면 도와 기, 상과 하의 구분이 어지러워지고, 이 마음이 넘보는 싹을 막지도 못할 것이다. 아! 성인의 가르침이 미약해질 것이다(이로써 마음을 막고자 해도 후세에 오히려 이 마음은 스스로 큰 이치에 걸맞고 작은 이치를 갖춘다고

하는 사람이 있을 것이다). 또 생각해 보면 마음은 일에 능해서, 덕과 본성을 존중하고, 세교를 올바르게 붙잡으려, 보통 사람을 성인으로 만들고, 천한 사람조차 하늘에 참여하도록 하니, 사람에게 얼마나 많은 공적이 있는가. 비록 형상을 가진 사물의 이름을 빌렸지만 마땅히 애석히 여길 만한 것이 없다. 그럼에도 성인은 마음에 대해 도와 함께 머리를 나란히 하도록 허락지 않고 아울러, 이를 물리친 것은 또 어째서인가? 석씨(釋氏)는 이치가 도가 되는 줄을 모르고, '천상천하에 오직 나만이 홀로 존귀하다'고 했으니 이 때의 '나[我]'란 마음이 스스로 나라고 하는 것이다. (이 마음을) 비록 단련해서 극히 정치함을 얻었다고 한들, 이것을 텅 비어 아득하여 조짐도 없는[冲漠無朕] 도와 비교하면 결국 조금이지만 자취가 있는 것이다. 이것은 (마음의) 신령함과 진원(眞原)이 저절로 분별되기 때문에 그런 것이다. 성인께서 마음을 가리켜 도라고 여기지 않으려 했던 것도, 그 근엄한 뜻이 어찌 이 때문이 아니겠는가? 이것은 우리 유학자들의 최고의 원칙[第一義理]이요, 최고의 방어막이다. 이전의 철인에게 묻고자 하나 대답을 들을 수 없으니, 또한 이 세상과 후세의 현자들이 더불어 바로잡아 주기를 바란다.

猥筆所擧一陰一陽之謂道, 太極生兩儀兩句, 誰曰不然, 但人能弘道, 非道弘人, 獨非孔子之言乎. 恐不必執一而棄一也. 竊嘗思之, 自鄕人而至於爲聖爲賢, 豈非奪天地之造化者乎. 其功夫雖存乎心, 而其本源一出於性. 然則謂之道能弘人, 亦何不可, 而聖人之言如此, 此宜深思其故. 夫道是至尊之實, 而爲萬物之主者. 乃降而與有作用者同科焉, 則道器上下之分亂, 而無以杜此心覬覦之萌矣. 嗚呼. 聖人之指微矣哉.(以此防心 後世猶 有此心自稱大理具小理者.) 抑又思之, 心之能事, 至於敬尊德性, 義扶世敎. 鑄凡作聖, 竪人參天, 其有功於人, 如何哉. 雖假以形上之名, 宜若無可惜者, 而聖人之於心, 乃不肯與道齊頭竝脚, 是又何故. 釋氏不知理之爲道, 而天上天下惟我獨尊, 我是心自我. 心雖磨鍊得極精細, 比之沖漠無眹之道, 畢竟微有迹. 蓋靈之與眞, 原自有辨而然也. 聖人不欲指心以爲道, 其謹嚴之意, 豈不以是歟. 此是吾儒第一義理, 亦第一防閑, 欲以奉質於曩哲, 而旣未可得, 亦願竝世與後來之賢者, 與之是正.

정재규: 기가 도의와 짝한다는 말은 들어 보았으나, '기가 도를 넓힐 수 있다[氣能弘道]'는 말은 들어보지 못했다. 호연지기[浩氣]가 도의에서 생겨나, 성대하게 길러지기 때문에 '도와 짝한다'고 말할 수는 있지만, 사람의 마음이 타는 기틀의 경우 품수한 청탁에 따라 선악이 한결같지 않다.(율옹은 '선은 청기의 발이요 악은 탁기의 발'이라고 했다.[146]) 개괄적으로 명명해서 '도와 짝한다'고 하는 것에도 오히려 불가한 점이 있는데, 하물며 '도를 넓힌다'고 말할 수 있겠는가? 짝한다[配]는 말은 돕는다[助之]는 뜻이다. '돕는다'고 말한다면 도는 본시 주재가 된다. 넓힌다[弘]는 말은 '크게 만든다[大之]'는 뜻이다. 크게 만든다고 한다면 크게 만드는 것이 스스로 주재가 된다. 기가 도의 주재가 된다는 말은 들어보지 못했다.

주자는 '주재가 항상 정해진 것이 마음이다. 발출(發出)이 서로 다른 것은 본성'이라고 말했다. 주재가 항상 정해진 것이 발출이 서로 다른 것을 검속한다. 이 때문에 넓힐 수 있는 것이다. 이제 주재가 항상 정해

146 「인심도심도설(人心道心圖說)」, 『율곡선생전서』 권14, 한국문집총간 vol.44, 285쪽.

진 본체와 묘용을 논하지 않고, 타고 있는 기틀로 담당하려는 것은 정말이지 이해할 수 없다. '도의 본체는 함이 없다[道體無爲]'고 하는데, '없다'는 것은 다만 그 자취가 없다는 말일 뿐이다. 그 '함의 오묘함[爲之之妙]'이란 바로 본시 있는 것이다. 스스로 공손한 태도로 남쪽을 바라보고 아무런 것도 함이 없지만, 9관(九官)과 12목(十二牧)은 이미 명령을 내렸고, 전례(典禮)·전락(典樂)·장병(掌兵)은 각각 적당한 사람을 두어 예악과 정벌이 천자로부터 나오니, 이것이 지극히 존귀한 실제가 되는 이유요, 이것이 온갖 외물의 주재가 되는 이유이다. 막연히 아무런 주장도 없는 것처럼 오직 기의 기틀만을 바라본다면 이는 바로 한나라 헌제의 무리들이 헛된 호령을 옹호하는 격이니, 어찌 주나라 평왕(平王)이 당을 내려와 제후를 보는 것이 되지 않겠는가? 위아래의 구분은 여기에서 어지러워지는 것이다. 과연 이 마음이 엿보는 싹을 막을 수 있겠는가? 이제 기의 기틀을 마음에 해당하고, 위태롭게 엿보는 싹이 이와 같은데, 거꾸로 도를 넓히는 물건이라고 하는 것은 어찌된 영문인가? 마음이 스스로 큰 이치라고 칭하면서 작은 이치를 갖추었다고 말한 것은 벽산(蘗山: 李恒老)·중암(重菴: 金平默)의 주장을 비판한 것이다.

마음이란 이름을 얻게 된 것은 몸을 주재하기 때문에 그렇게 말한 것이다. 그 당체(當體)는 기의 정상(精爽)이요 화(火)에 속하는 장기이다. 정신과 혼백은 마음의 운용(運用)으로 본성을 (마음 가운데서) 추려내서 이름붙일 수 있는 것과는 같지 않다. 주자가 (마음은) 본성에 비해 미세하지만 자취가 있다고 풀이한 것도 이 때문이다.[147] 그러나 하늘의 본체

147 주자가…풀이한 것: 「心之理 乃是形而上否 曰 心比性則微有迹 比氣則自然又靈」, 「성리 2·성정심의등명의」, 『주자어류』(권5) vol.1, 87쪽.

와 묘용을 얻은 것으로 말하자면 본성과 감정 이외에 따로 마음이 있는 것이 아니다. 때문에 맹자는 인의예지를 마음이라고 여겼고, 또 측은·수오·사양·시비의 단서를 마음이라고 여겼다. 정자(程子)는 "마음, 본성, 하늘은 하나의 이치"라고 했다.[148] 장자(張子)는 '마음이 본성과 감정을 통합한다[心統性情]'고 했는데, 주자는 이것을 아주 칭찬했다. 마음이 본성과 감정을 통합한다는 것은 마음이 본성과 감정을 통합하는 이름이라고 말하는 것은 아니다. 또 채서산(蔡西山)의 설명을 취해서 '마음은 태극'이라고 했고, 또 소자(邵子)의 설명을 인용했으며, 또 '원형이정은 천지가 만물을 낳는 마음인데, 사람이 이를 얻어서 마음을 삼는다. 미발의 때에는 네 가지 덕이 갖추어졌고, 이발의 때에는 네 가지 단서가 드러난다'고 했다. 또 "사람은 천지의 중(中)을 받아 하나의 마음을 가질 뿐이다"고 했고[149], 또 "마음은 천리가 사람에게 있는 전체"라고 했으며[150], 또 "마음은 주재하는 것이니, 주재하는 것은 곧 이 이치이다"고 했으며[151],

---

148 마음…하나의 이치: 『이정유서』에 따르면 이 말은 이정이 직접한 말은 아니다. 이정은 애초에 "마음, 본성, 하늘은 차이가 있지 않다.[心也 性也 天也 非有異也]"고만 했을 뿐이다. 『이정유서』 권25, 『이정집』 vol.1, 321쪽.

149 사람은…가질 뿐이다: "사람은 천지의 중을 받아서 하나의 편안하게 움직이지 않는 마음과 본성을 가질 뿐이다. 감정은 사물로 인해서 느낌을 갖는다.[人受天地之中 只有箇心性安然不動 情則因物而感]" 「장자지서」 1 『주자어류』(권98) vol.7, 2514쪽.

150 마음은…전체: '진기심자장(盡其心者章)', 「맹자 10·진심 上」, 『주자어류』(권60) vol.4, 1433쪽.

151 마음은…이치이다: "마음은 주재한다는 뜻입니까? 대답했다. 마음은 진실로 주재한다는 뜻이다. 그러나 '주재하는 것'은 바로 이치이다.[心是主宰底意否 曰 心固是主宰底意 然所謂主宰者 即是理也]" 「이기 상·태극천지 상」, 『주자어류』(권1) vol.1, 4쪽.

또 "오직 마음은 짝이 없다"고 했으니[152], 이들은 모두 이치로서 마음을 말한 것이다.

『맹자』라는 책은 마음을 가장 자세히 말했지만 기로 말한 곳은 한 곳도 없다. 그렇지만 기에 상대시켜 말한 곳은 있는데 "지(志)는 기(氣)의 장수이다"고 했고[153], 또 "야기(夜氣)가 인의의 마음을 보존하기에 부족하다"고 했다.[154] 정자는 "마음에 인의의 마음이 있은 다음에 인의의 기가 있다"고 했고[155], 주자는 유씨(游氏)의 '마음은 기에 합치되고, 기는 신(神)에 합치된다'는 말을 유학자의 말이 아니라고 하면서 "마음은 형

152 오직…없다: 「성리 2·성정심의등명의」, 『주자어류』(권5) vol.1, 84쪽.

153 『맹자』, 「공손추 상」, 제2장 참조.

154 야기(夜氣)는…부족하다: 이 말은 맹자의 말은 아니다. 「고자 상」 18장의 원문에서는 "낮에 하는 소행이 이것을 곡망(梏亡)하니, 곡망(梏亡)하기를 반복하면 야기(夜氣)가 족히 보존될 수 없고, 야기(夜氣)가 보존될 수 없으면 금수(禽獸)와 거리가 멀지 않게 된다.[則其旦晝之所爲 有梏亡之矣 梏之反覆 則其夜氣不足以存 夜氣不足以存 則其違禽獸 不遠矣]"고 말하고 있을 뿐이다. 여기에 대해 주희의 집주에서 "낮에 하는 행위가 이미 밤에 자라는 바를 해치고, 밤에 자라는 바가 또 낮에 하는 바의 나쁜 행위를 이기지 못한다. 이 때문에 전전(展轉)하여 서로 해쳐서 야기(夜氣)가 생겨나는 것이 날로 점점 박(薄)해져서 인의(仁義)의 양심(良心)을 보존할 수 없는 데에 이르면, 평단(平旦)의 기운도 또한 맑지 못하여, 좋아하고 싫어하는 바가 끝내 남들과 거리가 멀어지게 되는 것이다.[晝之所爲 旣有以害其夜之所息 夜之所息 又不能勝其晝之所爲 是以 展轉相害 至於夜氣之生 日以薄 而不足以存其仁義之良心 則平旦之氣亦不能淸 而所好惡遂與人遠矣]"라고 풀이하고 있다. 따라서 이 글에서 마치 맹자의 말인 것처럼 인용한 것은 주자의 해석이라고 보는 것이 타당하다. 「고자 상」, 『맹자집주』, 『주자전서』 vol.6, 402쪽.

155 마음에…기가 있다: 『이정집』에 따르면 이 문장의 말미에는 정호(程顥)의 말임을 뜻하는 '명도(明道)'라는 표기가 있다. 그러나 주자는 「답장경부문목(答張敬夫問目)」에서 정이의 말로 인용하고 있다. 「하남정씨유서」 권4, 『이정집』 vol.1, 70쪽·「답장경부문목」, 『주자대전』 권32, 『주자전서』 vol.21, 1399쪽 참조.

체가 없지만 기는 사물[物]이 있다"고 했다.[156] 또 마음이란 몸의 정치하고 신령한 부분[精靈底物事]인가라는 물음에 대해 '이치가 진실로 이와 같다'고 했다.[157] 정자는 여여숙(呂與叔)이 기를 기르는 것[養氣]은 마음을 기르는 것[養心]에 보탬이 된다는 주장을 옳지 않다고 하면서 '마음을 기르는 것은 단지 마음을 기르는 것일 뿐인데 또 무슨 도움이 필요하겠는가?'라고 했다.[158] 주자는 "기를 기르면 기는 비록 길러지겠지만 오히려 마음을 기르는 것은 아니다"고 했다.[159] 또 "오장 가운데 하나로서의 '심장[心]'은 마음이 아니다. 심장은 마음의 신명이 오르내리는 장소일 뿐

---

156 『중용혹문』, 『주자전서』 vol.6, 597쪽 참조.

157 이계선(李繼善)의 질문에 대해 주자가 대답한 내용이다. 「답이효술계선문목」, 『주자대전·속집』 권10, 『주자전서』 vol.25, 4804~4805쪽 참조.

158 『이정집』에는 이와 같은 내용의 문답이 없고, 『주자어류』에 동일한 내용이 실려 있다. "여여숙이 기를 기르는 것이 마음을 기르는 데 보탬이 된다고 하자, 정선생은 옳지 않다고 했다. 마음을 기르는 것은 단지 마음을 기르는 것일 뿐인데 또 무슨 도움이 필요하겠는가? 예를 들어 효를 한다면 다만 효를 할 뿐이니, 또 다른 일로 도와야 할 필요가 있겠는가? 내가 보기에는 또 여기에만 그치지 않는다. 기를 기른다고 하자마자 마음은 바로 기 위에 있게 된다. 이것이 정선생이 옳지 않다고 한 이유이다.[呂與叔謂養氣可以爲養心之助 程先生以爲不然 養心只是養心 又何必助 如爲孝只是爲孝 又何必以一事助之 某看得來 又不止此 蓋才養氣 則其心便在氣上了 此所以爲不可也]" 이 글의 인용은 『주자어류』의 기록을 따른 것으로 보인다. 「정자지서 3」, 『주자어류』(권97) vol.7, 2484쪽.

159 기를…아니다: "여여숙이 기를 기르는 것이 마음을 기르는 데 보탬이 된다고 말했는데, 정선생은 아주 옳지 않다고 했다. 나는 처음에 정선생의 말을 의심했다가 최근 봄이 되어서야 비로소 믿기 시작했다. (도가에서 말하는) 마음이 마치 타버린 재와 같아지는[心死] 경지는 기를 기르는 데에 달려 있다고 하는데, 비록 기가 길러진다 한들 이는 오히려 마음을 기르는 것은 아니다.[呂與叔言養氣可以爲養心之助 程先生大以爲不然 某初亦疑之 近春來方信 心死在養氣上 氣雖得其養 却不是養心了] 「정자지서 3」, 『주자어류』(권97) vol.7, 2484~2485쪽.

이다"라고 했으니 이들은 모두 마음과 기를 분별하고 마음이 기가 아님을 밝힌 것이다.[160] 이로써 본다면 기에 나아가 마음을 말한 것은 타고 싣고, 운용하는 것을 그의 의지하고 도움 되는 것으로 삼아 말한 것일 뿐이다. 언제 오직 기만으로 마음을 논해서 이렇게 그 말[口氣]을 뒤집고 날카로운 예봉[鋒穎]을 갈아 없앴단 말인가? 힘을 기울여 학설을 세우고, 무한한 함축을 갖추어서 이처럼 깊고 절실한 감회를 느끼게 하는 것이다.

율옹이 '마음은 기'라고 주장한 것은 기의 기틀이 움직였다 고요한 측면에 나아가 말했기 때문이니, 또한 주자의 '(마음은 기의) 정상'이라는 주장과 같다. 그러나 통합해서 말한 곳에서는 반드시 본성과 감정, 본체와 작용을 합쳤으니 마음과 본성을 둘로 나눌 수 없다는 것으로 말한 것이다.(「인심도심설」에서는 "본성은 마음의 본체요, 감정은 마음의 작용이다. 마음은 미발과 이발의 총체적인 이름[總名]이기 때문에 마음이 본성과 감정을 통합한다고 하는 것이다"고 했다. 「극기복례설」에서는 "인을 본심(本心)의 온전한 덕[全德]"이라고 했고, 「잡기」에서는 "오늘날의 학자들은 마음과 본성을 둘로 나누어 보는 것이

---

160 오장…뿐이다: "물었다. '선생이 예전에 마음은 이 한 덩어리(의 심장이)가 아니다고 하셨는데, 제가 생각하기에 몸을 채우고 있는 것은 모두 마음이니, 오장이 모두 그렇습니다. 이 (심장)은 다만 그 지도리일 뿐입니다.' 대답하셨다. '그렇지 않다. 이것은 마음이 아니라 신명이 오르내리는 장소일 뿐이다. 사람이 심장에 마음에 병이 들면 그 심장이 편치 못하게 된다. 이것은 오장이 모두 그렇다. 마음이 어찌 운용이 없겠는가. 그렇더라도 언제나 이 몸뚱이 안에 자리잡고 있어야 한다. 비유하자면 이 건양현의 지현이 언제나 관아 안에 있어야만이 비로소 한 현을 관장할 수 있는 것과 같다.[問 先生嘗言 心不是這一塊 某竊謂 滿體皆心也 此特其樞紐耳 曰 不然 此非心也 乃心之神明升降之舍 人有病心者 乃其舍不寧也 凡五臟皆然 心豈無運用 須常在軀殼之內 譬如此建陽知縣 須常在衙裡 始管得這一縣也]" 「성리 2·성정심의등명의」, 『주자어류』(권5) vol.1, 87쪽.

큰 잘못이다"라고 했다.)

이제 마음과 본성을 반드시 두 가지 물건[二物]으로 여기고자 해서, 오로지 기의 기틀[氣機]만을 마음의 본체[心體]에 배당시키고, 이치로 말하는 이들을 보면 그 기운이 이렇게 용솟음치는 것은 또 어째서인가? 벽산 문하[蘗門]의 학설은 또 예전에 대략 들은 적이 있다. 그들은 마음의 천체와 묘용을 이치라고 여길 뿐, 움직이고 고요한 기틀에 대해서는 이 마음이 타고, 실리며, 운용하는 것이라고 여기는데, 어떻게 아울러 이치라고 할 수 있단 말인가? 그들은 마음은 진실로 이치이지만 '태우는 것[所乘者]'은 기라고 말한다. 마음을 이치라고 여기면서, 기에 구애되고 욕망에 가리우는 것을 묻지 않으니 그 해로움은 진실로 말로 다 할 수 없다. 마음을 가리켜 기라고 하면서 천명의 주재를 아지 못한다면 그 이치 또한 밝지 못함이 있을 것이다. 마음을 이치라고 여기면서 기에 의한 장애와 욕망으로 인한 가리움을 묻지 않는 것은 바로 육상산·왕양명의 학설이다. 마음을 가리켜 기라고 하면서 천명의 주재를 아지 못하는 사람이 어떻게 오늘 예전의 철인과 후대의 현자에게 질문하려는 사람이 아니겠는가? 예전 철인의 풀이는 위에 자세함에도, 그것을 취해 살피지 않고 스스로 옳다고 여긴다면 훗날 비록 현자가 나와서 바로잡으려 하더라도 어떻게 자신의 의견을 버리고 그것을 좇으려 하겠는가?

'천상천하에 오직 나만이 존귀하다'는 말에서 '나[我]'는 과연 마음이 스스로 나라고 한 것이다. 석씨는 이미 이치를 장애라고 여겼으니 그가 '나'라고 말한 것은 단지 흐리멍텅한 지경에서 그림자를 보고서 그 안에 도리를 보지 못한 것일 뿐이다. 주자는 "석씨가 비록 오직 한 마음을 밝힌다고 말했지만 그러나 사실은 마음의 본체를 몰랐고, 마음 밖에 따로 법이 있는 것이 아니기 때문에 천하의 큰 근본을 세우지 못했다. 성인의 문하에서 말하는 마음은 천서·천질·천토, 측은·수오·시비·사양을 갖추지 않음이 없고 마음을 벗어난 법은 없다"고 했다.[161] 또 유학과 불교의 차이는 바로 "우리들은 마음과 이치를 하나로 간주하는데, 저들은 마음과 이치를 둘로 간주한다"고 했다.[162] 그러므로 '오직 나만이 존귀하다'는 말과 이치와 둘이 된다는 주장은 성인의 문하에서 '마음'이라고 말하는 것이 아닌 것이다.

이제 성인 문하에서 말하는 마음을 마음이라 여기지 않고, 도리어 마음과 이치가 하나라는 학설이 불교의 견해[天竺之見]에 귀결된다고 꾸짖는데, 이런 의론은 참으로 일곱 분의 성인 모두 길을 잃고 헤맸다[七聖皆迷]는 상황과 같은 것이다.[163] 또 주자는 본성과 감정의 덕과 중과 조화의 오묘함[中和之妙]을 논하면서 반드시 마음을 위주로 했고(「답장흠부」),[164] 또 마음은 본성과 감정을 포함하는데, '마음[心]'이 자모(字母)이기

161 「답장흠부」, 『주자대전』 권30, 『주자전서』 vol.21, 1317~1318쪽 참조.

162 우리들은…간주한다: 「석씨(釋氏)」, 『주자어류』(권126) vol.8, 3015쪽 참조.

163 일곱 분의…헤맸다: 일곱 분의 성인이란 황제(黃帝)·방명(方明)·창우(昌寓)·장약(張若)·습붕(謵朋)·곤혼(昆閽)·활계(滑稽)를 가르킨다. 『장자』 「서무귀」 편에 황제가 대괴(大隗: 천지)를 만나기 위해 구자산(具茨山)을 가려고 방명(方明) 등 여섯 사람과 함께 길을 떠났는데, 양성(襄城) 들판에 이르러 길을 잃고 헤매다가, 말 치는 동자에게 길을 물었다는 고사가 기록되어 있다.

164 주자는…위주로 했고: "여러 학설은 모두 인가를 받았고 미발의 뜻은 또 그것의 핵심인데 이미 서로 이론이 없으니 큰 위안이 되었습니다. … 다시 몸소 살펴보고 나서야 이러한 이치는 모름지기 심을 위주로 하여 논의해야 성정의 덕과 중화의 묘함이 모두 조리 있고 어지럽지 않다는 것을 알게 되었습니다.[諸說例蒙印可 而未發之旨又其樞要 旣無異論 何慰如之 … 復體察得見此理須以心爲主

때문에 '본성[性]'과 '감정[情]'은 모두 '마음[心]'을 부수로 삼는다고 했다.[165] 또 "'하늘이 명령한 것을 본성이라 한다'는 것은 반드시 하늘이 그 마음에 명령한 뒤에야 비로소 본성이 된다"라고도 했다.[166] 이제 본성을 떠나서 마음을 말하고, 본성을 높이고 마음을 낮추며, 이미 석씨가 말하는 마음을 마음이라고 한다면, 비하하는 것이 마땅할 것이다. 그러나 그것은 또한 주자의 가르침과는 모순이 될 것이다. 예전에 의춘(宜春)의 전생(田生)으로 인해 「구산잡저(臼山雜著)」를 얻어 살펴 본 적이 있는데[167] '신(神)'자를 오로지 '기(氣)'자로 만들어서 보려고만 했으니, 이것이 기로 마음을 말하는 근본 원인이다. 기로 신을 말한 곳은 진실로 많다. 예를

而論之 則性情之德 中和之妙皆有條而不紊矣]"「답장흠부」, 『주자대전』 권32, 『주자전서』 vol.21, 1418~1419쪽.

165 마음은…했다: "인의예지는 마음에 뿌리를 두고 있다는 것은 본성으로부터 마음을 파악한 것이다. 마음은 본성과 감정을 포함하니, 본성은 본체이고 감정은 작용이다. '마음[心]'이란 글자는 단지 자모(字母)이기 때문에 '본성[性]'과 '감정[情]'은 모두 '마음[心]'을 부수로 삼는다.[仁義禮智根於心 此是性上見得心 蓋心便是包得那性情 性是體 情是用 心字只一箇字母 故性情字皆從心]"「성정심의등명의」, 『주자어류』(권5) vol.1, 91쪽.

166 하늘이…본성이다: "어떤 사람이 물었다. "고요한 것은 본성이고, 움직이는 것은 감정입니까?" 대답했다. "모든 것은 마음이 주관한다. 본성[性]이란 글자는 마음[心]이란 글자와 낳는다[生]는 글자에서 연유한다. 감정[情]이란 글자는 마음[心]이란 글자와 푸르다[靑]는 글자에서 연유한다. 본성에는 이치가 있다. 예를 들어 '하늘이 명령한 것을 본성이라 한다'는 것은 반드시 하늘이 그 마음에 명령한 뒤에야 비로소 본성이 된다는 것이다.[或問靜是性動是情 曰大抵都主於心 性字從心從生 情字從心從青 性是有此理 且如天命之謂性 要須天命箇心了 方是性]"「성정심의등명의」, 『주자어류』(권5) vol.1, 91쪽.

167 「구산잡저(臼山雜著)」: 구산(臼山)은 전우(田愚)의 호 가운데 하나이다. 이 외에도 추담(秋潭) 혹은 간재(艮齋)라는 호를 쓰기도 했다. 「구산잡저」는 전우의 저술들 가운데 「잡저」류에 속하는 것들을 지칭하는 것으로 추정된다.

들어 『역대전(易大傳)』에서 "음양의 측량할 수 없는 것을 신(神)이라 한다"고 한 것과, "신이란 만물에 묘하게 작용한다"는 말에서 '신(神)'자가 공통적으로 기를 말한다고 한다면 '기(氣)'라는 글자 하나로 온 세상의 도를 뒤엎고, 한 몸의 주재에 배당하며, 모든 일의 벼리로 여기는 것은 이상할 것이 없다. 그 책이 사방으로 간행되면 스스로는 반드시 영원히 흔들리지 않을 정론이라고 여길 것이다. 그러나 과거의 철인들에게 물어보면 진실로 옳지 않은 점이 있으니, 여기에 대해 간략하게 말하고자 한다.

주자(周子)가 말한 "움직이되 움직임이 없고 고요하되 고요함이 없는 것은 신이다. 신은 만물에 묘하게 작용한다."[168] 정자가 말한 "오묘한 작용[妙用]을 신이라 한다."[169] 장자가 말한 "하나이기 때문에 신(神)이요, 둘이 있기 때문에 측량할 수 없다"는 말은 모두 이치를 위주로 말한 것이다.[170] 주자의 말은 또 더욱 상세하니 "이치이므로 신비하고[神] 측량할

---

168 움직이되…작용한다: "움직이되 움직임이 없고, 고요하되 고요함이 없는 것이 신이다. 움직이되 움직임이 없고 고요하되 고요함이 없는 것은 움직이지 않는 것도 고요하지 않는 것도 아니다. 사물의 경우는 통하지 못하지만 신은 만물에 오묘하게 통한다.[動而無動 靜而無靜 神也 動而無動 靜而無靜 非不動不靜也 物則不通 神妙萬物]" 『통서해』 186~187쪽.

169 오묘한…신이라 한다: "나눠 말하자면 형체의 측면에서는 하늘[天]이라 하고, 주재의 측면에서는 제(帝)라 하며, 공용의 측면에서는 귀신이라 하고, 오묘한 작용의 측면에서는 신이라 하며, 본성과 감정의 측면에서는 건(乾)이라 한다.[分而言之 則以形體謂之天 以主宰謂之帝 以功用謂之鬼神 以妙用謂之神 以性情謂之乾]" 『이천역전』, 『이정집』 vol.2, 695쪽.

170 하나이기…수 없다: "하나의 물건이면서 두 가지 본체를 가지는 것이 기다. 하나이기 때문에 신이다(둘이 있기 때문에 측량할 수 없다). 둘이기 때문에 변화한다(하나에서 미루어 운행한다). 이것이 천지가 셋이 되는 이유이다.[一物兩體

수 없다"고 했다.(주자(周子)의 말을 풀이하면서 '이것은 형이상의 이치를 말한다. 이치이므로 신비하고[神] 측량할 수 없다"고 했고171, 또 "음양의 측량할 수 없는 것을 신이라 한다. 예를 들어 낮의 움직임에도 신은 그와 함께 움직이지 않고, 밤의 고요함에도 신은 그와 함께 고요하지 않는다. 신은 또 자체로 신이다. 신은 오히려 낮과 밤을 변화시킬 수 있지만, 낮과 밤은 오히려 신을 변화시킬 수 없다. 신은 만물에 오묘하게 작용한다"고 했다.172) 또 "신은 그 자체로 형기의 표면을 초연히 벗어났다"고 했다.("신이란 것은 그 자체로 형기의 표면을 초연히 벗어났고, 움직임과 고요함을 관통했다. 그 본체를 말하면 언제나 이와 같다."173) 또 "신이란 곧 이치이다"고도 했다.("잘 응하면서 측량할 수 없는 것이야말로 진실한 이치의 작용이다. 신이란 곧 이치이다."174) 또 "오묘한 작용이란 그 이치를 말한다"고 했다.(정자의 말을 풀이하면서 말했다. "오묘한 작용이란 그 이치를 말한다. 오묘한 작용은 자취가 없는 것이다."175) 또 "오묘한 작용은 많은 도리를 포괄한다"고

氣也 一故神(兩在故不測) 兩故化(推行於一) 此天之所以參也]" 「說卦」, 『橫渠易說』 권3, 『장재집』, 233쪽.

171 「주자지서·통서·동정」, 『주자어류』(권94) vol.6, 2403쪽 참조.

172 같은 책, 같은 곳.

173 「주자지서·통서·동정」, 『주자어류』(권94) vol.6, 2404쪽.

174 「通書」의 "감하여 마침내 통하는 것은 신이다[感而遂通者神也]"는 구절에 대한 주자의 풀이에 "잘 응하면서 측량할 수 없는 것이야말로 진실한 이치의 작용이다[善應而不測者 實理之用]"는 구절이 있을 뿐, '신은 즉 이치이다'는 구절은 보이지 않는다. 『통서해』 108쪽.

175 "오묘한 작용이란 그 이치를 말한다[妙用言其理]"란 말은 주자의 직접적인 언급은 아니다. 주자는 "공용은 자취가 있는 것이다. 묘용은 자취가 없는 것이다. 묘용은 그 소이연이다[功用是有迹底 妙用是無迹底 妙用是其所以然者]"라고 말했을 뿐이다. 그러나 이미 설선의 「독서록」에서부터 '소이연'은 '리'자로 바뀐 채로 주자의 말로 인용되고 있다. 「역 4·건 상」, 『주자어류』(권68) vol.5, 1685쪽·설선, 『독서속록』 권6 참조.

했다.(장자의 말을 풀이하면서 '측량할 수 없다는 것은 오묘한 작용이 많은 도리를 포괄한다는 것이다. 횡거의 설명이 극히 훌륭하다'고 말했다.[176]) 이들은 천도와 음양의 신을 논한 것이다. 예를 들어 사람의 본성과 오행의 신의 경우에는 또 명백한 데서만 그치는 것이 아니다.

정자는 '하늘의 작용은 소리도 없고 쉬지도 않는다. 그 명령이 사람에게 있으면 본성이라고 한다. 그 끝없는 작용을 신이라고 한다. 이들은 하나일 뿐이다'라고 했다.[177] 주자는 "기의 정영(精英)한 것이 신이 된다. 금목수화토는 신이 아니다. 금목수화토를 만드는 것이 신이다. 사람에게서는 인의예지신이 이것이다"고 했다.[178] 또 "오행의 신은 이치의 발용이요, 기를 타고 드나드는 것이다"고 했다.[179] 이전의 철인들이 신을 이치라고 여겼던 것은 해나 별처럼 환하다. 뛰어난 당신은 어째서 강론하고 관통하지 않으며, 어째서 그 말들을 생각해 보지도 않는가? 자기만의 고상한 견해가 천고의 철인들보다 뛰어나다고 믿지 않는다면 어떻게 천근한 식견으로 능히 측량할 수 있는 것이라고 하겠는가?

'신령함[靈]'과 '진실함[眞]'에도 진실로 분별이 있다. 주자는 "기 속에 저절로 하나의 신령한 사물이 있다"고 했다.[180] 형체와 기가 엉기고 모이

---

176 『주자어류』에 다음과 같은 문답이 있을 뿐 '횡거의 설명이 극히 훌륭하다'는 말은 없다. "물었다. 음양의 측량할 수 없는 측면을 신이라 하는데, 이것은 오묘하게 작용하는 측면[妙用處]입니까? 대답했다. 이것이 곧 수많은 도리를 포괄한다.[問陰陽不測之謂神 便是妙用處 曰便是包括許多道理]" 「역 10·상계(上繫) 상」, 『주자어류』(권74) vol.5, 1902쪽.

177 「이정수언(二程粹言)」 권1, 『이정집』 vol.2, 1170쪽 참조.

178 「이기 상·태극천지 상」, 『주자어류』(권1) vol.1, 9쪽.

179 「답두인중」, 『주자대전』 권62, 『주자전서』 vol.23, 3002쪽 참조.

180 「성리 2·성정심의등명의」, 『주자어류』(권5) vol.1, 87쪽 참조.

면 곧 정신과 혼백은 이 마음의 운용이 되니, 즉 '신령한 사물[靈底物事]'이라고 부르는 것이다. 신령함[靈]은 기의 영역 안의 일이다[氣分事]. 그러나 본래 형질이나 확정적인 글자가 있는 것이 아님에도 이치의 오묘함을 형상할 수 있기 때문에 주자(周子)는 「태극도설」에서 '무극의 참됨[無極之眞]'을 말했고, 인극(人極)에 대해서는 가장 신령하다[最靈]고 했는데, 주자는 '순수하고 지극히 선한 본성'이라고 여겼다. 『통서』에서는 또 "신령하지도 투명하지도 않다[匪靈弗瑩]"고 했는데, 주자는 또 '이것은 이치를 말한다. 사람의 마음과 태극의 지극한 신령함이 아니라면 누가 능히 밝힐 수 있겠는가'라고 생각했다. 또 '비고 신령하며 어둡지 않은 것은 기인가?'라는 물음에 대해 "기가 아니다, 만일 기라면 이치를 말하는 곳에서 또한 '신령하다[靈]'는 낱말을 사용했겠는가? 신령함[靈]이란 낱말도 억지로 기(氣)자로 만들어서 이해할 수 없는데, 하물며 '신(神)'이란 낱말이야 더 말할 나위 있겠는가?" 이 이치는 실체로 말하자면 '성(誠)'이라 하고, 오묘한 작용으로 말하자면 '신(神)'이라 하는 것이다. 그러므로 주자(周子)는 "'고요하여 움직이지 않는 것'은 성(誠)이요, '감하여 마침내 통하는 것'은 신(神)이다"고 했다. 성(誠)은 신의 본체요, 신은 성의 작용이다. 한 번 음하고 한 번 양하는데 이를 계승하는 것은 신이 하는 것이요, 한 번 움직이고 한 번 고요한데, 그 기미가 디는 것도 신이 하는 것이다. 한 번 열리고 한 번 닫히는데 그 변화도 역시 신이 하는 것이다. 이치이면서 신이 없으면 이치가 될 수 없다. 오직 신이기 때문에 사물이 오면 응하는 것이요, 빠르게 하지 않아도 신속하며, 행하지 않아도 이르는 것이다. 이것이 마음이 신명의 이름이 되는 까닭이요, 기와 떨어지지도 않고 기와 뒤섞이지도 않는 이유이다.

본시 이치가 발현하고 기가 운용하며, 기를 타고 유행하되 이치가 주재가 되어 제어한다. 이것이 신명의 덕이 한 몸의 주인이 되고 온갖 일의 벼리가 되는 이유이다. 비고 신령함[虛靈] 같은 것은 신명의 정상(情狀)이다. 기를 좇아 말한다면 정상(精爽)이 모인 것이요, 이치를 좇아 말한다면 오묘한 작용이 드러난 것이다. 이런 까닭에 마음, 신, 신령함은 기를 좇아 말하는 경우도 있고, 이치를 좇아 말하는 경우도 있으니, 당연히 각각 가리키는 것이 어떠한지를 따를 뿐이다. 그러므로 우옹(尤翁)의 말에 "마음은 이치로 말하는 경우도 있고, 기로 말하는 경우도 있다"고 했으니[181], 이것이 마음을 논하는 생동하는 사례이다. 진실함[眞]은 갖추었다[諡]는 뜻이다. 그러나 이치는 위이고 기는 아래이며, 이치는 공통적이고 기는 제한되며, 이치는 주인이 되고 기는 종이 되니, 그 나뉨은 또한 조금이라고 소홀하거나 어지러워서는 안 된다. 이제 기의 기틀로만 마음을 명명하고서, 그것을 '천군(天君)'으로 떠받들어 온 몸[百體]이 명령을 따라야 한다고 하니 위태롭고 위태롭다.

氣配道義, 蓋嘗聞之矣, 氣能弘道, 未之聞也. 浩氣生於道義, 而養得盛大, 故可以配道. 乃若人心所乘之機, 則隨所稟之清濁而善惡不一, (栗翁言, 善者, 清氣之發, 惡者, 濁氣之發.) **概以命之曰配道. 猶爲不可, 況可曰弘道乎.**

---

181 마음은…있다: "심이란 기의 정상(精爽)이다.(이것은 주자(朱子)의 주장이다.) 그러나 마음은 실로 이치를 포괄하고 있다. 그러므로 기(氣)로써 말한 것도 있고, 이(理)로써 말한 것도 있다. 지금 여기에서 이른바 마음이란, 기에 대해서 말하면 마땅히 이치로 보아야 하겠지만 그렇다고 전적으로 기를 떠나서 볼 수도 없다.[心者 氣之精爽(此朱子說) 然實該貯此理 故有以氣言者 亦有以理言者 今此所謂心 旣對氣而言則當以理看 然亦不可全然離氣看]" 송시열, 「호연장질의(浩然章質疑)(갑인)」, 『송자대전』 권130, 한국문집총간 vol.112, 408쪽.

配, 助之也. 曰助之, 則道固爲主也. 弘, 大之也. 曰大之, 則大之者自爲主也. 氣爲道主, 亦未之聞也. 朱子曰, 主宰常定者, 心也, 發出不同者, 性也. 以主宰常定者檢其發出不同者, 是以能弘之. 今不論主宰常定之本體妙用, 而欲以所乘之機當之, 誠不可曉也. 道體無爲, 所謂無者, 特無其迹耳. 其爲之之妙, 則乃其固有者也. 恭己正南面無爲, 而九官十二牧則早已命之, 典禮典樂掌兵各有其人, 而禮樂征伐自天子出, 此所以爲至尊之實, 此所以爲萬物之主. 若漠然都沒主張, 而惟氣機是視, 則直是漢獻之徒擁虛號, 幾何不爲周平之下堂見侯乎. 上下之分, 於是乎亂矣. 果可以杜此心覬覦之萌乎. 今以氣機當心體, 危厥覬覦之萌如此, 而反以爲弘道之物, 何哉. 此心自稱大理具小理以下云云, 譏斥蘗山重菴之說也. 蓋心之得名, 以主乎身而言也. 其當體, 則氣之精爽, 而屬於火, 臟精神魂魄爲其運用, 非若性之可以挑出而名者也. 朱子比性微有迹之訓, 以此. 然言其得於天之本體妙用, 則性情之外, 更別無心, 故孟子以仁義禮智爲心, 又以惻隱羞惡辭讓是非之端爲心. 程子曰, 心也性也天也, 一理也. 張子曰, 心統性情, 而朱子亟稱之. 心統性情, 不若言心者性情之統名, 又取蔡西山之說, 心爲太極, 又引邵子之說, 又曰元亨利貞, 天地生物之心, 而人得之爲心. 未發而四德具, 已發而四端著. 又曰人受天地之中, 只有箇心. 又曰心者天理在人之全體, 又曰心是主宰底. 主宰者, 卽此理也. 又曰惟心無對. 此皆以理言心也. 孟子一書, 言心最詳, 而未有一處以氣言者. 對氣言處, 則却有之. 曰志, 氣之帥也. 又曰夜氣, 不足以存仁義之心. 程子曰, 必有仁義之心, 然後有仁義之氣. 朱子以游氏心合於氣氣合於神爲非儒者之言, 而曰心無形而氣有物, 有問心是身上精靈底物事, 曰理固如此. 程子以呂與叔養氣可以爲養心之助爲不然, 而曰養心只是養心, 又何必助. 朱子曰, 才養氣則氣雖得養,却不是養心了. 又曰五臟之心, 非心也, 乃心之神明升降之舍也. 此皆分別心與氣, 而明心之非氣也. 以此觀之, 則其就氣言心處, 以其乘載運用爲 佗資助而言耳. 何嘗專以氣論心, 而乃翻倒其口氣, 磨礪其鋒穎, 努力立說, 含蓄無限, 感慨如此之深且切也. 栗翁有心是氣之說, 是就氣機動靜上言故云然, 亦朱子精爽之說也. 然其統論處, 則必合性情體用, 而深以心性之不可二歧言之矣.(人心道心說曰, 性是心之體, 情是心之用, 心是未發已發之總名, 故曰心統性情. 克己復禮說, 以仁爲本心之全德. 雜記, 以今之學者分心性爲二歧爲大差.) 今必欲以心性爲二物, 專以氣機當心體, 見人以理言者, 則氣聳如此者, 抑何歟. 蘗門之說, 亦嘗聞其大略矣. 蓋以心之全體妙用爲理耳. 至於動靜之機爲此心乘載運用者, 則曷嘗幷謂之理哉. 其言曰心固理也, 而所乘者氣也, 認心爲理, 而不問氣欲之拘蔽, 則其害固不可勝言. 指心謂氣, 而不知天命之主宰, 則其理亦有所不明矣. 認心爲理, 不問氣欲之拘蔽者, 正是陸王之說, 而指心謂氣, 不知天命之主宰者, 豈非今日欲以奉質於曩哲與後賢者耶. 曩哲之訓, 消詳如右, 而旣不取考而自正焉, 則後雖有賢者, 是正之, 豈肯舍己而從之乎. 天上天下, 惟我獨尊, 我果是心自我也. 釋氏旣以理爲障, 則其所謂我者, 只是儱侗恍惚之間, 見其影子, 而未見其裏面道理者耳. 朱子曰, 釋氏雖自言惟明一心, 實不識心體, 而心外有法, 不足以立天下之大本. 若聖門所謂心, 則天敍天秩天命天討, 惻隱羞惡辭讓是非, 無不該備, 而無心外之法. 又曰儒釋之異, 正爲吾以心與理爲一, 彼以心與理爲二. 然則所謂惟我獨尊者與理爲二, 而非聖門所謂心也. 今不以聖門所謂心者爲心, 而反譏心理爲一之說歸之天竺之見, 似此議論眞七聖皆迷之地. 且朱子論性情之德中和之妙, 而必以心爲主.(答張敬夫書) 又言心包性情, 心是字母, 故性情皆從心. 又言天命之謂性, 要須天命箇心, 方是性, 而今離性而言心，尊性而卑心，旣以釋氏之所謂心者謂心，則卑之宜矣．而其亦矛盾於朱子之旨矣．嘗因宜春田生，得見其所謂白山雜著而觀之，以神字專做氣字看，此其以氣言心之根由也．蓋以氣言神處，固亦多矣．若易大傳陰陽不測之謂神與神妙萬物，此等神字通謂之氣，則無怪其以一氣字冒天下之道，而以當一身之主萬事之綱也．其書印布四方，是必自以爲俟百不惑．然質諸往哲，則實有不然者，請略言之．周子所謂動而無動，靜而無靜，神也，神妙萬物．程子所謂妙用謂之神．張子所謂一故神，兩在故不測，皆主理而言，而朱子之言又加詳焉．曰理則神而不測，(解周子之言，曰此言形而上之理也，理則神而不測．又曰陰陽不測之神，如晝動，神不與之俱動，夜靜，神不與之俱靜，神又自是神，神却變得晝夜，晝夜却不變得神，神妙萬物.) 曰神自是超然於形氣之，(表神之爲物，自是超然於形氣之表，貫動靜，而言其體常如是矣.) 曰神者卽理也，(善應而不測，實理之用，神者卽理也.) 曰妙用言其理，(解程子之言，曰妙用言其理，妙用是無迹底.) 曰妙用包得許多道理．(解張子之言，曰不測便是妙用，包得許多道理，橫渠說得極好.) 此論天道陰陽之神，而至若人性五行之神，則又不啻明白．程子曰，上天之載，無聲無臭．其命在人謂之性，其用無窮謂之神，一而已矣．朱子曰，氣之精英者爲神，金木水火土，非神，所以爲金木水火土者爲神．在人則仁義禮智信，是也．又曰五行之神，理之發用而乘氣出入者也．前哲之以神爲理，昭如日星．以若高明俊傑，豈不講貫．豈不入思議．然且不信，獨見之高，可謂超出千古矣，豈淺腹之所能測哉．靈之與眞，固亦有辨．朱子曰，氣中自有箇靈底物事．蓋形氣凝聚，便有精神魂魄爲此心之運用，卽所謂靈底物事．大抵靈是氣分事，然本非有形質確定底字，亦可以狀理之妙，故周子圖說，始言無極之眞，至於人極，則言最靈．朱子以爲純粹至善之性也．通書又言，匪靈弗瑩．朱子又以爲此言理也．非人心太極之至靈，孰能明之. 又有問虛靈不昧是氣. 曰不是氣. 是則言理處亦使靈字, 靈亦不可硬做氣邊看, 況神乎. 蓋是理也, 以實體而言則曰誠, 以妙用而言則曰神, 故周子曰, 寂然不動者, 誠也, 感而遂通者, 神也. 誠爲神之體, 神爲誠之用. 一陰一陽而繼之者, 神之爲也. 一動一靜而幾焉者, 神之爲也. 一闔一闢而變焉者, 神之爲也. 理而無神, 不成爲理, 惟神也, 故物來而應也, 不疾而速, 不行而至, 此心之所以有神明之名, 不離乎氣, 而不雜乎氣者也. 本理發見, 而氣爲之運用, 乘氣流行, 而理爲之宰制, 此神明之德, 所以爲一身之主, 而萬事之綱也. 乃若虛靈則神明之情狀也, 從氣而言, 則精爽之會也, 從理而言, 則妙用之著也. 是以心也神也靈也, 有從氣而言者, 有從理而言者, 當各隨所指之如何耳. 故尤翁之言, 曰心有以理言者, 有以氣言者. 此論心之活例也, 眞詮也. 然理上而氣下, 理通而氣局, 理主而氣役, 其分又不可有毫忽紊者矣. 今專以氣機名心, 奉以爲天君, 而使百體從令, 殆而殆而.

전우: 정자가 '천지 만물의 이치는 홀로일 수 없고 반드시 짝을 갖는다'고 했는데, 어떤 사람이 주자에게 '태극은 어떤 것을 짝으로 갖습니까' 라고 묻자 주자는 "태극은 음양과 서로 짝이 된다"고 대답했다.[182] 「외필」

182 정자가…대답했다: "(정자는) '천지 만물의 이치는 홀로일 수 없고 반드시 짝을 갖는다'고 했습니다. 말했다. '또한 한 범 음이 되고 한 번 양이 되는 경우에는 짝이 있지만 태극에는 어떤 것이 짝이 되는가?' 말했다. '태극은 무극과 짝이 됩니다.' (주자가) 말했다. '이것은 단지 한 구절일 뿐이다. 예를 들어 금목수화토 같은 경우 토는 짝이 없는 듯 하지만 그렇지만 모두 짝을 갖고 있다. 태극은 바로 음양과 서로 짝이 된다…[天地萬物之理 無獨必有對 問…且如一陰一陽 便有對 至於太極 便對甚底 曰太極有無極對 曰 此只是一句 如金木水火土 即土亦似無對 然皆有對 太極便與陰陽相對]" 「정자지서 1」 『주자어류』(권95) vol.6, 2434쪽.

의 다섯 번째 문단에서 이런 뜻을 논하면서 말하기를 '기와 이치를 짝으로 제시하는 것은 성인의 말이 아니다. 지금 사람들은 이치를 보면 반드시 기를 찾아서 그 짝으로 만들려고 한다. 이 때문에 이치가 유행하며 만들어 내는 큰 일들이 모두 기에 의해 겸하여 계산된다. 그 나머지는 혼륜함과 고요함으로 이 한 쌍의 본령의 조짐을 이루게 될 뿐이니 슬프도다'고 했다.

내 생각으로 노사는 이치를 높이고자 이런 말을 한 것이다. 그러나 말하는 가운데 지나치게 능멸하고, 성현을 존중하는 일의 성격을 크게 해치는 점이 있으니, 이것이 어찌 기가 이치를 잃은 곳이겠는가? 하물며 주자가 언제 성인을 잘못이라고 했으며, 언제 하나의 본령이 아니라고 했는가? 그러나 음양을 태극과 짝짓는 것이 또한 이치가 유행하는 거대한 일을 빼앗아 '기'라는 글자와 함께 한 쌍의 본령을 만드는 조짐이어서 노사의 슬프다는 탄식을 들어야 하는 것이란 말인가?

程子曰, 天地萬物之理, 無獨必有對. 有問於朱子曰, 太極便對甚底. 曰太極便與陰陽相對. 猥筆第五段, 正論此義云, 把氣與理對擧, 此非聖人之言. 今人纔見理字, 必覓氣來作對偶, 於是理之流行一大事, 盡被氣字帶去作家計, 所餘者, 只混淪也, 沖漠也, 此雙本領之履霜也. 悲夫. 愚按蘆沙意欲尊理而有此云云. 然辭氣之間, 陵轢過越, 大損尊畏聖賢之體, 此豈非氣之失理處乎. 況朱子何嘗非聖人, 何嘗非一本領, 然而把陰陽太極做對. 此亦謂奪卻理之流行一大事, 以與氣字而爲雙本領之履霜, 而受蘆沙悲夫之歎者耶.

정재규: 횡간(橫看)하면 천지 만물의 이치는 홀로일 수가 없으니, 반드

시 짝이 있다. 수간(竪看)하면 천지 만물의 이치는 진실로 최상의 짝이 없는 것이다. 태극과 음양을 상대하는 것은 횡간해서 하는 말이다. 그러므로 주자는 여기에서 형상(形上)·형하(形下)로 설명하면서 '오히려 횡으로 상대시킨 것이다'고 말했으니[183], 도는 진실로 짝이 없다는 말이 유독 주자의 말이 아니란 말인가? 이것은 도의 본체[道體]가 혼연하게 갖추지 않은 것이 없고, 정미하고 분명하며 순수한 것으로 말한 것이니, 수간해서 해는 말이다. 또 횡간과 수간을 합쳐서 말한 곳이 하나 있는데, "천하 사물의 이치는 정당(停當)하고 균등하여 상대가 없는 것이 없으나 도(道)만은 상대가 없다"고 했다.[184] 그러므로 어떻게 상대가 있다는 학설만을 편파적으로 주장하느라 상대가 없는 이치를 버렸다고 하겠는가?

『외필』에서 처음에 '이치의 존귀함은 상대가 없다'고 한 것은 수설(竪說)이다. 그 아래에서 위와 아래, 도와 기로 정확하게 상대시킨 것은 또한 '횡으로 상대시킨 것'이다. '상대가 있다'거나, '상대가 없다'거나 모두 주자의 뜻이다. 지금 사람이 기를 이치와 상대시킨 한 곳만을 붙잡고서, 성인이 이치를 위주로 기를 거느린다는 뜻과 크게 어긋나는 점과 대치시켰기 때문에 '이것은 성인의 말이 아니다'고 하는 것이다. 이제 도리어 태극과 음양이 상대된다는 학설을 인용해서 '이 문단의 정론은 이런 뜻이다'고 여기고서 '주자가 언제 성인을 잘못이라 했으며, 언제 하나의 본

183 주자는…말했으니: 각주 30)의 대화 뒤에 다음 내용이 이어진다. "이것이 '형이상의 것을 도라 하고, 형이하의 것을 기라 한다'는 것이니, 이도 역시 짝지운 것이지만, 오히려 횡으로 짝을 지웠다.[此是形而上者謂之道 形而下者謂之器 便對過 卻是橫對了]" 「정자지서 1」『주자어류』(권95) vol.6, 2434쪽.

184 천하 사물의…없다: 「답호광중」, 『주자대전』 권42, 『주자전서』 vol.22, 1904쪽 참조.

령이 아니라고 하면서 억지로 죄목을 만들어 붓을 들고 길게 써내려가면서 사람들을 이끌 수 있는 이야기꺼리를 찾으려 골몰하니, 참으로 수고롭고 교묘한 짓이다. 홀로 지금이나 훗날 그 내막을 들여다 볼 사람을 두려워하지 않는단 말인가? '정론이 이런 뜻이다[正論此義]'는 네 글자는 바로 열고 닫는 수단이다. 가령 정론이 이런 뜻이라 하더라도 또한 큰 죄가 아닌 것이다.

정백자(程伯子: 程顥)는 '마음은 있다가 없고, 들기도 나기도 한다'고 했는데, 이것은 성인의 말이 아니다. '붙잡으면 보존되고, 놓으면 없어지며, 드나드는 때가 따로 없다'는 것이 공자의 말이요, 맹자가 책에 쓴 것이다. 그런데 정자가 이처럼 말한 것은 다만 이치에 근거해서 말한 것이니, 이는 마치 유자(有子)가 공자가 말하지 않은 뜻을 말한 것과 같다. 성현들을 구차하게 같고자 하지 않는 것이 이와 같으니, 또한 장차 이것을 정자의 죄라고 여겨 공맹이 어찌 일찍이 성인이 아니었으며, 어찌 일찍이 심을 몰랐겠는가라고 말할 수 있겠는가? 아! 정자가 지금 세상에 태어나지 않은 것이 다행스런 일이다.

橫看, 則天地萬物之理, 無獨必有對. 竪看, 則天地萬物之理, 亦固有無對最尊者, 太極與陰陽相對, 橫看說也, 故朱子於此, 以形上形下爲說, 而曰却是橫對了, 道固無對, 獨非朱子之言乎. 此以道體之渾然, 無所不具精明純粹者而言, 竪看說也. 又有合橫竪而一處言之者, 曰天下事物之理, 亭當均平, 無無對者, 惟道爲無對, 然則何嘗偏主有對之說, 而廢無對之理乎. 猥筆中始言理之尊無對, 竪說也, 其下文, 又以上下道器爲的對, 亦所謂橫對了也. 無對有對, 一是皆朱子之意也. 今人之把氣對理一處對峙, 大違聖人主理帥氣之意, 故曰此非聖人之言. 今却引太極陰陽相對之說, 謂此段正論此義, 而曰朱子何嘗非聖人, 何嘗非一本領, 勒做罪案, 奮筆張皇, 深深覓得禦人之話柄, 誠勞矣巧矣, 獨不畏今與後之窺其中者乎. 正論此義四字, 直闔闢手段也, 藉使正論此義, 亦非大罪. 程伯子曰, 心有存亡出入, 非聖人之言, 操存舍亡, 出入無時, 是孔子之言, 孟子筆之書者, 而程子云然者, 但據理而言, 如有子言非夫子之言之意也. 聖賢之不苟同也如此, 亦將以此爲程子之罪, 而謂孔孟何嘗不是聖人, 亦何嘗不識心者耶. 噫, 程子幸而不出於今之世也.

전우: (『외필』에서) "성인은 유행하여 드러나고 변화하고 밝아지는 것이 이 도가 한 것이 아님이 없다는 것을 분명하게 보았다"고 말했다. '이 도가 한 것[此道之爲]'이라는 네 글자는 아마도 마땅히 생각해 보아야 할 것 같다. 주자는 이미 『논어집주』에서 "도의 본체는 함이 없다"고 했고[185], 우옹(尤翁)이 다른 사람에게 답한 편지에서는 또 '이 이치가 본체는 정의와 조작이 없고 작용에는 정의와 조작이 있는 것이 아니다'고 했다.[186] 두 선생이 어찌 도의 유행하고 발현하는 것을 몰라서 이처럼 말했겠는가? 이것은 마땅히 다시금 생각해 보아야 할 것이다("이 도가 하는 것이 아님이 없다[莫非此道之爲]"는 구절에 몇 글자를 덧붙여서 "이 도가 뿌리와 지도리

---

185 도체는 함이 없다: 『논어』 「위령공」 편 제28장"공자(孔子)께서 말씀하셨다. "사람이 도(道)를 넓히는 것이요, 도(道)가 사람을 넓히는 것은 아니다""는 구절에 대한 주자의 집주에 "사람 밖에 도(道)가 없고, 도(道) 밖에 사람이 없다. 그러나 인심(人心)은 지각(知覺)이 있고 도체(道體)는 함이 없다[道體無爲]. 그러므로 사람은 그 도(道)를 크게 할 수 있고, 도(道)는 사람을 크게 할 수 없는 것이다"고 풀이하고 있다. 『논어집주』 「위령공」 28장 집주.

186 이 이치가…아니다: 「답김중고(병진)」, 『송자대전』 권104, 한국문집총간 vol.111, 468쪽 참조.

가 되지 않음이 없다[莫非此道爲之根柢樞紐]"고 한다면 아마도 더욱 상세하고 분명할 듯한데, 어떤지는 모르겠다.)

聖人的見流行發見, 變化昭著, 莫非此道之爲云云. 此道之爲四字, 恐合商量. 朱子於論語集註, 旣云道體無爲, 尤翁之答人書, 又云非此理其體則無情意造作, 而至於用則有情意造作也. 二先生豈不知道之流行發見, 而其言如此耶. 此宜再入思議看也.(莫非此道之爲, 若添數字云, 莫非此道爲之根柢樞紐, 則似更詳明, 未知如何.)

정재규: 주자는 "일음일양이 비록 형기에 속하지만, 한번 음(陰)하고 한번 양(陽)하게 하는 것은 도체(道体)가 하는 것이다(「답육자정」)"고 말했다.[187] 또 "하나의 사물 가운데 처음부터 끝까지 모두 진실한 이치가 하는 것이다"고 말했다.(『중용혹문』)[188] 주자의 이 설명도 또한 다시 생각해 보아야 하는 것이란 말인가? 정자는 "노자는 '함이 없음[無爲]'을 말했지만, 성인은 『역』을 지으면서 '함이 없음'을 말한 적이 없었다. 오직 '생각함이 없고 함도 없다[無思也無爲也]'라고 말했을 뿐이다. 이것은 작위함을 경계한 것이다"고 말했다.[189] '도의 본체가 함이 없다'는 말이 작위함이 없다는 말인가? '도의 본체가 하는 것'이라는 말도 어떻게 작위한다는 뜻이겠는가? 그렇게 하는 오묘함의 이유와 당연히 해야 하는 법칙 때문인 것이다. '함이 없다[無爲]'는 글자만을 꼭 지키면서 '한다[爲]'는 낱말을 사용하는 곳이면, 모두 다 조작에 귀결시킨다면 이것은 도의 본체가

187 일음일양이…것입니다: 「답육자정」, 『주자대전』 권36, 『주자전서』 vol.21, 1568쪽 참조.

188 하나의…것이다: 『중용혹문』, 『주자전서』 vol.6, 598쪽.

189 노자는…경계한 것이다: 『하남정씨유서』 권5, 『이정집』 vol.1, 76쪽 참조.

공(公)과 무(無)에 빠지는 것이니, 노자의 무위에 가깝지 않겠는가? 그러므로 '뿌리이자 지도리'라는 말도 결국은 오유선생(烏有先生)(처럼 무의미한 말)이 되고 말 것이다.[190]

이치란 지극히 없으면서도 지극히 있는 것이다. 인용한 우옹의 말을 살펴보면 또한 알 수 있다. 본체에 조작이 없다는 것은 '고요함에도 또한 고요하다[靜亦靜]'는 것이다.[191] 작용에도 조작이 없다는 것은 '움직임에도 또한 고요하다[動亦靜]'는 것이다.[192] 고요하면 본체가 서되, 고요함이란 (가만히 있는) 흙덩어리 같은 것이 아니니, '고요함 속에 어떤

---

190 오유선생(烏有先生): 가공의 인물로서 무의미하다는 뜻이다. 사마상여(司馬相如)의 「자허부(子虛賦)」가 자허(子虛)와 망시공(亡是公)과 오유선생(烏有先生)이라는 세 명의 가공의 인물들 간의 문답으로 되어 있는 데서 유래했다. 세 사람의 이름은 각각 '헛 것[子虛]', '이런 것이 없다[亡是公]'. '어디 있는가[烏有]'라는 뜻을 가진다.

191 고요하면…고요하다: '靜亦靜'과 아래에 나오는 '動亦靜'은 원래 '靜亦定'과 '動亦定'을 바꾼 것으로 『이정수언(二程粹言)』에 실린 장재와 정호의 대화에 나오는 원문을 변형한 표현이다. 『수언』에 의하면 장재가 정호에게 '본성을 안정시키려 해도 마음이 움직이지 않을 수 없어서, 오히려 외물에 영향을 받는데 어떻게 해야 합니까'라고 묻자 정호가 "안정[定]이란 움직임에도 안정되고[動亦靜] 고요함에도 안정된 것이니[靜亦定], 뒤따라가거나 맞이함이 없고, 안과 바깥의 구별도 없습니다"라고 대답했다고 한다. 정호의 대답과 달리 '정(定)'자가 '정(靜)'으로 바뀐 계기에 대해 이상정은 이학포(李學甫)에게 보내는 편지 속에서 "『정성서(定性書)』에서는 정(定)으로 썼는데 지금은 고요함과 경[靜敬]의 의미를 말하기 위해 정(靜)으로 고친다"고 설명하고 있다. 이로 미루어 보아 조선시대 성리학자들은 편의에 따라 '정(定)'자와 '정(靜)'자를 일상적으로 서로 바꿔 썼던 것으로 추정된다. 『이정수언』 권2, 『이정집』 vol.2, 1262~1263쪽·「답이학보(論敬靜合一)」, 『대산선생문집(大山先生文集)』 권21, 한국문집총간 vol.226, 426쪽 참조.

192 위의 각주 참조.

것이 있다[靜中有物]'는 말이 이것을 의미한다.[193] 움직여 작용이 운행하되, 움직임이란 (애벌레가) 꿈틀대는 것과 같은 것이 아니니, '하늘로써 움직인다[動以天]'는 말이 이것을 의미한다.[194] 주자는 여기에서 두 마디 말을 모두 써서 학설을 세우면서 '도의 본체는 함이 없다'고 하고, 또 '도의 본체가 하는 것'이라고 했다. 모르는 자는 반드시 마치 좌우에 칼을 찬 것 같다고 의심하겠지만, 아는 사람은 반드시 본체는 곧 함이 없지만 작용은 함이 있다고 여길 것이다. 그러나 우옹의 뜻은 그렇지 않아서, 없으면 본체와 작용이 모두 없고, 있으면 본체와 작용에 모두 있다고 여겼으니 한 번 뒤집어서 본 것이라 할 수 있다. 이것이 바로 진정한 주자의 뜻이다. 이렇게 해서 체용일원(體用一原)과 현미무간(顯微無間)의 실상을 보았으니, 본성은 본체이고 기는 작용이며, 본체는 같고 작용은 다르다는 견해와는 같지 않은 것이다.

朱子曰, 一陰一陽, 雖屬形氣, 然其所以一陰一陽者, 是乃道體之所爲也.(答陸子靜) 又曰一物之中, 目始至終, 皆實理之所爲也. 又曰凡天下之事, 雖若人之所爲, 其所以爲之者, 莫非天地之所爲也.(中庸或問) 朱子此說, 亦

193 고요함…있다: 정이의 대화 가운데 나오는 말을 축약한 것이다. "어떤 사람이 물었다. '선생은 희·노·애·락이 발현되기 이전에 대해 움직임[動]이라고 하시겠습니까? 고요함[靜]이라고 하시겠습니까?' 대답했다. '고요함이라고 해야 옳다. 그러나 고요한 가운데 반드시 어떤 것이 있어야 한다[靜中須有物始得]. 이것이 가장 어려운 곳이다. 배우는 사람은 이에 앞서 경을 이해하는 것이 제일 좋다. 경할 수 있으면 이것을 알 것이다.[或曰 先生於喜怒哀樂未發之前 下動字下靜字 曰謂之靜則可 然靜中須有物始得 這裏便是難處 學者莫若且先理會得敬 能敬則自知此矣]" 『하남정씨유서』 권18, 『이정집』 vol.1, 201~202쪽.

194 하늘로써 움직인다: "천둥[震]은 움직임이다. 하늘로써 움직이면 망령됨이 없지만, 인욕으로 움직이면 망령된다[震 動也 動以天為无妄 動以人欲則妄矣]" '무망'괘, 『이천역전』 권2, 『이정집』 vol.2. 822쪽.

宜再入思議看者耶. 程子曰, 老子言無爲, 聖人作易, 未嘗言無爲. 惟曰無思也, 無爲也, 此戒夫作爲也. 所謂道體無爲, 是無作爲之謂也. 其曰道體之所爲者, 亦豈作爲之爲乎. 以其所以爲之妙與夫所當爲之則也. 膠守無爲字, 凡說著爲字處, 一切歸之於造作, 則是道體淪於空無也, 不幾於老子之無爲乎. 然則所謂根柢樞紐者, 畢竟爲烏有先生矣. 蓋理也者, 至無而至有者也. 觀於所引尤翁之言, 亦可見矣. 體無造作者, 所謂靜亦靜. 用無造作者, 所謂動亦靜. 靜而體立, 靜非塊然, 所謂靜中有物. 動而用行, 動非蠢然, 所謂動以天. 朱子於此兩下立說, 曰道體無爲, 又曰道體之所爲. 不知者, 必疑其有似乎左右佩劍, 其知之者, 必謂體則無爲, 用則有爲. 而乃若尤翁之意, 則不然, 以爲無則體用皆無, 有則體用皆有, 可以一翻看矣. 斯乃爲眞知朱子之意也. 于以見體用顯微一原無間之實, 非若性體氣用體同用異之見也.

정재규: 내가 이미 「납량사의기의변」을 쓰고서, 또 「외필변」을 구해서 보았더니, 「외필」에서 논한 '지금 사람의 폐단'을 모두 율옹에게 귀착시켰고, 혹은 주자에게도 귀착시켰다. 남의 잘못을 들춰내며 꾸짖고 물리치느라 온 마음을 허비하는 것이 「기의」와 비교해서 몇 배에만 그치는 것이 아니었다. 더불어 말하기가 어려운 지경이었다. 그러나 그는 스스로 죄의 증거[眞贓]를 얻어서 사방에 전파한다고 여길 것이다. 뒤에 태어나는 후학들이 이전 철인들이 명리(名理)에 대한 의논을 두루 포괄하지 못하고, 문사(文辭)에 현혹되어 명성에 굴복한다면 지각이 좀먹지 않을 자 드물 것이다. 밝은 하늘이 다시 돌아오지 못할까 하는 근심이 없을 수 없을 것이다. 이에 비루함을 떨쳐버리고 위와 같이 조목별로 변석

을 해서 동지들에게 고하는 것이다. 옛 풀이를 인용한 것이 번거롭고 간결하지 못해서 비록 지루하기는 하지만 형세상 어쩔 수 없었으니 보는 사람들이 자세히 살피기 바란다.

계묘년 여름에 쓰다.

余旣爲記疑辨, 又得其所謂猥筆辨者而看之. 猥筆中, 所論今人之弊者, 一切歸之於栗翁, 又或歸之於朱子. 吹洗譏斥, 費盡心機, 比記疑不啻幾層矣. 蓋難與言也. 然彼自以爲捉得眞贓而傳播四出, 後生少輩, 於往哲名理之論, 或包羅不周, 而眩於文辭, 屈於聲名, 則知覺之不見蝕者鮮矣, 皓天不復之憂, 不容無也. 乃忘陋條辨如右, 以告同志, 其援引古訓繁而不殺, 雖涉支離, 蓋其勢不得不爾. 覽者詳之. 癸卯仲夏謾筆.

『일신재집(日新齋集)』

전우가 쓴 「납량사의기의」를 변론함
辨田愚所著蘆沙先生納凉私議記疑[195]

◉ 『납량사의』에서는 다음과 같이 말했다.

"나뉨[分]이란 이일(理一) 가운데 세조리(細條理)이다. 리의 나뉨은 층절을 용납하지 않는다. 나뉨이 이일에 상대되는 것이 아니라, 분수(分殊)라는 두 글자가 일(一)에 상대된다."

◎ 『기의』에서는 다음과 같이 말했다.

"이 말은 언뜻 보면 맞는 말 같다. 그러나 노사가 기경도(奇景道)에게 답한 편지를 보면, 다음과 같이 말하고 있다. '하늘에는 본래 이러한 나뉨(分)이 없는데, 사람과 사물은 어떻게 해서 이러한 편전(偏全)이 있게

---

195 「납량사의기의」는 노사의 「납량사의」에 대한 비판을 담은 전우의 「납량사의기의목(納凉私議記疑目)」을 가리킨다. 이 글은 정의림이 전우의 글에 대한 반론으로 쓴 것으로 『일신재집(日新齋集)』 권11에 실려 있다. 「납량사의」 및 「납량사의의목」의 내용을 먼저 인용하고, 그 다음에 자신의 비판적 견해를 기록하고 있다. 인용된 「납량사의」의 내용은 『노사집』(권16), 한국문집총간 vol.310, 360~369쪽 참조. 「납량사의의목」는 『간재사고』 권29, 「잡저」, 12전면~18후면 참조.

되었는가.'[196] 여기서 말하는 '나뉨(分)'이란 세세한 조리로서, 장차 앞으로 사람과 사물이 가지게 되는 편본연(偏本然) 전본연(全本然)의 근원이다. 내가 생각하기에는, 치우침(偏)과 나뉨(分)은 원래 하나로 꿰어진 것(一串)이 아니다. 나뉨(分)이란 몸의 귀·눈·손·발과 같고, 치우침(偏)이란 귀 하나로만 듣고 몸의 절반이나 치우치게 이루는 것과 같은 것이다. 나뉨이란 하나 가운데 본래부터 있는 리이며, 치우침이란 온전한 본성에 대한 기에서의 대칭(對稱)이니, 이 둘을 하나로 간주하여 설명해서는 안 될 듯하다."

◎ (정의림의) 변별

리에 나뉨(分)이 있기 때문에 사물에 편전(偏全)이 있게 된다. 만약 리에 나뉨(分)이 없다면 어떻게 사물에 편전(偏全)이 있겠는가. 이제 '나뉨이란 몸의 귀·눈·손·발과 같은 것이며, 하나 가운데 본래 있는 것(一中本有)'이라 말하는데, 이것으로 설명해 보자. 귀·눈·손·발을 합하고 온갖 것을 다 갖추고 있는 것은 몸의 통체(統體)이고, 사람과 짐승·초목, 온갖 사물의 모든 형상을 합친 것은 천지의 통체이다. 몸의 통체의 리는 태어나기 전부터 본래 있는 것임을 알면서, 천지 통체의 리는 형상을 갖추기 전부터 본래 있는 것임을 알지 못하겠는가? 사람의 귀·눈·손·발은 본래부터 있는 것(本有)임을 안다면, 동물의 날개·털·뿔과 발굽, 초목의 가지와 잎·꽃과 열매 역시 본유(本有)가 아니라고 말할 수 없다. 그러므

196 하늘에는…되었는가: 「답경도」, 『노사선생문집』 권15(한국문집총간 vol.310), 356쪽. "雖然逆推 旣有此名 則豈可曰在天 原無此分 原無此分 則人與物何處得來 而有此偏全"

로 사람과 사물(人物)에 치우침과 온전함(偏全)이 있는 것은 천명의 본연(本然)이 아니겠는가. 만약 나뉨(分)과 편전(偏全)이 하나로 꿰어져 있는 것(一串)이 아니라면, 주자가 왜 "하늘이 덮어주고 땅이 실어주어 생성함에 있어서의 치우침"[197]이라 하고, 또 왜 "사람과 사물이 생겨날 때, 그 형체를 치우치거나 혹은 올곧게 부여하니, 참으로 마땅히 같지 않다"[198]고 했겠는가. 한 개인의 치우침과 같은 경우는 기(氣)가 그 평정을 잃어 아직 완성되지 못한 경우이다. 어떻게 이런 사례를 인용하여 설명하려 하는가.

◉ 『납량사의』에서는 다음과 같이 말했다.

"주자는 '태극이란 상수(象數)가 아직 드러나지 않았으나 그 이치가 이미 갖추어진 것을 말하고, 형기(形器)가 이미 갖추어졌으나 그 이치에 조짐이 없음을 가리킨다'고 했다.[199] 상수가 드러나지 않은 것이란 아직 분화되지 않은 하나이고, 그 이치가 이미 갖추어진 것은 이미 포함한 나뉨이 아니겠는가? 형기(形器)가 이미 갖추어진 것은 정해진 나뉨이고, 조짐이 없는 이치는 스스로 존재하는 하나가 아니겠는가?"

◎ 『기의』에서는 다음과 같이 말했다.

---

197 하늘이…치우침: 『중용장구』, 『주자전서』 vol.6, 38쪽. "愚謂人所憾於天地 如覆載生成之偏 及寒暑災祥之不得其正者"

198 사람과…않다: 「성리 1」, 『주자어류』(권4), vol.1, 56쪽. "人物之性 其賦形偏正 固自合下不同"

199 태극이란…가리킨다: 『역학계몽』 권2, 『주자전서』 vol.1, 218쪽. "太極者 象數未形而其理已具之稱 形氣已具而其理无眹之目"

"모르겠으나 노사는 리가 이미 갖추어져서 사람과 사물이 품부받은 편전(偏全)의 근원이 된다는 것인가? 이 구절이 가리키는 뜻을 가만히 생각해보니, 아마도 부모와 자식, 군주와 신하가 아직 있기 전에 이미 자효(慈孝) 예충(禮忠)의 리는 갖추어져 있고, 사물이 자세하게 만들어지기 전에 이미 자세한 사물의 리는 갖추어져 있다는 것인 듯하다. 성인이 태어나기 이전에 이미 하나의 리 가운데 다양하게 분화된 온전한 리(全理)가 있고, 현인과 보통 사람이 태어나기 이전에 이미 거의 분화되어 아직 온전하지 못한 리가 있고, 아주 어리석은 사람과 매우 악한 사람이 있기 이전에 이미 고착화되고 어그러진 리가 있고, 동물이나 말라비틀어진 나무가 생겨나기 이전에 이미 치우치고 꽉 막힌 리가 있으니, 각기 만물이 얻게 되는 근원이다. 그러므로 노사가 말한 하늘의 근원(天源)에는 이러한 나뉨이 없으니 사람과 사물이 어디로부터 이러한 치우침과 온전함을 가지게 되는가라고 말하는 것과 매우 다르니, 의심스럽지 않은가."

◎ 변별

천지에 가득한 것들에는 큰 것도 있고 작은 것도 있지만, 어느 하나도 상수(象數)와 형기(形器) 아닌 것이 없다. 그러므로 사람이 생겨나기 이전에 사람의 리는 이미 갖추어져 있었고, 사물이 생겨나기 이전에 사물의 리는 이미 갖추어져 있었다는 것에 관해서는 어찌 많은 논변이 필요하겠는가. 그는 이러한 뜻에 관해 반드시 알고 있었을 것이다. 그래서 기질(氣質)과 분수(分數), 아주 어리석은 사람, 매우 악한 사람과 같은 말을 인용하여 그 학설을 현혹시킴으로써 한 때 시기심에서 남에게 이기기 좋아하던 사사로움을 달성하고자 한다. 아, 마음 씀씀이가 이와 같음이여! 그러나 이와 같은 이치의 득실은 오히려 사소한 일이다.

하늘은 덮어주는데 치우치고 땅은 실어주는데 치우치며, 해는 낮에 치우치고 달은 밤에 치우치며, 눈은 보는데 치우치고 귀는 듣는데 치우치며, 손은 잡는데 치우치고 발은 걷는데 치우친다. 밝은 것으로 주천(周天)[200]을 보면 주천이 온전함(全)이 되고, 졸졸 흐르는 것으로 강과 바다를 보면 강과 바다가 온전함이 되며, 잎사귀 하나로 한그루의 나무를 보면 한그루의 나무가 온전함이 되고, (몸의) 한 부분으로 한 몸을 보면 한 몸이 온전함이 되니, 천하의 어떤 사물이 편전(偏全)을 벗어난 것이 있겠는가. 이것이 본연이 아니라고 한다면, 천하에는 다시 본연이 없어진지 오래일 것이다.

동물이나 초목을 리가 본래부터 주어진 것(本有)이 아니라고 하면, 어떻게 사람만 리가 본유한 것이라 할 수 있겠는가. 사람이 본유하지 않았다면, 어떻게 자효(慈孝) 예충(禮忠)의 리가 본유하며, 어디에 구비되어 있다고 하겠는가. 급하게 반박하느라 자세히 살필 겨를이 없어서 이렇게 (잘못)된 것이 아니겠는가?

◉ 『남량사의』에서는 다음과 같이 말했다.

"본성이 같다는 것에 대해 내가 그렇지 않다고 말하는 것은 아니다. 그렇지만 치우침·온전함의 본성이 본연이 아니라고 한다면 이것은 나뉨 밖에 이치를 두는 것이다. 결국 같음을 위주로 하여 다름을 폐한다면 본성이란 본체만 있고 쓰임이 없는 물건이 될 것이다."

---

200 해·달·별 등이 그 궤도를 일주(一周)하는 일, 또는 하늘의 주위.

◎ 『기의』에서는 다음과 같이 말했다.

“만약 성에서 나오는 충효와 인양(仁讓)을 지목하면, 낙론의 학자들은 ‘이것은 분(分)의 다름(殊)이지 본연의 성이 아니다’고 할 것이니, 분(分) 밖에 리가 있게 되어 성은 쓸모없는 것이 된다. 그러나 모든 사물의 본성은 그 본체가 본래 온전(全)하여 배워서 아는 사람으로부터 지각을 가진 동물이나 지각조차도 없는 말라비틀어진 나무에 이르기까지 각기 품부 받은 기에 따라 자신의 하나의 본성을 삼는다. (건물의) 한 칸 못 미치는 것으로부터 물 한 방울에 이르기까지, 서로 가까운 것으로부터 완전히 다른 것에 이르기까지, 하늘이 내린 성인으로부터 어리석기 그지없는 사람에 이르기까지, 그 품격이 수 만 가지로 달라 한결 같지 않은데, 어떻게 모두 본연의 성이라고 이를 수 있겠는가.”

◎ 변별

기의 맑음과 흐림, 순수함과 잡다함(淸濁粹駁)이 참으로 우연에 의해 그러한 것이지만, 만물이 생겨날 때의 편전(偏全)으로 나뉨 역시 우연히 그렇게 된 것일까. 만약 우연히 그러하다면, 콩이 오이가 되고, 오이가 콩이 되기도 하며, 말에 뿔이 나기도 하고 소에 갈기가 달리기도 하며, ‘상제가 주재하다’, ‘건도(乾道)가 각기 바르게 한다’는 것이 과연 무슨 일이며, 편전의 분수를 지키고자 한다는 말에서, 상제가 그 주재를 상실하거나 건도가 그 직책을 잃어버리는 것이 가능하겠는가 불가능하겠는가.

만물의 성이 그 본체는 본래 온전(全)한지만 그것이 발현하면서 각기 개체의 성이 된다 하니, 이것이 과연 말이 되는가. 그렇다면 개의 성, 소의 성과 사람의 성이 그 온전한(全)이 같고, 풀의 성, 나무의 성과 하늘의 성이 그 큼(大)이 같지만, 발현한 뒤에 비로소 하늘이 되고, 사람이 되고, 개와 소가 되고, 초목이 되는가? 그렇다고 말하는 것은 사람으로 하여금 대꾸조차 하지 못하게 만들어 버린다.

◉『납량사의』에 다음과 같이 말했다.

"천하의 본성은 온전하지 않으면 치우치니, 참으로 온전하지도 않고 치우치지도 않은 본성이란 있지 않다. 치우침·온전함이 모두 본연이 아니라면 세상에는 자기의 본연지성을 본성으로 삼을 수 있는 사물이 하나도 없을 것이며, 본연지성이 영원히 허공의 빈곳에 매달릴 것이니 장차 저러한 본성을 어디에 쓰겠는가? 바르게 통함을 귀하게 여기는 것은 그것이 본연의 바름을 얻었기 때문이다. 만약 치우쳐 막힌 것과 같이 하여 본연이 아니게 만들어 버린다면 바르게 통한 것과 같이 귀할 수 있겠는가. 대개 나뉨이 없는 것을 하나로 삼는 것은 그 폐단이 반드시 여기에 이르게 되어, 각각의 바른 본성을 분수에 떨어트리고 형기를 접한 것으로 여김으로써 하나의 근원이라고 할 수 없다. 이것은 갑(甲)쪽의 논의와 차이가 없을 것이다.[201]

◎『기의』에서는 다음과 같이 말했다.

"'기질이 같지 않다는 것은 천명의 성에 온전함과 치우침(偏全)이 있다는 것 아닙니까'라고 물으니, 주자는 '편전(偏全)이 있는 게 아니다'라고 대답했는데,[202] 이것이 낙론의 학자들이 근본으로 삼고 있는 것이다.

---

201 갑쪽의 논의: 호락논쟁에서 인물성의 상이(相異)를 주장하는 호론을 가리킨다.

202 「성리 1」,『주자어류』(권4), vol.1, 58쪽. "問氣質有昏濁不同 則天命之性有偏全否

이제 만약 그것을 '천하의 성(性)에는 이미 치우침도 없고, 또 온전함이 없다면 허위(虛位)에 불과하다'고 말하니, 어찌 사람의 말을 다했다고 할 수 있겠는가'라고 비판하니, 이는 여러 말을 할 것도 없이 분명하다. 올바르고 통함(正通)을 귀하게 여기는 것은 본연의 온전함을 얻었기 때문이다. 그러므로 치우치고 막힘(偏塞)이란 얻은 것이 단지 본연의 치우침(本然偏)일 뿐이다. 천명의 성에 치우침과 온전함(偏全)이 있지 않다는 것과 서로 어긋나는 것이 아닌가? 만약 그것을 고쳐 '올바르고 통함을 귀하게 여기는 것은 그것이 본연의 성을 온전하게 할 수 있기 때문이다'고 한다면, 논의할 것도 없을 듯하다."

◎ 변별

주자는 "편전(偏全)이 있는 게 아니다"라고 했고, 또 "사람과 사물이 생겨날 때 형체를 부여받으면서 원래부터 편정(偏正)이 다르지만, 모름지기 리에 편전이 있는 것이 아님을 알아야 한다",[203] 또 "리에 편전이 없음을 알아야 비로소 리를 안다 할 수 있다"고 했다. 천명의 성이 나에게 부여한 것은 사람이나 사물, 귀하거나 천함의 차이가 없으니, 이는 편전이 없음을 이르는 것이다. 만물이라는 개체로 분화된 가운데, 이미 엄격하게 일원(一原)의 중(中)을 갖추고 있으니, 이는 편전이 있음을 이른다. 편전이 있다는 말만 알아가지고 사람과 사물이 각기 올곧은 성이 없다고 하고, 근본적으로 같지 않다는 것만 알아가지고 사람과 사물에 일본(一本)의 성이 없다고 하는 것은 모두 하나만 붙잡고 백 가지를 놓

曰非有偏全"

203 「성리 1」, 『주자어류』(권4), vol.1, 56쪽.

치는 것이며, 이것을 얻으려고 저것을 잃는 것이다. 주자가 말한 본래의 의미도 다 이해하지 못하면서 도리어 다른 사람이 하는 말의 의미를 다 이해하지 못한다고 비난할 수 있겠는가. 주자는 "막 태어날 때에 각기 올바름(正)을 얻는다"고 했다. 그러므로 바르게 통함(正通)이란 본연의 온전(全)을 얻은 것이고, 편색(偏塞)이란 본연의 치우침(偏)을 얻은 것이다. 또 무엇을 의심하겠는가.

◉ 『납량사의』에 다음과 같이 말했다.

"치우침·온전함은 선(善)한 부분을 가리켜 말한 것이다. 선한 부분이란 구멍에 크고 작은 차이가 있을지라도 달빛이 그대로인 것과 같고, 대야에 네모지고 둥근 차이가 있을지라도 물의 본성에는 결함이 없는 것과 같다. 어찌 본연이 아니겠는가?"

◎ 『기의』에서는 다음과 같이 말했다.

"이 말을 믿으면, 벌이나 호랑이의 인의(仁義)와 요임금과 순임금·주공과 공자의 인의가 과연 조금도 다름이 없게 된다. 그렇다면 무엇 때문에 주자가 인의예지의 순수함은 사람과 사물이 다르다고 말했겠는가."[204]

---

204 주자가 『맹자』의 '생지위성'장 주석에서 말한 '리(理)로서 말하면 인의예지의 수연한 것을 어찌 물이 온전히 얻었다 할 수 있겠는가'(以理言之, 則仁義禮智之粹然者, 豈物之所得以全哉)라 한 구절을 말한다. 이 구절은 사람과 사물의 오상을 구별한 곳으로, 인물성이론의 근거가 되는 중요한 구절이다.

◎ 변별

전우는 편전은 본연이 아니라고 한다. 그리고 말하기를 "만물의 성은 본전(本全)을 체(體)로 하고 편전(偏全)을 외(外)로 한다. 본래 온전하다(本全)고 하면, 벌이나 호랑이의 성과 요임금이나 순임금의 성이 과연 조금도 차이가 없다는 말인가" 하니, 창을 거꾸로 들고 자기를 공격하는 꼴이라 할만하다. 인물분수(人物分殊)라고 하면 본전(本全)을 체로 하여 그를 논박하고, 인물의 성이 같다고 하면 벌이나 호랑이는 과연 그러하다고 하면서 그를 비난하니, 정론도 없이 다른 사람이 처한 상황에 따라 공격하는 것이라 할만하다.

◉ 『납량사의』에 다음과 같이 말했다.

"기질은 선악을 겸하고 있다. 선악을 겸한다는 것은 흙탕물에 탁하고 맑은 농도가 여러 층인 것과 같고, 창문 사이로 들어오는 달빛에 명암의 정도가 여러 층인 것과 같으니, 치우침·온전함을 기질로 삼는다면 어찌 치우침·온전함에 빠진 것이 아니겠는가?"

◎ 『기의』에서는 다음과 같이 말했다.

"요임금·순임금·공자의 온전함은 당연히 본연이지만, 백이와 유하혜가 청화(淸和)에 치우치고, 안연과 민자건은 대체(大體)를 불충분하게 갖추고, 미자·자유·자하는 겨우 한 부분만을 가졌으니, 어찌 기질에서 나온 것이 아니겠는가.(이러한 부류는 선악을 겸했다고 말할 수 없다.) 사람도 오히려 이러한데, 하물며 하찮은 사물들은 어떻겠는가. 이제 편전(偏全)을 기질로 여기지 않으려 하니, 끝끝내 의심스럽다."

◎ 변별

백이·유하혜·자유·자하(夷惠游夏)의 치우침(偏)은 기질 가운데 선한 부분이고, 걸왕·주왕·유왕·려왕(桀紂幽厲)의 난폭함은 기질 가운데 악한 부분이 아니란 말인가. 선한 측면을 말할 때 조금 미진한 부분이 있다 하더라도, 미선(未善)이 아니라고 해서는 안 된다. 그런데 지금 특별히 선한 측면만을 들어 그것이 선악을 겸하고 있지 않다고 하면 되겠는가. 편전(偏全)에 관해 이러저러하게 말하는 것은 다시 변론할 필요조차 없다.

◉ 『납량사의』에 다음과 같이 말했다.

"군자는 "기질지성을 본성으로 여기지 않지만,[205] 사람과 사물이 갖는 치우침·온전함의 본성에 대해서도 군자는 본성으로 여기지 않을까?"

◎ 『기의』에서는 다음과 같이 말했다.

"군자는 기질지성을 본성으로 삼지 않는다는 것은 횡거선생의 말에 근본한 것이다. 선생은 또 일찍이 말하기를, 무릇 만물이 이 성을 가지지만 통하는가 막히는가에 의해 사람과 사물의 구별이 있게 되고, 두터운가 얇은가에 의해 지우(智愚)의 차이가 있게 된다. 이제 윗 구절은 치우치고 막힌 것으로 본연의 성에 속하고, 아랫 구절은 기질로서 성으로

205 장재, 『정몽』 성명편. 형체를 가진 이후에 기질지성이 있게 된다. 그러므로 기질지성을 잘 살펴보면, 천지지성을 담고 있다. 그래서 군자는 기질지성을 본성으로 삼지 않는다. (形而後有氣質之性, 善反之則天地之性存焉. 故氣質之性, 君子有弗性者焉.)

삼지 않는 영역에 떨어진다. 문리(文理)와 사리(事理)가 모두 어려운 듯하다. 기질이 다르면 천명의 성도 편전(偏全)이 있는 것 아니냐는 질문에, 주자는 '편전이 있는 게 아니다'고 했으니, 편전의 성이 어찌 주자가 성으로 삼지 않는 것이겠는가. 이에 의거하면, 남당과 노사의 두 학설은 다시 자세히 살펴봐야 할 것 같다. 아마도 영원한 진리라고 승인하기는 어려울 듯하다."

◎ 변별

횡거선생의 이 학설의 주된 의미는 사람과 사물의 현명함과 어리석음(賢愚), 통함과 막힘(通蔽), 열림과 막힘(開塞), 두터움과 얇음(厚薄), 쉬움과 어려움(難易)의 분수를 차례로 설명하는 데 있다. 그 글과 말의 맥락이 본연과 기질에 미칠 겨를이 없는데, 오늘날 이 편전(偏全)은 분수(分)이 아니라는 설이 있다는 것을 어떻게 알고서 그것을 미리 준비하였겠는가. 기질에서 생겨나는 편전은 진실로 본성으로 삼지 않지만, 리분(理分)에서 생겨나는 편전도 성으로 삼지 않아야 하는가? 편언(偏言)의 인(仁)과 전언(專言)의 인(仁) 역시 주자가 성으로 삼지 않았는가? 덮어주고 실어주어 만물을 생성할 때의 치우침에 대해서도 천지(天地) 역시 성으로 삼지 않는가? 만세토록 바뀌지 않는 이론이라도 모든 사람이 다 아는 것은 아닐 것이다.

주자는 "사람과 사물이 생겨날 때 부여받은 형체의 편정(偏正)이 원래 같지 않지만, 같지 않은 가운데에 또 각자 청탁수박(淸濁粹駁)의 같지 않음이 있다"[206]고 했다. 앞 단락의 같지 않음은 본연의 나뉨(本然之分)이고, 뒷 단락의 같지 않음은 기질의 차이이다. 『중용장구』에서, 먼저 사람과 사물이 각자 획득한 분수(分)를 말하고, 그 다음에 기품(氣稟)이 간혹 다르다고 말했다. 횡거의 이 말 역시 이러한 뜻이니, 어찌 아래 구절에서 말한 기질을 가지고 윗 구절 역시 기질로 보아야 한다고 속일 수 있겠는가.

◉ 『납량사의』에 다음과 같이 말했다.

"리(理)는 이미 만사의 본령이라 말했는데 기(氣)가 어떤 것이길래 이에 홀로 너는 하나이고 나는 다르다고 하여 이것에 배치시켜 말하는가? 근세 여러 선생이 리(理)와 분(分)을 분리해서 말하는 것은 니일아수론(你一我殊論)의 폐단이다. (그 폐단은) 기질이 이치의 명령을 듣지 않고 이치는 반대로 기질에게서 제약되니, 천명의 성이라고 하는 것이 모두 빈말이 된다."

◎ 『기의』는 다음과 같이 말한다.

"리일분수(理一分殊)가 참으로 리 가운데의 일이기는 하지만, 대부분의 선현들은 곧장 기이처(氣異處)에서 분수를 말했다. 이제 틈새가 햇빛을 비추는 것으로 비유하는데, 틈새의 크고 작음과 길고 짧음은 같지 않지만, 모두가 이 햇빛일 뿐이다. 이 햇빛일 뿐이란 리일(理一)이며, 틈새가 각기 다른 것이란 분수(分殊)이다. 이는 앞의 것과 같은 뜻으로 함께 병행해도 서로 장애가 되지 않는다. 천명의 성이 아주 완전하고 지극히 선하다 하더라도, 각기 다르게 부여된 형기가 없다면 그 본연의 리를 완성

---

206 「성리 1」, 『주자어류』(권4), vol.1, 56쪽.

할 수 없을 것이다. 성은 체이고 기는 용이라 할지라도, 리는 약하고 기는 강하기 때문에 가림(蔽)이 없을 수 없다. 만약 분수를 전적으로 리에 귀결시킨다면, 리가 과연 기를 호령하며, 기는 과연 리를 따라 순응할 것이니, 더 이상 다스려지지 않는 나라가 없고 더 이상을 악을 범하는 사람도 없어야 할 것이다. (그러나 현실을 볼 때) 이렇게 말하기는 어려울 것 같다."

◎ 변별

본원으로 말하면, 조리와 분수가 이미 찬란하게 갖추어져 있으니, 이는 도기(道器)가 뒤섞이지 않은 곳이며 태극권이 도출되는 까닭이다. 유행으로 말하면, 조리와 분수는 기와 함께 있음으로써 그 실체를 드러내니, 이곳은 도기가 분리되지 않은 곳이며, 음양오행권이 각기 구비되는 까닭이다. 많은 선현들이 기가 서로 다른 곳(氣異處)에서 분수를 말한 것이 이것이다. 예를 들어 틈새가 햇빛을 비추는 것으로 비유해보자. 틈에는 비록 길고 짧음과 크고 작음이 있지만, 그것을 비추는 광선은 태양에 이미 찬란하게 구비되어 있다. 빛이 형체를 만들고 흔적을 드러내어야, 그 틈새에 따라 빛의 실체를 볼 수 있는 것이다.

리가 기의 주인이라는 것은 어떻게 이 작용이 있으며 호령(號令)이 실행되는가를 이르는 것이다. 그러므로 그 리가 없으면 그 일(事)이 없고, 그 리가 있어야 그 일이 있게 된다. 작용의 리가 있어야 기가 작용할 수 있고, 호령의 리가 있기 때문에 사람이 호령할 수 있는 것이다. 만약 조리와 분수가 한결같이 기에 귀속된다면, 삼천삼백 모두가 본연이 아닐 것이다. 그렇게 되면 세상의 교육이 어떻게 되겠는가. 이미 '분(分)은 리중(理中)이다'고 해 놓고서, 이어서 분수를 전적으로 해의 틈새로 귀속시키며, 이미 '천명은 부족함이 없이 완전하다'고 해놓고. 이어서 분수를 리에 귀속시키지 않으면, 이른바 리 가운데의 일(理中事)이란 과연 무슨 일이며, 이른바 부족함이 없이 충분하다는 것은 과연 몇 퍼센트나 되는 것인가. 함께 병행하면서도 서로 장애가 되지 않는 것을 아직까지 본 적이 없다. 만약 '성은 본체이고 기는 작용이다'고 한다면, 성에는 본체가 있고 작용은 없는 것인가. 이와 같다면 정이의 이른바 '본체와 작용은 근원이 하나(體用一原)'[207]가 근원이 둘(二原)이 될 것이며, 이른바 '현상과 본체는 틈이 없음(顯微無間)'[208]이 틈이 있음(有間)이 될 것이며, 이른바

---

207 정이, 『역전서』. 지극히 은미한 것은 리이고 지극히 드러난 것은 상이다. 본체와 작용은 근원이 하나이며 현상과 본체는 틈이 없다.(至微者理也, 至著者象也. 體用一源, 顯微無間.)

208 체용일원 현미무간(體用一原 顯微無間): 정자의 「역전서문」의 말이다. 원래 「정전서」와 『근사록』에서는 모두 원(源)으로 썼다. 『이정문집』 권8, 「역전서(易傳序)」.

체용일원 현미무간(體用一原 顯微無間)에 대한 이해를 돕기 위해 몇 가지 글들을 인용한다.

① 『주자어류』(권67)에서는 다음과 같이 설명하고 있다. '體用一源', 體雖無迹, 中已有用. '顯微無間'者, 顯中便具微. 天地未有, 萬物已具, 此是體中有用. 天地旣立, 此理亦存, 此是顯中有微.

② 다음은 채무송 저, 『퇴계율곡철학의 비교연구』(성균관대학교출판부, 1985.)에서 '「체용일원 현미무간(體用一源 顯微無間)」의 문제' 부분(29~33쪽)을 요약 인용한다.

'체용일원(體用一源) 현미무간(顯微無間)'에 대한 이정의 해석이다. "沖漠無朕, 萬物森然已具, 未應不是先, 已應不是後. 如百尺之木, 自根本至枝葉, 皆是一貫. 不可道上面一段事無形無兆, 却待人旋安排, 引入來, 教入途轍, 却只是一個途轍."(二程全書 遺書 第15). 이천(伊川)의 뜻에 의하면 체용일원은 바로 '沖漠無朕, 萬物森然已具'의 실의(實義)를 말한 것이다. 한남당(韓南塘)은 이 말이 실리(實理)를

'아직 응하지 않은 것이 앞이 아니며 이미 응한 것은 뒤가 아니다'[209]는 것이 앞뒤(先後)가 있게 될 것이다. 근래 주기설(主氣說)의 잘못은 여기에 근원한다.

말한 것이라 하였다. (『주자언론동이고』 권5 29쪽)

주자는 이에 대하여 여러 언론이 있었다. 1. 自理而言, 則卽體而用在其中, 所謂一源也. 自象而言, 則卽顯而微不能外, 所謂無間也. 2. 自理而觀, 則理爲體, 象爲用, 而理中有象, 是一源也. 自象而觀, 則象爲顯, 理爲微, 而象中有理, 是無間也. 3. 體用一源者, 以至微之理言之, 則沖漠無朕, 而萬物森然已具也. 曰顯微無間者, 以至著之象言之, 則卽事卽物, 而此理無乎不在也. 言理則先體而後用, 盖擧體而用之理已具, 是所以爲一源也. 言事則先顯而後微, 盖卽事而理之體可見, 是所以爲無間也. 4. 體用是兩物而不相離, 故可言一源. (이상 4조, 참견(參見) 『근사록』 권3 18쪽). 이천이 서명은 이일분수의 뜻을 밝힌 것이라 하여 극히 칭찬한 바 있는데, 朱子는 이천의 이일분수의 뜻을 받아 체용의 불상리(不相離)함을 더욱 강조하였다. 그러나 이천의 이일분수는 서명을 말한 것이며, 일원무간(一源無間)은 주역을 말한 것인데, 주자가 일원무간으로 서명을 해석했다. 남당은 이에 대하여 "按一源無間之語, 程子本以論易, 而先生又以言西銘何也. 西銘明理一而分殊, 理一仁之所以爲體也, 分殊義之所以爲用也. 理一之中分殊具焉, 則所謂一源也. 西銘因事親之誠, 明事天之道, 事天事親, 其事至顯而其理則微, 卽事而理在其中, 則所謂無間也."(『주자언론동이고』 권5 30쪽.)라고 풀이하고 있다. 여기서의 인체의용(仁體義用)은 중화설(中和說)의 경립의행(敬立義行)과 뜻이 상통한다.

주자에게 있어서 일원무간설은 이에 있어서만 설명되지 않고 이기체용(理氣體用)에까지 적용된다. 다시 말하면 주자의 이기론은 일원무간을 설명하는 이론적 기반이기도 한 것이다. 한남당은 주자의 이기체용문제에 대해 자세히 고증한 바 있다. (『주자언론동이고 권1 5~6쪽 참고). 즉 남당의 고증에 의하면 이기체용에는 이유체용(理有體用), 기유체용(氣有體用), 이기체용(理體氣用), 기체이용(氣體理用)의 네 종류의 경우가 있다고 한다. 이와 같이 주자는 이천의 일원무간을 그의 이기론으로써 보다 상세하게 설명해 나갔다. 그의 이러한 설명은 성리학의 일보전진이라고 하겠다. 이 일원무간설은 후에 퇴계철학에서는 「무진육조소(戊辰六條疏)」에 나타나고 있으며, 또 율곡의 이기지묘(理氣之妙)도 이 일원무간설에 대한 진실한 경험에서 나온 말이 아닌가 싶다.

209 『이정유서』 권15.

만약 제대로 다스려지지 않는 나라, 악을 범하는 사람을 가지고 리를 의심하여 주(主)로 삼지 않는 것은 곧 시기하는 덕을 가진 사람이 모든 백성들의 덕을 좋아하는 말을 배척하며, 악한 성품(性惡)을 가진 사람이 맹자의 성선설을 없애버리는 것을 볼 것이니, 그 설이 궁색함을 알 수 있다.

◉ 『납량사의』에 다음과 같이 말했다.

"오상(五常)의 덕에 대한 인물성동이론은 궁극적으로 어디에서 결정될까? 선각자의 말에서 결정될 것이다. 주자가 사람과 사물의 본성을 논의한 것은 참으로 많다. 사서에 대한 주석을 보면 손수 써서 엄밀히 헤아린 것으로, 기록하고 급히 쓴 글에 견준 것이 아니다.

그 가운데 사람과 사물의 오상을 말한 것에는 세 곳이 있다. 사람과 사물이 태어남에 반드시 이치를 얻은 뒤에 건순인의예지[健順仁義禮智]의 본성이 있다고 보는 것이 『대학혹문』이다. 사람과 사물이 태어남에 각기 부여받은 이치를 얻는 것을 건순오상(健順五常)의 덕이라고 여기는 것이 『중용장구』이다. 이 두 조목은 다 사람과 사물을 구분하지 않고 하나의 사례로 삼아 말했다. 글의 이치를 조금이라도 아는 사람이라면 애당초 이해하기 어렵지 않다. 또한 얻어 본성이 되고 얻어 덕이 된다고 말한 것은 모두 '본성을 이루는 것' 이하에 속하고, '선(善)을 있는 것' 이상의 일이 아니라고 한다면, 주자의 뜻은 사람과 사물의 본성이 오상과 같다고 여긴 것이 분명하다. 어찌 다시 다른 말을 하겠는가?

유독 『맹자』의 "삶의 본능을 본성이라고 한다"는 구절에 대해, 『맹자집주』는 '이치로써 말하자면, 인의예지의 순수함을 어찌 사물이 온전하게 얻었겠는가?'[210]라고 했다. (전우(田愚)는 말했다. 살펴보건대, '수연자(粹然者)'는 본래 '품(稟)'이라 썼고, '이(以)'는 본래 '이(而)'라 썼다.) 이것은 사람과 사물을 구분한 것이다. (전우는 말했다. 살펴보건대, 여기 주석 역시 전적으로 사람과 사물을 구분하지는 않는다. 어떻게 그렇게 말하는가. 위의 글에서 이미 성은 형이상자로서 사람과 사물이 태어나면서 이 성을 가지지 않음이 없다고 했다. 이 성은 무슨 성인가. 이른바 인의예지의 성이다. 이는 『장구』나 『혹문』이나 같다. 만약 사물이 어떻게 온전함을 얻겠는가라는 구절을 사람과 사물을 구분하는 단안으로 삼는다면, 『장구』의 아래 글에서 왜 '기품(氣稟)이 혹여 다르기 때문에 지나침·미치지 못함의 과실이 없을 수 없다'고 말하지 않고, 『혹문』에서 왜 '저것은 천해서 사물이 된 것으로 형기(形氣)에 제한되어 그 온전함을 채울 수 없다'고 말하지 않았는가. 이 두 조

210 『맹자집주』 생지위성장. "성이란 사람이 하늘에서 얻은 바의 리요, 생이란 사람이 하늘에서 얻은 바의 기이니, 성은 형이상이요, 기는 형이하이다. 사람과 사물이 태어날 때에 이 성을 가지고 있지 않은 자가 없으며, 또한 이 기를 가지고 있지 않은 자가 없다. 그러나 기로써 말하면, 지각 운동은 사람과 동물이 다르지 않은 듯하되, 리로써 말하면, 인의예지의 본성을 받음이 어찌 동물이 얻어 온전히 할 수 있는 것이겠는가. 이는 사람의 성이 선하지 않음이 없어서 만물의 영장이 되는 이유이다. 고자는 성이 리라는 것을 알지 못하고, 이른바 기라는 것을 가지고 성에 해당시켰다. 이 때문에 버드나무·소용돌이치는 물의 비유와 식색(食色)이니, 선도 없고 불선도 없다는 등의 말이 종횡으로 틀리고 어지럽게 잘못되었는데, 이 장의 오류가 바로 그 뿌리이다. 그렇게 된 이유는 다만 지각 운동의 움직이는 것은 사람과 동물이 같은 줄만 알고, 인의예지의 순수한 것은 사람과 동물이 다름을 몰랐기 때문이다. 맹자께서 이것으로써 꺾었으니, 그 뜻이 정밀하다." (性者, 人之所得於天之理也; 生者, 人之所得於天之氣也. 性, 形而上者也; 氣, 形而下者也. 人物之生, 莫不有是性, 亦莫不有是氣. 然以氣言之, 則知覺運動, 人與物若不異也; 以理言之, 則仁義禮智之稟豈物之所得而全哉? 此人之性所以無不善, 而爲萬物之靈也. 告子不知性之爲理, 而以所謂氣者當之, 是以杞柳湍水之喻, 食色無善無不善之說, 縱橫繆戾, 紛紜舛錯, 而此章之誤乃其本根. 所以然者, 蓋徒知知覺運動之蠢然者, 人與物同; 而不知仁義禮智之粹然者, 人與物異也. 孟子以是折之, 其義精矣.)

목은 모두 『맹자』 주석과 의미가 조금도 다르지 않다. 내가 살펴보건대, 세 곳 모두는 본체는 같고 작용이 다르다는 설이다.)

그러나 단지 '사물이 어찌 온전하게 얻었겠는가?'라고만 하고, '사물이 사람과 함께 얻지 못했다'고 말하지 않았으니, 이것도 사람과 사물이 오상을 함께 한다는 말이다. 주자가 이러한 말을 한 것이 어찌 재미삼아 새로운 논의를 지어 사람의 도리를 다른 종류의 사물과 같이 한 것이겠는가? 대개 이러한 이치 밖에 다른 이치가 없다. 그래서 다만 위로 성현을 곧바로 따를 뿐이다. '사람의 본성'이라는 말로 모든 것을 격파하여 만물을 하나로 하여 관통하니 의심스럽다고 여길 수 없다. (전우는 말했다. 내가 살펴보건대, 이상에서 논한 것은 낙론 학자들과 동일하다.)

비록 그렇다고 할지라도 하나이면서 나뉨이 없는 것은 내가 말하는 하나가 아니다. 그러므로 『중용혹문』과 『대학혹문』에서 새·짐승·풀·나무 등의 생명체란 겨우 형기(形氣)의 치우침을 얻었으나 온전한 본체를 관통하지 못함이 있다. 저렇게 천한 치우치고 막힌 형기에 묶여 온전한 본체를 채우지 못한다, 이것이 사람과 사물의 본성이 비록 하나의 이치를 같이 할지라도 이치 안에서 나뉨과 한계가 없을 수 없는 것이다. 기질이란 이치를 계승하여 싣는 것이므로, 형기를 떠나서 나뉨을 말하지 않더라도 하나에 나뉨이 없는 적이 없다는 것을 여기에서 알 수 있다.

위아래의 글 뜻을 합하여 보건대 '생지위성(生之謂性)'장의 집주와 다른 뜻이 있는 것은 아니다. 후세의 독자들이 각기 위쪽이나 아래쪽 한 부분을 점유함으로써 크고 작은 차이가 생겼으니, 어찌 주자가 예상이나 했겠는가? 사물과 내가 모두 오상을 갖고 있음이 이치의 하나(理之一)이고, 오상에 치우침·온전함이 있는 것은 하나 안에서의 나뉨(一中之分)

이다. 대개 전체를 총괄하는 하나의 극(極)으로부터 이치와 나뉨이 원융하여 사이가 없으므로, 만물에서 본성을 이루는 것이 또한 이와 같다. 이런 까닭에 선각자들이 본성을 논의할 때 이치가 같다고 말하는 사람이 있는가 하면 이치가 다르다고 말하는 사람도 있었지만, 서로 괴리되는 것은 아니었다.

보편적인 공평함으로써 그 신묘함을 논의는 것은 휘어내어 말한 것이고, 실제 확연한 것으로서 본체를 가리킨 것은 기질에 나아가 밝힌 것이다. 휘어내는 것은 이치가 본래 하나이므로 이일(理一)을 위주로 하면서도 만 가지 다름을 그 안에 포함한다. (전우는 말한다. 내가 살펴보건대, 치우치고 온전하지 못한 것을 만수(萬殊)라 하였는데, 매우 이해할 수 없다.) 기질에 나아간 것은 기질이 이미 나뉘었으므로 분수(分殊)를 위주로 하면서도 이일을 그 사이에 보존하고 있다. 말에 두 가지가 있다고 하여 어찌 본성에 여러 층위가 있겠는가? 여러 학파는 선각자가 본성을 논의한 곳에 대해 상세하게 배워 관통하지 않았을 뿐만 아니라 이치와 나뉨이 하나의 실체라는 것에 대해 유의하지 못함으로써 이치와 기질이 서로 싸우게 하고, 같음과 다름이 서로 빼앗게 하는데 이르렀다. 그래서 다름을 말하면 홀로 오상(五常)을 제멋대로 하고자 하고, 같음을 말하면 치우침과 온전함을 다르게 하는데 이르렀으니, 한 터럭의 차이가 천리만큼 그릇되게 한다는 말을 어찌 신뢰하지 않을 수 있겠는가?"

◎ 『기의』는 다음과 같이 말한다.

"『중용혹문』과 『대학혹문』이 단지 미물(微物)만을 가리켜 말하고 보통 사람들을 함께 거론하지 않았다면, 노사의 말과 같을 수도 있을 것이다.

이제 그 글이 너무도 분명하게 지우(智愚)와 현부(賢否)는 기의 품수가 다르다고 말하고, '이른바 성에는 혼잡(混雜)된 것이 있어서 하늘로부터 받은 것을 온전히 하지 못한다'고 하고, 또 '이른바 명덕(明德)에 가림이 없을 수 없어서 그 온전함을 잃는다'고 했다. 이는 미물이 통하지 못하며 메꿀 수 없다는 것과 말의 의미가 일치하여 어긋남이 없다. 통할 수 없고 보충할 수 없는 것은 본연의 성에 귀속시키고, 그 온전함을 잃어버린 것을 온전하게 할 수 없음은 기질의 성에 귀속시키는 것은 역시 공평함을 잃었다는 혐의가 있는 것 아닌가. 만약 어떤 사람이 노사에게 '성인과 보통사람의 덕성이 똑같은 것은 리의 일(理之一)이고, 덕성에 편전(偏全)이 있는 것은 일의 분(一之分)입니까' 라고 물으면, 노사는 그렇다고 할까 아니라고 할까.

◎ 변별

사람과 사물에서 오성(五性)을 함께 거론하여 말한 것은 여기 세 곳이 있기 때문에 노사선생께서는 그렇게 말씀하셨을 뿐이다. 아래 문장의 구분 유무를 꼭 논할 필요는 없다. 『중용장구』에서 기품(氣稟)이 혹 다르기도 하다는 것은 사람과 사물의 구분이 아니라 사람과 사물에서 그 기품이 같지 않음을 구분한 것이다. 만약 사람과 사물의 구분이라면 이미 하늘이 음양오행으로 만물을 화생(化生)하였다는 윗 문장의 조목에 있다. 이 조목에서도 사람과 사물의 편전(偏全)이 본연의 분(分)임을 알 수 있다. 본체는 같은데 작용이 다르다(同體異用)와 성은 본체이고 기는 작용이다(性體氣用)는 설은 같은 영역에 속하는 것으로 잡다하게 논할 것도 없다.

이른바 '낙학(洛學)과 같다'는 것은 사실 같지 않은 점이 있다. 선사께서 말씀하신 '같음(同)'이란 실질(實)적인 것이고, 일반 학자들이 말하는 '같음(同)'은 텅비어 있는(실질적 내용이 없는) 같음이다. 『중용혹문』과 『대학혹문』에서는 명덕은 사람이나 사물이나 근원이 하나임을 위주로 말했지만, 그 근본과 여줄가리의 복잡한 까닭, 분수의 많고 적음을 탐구하여 구별했기 때문에 초목과 짐승으로부터 보통사람과 현인에 이르며, 타고난 본성을 다하는 성인에까지 이르니, 그 말의 맥락과 순서가 진실로 이와 같이 상응한다.

『장구』에 '사람과 만물이 각기 품부 받은 리를 얻는다'고 했고, 또 '사람과 만물이 각기 그 성의 자연을 따른다'[211]고 했으며, 『혹문』에 '전체를 통관(通貫)하지 못한다'고 했고, 또 '그 본체를 메울 수 없다'고 했다. 어찌 『장구』에서는 그것을 높이면서 『혹문』에서는 폄하하는가. 대체로 『장구』는 품부 받은 본연의 묘(妙)를 말했고, 『혹문』은 품부 받은 분수의 차이를 말했다. 이제 보니, 폄하하는 이들은 본연이 아니라고 여기는데, 아울러 그 높이는 이들과 함께 본연이 아니라고 여기겠는가. 온전하게 할 수 없다는 것과 그 온전함을 잃는다는 것은 바로 『장구』에서 말한 '때론 기품이 다르기도 하다'[212]는 것으로, 도를 닦고 교육을 세우

---

211 『중용장구』 제1장. 天命之謂性, 率性之謂道, 脩道之謂教. ○ 하늘이 음양오행으로 만물을 화생함에 기로써 형체를 이루고 리 또한 부여하니 명령함과 같다. 이에 사람과 사물이 태어남에 각기 부여받은 바의 리를 얻음으로 인하여 건순오상의 덕을 삼으니 이른바 성이라는 것이다. 솔은 따름이요, 도는 로와 같다. 사람과 사물이 각기 그 성의 자연을 따른다. (天以陰陽五行化生萬物, 氣以成形, 而理亦賦焉, 猶命令也. 於是人物之生, 因各得其所賦之理, 以爲健順五常之德, 所謂性也 率, 循也. 道, 猶路也. 人物各循其性之自然.)

212 『중용장구』 제1장. ○ 성과 도가 비록 같으나, 기품이 혹 다르기 때문에 과하고

는 지점인 것이다.

◉ 『납량사의』에 다음과 같이 말했다.

"본체이면서도 채울 수 없다고 한다면, 본체란 본성의 나뉨인가? '채울 수 없다'는 말에 이르러 비로소 본성의 나뉨이 되는 것인가? 온전한 본체이면서도 관통하지 못한다고 한다면, 온전한 본체란 본성의 나뉨인가? '관통하지 못한다'는 말에 이르러 비로소 본성의 나뉨이 되는 것인가? 아니면 강문(江門)을 따라 온전한 본체를 사람의 온전한 본체로 여겨야 하겠는가? 수암이 말하기를 "사물이 조금이라도 하나의 치우친 형기를 얻으므로 사람의 온전한 덕을 관통할 수 없다."고 하였으니, '조금이라도'의 '조금[僅]'이라는 말과 형기에 묶인다고 할 때의 '묶임[梏]'이라는 말에서 이치가 기질에 구애되어 본래의 나뉨을 잃는다는 뜻을 볼 수 있다. 그런데 이제 사물의 치우친 본성을 본래의 나뉨이라고 다시 말한 것은 무엇 때문인가? 이것도 이미 밟고 지나간 지름길이다. 본체(本體)와 전체(全體)는 본성의 나뉨 안에 속하는 이일(理一)의 처이다. 확충하지 못하고 관통하지 못하는 것은 본성의 나뉨에 안에 속하는 분수(分殊) 처이다. 두 항목의 일의 이치가 있으며 함께 있는 것인데 이제 둘로 갈라서 논의하려는 것은 잘못이다."

◎ 『기의』는 다음과 같이 말한다.

"보충할 수 없고, 관통할 수 없다는 것은 형기가 치우치고 막힘으로써 생기는 문제임이 분명하다. 그런데 이제 그것을 성의 분수(分殊)라고

불급하는 차이가 없지 않다. (性道雖同, 而氣稟或異, 故不能無過不及之差.)

하여 사람들을 혼란스럽게 하고 있다. 『대학』으로 논하여 보자. 하늘이 사람을 낳으면서 모두에게 성을 부여한 것은 성분(性分) 가운데의 리일처(理一處)이고, 기품이 고르지 않아 성을 온전하게 하지 못하는 것은 성분 가운데의 분수처(分殊處)이며, 허령하여 모든 일에 응할 수 있는 것은 덕분(德分) 가운데의 리일처(理一處)이고, 구속되고 가리우거나 혹은 혼매한 것은 덕분 가운데의 분수처(分殊處)이다. 이와 같이 말하더라도 괜찮겠는가. 이 글을 보는 사람들을 위해 다르게 한번 말해보시오.

◎ 변별

보충할 수 없고 관통하지 못한다는 것이 어찌 주자가 초목과 짐승이 요임금의 옷을 입고 요임금의 말을 하지 못하는 것을 탄식하여 이렇게 말했겠는가. 단지 천명과 명덕에 의거하여, 그 보존하고 있는 것의 같지 않음의 분(分)이 이와 같은 것이 있음을 말했을 뿐이다. 사람이 요임금처럼 옷을 입고 말을 한다면, 사람들은 장차 요임금처럼 여길 것이다. 초목과 짐승이 요임금처럼 옷을 입고 말을 한다면, 사람들은 장차 괴이하게 여길 것이다. 사람이 그 온전함을 온전하게 하지 못하는 것은 참으로 기품의 가리움 때문이며, 사물이 충족하지 못하고 통달하지 못하는 것은 어찌 본연의 분(分)이 아니겠는가.

◉ 『납량사의』에 다음과 같이 말했다.

“이치로써 말한다면 만물의 근원은 하나이니, 사람·사물·귀함·천함 등의 차이가 없다. 이 부분에서 언급한 휘어냄[挑出]이란 그 신묘함을 말한 것으로 이일(理一)을 위주로 하였다. 기질로써 말한다면 올바름과 통함을 얻은 것이 사람이고, 치우침과 막힘을 얻은 것이 사물이다. 이 부분에서 말한 기질에 나아감[卽氣]이란 그 실제를 가리킨 것으로, 분수(分殊)를 위주로 하였다."

◎ 『기의』는 다음과 같이 말한다.

"위의 구절은 일성(一性) 중에 포함하고 갖추어진 만리(萬理)를 말한다. 일성은 리일(理一)이며, 만리는 분수(分殊)이다. 사람과 사물은 똑같이 이 하나의 근원이다. 아래의 구절은 전적으로 기품의 일을 말했다. 대개 이 스물 한 글자는 한 점이나 한 획도 리의 실처(實處)를 가리키지 않는데, 노사는 이처럼 말하니 의심스럽다."

◎ 변별

사람이 되고 사물이 되는 것이 본연분수(本然分殊)에 있지 않으면, 이른바 분수란 과연 무엇이며, 이른바 인물(人物)은 과연 어디에서 오겠는가. 사람과 사물의 나뉨(分)은 참으로 이미 일원(一原)에 갖추어져 있으니, 사람도 이 리(理)일뿐이고 사물 역시 이 리일 뿐이다. 그러므로 '귀천의 차이(貴賤之殊)가 없다'고 하는 것이니, 사람과 사물의 나뉨은 이미 평소에 결정되어 있는 것으로 기와 결합하여 형체를 이룬 뒤에 비로소 그 실체를 드러낸다. 그러므로 '기에 나아가서 그 실질을 가리킨다'고 하는 것이다.

공자는 한번 음이 되고 한번 양이 되는 것을 도라고 여겼고,[213] 정자

213 『주역·계사전 상』. 한번 음이 되고 한번 양이 되는 것을 도라라 한다.(一陰一陽謂之道.)

는 쉼 없이 흐르는 냇물을 도의 본체라고 여겼으며, 주자는 오행이 도의 체단(體段)이라고 보았다. 사람이 진실로 이치를 깨치면, 천지를 가득 채우고 있는 온갖 것이 도리 아닌 것이 없다. 이제 정통편정(正通偏正)을 리의 실체가 아니라고 한다면, 반드시 '리' '도' '태극'을 들먹인 이후에야 그것이 곧 리다고 해야 하는가. 한 점 한 획 어쩌고저쩌고 한 것은 사람 웃기는 말이다.

◉ 『납량사의』에 다음과 같이 말했다.

"마음이 비록 기의 범주에 속하는 것일지라도 안에 갖추고 있는 것은 본성이다. 마음이 본성을 갖추고 있으므로 나의 마음과 성인의 마음이 같다. 마음이 본성을 다하지 못하면 나의 마음과 성인의 마음이 다르다. 마음이 같고 다름은 그 요점이 모두 본성에 달려 있다. 남당(南塘)이 그 같음을 망각하고 그 다름을 주장하면서 성인과 범인이 마음이 다르다는 말로 법문을 삼았으니, 그것도 성인의 뜻과 모순된다. 남당과 변론한 사람들도 중요한 부분을 말하지 않고 빛이 나뉘는 정도를 세세하게 비교하면서 거기에 근거하여 성인과 범인의 마음이 같다고 여기니, 찔러도 아프지 않게 된다."

◎ 『기의』는 다음과 같이 말한다.

"기질에는 수 만 가지의 맑음과 탁함, 순수함과 잡다함이 있어 만물이 각기 다르다. 마음은 텅 비어있으면서 신령스럽고 오묘하며 둘이 아닌 오직 하나일 뿐이다. 남당 한원진은 둘(兩)이란 분별할 수 없는 것이라고 여겼으니, 이제 우열이나 분수가 없는 광명(光明)한 것을 가리키는 것이 아니다. 단지 성인이나 보통사람이나 모두 함께 갖추고 있는 마음의 동일한 것을 가지고서 분별한다면, 남당의 비웃음을 사지 않을 자가 드물 것이다. 하물며 마음이 갖추고 있는 본성은 하찮은 것조차도 그러한데, 어떻게 남당의 의문을 변론할 수 있겠는가.

◎ 변별

마음과 기질은 명확히 구별되는 두 개의 것이 아니다. 그 기질의 맑고 탁함과 순수함과 뒤섞임에 따라 마음의 신령함에 분수가 없을 수 없다. 그러나 이것만 가지고서 성인이나 보통사람이나 똑같다고 해서는 안되며, 또한 마음이란 광명한 것이라고 여겨 성인과 보통사람은 다르다고 해서도 안 된다. 그러므로 중시 여겨야 할 것 이외에 어찌 또다시 우열도 없고 분수도 없는 하나의 독립적인 사물이 있거나, 아니면 혹 형이하의 명덕(明德)이 있겠는가. (임전재任全齋[214]는 명덕을 형이하로 간주한다.)

---

214 임헌회(任憲晦: 1811(순조 11)~1876(고종 13). 조선 말기의 문신·학자. 본관은 풍천(豊川). 자는 명로(明老), 호는 고산(鼓山)·전재(全齋)·희양재(希陽齋)이다. 아버지는 천모(天模)이며, 어머니는 남양홍씨(南陽洪氏)로 익화(益和)의 딸이다. 송치규(宋穉圭)·홍직필(洪直弼) 등의 문인이다. 1858년(철종 9) 효릉참봉(孝陵參奉)에 임명되었으나 부임하지 않았고, 이듬해 다시 활인서별제(活人署別提)·전라도사·군자감정에 임명되었으나 모두 사양하였다. 1861년 조두순(趙斗淳) 등의 천거로 경연관에 발탁되었으나 역시 소를 올려 사직하였다. 1864년(고종 1) 장령·집의·장악정(掌樂正)이 되었고, 이듬해 호조참의가 되었다. 이때 만동묘(萬東廟)의 제향을 폐지하라는 왕명이 내려지자 절대 부당함을 재삼 상소하여 다시 제향하게 하였다. 1874년 이조참판에 임명하고 승지를 보내어 나오기를 청하였으나 상소하여 사직하였다. 그 뒤 대사헌·좨주 등에 임명되었다. 경학과 성리학에 조예가 깊어 낙론(洛論)의 대가로서 이이(李珥)·송시열(宋時烈)의 학통을 계승하여 그의 제자인 전우(田愚)에게 전수하였다. 윤용선(尹容善)의 주청으로 내부대신에 추증되었다. 연기의 숭덕사(崇德祠)에 봉향되었다. 저서

근래 대부분의 유학자들은 기질을 신체로 제한하지 않으며, 또 허령(虛靈)은 기질에 뿌리를 두지 않는다고 여긴다. 상제가 강림하여 이 방촌(方寸)에 앉아 있다는 말이 있는데, 마침내 이를 명덕으로 간주하고, 이를 성인이나 보통사람이나 동일하다고 여긴다. 이는 그 빛나는 것이 죽어도 사라지지 않는다는 이설과 무엇이 다른가. 무릇 기질이란 것은 단지 이 몸에 음양이 모인 것일 뿐이며, 마음은 그 정상(精爽)이다. 기에 이미 청탁수박이 있으니, 그 정상(精爽)에도 분수(分殊)가 없을 수 없지만, 갖추어진 것은 성(性)이다. 이른바 본심·양심·인의심에 어찌 성인과 보통사람의 차이가 있겠는가. 이제 광명무분(光明無分)이라 말하는 것을 보니, 그 잘못과 오류가 하루아침에 생긴 것이 아님을 알 수 있겠다.

◉ 『남량사의』에 다음과 같이 말했다.

"작은 종이 가운데서 녹문(鹿門) 임성주의 한 단락의 논의를 얻었으니, 진실로 다름을 말하면 본성이 다를 뿐만 아니라 천명도 다르며, 진실로 같음을 말하면 본성이 같을 뿐만 아니라 도리 역시 같다. 이 말을 밖에서 훑어보면 사슴 주변의 노루나 노루 주변의 사슴과 같지만, 실제로는 도리의 근원을 빠짐없이 말하였다. 이천(伊川: 程頤)의 '이일분수(理一分殊)' 네 글자는 이 선생에 의지하여 한 맥이 동방에 떨어진 것이 아니겠는가? 그의 전서(全書)를 얻어서 참고하지 못한 것이 한스럽다."

◎ 『기의』는 다음과 같이 말한다.

"이일분수에 대해. 이천이 일찍이 어찌 이것을 가지고 성(性)을 논했

로는 『전재집』 20권이 있다. 시호는 문경(文敬)이다.

겠는가. 단지 『서명』을 해석하면서, 사람들이 리를 추론하여 그것이 하나임을 알아 의(義)를 보존하고 그 분(分)을 확립하도록 했을 뿐이다. 양시(楊時)[215] 이동(李侗)[216] 주자가 논한 것 역시 모두 이와 같다. 나정암[217]에 와서야 비로소 이 네 글자를 성명(性命)의 오묘함이 이를 벗어나지 않는다고 여겼다. 그는 '맨 처음 기를 받을 때는 그 리가 오직 하나이지만, 형체가 만들어진 후에는 그 나뉨(分)이 갈라진다'[218]고 했으니, 이는

215 양시(楊時: 1053-1135). 중국 북송의 학자로서 자는 중립(中立), 호는 구산(龜山)이다. 남검주(南劍州) 장러[將樂 : 지금의 푸젠 성(福建省)에 속함] 사람이다. 1076년(熙寧 9) 진사가 되었다. 우간의대부(右諫議大夫)·공부시랑(工部侍郎)을 역임했으며, 관직이 용도각직학사(龍圖閣直學士)에까지 이르렀다. 일찍이 왕안석(王安石) 등의 신법당을 비난하고 왕안석의 작위를 박탈했지만, 나중에 신법당이 다시 득세하게 되어 도리어 관직에서 쫓겨났다. 만년에는 구산(龜山)에 은거하여 구산 선생이라 불렸다. 정호(程顥)·정이(程伊)에게서 학문을 배웠으며, 유초(游酢)·여대림(呂大臨)·사양좌(謝良佐)와 더불어 '정문(程門) 4제자'로 불렸다. 또한 나종언(羅從彦)·이동(李侗)과 더불어 '남검3선생'(南劍三先生)이라고도 불렸다. 후에 동남학자(東南學者)에 의해 '정씨정종'(程氏正宗)으로 봉해졌다. 그는 주관[內]으로써 객관[外]을 융합하는 방법을 제기했다. '지도'(至道)와 '천리'(天理)는 내심으로부터 체험하여 묵묵히 인식해야 하며, 치지(致知)가 격물(格物)에 선행해야 함을 주장했다. 주희(朱熹)의 학문은 간접적으로 그의 사상을 계승하고 있다. 저작으로 『이정수언(二程粹言)』·『구산집(龜山集)』 등이 있다.

216 이동(李侗: 1093-1163). 중국 북송시대의 학자로서 자는 원중(願中), 호는 연평(延平)으로 남검주(南劍州) 검포(劍浦)사람이다. 주희의 스승이다.

217 나흠순(羅欽順: 1465-1547). 중국 장시 성[江西省] 타이화 현[泰和縣]. 중국 명대 중기의 정치가·사상가로서 자는 윤승(允升), 호는 정암(整菴)이다. 주자학의 이기론(理氣論)에 부분적인 수정을 가했으며 왕수인(王守仁 : 陽明)이 쓴 「주자만년정론(朱子晩年定論)」을 정면에서 비판한 것으로 유명하다. 그의 정신은 동림학파(東林學派)로 계승·발전되었다. 주요저서인 『곤지기(困知記)』는 명말 청초에 주자학이 다시 활기를 되찾았을 때 더욱 높이 평가되었으며, 근래에는 기(氣) 철학자로 주목받았다.

노사의 생각과는 거리가 멀다. 또 '이일분수(理一分殊)로 성을 논하면, 천명·기질이라는 두 명칭을 세울 수 없게 되니, 그 설이 더욱 어그러진다.' 또 이기를 하나의 것으로 인식하는 것은 매우 잘못된 것이니, 이기는 하나가 아닌 둘이라는 주자의 교훈은 더 말할 것도 없다.

그런데 우리나라의 임성주는 나흠순의 이러한 이일분수라는 네 글자의 취지를 조술(祖述)하면서 다음과 같이 말한다. '건(乾)의 건(健)은 곧 태극이니, 건(健)의 중(中)에는 원형이정(元亨利貞)이 있다. 곤(坤)의 순(順)은 곧 태극이니, 순(順)의 중(中)에도 원형이정이 있다. 원형이정은 바로 음양오행이다. 그러나 건(乾)의 원형이정은 예전 그대로 건(健)이며, 곤의 원형이정은 여전히 순(順)이다. 그러므로 건곤의 태극은 그들의 다름을 방해하지 않는다.' 또 '인물성도(人物性圖)를 그리면서, 인권(人圈)에는 오상과 태극을 써 넣고, 물권(物圈)에는 태극만 쓰고 오상은 쓰지 않았다.' 또 '혼연(渾然)한 태극은 각기 하나의 사물을 구비하고 있다는 주자의 설을 논하면서 말하기를, 이는 이 각각의 곳의 천리가 완전하여 부족함이 없음을 이르는 것이지 하나의 사물이 모든 이치(萬理)를 구비하고 있음을 이르는 것이 아니다. 이 모두는 분수(分殊)의 착오가 이와 같은 데까지 이르렀음을 보여준다.' 또 인성의 선을 논하면서 말하기를, '이는 기질의 밖에 따로 선한 본성이 있다는 것이니, 이는 더욱 이해하기 어렵다. 노사를 다시 일으켜 세워 이를 보게 하더라도, 노사 자신도 모르는 사이에 얼굴을 찌푸리면서 길게 탄식할 것이다. 노주 오선생[219]

---

218 나흠순, 『곤지기(困知記)』 권상.

219 오희상(吳熙常: 1763(영조 39)~1833(순조 33). 조선 후기의 문신이다. 본관은 해주(海州)이며, 자는 사경(士敬), 호는 노주(老洲)이다. 아버지는 대제학 재

은 일찍이 나흠순과 임성주 두 사람을 논한 글을 많이 썼다. 이제 노사학파의 여러 학자들이 자세히 볼 수 있도록 세 단락을 부록으로 붙인다.

『노주집』[220] 「잡지」에 다음과 같이 말한다. "정암과 녹문 모두가 이기

순(載純)이며, 예조판서 재소(載紹)에게 입양되었다. 어려서 형인 윤상(允常)에게 학문을 배웠으며, 홍직필(洪直弼) 등과 교유했다. 1800년(정조 24) 천거를 받아 세자익위사세마가 된 뒤, 한성부주부·황해도도사·사어 등을 지냈다. 1818년 경연관·지평 등에 임명되었으나 사퇴하고, 광주(廣州) 징악산(徵嶽山)에 은거했다. 그 뒤 승지·이조참의·세자시강원찬선 등에 임명되었으나 모두 사퇴했다. 그는 이이(李珥)·김창협(金昌協)·김창흡(金昌翕)·이재(李縡)·김원행(金元行) 등의 성리설을 따르고, 한원진(韓元震)·임성주(任聖周)의 학설을 주기(主氣)로 치우쳤다고 비판했다. 주리(主理)·주기 어느 쪽에도 기울어지지 않았으며 주돈이(周敦頤)의 태극설(太極說)은 이(理)로부터 기(氣)를 추론한 것이고, 장재(張載)의 태허설(太虛說)은 기로부터 이를 추론한 것이지만, 궁극에 있어서는 한 가지로 이기일체(理氣一體)임을 강조했다. 인물성동이론(人物性同異論)에 있어서는 인(人)과 물(物)은 근본적으로 이(理)가 같을 뿐만 아니라 신(神)도 동일하다고 전제하고, 그 동일하지 않게 나타나는 이유는 형기(形氣) 때문이라 하여 호론(湖論)의 인물성이설(人物性異說)을 반대하고, 낙론(洛論)의 인물성동설(人物性同說)을 일원분수(一原分殊)로 설명했다. 이조판서에 추증되었다. 저서에 『노주집』·『독서수기 讀書隨記』가 있다. 시호는 문원(文元)이다.

220 조선 후기의 문신·학자 오희상(吳熙常)의 문집. 26권 13책. 활자본. 아들 치성(致成)이 유고(遺稿)를 수집해 38권 19책으로 간행한 것을, 증손 준영(俊泳)이 수정해 1892년(고종 29) 간행하였다. 권1에 소 15편, 상서(上書) 3편, 서계 6편, 달사(達辭) 1편, 의(議) 4편, 권2~13에 서(書) 543편, 권14에 제문 25편, 고문(告文) 4편, 축문·애사 각 2편, 권15~18에 서(序) 4편, 기 4편, 제발(題跋) 21편, 묘지 5편, 묘지명 19편, 묘갈명 11편, 묘표 13편, 비(碑) 1편, 권19·20에 행장 10편, 시장(諡狀) 1편, 유사 2편, 권21~26에 잡저 17편 등이 수록되어 있다.

「청농암김문간공종사문묘소 請農巖金文簡公從祀文廟疏」는 김창협(金昌協)의 문묘종사를 청하는 상소문이다. 「왕세자상대전복제의 王世子喪大殿服制議」는 1830년(순조 30) 왕세자인 익종이 죽자 순조의 복제문제가 제기되었는데, 그에 관한 의견을 피력한 것이다. 서(書)는 이 문집의 거의 반을 차지하는 분량으로 시사(時事), 권중업(權重業)·홍직필(洪直弼) 등과 경전에 관해 문답한 내용, 상

는 하나라는 논의를 하지만, 정암은 이일(理一)의 관점을 중시하고 녹문은 분수(分殊)의 관점을 중시한다. 이일의 관점을 중시하면 자연히 리가 주가 되고, 분수의 관점을 중시하면 필연적으로 기가 주가 된다. 이를 비교하여 득실을 논하자면, 정암의 허물이 조금 더 적다." "정암과 녹문은 둘 다 리를 추론하여 합일(合一)의 신묘(妙)함을 보려 한 것이다. 언뜻 보면 고묘(高妙)해 보이지만, 그것을 끝까지 캐들어 가면 모두 주기(主氣)로 귀결된다.

그러나 정암은 오히려 이 리의 의미를 늘 되새기지만, 녹문은 곧바로

례喪禮)의 의정, 성리학의 논변 등이 중심을 이루고 있다.

잡저 가운데 「오상변 五常辨」과 「심기질설 心氣質說」에서는 심성론(心性論)에 관한 견해를 밝혔다. 「독서수기 讀書隨記」는 『대학』·『중용』·『논어』·『맹자』·『서경』·『주역』·『태극도설』·『서명 西銘』·『근사록』 등을 읽으면서 느낀 것을 간단하게 기술한 것이다. 비록 수필형식으로 쓰였지만, 경전에 대한 해명을 통하여 자신의 학문적 입장을 피력하고 있어 사상사적으로 매우 중요한 의미를 가진다. 특히 『대학』 부분에서는 한원진(韓元震)의 학설을 비판한 것을 비롯해, 송시열(宋時烈)과 이이(李珥)의 학설에까지 비평을 가하였다.

「잡지 雜識」는 여러 가지 학문적인 관심과 역사적 인물 등에 대한 논평을 기록한 것으로 그의 사상을 살펴볼 수 있다. 인물성동부동론(人物性同不同論)과 관련해서 이일분수(理一分殊)의 입장에서 인물성동과 인물성부동의 의미를 함께 제시하고 있다. 그는 동론(同論)이 만물일원(萬物一原)의 관점에서 의미가 있는 것이라면, 인물성이(人物性異)의 근거는 기질에 있는 것이라고 하였다.

또한 임성주(任聖周)의 기론(氣論)을 비판해, 인물의 본성이 다르다고 주장하는 것을 부정하고 본성과 그 기능인 각(覺)이 사람과 사물에 있어서 본래는 같은 것이라 주장함으로써 인물성동론에 가까운 입장을 취하였다. 이밖에도 기의 본원에 대한 임성주의 통찰이 한원진보다 더 뛰어나다고 평하고, 명나라의 학자인 나정암(羅整庵)에 대해 평한 내용도 있다. 이 문집에는 저자의 예론(禮論)에 대한 그의 견해와 아울러 실학에 대한 관심이 잘 나타나 있다. 규장각도서에 있다.

기라는 한 글자로 천하의 리를 덮어버리고 리가 리가 되는 까닭을 더 이상 탐구하지 않는다. 녹문의 견해는 사실 정암에게 바탕을 두고 있지만, 그 기(氣)자를 주장하는 것이 조금 지나칠 뿐이다." "정암은 이일분수를 이기를 설명하는 바둑판으로 생각했다. 그는 '성은 명(命)과 같고, 도는 형(形)과 다른 것이다. 성이 명과 같은 것은 곧 아직 움직이지 않은 상태에서의 리일을 가리키는 것이고, 도가 형과 다른 것은 곧 이미 움직인 상태에서 분수를 가리키는 것이다.'고 했다. 녹문은 정암의 이일분수를 조술하면서도 유독 이 말만을 배척한 것은 무엇 때문인가. 끝내 인물의 편전(偏全)에 사로잡혀 성과 도가 비록 체용이라는 차이가 있지만 그것이 일원(一原)임을 해치지는 않는다는 점을 소통하여 보지 못한 것이다."

◎ 변별

"덕은 떳떳한 법이 없어 선을 주장함이 법이 되며, 선은 떳떳한 주장이 없어 능히 한결같음에 합한다."[221] "이치는 하나이나 생각은 백 가지이며, 돌아감은 같으나 길은 다르다."[222] "나의 도는 하나로 관통하고 있다."[223] "그 사물됨이 둘이 아니면 그 사물을 낳음을 예측할 수 없다." "널리 배우고 자세히 설명하는 것은 장차 설명을 간략하게 하려는 것이

---

221 『서경·상서·함유일덕』. 덕은 떳떳한 법이 없어 선을 주장함이 법이 되며, 선은 떳떳한 주장이 없어 능히 한결같음에 합한다.(德無常師 主善爲師 善無常主 協于克一.)

222 『주역·계사 하』. 이치는 하나이나 생각은 백 가지이며, 돌아감은 같으나 길은 다르다.(子曰 天下何思何慮 天下同歸而殊塗 一致而百慮 天下何思何慮.)

223 『논어·이인』. 나의 도는 하나로 관통하고 있다.(子曰 參乎 吾道一以貫之.)

다."[224] 세세히 탐구하여 상세하고 익숙하게 하면, 경전에는 이일분수의 의미를 설명하는 것들이 매우 많지만 이 마음과 본성의 오묘함을 밝히는 것 아님이 없다." 주자는 말했다. "이와 기는 이천의 설명이 좋다." "이일분수에 대해. 이일분수는 이천이 한 훌륭한 말이지만, 어찌 단지 『서명』 때문에 말한 것이겠는가." 정자는 또 말했다. "광막하기만 하고 아무 조짐도 없는 리(理)의 세계(沖漠無朕)에 삼라만상(森羅萬象)이 이미 갖추어져 있다."[225] 장재는 "성이란 만물의 일원(一原)"[226]이라 했으니, 이것으로 성을 논하는 것이 불가하겠는가. 양(楊) 이(李) 두 사람은 인의로써 이일분수를 논했으니, 이 어찌 나정암에 이르러 비로소 성을 설한 것이겠는가.

녹문의 건순(健順) 태극의 설은 문제가 없는 것 같다. 그러나 '원형이정이 음양오행에 즉(卽)해 있다'는 조목의 설명은 이기를 하나의 것으로 보는 문제가 있다. 나정암의 성은 명과 같지만 도는 형과 다르다는 설은 이해할 수 없다. 『중용장구』에 '성과 도가 비록 같다'[227]고 했지만, 만물이 생겨나고 변화한 뒤에는 비록이 그것이 같다고 하지만 이미 나뉨(分)을 갖춘 같음이니, 어찌 형체(形)를 기다린 이후에 달라지겠는가. 만약에 '형(形)'자를 '기품이 혹시 다르다면'으로 고쳐서 본다면, 형과 기

---

224 『맹자·이루 하』. 널리 배우고 상세히 말함은 장차 돌이켜서 요약함을 말하고자 해서이다.(博學而詳說之 將以反說約也.)

225 『이정유서』 권15. 광막하기만 하고 아무 조짐도 없는 리의 세계에 삼라만상이 이미 갖추어져 있다.(沖漠無朕 萬象森然已具.)

226 장재, 『정몽·성명』. 성이란 만물의 일원이다.(性者萬物之一源.)

227 『중용장구』 제1장. 성과 도가 비록 같으나 기품이 혹 다르기 때문에 과(過)하고 불급(不及)한 차이가 없지 못하다.(性道雖同 而氣稟或異 故不能無過不及之差.)

품의 의미는 더욱 멀어질 것이니, 녹문이 배척하는 것이 옳을 것이다. 다만 「인물성도(人物性圖)」와 기질의 선이라는 설은 참으로 이해가 안 된다.

◉ 『납량사의』에 다음과 같이 말했다.

"여러 학파에서 언급하는 사람과 사물의 본성 가운데, 첫째는 모두 이치로써 나뉨이 없는 사물로 삼고, 나뉨에 대해서는 기질(氣) 때문에 생긴다고 생각한다. 형기(形氣)를 벗어난 곳에다 이일(理一)을 제한하고, 형기가 드러난 곳에다 분수(分殊)를 국한한다. 이 때문에 이치는 이치대로 나뉨은 나뉨대로 갈라져 본성과 천명이 쪼개어진다."

◎ 『기의』는 다음과 같이 말한다.

"만약 낙론의 학자들에게 태극이지만 원형이정이 없고 본성이지만 인의예지가 없다고 말하라고 한다면, 당연히 '리는 나뉨이 없는(無分) 것이다'고 할 것이다. 만약 원형이정은 기로 인해 비로소 있게 되고 인의예지는 기를 기다려 비로소 생겨난다고 하면, 그들은 당연히 '나뉨(分)은 기로 인해 있게 된다'고 말할 것이다. 이제 이미 그렇지 않은데, 어떻게 리는 저절로 리이고 기는 저절로 기라는 문제가 있는가?"

◎ 변별

원(元)은 만물을 낳는 리로서 편복(徧覆)을 포함하여 두루하지 않음이 없다. 형(亨)은 만물을 기르는 리로서 조리와 등위(等威)가 분명하고 확연하다. 리(利)는 만물을 완성하는 리로서 모두 합당하게 재제(裁制)하고 차별한다. 정(貞)은 만물을 갈무리(저장)하는 리로서 태화를 보합(保合)하여 각각 성명을 바르게 한다.[228] 이 리가 하늘에 있으면 하늘의 리가 되어 만물의 리를 갖추며, 사람에게 있으면 사람의 리가 되어 만물의 리를 갖춘다. 이제 태극에 원형이정이 있음은 알면서도 원형이정의 이면에 인물의 편전(偏全)·자연의 분(分)이 있음은 알지 못하는가.

한 몸을 가진 사람이 천하의 일을 관리하는 것은 무엇 때문인가. 한 몸이 있으면 반드시 이 몸을 주재하는 것이 있게 마련인데, 바로 군주이며, (한 몸이 있으면) 반드시 이 몸을 낳은 이가 있게 마련인데 바로 부모이며, 반드시 이 몸의 앞뒤로 태어난 이가 있게 마련인데 바로 형제이며, 반드시 이 몸과 짝이 되는 이가 있게 마련인데 바로 부부이며, 반드시 이 몸과 동류가 있게 마련인데 바로 친구이다. 이 몸이 만물의 영장이라면 반드시 만물을 주재하는 리가 있을 것이고, 이 몸이 천지의 마음이라면 반드시 천지를 보좌하는 리가 있을 것이다. 사람도 오히려 이러한데, 하물며 하늘은 어떻겠는가. 하늘을 바르게 말하는 이는 반드시 다른 사람이 알아볼 것이다.

◉ 『납량사의』에 다음과 같이 말했다.

"이제 한 덩어리의 쇠뭉치가 하나의 태극이라고 한다면, 사발을 만들 수도 있고 칼을 만들 수도 있으니, 이것이 분수가 하나에 포함되는 것입니다. 밝다고 하는 말하는 것이 동쪽 면을 사발로 만들고 서쪽 면을 칼로 만드는 것을 가리키지 않는다. 혼연한 것이 사발의 용광로에 들어가

228 『주역·건괘·단전』.

면 사발이 되고 칼의 용광로에 들어가면 칼이 되어 각기 본분(本分)의 하나를 얻는다."

◎ 『기의』는 다음과 같이 말한다.

"여기에 한 사람이 있는데, 다음과 같이 말한다면 어떻게 반박하겠는가. '가볍고 맑은 화로에 넣으면 하늘이 되고, 무겁고 탁한 화로에 넣으면 땅이 되고, 맑고 순수한 화로에 넣으면 매우 지혜로운 이가 되고, 탁하고 잡박한 화로에 넣으면 아주 어리석은 이가 되고, 양강(陽剛)의 화로에 넣으면 남자가 되고, 음유(陰柔)의 화로에 넣으면 여자가 되니, 각기 그 본연의 하나를 얻은 것이다.' 장차 어떻게 논파하겠는가."

◎ 변별

사람이 되고, 사물이 되고, 남자가 되고, 여자가 되는 것은 동철(銅鐵)이 대야가 되거나, 사발이 되거나, 칼이 되거나, 검이 되는 것이다. 현인이 되거나 어리석은 이가 되는 것은 동철(銅鐵)이 어떤 화로를 만나 얼마나 단련되느냐에 달려 있다. 그리고 그릇이 되느냐 도검(刀劍)이 되는가가 동철(銅鐵) 스스로가 치우쳐서 그런다고 주장하는 사람은 없지 않던가.

◉ 『남량사의』에 다음과 같이 말했다.

"이미 나뉨이 기질에 말미암아 생긴 것이라고 여긴다면 사람과 사물이 오상(五常)을 본연지성(本然之性)으로 삼으면서 치우침·온전함의 본성은 본연이 아니게 되어 사람과 사물의 본성이 같다는 논의가 생긴다."

◎『기의』는 다음과 같이 말한다.

"치우침과 온전함(偏全)·통함과 막힘(通塞)과 분수의 분(分)은 감소함에 차이가 있다. 분(分)이 비록 천지 만물이 아직 생성되기 이전에 갖추어졌다고 하지만, 편전(偏全) 통색(通塞)은 도리어 부여된 기에 달려 있다. 또한 편전(偏全)은 사람과 사물만을 말할 수 있는 것이 아니라 성인과 범인을 함께 말할 수도 있을 것이다. 그러므로 주자는 '배워서 알 수 있는 사람(學知) 아래로는 어느 정도 기의 청탁이 있고, 리의 전결(全缺)은 이에 달려 있을 뿐이다'[229]고 했다. 그런데 이제 성인과 범인이 오상(五常)을 함께 하는 것은 본연지성이라 여기면서도 리의 온전함과 이그러짐(全缺)은 본연이 아니라고 하더라도 무슨 문제가 있겠는가. 이와 같다면 사람의 본성이 (하나의 모퉁이를 들어 보여줌에) 나머지 세 모퉁이를 깨달을 수 있겠는가."[230]

◎ 변별

편전(偏全)에 대해, 사람과 사물로 말한 것은 본연의 분(分)이요, 성인과 범인으로 말한 것은 기품의 차이이다. 만약 사람의 온전함(全)을 일

229 『주자대전』 권56, 「정자상에게 답함」. "나면서부터 아는 사람은 기(氣)가 지극히 청명하고 이(理)에 가리움이 없습니다. 배워서 아는 사람 아래로는 곧 기(氣)의 맑고 흐림에 많고 적음이 있어서 이(理)의 온전함과 결핍이 여기에 매어있을 뿐입니다."(生而知者, 氣極淸而理無蔽也. 學知以下, 則氣之淸濁有多寡而理之全缺繫焉耳.)

230 『논어·술이』. 마음속으로 통하려고 노력하지 않으면 열어주지 않으며, 애태워하지 않으면 말해주지 않되, 한 귀퉁이를 들어주었는데 이것을 가지고 남은 세 귀퉁이를 반증(反證)하지 못하면 다시 더 일러주지 않아야 한다.(子曰 不憤不啓, 不悱不發, 擧一隅不以三隅反, 則不復也.)

러 본연이라 하고 사물의 치우침(偏)을 일러 기질이라 한다면, 사람만이 홀로 본연의 성을 얻고 사물이 얻은 것은 단지 기질의 성뿐일 것이다. 그렇다면 하늘을 나는 솔개나 연못에서 뛰노는 물고기·물의 축축함이나 불의 건조함 등은 모두 본연이 아니게 된다. 그렇게 되면 그 본성을 다할 수 있는 것이 천하에 단 하나도 없을 것이다.

이미 "분(分)은 사람과 사물이 생겨나기 이전에 이미 갖추어져 있다"고 하면서 오히려 "편전은 도리어 부여받음 기에 달려 있다"고 하니, 사람과 사물의 분(分)이 편전을 버리고 또다시 어떤 분(分)이 있다는 말인가. 그 설이 궁색할 뿐만 아니라 생각이 깊지 않음을 알 수 있다.

◉ 『남량사의』에 다음과 같이 말했다.

"오상이 사물을 따라 치우침·온전함이 있다고 한다면 이치의 근본과 나뉨이 어찌 같을 수 있겠는가? 치우침·온전함이 같지 않은데도 오히려 (오상이) 같다고 말하는 것은 예컨대 사발과 칼의 쇠가 같은 종류에 속하는 같음[同之同]이지, 사발과 칼이 없을 때 뒤섞여 같이함[混同]으로써 같음을 말하는 것이 아닌 것과 같다. 치우침·온전함의 본성이 본연이 아니라는 것은 사발과 칼을 떠나 쇠를 구하는 말이다."

◎ 『기의』는 다음과 같이 말한다.

"사람과 사물의 동일한 근원 가운데 오상이 있으니, 이것이 리의 본분(本分)이다. 지금 기에 따라 발현하는 오상 가운데 온전하거나 결함이 있는 것을 일러 리의 본분이라 하고 성의 본연이라고 부르는데, 주자가 말하는 기질에 있는 성이라는 것과는 그 품(品)이 같지 않다. 이른바 기질의 성이라는 것과 기질로 논하면 무릇 성이라고 말하는 것이 같지 않다는 것은 모두 의심의 여지가 없는 해석이니, 서로 어그러짐이 없지 않은가."

◎ 변별

사람과 사람이 같지 않고 사물과 사물이 같지 않다. 이것은 기질의 편전이다. 사람과 사물이 같지 않다. 이것은 본연의 편전이다. 주자는 "사람과 사물의 편정(偏正)은 진실로 원래 같지 않다"[231]고 했고, 정자는 인(仁)을 말하면서 "부분적으로 말하면 한 가지 일이지만, 전체적으로 말하면 네 가지를 포함한다"[232]고 했다. 이는 편전 역시 본연임을 말하는 것 아니겠는가.

◉ 『남량사의』에 다음과 같이 말했다.

"하나로써 다섯을 보면 다섯이 하나와 같다. 그러나 다섯으로 서로를 보면 나뉨(分)이 여기에 있다. 비록 무수하게 흩어져 달라질지라도 모두 본래의 나뉨의 일이니, 치우침과 온전함을 내려다보려고 하는 것이 어찌 옳겠는가?"

◎ 『기의』는 다음과 같이 말한다.

"한 몸의 입장에서 사지(四肢)를 보면 사지는 같은 한 몸의 일부이지

---

231 『주자어류』 권4, 「성리」.

232 『이천역전』 권1. 사덕의 으뜸은 오상의 인과 같으니, 부분적으로 말하면 한 가지 일이지만 전체적으로 말하면 네 가지를 모두 포함한다.(四德之元 猶五常之仁 偏言則一事 專言則包四者.)

만, 사지의 입장에서 서로를 보면 여기에서 분(分)이 있게 된다. 이는 참으로 그러하다. 그러나 어찌 사지와 분수(分殊)로 편전을 나눌(分) 수 있겠는가. 그러므로 나는 '분(分)과 편전은 같지 않다'고 말하는 것이고, 만약 편(偏)이라고 말하고자 한다면 마땅히 '사지에 혹 마비되는 부분이 있어 불인(不仁)하거나 중풍에 걸려 뜻대로 움직이지 못하게 된 이후에 비로소 그것을 편(偏)이라 부를 수 있을 것이니' 비록 얕잡아보려 해도 할 수 있겠는가."

◎ 변별

한 몸을 통섭하는 것으로 말하면 이일(理一)과 같고, (몸의) 모든 기관(百體)을 가리키는 것으로 말하면 분수(分殊)와 같다. 한 몸이면서 모든 기관이 그 안에 있다고 말할 수도 있고, 모든 기관들로서 한 몸이 그 가운데에 있다고 말할 수도 있다. 한 몸 밖에 따로 몸의 여러 기관들이 있지 않고, 몸의 기관들 밖에 따로 한 몸이 있는 것이 아니다. 이일분수는 이와 같이 각자 장소를 가지고 있다거나 각자 가지고 있는 시기가 아니다. 그런데 이제 한 몸을 사지와 대비시켜 이일을 한 몸에 국한시키고 분수를 사지에 한정시킴으로써 이일분수를 국한되고 한계를 가진 것으로 여기고 있다. 이는 본체는 같지만 작용은 다르다는 것으로 편전비분(偏全非分)의 설이다.

◉ 『납량사의』에 다음과 같이 말했다.

"『중용혹문』『대학혹문』도 이미 음양오행설을 따라서 한 가지의 벼리로서 이치를 말하고 이어서 음양오행의 치우침·온전함으로써 조건의 다름을 말하는 것은 같은 때의 일을 앞과 뒤로 말한 것이니, 어찌 의심할 만한 부분이 있겠는가?"

◎『기의』는 다음과 같이 말한다.

"음양오행의 편전은 기질에 속하고 건순오상은 분수에 속하는 것인데, 어떻게 분수를 가리켜 편전이라 할 수 있겠는가. 만약 이와 같다면, 손과 발의 이름이 다른 것을 편전이라 부를 수 있을 것이다. 말이 안 되는 것 같다."

◎ 변별

장재는 "군자는 기질지성을 본성으로 삼지 않는다"[233]고 했다. 이는 기질지성은 본연이 아님을 말한 것이다. 주자는 오행이 생겨날 때 각각 하나를 그 본성으로 삼는 것을 기질지성이라 여겼다. 이는 장재의 말과 다르지만, 각각의 의미를 해치지는 않는다. 이것이 비본연(非本然)의 분(分)이라고 해서는 안 된다. 그는 이미 기질지성을 비본연이라 이르고 음양오행의 편전을 기질에 귀속시키니, 이른바 몸이 마비된 자들(즉 어질지 못한 이들)과 같은 부류로 더 이상 말할 것도 없다. 그렇다면(그의 말대로라면) 양이 강하고 음은 부드러우며, 물은 습기차고 불은 건조하는 것, 이 모두가 본연이 아니란 말인가. 천지만물은 모두 법칙을 갖추고 있다.

233『장자전서』「정몽」. 형체를 가지게 되면 기질지성의 갖게 된다. 그러나 잘 돌이켜보면, 거기에는 천지지성이 있다. 그러므로 군자는 기질지성을 본성으로 삼지 않는다.(形而後有氣質之性 善反之則天地之性存焉 故氣質之性 君子有弗性者焉.)

예컨대 사람에게는 사지와 백 개의 마디가 있으니, 더해서도 안 되고 빼서도 안 되듯이 군더더기 하나 없이 온전하게 갖추어져 있다. 이것이 바로 태극의 위대한 온전함(大全)이며 조화의 오묘한 작용(妙用)이다. 만약 '음양오행은 부여된 기와 연결된 것으로 임시 배정된 것 ……'이라 한다면, 태극은 과연 공허한 자리만 차지하여 조화를 행하는 것이 이미 힘들지 않겠는가.

하늘이 만물을 생성하는 것은 마치 사람이 만사에 대응하는 것과 같다. 만사에 대응하는 이치가 먼저 갖추어지지 않으면, 인성의 본체에 결함이 있게 될 것이다. 만물을 낳는 이치가 먼저 갖추어지지 않으면 천명의 본원(原)이 소루(疏漏)하게 된다. 만약 '천명의 본원과 인성의 본체가 같지 않다. …'고 말한다면, 이는 내가 알고 있는 것이 아니다.

주자는 "사람이 사물이 태어날 때에 그 부여받는 형체의 편정(偏正)이 원래 참으로 같지 않다. 그러나 그 편정 가운데에 또 각기 맑고 탁함과 어둡고 밝음(淸濁昏明)의 차이가 있다"[234]고 했다. 윗 단락의 '원래 같지 않다'는 것은 본연의 분(分)이고, 아랫 단락의 '또 자연히 같지 않다'는 것은 기에 따른 분(分)이다. 그런데 이제 상하의 단락을 합해 한결같이 기분(氣分)에 귀결시키면 되겠는가.

234 『주자어류』 권4, 「성리」.

전우가 쓴 「외필변」를 변론함 辨田愚所著蘆沙先生猥筆辨

◉ 전우는 다음과 같이 말한다.[235]

율곡은 일찍이 '음양의 움직임과 고요함은 기틀이 스스로 그러한 것이지, 그것을 사역하는 것이 있는 게 아니다'고 했다. 그러나 내가 살펴보니, 주자는 '리는 조작(造作)이 없다'고 말했는데, 움직임과 고요함(動靜)은 조작이다. 그래서 '기틀이 스스로 그러하다'고 말한 것이다. 주자는 또 '조금이라도 작용이 있으면 형이하자이다'고 말했다. 고요하고 움직이는 것은 작용이다. 그래서 '기틀이 스스로 그러하다'고 했다. 공자는 '하늘이 만물을 생육하면서, 심은 것은 북돋워주고 기운 것은 엎어버린다'[236]고 분명히 말했다. 그런데 주자는 도리어 '이는 어떤 것이 있어서 그렇게 시키는 것이 아니다. 그러나 만물이 스스로 자라나다가 장래에 사라지는 것은 마치 어떤 것이 있어 그것을 부양하는 것 같고, 그것이 쇠퇴할 때에는 스스로 사라져 가는 것이 마치 어떤 것이 있어 무너뜨리는 것 같다. 그렇지만 이는 리(理)가 스스로 이와 같은 것'[237]이라 했다. 맹자는 '하늘이 만물을 낳을 때, 근본을 하나로 하였다'[238]고 분명히 말

235 전우, 「외필변(猥筆辨)」.

236 『중용』 제17장. 그러므로 하늘이 물건을 낼 적에는 반드시 그 재질을 따라 돈독히 한다. 그러므로 심은 것은 북돋아 주고, 기운 것은 엎어 버리는 것이다. (故天之生物, 必因其材而篤焉. 故栽者培之, 傾者覆之.)

237 『주자어류』 권63, 「중용」. 단지 하나의 이치일 뿐이다. 이는 어떤 것이 있어서 그렇게 시키는 것이 아니다. 그러나 만물이 스스로 자라나다가 장래에 사라지는 것은 마치 어떤 것이 있어 그것을 부양하는 것 같고, 그것이 쇠퇴할 때에는 스스로 사라져 가는 것이 마치 어떤 것이 있어 무너뜨리는 것 같다. 그렇지만 그 리는 원래 이와 같은 것이다.(曰只是一理 此亦非是有物使之然 但物之生時 自節節長將去 恰似有物扶持也 及其衰也 則自節節消磨將去 恰似箇物推倒 它理自如此.)

했다. 그런데 주자는 도리어 '이는 자연의 이치이니, 마치 하늘이 그렇게 시킨 것과 같은 것이다'[239]고 했다. 이윤은 '하늘이 백성을 낳을 때, 먼저 안 사람으로 하여금 늦게 아는 사람을 깨우치게 하였다'고 분명히 말했는데, 주자는 도리어 '천리의 당연함이 마치 그렇게 시킨 것과 같다'[240]고 말했다.

무엇 때문인가. 사람들이 '사(使)'자를 작용의 의미로 잘못 인식할까 염려해서였다. 그래서 따로 아래에 '약(若)'자, '흡사(恰似)'자, '어떤 것이 그렇게 하도록 시키는 것이 있는 것이 아니다'라는 구절을 넣어 작용의 사(使)가 아님을 나타냈다. 그러므로 '그렇게 시키는 것이 있는 게 아니다'고 했으니, 율곡이 어찌 아무런 근거 없이 멋대로 말했겠는가.

---

238 『맹자』「등문공 상」. 또 하늘이 만물을 냄은 그로 하여금 근본이 하나이게 하였거늘, 이자(夷子)는 근본이 둘이기 때문이다.(且天之生物也, 使之一本, 而夷子二本故也.)

239 『맹자집주』「등문공 상」. 또 인물(人物)이 태어남은 반드시 부모에 근본 하여 둘이 없으니, 이는 바로 자연의 이치이니, 하늘이 마치 그렇게 시킨 것과 같은 것이다.(且人物之生, 必各本於父母而無二, 乃自然之理, 若天使之然也.)

240 『맹자』「만장 상」. 하늘이 이 백성을 내심은 먼저 안 사람으로 하여금 늦게 아는 사람을 깨우치며, 선각자로 하여금 뒤늦게 깨닫는 자를 깨우치게 하신 것이다. 나는 하늘이 낸 백성 중에 선각자이니, 내 장차 이 도로써 이 백성들을 깨우쳐야 할 것이니, 내가 이들을 깨우치지 아니하고 그 누가 하겠는가.(天之生此民也, 使先知覺後知, 使先覺覺後覺也. 予, 天民之先覺者也; 予將以斯道覺斯民也. 非予覺之, 而誰也?)

『주자집주』. 이 또한 이윤(伊尹)의 말이다. 지(知)는 일의 당연한 바를 아는 것이요, 각(覺)은 그 이치의 소이연(所以然)을 깨닫는 것이다. 후지(後知)와 후각(後覺)을 깨우친다는 것은 마치 잠자는 자를 불러 잠을 깨게 하는 것과 같은 것이다.(此亦伊尹之言也. 知, 謂識其事之所當然. 覺, 謂悟其理之所以然. 覺後知後覺, 如呼寐者而使之寤也. 言天使者, 天理當然, 若使之也)

또 '사람이 도를 넓힐 수 있다'는 것은 '기틀이 스스로 그러한 것이요', '도가 사람을 넓히는 것은 아니다'는 것은 '그렇게 시키는 것이 있는 게 아니다'는 것이다.[241]

대개 인심에 깨달음이 있는 것은 음양이 동정하는 기틀이며, 도체(道體)의 무위(無爲)함은 태극의 자연의 신묘함이다. 주자는 『논어집주』에 장재의 말을 실었는데,[242] 본성이 마음을 검속할 줄 모르는 것은 천명이 이미 그친 것으로 여기고, 마음이 본성을 다하는 것은 천명의 밖에 또 하나의 본령으로 간주하여 멋대로 지껄이는 후대의 현자를 본 적이 없다.

만약 리가 기를 주재하고, 성이 마음의 근본임을 논한다면, 율곡이 일찍이 기가 하는 것에는 반드시 리가 주재하고 있다고 말했고, 또 아무것도 하지 않으면서 유위(有爲)를 주재하는 것은 리이다고 말했다. 또 말하기를, 누가 그 기틀을 담당하는가? 바로 태극이다. 이러한 것들은 하나로는 충분하지 않다. 사람들이 여기에 나타난 것을 보고서, 비록 '그 기틀이 스스로 그러하다'고 하지만 그것이 스스로 그러한 까닭은 여전히 이 리 때문이며, 비록 '그렇게 시키는 것이 있지 않다'고 하지만 그것을 그렇게 시키지 않는 시킴(不使之使) 역시 여전히 이 리이다. 왜 일찍이 위연(魏延)과 양의(楊儀)가 함께 관청에 있으면서도 서로 어그러지는 변

---

241 『논어』「위령공」. 공자께서 말씀하셨다. 사람이 도(道)를 넓히는 것이요, 도(道)가 사람을 넓히는 것은 아니다.(子曰 人能弘道, 非道弘人.)

242 『논어집주』「위령공」. ○ 장자(張子)가 말하였다. "마음이 성을 다할 수 있으니, 이것은 사람이 도를 크게 하는 것이요, 성은 마음을 검속할 줄 모르니, 이것은 도가 사람을 크게 함이 아닌 것이다.(張子曰 心能盡性, 人能弘道也, 性不知檢其心, 非道弘人也.)

고가 있겠는가.

◎ 동정(動靜)을 곧바로 조작과 작용으로 치환하여 보는 것이 가능한가? 동정은 음양이라는 두 기의 양능(良能)이다. 주돈이의 이른바 '움직이면서도 움직임이 없는 것',[243] 주자의 이른바 '고요한 가운데 움직임이 있고, 움직임 가운데 고요함이 있는 것',[244] 이러한 곳에서의 동정이라는 글자는 모두 이치로서 말한 것이 아니겠는가. 리란 형체가 없는 것인데 어떻게 조작이 있을 수 있겠는가. 그러나 이치가 이러하면 기 역시 이러하고, 이치가 저러하면 기 역시 저러하다. 기의 동정, 운행, 형체와 흔적 등은 모두 리가 만든 것이다. 이것이 바로 무위(無爲)의 위(爲)이며, 불사(不使)의 사(使)이다. 요즘 사람들은 리를 지나치게 추론하여 작용이라 하고, '시키는 것이 있지 않다'고 한다. 요즘 세상에서는 기를 지나치게 중시하여 제멋대로 하기에 이르러 '그것을 부리는 것이 실제로 있다'고 한다. 그렇지만 율곡의 글과 노사의 글은 모두 시기로써 리를 설명한 것이기 때문이다.

모르긴 하지만, 오늘날 본지를 혼동한 상태에서 자기 말만 고집하면서 바꾸려고 하지 않는 이들 역시 그 마음은 모두 리를 밝히려는 것 아니겠는가? '사람이 도를 넓히고', '마음이 본성을 검속한다'는 이 마음(心)이라는 글자는 신명의 주재(神明主宰)를 이르는 것이다. 사람의 신명은

---

243 『주돈이집』 권16, 「동정」. 움직이면서도 움직이지 않고 고요하면서도 고요하지 않는 것이 신이다.(動而無動, 靜而無靜, 神也.)

244 『주자어류』 권94, 「동정」 편에 주된 논의가 있다. 그러나 여기뿐만 아니라 『어류』 권96, 『어류』 권120, 『대전』 권44, 권56 등에도 비슷한 개념이 나온다.

리와 기가 합해져서 있는 것이 사실이다. 그러나 그 근본은 리에 있고, 그 핵심은 리에 있으니, 이른바 신명의 주재가 어떻게 기(氣)라는 한 글자로 이해될 수 있겠는가?

오늘날 마음(心)을 전적으로 기기(氣機)로 치환하여 봄으로써 기가 리를 능히 제어한다는 학설을 논증하려 하니, 성인의 말을 모독함이 참으로 크다. 사람이 도를 넓힌다는 것은 사람의 몸에서 설명한 것이고, 그 기틀이 스스로 그러하다는 것은 조화의 측면에서 설명한 것이다. 오늘날 '사람이 도를 넓힌다'는 말을 '그 기틀이 스스로 그러하다'는 말과 대비시켜 '기틀이 능히 도를 넓힌다'고 하고, '도가 사람을 넓히는 게 아니다'는 말을 '그것을 부리는 것이 있는 게 아니다'는 말과 대비시켜 '도가 기를 부리는 게 아니다'고 하니, 과연 말이 되는가?

◉ 전우는 다음과 같이 말한다.[245]

만물이 생겨날 때, 비록 '저절로 자라고 저절로 사라진다'고 말하지만, 그 스스로 자라고 스스로 사라지는 것은 궁극적으로 리 스스로가 이와 같기 때문이다. 음양의 기틀이 비록 '스스로 움직이고 스스로 고요해진다'고 말하지만, 그 스스로 움직이고 스스로 고요해지는 것 역시 리 마땅히 이러하기 때문이다. 이것이 어찌 이해하기 어려운 이치이겠는가?

어떤 이는 말한다. 주자는 '스스로 생겨나고 스스로 사라진다(自生自消)' 아래에 계속하여 '리가 스스로 이와 같다'고 했는데, 율곡은 이 한 마디 핵심적인 말을 하지 않았기 때문에 노사가 의문을 품었던 것이다.

---

245 전우, 「외필변(猥筆辨)」.

이는 결코 그렇지 않다. 주자는 일찍이 말했다: '(하늘은 단지) 하나의 기가 유행하는 것일 뿐이다. 만물은 스스로 생겨나고 스스로 성장하고 스스로 모양을 이루고 스스로 빛깔을 갖추니, 어찌 이러한 것들 하나하나마다 이와 같은 것이 있겠는가?'[246] '어찌 이러한 것들 하나하나마다 이와 같은 것(理)이 있겠는가?'라는 말은 바로 율곡이 말한 '그것을 부리는 것이 있지 않다'는 것이니, 스스로 이와 같이 어쩌고저쩌고 하는 리는 없다는 것이다. 이것 역시 스스로 움직이고 스스로 멈추어서 천명과는 관계가 없는 것이기 때문에 꾸짖는 것이며, 또한 기가 리의 자리를 빼앗아 모든 일의 본령이 될까 두렵기 때문에 배척하는 것이다.

노사는 '움직이는 것과 고요해지는 것은 기이다. 움직이게 하는 것과 고요하게 하는 것은 리이다'고 했다. 움직이게 하고 고요하게 하는 것은 그렇게 하도록 시키는 것이 아닌데, 왜 리가 사역한다고 이르는 것인가. 이는 단지 근저(根柢)를 이르는 것일 뿐으로 감정과 의지(情意)를 가진 기와 같은 것이 아니다. 그러므로 우암은 하여금 움직이게 하고 고요하게 하는 데 왜 조작이 없다고 하는가라는 심명중(沈明仲)의 질문에 '스스로 그러한 것'에 불과하다고 했으니, 음양오행의 운용과는 다르다. 지금 노사의 견해는 바로 심명중과 동일하다. 노사는 움직이고 고요하게 하는 것은 리이다고 하니, 바로 발(發)하는 것은 기(氣)라는 율곡의 말과 맥락이 같다. 어찌 기를 리로 착각하는 데로 귀결되지 않겠는가. 대개 리는 비록 주재라고 말하지만, 실제로는 기 속에 있으며, 비록 동정한다고 하지만 실제로는 리에 근본한다. 이는 천지가 생기기 이전이나 이후를

---

246 『주자어류』 권45, 「논어·위령공」.

막론하고 영원토록 변할 수 없는 정리(定理)이다.

그래서 율곡이 이미 '무형(無形) 무위(無爲)하지만 유형(有形) 유위(有爲)를 주재하는 것은 리이다'고 했다. 또 '유형(有形) 유위(有爲)하면서 움직임도 있고 고요함도 있는 것은 기이고, 무형(無形) 무위(無爲)하면서 움직임 속에 있고 고요함 속에 있는 것은 리이다'고 했다. 이야말로 본말과 체용을 빠짐없이 지극하게 갖추었다고 할 만하다. 도의 본체를 통찰한 이가 아니면 누가 이러한 경지에 이를 수 있겠는가?

그런데 지금 이와 같음을 간파하지도 못하고, 이와 같이 체득하지도 못한 채 단지 주재라는 한 가지 의미에만 매달려 리에 조종기능이 있음만 짐작할 뿐, 다시 이 기를 단속하여 리의 본연을 따르지 않으니, 어찌 그 공부에 소루(疏漏)한 곳이 있지 않겠는가? 또 그 설명과 같다면, 말을 하거나 침묵하는 것은 입이고, 말을 하게 하거나 침묵하게 하는 것은 성(性)이다. 나는 다음과 같이 들었다: 성은 말하고 침묵하는 이치이며, 혀와 입은 이를 따라 말하거나 침묵한다. 이는 주자의 이른바 '리에 동정이 있다. 그래서 기에 동정이 있다'[247]는 것이다. 나는 이 성이 스스로 말하고 침묵할 수 있다고는 듣지 못했다. 이런 까닭에 지각·작용이 성이라고 한 고자(告子)와 불교, 이처럼 보고 듣고 말하고 행동하는 것이 곧 천리하고 양명은 모두 기를 리로 인식하기에 이르렀으니, 우리 성인과 다르다. 주자는 「호계수에게 답함」이라는 편지에서 '자기의 마음을 스스로 성찰한다'[248]고 말하였는데, 어찌 그것을 성찰하

247 『주자전서』 권49, 권56. 리에 동정이 있기 때문에 기에 동정이 있는 것이다. 만약 리가 동정을 가지지 않는다면 기가 어떻게 해서 동정할 수 있겠는가.(理有動靜 故氣有動靜 若理無動靜 則氣何自而有動靜乎.)

는 리는 성(性)에서 나오고, 능히 그것을 성찰하는 것은 마음(心)이지 성이 아님을 몰라서 이와 같이 말하였겠는가. 말의 이치가 모두 구비되어 아무런 문제도 없는데, 후세의 사람들이 『외필』의 설을 전해 듣고 스스로 행하고 스스로 멈추어 성명(性命)에 말미암지 않는 독립적인 두 개의 본령이 각각 추뉴(樞紐)가 된다고 오인하여 주자를 의심할 것이다. 지하(무덤)에 있는 노사도 이러한 말을 들으면 응당 얼굴을 찌푸릴 것이라 생각한다.

◎ 주자가 '하나하나마다 …'라고 말한 곳은 한 군데가 아니다. 예를 들면, '만물에 맡길 뿐이지 자신은 수고롭게 하지 않았다'[249]고 했고, 또 '하늘이 모든 사물들을 하나하나 조각한 것이 아니다'[250]고 했다. 이 모두는 하나의 근본이라는 관점에서 말한 것으로, 주재의 오묘함이 이미 첫머리에 있으니, 어찌 주재하지만 스스로 생겨나고 스스로 생장하는 것을 이르는 것이 아니겠는가. 그래서 '하나하나마다 …' 아래에 '대본(大本) 대원(大原)에서 흘러나온다'는 한 구절을 덧붙여 두었는데, 이제

248 『주자전서』 권53, 「호계수에게 답함」. 경이란 단지 자신의 마음을 스스로 성찰하는 것이다.(敬字只是自心自省 當體便是 則自無病矣.)

249 『논어집주』 「공야장」. 부자(夫子)에 이르러서는 마치 천지의 조물주가 모든 사물에 맡겨주고 자신은 수고롭지 않은 것과 같으니, 이는 성인의 행하시는 바이다.(至於夫子, 則如天地之化工, 付與萬物而己不勞焉, 此聖人之所爲也.)

250 「논어집주」 「위령공」. 사씨(謝氏)가 말하였다. "성인의 도가 커서 사람들이 두루 보고 다 알 수 없으니, 당연히 많이 배우고서 그것을 기억하는 것이라고 여길 것이다. 그러나 성인이 어찌 박학하기를 힘썼겠는가? 마치 하늘이 여러 형상에 대해서 물건마다 조각하여 만든 것이 아님과 같다.(謝氏曰 聖人之道大矣라 人不能遍觀而盡識이니 宜其以爲多學而識之也라 然이나 聖人豈務博者哉리오 如天之於衆形에 匪物物刻而雕之也.)

그 아래의 한 구절은 쏙 빼버리고 자기주장을 펴치고 다른 사람의 말을 방어하려 하는가. 리에 작위(作爲)함이 없다는 점으로 말하면, '움직이고 고요한 것은 리이고 움직이게 하고 고요하게 하는 것은 기이다'고 말한다. 리가 주재하는 것으로 말하면, '움직이고 고요한 것은 기이고 움직이게 하고 고요하게 하는 것은 리이다'고 말한다. 말하는 지점에 따라 각기 합당함이 있다. 율곡이 어찌 천도 및 역수책(易數策)에서 움직이게 하고 고요하게 하는 것이 리이다고 말했겠는가. 율곡이 또한 기를 리로 오인하여 그랬겠는가. 지금 율곡을 옹호한다면서 도리어 율곡을 기를 리로 오인한 부류로 만들어버리니, 어찌 이다지도 정론(定論)이 없단 말인가.

'리에 동정(動靜)이 있다.'[251] 이 동정이란 글자는 무체(無體)의 동이며, 무체(無體)의 정이다. 이런 까닭에 주돈이는 『통서』에서 '움직이면서도 움직임이 없고, 고요하면서도 고요함이 없다. 움직이지 않은 것도 고요하지 않은 것도 아니다'[252]고 했다. 주자는 '리의 동정을 말하자면, 움직임 가운데 고요함이 있고 고요함 가운데 움직임이 있는 건 그 본체(體)이고, 고요하면서도 능히 움직이고 움직이면서도 능히 고요한 것은 그 작용(用)이다'[253]고 했다. 이와 같은 같은 한두 군데가 아니고 많다. 그런

---

251 『주자전서』 권49, 권56. 리에 동정이 있기 때문에 기에 동정이 있는 것이다.(理有動靜 故氣有動靜.)

252 『통서』 권16, 「동정」.

253 『주자어류』 권94, 「주지지서(周子之書)」. 리의 동정을 말하자면, 움직임 가운데 고요함이 있고 고요함 가운데 움직임이 있는 건 그 본체이고, 고요하면서도 능히 움직이고 움직이면서도 능히 고요한 것은 그 작용이다.(言理之動靜 則靜中有動 動中有靜 其體也 靜而能動 動而能靜 其用也.)

데 지금은 '리에 동정이 있다'에서 리(理)의 동정을 기(氣)의 동정으로 치환해버린다. 그렇다면 이른바 리란 유명유실한 것이 아닌가. 생각하건대, 많은 독자들이 자세히 살피지 못하고 천고의 탁견이라고 여기니, 리를 쫒아내고 기를 위주로 하는 학문이 옛날에 과연 있었단 말인가. 이를 천고의 탁견이라 이를 수 있는가.

주재(主宰)의 의미를 어찌 하찮게 여기겠는가. 이는 천지의 대일통(大一統)이며 과거와 현재를 꿰뚫고 있는 매우 엄중한 도리이다. 이제 '단지 주재라는 한 가지 의미에만 매달려 리에 조종기능이 있음만 짐작할 뿐, 다시 이 기를 단속하지 못한다'고 말하는 것은 주재를 하찮아서 마치 아무런 중요성도 없는 것으로 보는 것이다. 어찌 기를 핵심으로 삼아서 그러했겠는가.

리를 위주로 하는 것은 곧 이 기를 단속하는 것인데, 기를 위주로 하면서 그 자신의 행위를 쫒는데, 검속(檢束)이라 할 수 있겠는가. 리를 위주로 하면 소루(疏漏)함이 없을 수 있지만, 기를 위주로 하면 도리어 본원을 빠뜨리게 되니, 소루함이 없다고 할 수 있겠는가. '때에 맞은 뒤에야 말한다'[254]에서, 말하는 것은 입이고 말하게 하는 것은 리의 주재이다. '예가 아니면 말하지 말라'[255]에서, 침묵하는 것은 입이고 침묵하게

---

254 『논어』「헌문」. 공명가(公明賈)가 대답하였다. "말씀하는 자가 지나쳤습니다. 부자(夫子)는 때에 맞은 뒤에야 말씀하므로 사람들이 그의 말을 싫어하지 않으며, 즐거운 뒤에야 웃으므로 사람들이 그의 웃음을 싫어하지 않으며, 의(義)에 맞은 뒤에야 취하므로 사람들이 그의 취함을 싫어하지 않는 것입니다." 공자께서 말씀하셨다. "그러할까? 어찌 그럴 수 있겠는가."(公明賈對日 以告者過也 夫子時然後言 人不厭其言 樂然後笑 人不厭其笑 義然後取 人不厭其取 子日 其然 豈其然乎.)

255 『논어』「안연」. 안연이 "그 조목을 묻겠습니다." 하고 말하자, 공자께서 말씀하

하는 것은 리의 주재이다.

불교에서 기를 성으로 인식하고, 양명이 마음을 리로 인식한 것은 선악이 생겨나는 곳을 가리지 않고 대충 성이라 한 것이니, 참으로 말이 안 된다. 만약 선에서 생겨나는 지각·작용, 보고 듣고 말하고 행동하는 것(視聽言動)이라면 리라고 불러도 되지 않겠는가. 선악을 가리지 않고 그것을 성(性)이라고 부르는 것은 옛날의 고자와 석가 그리고 양명과 같은 부류들이다. 이치와 욕망(理欲)을 구분하지 않고 대충 기라고 부르는 것은 요즈음 천고의 탁견을 자신이 얻었다고 여기는 이들이다. '자기의 마음을 스스로 살피는 것', 이는 마음을 한 군데 집중하여 분산시키지 않는 것(主一無適)을 말하는 것이니, 아무런 주장(중심)도 없이 스스로 행하고 스스로 그친다는 의미이겠는가. 아! (노사가) 지하에서 다시 고쳐 쓰지 않더라도, 주자께서 아무 말 않으실 것이다.

◉ 전우는 말한다.[256]

리는 하나(理一)일 뿐이다. 기(氣)를 타면 그 분(分)이 수만 가지로 다양해진다.(萬殊) 이는 율곡의 설이다. "어찌 하나(一)일 때에는 처음에는 탈 것이 없다가 수만 가지로 다양해진 이후에 비로소 위에 기틀(機)을 붙이는 것인가?" "그렇지 않다. 이제 기틀 위의 태극만을 말하자면 '리는 하나일 뿐이다'고 하지만, 사계절의 기(氣)를 함께 거론하자면 원형

셨다. "예(禮)가 아니면 보지 말며, 예(禮)가 아니면 듣지 말며, 예(禮)가 아니면 말하지 말며, 예(禮)가 아니면 동(動)하지 마는 것이다." 안연이 말하였다. "제가 비록 불민(不敏)하오나 청컨대 이 말씀을 종사하겠습니다." (顔淵曰 請問其目 子曰 非禮勿視 非禮勿聽 非禮勿言 非禮勿動 顔淵曰 回雖不敏 請事斯語矣.)

256 전우, 「외필변(猥筆辨)」.

이정을 말하여 '기를 타고서 그 나뉨(分)이 수만 가지가 된다'고 하는 것이다. 어찌 예전에는 걸어서 다니다가 오늘 말을 타는 것을 이르는 것이겠는가. 지금 『외필』은 말하기를 '이는 마치 태극이 아무런 주장(생각)도 없다가 문득 말이 눈앞에서 뛰어오르는 것을 보는 것과 같다'고 하는데, 이는 결코 율곡의 본의가 아니다. 또 '이 말은 변방 늙은이의 소유이지 원래 내가 탈 것이 아니었다. 타고 난 이후의 추세도 반드시 동쪽으로 갈지 서쪽으로 갈지는 오직 말머리가 쳐다보는 것에 달려 있다'고 한다. 이 역시 자세하게 밝혀야 할 부분이지 대충 넘어가서는 안 된다. 대개 사람들은 모두 태극을 지니지만 기품(氣稟)이 다르다. 그래서 욕망과 감정이 걷잡을 수 일어나고 이로움과 해로움이 서로 맞부딪치는 걱정을 늘 안고 산다. 이때 원래 말 타는 주인이 말을 조종하는 힘을 가지고 있으니 적막(適莫)[257]이 없는 것도 아닌데(조종操縱, 적막適莫, 이런 말들은 모두 『외필』의 말이다), 어떻게 이러한 것이 오직 말의 잘못이라 하겠는가. 이는 마땅히 명확히 밝혀야 한다. 그렇지 않으면, 그가 말하는 '주인이 향하는 곳에 어떻게 종이 가지 않겠는가'라는 말을 장차 사람들이 믿지 않을 것이니, 아하! 위험하도다.

◎ 이일(理一)은 사람의 한 몸과 같고, 만리(萬理)는 몸의 모든 부분들

---

257 '적막'의 출저는 『논어·이인편』에 나오는 다음 구절이다. 공자는 말했다. 군자는 천하의 일에 있어서 오로지 주장함도 없으며, 그렇게 하지 않는다는 것도 없어서, 의를 따를 뿐이다.(子曰 君子之於天下也, 無適也, 無莫也, 義之與比.) 사전적인 의미로는 부후(富厚)와 궁박(窮薄), 또 가(可)와 불가(不可), 또 적극과 소극, 또 어떤 사람에게 전적으로 마음을 기울이는 일과 마음을 기울이지 않는 일 등을 두루 가리킨다.

과 같다. 하나(一)라도 부족하지 않고, 만(萬) 개라고 남아도는 게 아니다. 그래서 이제 '리는 하나일 뿐이다'고 말하고 사계절의 기를 함께 거론하여 말할 때는 원형이정이라고 한다. 그렇다면 하나(一)는 분(分)이 없는 하나가 되어, 반드시 함께 거론하기를 기다린 이후에 만리(萬理)가 된다. 앞에서 말했던 이른바 분(分)이란 본연의 분(本然之分)인데, 어디에 있단 말인가. 태극이 참으로 주재하는데, 걷잡을 수 없이 발동하는 욕망과 감정은 기습(氣習)의 폐단이다. 기습의 폐단이 있다고 하여 태극이 주재하지 않는다고 의심하는 것은 물이 거꾸로 튀어 올라 이마를 쳤다고 해서 아래로 흐르는 물의 성질을 의심하는 것과 무엇이 다른가? 비록 끊임없이 움직이는 욕망과 감정 가운데 있지만, 그 부족한 듯 불안한 뜻은 그 속에 있지 않은 적이 없다. 이 속일 수 없는 심령이 리가 주재하는 까닭이다. 어찌 이것을 인용해서 '어떻게 동서남북이 있는가. 말의 잘못이다'고 하여 리를 위주로 하는 사람을 비난하는가.

◉ 전우는 말한다.[258]

또 『외필』에서 말하기를, "리발(理發)이라는 두 글자가 오늘날의 학자들에게 크게 금기시되어, 변화를 행하고 조리를 이룬다는 단락을 보자마자 '기(氣)'라고 말한다. 어떤 것이 기를 주관하느냐고 물으면. '그 기틀이 스스로 그러하며(其機自爾) 그렇게 시키는 것이 있지 않다'고 말한다. 리(理)가 어디에 있느냐고 물으면 '기를 탄다'고 말한다. 애당초 이미 그렇게 되도록 시키는 신묘함이 없고, 끝에도 조종하는 힘이 없는데, 붙고

258 전우, 「외필변(猥筆辨)」.

깃들어 탄다고 한들 무슨 일을 하겠는가? (그러한 리가) 있더라도 도움을 받는 사물이 없고, 없어도 (그러한 리로 인해 결합이 생기는) 사물이 없으니, 매우 안타까운 일이다. 그 이유를 궁구하여보면 '탄다'는 말이 그 본뜻을 잃어 번번이 리를 경시하고 기를 존중하는 사태를 초래하고, 마침내는 기가 리의 자리를 빼앗아 모든 일의 본령이 되는 데까지 이른 후에야 그친다. 글자 하나를 잘못 쓴 화(禍)가 이런 지경에 이르게 되었다."

나는 다음과 같이 생각한다. 율곡 역시 일찍이 '누가 그 기틀을 주관하는가? 오호라, 태극이다'고 말했다. 이 말이 어찌 기를 모든 일의 본령으로 삼았다는 것이겠는가. 또 '성(性)이 움직여서 정(情)이 된다'고 한 말에 대해 『외필』에서 한 이러저러한 것들은 율곡도 이미 그것을 분명하게 보았을 것이다. 다만 그가 리발(理發)을 잘못으로 보는 것에 대해서는 다양한 시각이 있지만, 사실 이기(理氣) 호발(互發)이라 해야 한다. 대체로 리가 근저가 된다는 점에서 말하면, 기는 리의 작용이 된다. 그러므로 비록 기가 움직인다(氣發) 하더라도 또한 리가 움직이는 것(理發)이라 할 수 있을 것이다. 마치 가는 것은 비록 말이지만 주인은 사람이기 때문에, 종합적으로 말할 때는 '사람이 간다'고 하는 것과 같다. 만약 기가 능히 작용한다는 점에서 말하자면, 리는 사실 정의(情意)가 없기 때문에 비록 선한 감정(情)이라 하더라도 그것을 기의 움직임(氣發)이라 부를 수 있을 것이다. 타고 있는 것은 비록 사람이지만 가는 것은 말이기 때문에 그것을 구분해 밝혀서 '말이 간다'고 말하는 것과 같다.

만약 리를 위주로 하고자 하여 실제로 일을 처리하는 곳에서까지 기발(氣發)이란 글자를 쓰지 못하도록 금지하는 것은 진실이 아니다. 비유하자면 신하가 임금의 명령을 받아 행하는 것과 같다. 신하가 행하는 것은 임금한테서 나오지만, 그 행위는 궁극적으로 신하가 하는 것이지 임금이 하는 것이 아니다. 필연적으로 행해지는 것은 임금의 명령이기 때문에 신하의 행위를 가리켜 임금의 행위라 한다면, 이는 이름도 올바르지 않고 말도 도리에 어긋나게 된다. 하물며 갑작스럽게 신행(臣行 신하의 행위)이라는 두 글자를 지목하여 신하가 이금의 빼앗았으니 그를 죽여야 한다고 하면, 어찌 법리의 올바른 판단에서 나온 말이라 하겠는가?

◎ 변화하는 것은 기이니 '건도(乾道)가 변화한다'고 할 적에 유행하는 것은 기이다. '천리가 유행한다'고 할 때, 어찌 일찍이 이 천리로 인해 이름이 올바르지 않고 말이 도리에 어긋나게 되겠는가. 기가 올바른 궤도를 따르면 리의 유행 아닌 것이 없다. 기가 궤도를 벗어난 뒤에 비로소 기질이라 설명할 수 있다. 그러므로 전우가 말한 신하의 행위란 혹시 올바른 궤도를 따르지 않은 신하 아닌가?

율곡은 일찍이 '누가 그 기틀을 주관하는가? 오호라, 태극이다'라 했고, 또 '무형 무위하면서 유형 유위의 주인이 된다'고 했으며, 또 '모든 감정은 리에서 나온다'고 했다. 이 모두는 바뀔 수 없는 정론이다. 『외필』의 말 역시 어찌 율곡이 이미 분명하게 본 것이 아니겠는가. 다만 후세 사람들이 평일의 정론을 버리고 단지 유행하는 측면의 한 조목만을 특별히 거론하면서 자신의 주기(主氣) 주장을 위한 증거를 삼고, 마침내는 성체기용(性體氣用) 동체이용(同體異用)의 설까지 만들어 사람과 사물이 처음 생겨날 적에는 정해진 분(分)이 없다고 하고 음양오행은 본연이 아니라고 하는 등 횡설수설하지만, 그 요점은 기(氣)라는 한 글자를 벗어나지 않는다. 그러면서도 꼭 율곡의 말을 인용하여 자신의 말을 증명하려 한다. 오호라. 율곡의 평소 주리(主理)의 주장이 어떻게 하여 후세 사람들에 의해 억지로 꿰맞추어져 도리어 마치 주기(主氣)와 같은 부류가 되어 버렸는가. 그렇다면 율곡을 위해 조목조목 설명하는 이들 가운데 율곡의 죄인이 되지 않을 사람이 몇이나 되겠는가.

◉ 전우는 말한다.[259]

『외필』에서 거론한 '한번은 음이 되었다가 한번은 양이 되는 것이 도이다', '태극이 양의(兩儀)를 낳는다'는 두 구절에 대해,[260] 누가 '그렇지 않다'고 하겠는가. 그러나 사람이 도를 넓히는 것이지, 도가 사람을 넓히는 것은 아니라는 것은[261] 비단 공자의 말만은 아니다. 아마도 꼭 하나만 잡고 하나는 버리라는 것은 아닌 듯하다. 내가 일찍이 그 점에 대해 생각해 보았는데, 시골의 보통사람으로부터 성인과 현인에 이르기까지, 어찌 천지의 조화(造化)를 빼앗은 자가 아니겠는가? 그 공적이 비록 마음(心)에 있지만, 그 본원은 한결같이 성(性)에서 나왔다. 그러므로 도가 능히 사람을 넓힌다고 하더라도 안 될 것이 없다. 그런데도 성인이 이와 같이 말씀하였으니, 그 까닭을 깊이 생각해 보아야 한다.

무릇 도는 지극히 존엄한 실체로서 만물의 주인이 되는 것인데, 세상으로 내려와 만물과 함께 작용을 하여 같은 부류가 되니, 도기(道器)와 상하(上下)의 분(分)이 혼란해져 분수를 뛰어넘으려는 마음의 싹을 막을

---

259 전우, 「외필변(猥筆辨)」.

260 두 구절 모두 『주역·계사전 상』에 나오는 말이다.

261 『논어·위령공』.

수 없게 되었다. 아하, 성인의 가르침이 희미해지는구나.

또 생각해보니, 마음의 일처리 능력은 덕성의 의리를 존경하여 세상의 교화를 지탱해 왔고, 천지의 조화를 돕는 데에 사람보다 공이 큰 것은 무엇 때문인가. 비록 형이상이라는 이름을 빌리더라도 아까울 것이 없는데, 성인은 마음에 대해 기꺼이 도와 어깨를 나란히 하는 것을 긍정하지 않은 것은 또 무엇 때문인가. 석가는 리가 도임을 알지 못하고 이 세상에 오직 자신만이 홀로 존재하며, 나는 곧 마음이라 했다. 이 마음을 갈고 닦아 아무리 정밀하고 세밀하게 한다 하더라도, 아무런 흔적도 조짐도 없는 도와 비교하면 끝내는 미세한 흔적이 가지게 될 것이다. 대개 신령한 것과 그 진정한 본원은 원래 구별이 있어서 그런 것이다. 이제 성인이 마음을 가리켜 도라 하지 않으려는 것은 그 근엄한 뜻이 어찌 이 때문이 아니겠는가. 이는 우리 유학의 제일 의리이며 또한 가장 금하는 것이다. 옛 철인에게 질문하여 답을 얻을 수 없거든 지금 세상이나 후세의 현명한 이들과 함께 바로잡고자 한다.

◎ 사람은 기(氣)이고, 사람이 사람된 까닭은 바로 리이다. 그러므로 이른바 '능히 넓힐 수 있다'는 것은 리에 있지 기에 있지 않음은 분명하지 않은가. 이제 마음을 전적으로 기분(氣分)으로 쓰면서 멋대로 하지 못하게 금지하고, 도를 지극히 존엄한 것으로 삼아 그 의미를 폄하하거나 깍아 내리지 않도록 하는 것은 근엄하다 할 것이다.

그러나 마음이 기(氣)라는 것만 알고 리(理)가 되는 측면은 알지 못하니, 주재(主宰) 묘용(妙用)의 권한이 한결같이 기로 돌아가고, 이른바 지극히 존엄하다는 것도 도리어 겉으로만 존엄함을 면하지 못하게 된다.

권한을 기로 귀결시켜 기로 하여금 분수를 벗어나게 해 놓고서는 그것이 겉으로만 존경하지 않기를 바라고, 그 지위를 폄하하고 깍아 내려놓고서는 그것을 폄하하거나 깍아 내리지 말기를 바라면 되겠는가?

성인이 마음을 가리켜 도라고 하려 하지 않았는데, 맹자는 왜 '인(仁)은 인심(人心)이다'[262]고 했으며, 소옹은 왜 '마음은 태극이다'고 했으며, 정자는 왜 '마음은 생도(生道)'[263]라 하고, 또 '하늘에 있으면 명(命)이 되고, 사람에게 있으면 마음이 되며, 몸을 주재하는 것은 마음이다'[264]고 했는가? 주자는 왜 '인(仁)이란 천지가 만물을 낳는 마음으로, 사람이 이를 얻어 마음으로 삼는다. ……'고 하면서 그것을 리와 함께 나란히(동등하게 취급) 했겠는가. 맹자·소옹·정자·주자가 유독 우리 유학의 제일 중요한 의리와 가장 중요한 금기를 몰라서 그랬겠는가. 리를 버리고 기를 위주로 하는 제일 의리는, 옛 철인들에게 질문하고자 하고, 또 지금 세상 사람들에게 바로잡고자 하고, 후세 사람들을 기다린다 하더라도 쓸데없이 힘만 소비하는 것이다. 또한 형이상 형이하라는 명칭으로 어찌 사람이 얻은 것을 거짓으로 대신하겠는가?

◉ 전우는 말한다.[265]

---

262 『맹자·고자 상』.

263 『이정유서』 권21하.

264 『이정유서』 권18. 물음: 마음에 선악이 있습니까? 대답: 하늘에 있으면 명이 되고, 의에 있으면 리가 되고 사람에게 있으면 성이 되며, 몸을 주재하는 것은 마음인데, 실제로는 하나이다.(問心有善惡否 日 在天爲命 在義爲理 在人爲性 主於身爲心 其實一也.) 여기서 알 수 있는 것과 같이, 『이정유서』는 본문과 약간 다르다.

265 전우, 「외필변(猥筆辨)」.

정자는 '천지만물의 리는 홀로 있지 않고 반드시 짝이 있다'[266]고 했다. 어떤 주자에게 '태극은 무엇과 짝을 이룹니까?'라고 묻자, 주자는 '태극은 음양과 서로 짝이 된다'고 대답했다. 『외필』은 다섯 번째 단락에서 이 의미를 다루면서 다음과 같이 말한다. '기를 리와 짝으로 다루는 것은 성인의 말이 아닐 것이다. 오늘날 사람들은 리(理)자를 보면 곧 기(氣)를 찾아서 짝으로 만들려고 한다. 이 때문에 리가 유행하며 만들어내는 큰 일들이 모두 기에(氣)자와 함께 계산되고, 그 나머지는 혼륜함이요, 고요함뿐이다. 이는 두 개의 본령이 기미로 드러난 것일 뿐이니, 슬프도다.'

내가 살펴보건대, 노사는 리를 존중하기 때문에 이와 같이 말한 것이다. 그러나 말투가 지나쳐 성현의 경외감을 크게 손상시키니, 어찌 기가 리를 잃어버린 것 아니겠는가? 하물며 주자가 언제 일찍이 성인을 비방했으며, 하나의 본령을 비난했는가? 음양을 태극과 짝으로 파악한 것 역시 리가 유행하며 만들어내는 큰 일들을 빼앗아 기에게 주어 두 개의 본령을 만들었다 해서 노사의 비판을 받아야 할 것인가?

◎ 정자는 '마음에 존망(存亡)과 출입(出入)이 없다는 것은 성인의 말이 아니다. 무릇 꽉 붙잡으면 보존되고 놓으면 없어지는 것으로 정해진 시간이 없이 들락날락 거린다'[267]고 했지만, 이것이 공자를 비난한 말이

266 『이정유서』 권11. 천지만물의 리는 홀로 있지 않고 반드시 짝이 있는데, 이 모든 것은 저절로 그런 것이지 억지로 만들어서 그런 게 아니다.(天地萬物之理無獨必有對 皆自然而然 非有安排也.)

267 『맹자·고자상』. 공자께서 말씀하시기를 '잡으면 보존되고 놓으면 잃어서, 나가고 들어옴이 정한 때가 없으며, 그 방향을 알 수 없는 것은 오직 사람의 마음

겠는가? 지금 노사선생님의 말씀은 단지 리에 의거해서 말한 것 뿐이지 주자의 말을 바로잡으려고 논한 것이 아니다. 정자의 말 역시 공자를 업신여겨 능멸하려는 것이며, 또한 기가 그 리를 잃어버린 것이라 할 수 있겠는가? 천하에는 짝이 없을 정도로 존엄한 것이 있다. 예를 들면, 나라의 임금, 가정의 아버지가 그것이다. 그러나 꼭 그 짝을 궁구하여 말하고자 한다면, 임금에게는 신하, 아버지에게는 자식이 짝이 아니라 할 수는 없을 것이다.

오직 마음만이 짝할 것이 없으며, 오직 도만이 짝할 것이 없으며, 오직 의로움(義)만이 짝할 것이 없다. 이 모두는 주자의 말이 아닌가. 이제 '짝이 있다'는 주자의 한 마디 말에 의거하여 노사선생께서 이로 바로잡아 논하고자 비탄의 탄식을 주자에게 가하였다고 함정에 빠뜨리니, 군자가 어찌 이렇듯이 마음을 쓰는가. 맘속 몰래 계략을 꾸며 교묘하게 사람을 속이니, 참으로 두렵도다.

◉ 전우는 말한다.[268]

『외필』에서 '성인은 유행하여 발현하고 변화하여 밝게 드러나는 것이 이 도가 하지 않은 것이 없음을 보았다. ……'고 했다. '차도지위(此道之

을 두고 말한 것이다.' 하셨다.(孔子曰 操則存 舍則亡 出入無時 莫知其鄕 惟心之謂與.)

『이정유서』 권15. 잡으면 보존되고 놓으면 잃어서, 나가고 들어옴이 정한 때가 없다.(操則存舍則亡出入無時.) 『이정유서』 권12. 마음에 존망(存亡)과 출입(出入)이 없다는 것은 성인의 말이 아니다. 마음에 어떻게 마음에 출입이 있겠는가?(操則存舍則亡出入無時 非聖人之言也. 心安得有出入乎.)

268 전우, 「외필변(猥筆辨)」.

爲: 이 도가 한 것)'이라는 네 글자는 깊이 생각해보아야 할 것 같다. 주자는 『논어집주』에서 이미 '도의 본체는 무위(無爲)하다'고 말했고, 송시열도 어떤 사람에게 답하는 편지에서 '이 리의 본체는 정의(情意)나 조작(造作)이 없고, 작용할 때에만 정의와 조작이 있다'고 했다. 두 선생께서 도의 유행 발현을 알지 못해 이렇게 말했겠는가? 이는 마땅히 다시 생각해보아야 한다. ('막비차도지위(莫非此道之爲)'에 몇 글자를 더한다면, '차도지근저추뉴(此道之根柢樞紐)'라고 하면 더 상세하고 분명할 듯한데, 어떤지 모르겠다.)

◎ 자연 당연 필연 능연의 그러함(然)은 도가 하는 것이다. 왜 하필 손발을 움직이고 작용을 한 이후라야 그것을 '함(爲)'이라고 부르겠는가. 주자는 '한 번 음이 되고 한 번 양이 되는 까닭이 바로 도의 본체가 하는 것이다'[269]고 했고, 또 '하나의 사물 가운데, 처음에서부터 끝에 이르기까지 모두 실리(實理)가 하는 것이다'[270]고 했다. 이러한 '함(爲)'이라는 글자 역시 다시 생각해보아야 하는가?

◉ 전우는 말한다.

최근 김계운(金溪雲) 어른이 보여준 『변설(辨說)』을 보다가 기노사 어

---

269 『주자대전』 권36, 「답육자정」. 한 번 음이 되고 한 번 양이 되는 까닭이 바로 도의 본체가 하는 것이다.(其所以一陰而一陽者 是乃道體之所為也.)

270 『사서혹문』 권5, 「중용」. 하나의 사물 가운데, 처음에서부터 끝에 이르기까지 모두 실리(實理)가 하는 것이다.(一物之中 自始至終 皆實理之所為也.)
『주자어류』 권64. 대개 사물의 시작과 끝은 모두 실리가 하는 바이다.(蓋物之終始 皆實理之所為也.)

른의 이기설을 한 두 차례 보았는데, 율곡선생과는 입각처가 매우 달라 이해할 수 없는 곳이 있었다. 대개 그 본래의 의도는 리(理)를 높이고자 한 것이겠지만, 깨닫지 못하는 사이에 도리어 폄하하고 깍아 내리는 혐의가 있었다.

나는 다음과 같이 생각한다. 기가 하는 것에는 반드시 그렇게 해야 하는 까닭으로서의 리가 있어야 비로소 이 일이 있게 된다. 단지 이렇게 말해도, 리가 기의 주인이 된다는 의리가 이미 충분하다. 그런데 지금 리를 논하면서, '적막(適莫)이 없다'고 하고, 또 '조종하는 힘이 있다'고 하고, 또 '일을 해 낸다'고 한다. 그렇다면 그것은 유위(有爲)의 사물임이 분명하다. 어떻게 유위자(有爲者)가 만물을 주재할 수 있겠는가. 설령 그 가설하대로 하더라도, 그것은 다음과 같은 사실조차도 논증하지 못한다. 당은(唐殷)의 시대에 왜 가뭄이 들었는가, 공자와 맹자는 왜 빈천(貧賤)한 삶을 살았는가, 백이와 유하혜는 왜 청렴함과 화목에 치우쳤는가, 안연과 염구는 인도(仁道)에 이르지 못했는가. 이러한 경우, 이른바 리는 어디에 가 있으며, 무슨 일을 하고 있는가? 만약 적막함(適莫)도 없고 조종할 힘도 없어서 한결같이 기가 스스로 하는 대로 맡겨두는 것이 괴상하다면 괴상한가?

안연의 마음은 게다가 성을 위주로 하여 날마다 힘썼고, 명도는 그 온화한 기운이 자연스럽다고 칭했다.[271] 비록 우리 공자라도 그 마음이

271 『이정유서』 권5. 공자는 원기(元氣)이고, 안연은 춘생(春生)이이며, 맹자는 가을의 살기가 모두 드러난다. 공자는 포용하지 않는 것이 없었고, 안연은 어리석은 사람처럼 공자의 말을 어기지 않는 가르침을 후세에 남겼으니 자연스런 온화한 기운이 있었고, 말하지 않아도 따르는 사람이었다. 맹자는 자신의 기재를 드러냈는데, 아마도 시대적 조건 때문에 그랬을 것이다.(仲尼元氣也. 顔子春生

일어나는 본원을 찾아가면 한결같이 여기에 근본하지만 아직까지 스스로 사용하지 않았을 뿐이다. 주자는 도리어 그 마음이 하고 싶은 대로 하여도 자연스럽게 법도를 넘어서지 않았다고 하였고, 『초사(楚辭)』의 「천문(天問)」을 주석하면서 '한 버은 움직였다가 한 번은 고요해지고, 한 번은 그믐이 되었다가 한 번은 초하루가 되는 것은 모두 음양이 하는 것이지 그렇게 하도록 하는 것이 있는 게 아니다'고 했고, 『음부경(陰符經)』의 '사람의 마음이 기틀이다(人心機也)'을 해설하면서는 곧바로 '사람 마음의 저절로 그러한 것이 기틀이다'고 했다.

정자와 주자, 두 선생이 기(氣)자, 심(心)자 위에 그렇게 하도록 하는 까닭인 리(理)가 있음을 알지 못해서 '스스로 그러하다(自然)'고 말했겠는가. 또 성인이 안연을 '어질지 못하다'고 칭하고 마음이 인을 어기지 못하도록 하였고, 단지 '그 마음이 인을 어기지 않았다'고 하니, 이는 아마도 어기지 않는 소이연(所以然)은 비록 성(性)에서 나오지만, 어기지 않는 그 기틀은 단지 마음에 있기 때문이 아니겠는가.

만약 노사의 설과 같다면, 그가 인을 어기지 않고 있을 때, 이 리는 또 무엇 때문에 이와 같이 하도록 하며, 또 그가 인을 어기고 있음을 깨닫고 인에 의거하는 것을 자신의 마음으로 자각하여 스스로 그에 의지한다고 말하는 것이 괜찮은가? 아니면 이른바 리라는 것이 이 마음에 의거하여 어긋나는 즈음에, 그렇게 하고자 하는 뜻도 있고 그렇게 하지 않고자 하는 뜻도 있어 이와 같이 조종하는 것일 뿐이다고 말하는 것이 괜찮은가? 이것을 가지고 반복 추론해서 노사의 설을 살펴보면, 잘못이

也. 孟子並秋殺盡見. 仲尼無所不包, 顔子示不違如愚之學於後世, 有自然之和氣, 不言而化者也. 孟子則露其才, 蓋亦時然而已.)

없지 않음을 알 것이다.

◎ 형체가 있는 일을 가지고 형체가 없는 신묘함을 형용하려 하기 때문에 말을 이와 같이 하지 않을 수 없다. 만약 무형의 신묘함을 허용하지 않고 없다고 하는 것은 도리를 공적(空寂)에 빠뜨리는 것 아닌가? 리는 조종의 형체는 없지만 조종의 신묘함이 있고, 적막(適莫)의 흔적이 없지만 적막의 신묘함이 있으며, 일을 이루는 힘이 없지만 일을 완성하는 신묘함이 있다. 선한 이에게 복을 주고 음란한 이에게 화를 내리는 것이 조종(操縱) 아닌가? 콩 심은 데 콩 나고, 팥 심은 데 팥 나는 게 적막 아닌가? 사계절이 운행하고 온갖 만물이 생육하는 게 일을 이루는 것 아닌가? 음양오행으로 만물의 종류를 구별 짓는 것을 본연의 분(分)이 아니라 한다면, 조종도 없고, 적막도 없고, 일을 완성함도 없다고 해야 마땅할 것이다. 당은의 가뭄이나 공자 맹자의 빈천을 리의 본연이라 할 수 없다고 하더라도, 이치의 추세(理勢)가 그렇게 하도록 한 것이 아니라고 해서도 안 된다. 이치의 추세가 그렇게 하도록 한 것을 선천들은 하늘(天)이라 불렀다. 안연의 온화한 기운이나, 공자의 마음을 따름(從心) 역시 의리가 충만하고 축적되어 그런 것이다. 어찌 리가 주인 노릇을 하지 않고 한결같이 기에 맡긴 것을 이르는 것이겠는가. 리가 기를 주재하지 않는데도 기가 스스로 이와 같이 한다면, 왜 도둑놈의 마음에는 법도를 넘지 않으려는 마음이 없는가? 안연도 때론 인을 어길 때가 있고, 자신의 마음을 스스로 반성할 때가 있으니, 이 역시 리가 주재하는 것이다.

나라가 제대로 통치되지 않고 사람들이 선하지 않은 것은 리가 기를 주재하지 못한 증거로 삼고, 또 당은의 가뭄이나 공자 맹자의 빈천도 리가 기를 주재하지 못한 증험으로 삼는다. 무릇 당은의 가뭄이나 공자 맹자의 빈천은 한 시대의 기수(氣數)의 변이일 뿐이다. 한 시대의 변이를 가지고 만고 불변의 상도(常道)를 의심하는 것은 성인의 수많은 말씀 모두 시험과 증험을 거치지 않은 책으로 보는 것이다. 리는 진실로 주재하지만, 오히려 때로는 리를 배신하고 인습으로 혼란을 일으키는 변괴가 있는 것이다. 하물며 기를 위주로 하면 어떤 주재도 없게 되어 변고를 일으키는 것이 어떠하겠는가? 주자는 선비들의 글이 경박한 것을 세상의 근심이라 했는데, 하물며 도리와 심술(心術)에 관한 논의는 어떻겠는가? 이른바 사람이 옳고 그름의 근원에 대해 조금이라도 착오가 있으면 그 재앙이 수많은 사람이 목숨을 잃고 피가 천 리에 이른다 했는데, 누가 이것이 오늘의 근심거리가 아니라고 말하겠는가?

근래에 기를 위주로 한 학설이 한 둘이 아니다. 태극을 무분(無分)의 일(一)이라 하는 경우도 있고, 오성(五性)을 기를 가진 사물이라 하는 경우도 있고, 명덕(明德)을 형이하라 하는 경우도 있다. 일본만수(一本萬殊)를 말하면 만수를 기(氣)라 하고, 대본달도(大本達道)를 말하면 달도를 기라 한다. 어떤 이는 음양오행을 본연(本然)이 아니라고 하기도 하고, 어떤 이는 사람과 사물의 편전(偏全)은 정분(定分)이 아니라고도 하고, 주재묘용 조리와 관련한 단락들은 모두 기(氣)로 귀결시킨다. 논의의 전개가 이와 같은데도 오히려 '기가 리의 자리를 빼앗았다'고 말할 수 없는가? 기가 리의 자리를 빼앗는 것은 신하가 임금의 자리를 빼앗고, 자식이 부모의 자리를 빼앗으며, 아내가 남편의 자리를 빼앗고, 소인이 군자의 자리를 빼앗으며, 오랑캐가 화하(華夏)의 자리를 빼앗는 것 등이 그 하나의 사례이다.

노사선생께서 오직 이를 걱정하시어 잘못된 부분을 제거하고 순서를 절충하여 이리저리 수만 갈래로 얽힌 것들을 하나로 귀결시켰고, 단편적인 논의의 경우, 오히려 작용이 성이라거나 좌선과 같이 마음을 고요하게 해야 한다는 말들을 인용함으로써 그들을 비판하여 도의 본체의 본연을 밝혔다. 태극의 주재성을 보존하고 있는 것은 작용인가, 마음의 고요함인가? 도리는 단편적인 논의로 바꿀 수 있는 것이 아니며, 공정한 견해 역시 한 때의 말로 현혹시킬 수 없는 것이니, 그것이 사려 깊지 못함을 다 안다. 하물며 시기심을 가지고 해결책을 구하려 하니, 그 말이나 논의의 전개가 어찌 치우침이 없이 공평할 수 있겠는가. 아! 지금이 어떤 시대인가, 지금이 어떤 시대인가. 선비라면 마땅히 마음을 하나로 하여 성찰하고 닦아 만의 하나라도 있다면 그 실낱 같은 맥을 이어가야 할 것인데, 거꾸로 이와 같이 한단 말인가. 참으로 한탄스럽다.

『중헌문집(重軒文集)』[272]

「납량사의기의」를 변론함　納凉私議記疑辨

나뉨(分)이란 이일(理一) 가운데의 세밀한 조리이므로 이치와 나뉨 사이에는 층차와 마디가 허용되지 않는다. 나뉨은 이치의 짝이 아니다. 분

---

272 황철원(黃澈源, 1878~1932)의 자는 경함(景涵)이요, 호는 은구재(隱求齋)이다. 고종 무인(1878) 8월 28일 능주(綾州) 운곡(雲谷)에서 초하재(樵下齋) 황찬진과 광산 김씨 사이에서 태어났으며, 노사 기정진의 제자인 정의림(鄭義林)과 정재규(鄭載圭)의 제자이다.

그의 행적을 기록한 행장에는 종질인 채오(采五)가 쓴 것과 친구인 이교우(李敎宇)가 쓴 것 두 가지가 있는데 약간의 차이가 있다. 황채오의 기록에 따르면 황철원은 10세에 증조부 당암공(棠庵公)에게서 글자를 배우고, 11세에 인근 마을 장로에게서 글을 배웠으며, 20세 봄에 가천(佳川)에 머물렀던 정의림에게 수학하여 본격적으로 유학공부를 시작하였다. 이어서 30세가 다 되어 정재규에게 수학하였다. 이교우의 기록에 따르면, 아버지의 권유로 7세에 촌로에게 수학했으며, 8세에 정의림에게 가서 수학하였다고 되어 있다. 행장에 따르면, 25세(1902)에 구례 천은사에서 최익현·기우만 등과 강론을 벌이고 정재규의 권유에 따라 간재의 '외필변(猥筆辯)'을 반박하는 글을 썼다. 33세에 경술국치를 당하자 그는 "나라가 이 지경에 이르렀으니 다시 회복할 수 없을 것 같다. 오직 유학을 강명하여 후일을 도모하는 것이 옳겠다."하고 후학들에게 학문에 전념할 것을 격려하였다. 53세에 장성 고산서원(高山書院)에서 조인석·김한목·권재규·정기·양회갑 등과 더불어 송사(松沙) 기우만(奇宇萬)의 문집을 교정하였다. 55세(1932) 6월 20일 광주 양원(楊原)의 집에서 별세했다. 문집으로는 『중헌집(重軒集)』 10권 4책이 있다. 문인으로는 정현채·양경묵·황호원·황규원·김정희·박충근 등이 있다.

수(分殊)라는 두 글자가 하나[一]에 짝이 되는 것이다. 이 말을 스쳐지나가듯이 보면, 의심할만한 것이 없다. 「노사가 기경도에게 답한 편지」에서 치우침과 온전함을 논하였다. "하늘에 원래 이러한 나뉨이 없는데, 사람과 만물은 어떻게 해서 이러한 치우침과 온전함이 있게 되었는가? 그렇다면 여기서 나뉨이라고 말한 것은 세밀한 조리이니, 장차 언젠가 사람과 사물이 지니게 될 치우친 본연[偏本然]과 온전한 본연[全本然]의 근원이다." 내 생각에 치우침과 나뉨은 원래 하나로 꿰어진 것이 아니니, 나뉨은 한 몸 가운데 귀·눈·손·발이 있는 것과 같고, 치우침이란 한 귀로만 듣고 반쪽의 몸으로 치우쳐서 수행하는 것과 같다. 나뉨은 하나 가운데 본래 있는 이치이고, 치우침은 기 위에서 온전함과 대비되는 성이므로 한 가지 것으로 간주하여 말하기는 어려울 것 같다.

"하늘에 원래 이러한 나뉨이 없다면 사람과 만물은 어디에서 얻어서 이러한 치우침과 온전함이 있게 되었는가?" 이 한 구절은 이미 하나의 근원을 꿰뚫어 본 것이니, 최근의 성에 대해 논한 잘못을 모두 깨뜨린 것이다. 나뉨과 치우침은 하나로 관통한 것이어서 그것이 (그러한) 이름을 얻게 된 기원은 각기 마땅한 이유가 있다. 그러므로 성현이 이치를

황철원의 사상을 살펴볼 수 있는 대표적인 저술로는 「외필변변(猥筆辨辨)」·「납량사의기의변(納凉私議記疑辨)」·「납량사의기의추록변(納凉私議記疑追錄辨)」이 있다. 그의 이기론은 기정진에서 정재규로 이어지는 유리론적(唯理論)적 맥을 계승하였으며, 인물성 동이론에 있어서는 이(理)에는 본래 나뉨이 없으므로 인성과 물성은 근본적으로 다르다는 입장을 견지하고 있다. 그는 정의림과 정재규의 문하에서 노사학파의 사상적 정맥을 이어받았으며, 「외필」·「납량사의」에 대한 간재의 비판에 대하여 두 스승의 장점을 취하여 한층 논리적인 재비판을 완성하였다.

논할 때 반드시 하나로부터 나뉨을 말하였고, 나뉨에 근거하여 치우침과 온전함을 말하였다. 그렇다면 나뉨과 치우침을 명확하게 두 부분으로 구분해서는 안 된다. 대개 하늘에 원래 이러한 나뉨이 있기 때문에 사람과 만물이 품부한 것도 치우침과 온전함이 있는 것이다. 이러한 치우침과 온전함이 없다면 이러한 본성도 없고, 이미 이러한 나뉨이 없고 또 이러한 치우침과 온전함이 없다면 또 어찌 이렇게 사람과 만물이 있겠는가? 나뉨이라는 것은 도리가 빽빽이 갖추어진 것으로부터 그 참 모습을 말한 것이고, 치우침과 온전함이라는 것은 볼 수 있는 형체와 자취로부터, 아래로부터 위로 미루어서 그 본체를 이름들어 말했다는 점을 알아야 한다. 이러한 형체와 자취를 미루어 이름붙인 본체는 도리가 빽빽이 갖추어진 참모습이다. 이는 하늘에 있어서는 나뉨이고, 사물에 있어서는 치우침과 온전함이니, 도출(挑出)하여 그 미묘함을 궁구하면 하늘에 원래 이러한 나뉨이 있다 하고 , 기에 근거하여 그 실상에 이름 붙이면 사람과 사물에 이러한 치우침과 온전함이 있다고 말한다. 그러나 사물에는 시작과 끝이 있기 때문에 '재천(在天: 하늘에 있어서)' '재물(在物: 사물에 있어서)'이라고 말할 수 있으나, 그 내부의 일로 말하면 리는 이루어지거나 무너짐이 없어서 실제로 '여기에 있고', '저기에 있다'고 이름 붙여서는 안 된다. 이 말에 대해 사람들은 반드시 크게 웃을 것이다. 그러나 청하건대 실제의 일로써 말하고, 볼 수 있는 형체와 자취로 미루어 보면, 범과 이리의 부자 윤리,[273] 벌과 개미의 군신 윤리, 승냥이와

273 범과 이리의 부자의 윤리: 『장자』, 「천운」. 상나라의 태재 탕이 장자에게 인자함에 대해서 물었다. 장자는 "범이나 이리가 인자한 짐승입니다."라고 대답했다. "(태재가) 무슨 뜻입니까?"하고 물었다. 장자는 "범이나 이리도 부모와 자

수달의 보본(報本), 징경이와 비둘기의 유별(有別)처럼 각각 잘 하는 것이 있어서 서로 겸할 수 없다. 그러나 천명의 본연이 애당초 간격(間隔)이 없다는 점에서 말하면, 이렇게 벌과 범이 인과 의에 치우친 것은 실제로 하나의 성 가운데 인과 의가 나뉜 것인데, 이것은 한결같은 태극의 본래 모습이 형기에서 떨어지지 않고 형기에 섞이지 않는 것이 그렇다는 데서 알 수 있다. 이것은 나뉨과 치우침이 원래 확연하게 두 부류가 아니어서 화합하고 소통하여 간극이 없는 것이 그렇다는 데서 알 수 있다. 모든 사물을 합하여 그 통체(統體)를 말하면, 사람 또한 만물 가운데 하나의 사물이니, 인간 본성의 온전함이 만분 가운데 일분(一分)이라 해도 괜찮다. 만물에 나아가서 그 각각의 갖춘 것을 말하면, 물성(物性)의 치우침에도 각각 하나의 태극이 있지 않음이 없다. 비록 그 치우침을 얻었다 하더라도 또한 온전한 본체 아닌 것이 없다. 크기가 천지와 같아도 치우쳤다고 말할 수 있다. 『중용장구』의 이른바 "하늘이 덮어주고 땅이 실어주어 생성할 때의 치우침"[274]이 이것이다. 진실로 치우침을 본래 그러한 것이 아니라고 한다면 범과 이리, 벌과 개미는 어디에서 빌려와서 이러한 인의(仁義)가 있겠는가? 이미 하나 가운데 본래 인의가 있고 또 기 위에 온전함과 짝하는 인의가 있다면 이것은 각각 움과 집이 있고, 각각 움집과 구멍이 있는 것이다. 리와 기는 서로 싫어하고, 나뉨과 치우침은 서로 원수처럼 여겨서 결국은 기는 주장하고 리는 거짓으로 하나 가운데 본래 있는 리를 높이게 되니 무슨 이익이 있겠는가? "이치

식이 서로 친합니다. 어찌 인자하지 않다고 하겠습니까?"라고 대답했다.(大宰蕩問仁於莊子, 莊子曰 虎狼仁也. 曰何謂也. 莊子曰 父子相親何爲不仁.)

274 『중용장구』 12장.

는 이치대로 나뉨은 나뉨대로 갈라져 본성과 천명이 쪼개어지는 것"은 이것 때문 아니겠는가? 짝한 것으로 말하면, 이것과 저것이 서로 짝한 것을 일컫는다. 만약 성을 논하면 치우침은 온전함 가운데 있는 하나의 치우친 것이어서 온전하게 되고, 분전자(分全者)는 치우치게 된다. 통괄하여 온전함의 측면에서 치우침을 보면 치우친 것은 온전함에서 나오고, 치우침의 측면에서 온전함을 보면 온전한 것은 치우침 하나하나가 융회(融會)하고 언제나 서로 관통하는 것이니, 온전함을 도외시하면서 치우침을 말하고, 치우침을 도외시하면서 온전함을 구하는 것은 모두 본성을 모르는 것이다. 어떻게 짝을 지을 수 있겠는가? 이제 본래 하나인 것을 대비시키고 적을 만들어, 여기에서 치우침과 온전함이 서로 시샘하고 이치[理]와 나뉨[分]이 서로 배척하는 것을 보게 되니, 마땅한 것인가? 생각하면 할수록 더욱 막히게 되어 그 마음의 병은 나뉨과 치우침이 서로 멀어지는데서 생기고[起], 치우침과 온전함을 서로 짝한 데서 앓게 되며[呻], 치우침과 온전함이 서로 시샘하는 데서 고질화(痼疾化)된다. 마침내 치우침을 한 귀 만으로 듣고 반쪽의 몸으로 치우쳐서 (일을) 마치는 것으로 간주하고, 나뉨을 한 몸의 귀·눈·손·발이 구차하고 힘들어서 괴로운 상태에 있는 것으로 본 것은 지극하다. 나뉨이 한 몸 안에 있는 귀·눈·손·발과 같다고 한 것은 참으로 그럴듯하다. 그러나 한 귀 만으로 듣고, 반쪽의 몸으로 치우쳐서 마치는 것은 치우침은 치우침이로되 병통을 지닌 치우침이니, 마치 날개 잃은 새나 발이 부러진 짐승과 같아서 본연지성이 지닌 치우침이 아니다. 귀로는 들을 수는 있으나 볼 수는 없으며, 눈으로는 볼 수는 있으나, 들을 수 없어서 각기 맡은 바가 있으니, 이것이 이른바 나뉨이 갖추고 있는 것이고[分之所具], 치우침에 다름이 있는 것[偏之有別]이다. 그러나 똑같이 한 사람의 몸에서 귀와 눈이 서로 필요로 하고[相須], 보고 듣는 것이 서로 바탕이 되는 것[相資]은 과연 서로 대적하고 시샘하는 것인가? 여러 등급 이 생겨나고 같고 다름에 대한 논의가 어지럽게 일어나는 것은 이 때문이다. 벌·개미·승냥이·비둘기의 인의예지가 물성의 치우침이라는 것은 『중용혹문』에서 분명히 말했다.[275] 천명의 본연에 대해서는 성을 논할 때 모두 형기가 각기 바른 곳에 나아가서 부여받은 이치를 말했다. 기 위에서 온전함과 짝하여 이를 본다면 그럴듯하지만 한 귀만으로 듣고, 치우쳐서 마친 것으로 비유하면 그것은 『혹문』의 뜻과 거리가 멀다. 주자는 "리는 치우침과 바름, 통함과 막힘으로 논할 수 없다. 리는 본래 치우침과 바름, 통함과 막힘으로 말할 수 없다. 그러나 기품이 이미 다르다면 기가 치우친 것은 곧 리의 치우침을 얻었을 뿐이다."[276]라고 하였다. '치우침과 바름,

---

275 『중용혹문』. 범과 이리의 부자의 윤리, 벌과 개미의 군신의 의리, 승냥이와 수달의 보본, 징경이와 비둘기의 유별은 형기가 치우친 것이니, 또 부여받은 의리를 돌이켜 보존하면 천명의 본연은 애초부터 간격이 없고 도라는 것도 이것을 벗어나지 않는다는 것을 더욱 잘 알 수 있다. 어찌 사람만이 하기를 기다리고 사람만이 얻기를 기다릴 것인가!(至於虎狼之父子, 蜂蟻之君臣, 豺獺之報本, 雎鳩之有別, 則其形氣之所偏 又反有以存其義理之所得 尤可以見天命之本然初無間隔而所謂道者亦未嘗不在是也. 是豈有待於人爲而亦豈人之所得爲哉!)

276 『주자대전』 권62, 「답두인중(答杜仁仲)」. 리는 본래 치우침과 바름, 통함과 막힘으로 말할 수 없다. 그러나 기품이 이미 다르다면 기가 치우친 것은 곧 리의 치우침을 얻었을 뿐이고, 기가 막힌 것은 저절로 리와 사이가 벌어지니 사람에게 있는 리도 또한 치우치고 막힘이 없을 수 없다. 장횡거가 "빛을 받아들이는 데는 크고 작음과 어둡고 밝음의 차이가 있지만, 비치는 빛이 둘인 것은 아니다"(『정몽』 「성명(誠明)」)고 논하였는데, 그 말은 대단히 잘 갖추어져 있다.(理固不可以偏正通塞言, 然氣稟既殊, 則氣之偏者便只得理之偏, 氣之塞者便自與理相隔, 是理之在人, 亦不能無偏塞也. 橫渠論受光有大小昏明而照納不二, 其說甚備,

통함과 막힘으로 논할 수 없다.'고 한 것은 이일(理一)을 주안점을 둔 것이고, '기가 치우친 것은 곧 리의 치우침을 얻었을 뿐이다.'라고 한 것은 분수(分殊)에 주안점을 둔 것이다. 비록 말에는 두 측면이 있지만 실제로는 이일 가운데 분수가 있어서 분수 위에 다시 이일이 없으니, 여러 학자들이 형기에서 떼어내어 이일을 구하고 형기에 떨어뜨려 분수를 국한하는 것과 다르다. 이미 '리의 치우침을 얻었다'고 한다면 이것은 본분(本分)이 원래 있지 않다는 것인가? 이미 '본분이 원래 있다'고 한다면 나뉨과 치우침은 일관되지 않다는 것인가? 천리는 본래 이와 같아서 이제 '한 가지 것으로 간주하여 말하기는 어렵다.'고 한 것은 의문이 든다.

주자는 "태극(太極)은 상(象)과 수(數)가 아직 드러나지 않았으나 그 이치가 이미 갖추어져 있는 것의 명칭이고, 형기(形器)가 이미 갖추어져 있으나 그 이치가 조짐이 없는 것의 조목이다."라고 하였다. '상과 수가 아직 드러나지 않은 것'은 아직 깨지지 않은 하나이고, '그 이치가 이미 갖추어진 것'은 이미 포함된 나뉨이 아니겠는가? '형기(形器)가 이미 갖추어진 것'은 정해진 나뉨이고, '그 이치가 조짐이 없는 것'은 저절로 존재하는 하나가 아니겠는가? 자세히 살피지 못했지만, 노사가 '그 이치가 이미 갖추어졌다'고 한 것은 사람과 사물이 품부한 치우치고 온전함의 근원이 되는 것인가? 조용히 생각건대, 이 구절이 가리키는 뜻은 아마도 부모와 자식, 군주와 신하가 아직 생기기 전에 자(慈)와 효(孝), 예(禮)와 충(忠)의 이치가 이미 갖추어져 있고, 미세한 사물이 아직 있기에 앞

可試考之)

서 사물의 미세한 이치가 갖추어져 있다고 말한 것 같다. 당신은 성인이 아직 태어나기 전에 이미 이일 가운데 분수의 온전한 이치가 있고, 현인과 보통 사람은 아직 태어나기 전에 이미 조금 온전하지 않은 이치가 있으며, 어리석은 사람과 악한 사람은 아직 태어나기 전에 이미 완전히 변할 수 없고 어그러진 이치가 있고, 새와 짐승, 말라비틀어진 초목이 아직 생기기 전에 이미 치우치고 막힌 이치가 있어서 각기 만물이 얻은 근원이 된다고 말하지 않았다. 그렇다면 노사가 '하늘에 원래 이러한 나뉨이 없다면 어디에서 가져와 이러한 치우침과 온전함이 있겠는가'라고 한 것은 확연하게 수별(殊別)한 것이 아닌가 하는 의문이 든다. 아래 단락에서 인용한 '텅 비고 고요한 가운데 있는 온갖 사물'[277]도 그렇다.

진실로 이와 같이 말하면, 태극 가운데는 원래 사람이 되고 사물이 되는 이치가 없으며, 사람과 사물의 나뉨과 온전함도 기(氣)라는 한 글자를 수단으로 하여 있게 된다. 기가 명령하여 사람이 되었다면 리도 따라서 사람에게 깃들어 온전한 본성이 되고, 기가 명령하여 사물이 되었다면 리도 따라서 사물에 깃들어 치우친 본성이 된다. 한 사람이 생겨나면 리도 따라서 생겨나고 하나의 사물이 소멸하면 하나의 리가 소멸하니, 여기서 태극은 더부살이 하는 가여운 사물이 되며, 그것의 삶과 죽음, 존재와 소멸은 기가 사랑하고 미워하며, 취하고 버리는 것에 달려

---

277 『이정유서(二程遺書)』 권15. 텅 비고 고요하여 조짐도 없지만, 온갖 사물은 이미 무성하게 갖추어져 있다. 아직 사물에 응하지 않았다고 해서 앞서 있는 것이 아니며, 이미 사물에 응했다고 해서 뒤에 있는 것도 아니다. 백척이나 되는 나무가 뿌리에서 가지와 잎에 이르기까지 일관한 것과 같다.(沖漠無朕, 萬象森然已具. 未應不是先, 已應不是後. 如百尺之木, 自根本至枝葉, 皆是一貫.)

있다. 그렇다면 세상에 단지 기 한 글자만 있으면 충분하니, 오히려 태극에서 무엇을 바라겠는가? 그러나 성현은 분명하게 태극이 음양을 낳았다고 말했고, 성(誠)은 사물의 시작과 끝이라고 분명히 말했으며, 성이 주가 되고 음양오행은 경위(經緯)와 착종(錯綜)이 됨을 분명히 말했다. 또 상과 수가 드러나지 않았으나 그 이치는 이미 갖추어져서 마침내 감히 다른 것은 말할 것도 없다고 분명히 말했다. 그러지 못했기 때문에 어떤 사람은 완곡하게 에두르고[宛轉], 잡다한 말을 많이 하며[費辭], 왜곡하고[委曲]·가차(假借)하여 허공에 매달린 헛된 지위를 만들었으며, 어떤 사람은 주해하고, 억지로 정하며, 어지럽게 분간하지 못하고, 비유하여 자신의 설의 잘못된 주를 덧붙였다. 마침내 '리가 이미 갖추어져 있다'고 한 말의 '갖추었다'는 말은 단지 부모와 자식, 군주와 신하의 이치, 사물의 미세한 이치를 말하며, 사람과 사물의 치우치고 온전함의 나뉨은 오로지 기의 처분만을 바라고 있으니, 아! 옳을 수 있겠는가? '상과 수가 아직 드러나지 않았다'의 '상수', '형기가 이미 갖추어져 있다'에서 '형기'는 세상의 온갖 사물을 통틀어 말한 것이다. 주자가 어찌 다만 부모와 자식, 군주와 신하, 미세한 사물을 말하였겠는가? 한갓 부모와 자식, 군주와 신하, 사물의 미세한 이치가 아직 드러나지 않은 것 가운데 이미 갖추어져 있다는 것만 알고, 사람이 되고 사물이 되는 이치가 그 가운데 이미 갖추어져 있다는 것을 모르니, 옳을 수 있겠는가? 사람이 되는 이치가 이미 갖추어져 있기 때문에 사람이 품부(稟賦)하여 사람의 본성을 갖게 되고, 사물이 되는 이치가 이미 갖추어져 있기 때문에 사물이 품부하여 사물의 본성을 을 지니게 된다. 사람의 본성은 본디 본연이며, 사물의 본성도 또한 본연이다. 이것이 바로 형기에 나아가서 그 이치에 조짐이 없는 것이다. 또한 간재(艮齋)[278]의 이러한 말은 실제로 더욱 의혹이 있다. 세상에는 온갖 사물이 비록 많지만, 통틀어 말하면 사람과 사물에 지나지 않는다. 이미 사람이 되고 사물이 되는 이치가 없다면, 군주와 신하, 부모와 자식이 없으며, 또한 미세한 사물도 없다. 그렇다면 치우치고 온전함은 본연이 아니라는 말에 가깝지 않겠는가? 거울을 들여다보면서 얼굴을 잊고 달빛 아래를 거닐면서 그림자를 의심하겠는가? 대체로 이치는 온전하지 않음이 없으나 사물은 치우치고 막혀서 그 온전한 본체를 확충할 수 없으므로 간재는 본연이 아니라고 의심한 것인가? 이것은 분변(分辨)하기 어렵지 않다. 형기의 간격을 크게 하는 것이 기의 국한됨이요, 도체(道體)가 화합하여 소통하는 것이 리의 묘함이다. 형기의 간격으로부터 보면, 범과 이리는 단지 인(仁)만 있어서 사람처럼 의(義)를 겸할 수 없으며, 벌과 개미는 단지 의만 있어서 사람처럼 인을 겸할 수 없어서 본연이 아닌 것 같다. 그러나 도체가 화합하여 소통하는 것으로부터 말하면 범과 이리에 있어서는 범과 이리의 인이 일원이고, 벌과 개미에 있어서는 벌과 개미의 의가 일원이며, 사람에 있어서는 사람의 인의가 일원이니, 곳곳마다 화합하여 소통하고 하나하나

---

278 간재(艮齋): 전우(田愚, 1841~1922)다. 조선 후기의 성리학자, 교육자로서 자는 자명(子明) 호는 간재이며 1841년(헌종 7년)에 전주의 청석리에서 아버지 재성과 어머니 남원 양씨 사이에서 태어났다. 일찍이 전재(全齋) 임헌회(任憲晦)의 문하에 들어가 학문을 연마하였으며, 학문적 명성으로 선공감역, 전설사별제, 강원도사, 사헌부 장령 등을 제수하였으나 벼슬길에 나아가지 않았다. 62세 때 노사 기정진이 쓴 「외필」과 「납량사의」가 이이의 학설에 위배된다 하여 「외필변」과 「납량사의의목」을 지어 반박했으며 문인들 사이에서 논쟁을 촉발시켰다. 72세 때 계화도(界火島)로 들어가 '계화도(繼華島)'라 이름 짓고 후진의 양성에 힘썼다. 82세 되던 7월에 병을 얻어 죽었다.

원만하게 충족하여 실제로는 이 지경 저 경계[此疆你界]라고 말할 수 있는 것이 아니다. 마치 달이 모든 내와 도랑을 비추나 받은 것이 적고, 강과 하천은 받은 것이 큰 것과 같다. 만약 서로의 간격이 그러하다면 내와 도랑이 받은 달빛이 곧 강과 하천이 받은 달빛이니 어찌 받은 것에 크고 작은 모양이 있고 비추는 것에 달빛이 있고· 없는 것에 따라 본연이 아니라 하겠는가? 형기의 간격을 붙잡고서 도체의 화합하여 소통하는 것을 없애려 하니, 어찌 자기의 눈이 먼 것으로써 세상의 볼 수 있는 것을 없애려 하는가? 어떤 사람이 "주자가 물성의 치우침을 논하면서 '온전하다 말해도 되고, 치우쳤다고 말해도 된다'[279]고 하였다. '온전하다 말해도 된다'는 것은 사물의 본성을 넘어서 따로 하나의 일원을 세워 온전하다고 한 것이 아닌가? '치우쳤다고 말해도 된다'는 것은 물성(物性)의 치우침을 정확하게 가리켜서 본연이 아니라고 한 것이 아닌가?"라고 물었다. "그렇지 않다. 주자의 뜻은 대체로 '범은 인만 있고, 벌은 의만 있어서 치우쳤다'고 한 것이니, 어찌 잘못되었다 하겠는가? 그러나 이렇게 '단지 인만 있다'고 한 데 나아가면 대개 일원이 화합하여 소통하지 않은 것이 없다. '단지 인만 있다'한 것 가운데 나아가서 자세하게 살펴보면 또한 인의예지 네 가지를 포함하고 있으니, 범과 이리가 그 인에 이를

---

279 온전하다…말해도 된다.: 『주자어류』 권4, 「성리1」. 또 물었다. "만물이 각기 하나의 태극을 갖추고 있다면, 이치는 온전하지 않을 수 없습니다." 대답하셨다. "온전하다 말해도 되고 치우쳤다고 말해도 된다. 리의 측면에서 말한다면 온전하지 않을 수 없고, 기의 측면에서 말한다면 치우치지 않을 수 없다. 그러므로 여여숙[여대림]은 '외물의 본성은 사람의 본성에 가까운 점이 있으며, 사람의 본성은 외물의 본성에 가까운 점이 있다.'고 말했다."(又問, 物物具一太極, 則是理無不全也. 曰謂之全亦可, 謂之偏亦可, 以理言之, 則無不全. 以氣言之, 則不能無偏. 故呂與叔謂物之性有近人之性者, 人之性有近物之性者.)

수 있는 것은 의(義)고, 그 부모와 자식을 사랑하고 다른 것은 사랑하지 않아서 스스로 한계와 마디를 두는 것이 예(禮)며, 인할 만하다는 것을 알아서 인을 행하는 것이 지(知)고, 실제로 이 인이 있는 것이 신(信)이다. 이것을 일컬어서 '온전하다고 말해도 된다'고 한 것이다." 주자가 "이치를 언급하면 전혀 부족하거나 빠진 것이 없다. 예컨대 인을 언급하면 모든 것이 인에 있고, 충서를 언급하면 모든 것은 충서에 있게 되며, 성을 언급하면 모든 것이 성에 있게 된다,"[280]고 한 것은 이러한 부류를 일컬은 것이다. 치우친 것으로 말하면 치우치지 않은 것이 없고, 온전한 것으로 말하면 온전하지 않은 것이 없으니 치우치고 온전함이 일관한 것이 또한 한 때의 일이라는 것을 알아야 처음부터 한 단계 위에 따로 일원을 세워 본연의 온전함이라 하지 않고, 또 한 단계 아래에 하나의 성을 두어 본연의 치우침이 아니라고 한다. 다른 것 가운데 같음이 있고 치우침 가운데 온전함이 있으니, 이렇게 온전한 곳에 이르러서 또 장차 무슨 말로 본연이 아니라는 하나의 증거를 삼을 것인가? 주자는 사덕(四德)을 논하면서 "곡식이 생기는데 있어 싹은 원, 모는 형, 이삭은 리, 익은 알곡은 정이다. 곡식의 알곡은 또 다시 생길 수 있어서 돌고 돌아 끝이 없다."[281]고 하였으며, 또 "매화의 꽃술이 처음 생겨난 것은 원, 꽃이 피

---

280 『주자어류』 권6, 「성리3」. 이치는 하나의 이치일 뿐이다. 이치를 언급하면 전혀 부족하거나 빠진 것이 없다. 예컨대 인을 언급하면 모든 것이 인에 있고, 성을 언급하면 모든 것이 성에 있다. 또한 충서를 언급하면 모든 것이 충서에 있게 되고, 충신을 언급하면 모든 것이 충신에 있게 된다. 단지 하나의 도리가 되니, 저절로 그렇게 혈맥이 관통되어 있다.(理只是一箇理. 理舉著, 全無欠闕. 且如言著仁, 則都在仁上, 言著誠, 則都在誠上, 言著忠恕, 則都在忠恕上, 言著忠信, 則都在忠信上, 只爲只是這箇道理, 自然血脉貫通.)

281 『주자어류』 권68, 「역4」. 원형리정을 곡식에 비유하면, 곡식이 생기는데 있어

는 것은 형, 열매 맺는 것은 리, 자라서 익는 것은 정이라 한다."[282]고 하였으니, 물성의 본연은 여기에서 알 수 있다. 물성이 비록 치우쳤다 하더라도 치우침 가운데 온전함이 있음을 더욱 믿을 수 있다. 『중용혹문』에 "풀과 나무가 피고 떨어지는 것을 천명의 본연이라"고 하였다. 만약 물성을 기질지성이라고 한다면 사덕과 천명은 모두 본성으로 여길 수 없는 것인가? (증광조가)가 "사덕의 원(元)은 오덕의 인(仁)과 비슷하다. 개별적으로 말하면[偏言] 하나의 사항이며, 총괄적으로 말하면[專言] 원·형·리·정의 넷을 포괄하고 있다."고 물었다. (주자는) "원은 처음 발생하여 나온 것이니, 이것이 개별적으로 말한 것이다. 그러나 발생한 것 가운데 많은 도리를 포괄하고 있으니, 이것이 총괄적으로 말한 것이다."[283]라고

싹은 원, 모는 형, 이삭은 리, 알곡은 정이다. 곡식의 알곡은 또 다시 생겨날 수 있어서 돌고 돌아 끝이 없다.(元亨利貞, 譬諸穀可見, 穀之生, 萌芽是元, 苗是亨, 穟是利, 成實是貞. 穀之實又復能生, 循環無窮.)

282 『주자어류』 권68, 「역4」. 문왕은 원형리정을 대형리정(大亨利正)이라고 말했으며, 공자는 사덕이라 하였다. 매화의 꽃술이 처음 생겨난 것은 원, 꽃이 피는 것은 형, 열매 맺는 것은 리, 자라서 익는 것은 정이라 한다. 만물이 생겨나는 것은 원이고 자라는 것은 형, 성장했으나 아직 온전하지 못한 것은 리, 자라서 익은 것은 정이다.(文王本說元亨利貞爲大亨利正, 夫子以爲四德. 梅蘂初生爲元, 開花爲亨, 結子爲利, 成熟爲貞. 物生爲元, 長爲亨, 成而未全爲利, 成熟爲貞.)

283 『주자어류』 권68, 「역4」. 증광조가 물었다. "사덕의 원은 오상의 인과 비슷합니다. 개별적으로 말하면 하나의 사항이고, 총괄적으로 말하면 원형리정 넷을 포괄하고 있습니다." 대답했다. "원은 처음 발생하여 나온 것이니 생긴 뒤에 바야흐로 회통하고, 통한 뒤에야 비로소 완성을 향한다. 리는 사물이 이른 것이니 6,70% 정도 되며, 정에 이르러서야 바야흐로 100% 완성되니, 이것이 개별적으로 말한 것이다. 그러나 발생한 것 가운데 많은 도리를 포괄하고 있으니, 이것이 총괄적으로 말한 것이다.(光祖問: 四德之元, 猶五常之仁, 偏言則一事, 專言則包四者. 曰: 元是初發生出來, 生後方會通, 通後方始向成. 利者物之遂, 方是六七分, 到貞處方是十分成, 此偏言也. 然發生中包具後許多道理, 此專言也.)

대답했다. 이러한 측면에서 보면 치우침 또한 천명의 온전한 본체 아닌 것이 없음을 더욱 잘 알 수 있다. "사람 가운데 성인과 보통 사람, 지혜로운 사람과 어리석은 사람이 있고, 덕에 깊고 얕음과 넓고 좁음이 있는 것은 물성에 각기 치우침이 있는 것과 같다."고 말했다. 물성의 치우침으로 본연을 말하면, 보통 사람이 성인에 이르지 못하는 것과 어리석은 사람이 스스로 포기하여 품부한 본성을 온전케 할 수 없는 것도 모두 한결같이 본연의 측면에서 말한 것인가? "음양, 오행, 남녀, 만물이 각기 그 본성을 지닌다."[284]고 하였는데, 이것이 곧 태극의 본모습이다. 주렴계의 『태극도설』에서 이미 개시(開示)해서 쌓아놓은 뜻이 없다. 만약 각기 지닌 본성을 본연이 아니라고 한다면 "만물이 끊임없이 생겨나고, 변화에 끝이 없다"고 한 것은 모두 빈말이 된다. 또 성인이 사물의 본성을 다할 수 있는데[285] 어찌하여 새와 짐승, 풀과 나무로 하여금 성인이 되도록 몰아붙이지 않고 다만 "만물이 제대로 길러질 것이다."[286] "만물의 마땅함을 다한다.", "초목이 우거진다."고만 하는가? 또한 물성의 치우침은 본연의 이치가 한결같이 정해져 있어서 바꿀 수 없는 것이다. 한결같이 정해진 이치, 하늘과 땅, 귀신은 옮길 수 없으며, 본래 이미 그러한 데 나아가서, 뒤에 더하거나 줄일 수 있는 것이 아니다. 사람의 본성은 본래 같아서 온전하지 않음이 있을 수 없다. 요·순·걸·척은 많거나 적으

---

* "사덕의 원은 오상의 인과 비슷하다. 개별적으로 말하면 하나의 사항이고, 총괄적으로 말하면 원형리정 넷을 포괄하고 있다"는 구절은 원래 『이천역전(伊川易傳)』 권1, 건괘(乾卦) 상전의 주에 보인다.

284 음양…지닌다: 「태극도설」의 내용을 축약하여 표현한 것이다.

285 사물의…할 수 있는데: 『중용』 22.

286 만물이…길러질 것이다: 『중용』 1.

며, 늘리거나 줄일 수 있다고 말할 수 없으며, 성인과 보통사람을 나누는 것도 기품의 아름다움과 추함이 그 사이에 작용하는 데서 벗어날 수 없다. 그러나 성인은 항상 아름다움을 주로 하고 추함을 다스려서 기품이 큰일을 저지르지 못하도록 한다. 그러므로 "사람은 모두 요·순이 될 수 있다",[287] "하려는 사람은 다 이와 같다.",[288] "그 기질을 변화시킨다.", "비록 어리석은 사람이라도 반드시 밝아지며, 비록 유약한 사람이라도 반드시 강해진다."[289]라고 하였으니, 물성의 치우침에 대해서도 과연 기질을 변화시킨다는 말로 바랄 수 있겠는가? 사람과 사물의 온전하고 치우친 본성이 하늘과 땅의 큰 나뉨이며 본연의 실제 증거이다. 사물의 본성은 치우치지 않음이 있을 수 없으며, 사람의 본성은 온전하지 않음이 있을 수 없으니, 사람이 그 본성을 다할 수 없는 것은 바로 말이 똑바로 달리거나 발로 차고 깨물지 못하며, 소가 편안하게 논밭을 갈지 못하고 머뭇거리는 것과 같다. 성인이 다스리고 가르쳐서 (말이) 발로 차고 깨물지 못하게 하고, (소의) 머리에 천을 씌워서 머뭇거림을 제어하며, 코에 구멍을 뚫었으니, 이것은 모두 천지자연의 이치에 따라 (하늘과 땅의 도를) 알맞게 조정하고 (하늘과 땅의 마땅함을) 돕는 일[290]을 다 한 것이다. 어찌

---

287 사람은…될 수 있다: 『맹자』「고자」하.

288 하려…이와 같다: 『맹자』「등문공」상. 성한이 제나라 경공에게 말했다. "저 사람도 사내요 나도 사내이니 내가 왜 저 사람을 두려워하겠는가?" 안연이 말했다. "순은 어떤 사람이고 나는 어떤 사람인가, 하려는 사람은 다 이와 같다."(成覸謂齊景公曰, 彼丈夫也, 我丈夫也, 吾何畏彼哉? 顏淵曰, 舜何人也? 予何人也? 有爲者亦若是.)

289 비록…강해진다: 『중용』 20.

290 알맞게…돕는 일: 『주역』,「태괘(泰卦)」. 상에 이르기를 하늘과 땅이 사귀는 것이 태니, 군주는 이를 본받아서 하늘과 땅의 도를 알맞게 조정하고, 하늘과 땅

일찍이 물성의 치우침을 견책(見責)하여 사람처럼 온전하게 하겠는가? 이제 들어맞지 않은 것에서 비유를 취하여 비슷하지 않은 것을 비교하고 이와 같이 고집하여 막힌 것은 무엇 때문인지 모르겠다. 이제 물성의 치우침으로써 사물에 책임을 지우고, 사람에 성인과 보통사람이 있는 것을 견주었으며, 아울러 보통 사람의 행위 일체를 본연의 부류가 아닌 것으로 귀착시켰으니, 아마도 자세히 살피지 못한 점이 있는 것 같다. 성인과 보통 사람은 그 본성이 본래 온전하나 성인과 보통사람이 있게 된 것은 본디 기품의 아름다움과 추함에 따른 것이다. 그러나 보통사람의 20~30%가 온전하고 70~80%가 온전하지 않은데, 이 20~30%의 온전한 사람은 본연 가운데의 일이므로, 70~80%의 온전하지 못한 사람의 측면에서 20~30%의 온전한 사람을 아울러서 본연이 아니라고 해서는 안 된다. 가장 어리석은 사람이 기품의 지극히 잡박한 것에서 벗어날 수 없어서 스스로 본성의 온전함을 포기한 것에 대해서는 본래 논할 만한 것이 못되고, "이미 하우라고 말했는데 얼굴을 고쳤다"[291]는 것은 이치의

의 마땅함을 도와서 이로써 백성을 돕는다.(象曰 天地交泰, 后以財成天地之道, 輔相天地之宜, 以左右民.)

291 이미…고쳤다: 『이천역전(伊川易傳)』 권4, 「혁괘(革卦)」. 사람의 성은 본래 선한데 변혁할 수 없는 자가 있는 것은 어째서인가? 그 성을 말하면 모두 선하나 그 재질을 말하면 변할 수 없는 하우가 있다. 하우라는 것에는 두 가지가 있으니, 자포(自暴)와 자기(自棄)이다. 사람이 만일 선으로써 스스로 다스리면 고칠 수 없는 자가 없으니, 비록 어둡고 어리석음이 지극하더라도 모두 점차 연마하여 나아갈 수 있으나 오직 자포하는 자는 거절하여 불신하고 자기하는 자는 체념하여 하지 않으니, 비록 성인과 더불어 거처하더라도 교화하여 들어가지 못하니, 공자가 말한 하우라는 것이다. 그러나 천하에 자포·자기하는 자가 반드시 다 어둡고 어리석은 것은 아니요, 이따금 강하고 사나우며 재주와 힘이 남보다 뛰어난 자가 있으니, 상신(商辛)[주왕(紂王)]이 이 경우이다. 성인이 스

지극한 선이 있지 않음이 없음을 볼 수 있어서 성의 죄가 아님을 아는 것이다.

본성이 같다는 것에 대해 내가 그렇지 않다고 말한 것은 아니지만, 치우치고 온전한 본성이 본연이 아니라고 한다면 이것은 나뉨 밖에 이치를 두는 것이다. 결국 같음을 위주로 하여 다름을 폐한다면 본성이란 본체만 있고 쓰임이 없는 물건이 될 것이다. ○ 낙가(洛家)[292]가 만약 본성 가운데서 발현하여 나오는 충·효·인·양(忠·孝·仁·讓)을 가리켜서 '이

스로 선을 끊는다 하여 하우라고 이름하였다. 그러나 그 귀결을 살펴보면 참으로 어리석다. 이미 하우라고 말했는데 얼굴을 고침은 어째서인가? 마음은 비록 선도(善道)를 끊었으나 위엄을 두려워하여 죄를 적게 하면 일반인과 동일해진다. 오직 일반인과 동일해짐이 있으니, 이 때문에 성의 죄가 아님을 아는 것이다.(人性本善, 有不可革者, 何也? 日 語其性則皆善也, 語其才則有下愚之不移. 所謂下愚有二焉, 自暴也, 自棄也. 人苟以善自治, 則无不可移者, 雖昏愚之至, 皆可漸磨而進也, 唯自暴者, 拒之以不信, 自棄者, 絕之以不爲, 雖聖人與居, 不能化而入也, 仲尼之所謂下愚也. 然天下, 自棄自暴者, 非必皆昏愚也, 往往强戾而才力有過人者, 商辛是也. 聖人以其自絕於善, 謂之下愚. 然考其歸, 則誠愚也. 旣日下愚, 其能革面, 何也? 日 心雖絕於善道, 其畏威而寡罪, 則與人同也. 唯其有與人同, 所以知其非性之罪也.)

292 낙가(洛家): 인성·물성에 관한 논쟁은 수암(遂庵) 권상하의 문하에서 발생하였는데, 그 중에서도 인성과 물성이 다르다고 주장한 남당(南塘) 한원진(1682~1751)과 인성과 물성이 같다고 주장한 외암(巍巖) 이간(1677~1727)이 대립적인 입장에 서 있었다. 이어서 많은 학자들이 논쟁에 참여하여 학파적 대립양상을 띠게 되었는데, 우연히 인성·물성 상이를 주장하는 남당의 견해에 동조하는 호서(湖西)지방의 학자들과 인성·물성의 상동을 주장하는 외암의 견해에 동조하는 낙하(洛下)지방의 학자들로 대별되었다. 따라서 이 논쟁은 지역을 중심으로 분별이 가능하다는 점에서 '호락론쟁'이라 불리기도 한다. 여기서 '낙가(洛家)'는 인·물성동론을 지칭한다.

러한 나뉨의 다름[分之殊]은 본연의 성이 아니다.'라고 한다면 나뉨 밖에 리가 있어서 성은 쓸 데 없는 물건이 되고 만다. 다만 만물[萬衆]의 성은 그 본체가 본래 온전하여 배워서 아는 사람[學知][293]으로부터 아래로 날짐승과 들짐승, 마른 초목이 나타나기 까지 각기 품부한 기에 따라 저절로 하나의 본성을 가지게 되며, 한 단계 도달하지 못한 사람[未達一間][294]

---

293 배워서 아는 사람: 『논어』「계씨」.

294 한 단계 도달하지 못한 사람: 『주자어류』 권31, 「논어13」. 사량좌가 말했다. "안회의 사람됨은 그의 앎에 대해서 말하면 비록 배움에 나아갔으나 태어나면서 아는 자에 가까웠다. 그가 이룬 것을 말하면 비록 자연스런 경지에 이르지는 못했지만, 힘써 노력했다고 말할 수는 없다. '3개월 동안 인을 어기지 않았다'는 것은 인이지만, 다만 성인이라 해서는 안 되기 때문에 또한 한 단계 도달하지 못했다고 부른 것일 뿐이다. 3개월은 특히 오랜 시간이기 때문이다."(謝氏曰, 回之爲人, 語其所知, 雖出於學, 然鄰於生知矣. 語其成功, 雖未至於從容, 亦不可謂勉強矣. '三月不違仁', 仁矣, 特未可以語聖也, 亦未達一間之稱耳. 三月特以其久故也.)

『주자대전』의 '정윤부에게 답한 편지'에 다음과 같은 내용이 보인다. 물음: "능력이 있으면서 능력이 없는 이에게 묻고, 많이 알면서 적게 아는 이에게 묻고, 있으면서도 없는 듯이 하고, 차 있으면서도 비어 있듯이 하고, 남이 나에게 잘못을 범해도 따지지 않는다."고 하였습니다. 이것은 성인의 일이어서 하늘과 함께 헤아리는 사람이 아니라면 불가능합니다. 안자(顔子)는 한 단계 도달하지 못하여 바로 이런 경지에 있었습니다. 그러므로 이어서 말하기를 "이 경지에 종사한 적이 있다."라고 하였으니 자기가 그렇게 할 수 있다는 것이 아닙니다. 대답: 이것은 안자의 일입니다. 만약 공자라면 이와 같은 자취가 없습니다. 이와 같이 말한 것이 있다면 안팎을 합하려는 의도가 있는 것입니다. 순 임금의 경우에는 "좋음(善)을 남과 함께 하면서 자기를 버리고 남을 따랐고" 가까운 말을 살피기를 좋아하면서 바른 것을 백성에게 썼으므로 반드시 겸하여 말을 하였습니다. 안자는 실천이 완성되지 못하였으므로 그 일이 단지 이와 같은 데 그쳤을 따름입니다.(以能問於不能, 以多問於寡, 有若無, 實若虛, 犯而不校, 此聖人之事也, 非與天同量者不能. 顔子所以未達一間者, 正在此. 故第曰'嘗從事於斯', 非謂己能爾也. 此正是顔子事, 若聖人則無如此之迹. 有如此說處, 便有合內外之意.

에서 일점자(一點子)에 이르기까지, 서로 가까운 데서 결코 같을 수 없는 데 이르기까지, 하늘이 성인으로 삼고자한 사람[295]으로부터 바뀌지 않는 가장 어리석은 사람[296]에 이르기까지 그 품급(品級)이 크게 다르니 어찌 모두 본연지성이라 할 수 있겠는가?

"본성 가운데서 발현되어 나오는 충·효·인·양을 가리켜서 본연이라 한다." 이 말은 정확하고 타당하니, 누가 잘못되었다 하겠는가? 다만 "배워서 아는 사람으로부터 아래로 날짐승과 들짐승, 마른 초목이 나타나기에 까지 각기 품부한 기를 따라 저절로 하나의 본성을 가지게 된다."고 말하였는데, 여기서 '저절로 하나의 본성을 가지게 된다.'는 것은 기질지성의 바른 풀이이나, 오랜 시간 동안 오직 요·순·주공만 홀로 본연지성을 얻었고 아래로 많은 현인들은 모두 함께 얻지 못했다는 것과 비슷한 점이 있다. 또한 그 아래 단락에서 물러서지 않고 "하늘이 성인으로 삼고자한 사람으로부터 바뀌지 않는 가장 어리석은 사람에 이르기까지, 그 품급이 크게 다르니 어찌 모두 본연지성이라 할 수 있겠는가?"라고 하였다. (이것은) 성인의 몸에도 기꺼이 흔쾌하게 본연지성을 허락할 수 없다는 것인데 이 뜻을 미덥게 생각하는 것 같다. 본연지성은 오래도록 쓰임이 없는 그럴듯한 물건[長物]을 만들어 어둡고 아득한 가운데 매달아 놓아서 위로는 하늘과 아래로는 땅에서 본연지성을 얻을 수 있는

如'舜善與人同, 舍己從人', 好察邇言, 用中於民, 必兼言之. 惟顏子行而未成, 故其事止於如此耳.)

295 하늘이…사람: 『논어』「자한」.

296 바뀌지 않는…어리석은 사람: 『논어』「양화」.

물건은 하나도 없게 된다. 그렇다면 지난번에 말한 "본성 가운데서 발현하여 나온 충·효·인·양"은 누가 얻어서 이렇게 발현하여 나온 것이 있게 되는가? 그 잘못된 견해는 바로 "만물의 성은 그 본체가 본래 온전하다."고 말한 한 단락에 있다. 그 뜻은 만물의 성은 단지 하나의 리라는 모호하여 분별할 수 없는 물건이어서 애당초 그렇게 할 수 있는 묘(妙)도 없고 또 소이연(所以然)도 없으며, 자기를 허용하지 않아서 중간에 기(氣)라는 한 글자에 내몰림을 당하여 기에 따라서 변화하고 끊임없이 생겨나서 사람이 되고 사물이 되는 나뉨[分]을 갖게 되는 것으로 생각한다. '각기 그 본성을 가진다.'는 말로부터 아래는 한결같이 지목하여 본연이 아니라 한다. 그러나 성인에 대해서는 마침내 감히 본연이 아니라고 말할 수 없었기 때문에 어쩔 수 없이 배워서 아는 사람으로부터 아래를 지목하였다. 그러나 그 생각이 마침내 안정된 곳으로 귀결되지 않았기 때문에 임의(任意)로 출처를 불러 일으켜 "하늘이 성인으로 삼고자 하는 사람으로부터 바뀌지 않는 가장 어리석은 사람에 이르기까지 어찌 모두 본연지성이라 할 수 있겠는가?"라고 하였다. 여기서 정(情)은 숨길 수 없다는 것을 알 수 있다. 다만 "그 본체는 본래 온전하다."는 한 구절에 근거하여 보면, 대체로 '계선(繼善)' 위로는 본래 높이 매달려 있는 온전한 본체가 있고, '성성(成性)'이하는 곧 기질에 따라 저절로 하나의 본성을 갖게 되어 다시 본체의 온전함이 없게 된다.[297] 그렇다면 성인이

297 대체로…없게 된다.: 이에 대해서는 『통서해(通書解)』에서 자세하게 언급하고 있다. "그러므로 '한번 음이 되고 한번 양이 되는 것을 도라 하니, 이를 계승하는 것은 선이고, 이를 이루는 것은 성이다'라고 말한다."(故曰 一陰一陽之謂道, 繼之者善也, 成之者性也.)고 한 데 대해 주자는 다음과 같이 해설하고 있다. "물었다: 이 편에서 『역』의 '일음일양지위도(一陰一陽之謂道)'와 '계지자선(繼之者

어찌 허깨비와 같은 술수가 있어 하늘에 올라타 땅을 다스려서 '계선' 위에서는 본연지성을 빼앗아 취하고, '성성' 아래에서는 다시 형체를 받지 않았겠는가? 병통을 얻은 근원은 알기 어렵지 않다. 처음부터 이치가 형기의 거친 자취에 가리어 있는 것만 보고, 도리가 화합하여 소통하는 것은 보지 못하여 범이 인에 치우치고 벌이 의에 치우친 것이 모두 형기에 국한되어 서로 관통할 수 없는 사물로 . 그 근본이란 것은 저절로 근본이고 이제[今]는 저절로 이제이니, 본체와 쓰임이 두 가지 근원이 되고 드러난 것과 은미한 것에는 사이가 있어 다시 (본체와 쓰임이) 하나의 근원이 되고 사이가 없는 묘(妙)가 없다 해도 이상할 것이 없다. '성성'이하는 모두 기질지성이 되어 다시 본연의 묘(妙)가 아니라 해도 이상할 것이 없다. '하늘이 성인으로 삼고자 한 사람'도 모두 본연지성을 갖지 못하고, 세상에 하나의 물건도 본성이 본연지성이 될 수 없다 해도 이상할 것이 없다. 눈알을 굴리는 잠깐 사이에, 하나의 본연에 대해 도리어 말할 수 있는 여지가 없으니, 사람들이 이 때문에 본연 위에 하나의 본연을 세워 높이 매달아서 그윽한 곳에 두고 오직 그것이 혹시라도 떨어져 내려서 형기에서 분리되지 않을까 걱정한다고 꾸짖을까 두렵다. 또한 사람들에게 나뉨[分] 밖에 이치가 있고, 본체만 있고 쓰임은 없다고

善)'과 '성지자성(成之者性)'의 세 구절을 들고 있는 것은 무엇 때문입니까? 주자가 말했다. : '계(繼)'와 '성(成)' 두 글자는 모두 이미 '기'와 관계를 맺고 있다는 의미에서 말한 것이고, '선(善)'과 '성(性)' 두 글자는 모두 오직 '리'만을 말한 것이다. 다만 '계지자선'은 바야흐로 하늘의 이치가 유행하는 곳이며, '성지자성'은 곧 이미 형태를 이룬 것이므로 층차가 나누어진다. 물었다: '이를 계승하는 것은 선이다'와 '이를 이루는 것은 성이다'의 주석에서 왜 계(繼)·선(善)·성(成)·성(性)을 넷으로 나누었습니까? 대답하였다.: 계와 성은 기에 속하고 선과 성은 리에 속한다. 성은 이기를 겸한 것이고 선은 오로지 리에 속한다."

꾸짖음을 당하면 곧 본성 가운데서 발현되어 나온 충·효·인·양으로써 말한다. 이른바 이일분수(理一分殊)는 본체를 정하고 쓰임을 간직한 묘(妙)이니 바뀌지 않는 빈자리를 높여 부르는 것을 겨우 볼 수 있다. 대체로 낙가(洛家)는 '각기 (성명을) 바르게 한다.' 아래를 모두 지목하여 기질지성이라 하였기 때문에 치우치고 온전함을 본연이 아니라 하였는데, 그것이 형기에 따르기 때문이다. 충·효·인·양이 발현하여 나오는 것도 또한 형체와 접촉하고 기를 탄 것인데 오히려 본연이라 하여 그 말을 바꾼 것은 무엇 때문인가? 이치의 본래 모습이 이와 같아서 피하려 하여도 피할 수 없기 때문에 그런 것인가? 인의예지는 사람에 따라서 이름을 붙인 것이어서 성현이 만물을 하나로 하여 관통하였고, 군주와 신하, 부모와 자식 또한 사람의 이름에 따른 것이어서 범과 이리, 벌과 개미를 하나로 꿰어 관통하였는데, 후세에 이것을 가지고 인도(人道)를 여러 부류와 같이 한다고 말한 것을 듣지 못했다. 이제 충·효·인·양을 이치로써 논한다면 사물이 조금씩 밝아서 각기 충·효·인·양의 이치가 있지 않음이 없으니, 곧 본연이라 하는 것이다. 충·효·인·양을 주로 하여 발현된 마음을 말하면 사람은 이러한 충·효·인·양의 덕을 갖출 수 있다. 이것이 인간 본성이 온전한 것을 귀하게 여기는 까닭이다. 충·효·인·양을 본연이라 하면서 오히려 온전함은 본연이라 하지 않으려 하니, 무엇이 다른가? 한 사람에게 이름이 있고 자가 있다하여 두 사람으로 간주할 수 있는가? 범과 이리에게 나타나는 부자관계는 똑같이 인효(仁孝)의 이치인데 본연이 아니라 하고, 벌과 개미에게 나타나는 군신관계는 똑같이 예충(禮忠)의 이치인데 지목하여 기질이라 하며, 아울러 배워서 아는 사람으로부터 아래로 충·효·인·양의 덕은 본연 가운데서 발현되어

나온 것이 아니라 한다. 또 하늘이 성인으로 삼고자 한 것도 본연이라 해서는 안 된다고 하면 본성 가운데서 발현하여 나온 것은 반드시 한 덩어리의 형체도 없고 그림자도 없는 사물이 있어서 스스로 발현하고 스스로 그치는 것이다. 아! 또한 다른 것인가? "만물들의 본성은 그 본체가 본래 온전하다"고 한 것은 잘 본 것이나, 본래 타당한 말은 아니다. 대개 만물의 기가 아직 없을 뿐, 만물의 이치는 있다. 이것은 비록 사람과 사물의 형체는 없으나 사람과 사물의 이치는 이미 갖추어져 있다는 말이니, 이른바 무성하다는 것이다. 이쪽 한편으로 사람이 되는 이치가 있고, 저쪽 한편으로 사물이 되는 이치가 있는 것이 아니라면 혼연(渾然)히 이른바 그 본체는 본래 온전하다. '본래 온전하다'는 것은 본래 이미 사람이 되고 사물이 되는 이치를 온전하게 갖추었음을 말한다. 그것이 만물을 낳을 때 여전히 하나의 본상(本相)을 이루어 나아가기 때문에 '만물일원(萬物一原)', '만물일태극(萬物一太極)'이라고 하는 것이니, 본체의 바깥에 따로 일정한 것[一料]을 더하고 조그만 것을 빌려서 알맞게 배치할 수 있는 것이 아니다. 이것이 만물이 얻어서 본성으로 삼은 것이니, 각기 그 본상을 얻어서 사람이 되고 사물이 되며 치우침이 있고 온전함이 있는 것은 통체일극(統體一極) 아닌 것이 없다. 이치와 나뉨이 두루 화합하여 사이가 없는 것은 헤아려주면 응하고[絜之則應] 부르면 대답하여 마치 하나의 살아 있는 사물이 안으로는 오장으로부터 밖으로는 사지와 온몸, 한 가닥의 털, 한 가닥의 머리카락에 이르기까지 아프고 가려우며 따뜻하고 시원함이 서로 관계하지 않음이 없고, 자신에게 절실하지 않음이 없으니, 치우침이 온전하게 되어가는 가운데의 하나 됨의 측면에서 살펴보면 오상을 같이 지니게 된다. 온전함이 치우치게 되는 큰 줄기로 말하면 치우치고 온전함은 모두 본연이다. 형체로써 서로 해가 되지 않으며, 사람과 사물로 차별을 두지 않으니, 하늘이 실제로 형기를 벗어나지 않고, 실제로 형기에 국한되지 않는 것은 형기의 측면에서 살펴보는 데 방해가 되지 않는다. 진실로 치우치고 온전함을 기질이라 하고 따로 사람과 사물이 오상을 같이하는 하나의 자리를 세운다면 같다는 것은 섞여서 같아짐[混同]·나뉨이 없는 같음[無分之同]이며, 사물과 내가 봄을 같이 한다는 같음이 아니다. 대체로 사람과 사물이 오상을 같이 한다는 것이 어찌 반드시 범도 인의예지가 있고, 벌도 인의예지가 있어서 언제나 사람과 같은 뒤에야 바야흐로 같다고 하겠는가? 다만 범의 인도 이 본성 가운데의 인이고 벌의 의도 이 본성 가운데 의이니 진실로 이러한 본성이 없다면 벌과 범이 인의가 없다는 것은 같지 않은가? 범의 인과 벌의 의는 모두 하나의 성 가운데 분수(分殊)이다. 진실로 이것이 본연이 아니라면 이치[理]는 과연 나뉨이 없는 하나이며, 나뉨[分]은 기에 따라서 있어야 되는 것인가? 형기의 국한[局定]이라는 측면에서 보면 치우치고 온전함은 각기 정해진 본체가 있고, 도체(道體)의 원융(圓融)이라는 측면에서 보면 치우치고 온전함은 처음부터 장벽이 없으며, 장벽이 없기 때문에 이일(理一)이라 하고, 각기 정해진 본체가 있기 때문에 분수라 하지만, 실제로는 앞과 뒤, 이것과 저것의 다름이 있는 것이 아니다.

"당신은 사람과 사물의 본성은 비슷하다고 말했다. 다만 주자는 '만물의 동일한 근원을 논의하면 이치는 같지만 기질은 다르다. 만물의 상이한 형체를 살펴보면, 기질은 오히려 서로 가깝지만 이치는 절대로 같지 않다. …… 이치는 같지 않다. 가령 벌이나 개미에 나타나는 군신관계는 단지 그것들이 의로움에 조금 밝기 때문이고, 범이나 이리에게 나타나는 부자관계는 단지 그것들이 인자함에 조금 밝기 때문이다. 다른 것들은 더 추론하지 않겠다.'[298]라고 했다. 이것은 낙론의 설[洛說]이 근본을 둔 것이다. 이미 '같지 않다'고 했다면, 기에서 변화를 받아 다시 일원의 같음[一原之同]이 아니니, 어찌 사물의 본성을 본연이라 할 수 있으며, 이미 본연이 아니라면 기질을 지목하여 홀로 옳지 않다고 하겠는가?"

"그렇지 않다. 대개 듣건대 이치라는 것은 하나의 실재가 여럿으로 나뉜 것[一實萬分]이어서 달라질수록 더욱 같아지니, 같으면서 다른 것[同而異]은 진정한 다름[眞異]이 아니다. 다르면서 같은 것[異而同]이 진정한 같음[眞同]이라면 '이치는 절대로 같지 않다'는 것은 진정한 같음을 말한 것이다. 형기의 측면에서 섞이지 않은 것을 가리켜서 그 묘(妙)를 말하면 주재하는 것이 이일(理一)에 있기 때문에 '이치는 같지만 기질은 다르다'고 한 것이다. '같다'는 것은 섞여서 같아짐[混同]이 아니고, '다르다'고 하는 것은 저절로 달라짐[自異]이 아니다. 섞이지 않은 것을 가리켜 그 실상을 말하면 주재하는 것이 분수에 있기 때문에 '기질은 오히려 서로 가깝지만 이치는 절대로 같지 않다'고 말한 것이다. '서로 가깝다'는 것은 리를 실은 그릇이며, '같지 않다'는 것은 나뉨이지만, 실제로는 한 때의 일이니, 같지 않음 위에 다시 따로 같음이라는 하나의 자리를 둔 것이 아니다. 사람에게는 두 입이 없어서 두 가지를 한꺼번에 말할 수 없기 때문에 천명으로 일원이체(一原異體)를 품수(稟受)한 것을 앞뒤로 구분하여 말한 것이다. 그렇다면 주자의 이 말은 바로 같으면서 다르고 다르면서 같은 참모습을 밝힌 것인데, 말하는 사람이 살펴보지 않고 억지

298 『주자어류』 권4. 「성리1」. 『주자대전』 권46, 「답황상백(答黃商伯)」 참조.

로 자신의 견해를 증명하려 하니, 또한 의심스럽지 않겠는가?" "그대는 같고 다름의 구분이 비슷하다고 논했다. 다만 치우침과 온전함이라는 두 낱말은 사람과 사물을 두루 미쳐서 말한 것이지 사람과 사물을 판가름하여 말한 것은 아닌 듯한데, 이제 당신은 간재(艮齋)가 성인과 보통사람, 지혜로운 사람과 어리석은 사람을 아울러서 말한 것을 잘못되었다고 하니, 무엇 때문인가?" "치우치고 온전함, 사람과 사물을 크게 구분하고 천지자연의 이치에서 이치의 본래 모습이 이와 같음을 알 수 있으니, 잠시 빌리거나 더하여 보충한 뒤에 이루어지는 것이 아니다. 치우치고 온전함의 치우침은 사람에 대해 말한 것인데 어떤 사람은 사람에 있어 치우침이란 인심(人心)을 좇아 기를 타고 발현된 뒤에 이름을 얻은 것이라고 말하기도 한다. '사람에 대해 말한 것'은 천명을 품수한 상태에서 본연을 말한 것이다. '좇아서 발현한 뒤에 이름을 얻었다'는 것은 기품(氣稟)이 용사(用事)한 상태에서 본연이 아님을 말했다. 이 때문에 『대학혹문』에서는 바르게 통하고 치우쳐서 막힘으로 크게 나누어 말하여 사람과 사물의 조건으로 간주했으니, 형체가 있은 이후에 기품의 맑고 흐림과 순수하고 잡박함, 물욕의 깊고 얕음과 두텁고 엷음의 측면에서 보면, 온전함이라는 것도 혹은 그 지니고 있는 것을 모두 알아서 온전하게 할 수는 없다. 이것이 온전함 가운데의 치우침[全中之偏]이다. 그러나 그 온전함의 본체는 일찍이 있지 않은 곳이 없으니, 사물이 본래 그 치우침을 얻은 것과는 같지 않다. 그것이 발현하여 도를 좇는 곳에서 보면, 치우침이라는 것은 곧 조금 밝아져서, 이것을 치우침이라 한다. 그러나 치우침 가운데는 또한 저절로 온전한 이치가 있으니, 앞의 단락에서 인용한 곡식의 싹과 매화나무의 꽃과 열매가 이것이다. '사람의 온전함과 사물의 치우침'에서 사람은 오로지 성인을 가리킨 것이 아니고, 보통사람을 통틀어 겸하여서 말한 것이니, 받은 본성은 모두 온전하여 '사람이 세운 길', '오직 사람 뿐이다', '빼어남을 얻은 사람'[299]이라는 말은 모두 성인 혼자만을 가리킨 것이 아니다. 이것을 알면 기질지성이 좇아서 발현한 뒤에 이름을 얻은 것으로써 대본(大本)상에서 뒤 섞어서 말하는 것을 스스로 허용하지 못할 것이다."

세상에서의 본성은 온전하지 않으면 치우치니, 참으로 온전하지도 않고 치우치지도 않은 본성이란 있지 않다. 치우치고 온전한 것이 모두 본연이 아니라면 세상에는 자기의 본연지성을 본성으로 삼을 수 있는 사물이 하나도 없을 것이며, 본연지성이 영원히 허공의 빈곳에 매달릴 것이니 장차 저러한 본성을 어디에 쓰겠는가? 바르게 통함을 귀하게 여기는 것은 그것이 본연의 바름을 얻었기 때문이다. 만약 치우쳐 막힌 것과 더불어서 고르게 한다면 본연이 아닐 것이다. 어찌 바르게 통함을 충분히 귀히 여겼다고 하겠는가? 대개 나뉨이 없는 것을 하나로 삼는 것은 그 폐단이 반드시 이러한 데 이르게 되어, 각각의 바른 본성을 분수에 떨어뜨려 형기를 접하는 것으로 여김으로써 하나의 근원이라고 하기에 충분치 않아서 갑(甲)쪽의 논의와 같고 다름이 없을 것이다. ○ 물었다.: 기질이 같지 않으면 천명의 성에 치우치고 온전함이 있지 않은가? 주자는 "치우치고 온전한 차이가 없다"[300]고 하였는데 이 말은 낙가(洛家)의

299 사람이…얻은 사람: 주돈이, 「태극도설(太極圖說)」.

300 『주자어류』 권4, 「성리1」. 물었다: "기질에 어둡고 흐린 차이가 있다면, 천명의 본성도 치우침과 온전함의 차이가 있습니까?" 대답했다. "치우침과 온전함의

근본이 된다. 이제 만약 비웃으며 "천명의 성이 이미 치우침이 없고 또 온전함이 없다면 빈자리에 지나지 않는다."고 하였다면, 이것이 어찌 모든 사람을 위하여 한 말이겠는가? 이것은 여러 말을 기다리지 않아도 분명하다. 바르게 통함을 귀하게 여기는 것은 그것이 본연의 온전함을 얻었기 때문이다. 그렇다면 치우쳐서 막힌 것이 얻은 것은 본연의 치우침이니, 아마도 천명의 성과 더불어 치우쳐서 막힌 것이 서로 어그러지지 않겠는가? 만약 고쳐서 바르게 통함을 귀하게 여기는 것은 그것이 본연의 성을 온전하게 할 수 있기 때문이라고 한다면 의심할 만한 것이 없을 것 같다.

"천명의 성에 치우치고 온전한 차이가 없다"는 말은 과연 낙설(洛說)의

차이가 없다. 가령 햇빛과 달빛은 확 트인 곳에서는 완전하게 보이지만 어두운 집안에서는 가려지고 막혀서 보이기도 하고 보이지 않기도 한다. 어둡고 흐린 것은 기운이 어둡고 흐린 것이므로 저절로 가려지고 막혀서 어두운 집안에 있는 것과 같게 된다. 그러나 사람에게는 가려지고 막힌 것을 소통시킬 수 있는 이치가 있다. 짐승도 역시 이 본성을 가지고 있지만, 그 형체에 얽매여서 가려지고 막힌 정도가 심한 상태로 태어나 소통시키지 못한다. 호랑이와 이리가 인자한 것, 승냥이와 수달이 제사를 지내는 것, 벌과 개미가 의로운 것은 도리어 조금 통한 것이니, 조그만 틈새에서 나는 빛과 같다. 원숭이의 경우는 모습이 사람과 비슷하고 다른 외물 중에서 가장 영특한데, 단지 말을 못할 뿐이다. 오랑캐의 경우는 사람과 짐승의 중간에 있기 때문에 끝내 (기질을) 고치기 어렵다."(問氣質有昏濁不同, 則天命之性有偏全否? 曰非有偏全. 謂如日月之光, 若在露地, 則盡見之. 若在蔀屋之下, 有所蔽塞, 有見有不見. 昏濁者是氣昏濁了, 故自蔽塞, 如在蔀屋之下. 然在人則蔽塞有可通之理. 至於禽獸, 亦是此性, 只被他形體所拘, 生得蔽隔之甚, 無可通處. 至於虎狼之仁, 豺獺之祭, 蜂蟻之義, 却只通這些子, 譬如一隙之光. 至於獼猴, 形狀類人, 便最靈於他物, 只不會說話而已. 到得夷狄, 便在人與禽獸之間, 所以終難改.)

근본이 된다. 주자의 말이 분명히 이와 같다면 누가 감히 아니라고 하겠는가? 다만 세밀하게 살펴보면, 주자의 본래 말과 간재가 말한 것은 그 의미가 아주 동뜨게 다르다. "기질이 같지 않으면 천명의 성도 또한 치우치고 온전함의 차이가 있지 않습니까?"라고 물었는데, 주자는 "치우침과 온전함의 차이가 없다. 가령 햇빛과 달빛은 확 트인 곳에서는 완전하게 보이지만 어두운 집안에서는 가려지고 막혀서 보이기도 하고 보이지 않기도 한다."고 대답했다. 대개 위로부터 따라서 내려가면 천명의 성이 치우치고 온전한 차이가 없는 것은 해와 달의 빛이 본래 크고 작음이 없는 것과 같다. 이것을 이치가 앞서 갖추어졌다고 하고, 이것을 원래 있는 나뉨[原有之分]이라 하니, 이른바 치우침과 온전함의 차이가 없는 것은 이것 때문이다. 아래로부터 미루어서 위로 한 걸음 나아가서 말하면, 치우치고 온전함은 본연 아닌 것이 없으니, 마치 크고 작은 틈새에 비추는 것이 해와 달의 빛이 아님이 없는 것과 같다. 단지 큰 곳에 비추는 것은 해와 달의 빛이고 작은 곳에 비추는 것은 해와 달의 빛이 아니라고 해서는 안 된다. 치우치고 온전함이 없어서 모두 존재하고, 크고 작음이 없어서 모두 비춘다는 것은 여기에서 알 수 있으며, 치우침과 온전함의 차이가 없다는 것도 여기에 있다. 사물이라는 것은 시작과 끝이 있고 이루어지고 무너짐이 있기 때문에 아래로부터 따라서 위로 미루어 간다고 말할 수 있다. 이치라는 것은 앞뒤도 없고 차고 이지러짐도 없어서 위아래로 사이를 떼어낼 수 없다. 치우치고 온전함의 차이가 없다고 하는 것은 이치에 정미하고 거침이 없고 도에 크고 작음이 없음을 말한다. 세상에 본성 바깥에 사물이 없으니, 천명의 성에 치우치고 온전한 차이가 없다면 사람과 사물은 어디에서 치우치고 온전함이 있게 되는가? 그렇다면 치우치고 온전함은 본연이 아니라는 말은 검은 것을 가리키면서 하얗다 하고 땅을 밟고 있으면서 하늘이라 하는 것과 무엇이 다른가? 만약 확 트인 곳에서 완전하게 보이는 것은 해와 달의 빛이지만 어두운 집안에서 조금 비추는 것은 해와 달의 빛이 아니라고 한다면, 세상에 귀 있는 사람이 어찌 배를 잡고 크게 웃지 않고 갓끈을 끊지 않겠는가? 그렇다면 주자가 말한 것은 바로 치우치고 온전한 본연의 의미를 밝힌 것인데, 이제 도리어 이것을 취하여 본연이 아니라는 하나의 증거로 삼으려 하니, 어떠한가? 대체로 일찍이 듣건대, 본연의 치우침과 온전함이 있다고 하는 것은 옳지 않고, 치우치고 온전함이 본연이 아니라 하는 것도 옳지 않다고 하였다. 이 말은 모르는 사람이 보면, 본연은 치우치고 온전하다 해서는 안 된다는 것은 바로 위로부터 아래로 따라가는 말[自上順下之說]과 같고, 치우치고 온전함이 본연이 아니라면 옳지 않다고 한 것은 바로 아래로부터 위로 미루어 가는 말[自下推上之說]과 같다. 개략적으로 말하면, 천명의 성에 치우치고 온전한 차이가 없다는 것은 쌓여 있는 돌무더기에 치우치고 온전함이 있지 않다는 것을 말한다. 깊이 생각하여 말하면, 치우치고 온전함이 없어서 모두 치우치고 온전함의 간격(間隔)이 있지 않음을 말한다. 아는 사람은 천명의 성에 치우치고 온전함의 차이가 있다 해도 된다고 말하고, 모르는 사람은 천명의 성에 치우치고 온전한 차이가 없다하더라도 무슨 이익이 있는가? 라고 말한다. 치우치고 온전함은 본연 아닌 것이 없기 때문에 치우치고 온전함에 주안점을 두어 말하면, 온전함은 본래 본연(本然)의 온전함이고, 치우침 또한 본연의 치우침이어서 이에 시연(始然)의 치우침으로 미루어 알 수 있는 것이 아니다. 만약 본연의 온전함을 얻었다는 측면에서 말하면,

이것은 천명이 품부(稟賦)할 때 원래 받은 것이니, 곧 『중용장구』의 “각기 부여한 이치를 얻었다”[301]고 하는 것이다. 만약 이를 고쳐서 본연의 성을 온전하게 할 수 있다는 측면에서 말하면, 이것은 따로 허공에 매달린 본연을 두고, 그 기가 스스로 주장하는 곳에서 다행히 온전하게 할 수 있는 자도 있고, 불행히 온전하게 할 수 없는 자도 있다는 것이다. 그렇다면 본연의 품부한 것이 곧 시연(始然)의 본성이라 하지 않는 것은 마땅하고, 온전하게 여기는 성인에 대해서도 또한 본연의 온전함을 얻지 못했다고 할 것이니, 바로 세상에 자기의 본연지성을 본성으로 삼을 수 있는 사물이 하나도 없게 된다. 어디에서 그것이 만물의 일원(一原)이 되겠는가? 어떤 사람이 말했다.: 일원의 설을 주자가 “모든 이치는 똑같이 일원에서 나온다.”[302]하고, 진서산(眞西山)[303]이 “사람과 사

301 『중용장구』 1장.

302 모두…나온다: 『주자어류』 권18, 「대학5」(「혹문」하). 덕원이 물었다.: 만물이 각기 하나의 이치를 갖추고 모든 이치가 똑같이 하나의 근원에서 나옵니다. 대답했다.: 만물이 모두 이러한 이치를 가지고 있으며, 이치는 모두 똑같이 하나의 근원에서 나온다. 다만 있는 자리가 다르다면 그 이치의 쓰임도 한결같지 않다. 예컨대 군자에게는 인이 필수적이고, 신하에게는 공경심이 필수적이며, 자식에게는 효가 필수적이고, 부모에게는 자애로움이 필수적이다. 사물마다 각기 이러한 이치를 갖추고 있고 사물마다 각기 그 쓰임이 다르지만, 일리(一理)의 유행 아닌 것이 없다.(德元問, 萬物各具一理, 而萬理同出一原. 曰 萬物皆有此理, 理皆同出一原. 但所居之位不同, 則其理之用不一. 如爲君須仁, 爲臣須敬, 爲子須孝, 爲父須慈. 物物各具此理, 而物物各異其用, 然莫非一理之流行也.)

303 진덕수(眞德秀, 1178~1235)다. 복건 출신으로 자는 경원(景元) 또는 경희(景希)이며, 서산선생으로 불렸다. 1199년 진사가 되고 이어서 박학굉사과(博學宏詞科)에 급제했다. 이종이 즉위하여 중서사인, 예부시랑에 기용되었으며, 호부상서, 한림학사, 참지정사 등의 벼슬을 역임했다. 학문적으로 ‘『대학』은 모든 성인의 마음이 전해지는 중요한 책’이라 평가하고 『대학』연구에 심혈을 기울였

물의 본성은 모두 여기에서 흘러나오는데 수많은 하천이 하나의 근원을 함께하는 것과 같다."[304]고 한 측면에서 보면, 기가 형체를 이루기 전에 따로 하나의 근원이 되는 자리가 있는데, 이치가 또한 부여된 이후를 모두 하나의 근원이라 해서는 안 된다. 그렇다면 사람과 사물이 아직 생기기 전에 따로 치우치고 온전함이 없는 하나의 자리가 있고, 각기 (성명이) 정해진 뒤에 형기를 범하여 분수(分殊)로 떨어져 곧 치우치고 온전함의 다름이 있는 것을 대개 천명의 성이라고 해서는 안 된다. 말했다.: 치우침과 온전함 위에 따로 오상을 같이 하는 하나의 자리를 세워서는 안 된다는 것에 대해서는 앞에서 이미 변론하였다. 또 주자가 치우치고 온전함에 대해 말한 것으로 살펴보건대, 물은 사람이 이미 기질이 다르다는 측면에서 말한 것이라면 기질 상에 나아가서 그것이 기질에 섞이지 않은 것을 말한다. 말했다.: 천명의 성에 대해서 주자가 이미 확 트인 곳과 어두운 집안의 빛으로 답하였다면 이것은 확 트인 곳과 어두운 집안의 측면에서 이치의 묘함을 단언(單言)한 것이다. 또 "태어난 그대로를 성이라 한다", "사람은 태어나면서부터 고요하다는 말 외에는 말할 필요가 없다"[305]면, 천명의 성은 하늘이 만물을 만들어 낼 때, 이치를 또 부여

으며, 그 결과 『대학연의(大學衍義)』을 저술했다. 저서로는 『심경(心經)』, 『서산문집(西山文集)』 등이 있다.

304 사람과 사람의 본성은…함께 하는 것과 같다: 『서산문집(西山文集)』 권30, 「문답(問答)」. 장자의 '만물의 하나의 근원'을 물음. 횡거선생이 '본성이라는 것은 만물의 하나의 근원이니 내가 사사로이 얻은 것이 아니다.'라고 하였는데, 여기서 본성은 천도를 가리켜서 말한 것이다. 대개 사람과 사물의 본성은 모두 여기에서 흘러나오는데 수많은 하천이 하나의 근원을 함께하는 것과 같다.(問張子所謂萬物之一原. 橫渠先生曰, 性者萬物之一原, 非有我之得私也. 此性字, 指天道而言. 凡人物之性, 皆自此流出, 如百川之同一源也.)

한 데 나아가 도출(挑出)하여 그 품부한 이치를 말한 것이다. 이것은 사람과 사물 이전에 과연 따로 하나의 자리가 있는 것인가? 따로 일원(一原)의 자리를 세울 수 없다는 것은 깨닫기 어렵지 않다. 「납량사의」에서 "만약 본성을 논하자면, 마치 사람과 사물이 아직 도출되지 않을 때에 나에게 있으면 나의 것이 하나의 근원이고, 너에게 있으면 너의 것이 하나의 근원인 것과 비슷하니, 무엇 때문에 반드시 분수를 떨쳐낸 뒤에 만물의 일원이 되겠는가?"라고 말하지 않았는가? 그렇다면 서산(西山)의 말을 옛 사람들이 의심스럽게 생각한 것이 옳다. 만약 주자의 말이 『대학』의 격물치지(格物致知)로써 사물의 이치가 흩어져 존재하는 것을 가리켜서 통체일태극(統體一太極)을 말하였기 때문에 '똑같이 나온다'라고 하였다. 대개 인심의 격물치지를 주로 하고 분수 상의 공부로부터 이치에 이른 것이 곧 '같음'이다. 같음 가운데 다름이 있고, 다름 가운데 같음이 있으니, 이것이 이치가 미묘한 이유다. 주자는 "이치는 본래 하나의 이치이지만 그 사이에 곡절이 매우 많다."고 하였다. 이제 그 곡절을 잊고 단지 이일(理一)을 주로 하여 치우쳐서 온전하지 못한 것을 보면 곧

305 태어난…말할 필요가 없다: 『이정유서』 권1, 「습유(拾遺)」. 태어난 그대로를 성이라 한다. 성은 기이고, 기는 곧 성이며, 태어난 그대로의 것을 말한다. 사람은 기품을 갖고 태어나며, 그 이치에는 선악이 있다. 그러나 성 가운데서 원래 두 가지가 서로 대립하여 태어나는 것은 아니다. 어떤 사람은 어려서부터 선하고, 어떤 사람은 어려서부터 악한데, 이는 기품이 그러하기 때문이다. 선은 본래 성이지만, 악도 또한 성이라 하지 않을 수 없다. '태어난 그대로를 성이라 한다'는 말과 '사람은 태어나면서부터 고요하다'는 말 외에는 말할 필요가 없다. 성은 말하자마자 이미 성이 아니기 때문이다.(生之謂性. 性卽氣, 氣卽性, 生之謂也. 人生氣稟, 理有善惡. 然不是性中元有此兩物相對而生也. 有自幼而善, 有自幼而惡, 是氣稟有然也. 善固性也, 然惡亦不可不謂之性也. 蓋生之謂性, 人生而靜以上不容說. 才說性時, 便已不是性也.)

본연이 아니라고 지적하여 배척하고, 오상 위에 따로 오상을 같이 하는 하나의 자리를 세워 사람과 사물의 일원(一原)이라 한다면 벌과 범의 인의는 과연 요·순·주공의 인의와 조금도 다름이 없으며, 사람과 사물의 이치가 형체가 없는 것 가운데 이미 갖추어져 있다고 하는데 이것은 과연 어디에 있는가?

치우침과 온전함은 선한 쪽을 가리킨 것이니, 구멍의 틈새는 비록 크고 작음이 있으나 달빛은 여전하고, 대야와 사발은 비록 모난 것과 둥근 것이 있지만 물의 본성은 변함이 없느니, 어찌 본연이 아니겠는가? 이 말을 미덥게 해야 한다. 벌과 범의 과연 그러한 인의는 요임금과 순임금, 주공의 인의와 조금도 다름이 없다. 그렇다면 주자는 어찌하여 인의예지의 순수한 것을 말하여 사람과 사물이 다르다고 했는가?

바로 인의예지는 모두 순수하다고 말했다면, 또 어찌 순수하지 않는 인의예지가 있겠는가? 주자는 본래 만약 단지 인의예지의 순수함이라는 한 단락만 있고 모두 위의 글에 없다면 혹 미뤄서 말할 수 있다고 말했다. 이제 이미 '그렇지 않다' 는 한 단락 위에 이어서 지각운동의 꿈틀거림[蠢然]이라는 한 단락이 있다면 '순수하다[粹然]'고 말한 것은 바로 준연(蠢然: 꿈틀거리다)이라는 두 글자와 대구가 되는 말이다. 인의예지 가운데서 순수한 것과 순수하지 않은 것을 갈라서 말한 것은 아니다. 순수한 것을 쪼개서 사람에게 부여하고, 순수하지 않은 것은 쪼개서 사물에 부여한 것이다. 그렇다면 성은 단지 진흙에 모래와 돌이 섞인 것이라고 할 수 있는가? 단지 인의예지를 말했다면 '곧 순수하다.'는 것은 반드시 군더더기 말이 아니며 오히려 '인의예지의 순수함'이라고 말한 것이 고자(告子)를 좇아서 기를 잡아서 본성에 해당시킨 것이다. 무릇 꿈틀거리며 지각하고 운동하는 모습이 사람과 사물이 같은 것을 가리켜서 본성이라 한다. 깃과 옥의 흰 빛은 모두 구별할 수 없기 때문에 인의예지의 순수한 것으로써 사람과 동물의 다른 것을 나누었다. 대개 형이상의 관점에서 치우침과 온전함의 본체를 분별하였기 때문에 사람과 사물이 다르다 하였다. 똑같이 순수하면서도 사람은 온전하고 사물은 치우치니 사람과 사물이 여기에서 나누어지는 것은 이미 명백하다. 벌과 범의 인의가 과연 요와 순, 주공의 인의와 구별되지 않는다면, 어떻게 사람은 온전하고 동물은 치우쳤다 할 수 있겠는가? 만약 인에 치우치고 의에 치우친 것을 본래 그러한 것이 아니라고 한다면 『중용혹문』의 이른바 범과 이리의 부자 관계, 벌과 개미의 군신관계, 승냥이와 수달의 보본(報本), 징경이와 비둘기의 유별(有別) 또한 얻은 의리를 보존하여 더욱 천명의 본연을 볼 수 있으며, 도가 아마도 여기에 있다는 것은 헛된 말이 될 뿐이다. 이와 같기 때문에 선 한 쪽만을 가리킨 것이라 한 것이다. 치우친 것은 치우침이고 온전한 것은 온전함이라면 구분이 없을 수 없으니 곧 다르다는 것이다. 치우침도 본래 그러한 것이고 온전함도 본래 그러하다면 한 가지 근원이므로 곧 같다는 것이다. 같은 것 가운데 다름이 있고, 다른 것 가운데 같음이 있으니, 이것이 이치가 묘한 이유이다. 주자가 "이치는 본디 하나의 이치이나 그 사이에 곡절(曲折)이 매우 많다"[306]라고 말하였다. 이제 그 곡절을 잊고 다만 이일(理一)을 주로 하여

306 이치는…매우 많다: 『주자어류』 권18, 「대학」 5(「혹문」하). 도안국이 물었다.: "'여러 갈래의 시냇물과 길은 모두 수도에 도달할 수 있다.'고 하였는데, 수도는

치우쳐서 온전하지 않은 것을 보고 곧 본래 본연이 아니라고 지적하여 배척하고 오상(五常)을 같이 하는 것 위에 따로 오상을 같이 하는 자리를 세워서 사람과 사물의 하나의 근원이라고 한다면 벌과 범의 인의(仁義)는 요와 순, 주공의 인의와 과연 조금도 다름이 없는 것인가? 사람과 사물의 이치가 이미 형체가 없는 것 가운데 갖추어져 있다는 것은 과연 어디에 있는 것인가?

기질이 선과 악을 겸한다는 것은 흙탕물에 흐리고 맑은 정도가 여러 단계 있고, 창문 사이로 들어오는 달빛에 밝고 어두움의 정도가 여러 단계 있는 것과 같으니 치우침과 온전함을 기질로 삼는다면 어찌 치우침과 온전함에 빠진 것이 아니겠는가? 요와 순, 공자의 온전함이 진실로 마땅히 본래 그러하며 백이(伯夷)와 유하혜(柳下惠)의 치우침이 맑음과 화(和)에 이르고 안연(顔淵)과 민자건(閔子騫)이 체를 갖추었는데 미자(微

아마도 이치의 하나의 근원을 비유한 것입니다. 한 가지 일에서도 궁구하여서 일원에 도달할 수 있을지 모르겠습니다." 대답했다.: "이처럼 이해하지 못했다면 단지 비슷한 것으로 헤아려 보아야 한다. 이치는 본래 하나의 이치이나 그 사이에 곡절이 아주 많아서 반드시 이러한 것을 모양으로 만들어 여기로부터 미루어 가야 비로소 얻게 된다. 또한 예컨대 어버이를 모실 때 본래 마땅히 모시는 도리를 다해야 하지만, 만약 어버이에게서 얻었을 때는 어떻게 하고 얻지 못했을 때에는 어떻게 할 것인가? 이로써 군주를 모시는데 미루어 가면 군주에게서 얻었을 때는 어떻게 하고 얻지 못했을 때는 어떻게 해야 하는지 알게 된다. 미루어서 어른을 모시는 것 또한 이와 같다. 이로부터 미루어 가면 모두 그렇지 않은 것이 없다."(陶安國問; "'千蹊萬徑, 皆可適國.' 國恐是譬理之一源處. 不知從一事上便可窮得到一源處否?" 曰; "也未解便如此, 只要以類而推. 理固是一理, 然其間曲折甚多, 須是把這箇做樣子, 却從這裏推去, 始得. 且如事親, 固當盡其事之之道, 若得於親時是如何, 不得於親時又當如何. 以此而推之於事君, 則知得於君時是如何, 不得於君時又當如何. 推以事長, 亦是如此. 自此推去, 莫不皆然")

子)와 자유, 자하는 단지 한 몸만 있다면 어찌 기질로 말미암은 것이 아니겠는가? 이러한 것들은 선과 악을 겸했다 할 수 없다. 사람도 오히려 이와 같은데 하물며 미물(微物)에 있어서이겠는가? 이제 치우침과 온전함을 기질이라 하지 않으려 하는 것은 아마도 마침내 의심할 만하다.

치우침과 온전함은 사람과 동물을 크게 구분하는 것으로 하늘과 땅의 저절로 그러한 이치이며 바꿀 수 없는 것이다. 사람에게 지혜로움과 어리석음의 다름이 있는 것은 본래 기품의 좋음과 나쁨에 연관되어서 마땅히 나쁜 점을 변화시켜 그 좋은 점을 회복해야 한다. 기품을 일정하여 바꿀 수 없는 이치로 파악해서는 안 된다는 점은 본래 이미 앞에서 변론했다. 이제 반드시 물성의 치우침을 억지로 기질의 성이 작용한 것으로 보아 속임이 사람에 미친다면 어찌하겠는가? 백이의 맑음은 곧 성인의 맑음이지 기질지성의 맑음이 아니다. 유하혜의 화(和)는 곧 성인의 화이지 기질지성의 화가 아니다. 그러므로 (맹자는) "백세의 스승"[307]이라고 하였다. 백세의 스승을 본성의 부류가 아니라고 하면 스승 된 자는 어떤 사람이겠는가? 안자(顔子)가 체를 갖춘 것은 성인의 온전한 체를 갖춘

307 『맹자』「진심」하. 맹자께서 말했다. "성인은 백세의 스승이니, 백이와 유하혜가 이런 사람이다. 그러므로 백이의 풍도를 들은 자는 완악한 지아비가 청렴해지고, 나약한 지아비가 뜻을 세우게 되며, 유하혜의 풍도를 들은 자는 경박한 지아비가 돈후해 지고, 비루한 지아비가 너그러워진다. 백세의 위에 분발하거든 백세의 아래에서 그 풍도를 들은 자가 흥기하지 않는 이가 없으니, 성인이 아니고서 이와 같을 수 있겠는가. 더구나 그들을 직접 가까이 하여 배운 자에 있어서랴"(孟子曰: "聖人, 百世之師也, 伯夷 柳下惠是也. 故聞伯夷之風者, 頑夫廉, 懦夫有立志; 聞柳下惠之風者, 薄夫敦, 鄙夫寬. 奮乎百世之上. 百世之下, 聞者莫不興起也. 非聖人而能若是乎, 而況於親炙之者乎?")

것이다, 하나의 몸이 있다는 것은 성인의 한 몸이 있다는 것이다. 성인이 없다면 이 몸은 어떤 몸인가? 이것을 본래 그러한 것이 아니라 하고 본성대로 하지 않으려 한다면 후학(後學)의 체라는 것은 어떤 것인가? 본연지성을 허공에 매달린 하나의 자리라고 한다면 이것은 본성이 빈 것[性空]을 진리라고 하는 것이다. 사물의 본성을 본래 그러한 것이 아니라 하고 뭇 성현들이 본성대로 하는 것이 아니라면 이것은 바로 기가 성을 가리는 것을 인정한 것이다. 백이는 맑지만 조화로운 기상이 적고, 유하혜는 조화롭지만 맑은 기상이 적으니, 요와 순, 공자의 온전한 모습에 기품이라고 말할 수 있는 것이 있고 또한 본연의 체에서 나온것과 같지 않다. 그러므로 한 가지 일로써 말하면 각각 조금도 인욕의 사사로움도 없으며, 조금도 억지로 강제하는 뜻이 없어서 천리에 순일하여[익숙하여] 충실하게 다하면 성인의 맑음[聖淸]과 성인의 조화로움[聖和]이라고 일컫는 것에 이르게 된다. 안연의 체를 갖추었으면서도 보잘것없는 사람의 모습에서 기품이라 말할 수 있는 것이 있으면서 체를 갖춘 것은 본연이 아닌가? 3개월 동안 (인을) 어기지 않았다면[308] 3개월 동안 기질지성이 없고, 하루나 한 달에 한 번 (인에) 이르렀다면 하루나 한 달에 한 번 기질지성이 없으며, 그가 (인을) 어긴 적이 있고 (하루나 한 달에 한 번도 인에) 이르지 않은 적이 있는 것은 기품이 용사(用事)하였는데도 기품을 파악하지 못한 데 연유한 것이니, 큰 일이 일어난 것을 보고 말하기를 "몇 년 만 수명을 연장해 주었다면 며칠이 되지 않아 저절로 화하

308 3개월 동안…어기지 않았다면: 『논어』「옹야」. 공자께서 말했다. "안회는 그 마음이 3개월 동안 인을 어기지 않았고, 그 나머지 사람들은 하루나 한 달에 한 번 인에 이를 뿐이다."(子曰 "回也, 其心三月不違仁, 其餘則日月至焉而已矣.")

였을 것이다."라 하고, "성인은 배울 수 있는 것이다"라고 하였다. 어찌 일찍이 지금과 같이 물성의 치우침은 본연이 아니라 하고 아울러 여러 성현을 폄하하고 낮추어서 본성대로 하지 않는 부류[不性之科]라 하는가? 보통 사람이라도 한 가지 일에 선함이 있으면 또한 모두 본연 가운데서 흘러나온 것인데 하물며 여러 사람의 선이 성인에 버금가는데 오히려 본연의 성이라고 하면 안 되는가? 동물에 치우친 성이 있으면 치우침 또한 본연이다. 사람은 온전하지 않은 본성이 없지만 그 온전함을 알지 못하면 온전한 자도 기품이 있게 되고 학력이 미치지 못한 점이 있게 된다. 이로써 그 본성이 온전하지 않다고 하면 옳겠는가? 주자가 말하기를 "사물마다 각각 이러한 이치를 갖추고, 사물마다 각각 그 쓰임을 달리 하지만 하나의 이치가 유행하지 않은 것이 없다."고 하였으니 마치 여러 개의 그릇을 배열하면 물은 서로 비슷하지만 이 그릇은 이러한 모양의 물이고 저 그릇은 저러한 모양의 물이 되는 것과 같다. 물이 각각 가득 차서 밖에서 구해서 빌려오기를 기다리지 않는다. 그러나 (그릇이) 깨뜨려져서 쏟아지는 것은 다만 이러한 물일뿐이니, 이것은 미루어서 통하지 않은 것이 없다. 대개 이른바 '이러한 그릇', '저러한 그릇'이라고 한 것은 비록 이것과 저것의 네모나고 둥근 것의 다른 점이 있어도 물은 이러한 물이어서 두 가지 물이 아니다. 인간의 본성과 사물의 본성도 비록 치우침과 온전함의 다름이 있으나 본성이 단지 이러한 성이라면 똑같이 하나의 성이요 똑같이 선 한 측면이니 무슨 의심이 있겠는가? 이미 이러한 그릇과 저러한 그릇이 달라서 이 그릇의 물이 본연이 아니라고 한다면 결국에는 저 그릇의 물도 본연이 될 수 없다. 그것은 한결같은 물이기 때문이다. 대개 치우침을 본연이 아니라고 한다면 결국은 온전함도 기질에 국한됨을 면치 못한다고 할 수 있는가? 치우침과 온전함은 선 한 측면을 가리킨 것이요, 이 '선(善)'이라는 글자는 '순수하고 지극한 선'(純粹至善)의 선이다. 순수하고 지극한 선이기 때문에 본연과 기질의 성은 선과 악을 겸한다고 하였는데, 이 '선(善)'이라는 글자는 흙탕물에 여러 단계가 있고, 창문 사이로 들어오는 달빛에 여러 단계가 있는 것이다. 이미 흙탕물이라고 했다면 본래의 깨끗함을 잃은 것을 흐림[濁]이라고 할 수 있으며 흐린 것 가운데서 약간 맑은 것이 있을 뿐이다. 이미 창문 사이라고 했다면 이미 본래의 밝음을 잃은 것을 흐림이라 할 수 있으며, 흐린 것 가운데서 약간 밝은 것이 있을 뿐이다. 그렇다면 선과 악을 겸한다 할 때의 선은 지극한 선이 아니며 오히려 선은 바로 남방의 강함과 같으나 군자의 강함은 아니라고 하면서 또한 남방을 군자의 강함으로 여기는 것과 같다.[309] 이것이 이른바 '선과 악을 겸한다'는

---

309 남방의 강함…것과 같다: 『중용장구』 10장. 자로가 강함에 대하여 물었다. 공자가 말하기를 "남방의 강함인가, 북방의 강함인가? 아니면 너의 강함인가? 너그럽고 부드럽게 가르치며 무도함을 보복하지 않음은 남방의 강함이니, 군자는 그렇게 처신한다.(남방은 풍습과 기질이 부드럽고 약하기 때문에 수용하고 참는 힘으로 남을 이기는 것을 강한 것으로 간주하니, 군자의 도리이다.) 창칼과 갑옷과 투구를 깔고 죽어도 싫어하지 않음은 북방의 강함이니, 강포한 사람들이 그렇게 처신한다.(북방은 풍습과 기질이 강하고 굳세기 때문에 과감한 힘으로 사람을 이기는 것을 강함으로 간주하니, 강포한 사람들의 일이다.) 그러므로 군자는 조화를 이루지만 휩쓸려 가지는 않는다. 강하도다. 꿋꿋함이여! '중'에 서서 기울지 않는다. 강하도다 꿋꿋함이여! 나라에 도가 있을 때에는 궁색했을 때의 뜻을 변치 않는다. 강하도다 꿋꿋함이여! 나라에 도가 없을 때에는 죽을 때까지 변치 않는다. 강하도다. 꿋꿋함이여!(子路問强. 子曰: 「南方之强與? 北方之强與? 抑而强與? 寬柔以敎, 不報無道, 南方之强也, 君子居之.(南方風氣柔弱, 故以含忍之力勝人爲强, 君子之道也.) 衽金革, 死而不厭, 北方之强也, 而强者居之.(北方風氣剛勁, 故以果敢之力勝人爲强, 强者之事也.) 故君子和而不流, 强哉矯!

것이다. 백이와 유하혜의 맑음과 조화, 안연과 민자건이 본체를 갖춘 것, 자유와 자하의 일체[310]는 각각 충분히 지극히 선한 것이니 어떻게 선과 악을 겸했다고 지목할 수 있겠는가? 주자가 백이와 유하혜의 맑음과 조화를 남방과 북방의 강함으로 말하지 않았고, '강하도다. 꿋꿋함이여!'라고 말한 것이 이것이다.("조화를 이루지만 휩쓸려가지 않고 중(中)에 서서 기울지 않은 것은 백이와 유하혜 등 바로 이와 같은 사람들입니까?"하고 묻자, 주자는 "그렇다"라고 대답했다.[311]) 또한 이른바 '기질에서 연유한다'는 것은 맑음과 조화

中立而不倚, 强哉矯! 國有道, 不變塞焉, 强哉矯! 國無道, 至死不變, 强哉矯!」)

310 자유와 자하의 일체: 『논어』「자장」 자유가 말했다. "자하 문하의 제자들은 물 뿌리고 쓰는 일과 손님 대접하는 일과 나아가고 물러나는 몸가짐 따위는 잘하는 셈이지만, 그러나 말단적인 일과 불과한 것이다. 근본적인 것은 배운 것이 없으니, 어찌 되겠는가?" 자하가 이 말을 듣고 말했다. "아아! 자유가 잘못이야. 군자의 도에 있어서 어떤 것을 먼저 가르치고, 어떤 것을 뒤로 미루고 게을리 할 것인가? 풀과 나무에 비유하면 종류에 따라 구별하여 키우는 것과 같다. 군자의 도에 있어서 어떤 것인들 무시할 수 있겠는가? 시작이 있고 끝맺음이 있는 교육은 오직 성인이어야만 될 것이다."(子游曰: 「子夏之門人小子, 當洒掃 應對 進退, 則可矣. 抑末也, 本之則無. 如之何?」 子夏聞之曰: 「噫! 言游過矣! 君子之道, 孰先傳焉? 孰後倦焉? 譬諸草木, 區以別矣. 君子之道, 焉可誣也? 有始有卒者, 其惟聖人乎!」)

311 조화를 이루지만…말했다: 『중용장구』 10장. 주자가 말하기를 "조화를 이루면 곧 휩쓸리기 쉽다. 그러나 이것이 만약 중이라면 스스로 기울지 않으니, 어찌 또 기울지 않음을 말할 필요가 있겠는가마는 일반적으로 부드럽고 약한 사람이 중에 서게 되면 반드시 기울거나 쓰러지게 될 것이니, 만약 중 가운데 서서 기울지 않을 수 있다면 곧 굳건한 것임을 알 수 있을 것이다." 라고 하였다. "조화를 이루면서도 휩쓸리지 않고 중에 서서 기울지 않는 것은 백이나 유하혜 등이 바로 이와 같은 사람들입니까?"라고 묻자, "그렇다"라고 대답했다. "유하혜는 조화하면서도 휩쓸리지 않은 것이 아주 분명하지만, 백이는 어느 것이 중에 서서 기울지 않은 곳입니까?"라고 묻자, "예를 들어 문왕이 노인을 잘 봉양하자 그가 곧 돌아왔고, 무왕이 주왕을 치자 그가 또 스스로 따르지 않고 간

로움 및 구체(具體)와 일체(一體)는 기질의 맑음과 순수함에서 말미암은 것인가, 기질의 흐림과 섞임에서 말미암은 것인가? 흐림과 섞임에서 말미암는다면 기는 본연의 이치에서 변한 것이니 본연이 아니라 할 수 있다. (그러나) 이미 맑음과 순수함에서 말미암았다면 바로 기가 본연의 이치에 따른 것이니 본연이 아니라 할 수 없다. 기질로 말하면 비록 요와 순, 공자의 온전함이라 할지라도 또한 기질의 지극히 맑고 순수한 것에서 말미암은 것이므로 그 본연의 온전한 체를 보전할 수 있는 것이다. 이 이하로 내려가면 이와 같이 할 수 없기 때문에 각각 본연이 발출되어 드러날 때 치우침이 있게 되어 그 성의 본연을 잊게 되는 것이니 치우침과 온전함을 가리켜 기질이라 할 수 있겠는가?

기질지성은 군자가 본성으로 여기지 않지만, 사람과 사물의 치우치고 온전한 본성도 본성으로 여기지 않겠는가? "기질지성은 군자가 본성으로 여기지 않는다"[312]는 것은 본래 횡거 선생의 말이다. 선생은 또 일찍이 "모든 사물에는 이러한 본성이 있지 않을 수 없으니, 소통과 막힘, 열림과 닫힘에 따라 사람과 사물의 다름이 있는 것이고, 막힘에도 두터

것과 같은 행동이 바로 중에 서서 기울지 않은 곳이다."라고 대답했다.(朱子曰和便易流. 若是中, 便自不倚, 何必又說不倚, 蓋柔弱底中立則必欹到, 若能中立而不倚, 方見硬健. 問和而不流, 中立而不倚, 夷惠正是如此. 曰是. 問惠和而不流, 甚分明, 夷如何是中立不倚處. 曰如文王 善養老, 他便來歸. 及武王伐紂, 他又自不從而去, 只此便是他中立不倚處.)

312 기질지성은…여기지 않는다: 『장재집(張載集)』「정몽(正蒙)·성명(誠明)」권2. 형체가 생긴 뒤에 기질의 본성이 있다. 그것을 잘 돌이키면 천지의 본성이 거기에 간직된다. 그러므로 기질의 본성은 군자가 본성으로 여기지 않는 것이다.(形而後有氣質之性, 善反之, 則天地之性存焉. 故氣質之性, 君子有不性者焉.)

움과 엷음이 있음으로 말미암아 지혜로움과 우둔함의 구별이 있게 된다."[313]고 하였다. 이제 위의 한 부분은 치우침과 온전함이 되어 본연의 성에 속하고, 아래 한 부분은 기질이 되어 내려와서 불성의 과(不性之科)가 되니, 아마도 글의 뜻이나 일의 이치 모두 노사의 말과 같다고 하기 어렵다. "기질이 같지 않으면 천명의 본성에도 치우치고 온전함이 있지 않습니까?"라고 묻자, 주자는 "치우침과 온전한 차이가 없다"고 하였다. 치우치고 온전한 본성이 어찌 주자가 본성으로 여기지 않은 것이 아니겠는가? 이에 근거하면 남당(南唐)과 노사 두 사람의 설은 타당한 것 같지만, 더욱 확실하게 살펴보면 아마도 어떤 성인도 바꿀 수 없는 논의라고 인정할 수 없을 것이다.

장자의 '모든 사물은 이러한 본성이 있지 않을 수 없다'는 한 단락은 바로 『중용혹문』·『대학혹문』과 서로 발명(發明)한 것이니, '모든 사물은 이러한 본성이 있지 않을 수 없다'는 한 구절은 곧 도출(挑出)하여 그 묘미를 말한 것이고, '이일(理一)이 주가 된다는 것'은 『대학혹문』에 "이치

---

313 모든 사물에는…있게 된다: 『장재집』 권14 「성리습유(性理拾遺)」 5. 장자가 말했다. "천하에 무릇 성이라고 하는 것은 쇠의 본성은 강하고 불의 본성은 열이 있으며, 소의 본성, 말의 본성이 본래 지니고 있지 않은 것이 없는 것과 같다. ○ 모든 사물은 이러한 본성이 있지 않을 수 없으니, 소통과 막힘, 열림과 닫힘에 따라 사람과 사물의 다름이 있는 것이고, 막힘에도 두터움과 엷음이 있음으로 말미암아 지혜로움과 우둔함의 구별이 있게 된다. 막힌 것은 둘러싸여서 열수 없고 두터운 것은 열려하면 열 수 있으나 엷은 것은 열기 어렵다. 쉽게 열면 천도와 성인에 도달하는 것은 한 가지이다."(張子曰: 天下凡謂之性者 如言金性剛火性熱牛之性馬之性也. 莫非固有 ○ 凡物莫不有是性, 由通蔽開塞, 所以有人物之別, 由蔽有厚薄, 故有智愚之別. 塞者牢不可開, 厚者可以開而開之也. 難薄者開之也. 易開則達於天道與聖人一.)

로 말하면 만물은 하나의 근원이어서 사람과 사물에 귀천(貴賤)의 차이가 없다."고 하였으며, 『중용혹문』에 "본성이란 것은 어떠한 사물도 얻지 않은 것이 없다."고 한 것이 이것이다. '소통과 막힘, 열림과 닫힘에 따라 사람과 사물의 다름이 있게 된다'는 한 구절은 곧 기질에 나아가서 그 실상을 가리킨 것이다. '분수(分殊)가 주가 된다는 것'은 『대학혹문』에 "기질로 말하면, 바르고 소통되는 기질을 얻으면 사람이 되고, 치우치고 막힌 기질을 얻으면 사물이 된다."한 것, 『중용혹문』에 "새와 동물, 초목이 태어날 때 다만 형기(形氣)의 치우침을 얻고, 사람은 형기의 바름을 얻었다."고 한 것이 이것이다. "막힘에도 두터움과 엷음이 있기 때문에 지혜로움과 우둔함이 구별이 있다."고 한 것은 곧 이른바 심이 성을 갖추고 있으므로 나의 마음과 성인의 마음은 같지만 마음이 본성대로 다할 수 없기 때문에 나의 마음과 성인의 마음은 다르다. 그 체단(體段)에 있어서는 같지만 작용에 있어서는 다른 것이니, 기품 가운데 좋은 것과 나쁜 것[美惡]이 그 사이에서 용사(用事)하기 때문이다. 『대학혹문』에 "그 소통하는 기질 가운데에도 혹은 맑음과 흐림의 차이가 없을 수 없고, 그 바른 기질 가운데에도 혹 좋음과 나쁨의 차이가 없을 수 없다."고 한 것과 『중용혹문』에 "밝음과 흐림, 두터움과 얇음의 구분 또한 차이가 나지 않을 수 없다."고 한 것이 이것이다.

치우침과 온전함, 사람과 사물의 큰 구분은 이치로 한결같이 정해진 것이다. 그러므로 '막힌 것은 갇혀 있어서 열수 없다'고 하였다. 비록 본성으로 여기지 않으려 하여도 기품의 용사(用事)를 얻어 큰일을 일으키지 못한 것으로 보았다. 그러므로 "두터운 것은 열려고 하면 열 수 있으나, 엷은 것은 열기 어렵다. 쉽게 열면 천도와 성인에 도달하는 것은 한 가지이다."라고 하였다. 이것이 바로 "기질의 성은 군자가 본성으로 여기지 않으며, 그것을 잘 돌이키면 천지의 본성이 거기에 간직된다."는 것이다. 합일된 곳은 본래 합일되고 분개(分開)된 곳은 분개되지 않을 수 없는 것으로 보았다. 위의 한 부분은 치우침과 온전함의 성이 되고, 아래의 한 부분은 기질의 성은 어쩔 수 없이 분개된 것이 되어, 『중용혹문』과 『대학혹문』은 일치된다. 『대학혹문』에 이르기를 "다만 기질의 맑음과 흐림, 치우침과 바름의 다른 점이 있고, 물욕에 얕음과 깊음, 두터움과 얇음의 차이가 있다. 이 때문에 인간과 사물, 현인과 어리석은 사람의 차이가 현격하여 똑같을 수 없다."고 하였다. 소주(小註)에서 주자는 "'기질에 맑음과 흐림이 있다'고 한 것은 본래 『정몽』 가운데 있는 말인데 또한 사람과 사물의 현명함과 어리석음[不肖], 지혜로움과 우둔함을 상대(相對)하여 나누어서 말한 것이니, 사람은 맑고 사물은 흐리며, 사람은 바르나 사물은 치우치게 되는데, 물욕의 얕음과 깊음, 두터움과 얇음이 곧 순전히 보통 사람에게 있다는 것을 말했을 뿐이다."라고 하였다. 이로써 보면 장횡거는 「정몽」을 짓는 것을 자신의 사명으로 삼아 사람과 사물을 크게 구분하는 것을 한 부분으로 하고, 보통 사람을 한 부분으로 하였다. 사물에 사람을 교화시키는 이치가 없다면 사람의 본성은 온전하고 사물의 본성은 치우친 것이 본연이다. 보통 사람 또한 모두 요·순이 될 수 있으나 그 기질을 변화시키면 물욕의 얕음과 깊음이 있게 된다고 한 것은 곧 본성으로 여기지 않은 것이다. 그렇다면 소통과 막힘, 열림과 닫힘을 본연으로 말하고, 막힘에 두터움과 얇음이 있는 것을 기질로써 말한 것에 무슨 의심이 있겠는가? 이제 '모든 사물은 이러한 성이 있지 않을 수 없다'는 것을 허공에 매달린 하나의 근원[懸空之一

原이라 하고, 소통과 막힘, 열림과 닫힘 이하를 곧 본성으로 여기지 않는 부류라고 한다면 반드시 사람이 사라지고 사물이 다한 다음에야 본연이라는 것을 얻게 될 것이다. 또 '막힘에 두터움과 얕음이 있는 것'은 본래 본성으로 여기지 않는 것인데, 90%는 두텁고 10%는 두텁지 않은 것은 본연이 아닌가? 얕은 것도 또한 그러하니, 이른바 그 발현하는 것에 따라 마침내 밝아지고, 그 아는 것에 따라 확충되는 것이다. 진실로 이것을 알지 못하면 같은 점을 잊고 다른 점을 주장한다고 하는 것은 성인과 보통 사람을 다르게 보는 것이다. 심설(心說)이 법문(法門)이 되는 것이 아마도 불행하게 가까워지지 않겠는가? 묻건대, 사람과 사물이 이미 각각 태극의 온전한 본체를 지니고 있다 하고, 또 치우침과 온전함이 있다고 하는 것은 무엇 때문인가? 벽계(蘗溪)[314]는 "그대는 하도(河圖)를 보지 못했는가? 1과 6은 북쪽 수기(水氣)에 자리하고, 2와 7은 남쪽 화기(火氣)에 자리하고, 3과 8은 동쪽 목기(木氣)에 자리하고, 4와 9는 서쪽 금기(金氣)에 자리하고, 5와 10은 가운데 토기(土氣)에 자리한다. 이 다섯 가지를 합한 것이 하도의 온전함이다. 그 흘러가 행하는 데 미쳐서는 수기가 주가 되면 북쪽에 치우쳐 가운데와 세 변이 응한다. 목기가 주가 되면 동쪽에 치우쳐 가운데와 세 변이 짝이 된다. 화기·금기·토기 또한

---

314 벽계(蘗溪)는 화서(華西) 이항로(李恒老)가 태어난 경기도 양근군(楊根郡, 지금의 양평) 벽계리(蘗溪里)를 가리킨다. 이항로(1792~1868)는 조선말의 성리학자로 리 중심의 철학을 체계화했으며, 위정척사의 사상적 기초를 세웠다. 기정진, 이진상과 함께 주리철학의 3대가 중 한 사람으로 손꼽힌다. 한말의 위정척사론자로 유명한 최익현(崔益鉉)·김평묵(金平默)·유중교(柳重教) 등이 그의 문하에서 수학하였다. 대표적인 저술로는 『화서집』, 『화동사합편강목(華東史合編綱目)』 60권, 『주자대전차의집보(朱子大全箚疑輯補』, 『화서아언(華西雅言)』 12권 등이 있다.

그렇다. 어찌 하나를 보고 치우쳐 있다 하는가?"[315]라고 하였다. 이것은 참으로 명언(名言)이다. 이제 1과 6, 2와 7, 3과 8, 4와 9가 각각 사방에 자리한 것을 나누어진 한 조각[分片], 움[窟穴]이라 하여 낮추어 보아 본연이 아니라 하고, 본성으로 여기지 않은 것으로 허물이 있다하여 숨기니, 그렇다면 하도의 온전한 수는 장차 어디에서 얻을 수 있을까? 마땅히 따로 빈자리의 본연을 세우고 각기 바르게 한 아래에서는 그 본연을 얻을 수 없을 것이니 어떻게 할 것인가! 어떻게 할 것인가! 어떤 사람이 "'벽계가 치우침과 온전함을 논하였다'는데, '단지 그 이치를 가리키면 온전하지 않음이 없고 그 기를 아울러 가리키면 치우치지 않음이 없다.' 고 하였으며, '단지 이치만을 가리키면 허공에 매달려 있는 하나의 근원' 이며, '그 기를 아울러 가리키면 각정(各正) 이후는 곧 본연이 아니다.'[316] 라고 하였으니 분명하다."고 하였다. 이것은 대개 주자가 "이치로 말하면 온전하지 않을 수 없고, 기질로 말하면 치우치지 않을 수 없다"[317]고

---

315 그대는…하는가: 『화서집(華西集)』 권20, 「잡저(雜著)·인물성동이설(人物性同異說)」

316 그 기를…본연이 아니다: 『주역본의(周易本義)』 「건괘(乾卦)」. 건도가 변하여 화함에 각기 성명을 바르게 하니, 태화를 보합하여 이에 이롭고 바르다.(乾道變化, 各正性命, 保合大和, 乃利貞.)

* 변은 화의 점진이요, 화는 변의 완성이다. 물건이 받은 것을 성이라 하고 하늘이 부여한 것을 명이라 한다. 대화는 음양이 모인 조화로운 기운이다. 각정은 만물이 태어나는 초기에 얻는 것이고, 보합은 이미 생겨난 뒤에 온전히 보존하는 것이다. 이는 건도가 변화하여 이롭지 않은 바가 없는데 만물이 각기 그 성명을 얻어 스스로 온전히 함을 말하였으니, 이(利), 정(貞)의 뜻을 해석한 것이다.(變者化之漸, 化者變之成. 物所受爲性, 天所賦爲命. 大和陰陽會合沖和之氣也. 各正者得於有生之初, 保合者全於已生之後. 此言乾道變化, 无所不利, 而萬物各得其性命以自全, 以釋利貞之義也.)

317 이치로…수 없다: 『주자어류』 권4, 「성리1」. 또 물었다. "만물마다 각각 하나의

한 말에서 나온 것이다. 볼 수 있는 형적으로부터 한 걸음 나아가 그 본체를 이름붙이면 치우침과 온전함이 있다는 말은 바로 기질에 나아가서 그 실상을 가리킨 것이다. 통체일태극(統體一太極)으로부터 말하면 치우친 것은 통체(統體) 가운데 하나됨 아닌 것이 없고, 이치를 언급하면 전혀 부족하거나 빠진 것이 없다.[318] 이른바 단지 그 이치를 가리킨다는 것은 바로 도출(挑出)하여 그 묘한 점을 말한 것이다. 한 때의 일에 대해 앞뒤로 말하였으니 어찌 의심할만한 단서가 있겠는가? 남당(南塘: 한원진)은 오상(五常)을 기에 근거한 것[因氣之物]으로 간주하면서 다시 오상의 치우침과 온전함을 본연이라고 하니 어찌 옳은 것이겠는가?[319] 이것

태극을 갖추고 있다면, 이치는 온전하지 않을 수 없습니다." 대답했다. "온전하다고 말할 수도 있고, 치우쳤다고 말할 수도 있다. 이치로 말하면 온전하지 않을 수 없고, 기질로 말하면 치우치지 않을 수 없다. 그러므로 여여숙은 '외물의 본성은 사람의 본성에 가까운 점이 있으며, 본성은 외물의 본성에 가까운 점이 있다.'고 말했다."(又問物物具一太極, 則是理無不全也. 曰謂之全亦可, 謂之偏亦可, 以理言之, 則無不全. 以氣言之, 則不能無偏. 故呂與叔謂物之性有近人之性者, 人之性有近物之性者.)

318 이치를…빠진 것이 없다: 『주자어류』 권6, 「성리3」. 이치는 하나의 이치일 뿐이다. 이치를 언급하면 전혀 부족하거나 빠진 것이 없다. 예컨대 인을 언급하면 모든 것이 인에 있고, 성(誠)을 언급하면 모든 것이 성에 있게 된다. 충서를 언급하면 모든 것이 충서에 있고, 충신을 언급하면 모든 것이 충신에 있게 된다. 단지 하나의 도리가 되니, 자연스럽게 혈맥이 관통되어 있다.(理只是一箇理. 理舉著, 全無欠闕. 且如言著仁, 則都在仁上, 言著誠, 則都在誠上, 言著忠恕, 則都在忠恕上, 言著忠信, 則都在忠信上. 只爲只是這箇道理, 自然血脉貫通.)

319 남당은…옳은 것이겠는가: 한원진은 "인리·인기라는 네 글자는 무한한 도리를 포함하고 있다. 옛 성현들이 도와 기의 묘함을 논한 것도 여기에서 벗어나지 않는다."(『南唐集』 卷21. 「與金常夫」. 因理因氣四字, 包含無限道理, 從上聖賢論道器之妙者. 無有外此矣.) 하여, 인리(因理)와 인기(因氣)를 리와 기를 설명하는 방법론적 개념으로 제시한다. 또한 오상의 치우침과 온전함에 대해 다음과 같이

을 인용하여 분명한 논의를 비판하면 안 될 것이다.

이치는 이미 모든 일의 본령이라 하였고, 기는 어떤 모양의 사물이니 이에 홀로 저 하나됨과 나의 다름의 논리와 배치된다. 이 때문에 이일기이(理一氣異)를 따라 설명하는 것도 좋은 말이 아니다. 근세의 여러 선생들이 이치[理一]와 나뉨[分殊]으로 나누어서 말하는 것은 모두 대부분 저 하나됨과 나의 다름[你一我殊]의 논의로, 그 폐단은 기질이 이치의 명령을 듣지 않고 이치가 도리어 기질에게 제약을 받으니, 천명을 가리켜 본성이라고 하는 것은 모두 빈말이 될 뿐이다. 이일분수(理一分殊)는 본래 이치 가운데의 일이다. 그러나 분수(分殊)에 관해서는 선현들이 곧장 기질이 다른 곳에 나아가서 말한 것이 지극히 많다. 이제 또 틈새로 비추는 햇빛에 비유하면 틈새의 길고 짧음과 크고 작음은 본래 같지 않더라도, 단지 햇빛에 불과하다.[320](『주자어류』를 보라.) 이 햇빛이 이일(理一)이

주장한다. "이치가 형기를 벗어나지 않는다는 점을 근거로 분수를 말하면 사람은 오상의 온전함을 얻고, 사물은 오상의 치우침을 얻었기 때문에 그 본성에 다른 점이 있다."(『南唐集』 卷8. 「與崔成仲別紙」. 以理之不外乎形氣者而語其分殊, 則人得五常之全, 物得五常之偏, 而其性有不同矣.)

320 틈새로…불과하다: 『주자어류』 권4, 「성리1」. 어떤 사람이 사람과 사물의 본성은 같다고 말했다. 말했다. "사람과 사물의 본성은 본래 같으며, 단지 품부받은 기질이 다를 뿐이다. 마치 물은 맑지 않은 것이 없어서 흰 그릇에 담아 놓아도 똑같은 색이고, 검은 그릇에 담아 놓아도 똑같은 색이며, 푸른 그릇에 담아 놓아도 똑같은 색인 것과 같다." 또 말했다. "본성은 가장 설명하기 어려운 것인데, 같다고 말할 수도 있고 다르다고 말할 수도 있다. 마치 틈새로 비추는 햇빛은 틈새의 길고 짧음과 크고 작음이 본래 같지 않더라도, 단지 햇빛에 불과한 것과 같다."(或說人物性同. 曰人物性本同, 只氣禀異. 如水無有不清, 傾放白碗中是一般色, 及放黑碗中又是一般色, 放青碗中又是一般色. 又曰性最難說, 要說同亦得. 要說異亦得. 如隙中之日, 隙之長短大小自是不同, 然却只是此日.)

고, 틈새가 본래 같지 않은 것은 분수(分殊)다.(주자가 「여대유에게 답한 편지」에서 사람과 짐승, 초목, 말라 죽은 것들을 낱낱이 열거하여 "비록 나누어진 것은 다르지만, 그 이치는 같지 않은 적이 없다"[321]고 하였다. 이것 또한 이기를 구별하여 이일분수에 관련지은 것이다. 이러한 것은 매우 많아서 일일이 인용할 필요도 없다.) 이것과 앞의 한 가지 뜻은 함께 행할 수 있어서 서로 방해가 되지 않는다. 천명의 성에 이르러서는 비록 충분히 크게 온전하고 충분히 지선하다 할지라도 품부한 형기에 차이가 있는 것은 어쩔 수가 없어서 그 본연을 다할 수 없다. 그러나 비록 성의 본체라 할지라도 기의 쓰

321 비록 나누어진 것은…않은 적이 없다: 『주자대전』 권59, 「답여방숙(答余方叔)」. 하늘이 낸 사물 중에서, 사람과 짐승은 혈기와 지각이 있고, 초목은 혈기와 지각은 없지만 생기(生氣)는 있으며, 말라 죽은 것들은 이미 생기는 끊어졌지만 단지 형질(形質)과 냄새, 맛만 가지고 있습니다. 비록 나누어진 것은 다르지만, 그 이치는 같지 않은 적이 없습니다. 다만 그 나뉨의 특수성[其分之殊]으로 말하면 여기에 들어 있는 이치가 다르지 않을 수 없습니다. 그래서 사람은 가장 신령스러워 오상(五常)의 성품을 다 갖추었으나, 짐승은 혼탁하여 (온전하게) 갖추지 못했고, 초목과 말라 죽은 것들은 또 그 지각마저도 없습니다. 그러나 이 사물이 되는 이치는 갖추어지지 않은 적이 없습니다. 만약 말씀하신 것처럼 "생기가 없으면 곧 이치도 없다"고 한다면 천하에 성(性)이 없는 사물이 있게 되고, 이치는 이 천하에 채워지지 않아 빈 곳이 있다는 말인데, 될법한 소리입니까? 그 이론이 모두 맞지만, 경이란 단지 이러한 것들을 막고 없애서 리를 회복하는 것이라고 말하는 것은 말의 의미가 적절하지 못합니다. 모름지기 경은 바로 이 마음이 스스로 주재하는 곳임을 알고, 여기에 더욱 힘을 쓴다면 곧 저절로 깨닫게 될 것입니다.(天之生物, 有有血氣知覺者, 人獸是也; 有無血氣知覺而但有生氣者, 草木是也; 有生氣已絕而但有形質臭味者, 枯槁是也. 是雖其分之殊, 而其理則未嘗不同. 但以其分之殊, 則其理之在是者不能不異. 故人爲最靈而備有五常之性, 禽獸則昏而不能備, 草木枯槁, 則又并與其知覺者而亡焉. 但其所以爲是物之理, 則未嘗不具耳. 若如所謂纔無生氣便無此理, 則是天下乃有無性之物, 而理之在天下乃有空闕不滿之處也, 而可乎? 他說皆得之, 但謂敬只是防去此等, 以復於理, 語意未切. 須知敬即此心之自做主宰處, 更宜用力, 即自見得也.)

임 또한 이는 약하고 기는 강하기 때문에 스러지지 않을 수 없다. 만약 분수로써 오로지 귀착되는 이치[專歸之理]라고 한다면 리가 과연 기를 호령하고, 기가 과연 이치에 따라서 순응하여 다스려지지 않는 나라가 없고, 악을 행하는 사람도 없게 되는가? 아마도 이와 같이 논리를 세우기는 어려울 것이다.

이일의 '일(一)'은 이미 분수가 포함되어 있으니, 이러한 분수가 없다면 미숙하고 어리석으며 혼란스럽게 빠져들어 머리도 없고 꼬리도 없게 될 것이니, 어찌 이른바 이일이 있겠는가? 예컨대 한 사람이 있으면 이미 귀·눈·입·코를 갖추고 있어서 이것을 버리면 한 사람이라 할 수 없는 것과 같다. 이일분수라 하고, 일정한 것으로 나누어서 옮기지 않는다고 한 것이 이것이다. 그러나 이치는 볼 수 있는 형체가 없고, 들을 수 있는 소리가 없으므로 은미(隱微)하다 하고, 무극(無極)이면서 태극(太極)이라 하며, 보거나 들어서 미칠 수 있는 것이 아니라 하여 분수(分殊)는 일찍이 이일(理一)에 포함되어 있어서 마침내 사람들로 하여금 깨닫기 어렵게 만든다. 비록 혹시 억지로 깨닫게 한다 하더라도 또 아마도 그것이 벌집[蜂房]과 석류의 씨에 가로지르는 칸막이가 있는 것과 같아서 이일이란 것은 도리어 나누어진 조각[分片]을 이룬다고 의심할 것이다. 오직 모든 변화의 기는 분수로 말미암아 생겨나고 기 또한 이치 가운데의 일이니, 이치가 유행하는 손과 발이며 이치를 싣는 그릇이 되어 형상이 있어서 본뜰 수 있고, 소리와 색이 있어서 말할 수 있다. 이것을 가리켜 적확(的確)하게 말하면, 그 말은 실상이 없는 것이 아니어서 배우는 사람의 힘을 덜어준다. 그러므로 분수라고 한 것은 대부분 기가 유행하는 곳을 가리켜서 말한 것이다. 역으로써 음양을 말하고 그것이 역도(易道)가 되는데 방해되지 않으므로 도는 묘함이 없고 음양을 빌려서 비로소 있게 되었다고 말해서는 안 된다. 맹자가 본성을 말할 때 발현되는 곳에 나아가서 말했다 하여 본성 가운데는 원래 이러한 나뉨이 없고 기를 타고 발현되는 곳에서 비로소 이런 나뉨이 있게 되었다고 말해서도 안 된다. 『중용혹문』과 『대학혹문』에서 사람과 사물의 구별을 기가 바르게 소통되고 치우쳐 막힌 것으로 말했다 하여 이치에는 원래 이러한 나뉨이 없고 기를 따라 변화하여 비로소 이러한 나뉨이 생겨났다고 말해서도 안 된다. 이것은 성인이 중요하게 여겨 사람을 위해 고심하여 힘을 다한 곳이니 관찰력이 뛰어난 사람은 그 기가 유행하는 것에 나아가서 그 근원을 미루어 가는 일에 방해가 되지 않는다. 어느 시대에는 성을 논하면서 이따금 유행하는 측면에서 억지로 근원을 없애서 이일 가운데는 원래 사람과 사물의 나뉨이 없고 기를 타고 유행해야 비로소 다름이 있는 것으로 생각한다. 저 하나됨[你一]과 나의 다름[我殊]이 서로 배치되기 때문에 이치[理一]와 나뉨[分殊]은 영원히 떨어지고, 치우침과 온전함은 기질이라는 명칭을 뒤집어쓰게 되었으니 아! 옳은 것인가? 또 틈새의 길고 짧음, 크고 작음을 분수라 하고, '단지 이 햇빛일 뿐이라'하여 이일로 삼는다면 여전히 그것은 분수로써 기를 말한 것이어서 이일(理一) 가운데의 일이 아니다. 이일 가운데 분수(分殊)가 있다한들 무슨 소용이 있는가? 내 생각을 말하자면, 기가 다른 곳에 나아가서 말한 것은 바로 기에 나아가서 이치의 실상을 가리킨 것이니 두 개의 분수가 있는 것이 아니다. 틈새로 비치는 햇빛에 크고 작음이 있는 것은 분수다. 크고 작은 틈새에 햇빛 아님이 없는 것은 이일이다. 해에 원래 크고 작게 비추는 이치가 없다면 틈새의 크고 작은 것이 어디로부터 크고 작은 햇빛을 받아들이겠는가? 주자의 뜻은 대체로 여기에서 벗어나지 않는다. 만약 틈새의 길고 짧음, 크고 작음을 말하면서 햇빛을 주로 하지 않는다면 (앞에서) 말한 길고 짧음, 크고 작음은 모두 빈 껍질[虛殼]에 지나지 않는다. 그대는 어찌하여 이 햇빛일 뿐이라 하는가? (앞에서) 인용한 주자가 여방숙에 답한 편지의 내용이 단지 이와 같을 뿐이라면, 모양이 같은 점을 주로 하여 다른 점을 없앤다 할 수 있으나 지금은 오히려 그렇지 않다. "그 이치는 같지 않은 적이 없다." 하고 아래에 이어서 "그 나뉨의 특수성[其分之殊]으로 말하면 여기에 들어 있는 이치가 다르지 않을 수 없다."고 말했으니, 이것이 어찌 아주 명백한 것이 아니겠는가? "(비록) 나누어진 것은 다르지만, 그 이치는 같지 않은 적이 없다."고 한 것은 분수(分殊)가 이일(理一)에 방해가 되지 않음을 말한 것이다. "나뉨이 특수하다면 이치는 다를 수 없다."는 것은 이일이 분수에서 벗어나지 않음을 말한 것이다. '분'과 '리'는 기에 나아가서 이치의 실상을 가리키지 않은 것이 없다. 본연이라는 것은 같으면서 다르고 다르면서 같은 것이니 이치의 참 모습은 여기서 볼 수 있다. 이제 같은 측면만을 취하고[隻取], 다른 측면을 버리려 하는 것은 무엇 때문인가? '성체기용(性體氣用)' 네 글자는 주자의 말에서 혹시 드물게라도 증거로 삼을만한 곳이 있는가? 『중용장구』에 "하늘이 음양과 오행으로 만물을 만들어 낼 때에 기질로 형체를 이루고 이치를 또한 부여하였다."고 한 것은 "하늘이 명령한 것을 본성이라 한다."는 한 구절을 풀이한 것이다. 『중용혹문』에서 사시·오행·만물·만사(萬事) 및 새와 짐승, 초목·범과 이리·개미와 벌 등을 말한 것은 모두 천명의 성을 뜻풀이한 것이다. 『대학혹문』에서 음양·오행이 바르게 소통되고, 치우쳐서 막힘을 말한 것은 모두 하늘의 도가 유행하는 뜻을 밝힌 것이다. 여기서 사람과 사물의 치우치고 온전한 본성이 천명의 실상이 아닌 것이 없으며 치우침과 온전함이 없다면 천명의 본성이란 것도 없다는 것을 알 수 있다. 음양오행과 사람과 사물로써 말하면 비록 기를 거느린 이치와 같다 할지라도 기가 이 이치를 받들어 실어 밑바탕[地盤]이 되기 때문에 이에 근거하여 적확(的確)하게 말함으로써 빽빽하게 갖추어져 있는 나뉨을 밝혔다. 이제 그 근본[大頭腦]을 잊고 그 밑바탕을 들어서 짝이 되는 두 다리로 삼는 것은 성은 단지 체만 있고 기는 저절로 용이 있는데 반드시 기로써 맛을 더하고 재료를 보태는 것을 말한다. 이라는 것이 타서 변화한 후에야 모든 이치가 이루어지고 사람과 사물의 다름이 있게 되었다고 하는 것은 마침내 치우침과 온전함을 본성으로 여기지 않는 부류가 되니 천명을 속이는 것에 가깝지 않겠는가? 각각 그 본성을 하나씩 가진다면 혼연히 태극의 온전한 본체는 하나의 사물 가운데 각각 갖추어지지 않음이 없는데 이것이 과연 성체(性體) 기용(氣用)인가? 성(誠)은 만물의 시작과 끝이니, 이것이 과연 성체 기용인가? "텅 비고 조용하여 조짐이 없으면서 모든 것이 이미 갖추어져 있다."고 하였는데, 주자는 이 구절을 해석하여 "체에 나아가면 용은 그 가운데 있다."고 하였는데, 이것이 과연 성체 기용인가? 미세한 점으로 말하면 체와 용은 하나의 근원이니 어찌 일찍이 체와 용을 쪼개서 둘로 하여 성체 기용이라 할 수 있겠는가? 성(性)은 정(情)의 체요, 정은 성(性)의 용인데, 이 용은 어떤 용인가? 인을 의와 짝하여 체용이라 하는데, 인에는 또 저절로 인의 체용이 있고, 의에는 저절로 의의 체용이 있다. 음양으로 말하면, 의는 체고 인은 용이다. 마음을 보존하고 일을 규제하는[制事] 것으로 말하면, 인은 체이고 의는 용이다. 이러한 예에서 용이라는 글자는 모두 기용(氣用)인가? 겨우(비로소) 발현하여 밝게 나타나고, 단락이 있고, 조리가 있으며, 변화하는 것은 한 부류의 기인데 따로 무용(無用)의 체를 세워 마치 초나라의 패왕이 짐짓 회왕을 의제로 추존(追尊)한 척하고,[322] 신시(新市) 평림(平林)에서 여러 장수들이 유연(劉縯)을 받든 것[323]과 같이 하니, 다시 비로소 그것이 참되고 실질적인 묘용(妙用)이 없는 것이 저절로 이와 같다. 그렇다면 이른바 성 가운데서 발현하여 나온 충·효·인·양(忠·孝·仁·讓) 또한 다만 기용(氣用)인가? 비록 수많은 웅변(雄辯)을 할지라도 나눔 바깥에 이치가 있고 성을 체만 있고 용은 없는 부류로 보는데서 벗어날 수 없다. 이약기강(理弱氣強)의 설은 비록 주자의 말에 근본을 둔 것이나 또한 주자의 뜻을 깊이 궁구하지 못했다. 이치의 항상성[常]으로 그 본연을 말하면, 이치가 본래

---

322 초나라…척하고: 『사기』 권8, 「고조본기(高祖本紀)」. 회왕이 사람을 보내 회왕에게 보고하자, 회왕이 "약속대로 하라"라고 말하였다. 항우는 회왕이 자기를 패공과 함께 서쪽 함곡관으로 진입하게 하지 않고, 북쪽으로 조나라를 구원하게 함으로써 천하 제후들과의 약속에서 뒤쳐지게 된 것을 원망하였다. 이에 "회왕은 우리 집안의 숙부 항량이 세운 사람일 뿐이니, 공훈이 없는데 (그가) 어떻게 약정을 주관할 수 있겠는가? 본래 천하를 평정한 것은 여러 장수와 나이거늘."이라 하며, 짐짓 회왕을 의제로 추존한 척하면서 실제로는 그의 명령을 따르지 않았다. 정월에 항우는 스스로 서초패왕이라 하고, 양, 초의 땅인 구군의 왕이 되어 팽성에 도읍하였다. 그리고 당초의 협약을 어기고 패공을 한왕으로 바꾸었다.(項羽使人還報懷王, 懷王曰如約. 項羽怨懷王不肯令與沛公俱西入關, 而北救趙後天下約, 乃曰懷王者吾家項梁所立耳, 非有功伐, 何以得主約? 本定天下諸將及籍也. 乃佯尊懷王爲義帝, 實不用其命. 正月項羽自立爲西楚霸王 王梁楚地九郡都彭城 負約更立沛公爲漢王.)

323 『후한서』 권44, 「제무왕연전(齊武王縯傳)」 조 참조.
하양승(何良勝), 『중용연의(中庸衍義)』 권9.

기를 낳기 때문에 이치는 다른 기를 주재하고 기는 이치의 명령을 들으니, 주인과 종의 형세와 높고 낮음의 나뉨이 이미 분명하게 판가름된다. 이치의 변화로 그 폐단을 말하면, 기가 젊어지고 운용하는 것의 넘침과 미치지 못함이 혹시 이치를 해칠 수 있기 때문에, 이에 이약기강(理弱氣强)설이 있게 되었으니, 대체로 마땅히 약하지 않는데도 약하다 하고 마땅히 강하지 않는데도 강하다고 말하는 것이다. 그러나 넘침과 미치지 못함 또한 중(中)에 넘침과 미치지 못함이 있는 것일 뿐 따로 하나의 종자(種子)가 있는 것이 아니다. 이러한 이치가 없는데 어떻게 이러한 일이 있겠는가? 이미 이러한 이치가 있다고 한다면 이것은 이치의 대세[理勢]가 그럴 수밖에 없는 것이어서 이치가 있지 않을 수 없다는 것은 여기에서 알 수 있다. 그러나 이치의 본연이라고 하면 옳지 않기 때문에 기와 구별하여 기세(氣勢)가 그 허물을 갖게 된다. 이제 그 폐단을 붙잡고서 그 본연을 의심하고, 그 변화를 들어 항상 됨[불변의 되]을 힐문(詰問)하여 마침내 사람과 사물의 치우침과 온전한 본성을 본성으로 여기지 않는 부류로 국한시켰다. "이치는 약하고 기는 강하기 때문에 폐단이 없을 수 없다"고 하였는데, 아! 또한 잘못이로다. 분수(分殊)는 이일(理一) 가운데 일이 아님이 없고 기는 밑바탕이 되기 때문에 '기가 나누어진 곳이 있게 된다' 하고, 기가 곧 이치를 밝히는 것이라고 말하는 것이다. 위로 절반은 이일 가운데의 분수이고, 아래 절반은 기가 다른 곳의 분수인 것이 아니라 각기 와혈(窩穴)에서 돌고 돌아 나오는 것이다. 이기의 나뉨에는 높음과 낮음, 위와 아래의 등급이 있고, 주재와 순종하여 따르는 뜻이 있고, 귀함과 천함, 주인과 손님의 차별이 있고 선과 악, 어긋남과 바름의 다름이 있다. 나라에 있어서 군주와 신하의 나뉨이 이것이다. 나라의 법과 제도, 교령(敎令)은 군주가 여러 신하를 주재하고 신하가 군주에게서 명령을 들으면 나라가 다스려지는 것이다. 사람에 있어서 천리와 인욕(人欲)의 나뉨이 이것이다. 인욕을 드러내지 않고 천리의 공공성을 따르면 좋다. 하늘의 모든 사물은 이치 가운데 사물 아닌 것이 없고, 사람의 모든 일은 이치 가운데 일 아닌 것이 없으니, 학자는 이를 밝히고, 도덕적인 사람은 이를 실천하는 것이다. 이와 같이 해야 바야흐로 이치를 잘 알 수 있다. 이제 이치를 빈 하늘 가운데로 몰아내고 단락(段落)이 발현되는 곳은 모두 기의 권세[權柄]가 된다. 사람과 사물의 본성은 본연이 아니고 기의 작용이라 하는데 이르면 바로 기는 이치에게 명령을 받지 않고, 이치는 도리어 기에게 제약을 받게 되니, 천명의 성은 한갓 빈 말이 되고 만다.

오상의 덕에 대한 사람과 사물의 같은 점과 다른 점은 결국 어디에서 결정되는가? 선각자의 말에서 결정될 것이다. 주자가 이에 대해 논한 것은 참으로 많다. 그 주제에 관하여 네 군데의 풀이를 보면 손수 써서 엄밀하게 헤아린 것으로, 쉽게 속일 수 있는 것을 기록하고 서투르게 급히 쓴 글에 비길 바가 아니다. 거기에서 사람과 사물의 오상을 말한 것에는 세 가지가 있다. 사람과 사물이 태어날 때 반드시 이치를 얻은 뒤에 건순인의예지[健順仁義禮智]의 본성이 있다고 보는 것이 『대학혹문』이다. 사람과 사물이 태어날 때 각기 부여한 이치를 얻는 것을 건순오상(健順五常)의 덕이라고 여기는 것이 『중용장구』이다. 이것은 모두 사람과 사물을 구분하지 않고 하나의 사례로 삼아 말했다. 글의 의미를 소략하게나마 이해한 사람이라면 처음부터 이해하기 어렵지 않다. 또한 얻어 본성이 되고 얻어 덕이 된다고 말한 것은 모두 '본성을 이루는 것[成性]' 이하에 속하고, '선(善)을 잇는 것[繼善]' 이상의 일은 아니라고 한다면, 주자의 뜻은 사람과 사물이 똑같이 이러한 오상을 지니고 있다고 여긴 것이 분명하다. 오직 『맹자』의 "생의 본능을 본성이라 한다"[324]는 구절의 『집주』에서 "이치로써 말하면 인의예지의 순수한 것이니, 어찌 사물이 얻어 온전히 할 수 있는 것이겠는가?"[325]라고 하였으니, 이것은 사람과 사물을 구분한 것이다.(살펴보건대, 이 주석 또한 전적으로 사람과 사물을 구분한 것이 아닌데, 어찌하여 이렇게 말하였는가? 앞의 글에서 이미 "성은 형이상(形而上)이요, 사람과 사물이 태어날 때 이러한 성이 있지 않음이 없다"고 말하였으니, 이 성은 어떤 성인가? 곧 이른바 인의예지의 성이다. 이 또한 『장구』 『혹문』의 설과 같다. 만약 "어찌 사물이 얻어 온전히 하겠는가?"라고 한 말을 사람과 사물을 구분하는 단정적인 밀지[斷密]로 삼았다면 『장구』의 아래 글에서 어찌 기품(氣稟)이 혹 다르기 때문에 넘치고 미치지 못함의 차이가 없을 수 없다고 말하지 않았겠는가? 『혹문』 아래 글에서 어찌 저 천하여 사물이 된 것은 형기에 질곡되어 그 온전함을 채우지 못했다고 말하지 않았겠는가? 이 두 조목은 모두 『맹자집주』에서 말한 것과 조금도 다른 뜻이 없다. 가만히 생각건대 세 곳 모두 본체는 같고 작용은 다르다[同體異用]는 말이다.) 그

---

324 『맹자』「고자」상.

325 이치로써…것이겠는가: 『맹자집주』「고자」상. 내가 살펴보건대, 성이란 사람이 하늘에서 얻은 이치요, 생이란 사람이 하늘에서 얻은 기이니, 성은 형이상이요, 기는 형이하이다. 사람과 사물이 태어날 때에 이 성을 가지고 있지 않음이 없다. 그러나 기로써 말한다면 지각과 운동은 사람과 사물이 다르지 않은 것 같지만, 이치로써 말한다면 인의예지의 본성을 받음이 어찌 사물이 얻어 온전히 할 수 있는 것이겠는가? 이것이 사람의 본성은 선하지 않음이 없어서 만물의 영장이 되는 까닭이다.(愚按: 性者, 人之所得於天之理也; 生者, 人之所得於天之氣也. 性, 形而上者也; 氣, 形而下者也. 人物之生, 莫不有是性, 亦莫不有是氣. 然以氣言之, 則知覺運動, 人與物若不異也; 以理言之,, 則仁義禮智之稟, 豈物之所得而全哉? 此人之性所以無不善, 而爲萬物之靈也)

러나 "사물이 어찌 얻어서 온전히 하겠는가?"라고만 말하고, 사물이 얻어서 함께 하지 못했다고 말하지 않았다면, 이것도 또한 사람과 사물이 오상을 함께 한다고 한 것이다. 주자가 이러한 말을 하였으니, 어찌 기꺼이 새롭게 창안한 이론으로 여러 부류와 인도(人道)를 같이 여겼겠는가? 대개 이러한 이치 밖에 다시 다른 이치가 없다. 이 때문에 곧장 위로 성현을 좇는다. '사람의 본성'이라는 말로 모든 것을 격파하여 만물을 하나로 하여 관통하니 의심스럽다고 여길 수 없다.(살펴보건대 위에서 논한 것은 낙가(洛家)와 같지 않음이 없다.) 비록 그러하나 하나이면서 나뉨이 없는 것은 내가 말한 하나가 아니다. 그러므로 『중용혹문』과 『대학혹문』에서 곧 새와 짐승 초목의 성은 겨우 형기의 치우침만을 얻어서 전체(全體)에 관통할 수 없다고 말했다. 저 천하여 사물이 된 것은 형기의 치우쳐서 막힘에 질곡(桎梏)되어 그 본체의 온전함을 채울 수가 없다. 비록 이 한 결같은 이치를 함께 하면서도 이치 가운데의 나뉨의 한계가 없을 수 없다. 기가 이 이치를 받들어 싣기 때문에 비록 형기를 떼어놓지 않고 나뉨을 말한다 하더라도 하나가 일찍이 여기에서 나뉠 수 없음을 알 수 있다. 이러한 위아래의 글의 뜻을 포함하여 보면 그것과 '태어난 그대로를 성이라 한다.'라는 구절의 집주 또한 다른 뜻이 없다. 후세의 사람들이 (위 아래로) 한 부분을 차지하여 오르락내리락 하게 하니, 이것을 어찌 주자가 헤아릴 수 있었겠는가? 사물과 내가 오상을 균등하게 지니고 있음을 아는 것이 이치의 하나 됨이며, 오상에 치우침과 온전함이 있는 것이 하나 가운데 나뉨이다. 대개 통체일극(統體一極)으로부터 이일과 분수는 원만하게 조화를 이뤄 간극이 없기 때문에 만물에서 본성을 이루는 것 또한 이와 같다. 이 때문에 선각자들이 본성을 논하면서 이치가 같다고 말하는 사람도 있고, 이치가 같지 않다고 말하는 사람도 있지만, 서로 어긋나는 것은 아니다. 공공연하게 그 묘함을 논하면 도출(挑出)하여 말한 것이고, 참된 것으로써 그 본체를 가리키면 기에 나아가서 밝힌 것이다. 도출(挑出)하면 이치는 본래 하나이기 때문에 이일(理一)이 주가 되고, 만수(萬殊)는 그 가운데 포함(包涵)되어 있다.(생각건대 치우침과 온전하지 못한 것을 만수라고 하면 수(殊)의 의미는 깨달을 수 없다.) 기에 나아가면 기는 이미 나누어져 있기 때문에 분수가 주가 되고 이일은 그 사이에 보존되어 있다. 이로부터 두 가지가 있음을 말하였으니, 어떻게 일찍이 성에 여러 층차(層次)가 있겠는가? 여러 학파에서는 이일과 분수가 일체라는 점에 근거하여 착안하지 못하고 다름을 말할 때면 오상을 홀로 차지하려하고, 같음을 말할 때면 치우침과 온전함의 미세한 차이가 천리에 이르기까지 어그러질 수 있음을 무시하니 어찌 미덥지 않겠는가? 『중용혹문』과 『대학혹문』에서 단순히 하찮은 사물만을 말하고 아울러 사람을 거론하지 않았다면 오히려 혹시 노사의 말과 같다 할 수 있다. 이제 그 글은 지혜로운 사람과 우둔한 사람, 현명한 사람과 현명치 못한 사람의 기품의 차이를 분명하게 말하고 "이른 바 본성이란 것에는 어둡게 섞여 있어서 부여받은 바른 기운을 온전하게 할 수 없다."[326]고 하였으며, 또

326 이른바…할 수 없다: 『중용혹문』. 사람이 비록 형기의 바른 것을 얻었지만, 품부받은 형기의 맑음과 흐림, 두터움 엷음에 차이가 없을 수 없는 것이니, 이 때문에 현명하고 지혜로운 사람은 잃은 것이 적고 우둔하고 현명하지 못한 사람은 미치지 못하여 여기에서 얻은 것을 또한 저기에서 잃지 않을 수 없다. 이 때문에 사사로운 생각과 인욕이 그 사이에서 생겨나며 이른바 성이라는 것에는 어두워서 가려지고 뒤섞여 있음을 벗어날 수 없고 부여받은 바른 기운을 온전하게 할 수 없다.(人雖得其形氣之正, 然其淸濁厚薄之稟, 亦有不能不異者, 是以賢知者或失之過 愚不肖者或不能及, 而得於此者, 亦或不能無失於彼. 是以私意人

"밝은 덕이라는 것도 이미 가린 바가 없을 수 없어 그 온전함을 잃게 된다."[327] 고 하였다. 이것은 하찮은 사물이 통할 수 없고 확충할 수 없는 것과 말의 의미가 일치하고, 유례(類例)도 둘이 아닌데, 통할 수 없고 확충할 수 없는 것을 본연의 성으로 귀착시키고, 온전하게 할 수 없고 그 온전함을 잃은 것을 기질지성으로 귀착시킨다면 또한 공평성을 잃었다는 의심을 받지 않겠는가? 어떤 사람이 노사에게 질문하여 "성인과 보통 사람의 덕성이 균등한 것은 이치의 하나 됨이요, 덕성에 치우침과 온전함이 있는 것은 하나 됨의 나뉨이라"고 한다면, 장차 그렇다고 대답하겠는가, 아니라고 대답하겠는가?

『중용혹문』에 "전체에 관통할 수 없다."[328] 는 한 단락은 하늘이 명령하

欲或生其間, 而於所謂性者, 不免有所昏蔽錯雜, 而無以全其所受之正.)

327 밝은 덕…잃게 된다: 『대학혹문』. 그러나 통한 가운데서도 맑음과 흐림의 차이가 없을 수 없고, 그 바른 기운 가운데서도 아름다움과 추함의 차이가 없을 수 없다. 이 때문에 부여받은 기질이 맑은 사람은 지혜롭고, 흐린 사람은 우둔하며, 아름다운 사람은 어질고, 악한 사람은 어질지 못함으로 같지 않다. 그러므로 반드시 최상의 지혜와 위대한 현인의 바탕을 가진 자만이 본체를 온전히 하여 조금이라고 밝지 못한 점이 없다. 그러나 이에 미치지 못한 자는 밝은 덕에 이미 가린 바가 없을 수 없어 그 온전함을 잃게 된다.(然其通也或不能無淸濁之異, 其正也或不能無美惡之殊, 故其所賦之質, 淸者智而濁者愚, 美者賢而惡者不肖又有不能同者. 必其上智大賢之資乃能全其本體, 而無少不明, 其有不及乎此, 則其所謂明德者已不能無蔽而失其全矣.)

328 전체에…없다: 『중용혹문』. 비록 새와 짐승, 초목이 생겨날 때 겨우 형기의 치우침을 얻어 전체에 관통할 수 없으나, 그 지각과 운동, 번성하고 시들며 피어나고 떨어지는 것 또한 모두 그 본성을 따라 각각 자연스런 이치가 있다.(雖鳥獸草木之生, 僅得形氣之偏, 而不能有以通貫乎全體, 然其知覺運動, 榮悴開落, 亦皆循其性而各有自然之理焉.)

고 본성을 따르는 뜻을 말한 것이고, "어둡게 섞여 있어서 부여받은 바른 기운을 온전하게 할 수 없다."는 한 단락은 도를 닦는 가르침을 말한 것이다. 『대학혹문』에 "그 본체의 온전함을 확충할 수 없다."[329]는 한 단락은 배우는 사람이 그 명덕을 밝히는 뜻을 말한 것이다. 하나는 천명의 정해진 본체는 바꿀 수 없는 것이어서 비록 만물이 흩어져서 달라진 것이 끝이 없다 할지라도 모두 본분(本分) 가운데의 일임을 말하였고(두 책의 위의 한 단락을 말한다.) 하나는 보통 사람의 기품이 물욕에 얽매인 것을 마땅히 변화시켜 그 본성을 회복하는 것(두 책의 아래 한 단락을 말한다.)을 말하였다. 이름과 지위는 어지럽혀서는 안 되고, 단락은 어지럽게 해서는 안 되며, 글의 뜻은 혼란스럽게 해서는 안 되고, 주의(主意)는 가려서는 안 되는 것이니, 비록 막 배우기 시작한 어린애라도 또한 아주 쉽게 이해한다. 이제 물성(物性)이 그 본분을 잃은 것으로 생각하여 사람의 기질에 가림이 있는 부류와 같은 것으로 여기고자 하기 때문에 논한 것이

---

329 그 본체의…없다: 『대학혹문』. 사람과 사물이 생겨남에 있어서 반드시 이 이치를 얻은 뒤에 건순 인의예지의 본성을 갖게 되고, 반드시 이 이치를 얻은 뒤에 혼백·오장·백해의 육체를 갖게 된다. 주렴계의 "무극의 진[理]과 음양과 오행의 정[氣]이 오묘하게 합하여 응취된다."라는 말은 이른 것이다. 그러나 이치로 말하면 만물이 다 같이 한 근원으로 본래 사람과 사물에 귀천의 차이가 없지만, 기운으로 말하면 바르고 통한 기운을 얻으면 사람이 되고, 치우치고 막힌 기운을 얻으면 사물이 된다. 이 때문에 그 어느 것은 귀하고 어느 것은 천하다는 차이점이 있으며, 천하여서 사물이 된 것은 형기의 치우침과 막힘에 질곡되어 본체의 온전함을 확충할 수 없다.(人物之生必得是理, 然後有以爲健順仁義禮智之性; 必得是氣, 然後有以爲魂魄五臟百骸之身. 周子所謂無極之眞, 二五之精, 妙合而凝者, 正謂是也. 然以其理而言之, 則萬物一原, 固無人物貴賤之殊; 以其氣而言之, 則得其正且通者爲人, 得其偏且塞者爲物, 是以或貴或賤而不能齊也. 彼賤而爲物者, 旣梏於形氣之偏塞, 而無以充其本體之全矣.)

돌고 돌아 뒤섞이고 잘못 운용되어 일정한 단락이 없게 된다. 대개 본성 가운데 인의예지가 있는 것은 분수가 아닌가? 인의예지가 총괄하여 하나의 성이 되는 것은 이일이 아닌가? 범의 인은 곧 이 본성의 인이고, 벌의 의는 곧 이 성의 의이니, 이미 하늘에 매달려 있는 인의가 있는 것이 아니며, 또 범과 벌의 인의가 있는 것이다. 그것이 이 하나의 성을 함께 하는 것으로 말하면, 이일이고, 그것 각각이 치우친 점이 있는 것으로 말하면 분수다. 이것이 사물과 내가 오상을 균등하게 지닌 것은 이치의 하나 됨이요, 오상에 치우침과 온전함이 있는 것은 하나 가운데의 나뉨이다. 오상에 치우침과 온전함이 있는 것으로부터 통틀어서 말하면[統言] 사물과 내가 오상을 균등하게 지닌 것이라 하고, 사물과 내가 오상을 같이 하는 것으로부터 나누어서 말하면[分言] 오상에 치우침과 온전함이 있는 것은 이미 위 한 층에 오상을 균등하게 지닌 자리가 있고 또 아래 한 층에 치우침과 온전함의 자리가 있는 것이 아니라고 하였다. 이것이 천명에 쉼이 없고 성(誠)에 남김이 없는 까닭이니 사람의 힘으로 더하거나 줄일 수 있는 것이 아니다. 만약 사람이 형기의 작용을 받아 본래 지니고 있는 것을 알 수 없다면 이것은 사람의 죄이니, 사물의 성이 본래 그러해서 그러한 것과 같지 않다. "이른 바 성이라는 것은 어둡게 뒤섞여서 부여받은 바른 기운을 온전하게 할 수 없다"고 했다면 그것이 원래 바른 기운을 받았으나 저절로 온전하게 될 수는 없다는 것을 알 수 있다. "이른바 명덕이라는 것은 이미 가림이 없을 수 없어서 그 온전함을 잃는다."고 했다면, 그것은 원래 온전함을 얻어서 저절로 잃은 것이나 얻은 바의 바른 기운 또한 온전한 것이어서 일찍이 소멸되지 않은 것이 있음을 알 수 있는데, 특히 사람이 알지 못하고 가린 바가 있으니, 이것은 사람의 죄가 아닌가? "새와 동물, 초목은 겨우 형기의 치우침 만을 얻었다"고 한다면 그것은 본래 겨우 얻어서 통관(通貫)한 것이 있을 수 없음을 알 수 있으니, 이치의 분수가 그러하여 사람이 어둡게 뒤섞인 것과 같지 않다. "저 천하여 사물이 된 것은 형기의 치우침과 막힘에 질곡 되었다."고 한다면 그것은 본래 치우치고 막혀서 확충될 수 없다는 것을 알 수 있으니, 이치의 분수가 그러하여 사람의 가려서 잃은 것과 같지 않다. 이것은 과연 사물의 죄인가? 이것은 과연 본성으로 여기지 않는 부류여서 잘 돌이켜 보는 공부[善反之工]를 바라는 것인가? 사물과 내가 오상을 같이 한다는 것은 이치의 하나 됨이요, 오상에 치우침과 온전함이 있다는 것은 하나 가운데의 나뉨이니. 이것이 곧 통체일극(統體一極)하고, 이일과 분수가 원만하게 조화를 이뤄 간극이 없는 것이다. 그것의 본래 모습이 이와 같은데, 도리어 성인과 보통 사람의 덕성이 균등한 것은 이치의 하나 됨이요, 덕성에 치우침과 온전함이 있는 것은 하나[理一] 가운데의 나뉨[分殊]이라고 따지는 것이 과연 사리(事理)에 맞는가? "태어난 그대로를 본성이라 한다"는 장의 『집주』에서 사람과 사물을 구분하는데 전념하지 않았다고 한 것은 위아래의 글을 넓게 논하여 그러한 듯하지만, 『맹자』의 본문에서 개의 본성, 소의 본성, 사람의 본성을 분별하였다면 『집주』의 큰 뜻은 바로 사람과 사물을 구분한데 있으니, 마음을 평안하게 하여 세밀하게 읽어나가면 알기 어렵지 않을 것이다. 간재(艮齋)가 말하는 구분은 내가 말하는 구분이 아니다. 대체로 사람과 사물이 생겨날 때 본성이 있지 않음이 없는 것으로 허공에 매달려 있는 하나의 근원을 만들고 사람과 사물이 오상을 같이 하는 자리를 세워 인의예지의 천품(天稟)으로 삼으니, 어찌 사물이 얻어서 온전히 하는 것이 하나의 근원으로서 본성이 아니라 하면서 굳이 본성으로 여기지 않는 부류로 간주하는가? 같다고 한 것은 섞여서 빠져든 '같음'이지 같음과 다름이 서로 함축하고 있는 같음이 아니다. 구분이라 한 것은 각기 굴(窟)과 혈(穴)의 구분을 정한 것이지 무성하게 이미 갖추어져 있는 구분이 아니다. 나의 견해로는 '사람과 사물이 태어날 때 본성이 있지 않음이 없다는 것'은 도출(挑出)하여 그 이일(理一)의 미묘함을 말한 것이다. '사물이 어찌 얻어서 온전히 할 수 있겠는가'라는 것은 곧장 나아가서 분수(分殊)의 실상을 가리킨 것이다. 이른바 말에 두 측면이 있고 본성에 여러 층차가 있는 것이 아니라는 것이 이것이다. 또 '사람과 사물이 태어날 때'의 이 '생(生)'이라는 글자가 이미 본성을 이루는 것 이하에 속한다면 범과 벌의 인의(仁義)가 그 본연을 얻지 않음이 없다는 것을 알 수 있다. 비록 또 『중용장구』의 "기품이 혹 다르기 때문에 지나치거나 미치지 못하는 차이가 없을 수 없다"[330]는 한 단락이 사람과 사물을 구분한 것이라고 한 것은 가장 이해하지 못한 것이다. 대체로 기품에 지나침과 미치지 못함이 있다는 것은 도를 닦는 가르침으로 말미암아 생겨난 것을 말한 것이 아닌가? 이제 만약 이것에 근거해서 사람과 사물의 치우치고 온전한 본성을 구분한다면 물성(物性)의 본연은 과연 닦고 가르쳐서 그 치우침을 없애고 온전함을 이어받아서 요와 순이 되

330 기품이…없다: 『중용장구』 1장. 본성과 도가 비록 같으나 기품이 혹 다르기 때문에 지나치거나 미치지 못하는 차이가 없을 수가 없다. 그래서 성인이 사람과 사물이 마땅히 가야할 길을 따라 차등을 두어 절차를 매겨서 천하에 법을 삼았으니, 이것이 '가르침'이라 이르는 것이고, 예와 음악, 형벌과 정사와 같은 부류가 이것이다.(性道雖同, 而氣稟或異, 故不能無過不及之差, 聖人因人物之所當行者而品節之, 以爲法於天下, 則謂之敎, 若禮樂刑政之屬是也.)

고 주공이 되게 할 수 있는가? 그렇다면 성현이 무엇 때문에 허깨비[幻物]는 사람이 술수를 부린 것이며 귀중한 물건은 성인이 만들어낸 일이라 말하지 않고 단지 '사물을 사랑하라'[331] '사물의 본성을 다하라'[332]고 하며, 또 단지 초목이 떨어진 뒤에 도끼를 들고 산속에 들어가는 일 등을 도를 닦는 가르침으로 삼는 것인가? 어리석은 나의 생각으로는 기품의 지나침과 미치지 못함은 사람이 굳세고 부드러우며, 선하고 악한 것과 말이 치달리다가 혹 달아나고, 소가 논밭을 갈다 혹 머뭇거리는 것을 말한 것으로 보인다. 이것은 사람과 사물을 구분한 것이 아니고 곧 선과 악을 구분한 것이다. 『혹문』에 천하여 사물이 된 것이 형기에 질곡 되었다는 뜻이 분명하게 정리되어 있으니, 이 때문에 성현이 닦아서 가르치는 것을 천하에 법으로 삼았다. 치우치고 온전한 본성은 본연이니, 본연 또한 닦는 자가 있는 것인가? 그렇다면 육경(六經)에서는 무엇 때문에 진성(盡性)·양성(養性)·존덕성(尊德性) 만을 말하고 수성(修性)은 말하지 않았는가? 만약 수성을 말하는 사람이 있다면 이것은 반드시 기질지성을 말한 것이다. 이것이 양웅이 수성을 말하고 세상에서 죄를 얻게 된 이유이다. 그렇다면 『장구(章句)』에서 사람과 사물의 치우침과 온전함을 구분한 것은 장차 어디에서 찾을 수 있을까? '이미[旣]'라 하고, '만물을 생성하여 변화시킨다'라고 했다면 이것은 사람과 새와 짐승, 초목을 통틀어서 말한 것[統言]이다. '형체를 이루고 이치를 부여했다'고 말했다면 이것은 사람과 새와 짐승, 초목 치우치고 온전한 본연을 부여받지 않음이 없다는 것이다. '건순·오상의 덕'이라고 했다면 여전히 그것은 이일

331 『맹자』「진심」 상.

332 『중용장구』 22장.

이 분수를 벗어나지 않는 것이다. '각기 그 본성의 자연스러움을 따른다'[333]고 했다면 사람의 인의와 범의 인, 벌의 의가 천명의 본연이 아닌 것이 없어서 간격이 없다는 것을 알 수 있으며, 『혹문』에서 사단오전(四端五典)[334] 및 새와 짐승, 초목이 생겨날 때 겨우 형기의 치우침을 얻은 것과 벌과 범의 인의를 천명, 솔성(率性) 두 구절로 해석한 것을 볼 수 있다. 그렇다면 사람과 사물의 성과 도는 다른데, 『중용장구』에서는 어찌해서 "성과 도가 같다"고 말하였는가? 분수(分殊)가 일찍이 이일(理一)에 포함(包涵)되어 있어서 그 묘함이 이와 같으니, 같으면서 다른 것[同而異]은 진정한 다름이 아니요, 다르면서 같은 것[異而同]이 곧 진정한 같음이다. 이것이 같음과 다름이 서로 방해가 되지 않는 것이다. 그 실체는 마땅히 마음에서 구해야지 말로 쉽게 해서는 안 된다는 것은 분명하다. 생각해 보건대, 『장구』와 『혹문』은 그 말의 순서에 조금도 다름이 없다. 『장구』에서 "하늘이 음양오행으로 만물을 생성하여 변화시킴에 있어서 가로써 형체를 이루고 이치 또한 부여한다" 하고, "사람과 사물이 생겨

333 각기…따른다: 『중용장구』 1장. 사람과 사물이 각각 그 본성의 자연스러움을 따르면, 곧 날마다 쓰는 일과 물건들 사이에서 각각 마땅히 가야 할 길이 없는 것이 없으니, 이것이 도이다.(人物各循其性之自然, 則其日用事物之間, 莫不各有當行之路, 是則所謂道也.)

334 사단오전(四端五典): 『중용혹문(中庸或問)』 1장. 인의예지, 사단오전, 만물만사의 이치는 그 사이에 순수하지 않은 것이 없다. 대개 하늘과 사람에 있어서 비록 성명의 나뉨이 있지만 그 이치는 한결같지 않음이 없으며, 사람과 사물에 있어서 비록 기품의 차이가 있지만 그 이치는 같지 않음이 없으니, 이것이 우리의 본성이 순수하고 지극히 선한 이유이며 순자·양웅·한유가 말한 것과 같지 않은 점이다.(仁義禮智而四端五典萬物萬事之理無不純於其間. 蓋在天在人, 雖有性命之分, 而其理則未嘗不一, 在人在物, 雖有氣稟之異, 而其理則未嘗不同, 此吾之性所以純粹至善, 而非若荀·揚韓子之所云也.)

날 때 각각 부여받은 이치를 얻었다"고 한 것은 『혹문』에서 "하늘이 만물에게 부여한 것"이라 하고, "우리는 이 명을 얻어서 태어났다"고 하며, "새와 짐승, 초목이 생겨날 때, 겨우 형기의 치우침을 얻어서 전체를 관통할 수 없다"고 한 것이 이것이다.(『대학혹문』에 "천하여 사물이 된 것은 형기에 질곡 되었다"고 한 것은 여기의 '겨우 얻었다'는 한 단락과 같다.) "사람과 사물이 각각 본성의 자연스러움을 따른다"고 한 것은 『혹문』에 "인의 본성을 따르고 의의 본성을 따른다."하고, "지각과 운동, 번성하고 시들며 피어나고 떨어지는 것 또한 모두 그 본성을 따른다."고 하며, "호랑이의 부자간의 윤리"라고 한 것이 이것이다. "기품이 혹 다르다"고 한 것은 『혹문』에 "기품의 맑음과 흐림, 두터움과 엷음에 차이가 없을 수 없다."하고, "현명하고 지혜로운 사람은 (잃은 것이) 적고 현명하지 못한 사람의 미치지 못한다."고 하며, "(성은) 어두워서 가려지고 뒤섞여 있다."고 한 것이 이것이다. 『장구』는 통틀어서 말하여 세워서 묶었으며[竪且約], 『혹문』은 사람과 사물을 나누어서 가로질러서 갖추었다.[橫且悉] 대체로 『혹문』은 각주이다. 비록 상세하고 소략함의 다름이 있지만 실제로는 하나이다. 그렇다면 사람과 사물의 치우침과 온전함은 과연 기품이 다른 것 가운데 있는 것인가? 치우침과 온전함은 사람과 사물의 큰 부분이며 성의 본연이다. 기품이 혹 다르고 지나침과 미치지 못함이 있는 것은 기질이 작용[用事]하여 본성으로 여기지 않는 것이 있는 것이다. 이제 성의 본연을 본성으로 여기지 않은 부류로 귀착시키니, 갓을 짓밟아서 신을 만드는 것과 무엇이 다르겠는가? 또한 본체는 같고 쓰임이 다르다는 설을 모르는 것이다. 대체로 「남량사의」에서 "이치는 원만하건만 말이 막히고 뜻은 트였는데 말이 좁았다. 형세 상, 한 구절을 가지고 두 가지 단서를 다할 수 없어서 '이일분수'라는 말을 취하여 항상 양 쪽을 관련지어 말하였다. 혹은 이치와 기질로 나누어 양 쪽을 관련시키고 혹은 천명과 품수(稟受)로 나누어 양 쪽을 관련시키고, 혹은 일원(一原)과 이체(異體)로 나누어 양 쪽을 관련시켰다. 언제나 같음의 측면은 위의 한 부분에 속하고 다름의 측면은 아래의 한 부분에 속한다."고 말한 것과 같다. 만약 이와 같다면 잘 살피는 자는 유행하는 측면에서 말하는 것이 체용일원(體用一原)의 뜻에 방해가 되지 않는다는 것을 알 것이다. 간재의 뜻과 같이 한다면, 같음은 나뉨이 없는 같음이 되고, 다름은 각기 거처하는 곳[窟]의 다름이 되며, 체는 작용이 없는 체가 되고, 용[쓰임]은 저절로 일으키는 작용이 된다. 사람과 사물이 생성되는 것이 모두 따로 하늘에 있고, 이치는 참된 실재와 묘한 작용이 없을 수 있는가? 그것은 사람과 사물이 태어날 때 이러한 본성이 있지 않음이 없는 것을 본체를 같이 하는 것으로 생각한 것이니, 대개 치우치고 온전한 것 위에 따로 오상을 함께 하는 하나의 자리를 세우려고 한 것이다. 한갓 이일만 알고 도리어 그 가운데 만수가 포함되어 있는 것을 잊는 것이 하나이다. 하나[一]란 무엇인가? 나뉨이 없는 같음, 작용이 없는 본체가 아니겠는가? 사물은 어찌하여 온전함을 얻었으면서도 작용을 달리하는가? 대개 기질로 치우침과 온전함을 가리고자 한다. 한갓 그것이 흩어져서 다르게 된다[散殊]는 것만 알뿐 도리어 이일이 그 사이에 있다는 것을 잊으니, 이것이 나뉨이다. 나뉨[分]이란 무엇인가? 각기 거처하고 있는 곳의 다름, 저절로 일으키는 작용이 아니겠는가? 『장구』와 『혹문』의 설을 논한 것도 또한 동일한 기교로 본체를 같이 하면서 작용을 달리한다[同體異用]는 말을 번거롭게 모두 기술하지는 않았다. 대체로 형기에 국한되어 도리의 묘미를 보지 못하고, 본체와 작용을 갈라서 둘로 하며, 같고 다름을 구별하여 떼어낸다. 이일(理一)을 형기와 분리된 곳에 한정시키고, 분수(分殊)를 형기에 떨어진 뒤로 국한하여 리는 저절로 리이고 분(分)은 저절로 분이 되어 본성과 천명이 갈라진 것이 이것이다.

이상에서 논한 것이 낙가(洛家)와 다름이 없다고 한 것은 참으로 옳다. 다만 치우치고 온전한 본성이 본연이 되지 않는다면 결국은 형기와 분리된 곳에 따로 오상을 함께하는 자리를 세우는 것을 벗어날 수 없으니, 이것을 장차 어떻게 할 것인가? 만물을 하나로 하여 관통하는 것을 의심하지 않는다고 한 것은 대개 범과 이리의 인도 본연이고 벌과 개미의 의도 본연이어서 개개의 사물들이 원만하게 갖추고 있어 이쪽과 저쪽의 경계가 있을 수 없기 때문이다. 이제 범의 인과 벌의 의를 기질이라고 한다면 이것은 각각 장벽과 가로막는 울이 있게 되는 것이니, 어디에서 만물을 하나로 하여 관통하겠는가? 이러한 이치 이외에 다시 다른 이치가 없다고 한 것은 대개 범의 인(仁) 또한 이러한 하나의 근원이 되는 이치[一原之理]이고, 벌의 의도 하나의 근원이 되는 이치여서 하나의 조목을 보태지 않아도 바야흐로 이러한 분(分)이 있게 되며, 또한 한 걸음 넘어서지 않아도 바야흐로 일원(一原)이 있게 된다. 이제 치우침과 온전함 위에 오상을 함께하는 자리를 따로 세워 치우치고 온전한 성을 본성으로 여기지 않는다면 이러한 이치 외에 다시 얼마나 많은 단계의 이치가 있어야 하는지 모르게 되니, 어떻게 가능하겠는가?

'치우쳐서 온전하지 못한 것을 만수(萬殊)라'고 한 것은 특히 깨우치지 못했다고 했는데, 그 의미를 아직 모르겠다. 대개 치우친 것은 분수를 가리켜서 말한 것으로 치우침 위에 따로 분수를 둔 것은 아니다. 마치

한 사람의 손과 발을 보는 것 같으니, 손으로 잡고 발로 걸어 다니는 것이 한 사람 가운데의 분수가 아니겠는가? 손과 발의 측면에서 한 사람을 보면, 손으로 잡을 수 있으나 걸어 다닐 수 없고, 발로는 걸어 다닐 수 있으나 잡을 수는 없으니 각각 치우친 바가 있어 이로부터 한사람에게는 원래 분수가 있게 되는 것이다. 치우침과 분수는 과연 두 가지 것인가? 어찌하여 본연이라는 글자를 보기만 하면 곧 나무처럼 굳센 한 덩어리의 물건이 있어서 원래 사람과 사물의 치우침과 온전함의 구분이 없고, 원래 각기 갖추고 올바른 묘함도 없으며, 원래 흩어져서 달라지고[散殊] 융화하여 통하는 이치도 없다고 의심하는가? 듣건대 만물이 하나의 근원을 가진다는 설은 곧 사람과 사물의 치우침과 온전함 위에 하나의 빈자리를 세우고, 각기 흩어져서 달라지는 것을 바르게 하는 것 밖에 치우침과 온전함이 있고, 각각의 바름이 있고, 흩어져서 다르게 되는 것이 있는데 곧 본연의 밖으로 물리쳐 쫓아내서, 치우침과 온전함이 서로 포함하고, 각기 바른 것이 서로 관통하며, 흩어져서 달라지는 것의 융화하여 통하는 것이 일원이라는 것을 알지 못한다. 어긋난 것이 아주 작다 하더라도 잘못이 어찌 천리에 그치겠는가?

본체이면서도 채울 수 없다고 한다면, 본체란 본성의 나뉨인가? '확충할 수 없다[無以充]'는 말에 이르러 비로소 본성이 나뉘게 되는 것인가? 온전한 본체이면서도 관통하지 못한다고 한다면, 온전한 본체란 본성의 나뉨인가? '관통하지 못한다[不能通貫]'는 말에 이르러 비로소 본성이 나뉘게 되는 것인가? 본체(本體)와 전체(全體)는 본성의 나뉨 가운데 있는 이일처(理一處)이다. 확충할 수 없고 관통하지 못하는 것은 본성의 나뉨 가운데 있는 분수처(分殊處)이다. 두 항목의 일의 이치가 있으면 함께 있는 것인데 이제 둘로 갈라서 논의하려는 것은 잘못이다. ○ 확충할 수 없고 관통하지 못하는 것은 분명히 형기가 치우쳐서 막힌 병통인데, 이제 반드시 본성의 분수라 하여 사람들로 하여금 알아듣지 못하게[聽瑩][335]한다. 또한 『대학』에서 논한 "하늘이 사람을 내릴 때 본성을 부여하지 않음이 없다"[336]는 것은 본성의 나뉨 가운데 있는 이일처(理一處)이고, "기품이 같지 않고 모두 온전하게 할 수 없다"고 한 것은 본성의 나뉨 가운데 있는 분수처(分殊處)이다. "텅비어 신령스럽고 (온갖 이치를) 갖추어 (모든 일에) 응한다"[337]는 것은 덕(德)의 나뉨 가운데 있는 이일처이

---

335 알아듣지 못하게[聽瑩]: 『장자』「제물론(齊物論)」. 장오자는 대답했다. "그것은 황제가 들어도 알지 못할 이야기요. (당신의 선생인) 공구가 어찌 알 수 있겠소. 또한 당신도 (그 정도의 이야기로 훌륭한 도의 실천이라고 생각한다면) 지나친 속단이오, 달걀을 보고 돋 새벽을 알리기를 바라고, 탄알을 보고 곧 새구이를 찾는 짓과 같소.(長梧子曰, 是皇帝之所聽熒也, 而丘也何足以知之! 且汝亦大早計, 見卵而求時夜, 見彈而求鴞炙.)

336 하늘이…없다: 『대학장구』 서. 『대학』이라는 책은 옛날 태학에서 사람을 가르치던 법이다. 하늘이 사람을 내릴 때 이미 인·의·예·지의 본성을 부여하지 않음이 없다. 그러나 태어날 대 받아온 그 기질은 간혹 똑같지 않다. 이 때문에 모든 사람이 그 본성의 고유한 바를 알고 온전하게 행할 수 없게 된 것이다. (大學之書, 古之大學所以教人之法也. 蓋自天降生民, 則既莫不與之以仁義禮智之性矣. 然其氣質之稟或不能齊, 是以不能皆有以知其性之所有而全之也.)

337 텅비어…응한다: 『대학장구』. 대학이란 대인의 학이다. 명은 밝히는 것이다. 명덕이란 사람이 하늘에서 얻어서 텅비어 신령스럽고 어둡지 않아서 온갖 이치를 갖추어 모든 일에 응하는 것이다. 다만 기품에 얽매이고 인욕에 가리어서 때로 어둡지만 그 본체의 밝음은 그치지 않는 것이다. 그러므로 배우는 자가 마땅히 그 발현하는 바를 따라서 밝혀서 그 근본을 회복해야 한다.(大學者, 大人之學也. 明, 明之也. 明德者, 人之所得乎天, 而虛靈不昧, 以具衆理而應萬事者也. 但爲氣稟所拘, 人欲所蔽, 則有時而昏; 然其本體之明, 則有未嘗息者. 故學者當因其所

고, "(기품에) 얽매이고 (인욕에) 가리어서 혹 어둡다"는 것은 덕의 나뉨 가운데 있는 분수처이다. 이와 같은 말이 옳은지 그른지에 대해서 살펴보고 한 말씀 해주기 바란다.

일찍이 율옹(栗翁: 율곡 이이)의 말에 "이치는 통하고 기는 국한된다"고 한 것을 들었는데, 이것은 이기의 정상(情狀)에 대해 모두 포괄하였다고 할 수 있다. '국(局)'은 기의 본래의 직분이 옳지도 좋지도 않은 상태이다. 이치가 통하지 않으면 천하를 통솔하여 만물에 명령을 내리는 주인이 될 수 없다, 기가 국한되지 않으면 위의 것을 받들어 이치를 싣는 그릇이 될 수 없다. 이치가 통하지 않으면 만물의 일원이 될 수 없고, 기가 국한되지 않으면 만물의 이(異體)를 이룰 수 없으니, 한 번 통하고 한 번 국한되는 것은 하나라도 없애서는 안 된다. 마치 군주가 백관(百官)을 거느리고 신하에게 하나의 직책을 맡기는 것과 같으니, 이부의 직책은 또한 군주가 명령한 것이며, 홍로(鴻臚)[338]의 직책 또한 군주가 명령한 것이니, 이것이 '통(通)'이라 하는 것이다. 이부의 관리가 반드시 이부의 직책을 다하고, 홍로의 경(卿)은 반드시 홍로의 직책을 다하는 것이니, 이것이 '국(局)'이라 하는 것이다. 만약 이부로 하여금 병부의 일을 행하게 하고, 홍로가 광록(光祿)을 겸하고자 하는 것은 직책과 의리를 침범하는 것이다. 그렇다면 홍로와 이부는 각기 맡은 일이 있으니, 군주의 정령(政

發而遂明之, 以復其初也.)

338 조선 고종(高宗) 31년(1894) 통례원(通禮院)에 두었던 한 벼슬로 통례원의 별칭으로도 쓰였다. 통례원은 조선시대 정삼품아문(正三品衙門)으로 예절(禮節)과 의식(儀式)에 관한 일을 관장했다. 1392년(태조 1)에 처음 설치되었다.

分)에 저절로 조리가 있는 것이다. 형기가 국한되어 각기 치우친 바가 있다는 것은 본성의 분수가 각기 바르게 하는 데서 드러나는 것이다. 이것이 본연의 나뉨인데 자기의 묘함을 허용하지 않고 천명을 받아들여 따르는 것이다. 이 때문에 병통을 받은 것이 되는데, 이러한 원한을 언제 씻을 수 있을까? 율옹이 말한 이통기국(理通氣局)은 곧 주자가 말한 이동기이(理同氣異)[339]이다. 잘 모르는 사람들은 항상 같음[同]을 혼란스럽게 섞여있는 같음으로 간주하여 이치의 다름도 또한 기의 다름에서 연유한다고 말한다. 이 말은 아주 비슷하지 않는 것은 아니지만 또한 피상적으로 말한 것이다. 만약 겉으로 드러난 것 내부의 일로 말하면 리가 같은 것 가운데 저절로 다른 것을 함축하고 있어서 기의 다름을 기다리지 않아도 처음부터 다르다. 텅비고 조용하여 조짐이 없고 온갖 형체가 무성하게 갖추어져 있는데, 이것은 같음 가운데 다름이 함축되어 있는 것이니, 어찌 기의 국한됨을 기다려서야 비로소 달라지겠는가? 그러나 언제나 기의 국한됨을 다른 것으로 생각하여 대개 기가 국한된 곳에 나아가서 싣고 있는 것이 확실한 근거가 있음을 보고 흐릿하여 알 수 없는

339 이동기기(理同氣異): 주자는 "만물의 보편적인 근원으로 논하면 이치는 같지만 기는 다르고, 만물의 다른 형체로 보면 기는 오히려 비슷하지만 이치는 결코 같을 수 없다"(「答黃商伯」, 『朱子大全』 卷46. 論萬物之一原, 則理同氣異. 觀萬物之異體, 則氣猶相近而理絕不同也.)고 하였다. 주자는 인간과 사물은 모두 하늘에서 명을 받았기 때문에 '이동(理同)'이며, 사물이 받은 형색의 외적인 모습이 인간과 다르기 때문에 '기이(氣異)'라고 주장한다. 그러나 『맹자』의 견성(犬性)·우성(牛性)·인성(人性)을 분변하는데 있어 『대학혹문』에서 견지하였던 '이동이기이(理同而氣異)'라는 명제의 논리적 일관성을 유지하는데 난점을 느껴 지각운동과 본능적 욕구 등에 있어 만물 사이에 차별성이 없다는 점에서 '기동(氣同)'을, 인의예지의 도덕적 가치를 품득(稟得)하였다는 점에서 '이이(理異)'를 주장한다.

곳에 들어가지 않고자 하는 것은 과연 이치가 주재하는 것인가, 기가 주재하는 것인가? 기가 국한되어도 이치의 소통에 방해가 되지 않고, 이치가 소통되어도 기의 국한됨에서 벗어나지 않는 것은 단지 한 때의 일인데 서로 이어서 말한 것이니, 따로 위에 한 단계의 이치가 소통되는 본연을 두고, 아래에 한 단계의 기가 국한되는 병통을 두어서는 안 된다. 『혹문』의 뜻은 단지 이와 같기 때문에 본체를 본성의 나뉨 가운데 있는 이일처라 하고 형기가 치우치고 막혀서 확충할 수 없고 관통하지 못하는 것을 본성의 나뉨 가운데 있는 분수처로 간주하니, 조용히 깊이 완미(玩味)하면 알 수 있을 것이다. 위의 글에서 단지 하찮은 사물을 말한다면 옳다고 한 것은 보기만 하면 이치 가운데의 나누어서 한계 짓는 것이 방해가 되지 않는다는 것을 거의 깨달을 수 있을 터인데, 형기에 나아가서 얻고 도리어 또 이와 같이 말하는 것은 무엇 때문인가? 형기가 치우치고 막힌 것인 과연 병통이라면 주자와 같은 대현(大賢)이 어찌 이것을 몰라 병통을 받은 것으로 천명과 솔성(率性)의 뜻을 해석했겠는가? 이미 사물의 본성이 지닌 치우침을 병통을 지닌 것이라 한다면 마땅히 사람의 기품이 같지 않고 얽매이고 가리어 때로 어두운 것을 아울러서 한 가지 예로 말해야 한다. 무릇 사람과 사물의 본성에 치우침이 있고 온전함이 있는 것은 곧 태극권(太極圈) 가운데 본연이 완전하게 갖추어진 나뉨이니, 이른바 이미 갖추어져서 조짐이 없다고 한 것, 통체일극(統體一極), 온갖 형체가 무성하게 이미 갖추어져 있다고 한 것, 이일분수(理一分殊)가 그러하다. 여기서 조화의 본원이 저절로 그러함이 이와 같아서 천명의 실체가 되었음을 알 수 있다. 만약 기품과 물욕이 같지 않음이 있고 얽매이고 가림이 있는 것이 단순히 사람에 나아가서 말한 것이라면, 성인과 보통사람은 형체가 같고 덕이 같고 본성이 같으나, 같지 않은 점이 있으니 대개 형체에 접촉하여 느끼고 기를 타고 발현하는 곳으로부터 말하였다. 기질을 변화시키는 것은 성인이나 현인이 되기를 바라는 일이다. 돌이켜 보건대, 조화의 본원과 천명의 실체(치우치고 온전한 본성)는 몇 겹의 빗장과 몇 단계의 등급으로 나누어져 있는가? 사물은 본래 온전함을 받았는데 이제 스스로 잃었다면 병통이라 할 수 있겠는가? 원래 있었던 나뉨[分]을 부여받고 각기 그 자연스러움을 따르는 것인데 어찌 사람과 더불어 그 온전함을 얻었는데 기품과 물욕에 가린 것이 있다는 비슷한 예로 꾸지람을 받아야[執責] 하는가? 그 단서를 궁구하면 모두 '하나의 근원'이라 할 때 '하나[一]'라는 말과 '오상을 함께 한다' 할 때 '함께 한다[同]'는 말을 잘못 본 데서 연유한다. 그러나 「납량사의」에서 "나뉨이 하나에 해를 끼치지 않는다는 측면에서 오상을 함께한다고 해도 괜찮다. (본성의) 하나됨이 나뉨을 벗어나지 않는다는 측면에서 치우치고 온전한 본성이라고 해도 괜찮다."고 말했다. 이 말은 백년을 기다려도 의심할 것이 없다. 사물의 본성이 치우친 것이 과연 병통이라면 예로부터 성현이 어찌하여 사물에 병통을 고칠 약을 투입하지 않고 사람이 얽매이고 가린 곳에만 변화의 기교[工]를 주었는가? 또한 기품이 같지 않아서 지니고 있는 것과 얽매이고 가려서 때로 어두운 것이 본래 본분을 잃었다는 것을 알지 못하나 최소한의 앎과 한 때의 밝음이 있는 것 또한 본분 가운데의 일이 아님이 없으니, 배우는 사람은 안 것을 미루어서 궁극에 이르고, 밝혀진 것을 따라 그 처음으로 돌아간다. 하나는 하늘과 땅의 저절로 그러한 이치이고, 또 하나는 사람의 마음이 공력(功力)을 사용하는 설이니, 어찌 합해서 의심할 수 있겠는가? 사물의 본성이 치우쳐서 온전하지 못한 것을 불만스럽게 생각하여 치우치고 온전함 위에 따로 하나의 일원(一原)을 세우니, 이는 곧 끌어 올려서 공허하고 아득한 곳으로 흐르게 된다.

이치로써 말한다면 만물에는 하나의 근원이 있으니, 사람·사물·귀함·천함 등의 다름이 없다. 이 부분에서 언급한 도출[挑出]이란 그 신묘함을 말한 것으로 이일(理一)을 위주로 하였다. 기질로써 말한다면 올바름과 통함을 얻은 것이 사람이고, 치우침과 막힘을 얻은 것이 사물이다. 이 부분에서 말한 기질에 나아감[卽氣]이란 그 실제를 가리킨 것으로, 분수(分殊)를 위주로 하였다. ○ 위의 한 구절은 하나의 본성 가운데 온갖 이치[萬理]를 포함하여 갖추고 있음을 말한 것이다. 하나의 성[一性]은 이일(理一)이고, 온갖 이치는 분수(分殊)이다. 사람과 사물이 이 일원을 함께 하는 것이다.(비록 분수가 사람과 사물, 귀함과 천함의 다름을 없애는데 방해가 되지 않는다고 말해도, 이에 근거하면 나뉨과 치우침이 서로 비슷할 수 없다는 것을 알 수 있다. 이 한 구절은 아주 뛰어나다고 할 수 있다.) 아래 한 구절은 도리어 전적으로 기품에 관한 일만을 말하였으니 대체로 이 스물 두 글자[340]는 한 점 한 획도 리의 실상을 가리킬 수 없는데, 노사의 말이 이와 같은지 의문이 든다.

이제 그릇에 물을 담아서 물의 성질을 음미하여 말하면 온갖 그릇에

340 스물 한 글자: 「납량사의」에 나오는 "以氣言之, 則得其正且通者爲人, 得其偏且塞者爲物."(기질로써 말한다면 올바름과 통함을 얻은 것이 사람이고, 치우침과 막힘을 얻은 것이 사물이다.)을 가리킨다.

들어 있는 물[萬器一水]은 본래 모나거나 둥글며, 크고 작은 구분이 없다. 그릇의 형체로 말하면 모난 그릇을 얻으면 물도 모나게 되고, 둥근 그릇을 얻으면 물 또한 둥글게 된다. 그러나 모나거나 둥글고, 크고 작은 구분이 없는 것은 그 일이 없음을 말하는 것이니, 어찌 그 일이 없다 해서 마침내 그 이치도 없다고 할 수 있겠는가? 만약 그러한 이치가 없다면 그릇이 어디에서 가져 와서 이렇게 모나고 둥근 물이 있겠는가? 만약 그릇을 말하면서 물은 주인이 될 수 없다고 한다면, 말한 그릇은 단지 허물을 벗은 빈 껍질일 뿐이니, 모나고 둥근 것이 있고 없고는 논할만한 여지가 없다. 『혹문』의 뜻이 이와 같을 뿐이기 때문에 음양오행(陰陽五行)에 나아가서 섞이지 않은 것을 귀하고 천함이 없는 일원이라 말하고 음양오행에 나아가서 떨어지지 않는 것을 치우침과 온전함이 있는 분수라고 말한다. 사물에는 시작과 끝이 있기 때문에 말에는 두 가지가 있으나 이치는 이루어지거나 무너짐이 없기 때문에 일원과 치우치고 온전함은 두 가지 것이 아니다. 다만 한 때의 일로써 앞뒤를 말하는 것은 마치 하나의 그릇 속에 있는 물로 위아래를 말하는 것과 같다. 그렇다면 이른바 다름[殊]이 없다는 것은 형체가 없음을 말한다. 만약 형체가 없다는 것에 근거하여 마침내 나뉨이 없다고 한다면 사람과 사물은 무엇으로부터 치우침과 온전함이 있으며, 일원(一原)이 치우침과 온전함의 통체(統體)라는 것을 알겠는가? 치우치고 온전한 것은 일찍이 일원에 포함되어 있어서, 일원 아래서 비로소 치우침과 온전함이 생기거나 치우침과 온전함 위에 따로 일원이 있는 것이 아니다.(이에 근거하면 나뉨과 치우침이 두 가지가 아니라는 것을 알 수 있다.) 이제 (사리에) 어두워 일관(一貫)을 배제하고 위아래로 반을 나누어 층절(層節)을 만들어서 일원 가운데 본연의 분수가 있으며 사람과 사물의 나뉨이 기로 인하여 비로소 있게 되는 것으로 생각하니, 이로부터 치우치고 온전한 본성은 근거 없이 저절로 생겨난 것이 되고, 하나의 근원이 되는 본성은 짐짓 빈자리를 우러러보는 호칭을 얻게 되었으니, 타당한가? 어리석은 내 생각으로 헤아려보건대, 천하의 온갖 이치는 비록 많은 이름이 있지만 통틀어서 말하면 치우치고 온전한 본성과 사람과 사물의 나뉨일 뿐이다. 자·효·예·충(慈·孝·禮·忠)의 이치, 사물의 미세한 이치, 하나의 성 가운데 포함되어 갖추어져 있는 온갖 이치는 치우치고 온전한 이치와 사람과 사물을 나누는 일 아닌 것이 없는데, 반드시 떨쳐내고 높이 내걸어 까마득하게 멀어서 상상조차 할 수 없는 곳으로 몰아넣으려 하는 것은 무슨 의도인가? 치우치고 온전한 본성은 형이상자(形而上者)[341]라고 한 것은 섞이지 않음으로 말한 것이니, 「납량사의」에서 "이미 나뉘지 않음이 없으면서도 또한 나뉨에 국한되지 않고 이일(理一)은 바로 여기에 있다."고 한 것이다. 만약 이와 같이 섞이지 않은 것에 나아가고 또한 따로 하나의 단계를 세우려 한다면 섞이지 않은 것은 과연 어떤 도인가? 「납량사의」에서 "나뉨이 형기를 따라 각기 바르다는 것은 도출(挑出)하여 말한 것으로 떨쳐냄을 허용한다. 나뉨이 일찍이 하나의 이치에 포함된다는 것은 마침내 떨쳐

341 치우치고…형이상자: 『납량사의』에서는 다음과 같이 말하고 있다. "치우침·온전함은 형이하자요, 치우침·온전함의 본성은 형이상자이다. 형이상자가 본연일 수 없다면 공자가 말한 형이상의 도란 단지 기질 한 측면만을 말한 것일까? 그러므로 하나의 본성이니, 나뉨이 하나 됨에 해를 끼치지 않는다는 측면에서 오상을 같이한다고 말하더라도 괜찮다."(偏全, 形而下者, 偏全之性, 形而上者. 形而上者, 不得爲本然, 則夫子所言形上之道, 只說得氣質一邊耶? 故一箇性也, 自其分之不害於一, 而謂之同五常, 可也.)

낼 수 있는 이치가 없는 것이니, 도출(挑出)이 또한 무슨 이익이 있겠는가?" 라고 한 것이다.(간재(艮齋)가 치우치고 온전한 본성을 도외시하고 따로 하나의 근원이 되는 분수를 세운 것은 이러한 잘못이 있다.) 세상의 사물들에는 이러한 이치가 머무르지 않음이 없으나 눈에는 단지 형기만 보일 뿐 다시 형기 위에 있는 한 단계의 일이 있음을 보지 못하니 이 스물 한 글자로 써 "한 점 한 획도 이치의 실상을 가리킬 수 없다"고 한 것은 마땅하다. 이것이 만약 이치의 실상이 아니라면 주자가 이것을 천도가 유행하는 가운데의 일이라 한 것은 무엇 때문인가? 일찍이 듣건대, 성현의 눈에는 도 아닌 것이 없어서, 비록 사물의 거친 흔적이나, 구름이 가고 비가 내리며, 솔개가 날고 고기가 뛰노는 것이라 할지라도 단지 말로 드러냈을 때에 곧 도를 밝힐 수 있다. 만약 간재처럼 말한다면 "솔개가 날고 물고기가 뛰어 논다"[342]고 한 것은 한 점 한 획도 도의 광대함을 가리킨 것이라 할 수 없는데, 『중용』에서는 어찌하여 도의 광대함을 말하였는가? "구름이 가고 비가 내린다."[343]고 한 것은 한 점 한 획도 도가 유행하는 곳을 가리킨 것이라 할 수 없는데, 『주역』에서는 어찌하여 도의 유행을 밝혔는가? 여기에서 깊이 생각하여 깨달은 점이 있다면, 이전의 의문도 구름 걷힌 푸른 하늘을 보는 것처럼 풀릴 것이다.

마음이 비록 기의 범주에 속하는 것일지라도 안에 갖추고 있는 것은

342 솔개가 날고…뛰어 논다: 『중용장구』 12장.

343 구름이…비가 내린다: 『주역』 「건괘(乾卦)」. 〈단전(彖傳)〉에서 말했다. "위대하다, 건원(乾元)이여! 만물이 의뢰하여 시작하니, 이에 하늘을 통합하였도다. 구름이 가고 비가 내려 만물이 형체를 갖춘다.(彖曰, 大哉乾元! 萬物資始, 乃統天. 雲行雨施, 品物流形.)

본성이다. 마음이 본성을 갖추고 있으므로 성인과 보통 사람이 같다. 마음이 본성을 다하지 못하면 성인과 보통사람은 다르다. 그 같고 다름은 중요한 점이 모두 본성에 달려 있다. 남당(南塘)이 그 같음을 망각하고 그 다름을 주장하면서 성인과 보통 사람이 마음을 달리한다는 말로 법문을 삼았으니, 그것도 성인의 뜻과 모순된다. 남당과 변론한 사람들도 중요한 부분을 말하지 않고 빛이 나뉘는 정도를 세세하게 비교하면서 거기에 근거하여 성인과 범인의 마음이 같다고 여겨, 아픈 곳을 찌르지 않았다. 기질이란 것은 맑고 흐리며, 순수하고 잡박함에 있어서 크게 다르고, 마음이란 것은 허령(虛靈)하고 신묘(神妙)하여 하나만 있고 둘은 있을 수 없다. 남당은 이에 둘을 나눌 수 없는 것으로 인식하였다. 이제 밝은 빛에 우열과 분수(分數)가 없음을 가리키지 않고, 단지 마음이 본성을 갖추고 있는 점을 들어 성인과 보통 사람이 똑같다고 변론하니, 남당의 비웃음을 받지 않은 사람이 드물 것이다.

마음은 이치와 기가 묘합(妙合)하여 스스로 신령스럽고 밝아질 수 있는 것이다. 마음을 기라고 한 것은 단지 마음과 본성의 경계이며, 심령이 기와 관계되는 데 있어서, 혈의 신령스러움은 정(精)이 되고, 기의 신령스러움은 신(神)이 된다는 것이 이것이다.[344] 그러나 여기서 마음의 밑

---

344 혈의 신령스러움…이것이다: 육롱기(陸隴其), 『사서강의곤면록(四書講義困勉錄)』 권19. 요로가 말했다. "혼은 기의 신령스러움이고 백은 혈의 신령스러움이며, 마음은 혼과 백이 합해진 것이다. 기는 하늘에 속하고 혈은 땅에 속하며, 마음은 사람에 속한다. 사람은 천지의 마음이며, 마음을 혈기의 주재자여서 그 뜻을 보존하면 혈기는 모두 마음에게서 명령을 받고, 그 뜻을 보존하지 못하면 마음이 도리어 혈기에게서 명령을 받는다."(饒雙峯日, 魂者氣之靈, 魄者

바탕, 마음의 본체[當體]만을 말하고, 오히려 그 이면의 일을 다 말하지 않았으니, 반드시 그 가운데에 형상과 이치[象理]를 갖추고 있는 것이 바로 마음이라는 말의 본지이며, 마음의 본체라는 것을 알고, 신령스러움이 이와 같이 환하게 밝고 헤아릴 수 없어서 이치를 갖춘 것이 본체가 되어 묘용(妙用)의 유행이 있게 된다. 이 때문에 기(氣) 한 글자로 단언(單言)하면 마음에 몇 겹의 막으로 사이가 뜨여있는지 알 수 없으나, 신령스러움이 바로 마음의 본체이니, 모름지기 이 말을 따라야 묘용의 신(神)과 주재의 이치가 그것이 갖추고 있는 본체가 되어 새어나가지 않게 된다. 기는 형이하자(形而下者)로서 국한되고 소통되지 않아서 (만물이) 크게 다르다. 이치는 형이상자(形而上者)로서 소통되어 국한되지 않으므로 공공(公共)의 일체가 된다. 신령스러움은 정미하고 빼어난 기가 발현(發見)한 것이고, 묘용(妙用)의 이치가 유행하는 곳이다. 신령스러움이라는 말에 나아가 이치로써 말하면 성인과 보통 사람의 마음은 하나이며, 기로써 말하면 세상의 마음은 크게 다르다. 비록 마음은 크게 다르지만, 그 본체는 같지 않을 수 없으므로 성인의 가르침은 언제나 같은 것에 주안점을 둬서 같지 않은 것을 다스린 것이다. 이제 남당은 단지 형이하(形而下)가 크게 다른 것만 보고 (마음이) 갖추고 있는 본체가 같지 않음이 있을 수 없다는 것을 알지 못해서 마침내 성인과 보통사람은 마음

血之靈, 心是魂魄之合. 氣屬天, 血屬地, 心屬人. 人者天地之心, 心是血氣之主, 能持其志, 則血氣皆聽命於心, 不能持其志, 則心反聽命於血氣.)

『흠정예기의소(欽定禮記義疏)』 권61. 오징이 말했다. "기는 사람의 혼을 일컫는 것이니 기가 죽으면 그 혼기(魂氣)의 신령스러움이 신이 된다. 백은 사람의 몸이 되니, 백이 죽으면 그 체백(體魄)의 신령스러움이 귀가 된다."(吳氏澄曰, 氣者謂人之魂, 氣死, 則其魂氣之靈爲神. 魄謂人之體, 魄死, 則其體魄之靈爲鬼.)

을 달리한다는 말로 법문을 삼았으며, '심즉기(心卽氣)' 세 글자를 말의 근본[話欛]으로 삼아 변론한 것이니, 만약 형이상에서 성인과 보통사람이 하나라는 것을 들어 신령스러움 가운데 갖추어진 본체를 적확하게 가리킨다면, 어쩌면 혹시라도 받아들일 수 있을 것이며, 비록 받아들이지 않는다 하더라도 진실로 바른 말을 했다는 것은 부정할 수 없다. 이제 도리어 그렇게 하지 않고 단지 밝은 빛의 우열과 분수를 비교하여 그것이 갖추고 있는 본체를 망각하였다. 이미 그것이 갖추고 있는 본체를 망각했다면, 밝은 빛이라는 것은 단지 형이하자(形而下者)일 뿐이다. 이미 형이하라면 어떻게 분수가 없고, 어떻게 성인과 보통사람이 같다고 할 수 있겠는가? 밝은 빛에 분수가 없다면 무엇에 근거하여 성인과 어리석은 사람이 있겠는가? 또한 간재(艮齋)가 이미 마음을 기로 보았다면 허령(虛靈)하고 신묘(神妙)한 것은 맑고 흐리며, 아름답고 추함이 모인 것에서 벗어나 바르게 통한 본연의 기를 가리켜서 해당시킨 것이다. 그러나 주자의 뜻은 아니다. 주자는 "통한 가운데서도 맑음과 흐림의 다름이 없을 수 없고, 그 바른 기운 가운데서도 아름다움과 추함의 다름이 없을 수 없다."고 하였으며, 이미 "(다름이) 없을 수 없다면 맑은 것과 아름다운 것은 본래 본연"이라고 하였으니, 흐린 것과 추한 것이 어찌 마침내 본연이어서 하나만 있고 둘은 있을 수 없다고 할 수 있겠는가? 이제 분수가 있는 것을 잘못하여 분수가 없다하고, 성인과 보통 사람이 다른 것을 같다고 한다. 병을 치료하지 않으면서 도리어 증거만 구하니 옳겠는가? 이것이 「납량사의」가 쓰이고 나서 백세(百世)토록 바꿀 수 없는 논의가 되는 이유다. 대개 마음을 논하면서 마음이 이치를 갖추고 있는 본체가 된다는 것을 말하지 않았다면 밝은 빛이라고 말한 것은 빈 껍질에 지나지 않으니, 어떻게 성인과 보통 사람이 같다, 다르다 할 수 있겠는가? 간재는 맑고 흐림, 순수하고 잡박함과 허령하고 신묘함을 분별하여 말함으로써 성인과 보통사람이 같다는 것을 밝혔다. 그러나 그의 말에 입각하여 그 의미를 궁구해보면, 남당의 말과 동일한 수사로 비판한 것을 인정한 데 이른 것은 무엇 때문인가? 간재가 마음을 전적으로 형이하로 간주했다면, 신령스러움은 형이하에 지나지 않으며, 형이하라는 것은 기질이 아니겠는가? 기(氣)는 사람 몸의 양(陽)이고, 질(質)은 사람 몸의 음(陰)이다. 음양이 순수하여 섞이지 않고, 맑아서 흐리지 않다면 정미하고 빼어난 기의 발현은 반드시 밝고 투철한 데 이르고, 잡박하고 흐린 것은 이와 거꾸로 되니, 이것이 성인과 보통 사람이 다르다 는 것이다. 만약 기질의 밖에 따로 마음의 기질이 있다면 또한 의심이 든다. 다만 동일하게 신(神)이라는 글자인데 주안점을 두어 말하는 것에는 다른 점이 있다. 혈의 신령스러움을 정(精)이라 하고, 기의 신령스러움을 신(神)이라 하니 곧 마음의 밑바탕이다. 그렇다면 정신의 신(神)은 기를 나누어서 말한 것이다. 그 밑바탕에 나아가 이치의 신묘한 작용을 가려내 말하면 신이다. 신이라는 것은 만물을 묘하게 하는 것[妙萬物]으로 말하였고, 이른바 신묘한 작용[妙用]은 신을 일컫는다.(『대전(大傳)』 및 정자(程子)는 천도를 통틀어서 말했다.) 주자는 "금·목·수·화토가 신이 아니라 금·목·수·화토가 되는 까닭이 신이다. 사람에게는 이치가 되는데, 인·의·예·지·신이 되는 까닭이 바로 이치이다."[345]라고 하였으니, 이것이 더욱 분명하다. 이제 대개 신묘(神妙)를 굳이 형이하의 밑바탕으로 삼아 비록

---

345 금·목·수·화·토…이치이다: 『주자어류』 권1, 「이기」 상.

그것은 하나만 있고 둘은 없어서 얻을 수 없다 할지라도 이것을 가지고 구차스럽게 남당과 변론하려는 것도 아니다. 그러나 이것은 나눌 수 있는 곳에 이르지 못한 것이다. 갖춘 것[所具]은 본성이니, 성으로 말하면 성이라는 것은 일원의 이치여서 애당초 안팎으로 나눌 수 없기 때문에 사람과 사물은 같다고 말한 것이다.(치우침도 본연이고 온전함 또한 본연이니 같지 않겠는가?) 갖출 수 있는 것[能具]은 마음이니, 심으로 말하면 "오직 사람만이 빼어남을 얻어 가장 영명(靈明)하다." 신묘한 작용[妙用]의 유행과 주재의 감춤도 여기서 볼 수 있다. 그러므로 성인과 보통 사람은 마음이 같다하여 마음이 성을 갖추었다고 대체로 말해서는 안 된다. 하찮은 사물도 그렇다. 갖출 수 있는 것[能具]이 어떤 일을 하는지 논하면서 갖춘 것[所具]을 꾸짖는 것은 잘못이 아니겠는가? 다만 사람은 온전하고 사물은 치우쳤다면, 본연지성은 저절로 분수(分殊)가 있게 되어, 사람은 모르는 것이 없으나 사물은 다만 조금씩 밝아지며, 이것이 사람과 사물의 본분(本分)에 같지 않음이 있는 것이니, 이제 하찮은 사물 또한 그러하다고 하였다. 진실로 사람과 동물은 다름이 없으니, 하물며 간재가 일원의 본성을 빈 하늘에 매달린 사물로 생각하여 사람과 사물을 나누는 일에 어긋나지 않고 저절로 각기 갖추었다고 한 아래를 기질의 부류라고 한다면 이른바 마음이 성을 갖추었으며 하찮은 사물도 그러하다고 한 것은 이 성이라는 말을 도리어 군자가 본성으로 여기지 않는 사물로 보았으니, 내가 말한 성이 아니다. 그 뜻은 남당과 더불어 각기 정해진 본성이 분수에 떨어뜨리고 형기에 침범당하여 일원과 같은 것이 될 수 없다.

떨어진 파지 속에서 녹문(鹿門) 임씨[任聖周]의 일단의 논문을 얻었는데 '진실로 다름을 말한다면 단지 성만이 다른 것이 아니라 명도 또한 다르고, 진실로 같음을 말한다면 성만 같은 것이 아니라 도도 또한 같다.'라고 하였으니, 이 말은 얼른 보기에 외면이 너무도 '사슴 옆에 노루, 노루 옆에 사슴' 같으나 그 실제 내용은 도리어 근본에 조금도 부족함이 없이 설파한 것이니 이천의 이일분수(理一分殊) 네 글자가 녹문에 힘입어 맥이 이어져 동방에 떨어진 것이 아닌가? 한스러운 것은 그 전서를 얻어서 연구하지 못하는 일이다. 정이천은 어찌하여 이일분수로 본성을 논의하였는가? 단지 「서명」에 근거하여 사람들로 하여금 이치를 추론하여 일(一)을 이해하고 의를 보존하여 분(分)을 세우게 했을 뿐이다.[346] 양시(楊時)·이동(李侗)·주자가 논한 것도 모두 이와 같다. 나정암(羅整庵)[347]에 이르러 비로소 이일분수 네 글자를 들추어 성명의 오묘함으로

346 '이일분수(理一分殊)'는 정이가 「서명」의 내용에 의문을 제기한 양시(楊時)에게 답변한 글에서 처음으로 제기하였다. 양시는 「서명」에서 '하늘과 땅은 부모의 천자'라고 한 만물일체의 경지가 묵자 겸애설의 폐단과 유사한 점이 있다고 의문을 제기했다. 이데 대해 정이는 "「서명」은 이일분수를 밝힌 것이며 묵자로 말하면 근본이 둘이면서 분수가 없다. 분수에는 사사로움이 앞서고 인을 잃었다는 잘못이 있고 묵자의 견해는 두루 사랑하나 의를 잃었다는 잘못이 있다. 분수를 세워 이일을 추론함으로써 사사로움으로 흐르는 폐단을 그치게 하는 것이 인의 방법이며, 분별없이 겸애에 미혹되어 아비도 없는 지경에 이르는 것은 의로움의 적이 된다."(『이정집(二程集)』「답양시논서명서(答楊時論西銘書)」) 라고 하였다. 진래 지음, 이종란 옮김, 『주희의 철학』(서울: 예문서원, 2002), 81~82쪽 참조.

347 나정암(羅整庵): 나흠순(羅欽順, 1465~1547)이다. 자는 윤승(允升)이고 호는 정암이며, 강서성 태화(泰和) 사람이다. 홍치(弘治) 6년(1493년)에 진사에 급제하여 한림편수(翰林編修)라는 직책을 받았으며, 남경의 국자사업(國子司業)·이부상서·예부상서를 역임하였다. 주요 저작으로는 『곤지기(困知記)』가 있다. 『곤

여겼는데 여기에서 벗어나지 않았다. 그의 말에 "기를 받는 시초에 이치는 유일하며, 형체를 이룬 뒤에 나뉨[分]이 달라진다."고 하였는데, 이 말은 노사의 뜻과 거리가 멀다. 나정암이 또 말하기를 "이일분수로 본성을 논하면 모름지기 스스로 천명과 기질이라는 두 가지 이름을 세우지 않아야 한다."고 하였으니, 그 말이 더욱 어긋난다. 또한 그는 이기를 하나의 사물로 인식하여 깊은 잘못에 빠졌다. 주자가 이기를 두 가지 사물로 가르쳤다면 더욱 (그렇게) 말해서는 안 된다. 우리 조선의 임녹문은 또한 나정암 이일분수 네 글자의 뜻을 조술(祖述)하여 "건(乾)의 굳셈[健]은 곧 태극이고, 건(乾) 가운데 원형리정이 있으며, 곤(坤)의 유순함[順]은 곧 태극이고, 순 가운데 원형리정이 있다. 원형리정은 곧 음양오행이이다. 그러나 건(乾)의 원형리정은 여전히 굳세고, 곤의 원형리정은 여전히 유순하다. 그렇다면 건곤의 태극은 저절로 그것이 같지 않은 데 지장이 없다."고 하였다. 또 「인물성도(人物性圖)」를 만들어 인권(人圈)에 태극과 오상을 갖추어 써놓고, 물권(物圈)에는 단지 태극만 쓰고 오상은 쓰지 않았다. 또 혼연한 태극이 각기 하나의 사물을 갖추고 있다는 주자의 설을 논하면서 "이것은 각기 처해있는 곳에서 하늘의 이치가 완전하여 흠결이 없다는 것일 뿐, 하나의 사물이 각기 모든 이치를 갖추고 있다고 말한 것은 아니다."라고 하였다. 이것은 모두 분수를 지나침을 보아 이와 같은데 이른 것이다. 또 인간 본성의 선을 논하면서 "이것은 기질의 선일뿐이다. 기질 밖에 따로 선한 본성이 있는 것이 아니다."라고 하였다.

지기』는 조성중기 학계에 커다란 반향을 불러 일으켰는데, 그의 이기일물설(理氣一物說)과 인심도심체용설(人心道心體用說)에 대해 중점적으로 비판이 이루어졌다.

이 말은 더욱 깨닫지 못하였다. 노사로 하여금 다시 살아나게 하여 이 말을 보게 한다면 어느 사이에 얼굴을 찡그리며 긴 한숨을 내쉴 것이다. 노주(老洲) 오선생[吳熙常][348]은 일찍이 나정암과 임녹문 두 사람에 대해 논한 적이 대단히 많다. 이제 세 단락을 아래에 붙여 노사 문하의 여러 사람들로 하여금 자세히 살피도록 한다. 『노주집(老州集)』「잡지(雜識」에 이르기를 "정암과 녹문은 똑같이 이기일물설(理氣一物說)을 위주로 한다. 그러나 정암은 이일을 중요시하고, 녹문은 분수를 중시한다. 이일을 중시하면 자연스럽게 리를 중요하게 여기게 되고, 분수를 중시하면 필경 기를 위주로 하게 된다. 이로써 득실을 비교하여 논하면 정암은 거의 작은 흠이겠는가?"라고 하였다. 또한 "정암 녹문 모두 기를 좇아 리를 추론하여 합일의 오묘함을 보는 것은 지나치듯 보면 높고 교묘하지 않음이 없지만, 그들이 궁구한 것은 모두 주기(主氣)로 귀착되며, 정암은 오히려 언제나 리의 뜻을 멋대로 하고, 녹문은 곧장 하나의 기(氣)자로 세상의 리(理)자를 덮어버리고 다시 리의 리가 되는 까닭을 궁구하지 않는다. 대개 녹문의 견해는 실제로 정암에 근본하여 그가 기(氣)자를 주장하는 것은 거의 그를 넘어선다."라고 하였다. 또 "정암은 이일분수로 이기를 말하는 기준을 삼는다. 그는 '성은 천명으로 인해 같고, 도는

---

348 노주(老洲) 오선생(吳先生): 오희상(吳熙常, 1763~1833)이다. 순조 때 활동했던 성리학자로 자는 사경(士敬)이며 오재순(吳載純)의 아들이다. 특정한 선생을 두고 사사받지 않았으며, 형인 오윤상(吳允常)에게 배웠고, 주로 홍직필 등과 교유하면서 학문의 체계를 세웠다. 1880년(정조 24년)에 세자익위사세마로 천거되었고, 한성부주부·황해도도사·사어 등을 역임하였다. 사후에 이조판서로 추증되었으며 시호는 문원이다. 학문경향은 이기혼일(理氣渾一)의 특징을 갖는다. 저서에는 『노주집』이 있다.

형(形)으로 이해 다르다'고 한 것은 참으로 옳다. '성은 천명으로 인해 같다'고 한 것은 미발(未發)의 이일(理一)을 가리킨다. '도는 형으로 인해 다르다'고 한 것은 이발(已發)의 분수(分殊)를 가리킨다. 녹문은 이일분수를 조술하였는데. 유독 이 말을 깊이 배척한 것은 무엇 때문인가? 결국 사람과 사물의 치우치고 온전함에 얽매여 성도(性道)를 확연하게 볼 수 없다. 비록 본체와 작용의 다름이 있다하더라도 일원의 같음에 방해가 되지 않는다.

세상에 단지 이 도리가 있고, 사람이 하늘에서 얻은 것도 이 도리일 뿐이다. 이 이치 밖에 다시 다른 이치가 없기 때문에 정이천은 "이치는 하나인데 그 직분이 나뉘어 다르게 된다."고 하였으며, 주자는 "리와 기에 대해서는 이천설이 좋다"고 하고, "이일분수는 「서명」을 읽으면서 성을 위주로 하지 않는다면 다만 등불을 등지고 그림자를 따르는 것이니 무슨 이익이 있겠는가?"라고 하였다. 그러므로 주자는 「서명」을 논하면서 성을 위주로 하지 않음 이 없었으며, "하늘과 땅의 통솔자를 내 본성으로 삼는다."는 한 단락을 논하면서 "건(乾)은 굳세고 곤(坤)은 유순하니 이것은 하늘과 땅의 뜻을 기의 통솔자로 삼았으며, 사람과 사물이 얻어서 본성으로 삼았다."라고 하였다. "사람들은 모두 내 동포이고, 만물은 모두 나와 함께 있는 것이다."라는 한 단락을 논하면서 대체적으로 "사람과 사물이 얻어서 본성으로 삼은 것은 모두 하늘과 땅의 통솔자다. 그러나 본체에는 치우침과 바름의 다름이 있기 때문에 본성에 밝고 어두움의 다름이 없을 수 없다. 오직 사람만이 형기의 바름을 얻어 성명의 온전한 본체에 통할 수 있다. 사물은 형기의 치우침을 얻어 성명의 온전한 본체에 통할 수 없다. 그러나 성체(性體)의 유래를 궁구하면 하늘과 땅에 근본을 둬서 같지 않음이 없다."고 하였다. "(영재를 교육하는 사람이) 영고숙(穎考淑)과 같이 오로지 효도만 하면 …… "이라는 한 단락을 논하면서 대개 "본성은 모든 사물의 일원이니, 내가 사사로이 얻을 수 있는 것이 아니다."라고 하였으니, 이것은 일(一)과 분수(分殊)로 본성의 이치를 논하지 않음이 없는 것이다. 이제 "정이천은 어찌하여 일찍이 (이일분수로) 본성을 논하였는가?"라고 하였는데, 이일(理一)의 '리'자는 과연 어떤 리인가? "다만 「서명」에 근거하였다."고 하였는데, 「서명」에서 말한 성이라는 것은 과연 어떤 성인가? 양시, 이동 두 사람이 인의를 이일분수로 한 것은 또한 본성을 논하지 않았다 할 수 있는가? 주자는 『통서』를 해설하면서 "'하나의 실다움이 만 가지로 나누어지고 만과 하나가 각각 바르다'는 것은 곧 이일분수다."라고 하였는데, 이것도 본성을 논하지 않았다 할 수 있는가? "「납량사의」에서 인용한 녹문의 설은 우연히 그 전체 책을 얻어서 보지 못했는데 한 단락의 설이 합치되었기 때문에 인용하고 칭찬하였다."고 하였는데, 말한 뜻을 아직 궁구하지 못했다. 이제 간재는 전서 가운데 많은 설을 상세하게 보여주고, 또 변석(辨析)하는 말을 보여주었으니 (그 뜻이) 두텁다. 그러나 기선생이 만년에 답하고 물을 때에 이미 임씨의 주요 견해가 잘못되었다는 것을 깨달았으나, 「납량사의」의 글을 개정하는 데는 미치지 못했다. 다만 나씨, 임씨 두 사람의 설을 살펴보니, 다시 상의해서 확정해야 할 것이 없지 않다. 그의 말에 "기를 받는 시초에 이치가 유일하며, 형체를 이룬 뒤에 나뉨[分]이 달라진다."고 하였는데 선생이 이미 변론하여 깨뜨렸으니, 그 뜻에 감추어진 것이 없다. 대개 나씨가 이치[理]와 나뉨[分]을 짝이 되는 두 다리로 삼았다면 이치와 나뉨은 서로 방해가 되는 물건이며 이치는 빈 하늘에 매달린 나뉨이 없는 하나가 되고, 나뉨[分]은 기에 따라 저절로 생겨나는 물건이 된다. 어쩔 수 없이 따로 하나의 근원을 세웠다면 이것은 나뉨[分] 밖에 이치가 있어서, 본체는 있지만 작용[用]이 없는 물건이 되고 마니, 기를 받는 시초에 이치가 유일한 것이다. 그가 "이일분수로 본성을 논하면 모름지기 스스로 천명과 기질이라는 두 가지 이름을 세우지 않아야 한다."고 한 것은 어긋난다 할 수 있으며, 여러 사람들이 치우치고 온전한 본성을 그 본연을 잃은 것이라고 한다면 이것은 분수(分殊)로써 기질이라 한 것이다. 반드시 한 단계의 일원을 도출(挑出)하려 한다면 이일(理一) 밖에서 따로 이일을 찾아 천명의 본연으로 삼아야 한다. 다만 나씨가 이기를 하나의 물건으로 인식하는 잘못이 있음을 알고 그가 각기 바른 본성을 기질로 간주한 것을 모르면서 또한 한 가지 물건으로 인식했다고 한다면 옳겠는가? 이미 하나의 물건으로 인식했는데 주자에게 분명하게 두 가지 물건으로 보는 가르침이 있어서 마침내 일원 위에서 일원을 도출(挑出)하였으니 더욱 거리가 멀다. '건(乾)의 굳셈[健]'이라 한 것은 다시 생각하고 의론해야 할 점이 있다. 대체로 '건(乾)의 굳셈[健]'은 원형리정(元亨利貞)을 통틀어서 한 말이고 '곤(坤)의 유순함[順]' 또한 그러하니, 이일(理一)이 분수(分殊)를 벗어나지 않는 것이다. 건(健) 가운데 원형리정이 있고, 순(順)도 또한 그러하니, 분수가 일찍이 이일에 포함되어 있는 것이다. 건(健)에 유순함[順]이 없지 않으나, 중점은 굳셈에 있으므로 "건순(健順)에 굳셈[健]이 없지 않다" 하고, 중점은 유순함에 있기 때문에 "도체가 원만하게 화합하는 것을 따라 치우침 가운데 온전함이 있다"고 한 것이 그러하다. 여기서 각기 갖추고 있는 태극이 통체(統體)에 방해가 되지 않음을 알 수 있다. 이렇게 보면 도리의 근원에서 새어나가는 것이 있을 수 없으며, 곧 원형리정으로써 굳이 음양오행을 일으키면 과연 이기를 하나의 물건으로 하는 병폐에서 벗어날 수 없다. "여전히 굳세고, 여전히 유순하다"는 말에 이르면 도체에 사이가 뜨고 치우침과 온전함이 서로 물리쳐서 굳셈 가운데 유순함이 있고 유순함 가운데 굳셈이 있으며, 이 원형리정이 저 원형리정이라는 것을 모른다. 그러나 임씨의 중심논리[話欛]로 지금 사람들의 생각을 궁구해보면 또한 비슷한 점이 있다. 요즘 사람들의 생각은 대개 다음과 같다. "사람의 온전함이 곧 성이며, 온전함 가운데 인의예지가 있다.(요즘 사람들은 단지 이것을 그렇지 않다고 생각하여 치우침 또한 온전함 가운데의 하나됨이라는 것을 모른다.) 사물의 치우침이 곧 성이며, 치우침 가운데 인의예지가 있다.(요즘 사람들은 범의 인, 벌의 의, 수달의 예, 비둘기의 지가 치우쳐서 온전하기 않기 때문에 그 본분을 잃었다 하여 마침내 치우침과 온전함으로 가르고, 치우친 인의예지와 온전하지 않은 인의예지 둘로 나누었으니, 어떻게 다른 것인가? 임씨는 건곤(乾坤)에 각기 원형리정이 있는 것으로 보았다.) 인의예지는 곧 기에 따라서 각기 바르게 하여 일원이 아니다.(요즘 사람들이 치우치고 온전한 본성이 형기에 침범당해 본연이 아니게 되며, 따로 일원(一原)을 세운다면 온전하여 본연이 된다고 한 것은 거짓으로 높인 것이니, 옳은 것인가? 임씨는 건곤의 원형리정으로 음양오행의 설을 삼았다.) 그러나 온전한 인의예지는 여전히 온전하고 치우친 인의예지이고 여전히 치우친 것이다.(요즘 사람들은 각기 지닌 하나의 본성이 분수에 떨어지고 형기에 침범당해 일원이 될 수 없으면 치우치고 온전함의 화합하여 소통되는 오묘함을 알지 못하고 각기 거처하는 곳[窟穴]이 온전한 것은 여전히 온전하고, 거처하는 곳이 치우친 것은 여전히 치우친 혈(穴)이 있게 된다. 임씨가 '여전한 것은 여전하다'고 한 것은 순리설(順理說)이다.)" 이로써 살펴보면 그 한마디 말의 의미를 알 수 있다.(임씨는 하늘과 땅으로 말하고, 요즘 사람들은 사람과 사물로 그 주의(主意)를 말하였으니, 말하는 격식의 한 방식이다.) 임씨의 「인물성도」의 인권(人圈)에는 태극 오상을 갖추어 써놓고, 물권(物圈)에는 단지 태극만 쓴 것은 진실로 잘못이다. 사람과 인의예지를 겸해서 오상이 되고, 사물의 치우침이 형기가 치우치고 막히는 병통이 되는 것이 어떻게 다른가? 임씨는 사람에게 오상을 허락하고, 사물에게는 오상을 허락하지 않았다. 임씨가 주자의 '혼연각구(渾然各具)'의 설에 대해 논한 것은 진실로 잘못이다. 요즘 사람들이 각기 지닌 하나의 본성을 기질로 보았다면 혼연히 각기 (성명이) 갖추어진 곳에 비록 임씨의 말과 같이 하지 않으려 하여도 다시 다른 생각이 없기 때문에 아득하고 어두운 빈 하늘에 따로 실상이 없는 일원(一原)을 세우고, 리는 저절로 리이고[理自理] 나뉨은 저절로 나뉨[分自分]이어서 성명(性命)이 갈라지며, 같음[同]과 다름[異]이 서로 물리치니 어디에 그 혼연(渾然)하여 각기 갖춘 것이 있겠는가? 임씨가 인성의 선으로 기질의 선이라 한 것은 참으로 잘못이다. 그러나 이제 각기 지닌 하나의 본성이라면 이미 기질에서 떨어지지 않은 것인데, 다시 그 위쪽에 나아가 따로 한 단계의 섞이지 않은 것을 세우려 한다면, 이로써 이름이 없는 것은 도가 되고, 각기 지닌 하나의 본성을 본연이 아니라 한다면 인성의 선은 결국 기질의 선이 되니 옳겠는가? 정암이 이일에 중점을 두고 보았다면 자연스럽게 리가 주가 되고, 녹문이 분수에 중점을 두고 보았다면, 끝내는 기를 주로 하게 되니, 옳은 것이다. 그러나 정암과 녹문은 똑같이 이기를 하나의 물건[理氣一物]으로 여기는 문제점을 갖고 있어서 리와 기가 서로 떨어지지 않으면서 서로 섞이지 않는 오묘함을 모른다면 이일이라는 것은 허공에 매달린 빈 이름이 될 수 없으니,

요즘 사람들은 일원 위에서 일원을 도출(挑出)한 것인가? 분수라는 것은 기로 인하여 비로소 생기는 것이 아닌데, 요즘 사람들이 치우치고 온전함을 본연이 아니라 하니, 사람과 사물의 나뉨은 전적으로 기에 있는 것인가? 요즘 사람들의 견해는 나정암, 임성주의 설과 더불어 같지 않음이 없으니, "'(천명지성의) 성은 천명으로 인해 같고, (솔성지도의) 도는 형으로 인해 다르다.'[349]고 한 것은 지극히 옳은 것"이나 또한 깨닫지 못한 점이 있다. 대개 각기 바른 본성으로 각기 가지고 있는 거처로 삼으니 서로 통할 수 없어서 천명으로 인해 같아진 일원의 본성[一原命同之性]을 가려냈으니 이것이 같음이나, 뒤섞여서 나뉨이 없는 같음 아니겠는가? 오상이 사물을 따르는데 치우치고 온전함이 곧 이러한 이치의 본분이니, '본체와 작용은 하나의 근원이고 드러난 것과 은미한 것은 사이가 없다'는 것, '같음 가운데 다름이 있고, 다른 가운데 같음이 있다'는 것이 그러하다. 이제 형기의 각기 정해진 것, 도가 형으로 인해 달라진 것을 일러서 본분이 아니라 하면 단계와 등급이 제멋대로 생겨나 각기 한 자리를 차지하게 되니, 이른바 '이치와 나뉨의 사이가 끊어지고', '본체와 작용이 두 가지 근원이 있으며, 드러난 것과 은미한 것은 사이가 있다'는 것, '같은 것은 저절로 같고, 다른 것은 저절로 다르다'는 것은 마침내

---

349 성은…인해 다르다: 『곤지기(困知記)』「속록(續錄)」 권상, 58장. 하늘의 도를 음양이라 하고, 땅의 도를 강유라 하고, 사람의 도를 인의라 한다. 무엇 때문인가? 대개 그 분이 이미 달라서 그 도 또한 다를 수밖에 없기 때문이다. 그러므로 새와 동물, 초목 또한 그 수가 많아서 새와 동물, 초목의 도를 이름 하려 해도 어떻게 한 마디로 다할 수 있겠는가? 대개 성은 천명으로 인해 같고, 도는 형으로 인해 다르다.(語天道則曰陰陽, 語地道則曰剛柔, 語人道則曰仁義, 何也. 蓋其分旣殊, 其爲道也自不容於無別. 然則鳥獸草木之爲物, 亦云庶矣, 欲名其道, 夫豈可以一言盡乎. 大抵性以命同, 道以形異.)

회통(會通)의 기약이 없는 것이다. 『중용장구』에서 분명하게 '각기 부여한 이치를 얻었다'고 말했다면 이것이 다름이고, 합하여 말하기를 '굳건하고 유순한 오상의 덕'이라고 했다면 이것이 같음이다. 분명하게 '(사람과 사물이) 각기 그 본성의 자연스러움을 따르고, 각기 마땅히 가야할 길이 있다'고 말했다면, 이것은 다름이다. 종결지어 말하기를 '성과 도가 같다'고 했다면 이것은 같음이다. 같으면서 다름에 방해가 되지 않고, 다르면서 같음에 방해가 되지 않은 것이니, 그 오묘함이 대체로 이와 같다. 같음과 다름이 서로 포함(包涵)하고 있어서, 천명도 그러하고, 본성도 그러하며, 도 또한 그러하니, 어찌 반드시 천명의 같음을 말하여야 비로소 같아지고, 어찌 반드시 형체의 다름을 기다려서 달라지겠는가? 이제 단계와 마디를 세워서 같음과 다름이라 하는 것이 어찌 자사와 주자의 뜻이겠는가? 치우치고 온전한 본성은 일원인데 이에 치우치고 온전함이 다른 것으로써 그 본분을 잃었다 하여 따로 일원을 세워 꿰뚫어 보면[疏觀] 결국은 사람과 사물의 치우치고 온전함에 얽매어서 뒤섞인 상태에서 벗어날 수 없다. 이에 따라 마침내 『중용장구』의 '기품이 혹 달라지는 것'으로 치우치고 온전한 나뉨을 말하고 치우침과 온전함 위에 본성과 도를 도출(挑出)하였으니 더욱 이해할 수 없다. 그가 비록 본체와 작용의 다름이 있다 하더라도 그 일원의 같음에 해가 되지 않는다고 한 것은 의심할만 하다고 생각한다. 대개 모든 사물이 이 일원을 함께 하는 것은 바로 "하나로써 다섯을 보면 다섯이 하나와 같고[同], 다섯으로써 서로를 보면 나뉨[分]이 여기에 있게 되니, 비록 끝이 없을 정도로 흩어져 달라질지라도 모두 본래 나누어진 가운데의 일이라는 것"이 그러하다. 이제 분수(分殊)를 떨쳐내고 따로 한 단계의 일원(一原)을 세워 본체의 같음으로 삼는데, 이 본체는 어떤 본체인가? 손과 발이 없어서 확실한 근거가 될 수 없는 것이 아니겠는가? 재주에 치우치고 온전함이 있고, 재주에 각기 바름이 있어 곧 지목하여 기질의 부류라 하여 쓰임의 다름으로 삼는데, 이 쓰임은 어떤 쓰임인가? 근거 없이 저절로 생겨나는 물건이 아니겠는가? '본성은 본체고 기는 쓰임[性體氣用]'이라는 말은 이러한 잘못과 관련되어 있는데, 일의 이치가 소통되지 않아서 내가 이미 변론하였다. '본성이 천명으로 인해 같아지는 것'을 아직 발현되지 않은 이일[未發之理一]이라 하고, '도가 형으로 인해 달라지는 것'을 이미 발현된 분수[已發之分殊]라 한 것은 동일한 능력이 아직 발현되지 않고 혼연히 있는 것 가운데 나뉨이 없는 것이 아니라는 것을 잘 깨닫지 못한 것이다. 스스로 조리가 있고, 스스로 골격이 있는 것은 장벽이나 가로막는 울타리를 일컫는 것이 아니다. 이미 발현하여 찬연하게 조리가 있는 것은 기로 인하여 비로소 없어지는 것이 아니니, 그것이 이미 분수를 포함하고 있다는 것을 알 수 있다. 이치와 나뉨[分]은 두루 화합하여 발현되거나 발현되지 않거나 상관없이 간격(間隔) 가운데서 일리(一理)와 조화를 이루고 있다. 하물며 발과 미발로써 이와 기에 나누어 소속시킬 수 있겠는가?(간재가 중(中)을 이치로 화(和)를 기질로 보았기 때문에 아울러 언급했다.)

내가 이미 이 글을 썼는데, 어떤 사람이 나에게 '후배가 선배를 의심하는 것이 죄가 되지 않은가?'라고 물었다. 나는 다음과 같이 대답했다. "옛날에 사마온공(司馬溫公)이 평생토록 『맹자』를 좋아하지 않아 위서라고 말하기에 이르렀는데도 그의 아들 공휴(公休)와 원성(元城)이 모두 『맹자』가 가장 훌륭하다고 평가하였다. 여동래가 『지언의의(知言疑義)』를 쓰고 장남헌이 가담하였으나, 후세 사람들이 공휴가 불효하고 유원성과 장남헌이 스승을 배반했다고 배척하지 않았다. 나는 노사에게 친 자제나 (문인이) 아니니 따르기만 하고 차이가 있는 것을 비판하지 않을 수 있겠는가? 하물며 내 말은 철저하지 못한 것을 들어 물었을 뿐이다. 조금이라도 경솔하고 방자한 뜻이 없었으니 내 마음을 알게 되면 결코 화내지는 않을 것이다. 내가 이렇게 글을 쓴 것은 노사문하의 여러 사람들이 자세히 보게 하고자 한 것이니, 공평하게 논의하면 거의 의혹을 푸는 말을 듣게 될 것이다. 그대는 떠도는 풍속으로 여러 사람을 보지 말라."

양성재(楊誠齋)[350]는 "군자의 도는 마음에 있지 행적에 있는 것이 아니

---

350 양성재(楊誠齋): 양만리(楊萬里, 1124~1206), 남송 길주(吉州) 길수(吉水) 사람으로 자는 정수(廷秀)고, 호는 성재(誠齋)다. 고종(高宗) 소흥(紹興) 24년(1154) 진사가 되고, 영릉령(零陵令)에 올랐다. 장준(張浚)이 정심성의(正心誠意)의 학문으로 권면하자 서방(書房) 이름을 '성재(誠齋)'라 했다. 효종(孝宗) 초에 봉신지현(奉新知縣)이 되고, 천거를 받아 국자감박사(國子監博士)에 올랐다. 태상박사(太常博士)와 광동제점형옥(廣東提點刑獄)을 역임했고, 태자시독(太子侍讀)으로 승진했다. 순희(淳熙) 14년(1187) 여이호(呂頤浩)를 묘사(廟祠)에 배향하는 것을 반대했다가 균주지주(筠州知州)로 쫓겨났다. 광종(光宗)이 즉위하자 부름을 받아 비서감(秘書監)이 되고, 외직으로 나가 강동전운부사(江東轉運副使)가 되었다. 영종(寧宗)이 제위를 잇자 치사(致仕)를 요청했다. 이후 여러 차례 불렀지만 나가지 않았다. 성품이 강직하여 한탁주(韓侂胄)에게 아부하지 않았다. 국세를 회복할 계책을 세워 주장했다. 시를 잘 지어 스스로 성재체(誠齋體)를 이루었고, 우무(尤袤), 범성대(范成大), 육유(陸游)와 함께 남송사대가(南宋四大家)로 불린다. 각지의 지방장관을 역임하면서 관직을 전전할 때마다 시집 한 권씩을 엮었다. 그가 낸 시집은 『강호집(江湖集)』에서 『퇴휴집(退休集)』까지 모두 9부로, 시의 총 편수가 무려 4,000여 편을 헤아리는데, 다작으로는 친구 육

다. 마음이 같고 행적이 다르면 군자는 행적으로 마음을 이간질 하지 않으며, 마음이 다르고 행적이 같으면 군자는 마음으로 행적을 혼란스럽게 하지 않는다."[351]고 하였으니, 참으로 지극한 말입니다. 조용히 살펴보건대 호락(湖洛)의 제현들의 마음은 모두 사람과 사물의 본성을 밝히는 데 있고, 그 행적에 있어서는 '같다', '다르다'하는 다름을 벗어날 수 없어서, 행적의 다름이 장차 마음의 다름이 되어 그 사이에 어찌 조금이라도 사사로운 생각이 개입하겠습니까? 뒤에 여러 유학자들은 각기 문정(門庭)을 세우고 한 쪽을 고집하여 행적의 다름을 볼 수 있으나 마음의 같음은 볼 수 없으니, 행적이 같은 사람은 기뻐하고, 다른 사람은 미워하여 더러운 털을 불어서 씻어내고 만족(蠻族)과 촉(蠻)이 각을 세워 대립하듯 하였으니, 사람들은 마음에 사사로움이 없다고 하나 나는 믿지 않습니다. 「납량사의」를 지은 목적은 대개 (호론과 낙론) 두 학파의 학설을 모아서 절충하는 것을 걱정하여 '본체와 작용이 하나의 근원에 있고 드러난 것과 은미한 것에 사이가 없으며', '같음과 다름이 서로 포함하며', '이일과 만수가 두루 화합하는' 오묘함을 밝힘으로써 위로는 정주(程朱)의 뜻을 종합하고 아래로는 계속되는 학문의 길을 여는 데 있었습니다. 그 행적에 있어서는 비록 두 학파가 다르다 할지라도 유학의 도를 밝히려는 마음은 같습니다. 다만 사람들의 마음이 내 마음 같지 않음을 유감스럽게 생각하면서 다른 점만 고집하고 같은 점은 애매하게 함으로

유에 버금가는 양이었다. 시는 속어를 섞어 썼으며, 경쾌한 필치와 기발한 발상에 의한 자유 활달한 점을 특색으로 한다. 또한 고전의 주석인 『성재역전(誠齋易傳)』이란 저작도 남겼다. 저서에 『성재집(誠齋集)』이 전한다.

351 『성재역전(誠齋易傳)』 권17. 「동인(同人)」 괘.

써 여러 무리들이 비난하여 논쟁의 단서를 만들었습니다. 공평한 마음을 가진 사람을 그 옆에 서게 하여 반드시 깨우쳐주고 꾸짖을 것만 생각하고 마음을 가라앉히고 공평케 할 겨를이 없으며, 도리어 『기의』를 지어 사방의 유학자들에게 넘치는 물결을 전파하였으니 이로 인하여 여러 가지 비난이 끓어올랐다면 비록 그 마음이 공평하다 말해도 어쩐지 알 수가 없습니다. 이 단락을 읽어 보니, 언어를 구사하고 써내려가는 모양이 공평하고 치밀하며 사리가 완벽하게 갖추어져 있어서 상의하는 것을 주로 하고 이기고 지는 것을 일삼지 않으며, 겸양[謙牧][352]을 우선시하고 꾸짖음을 급하게 여기지 않았으니, 서로 이끌어서 함께 돌아가고자 하는 뜻을 나타냈으나, 은연중에 사표(辭表)에서 스스로 드러내어 여러 가지 떠도는 풍속의 거리낌 없는 면모를 보였습니다. 그러나 경쟁적으로 한갓 공박하고 물리치는 것을 숭상하는 데는 한 층 뛰어나다 할 수 있습니다. 사마온공, 유원성, 장남헌의 일을 거론한 것은 공평함을 자처한 것입니다. 공평함을 자처했다면, 노사[處人: 隱士] 홀로 공평하지 않다는 것입니까? 가만히 생각건대, 당신은 명망이 높아 한 나라를 다스리는 경륜 있는 학자들이 문하에 모여들어, 저같이 보잘것없는 사람과는 같지 않아서 한번 찾아가 인사드리고 숙원(宿願)도 풀고 아울러 어렵고 의문 나는 곳에 대해 옆자리에라도 참여하여 묻고 싶지만, 후미진 곳에서 어버이를 모시고 있어 멀리 여행할 겨를이 없습니다.

352 겸양(謙牧): 『주역』, 「겸괘」. 겸겸군자는 낮춤으로 자처한다.(謙謙君子, 卑以自牧也.)

색인

ㄱ

ㄹ

ㅁ

ㅇ

ㅈ

ㅊ

전남대 철학연구교육센터 호남유학총서 1

19세기 호남유학의 재구성

노사학파의 형성과 발전

인쇄 | 2015년 1월 20일
발행 | 2015년 1월 26일

저자 | 최대우, 류근성, 안동교, 이향준, 장복동, 정용환
발행인 | 지병문
발행처 | 전남대학교출판부

등록 | 1981. 5. 21. 제53호
주소 | 500-757 광주광역시 북구 용봉로 77
전화 | (062) 530-0571~2 **마케팅** 530-0573
팩스 | (062) 530-0579
홈페이지 | http://www.cnup.co.kr
이메일 | cnup0571@hanmail.net

값 25,000원

ISBN 978-89-6849-175-7 (94150) 세트
978-89-6849-176-4 (94150)

이 도서의 국립중앙도서관 출판예정도서목록(CIP)은 서지정보유통지원시스템 홈페이지(http://seoji.nl.go.kr)와 국가자료공동목록시스템(http://www.nl.go.kr/kolisnet) 에서 이용하실 수 있습니다.
(CIP제어번호 : CIP2015007340)